重庆三峡学院"三峡文化协同创新研究中心"资助出版
重庆市万州区党史和地方志研究室组织、审定
万州区旧志整理集成

清同治增修万县志校注

郭作飞　曾毅　张燕　晏昌容　刘宸瑜 校注

西南大学出版社
国家一级出版社　全国百佳图书出版单位

图书在版编目（CIP）数据

清同治增修万县志校注 / 郭作飞等校注 . -- 重庆：西南大学出版社，2022.4
ISBN 978-7-5697-1265-0

Ⅰ.①清… Ⅱ.①郭… Ⅲ.①万州区—地方志—清代 Ⅳ.① K297.193

中国版本图书馆 CIP 数据核字 (2022) 第 018753 号

清同治增修万县志校注
QING TONGZHI ZENGXIU WANXIAN ZHI JIAOZHU

郭作飞　曾毅　张燕　晏昌容　刘宸瑜　校注

责任编辑	王玉竹
责任校对	于诗琦　张昊
出版策划	陈涌
特约编辑	姚良俊
装帧设计	双安文化
出版发行	西南大学出版社（原西南师范大学出版社）
	地址：重庆市北碚区天生路2号
	邮编：400715
经　销	全国新华书店
印　刷	重庆新生代彩印技术有限公司
幅面尺寸	185 mm × 260 mm
印　张	42.75
字　数	1018 千字
版　次	2022年4月　第1版
印　次	2022年4月　第1次印刷
书　号	ISBN 978-7-5697-1265-0
定　价	198.00元

"万州旧志整理集成·清同治增修万县志校注"课题组

组　长：吴立明
副组长：郭作飞　熊世忠　周　清
成　员：曾　毅　姜学珍　张　燕　晏昌容　刘宸瑜

《清同治增修万县志校注》重庆市地方志办公室评审专家组

组　长：熊蜀黔
成　员：陈　伟　罗　杨　陈朝权　徐文培　余　辉　邱光伟
　　　　田玉峰　杨若飞　陈章文　黄存贵　陈伯凯　蔡玉葵

前 言

编史修志，存史资治教化育人，是中华民族独特的优良传统，也是中华文明绵延五千年的重要基石。根据国务院《地方志工作条例》关于"搜集、保存地方志文献和资料，组织整理旧志"的规定，全国各地旧志整理校注和开发利用工作取得显著成效。

万川毕汇，万商云集；沧桑万州，人文厚重。自宋代以来，万州皆有编史修志的传统，无奈因其年代久远、保管不善，清代以前旧志尽数遗失。现存六部旧志均为清代和民国时期编修。其中，清同治时期编修的《增修万县志》，是万州现存旧志中体例较完备、内容较丰富、史料较翔实的一部志书。全志分为三十六卷，对万州的天文、地理、职官、士女、艺文都做了详细的记述，对万州的建置沿革等重要史实进行了深入的考证。整理校注本志，对于研究万州自然、政治、经济、文化、社会等方面的演进历程，传承延续历史文脉有着重要的参考价值。同时，囿于历史局限，本志内容存在着重官轻民、重农抑商、男尊女卑、封建迷信等一些消极因素。因此，必须坚持辩证唯物主义和历史唯物主义的立场和方法，取其精华，去其糟粕，让历史在现实中重放光芒。

保护利用好珍贵的历代旧志文献资料，是当代方志人义不容辞的责任。深入开展旧志整理，对于促进方志历史文化传承，弘扬民族精神，增强文化自信，服务经济社会发展具有重要作用。旧志整理又是一项专业性、学术性极强的系统工程，涉及版本对比、文字简化、标点断句、校勘错漏、考订史实、注解释义等一系列必不可少的环节，需要校注者具备古汉语、现代汉语、历史学、文献学以及本土地理、历史、人文等方面的专业知识。为了确保旧志整理成果的高质量和高水平，我室与重庆三峡学院深入合作，组建专家团队，按照《重庆市旧志整理出版规范（2019年版）》的有关要求，对清同治《增修万县志》进行精心校注。在完成校注初稿的基础上，由重庆市地方志办公室组织全市地方志专家，对初稿进行全面审读和评审。校注团队认真吸收全市地方志专家的真知灼见，进行修改完善，数易其稿，形成出版稿。再经出版社反复审查修改，《清同治增修万县志校注》一书得以出版面世。

修志问道，以启未来。《清同治增修万县志校注》的出版，有助于我们更加全面地了解万州的昨天，从宝贵的历史财富中汲取营养，更好地服务于今天和明天万州的经济社会发展，为建设美丽富饶的新万州做出应有的贡献。

重庆市万州区党史和地方志研究室

校注凡例

版本：本校注以同治五年（1866）刻本《增修万县志》为底本，以乾隆《万县志》、咸丰《万县志》、嘉庆《四川通志》、道光《夔州府志》为参校本。

校勘：因此部县志的版本较为简单，先有刻本，后有今人根据刻本而来的影印本或复印本，故本书的版本就显得简单，没有对校的可能。我们的校勘多针对本志中的引用文献，如大量引用了《舆地纪胜》《太平寰宇记》和"旧志""十三经"等文献资料，我们将与原文进行对校，并根据原文进行校勘。如遇"衍""讹""脱"等，将在注释中予以注明。对于本志中明显的误字，有文献依据或文意依据的，则将误字放入（）中，改正的字放入〔〕之中，并在页下注释中予以说明。

体例：原文体例不一，点校时尽量还原文本原貌。原文中的单行大字用五号宋体字，原文中双行小字改为单行，除了特别注明之外一律用六号宋体字。

行文：古籍刻本的行文习惯与规范与现文不符。为方便今人阅读，采用现今的行文规范进行点校。

文字：本志原文为繁体字，且异体字、古今字较多。点校时，为方便今人阅读，在不影响文意情况下，将繁体字、异体字、古今字改为现行语言文字，且多不在注释中说明。原书中的缺字、墨盖或模糊不清处，用"□"表示。如一字不清、墨盖或缺一字，用一个"□"表示；如果两字不清、墨盖或缺两个字，用"□□"表示；如果有三字及以上不清、墨盖或缺者，用"□……□"表示。

标点：遵循国家统一标准，按照中华人民共和国国家质量监督检验检疫总局、中国国家标准化管理委员会2011年发布《标点符号用法》来标点全文，并根据刻本内容进行适当的分段。

注释：对疑难词、通假字、人物、典故、官制等进行相应的注释，对于资料不明确的，或者整理者不能理解的，则不做注释，以免出现错误，误导他人。需特别交代的是，本志卷三十六《艺文志上》"文"和《艺文志下》"赋"中的注释多参考程地宇《历代万州文选注》（四川大学出版社2019年版）中的注释。

目 录

《增修万县志》序	001
《增修万县志》叙	009
《增修万县志》序	013
《万县志》原序	017
《万县志》原序	023
《万县志》原序	026
《万县志》原序	030
《万县志》原序	032
《增修万县志》职名	037
《万县志》先后修纂职名	042
《增修万县志》目录	043
《增修万县志》凡例	045
《增修万县志》图考	047
《增修万县志》卷一 天文志	
星野	056
《增修万县志》卷二 地理志	
建置沿革　故城　废县	066
《增修万县志》卷三 地理志	
疆域　形胜	086
《增修万县志》卷四 地理志	
山川　大江 滩险	089
《增修万县志》卷五 地理志	
城池　便民、利济池　北山石城	101

《增修万县志》卷六 地理志
　　　　公署　公馆　演武厅 …… 106
《增修万县志》卷七 地理志
　　　　坛壝庙祠　民间祠庙 …… 109
《增修万县志》卷八 地理志
　　　　户口　场集 …… 128
《增修万县志》卷九 地理志
　　　　田赋　杂税　蠲政　仓储 …… 133
《增修万县志》卷十 地理志
　　　　水利 …… 141
《增修万县志》卷十一 地理志
　　　　学校　书院　义学　考棚　桂宫 …… 143
《增修万县志》卷十二 地理志
　　　　风俗　义局 …… 158
《增修万县志》卷十三 地理志
　　　　物产 …… 176
《增修万县志》卷十四 地理志
　　　　津梁 …… 180
《增修万县志》卷十五 地理志
　　　　驿传 …… 183
《增修万县志》卷十六 地理志
　　　　寨堡　礅洞 …… 186
《增修万县志》卷十七 地理志
　　　　关隘　防堵粤、滇逆贼　筹防经费　团练章程 …… 201
《增修万县志》卷十八 地理志
　　　　茔墓 …… 224
《增修万县志》卷十九 地理志
　　　　坊表 …… 227
《增修万县志》卷二十 地理志
　　　　寺观 …… 230
《增修万县志》卷二十一 地理志
　　　　古迹　碑碣 …… 237

《增修万县志》卷二十二　职官志

　　历任 …………………………………………………………… 244

《增修万县志》卷二十三　职官志

　　仪制 …………………………………………………………… 266

《增修万县志》卷二十四　职官志

　　政绩 …………………………………………………………… 271

《增修万县志》卷二十五　士女志

　　选举　文　武 ………………………………………………… 286

《增修万县志》卷二十六　士女志

　　仕进　文　武 ………………………………………………… 294

《增修万县志》卷二十七　士女志

　　叙衔 …………………………………………………………… 307

《增修万县志》卷二十八　士女志

　　封荫 …………………………………………………………… 310

《增修万县志》卷二十九　士女志

　　贤哲　学行　隐逸 …………………………………………… 315

《增修万县志》卷三十　士女志

　　宦绩　武略 …………………………………………………… 321

《增修万县志》卷三十一　士女志

　　忠烈　义烈　孝义　救亲割股　累世积善 ………………… 329

《增修万县志》卷三十二　士女志

　　义行 …………………………………………………………… 338

《增修万县志》卷三十三　士女志

　　大年上　五世同堂 …………………………………………… 346

《增修万县志》卷三十三　士女志

　　大年下　五世同堂 …………………………………………… 353

《增修万县志》卷三十四　士女志

　　列女上 ………………………………………………………… 357

《增修万县志》卷三十四　士女志

　　列女下　自咸丰四年至同治五年辑 ………………………… 376

《增修万县志》卷三十五　士女志

　　流寓 …………………………………………………………… 396

《增修万县志》卷三十六 艺文志上

文 …………………………………………………………………… 398
 西山留题（黄庭坚） …………………………………………… 399
 送田画秀才宁亲万州序（欧阳修） …………………………… 401
 岑公洞记（岑像求） …………………………………………… 404
 万州西亭记（刘公仪） ………………………………………… 410
 万州天生城石壁记（王师能） ………………………………… 413
 万县新修泮池铭并序（郭棐） ………………………………… 417
 万县重修城隍庙记（富顺） …………………………………… 421
 万县尹方登遗爱碑记（卫承芳） ……………………………… 423
 西山太白祠记（曹学佺） ……………………………………… 427
 唐金紫光禄大夫使持节永州刺史巫山开国公冉公
 墓志铭（高公韶） ……………………………………………… 431
 万县重修文庙碑记（沈巨儒） ………………………………… 435
 万县重修关庙碑记（沈巨儒） ………………………………… 439
 荡平东川碑记（沈巨儒） ……………………………………… 442
 增修学官记（张永辉） ………………………………………… 447
 万县静波楼记（赵志本） ……………………………………… 450
 捐设凤山书院膏火序（仇如玉） ……………………………… 451
 捐设养济院孤贫口粮记（仇如玉） …………………………… 457
 续捐收埋浮尸公乐堂经费序（仇如玉） ……………………… 460
 遗爱集序（李惺） ……………………………………………… 462
 万县尹宋公大中归葬磁州记（王怀曾） ……………………… 466
 黑洞沟记（王继抡） …………………………………………… 468
 张烈女传（王继抡） …………………………………………… 470
 永宁礄碑记（何志高） ………………………………………… 472
 陈孝廉墓志铭（甘家斌） ……………………………………… 474
 万县宾兴会记（王玉鲸） ……………………………………… 481
 新修利济池序（丁凤皋） ……………………………………… 485
 万县新建忠义孝弟祠记（龚珪） ……………………………… 487
 送魏静轩先生归万县序（王怀曾） …………………………… 489
 万县新建考棚碑记（龚珪） …………………………………… 490
 新建万川书院碑记（陆玑） …………………………………… 494

新立宋五子龛位记（冯卓怀） ………………………… 500
　　岇峰书院碑记（冯卓怀） …………………………… 502
　　太和书院碑记（冯卓怀） …………………………… 503
　　安怀所续增粥田碑记（冯卓怀） ……………………… 504
　　苎溪义渡碑记（冯卓怀） …………………………… 506
　　黄柏溪义渡（冯卓怀） ……………………………… 507
　　马将军祠记（张琴鹤） ……………………………… 508
　　桂官碑记（张琴鹤） ………………………………… 510
　　万县重刻四种遗规序（范泰衡） ……………………… 512
　　马将军传（杜焕南） ………………………………… 516

《增修万县志》卷三十六　艺文志下
　诗　赋 ………………………………………………… 519
　　送鲜于万州迁巴州（杜甫） ………………………… 520
　　寄题杨万州四望楼（白居易） ……………………… 520
　　答杨使君登楼见忆（白居易） ……………………… 520
　　和万州杨使君四绝句（白居易） …………………… 521
　　南宾郡斋即事，寄杨万州（白居易） ………………… 522
　　初登东楼寄杨八使君（白居易） …………………… 522
　　送秦炼师归岑公山（李群玉） ……………………… 523
　　寄南浦迁客（郑谷） ………………………………… 523
　　岑公洞（马冉） ……………………………………… 524
　　岑公洞（赵善赣） …………………………………… 524
　　过木枥观（苏轼） …………………………………… 525
　　题西山临江亭（张俞） ……………………………… 526
　　南浦（寇准） ………………………………………… 526
　　建中靖国元年三月，万守高仲本宿约游岑公洞，
　　　夜雨达旦，戏赠小诗二首（黄庭坚） ……………… 526
　　岑公洞（范仲黼） …………………………………… 527
　　岑公洞（陆游） ……………………………………… 527
　　万州放船过下崖小留（陆游） ……………………… 528
　　万州（范成大） ……………………………………… 528
　　下岩寺（喻汝砺） …………………………………… 529
　　岑公洞（冯时行） …………………………………… 529

湖滩（查篯）	530
岑公洞（郭印）	530
岑公洞（赵希混）	530
岑公洞（陈邕）	531
岑公洞二首（卢雍）	531
岑公洞（许应元）	532
岑公洞同王引瞻少参赋（陈文烛）	533
春日偕高贞庵节推游岑公洞（郭棐）	533
万县广济寺二首（黄溥）	533
天生桥（杜应芳）	534
白鹤寺（郭钦华）	534
盐场（黄衷）	535
壤涂早发（王士正）	535
万县有感（王士正）	536
岑公洞（王士正）	536
白水溪（张问陶）	537
由湖滩至蛾眉碛（张问陶）	537
万县小泊（张问陶）	538
巴阳峡（张问陶）	538
万县（李鼎元）	539
万县杂诗二首之一（李鼎元）	539
蛾眉碛（李鼎元）	539
岑公洞（王原相）	539
李少泉明府招游岑公洞漫赋（张文耀）	540
灌芝泉（余价）	540
自万赴开州别驾任途中杂咏二首（程正性）	540
晓发万县任川东道作（陶澍）	541
岑洞水帘（刘高培）	541
蛾眉碛月	542
玉印中浮	542
长虹横波	543
曲水流觞	543
秋屏列画	544

西山夕照 …………………………………………………………… 544

天城倚空 …………………………………………………………… 545

岑洞水帘（丁凤皋） ……………………………………………… 545

蛾眉碛月 …………………………………………………………… 546

秋屏列画 …………………………………………………………… 546

曲水流觞 …………………………………………………………… 546

长虹横渡 …………………………………………………………… 547

玉印中浮 …………………………………………………………… 547

西山夕照 …………………………………………………………… 547

天城倚空 …………………………………………………………… 548

岑公洞（丁景森） ………………………………………………… 548

偕阮小台游太白岩（丁景森） …………………………………… 548

登太白岩（阮琳） ………………………………………………… 549

己亥夏旱，以虎骨投龙潭得雨（龚珪） ………………………… 552

太白岩（龚珪） …………………………………………………… 555

天生城（龚珪） …………………………………………………… 556

岑公洞（龚珪） …………………………………………………… 556

常孝妇诗（龚珪） ………………………………………………… 557

铜印歌（龚珪） …………………………………………………… 558

登北山观（胡憬） ………………………………………………… 562

游岑公洞（胡憬） ………………………………………………… 562

谒西山太白祠（刘用仪） ………………………………………… 563

客万县（范泰亨） ………………………………………………… 563

便民池（范泰亨） ………………………………………………… 563

题涪翁记后（何绍基） …………………………………………… 564

游流杯池至青羊宫小憩，和何子贞学使
《书山谷建中石刻后》原韵（陆玑） …………………………… 564

访流杯池（陆玑） ………………………………………………… 565

丙辰既望独游太白岩题壁（陆玑） ……………………………… 565

石龙洞祈雨纪事（冯卓怀） ……………………………………… 565

甘霖洞祈雨纪事（冯卓怀） ……………………………………… 567

流杯池纪事（冯卓怀） …………………………………………… 569

游西山因憩流杯池读山谷碑（杜焕南） ………………………… 569

    南楼（杜焕南） ……………………………………………… 569
  赋 …………………………………………………………………… 570
    便民池赋（刘乃大） ……………………………………… 570
    便民池赋（刘高培） ……………………………………… 575
《典礼备考》目录 …………………………………………………… 581
《典礼备考》卷一
  《会典则例·祀典上》 ………………………………………… 582
《典礼备考》卷二
  《会典则例·祀典中》 ………………………………………… 588
《典礼备考》卷三
  《会典则例·祀典下》 ………………………………………… 621
《典礼备考》卷四
  会典·朝贺　迎诏　救护 ……………………………………… 631
《典礼备考》卷五
  会典·乡饮酒 …………………………………………………… 633
《典礼备考》卷六
  《会典·昏》 …………………………………………………… 637
《典礼备考》卷七
  《会典·丧》 …………………………………………………… 643
《典礼备考》卷八
  《会典·祭》 …………………………………………………… 660

《增修万县志》序[①]

万，固东川[②]一都会[③]也。自汉朐忍、羊渠[④]以及前明万县[⑤]，中间更名六，并县一，设郡者三，置州者五[⑥]。其山川雄奇，幅员辽阔，人物风俗都雅[⑦]，常为

[①] 此序及后之张琴、王玉鲸序皆为同治《增修万县志》而作。
[②] 东川：即川东，指今四川省东部及重庆市辖区。范围大致有今四川省万源、宣汉、达州、渠县、武胜等县市，以及今重庆市大足、荣昌、江津、綦江等区县以东地区。
[③] 都会：都市，即大城市。
[④] 朐忍：古县名。〔晋〕常璩《华阳国志》卷一《巴志》："秦惠文王与巴蜀为好。蜀王弟苴〔侯〕私亲于巴，巴、蜀世战争。周慎王五年，蜀王伐苴侯，苴侯奔巴，巴为求救于秦。秦惠文王遣张仪、司马错救苴、巴，遂伐蜀，灭之。仪贪巴、苴之富，因取巴，执王以归，置巴、蜀及汉中郡，分其地为〔三十〕一县。"[刘琳《华阳国志校注》(修订版)，成都时代出版社2007年6月第1版，第10页) 秦灭巴之后约前277年置朐忍县，属巴郡，治今云阳县青龙街道办事处建民村2组(遗址在三峡工程二期蓄水后被淹没。] 东汉建安二十一年(216)，刘备分朐忍西南地界置羊渠县，治今万州区长滩镇，为今万州建县之始。
[⑤] 前明万县：明洪武六年(1373)降万州置万县，属夔州府。
[⑥] 这几句涉及万县的建制沿革情况，可以参看本志卷二《地理志·建置沿革》。更名六：即东汉建安二十一年(216)分朐忍县地置羊渠县，蜀汉建兴八年(230)改羊渠县置南浦县，西魏废帝二年(553)置鱼泉县，北周武帝天和初(约567)改鱼泉县为安乡县，旋又改为万川县，隋开皇十八年(598)改万川县为南浦县，明洪武六年(1373)降万州为县，名万县。并县一：即明洪武四年(1371)武宁县并入万州。设郡者三：即西魏废帝二年(553)设临州安乡郡，北周设南州万川郡，天宝元年(742)设山南东道南浦郡。置州者五：即北周初年(558)置南州，唐武德二年(619)年置山南道南浦州，唐武德八年(625)置山南道浦州，唐贞观八年(634)置山南东道万州，元置夔州路万州。
[⑦] 都雅：美好而娴静文雅。

巴东①冠。

余尝蹑高梁之脊②，陟西山③之颠，濯巴江④之流，撷南屏⑤之翠，固已远瞩高瞻⑥，畅然满志。而一念都历⑦犹昔，梦凤⑧奚存⑨？临江⑩不远，兴霸⑪安在？鲁、束之流杯⑫废圮⑬，山谷之留题⑭剥蚀⑮，此外，碑残简蠹⑯，名湮没而不彰者，曷

---

① 巴东：即巴东郡，建安六年(201)改永宁郡为巴东郡。建安二十一年(216)，刘备分巴东立固陵郡。蜀汉章武元年(221)又改固陵郡为巴东郡，前巴东郡为巴郡。隋大业三年(607)改信州为巴东郡。唐武德元年(618)复改为信州，次年改为夔州。此后此名退出历史舞台。其地控三峡之险，历来为军事重镇。

② 尝：副词，曾经。蹑(niè)：攀登，登上。高梁之脊：高梁山的山脊。高梁山：本志卷四《地理志·山川》中有载，可以参看。

③ 陟(zhì)：登高，由低处向高处走，与"降"相对。西山：本志卷四《地理志·山川》中有载，可以参看。

④ 濯(zhuó)：洗涤。巴江：犹巴地之江，此处指流经万州的长江。

⑤ 撷(xié)：采摘，摘下。南屏：即南屏山，亦即南山。本志卷四《地理志·山川》中有载,可以参看。

⑥ 远瞩高瞻：即高瞻远瞩，指站得高，看得远。

⑦ 都历：即都历山，本志卷四《地理志·山川》中有载，可以参看。

⑧ 梦凤：乃刘五纬的字。本志卷二十五《士女志·选举》和卷二十九《士女志·贤哲》中有载，可以参看。

⑨ 奚(xī)存：犹何在。奚：疑问词，什么，哪里。

⑩ 临江：即临江县，西汉置，治今忠县忠州街道。

⑪ 兴霸：乃三国吴将甘宁的字，本志卷三十《士女志·宦绩》中有载，可以参看。

⑫ 鲁、束：指鲁有开、束庄。本志卷二十二《职官志·历任》中有载（后面涉及的太守、刺史、知县或其他官吏，本志卷二十二《职官志·历任》中有载，可以查看，不再出注）。流杯：即流杯池。清道光《夔州府志》卷六《山川志·万县》称："鲁池，在县西三里，西山之麓，南有流杯池，俱宋刺史鲁有开所凿，广百亩，植以红莲。"（中华书局2011年12月点校第1版，第66页）其云鲁池与流杯池"俱宋刺史鲁有开所凿"。本志卷二十一《地理志·古迹》的说法则不同："流杯池，在鲁池南，宋郡守束庄所凿，邦人岁修禊事于此。"认为流杯池的开凿者并非鲁有开，而是束庄。民国《万县志稿》卷一《舆地·古迹》的说法与本志一致："流杯池，在茭笋塘（即高笋塘）上。宋郡守束庄所凿，为邦人岁修禊事之所。今其制仅存，而外见倾下。"本文"鲁、束"并称，意即流杯池为二人先后凿成。

⑬ 废圮(pǐ)：废弃，坍塌。

⑭ 山谷之留题：即黄庭坚的《西山留题》，本志卷三十六《艺文志上·文》中有载，可以参看。山谷：即黄庭坚(1045—1105)，字鲁直，号山谷道人、涪翁，洪州分宁（今江西省九江市修水县）人，北宋著名文学家、书法家，江西诗派开山之祖。

⑮ 剥蚀：物体受侵蚀而损坏脱落。

⑯ 简蠹(dù)：谓竹简被蛀虫所毁。

可胜道①？俯仰凭吊②，感慨欷歔③矣。

咸丰二年④春，邑侯晓邨⑤年丈⑥以万志请⑦，盖旧志之作，百有余年于兹矣⑧。丁明府九轩⑨、学博龚君⑩始续修之，未尽梓⑪而明府移英井⑫，介三物故⑬，虽然，介三志稿既已裒然成集⑭，而余犹尸之⑮。余将腼然⑯窃纂述之名乎？于是三辞，不获⑰，而初服⑱固未改也。

客有为侯⑲言者曰："万志待成亟矣。今侯举职，先生赞襄之不暇，仆未得所以

---

① 此两句言声名被湮没而不彰显的人，岂可都说到？曷可：岂可。曷：副词，表示反问，相当于"岂"。胜道：尽（都）说到。
② 俯仰：形容沉思默想。凭吊：面对着遗迹、遗物、坟墓等怀念古人或感慨往事。
③ 欷歔（xī xū）：叹息声。
④ 咸丰二年：即1852年。按，咸丰乃清文宗爱新觉罗·奕詝的年号（后来清穆宗爱新觉罗·载淳沿用，直至改元），从1851年至1861年共使用了11年。
⑤ 邑侯：即县令。晓邨：即王玉鲸，晓邨是其字（本志后有作"晓村"者）。
⑥ 年丈：即年伯。年伯：科举时代为对父亲同年登科者的尊称，明代中叶以后亦用以称同年的父亲或伯叔，后用以泛指父辈。此处泛指，系尊称。
⑦ 以万志请：为修《万县志》而聘请。以：介词，为。
⑧ 此指乾隆《万县志》编纂距今已有一百余年。乾隆《万县志》编成于乾隆十一年（1746），距此时咸丰二年（1852）确有一百余年。
⑨ 明府：汉代有以"明府"称县令，唐以后多用以专称县令。九轩：即丁凤皋，九轩是其字，道光二十七年（1847）十一月署任万县。
⑩ 学博：唐制，府郡置经学博士等一人，掌以五经教授学生。后泛称学官为学博。此处指训导。龚君：即龚珪，字介三。按，最后一篇序乃龚珪所作，署名为"拣选知县借补万县儒学训导渝州龚珪撰"，可知龚珪的身份为以拣选知县的资格借补万县儒学训导，即称学博。
⑪ 未尽梓：未付印。梓：印书的雕版，因雕版以梓木为上，故称。后泛指制版印刷。此指道光《万县志》，今已失传。
⑫ 移英井：移官于英井。英井：即英井山，指代永川县。〔清〕和珅等《钦定大清一统志》卷二百九十五《重庆府·山川》："英井山，在永川县东南三十里。"（《景印文渊阁四库全书·史部二三九·地理类》第481册，台湾商务印书馆1986年3月影印第1版，第97页）
⑬ 物故：死亡。
⑭ 裒（póu）然成集：谓搜集成集。裒：聚集，引申为搜集。
⑮ 此句言介三志稿既已裒然成集，而我还承担纂述《万县志》的任务。尸：担任，承担。
⑯ 腼（tiǎn）然：不知羞耻的样子。
⑰ 不获：不得，不能。
⑱ 初服：谓开始或首先履行、从事某项事务。
⑲ 侯：邑侯，指王玉鲸。

必辞者也①。"

余曰："汉晋以降②，代有国史，尚矣③。志，外史④也，故统志⑤其大、省志⑥其要⑦、郡县志其详。夫志稿⑧详矣，又何加焉？夫马史班书⑨，使蔚宗⑩继之而思精体大⑪，褚先生⑫补之而记陋文靡⑬。纂述非异志⑭也。或以靡陋贻笑，或以精大扬芬⑮，则材之厚薄异也。今万志急于蒐采⑯，而鄙人谫陋⑰十倍褚生，欲以⑱拘

---

① 这几句是说，万县志等待完成这事很急啊。如今的县令尽职，先生辅助他还来不及，我不知道你一定要推辞的理由啊。亟：紧急，急需。举职：尽职，称职。赞襄：辅助，协助。不暇：来不及。仆：自称的谦词。所以：与形容词或动词组成名词性词组，表示原因、情由。

② 以降：以后，表示时间在后。

③ 尚矣：由来已久啊。尚：久，远。

④ 外史：古代官名，掌管京畿以外地区的王令、四方地志等。《周礼·春官·外史》："外史，掌书外令，掌四方之志，掌三皇五帝之书。"（《周礼注疏》卷二十六，李学勤主编《十三经注疏》标点本，北京大学出版社1999年12月第1版，第711页。下引此书，只标书名、卷数、页码，余皆省）此言地方志是外史所掌管之书。

⑤ 统志：即一统志，乃封建王朝全国性的地理总志，如《元一统志》《明一统志》等。

⑥ 省志：指关于一个省的地方志，记载一个省的历史、军事、交通、文化、经济等各个领域的志书，如嘉靖《四川总志》、嘉庆《四川通志》等。

⑦ 其要：简略。其：助词。用于句中，无义。

⑧ 志稿：此处指龚珪纂修的道光《万县志》，今已佚。

⑨ 马史：指司马迁所著《史记》。班书：指班固所著《汉书》。

⑩ 蔚宗：即范晔（398—445），字蔚宗，南朝宋史学家，顺阳（今河南省南阳市淅川县东）人。宋文帝元嘉九年（432），范晔因"左迁宣城太守，不得志，乃删众家《后汉书》为一家之作"，开始撰写《后汉书》，至元嘉二十二年（445）以谋反罪被杀止，写成了十纪，八十列传。原计划的十志，未及完成。今本《后汉书》中的八志三十卷，是南朝梁刘昭从司马彪的《续汉书》中抽出来补进去的。

⑪ 思精体大：思想精深，文体宏大。体：指体裁，文章的风格。

⑫ 褚先生：指褚少孙，西汉史学家。颍川（今河南省禹州市）人。曾补司马迁《史记》。司马迁死后，《史记》缺《景帝纪》《武帝纪》《三王世家》等篇。褚少孙作了补充、修葺的工作。凡他补写的《史记》，都有"褚先生曰"的字样。〔清〕钱大昕《廿二史考异》说："予谓少孙补史，皆取史公所阙，意虽浅近，词无雷同，未有移甲以当乙者也。"（上海古籍出版社2014年3月第1版，第11页）

⑬ 记陋文靡：谓其记述浅陋，文字繁冗。

⑭ 非异志：并非有异于志。此为双重否定句式，实际上是正面肯定，即纂述就是志。

⑮ 这两句言或因繁杂浅陋而见笑，或因精深博大而流芳。以：连词，因为，由于。贻（yí）：遗留。扬：显扬，传播。

⑯ 蒐（sōu）采：搜求采集。蒐：通"搜"。

⑰ 谫（jiǎn）陋：浅陋。

⑱ 以：介词，拿，用。

牵①之义续鸿衍之辞②，必又为褚生笑矣。且志传信，人物重焉。吾庸讵③知前之所辑，悉发幽潜④而毋以碔砆乱玉⑤耶？吾庸讵知今之所采，允协⑥舆评⑦而无遗佚⑧耶？如非遗，则诬⑨也，其谓之何⑩？"

客曰："不然。吾闻君子善善也长，而恶恶也短⑪。夫志稿编士女⑫、广任恤⑬，其取善不谓不博。然而梨枣未行⑭，荐绅⑮先生之徒拾其遗珠⑯弃璞⑰，待子起而表章⑱者，懿好之良不可没⑲也。夫茅拔而茹连⑳者，常也；禾盛而莠生㉑者，偶也。

---

① 拘牵：拘泥。
② 鸿衍之辞：犹宏大广博的文辞。鸿：大。衍：广博。
③ 庸讵：岂，何以，难道。
④ 悉发幽潜：详尽地阐发隐微玄奥的道理。幽潜：隐微玄奥的道理。
⑤ 碔砆（wǔ fū）乱玉：比喻以假乱真，似是实非。碔砆：似玉之石。
⑥ 允协：确实符合。
⑦ 舆评：舆论。
⑧ 遗佚（yì）：亦作"遗逸""遗轶"，遗失，散失。
⑨ 非遗，则诬：不是遗漏就是虚假。诬：虚假，虚妄。
⑩ 其谓之何：这是为何。其：代词，指代前面罗列的现象。之：助词，无义。
⑪ 此两句语出《公羊传·昭公二十年》："君子之善善也长，恶恶也短。恶恶止其身，善善及子孙。"（《春秋公羊传注疏》卷二十三，李学勤主编《十三经注疏》标点本，北京大学出版社1999年12月第1版，第511页。下引此书，只标书名、卷数、页码，余皆省）其意是说，君子扬善影响长久，憎恶影响有限。憎恶仅限于他自身，扬善延及子孙。善善：前为动词，后为名词。
⑫ 士女：贤士与列女。
⑬ 任恤（xù）：亦作"任恤"，谓诚信并给人以帮助同情。语出《周礼·地官·大司徒》："二曰六行:孝、友、睦、姻、任、恤。"〔东汉〕郑玄注："任，信于友道。恤，振忧贫者。"（《周礼注疏》卷十，第266页）
⑭ 梨枣未行：尚未印行。梨枣：旧时刻版印书多用梨木或枣木，故以"梨枣"为书版的代称。
⑮ 荐绅：即缙绅。古代高级官吏的装束，亦指有官职或做过官的人。荐：通"搢"。搢：插。绅：古代仕宦者和儒者围于腰际的大带。搢绅：插笏于绅。笏（hù）：古代臣朝见君时所执的狭长板子、用玉、象牙、竹木制成，也叫手板。后世惟品官执之。
⑯ 遗珠：谓遗失的珍珠。语出《庄子·天地》："黄帝游乎赤水之北，登乎昆仑之丘而南望，还归，遗其玄珠。"（方勇、陆永品《庄子诠评》，巴蜀书社1998年9月第1版，第311页）喻指弃置未用的美好事物或贤德之才。
⑰ 弃璞：被遗弃的璞玉。璞：含玉的石头，比喻尚未为人所知的贤才。
⑱ 待子起而表章：等待你来表彰。子：古代对男子的尊称或美称。表章：同"表彰"。
⑲ 懿好之良不可没：有美好品德的良才不可埋没。懿：美，美德。
⑳ 茅拔而茹连：谓拔起茅草带出相连的茅根。《周易·泰》："初九：拔茅茹，以其汇，征吉。"〔三国·魏〕王弼注："茅之为物，拔其根而相牵引者也。茹，相牵引之貌也。"（《周易正义》卷二，李学勤主编《十三经注疏》标点本，北京大学出版社1999年12月第1版，第67页。下引此书，只标书名、卷数、页码，余皆省）
㉑ 禾盛而莠（yǒu）生：禾苗茂盛而杂草生长。莠：田间常见杂草，生禾粟下，似禾非禾，秀而不实。因其穗形像狗尾，故俗名"狗尾草"。

今子虑莸薰①之杂进,是犹畏稂莠②而并锄嘉禾,恶碔砆而并摈美玉也,不亦惑乎!《春秋》③据事直书④而美恶自见,传信传疑,真伪不能掩也。斯民三代所以直道而行⑤,而又何苛求焉。班掾⑥之才也,不能削太史⑦已定之书;司马子长⑧之良也,不能修太初⑨以后之纪⑩。互相因者,互相待也⑪。今志稿其无待耶？鹑首、鹑尾之分次不定,则谈星野者荒矣⑫；鱼泉、安乡之本末不备,则述

---

① 莸（yóu）薰：臭草和香草。语本《左传·僖公四年》："一薰一莸,十年尚犹有臭。"〔东晋〕杜预注："薰,香草,莸,臭草。十年有臭,言善易消,恶难除。"（《春秋左传正义》卷十二,李学勤主编《十三经注疏》标点本,北京大学出版社1999年12月第1版,第335页）喻善恶、贤愚、好坏等。

② 稂（láng）莠：泛指对禾苗有害的杂草,常比喻害群之人。

③ 《春秋》：编年体史书。相传孔子据鲁史修订而成。所记起于鲁隐公元年（前722）,止于鲁哀公十四年（前481）,凡二百四十二年。叙事极简,用字寓褒贬。为其传者,以《左氏》《公羊》《谷梁》最著,是为"《春秋》三传"。

④ 据事直书：根据事实直接书写,不隐瞒。

⑤ 此句语出《论语·卫灵公》："斯民也,三代之所以直道而行也。"〔北宋〕邢昺疏："三代,夏、殷、周也。"（《论语注疏》卷十五,李学勤主编《十三经注疏》标点本,北京大学出版社1999年12月第1版,第214页。下引此书,只标书名、卷数、页码,余皆省）直道而行：沿着直的道路走,比喻办事公正。直道：正路。

⑥ 班掾（yuàn）：指班固。

⑦ 太史：官名。西周、春秋时太史掌记载史事、编写史书、起草文书,兼管国家典籍和天文历法等。秦汉曰太史令,汉属太常,掌天时星历。魏晋以后,修史之职归著作郎,太史专掌历法。隋改称太史监,唐改为太史局,宋有太史局、司天监、天文院等名称。元改称太史院。明、清称钦天监,修史之职归之翰林院,故俗称翰林为太史。

⑧ 司马子长：指司马迁（前145—?）,字子长,夏阳（今陕西省韩城市南）人,一说龙门（今山西省河津市）人。西汉史学家、散文家。因替李陵败降之事辩解而受宫刑,以其"究天人之际,通古今之变,成一家之言"的史识创作了我国第一部纪传体通史《史记》,被公认为是我国史书的典范,其被后世尊称为史迁、太史公。该书记载了从上古传说中的黄帝时期,到汉武帝太初四年间,长达3000多年的历史,是"二十四"之首,被鲁迅誉为"史家之绝唱,无韵之离骚"。

⑨ 太初：乃汉武帝的第七个年号,从前104年至前101年共使用了4年。

⑩ 纪：我国史书的一种体裁。专记帝王的事迹及有关大事。故此句言司马迁虽为史学界的良才,但也不能撰写太初以后的帝王事迹。

⑪ 此两句言互相依托的,必定相互依靠。因：依托,凭借。待：依靠,依恃。

⑫ 此两句言鹑首、鹑尾在天上的星次未定,那谈万县的星野就荒谬了。荒：不合情理,犹荒诞,荒谬。这两句的注释请参看本志卷一《天文志·星野》。

建置者疏矣①。风俗不录沿习②之实,则忘利导③而治化④微矣。兵防不溯建营之由,则狃安常⑤而武备驰矣。及若山川、坛庙、户口、坊表⑥、茔墓、职官、政绩、选举⑦、封荫⑧、士女、人物、节孝、义行、大年⑨,均不能无待于补苴⑩也。且先生又不得以材薄解。夫营⑪宫室未竣⑫,罢之而日待公输⑬,公输善营矣,而室成无日⑭矣。今待班、马⑮之材以补一邑之乘⑯,是犹待公输成室之说也。夫马、班不世出,而郡县志以千数,若皆拱手阁笔⑰,彼鲁池⑱、朿屋⑲、越鸡⑳、梦凤之迹,先生其孰㉑从而凭吊之。先生又恶得㉒以材薄辞?"

---

① 这两句言鱼泉、安乡的建县原委不详尽,那谈万县的建置沿革就疏漏了。鱼泉、安乡:乃万县在西魏、北周的县名,详请参看本志卷二《地理志·建置沿革》。本末:本指树木的下部与上部,比喻事物的始终、原委。不备:不完备,不详尽。疏:疏陋,浅薄。

② 沿习:向来因循的习惯。

③ 利导:引导。

④ 治化:谓治理国家、教化人民。

⑤ 狃(niǔ)安常:拘泥于安守常规。狃:因袭,拘泥。

⑥ 坊:牌坊。旧时用以表彰忠孝节义、富贵寿考等而修建的建筑物。表:本意为标木,标记。后泛指旌表之类的建筑物。

⑦ 选举:古代指选拔举用贤能。自隋以后,分为二途:举士属礼部,包括考试与学校;举官属吏部,掌管铨选与考绩。正史自新、旧《唐书》以下至《明史》皆有《选举志》。

⑧ 封荫:旧时具有一定品秩的官吏,其父母、祖父母、曾祖父母及妻室得受封赠,子孙亦得荫袭官爵,称为"封荫"。

⑨ 大年:谓年寿长。

⑩ 补苴(jū):补缀,缝补。语本〔西汉〕刘向《新序·刺奢》:"今民衣敝不补,履决不苴。"(石光瑛《新序校释》,中华书局 2001 年 1 月第 1 版,第 809 页)引申为弥补缺陷。

⑪ 营:建设。

⑫ 竣:完成。

⑬ 公输:指公输班,即鲁班,我国古代杰出的建筑工匠,传为春秋时鲁国人,姓公输,名班(般),技艺超绝,多有发明,后世被尊为建筑工匠的祖师。

⑭ 无日:遥遥无期。

⑮ 班、马:即班固与司马迁。

⑯ 一邑之乘:即邑乘,犹县志。

⑰ 阁笔:犹搁笔。阁:搁置,停辍。

⑱ 鲁池:为宋南浦郡守鲁有开所凿,故称。本志卷二十一《地理志·古迹》中有载,可以参看。

⑲ 朿屋:谓朿庄在万州任上改草房所建瓦屋。乾隆《万县志》卷三《宦绩》载:"朿庄,嘉祐间知万州。旧多火灾,籍羡缗,市材具,屋通衢而瓦之……民甚感之。"

⑳ 越鸡:指沈巨儒,字越鸡。本志卷二十九《士女志·隐逸·明》中有载,可以参看。

㉑ 孰:疑问代词,怎么。

㉒ 恶(wū)得:犹怎得,怎么能。恶:疑问代词。相当于"何""怎么"。

余惶然无以应客。乃集万人士，蒐罗①补增，间以鄂垣之警②，开局复罢，将成而晓村邑侯已引疾③去。厥后④冯邑侯树堂⑤因而取裁，欲自成一书⑥，而仓卒不备⑦。同治三年，邑侯张鹤侪⑧同年⑨奉檄⑩增修，再集采访士，益以后十年事。而余适又去任⑪。越明年冬，余有北上之行，张侯率邑人士复设局，延余⑫重加辑纂，相与商榷⑬订正，为志者六，卷三十有六，亦知其繁，用备輶采⑭，三阅月而书成，因书前客为王邑侯言者于简端⑮，以明余之补缀非得已云。

　　同治五年⑯春二月、前万县训导⑰楼峰⑱范泰衡谨识⑲。

---

① 蒐罗：犹搜罗。
② 鄂垣之警：指清咸丰十一年（1861）太平军石达开入湖北咸丰县、来凤县，迫近万境，同治元年（1862）春太平军入万县龙驹，范泰衡、陈光熙会龙驹坝抗御。鄂垣：泛指鄂地。鄂：湖北省的别称。垣：城池。
③ 引疾：托病辞官。
④ 厥后：之后。厥：助词，之。
⑤ 冯邑侯树堂：指县令冯卓怀，"树堂"乃其字。
⑥ 自成一书：指咸丰《万县志》。
⑦ 仓卒不备：时间仓促而不完善。备：完备，齐备。
⑧ 张鹤侪：即张琴，鹤侪乃其字。
⑨ 同年：古代科举考试同科中式者之互称。唐代同榜进士称"同年"，明清乡试、会试同榜登科者皆称"同年"。清代科考先后中式者，其中式之年甲子相同，亦称"同年"。
⑩ 奉檄（xí）：遵从上司公文。檄：文体名。古官府用以征召、晓喻、声讨的文书。
⑪ 适又去任：正好又离任。适：正好，恰巧。
⑫ 延余：聘请我。延：聘请，招揽。
⑬ 商榷（què）：商讨，斟酌。
⑭ 用备輶（yóu）采：准备被人采用。輶：即轩輶，古代使臣乘坐的一种轻车。輶采：谓使者乘轻车采风。按：采风，又称采诗，采集民间歌谣。古代有专门机构采诗，为统治阶级观风俗、知得失的一项政治措施。
⑮ 简端：本义为竹简的两端，喻指书页上下两端的空白处，即俗称天头、地脚。读书人常在此写下心得体会，或备注考释等笔记。
⑯ 同治五年：即1866年。按，同治乃清穆宗爱新觉罗·载淳的年号，自1862年至1875年共使用了13年。
⑰ 训导：职官名。明、清于府设教授，州设学正，县设教谕，主管教育学生，其副职皆称为"训导"。清末废。〔清〕张廷玉等撰《明史》卷七十五《职官志四》："儒学：府，教授一人，训导四人。州，学正一人，训导三人。县，教谕一人，训导二人。教授、学正、教谕，掌教诲所属生员，训导佐之。"（中华书局1974年4月第1版，第1851页）
⑱ 楼峰：山名，在隆昌县。〔清〕和珅等《钦定大清一统志》卷三百一《叙州府·山川》："楼峰山，在隆昌县南。秀峰高耸，俨如文笔。"（《景印文渊阁四库全书·史部二三九·地理类》第481册，台湾商务印书馆1986年3月影印第1版，第199页）范泰衡为隆昌人，故冠以家乡之山名。
⑲ 谨识：郑重记叙。

《增修万县志》叙[①]

　　从来作述[②]之事,待其人而后兴,尤必待其人而后成。此中盖有数焉[③]。欲作者[④]难,述者[⑤]亦不易。以述而兼作者,其惟志乎[⑥]?志犹史也,上下千百年间,一邑之山川、人物、风俗、政治,不无因革损益[⑦],述其旧,不能不纪其新。古今郡县志以千百计,如常道将之志《华阳》[⑧],康对山之志《武功》[⑨],尚矣[⑩]。后世非失之繁,即失之简,

---

① 叙:即序,序言。
② 作述:语本《礼记·中庸》:"父作之,子述之。"(《礼记正义》卷五十二,李学勤主编《十三经注疏》标点本,北京大学出版社1999年12月第1版,第1436页。下引此书,只标书名、卷数、页码,余皆省)创始、转述。
③ 盖:副词,大概,大概是。数:天命,命运。焉:语气词,表示停顿,用于句尾。
④ 作者:创始之人。
⑤ 述者:阐述前人成说之人。述:阐述前人成说。《礼记·乐记》:"作者之谓圣,述者之谓明。"(《礼记正义》卷三十七,第1089页)
⑥ 此两句言兼有述者和作者功能的唯有志吗?即是说修志者须兼有述者和作者的能力,在记述中有所创造。其:代词,指代"以述而兼作者"。乎:语气助词,表疑问,相当于"吗"。
⑦ 因革:犹沿革,包括因袭与变革。损益:增减。
⑧ 常道将之志《华阳》:指常璩撰写《华阳国志》。常道将:即常璩(约291—约361),道将是其字,蜀郡江原(今四川省崇州市)人,东晋史学家。常璩于成汉时期曾担任散骑常侍。347年东晋大将桓温伐蜀,常璩劝成汉降晋。后常璩入晋,却受到东晋士族的歧视,因此专注于修史。《华阳国志》:又名《华阳国记》,是我国现存最早、最完整的一部地方志,共十二卷,记录了从远古到东晋永和三年(347)巴蜀史事、这些地方的特产和历史人物,是一部名闻中外、影响深远的史学巨著,是研究我国西南地区山川、历史、人物、民俗的重要史料。
⑨ 康对山之志《武功》:指康海撰修《武功县志》。康对山:即康海(1475—1540),对山是其号,明代文学家,"前七子"之一。在其多种著作中,《武功县志》最为有名。评者认为该志体例严谨,"乡国之史,莫良于此",后世编纂地方志,多以康氏此志作为楷模。
⑩ 尚矣:犹久远。

甚或三长未擅①，五难②不知，言之无文，行之不远③，非史林恶能胜其任乎④！此志之所以必待其人也。

宋赵善赣志《南浦》，王子申叙《新志》，久佚不传⑤。万之有志，创自乾隆大令刘君⑥，代远年湮⑦，略而不备⑧。至道光戊申⑨，学博龚君⑩慨然纂辑，从丁大令⑪请也。旁搜杂引，蔚然成集。略者待补苴，繁者待节取，未尽善也。功未蒇⑫，丁公去而龚君即世⑬。王晓村大令以属范宗山年丈⑭，范君不得辞，乃为增辑厘正⑮之。将成而王公引疾去⑯。已而冯大令因其繁，矫而简之⑰，将欲成一家之言，乃语焉不详⑱，弃取

---

① 三长：指才能、学问、识见三种长处。语出〔后晋〕刘昫等《旧唐书》卷一百二《刘子玄传》："史才须有三长，世无其人，故史才少也。三长：谓才也，学也，识也。"（中华书局1975年5月第1版，第3173页）未擅：未具备。
② 五难：谓有碍养生之道的五种情欲。〔三国·魏〕嵇康《答难养生论》："养生有五难：名利不灭，此一难也；喜怒不除，此二难也；声色不去，此三难也；滋味不绝，此四难也；神虑消散，此五难也。"（《魏晋全书》第二册《嵇康集》卷四，吉林文史出版社2006年1月第1版，第445页）
③ 言之无文，行之不远：说话没有文采，就传播不远。语出《左传·襄公二十五年》："仲尼曰：《志》有之，言以足志，文以足言。不言，谁知其志？言之无文，行而不远。"（《春秋左传正义》卷三十六，李学勤主编《十三经注疏》标点本，北京大学出版社1999年12月第1版，第1024页）下引此书，只标书名、卷数、页码，余皆省）
④ 此句言不是史学界中人怎能胜任（修志）呢？恶（wū）能：怎能。
⑤ 材料见〔南宋〕王象之《舆地纪胜》卷一百七十七《夔州路·万州·碑记》："《南浦志》，赵善赣编。《新志》，王子申序。"（中华书局1992年10月第1版，第4603页）二志均不传。民国《万县志》卷二十二《艺文·旧志（附）》："《新志》，宋王子申撰。按，以上两目并见王象之《舆地碑记目》，原文作'赵善赣志南浦，王子申序新志。''志''序'两文并举，皆言撰也，故直题'撰'字。今俱无存。"赵善赣：字端卿，宋宗室。庆元间万州郡守。撰《南浦志》，惜乎不传，并主修七贤堂。按：赵善赣编《南浦志》、王子申序《新志》是万州地方志最早的文字记载，惜乎今已佚，徒留书名。
⑥ 大令：古时县官多称令，后以大令为对县官的敬称。刘君：指刘高培，其所修乾隆《万县志》乃今传最早的万县地方志。
⑦ 代远年湮：年代久远湮没。
⑧ 略而不备：简略而不完备。
⑨ 道光戊申：即清道光二十八年，1848年。
⑩ 学博龚君：指当时儒学训导龚珏。
⑪ 丁大令：指丁凤皋，曾延请龚珏纂修《万县志》。是为道光《万县志》，已佚。
⑫ 功未蒇（chǎn）：未完成，未竣工。
⑬ 丁公去而龚君即世：丁凤皋去职而龚珏去世。
⑭ 此句言县令王玉鲸以纂修县志之事委托给范泰衡。
⑮ 增辑厘正：增补、考据、订正。
⑯ 王公引疾去：指王玉鲸托病辞官而去。
⑰ 此句言不久冯卓怀县令因其（道光《万县志》及范泰衡修订未完稿）繁缛而删简之，编成咸丰《万县志》。
⑱ 语焉不详：说得不详细。焉：语助词。

略异^①，不足以信今传后^②。

同治壬戌^③夏，余甫下车筹防剿事^④。将欲考山川之险隘，道里之远近，按冯志^⑤求之不可得。谒范年丈，读所辑志稿，瞭如指掌。商同扼险，分布守御，县境获全。志之有益于地方者大矣。嗣奉大宪檄^⑥，取县志无以应。亟请纂成梓之^⑦，而范年丈因团练^⑧事不果，旋于甲子^⑨冬辞位去。

余因击贼查团，尝东游黑象^⑩，西登木枥、天城，南历翠屏、木马，北踞铁凤、高梁，慨然叹山之雄奇，地之险要，与夫田原村落之富且庶也。又尝沿泝^⑪乎大江^⑫之束泻^⑬，溪河之曲折，穆然^⑭见水之秀且丽也。在任历四年，与邑之贤士游，观风考俗，色然^⑮喜风气之敦朴^⑯也。而志犹阙^⑰焉。而范年丈又将入都^⑱就养^⑲矣。余惶然惧志之终不得成也，守土^⑳之责其又奚辞^㉑？乃与邑人士复延^㉒范年丈，于乙丑伏腊设局^㉓，相与采访，

---

① 弃取略异：即取舍不同。
② 信今传后：取信于当今，流传于后世。
③ 同治壬戌：即同治元年，1862年。
④ 余甫下车筹防剿事：我刚到任就筹划防御剿灭（逆贼）之事。下车：指官吏赴任。
⑤ 冯志：指冯卓怀编纂的咸丰《万县志》。
⑥ 嗣：随后。奉：接受，接到。多用于对尊长或上级，含表敬之意。大宪：清代地方官员对总督或巡抚的称谓。檄：官府文书。
⑦ 梓之：制版印刷这部县志稿。
⑧ 团练：宋代至民国初年，于正规军之外就地选取丁壮，加以训练的民间武装组织，称团练。
⑨ 甲子，此即同治三年，1864年。
⑩ 黑象：山名，及下句中的木枥山、天城山、翠屏山、木马山、铁凤山、高梁山，本志卷四《地理志·山川》中俱有载，可以参看。
⑪ 沿泝：顺水下行与逆水上行。泝：同"溯"。
⑫ 大江：此指长江。
⑬ 束泻：江岸狭窄，水流湍急。
⑭ 穆然：静思的样子。
⑮ 色然：喜形于色的样子。
⑯ 敦朴：敦厚朴素。
⑰ 阙：缺少，未完成。也作"缺"。
⑱ 入都：进入都城。
⑲ 就养：接受奉养。
⑳ 守土：指在地方做父母官。
㉑ 奚辞：何辞，为何推辞。奚：疑问词。
㉒ 延：邀请。
㉓ 乙丑：即同治四年，1865年。伏腊：本为古代两种祭祀的名称。"伏"在夏季伏日，"腊"在农历十二月。此指腊祭之日，即农历十二月初八。设局：谓设立专修志书的机构。

重加订正。至丙寅①春暮告成。所谓待其时而后成者非耶②？

夫万志之成，于前代不可考，自乾隆丙寅③成旧志，百余年间，岂果乏纂修之人乎④？ 抑其时之有待乎？迨龚君起而纂辑，迄今几廿年⑤；将成而未成者，又至再至之，卒成于范年丈之乎？旧志⑥以丙寅成，新志仍以丙寅成，非有数存乎其间耶？范年丈，史材也。所志五篇⑦，益以近十余年人文事实。或舍旧从新，或分门附载⑧，而于地利、团防诸大端，三致意⑨焉。若网在纲，有条不紊⑩，以视《华阳》《武功》⑪繁而不杀⑫，洵足⑬信今传后已。呜呼！莫为之前，虽美不彰；莫为之后，虽盛弗传⑭。吾为范年丈幸，且为龚君幸，窃自为幸，实为万人士大幸也！是为叙。

同治五年丙寅春三月、万县知县⑮武威⑯张琴鹤侪撰。

---

① 丙寅：同治五年，即1866年。
② 此句言所谓等待合适的时机然后才能有成，难道不是这样吗？
③ 乾隆丙寅：即乾隆十一年，1746年。
④ 此句言从乾隆《万县志》到如今有百余年，难道真的缺乏纂修之人吗？
⑤ 迄今几廿（niàn）年：到现今将近二十年。
⑥ 旧志：此指乾隆《万县志》。
⑦ 五篇：同治《增修万县志》分为"天文志""地理志""职官志""士女志""艺文志"。
⑧ 附载：附带记载。
⑨ 三致意：再三表达其意。
⑩ 若网在纲，有条不紊：语本《尚书·盘庚上》："若网在纲，有条而不紊。"（《尚书正义》卷九，李学勤主编《十三经注疏》标点本，北京大学出版社1999年12月第1版，第229页。下引此书，只标书名、卷数、页码，余皆省）就好像把网结在提网的总绳上，就有条理而不紊乱。纲：提网的总绳。
⑪《华阳》《武功》：指常璩所撰的《华阳国志》、康海所撰的《武功县志》。
⑫ 繁而不杀：繁多而不减省。杀，读作shài。
⑬ 洵足：确实足以。
⑭ 此几句言没有前人的著作，即使完全不同也不会显扬；没有后人的继承，即使内容丰盛，也不会流传。
⑮ 知县：官名。唐代佐官代理县令称知县事。宋代派朝臣充当县的长官称知（主持）某县事，简称知县。明代始正式用作一县长官名称。清代沿用。
⑯ 武威：县名，唐总章元年（668）改神鸟县置，与姑臧县同为凉州治。1927年，直属甘肃省。1985年，改设武威市（县级）。2001年，设立地级武威市。

《增修万县志》序

道光二十九年己酉①秋，余官②万县，适龚介三学博纂万志③，下车卒卒未问也④。明年，介三即世⑤，邑人士复以万志请。是志也⑥，丁明府九皋属介三辑之⑦，盖梓者半矣⑧。

余尝编阅户籍，因得周历⑨南屏、都历、高梁、大（太）白岩、天城诸险隘。观穹壁之袤亘⑩，与大江之束泻⑪，山川阻塞，如纹在掌，每恨未携邑乘⑫一按索之，归则遍翻⑬介三志稿。星野之分次，县治之沿革，风俗、学校、选举之端委⑭，视缕⑮

---

① 道光二十九年己酉：即1849年。咸丰《万县志》无"二十九年"。
② 官：动词，当官。
③ 此句言正好龚珪在纂修万县的县志。按：龚珪和丁凤皋曾为此志写序，文见后。
④ 下车卒卒未问也：上任匆匆没有过问。
⑤ 明年，介三即世：第二年龚珪去世。即世：去世。
⑥ 是志也：此志也。是：代词，此，这。
⑦ 此句言县令丁凤皋嘱咐龚珪纂成此志。属：委托，嘱咐。
⑧ 盖梓者半矣：大概印出了一半。盖：副词，大概。梓者：已印出的。
⑨ 周历：遍历，遍游。
⑩ 穹壁：高峻的岩壁。穹：高。袤（mào）：犹长。亘（gèn）：绵延。
⑪ 束泻：即束泻，岩石夹江，江水倾泻。
⑫ 邑乘（shèng）：县志。乘：春秋时晋国的史书。《孟子·离娄下》："晋之《乘》、楚之《梼杌》、鲁之《春秋》，一也。"〔东汉〕赵岐注："乘者，兴于田赋乘马之事，因以为名。"（《孟子注疏》卷八上，李学勤主编《十三经注疏》标点本，北京大学出版社1999年第1版，第226页。下引此书，只标书名、卷数、页码，余皆省）后用以称一般史书。
⑬ 翻：翻阅。
⑭ 端委：始末，底细。
⑮ 视缕：详尽地比照。视：比照，比拟。

省志、郡志，比响联辞①，蔚然富也②。然其中繁复挂漏③，往往复有④，而职官、政绩、兵防、驿传、人物、列女、庙祠、坊表⑤及一切，志增入者仅焉⑥。盖介三急竣事⑦，咨访多未报⑧，故先梓以趋之⑨，其待定者，十尚四三也。今是玉人治玉⑩，已几几成器而没⑪，虽工致⑫，必使他工继之。今志稿草创而已，未芟剟⑬也。然而委之，则是蔽美且重劳也⑭；然而遂之，则是曾治玉之不若⑮也。虽然余不文⑯又病且惫，不任⑰纂述，万人士能文者又弗肯任斯志，志是以久阁⑱。

　　辛亥⑲秋，范君宗山⑳补万县教官㉑，万人士属意焉。余遂以属宗山，宗山不获辞㉒，乃慭为增辑㉓。仍之节之㉔，重諟正之㉕，勤诹采㉖，广蒐订㉗，将成，而余适

---

① 比响联辞：喻文辞繁多，接连不断。比响：同时或先后相接的声响。联辞：联缀辞语。
② 蔚然富也：文采华美，内容丰富。
③ 繁复：繁多而复杂。挂漏：犹遗漏。
④ 往往复有：往往又有。复：又。
⑤ 所举项目，均为志书中常有的门类。
⑥ 仅焉：仅此。仅：副词，只，仅仅。焉：代词，相当于"之""此"。
⑦ 盖介三急竣事：大概龚珪急于完事。盖：副词，大概。竣事：了事，完事。
⑧ 咨访多未报：咨询访问的情况尚未报告。咨访：咨询访问。
⑨ 先梓：先付印。趋（cù）之：谓促进此事（指修志）。
⑩ 玉人：雕琢玉器的工人。治玉：整治玉器，谓雕琢玉器及其技艺。
⑪ 此句言几乎成器而去世。此谓龚珪几乎快完成《万县志》而辞世。几几：犹几乎。
⑫ 虽工致：虽然工作细致符合要求。
⑬ 芟（shān）剟：删除。
⑭ 此句言舍弃它（指龚珪编纂的县志）就是掩盖他人之美，而且增加劳累（指舍之重修）。委之：舍弃它。蔽美：掩盖他人的美德、长处。重（chóng）劳：增加劳累。
⑮ 遂之：顺从它。曾治玉之不若：曾经整理玉器而不称心如意。
⑯ 不文：对自己的谦称，犹不才。
⑰ 不任：不能胜任。
⑱ 志是以久阁：县志因此久久搁置。是以：连词，因此，所以。阁：搁置，停辍。
⑲ 辛亥：此处指咸丰元年，即1851年。
⑳ 范君宗山：指范泰衡，宗山是其字。
㉑ 教官：元、明、清时，府、州、县学教授、学正、教谕、训导等掌教诲学生之职者，通称为"教官"。
㉒ 不获辞：未获准推辞。
㉓ 慭（yìn）为增辑：愿意增补编辑。慭：愿意。
㉔ 仍：沿袭。节：指删节。之：代词，它。
㉕ 重諟（shì）正之：重新校正它。諟：校正。
㉖ 勤诹（zōu）采：勤于咨询，采访。诹：咨询，询问。
㉗ 蒐订：广泛搜集订正。蒐：同"搜"。

以疾去官①。万人士属序颠末②，余喟然叹邑③，然喜万志之成有日也。志，吾职也④。今郡县乘⑤以时上著⑥，为令志成，吾职举矣⑦。虽然，万志之成可谓难矣。万自朐忍、羊渠，已入汉《地理志》⑧，其人物胜迹，时时见于《耆旧传》《华阳国志》《集古今记》《图经》《蜀鉴》⑨，而邑乘无闻焉者。⑩赵善赣《南浦志》、王子申《新志序》，又年湮不存，仅于宋王象之《蜀碑碣录》⑪识其篇目而已。国家修养生息⑫二百余载，涵濡翔洽⑬，万人士蒸蒸蔚蔚⑭，胶序⑮如林。然旧志至乾隆丙寅始成⑯。丙寅至今又百余载，草稿未定而九轩去，介三物故，中间阁置几二年。今万志成有日矣，余

---

① 此句言我正好因病辞去官职。
② 属序颠末：嘱咐（我）叙述事情的本末。序：叙述，亦指作序文。颠末：本末，前后经过情形。
③ 喟（kuì）然叹邑：感叹的神情。喟然：感叹、叹息貌。叹邑：感叹悲伤。
④ 志，吾职也：修志是我的职责。
⑤ 郡县乘：即郡县志。
⑥ 以时上著：及时奉上著作。上：奉献，送上。著：撰述。按：前张琴之序有"嗣奉大宪檄，取县志无以应，亟请纂成梓之"等句，可见修撰县志是当时上司下达的政令。所谓"以时上著"即为及时向上呈报所著县志之意。
⑦ 吾职举矣：我的职责得以完成。举：兴办，办理。
⑧ 已入汉《地理志》："朐忍"之名，《汉书》卷二十八上《地理志》、《后汉书》卷三十三《郡国志》有载。"羊渠"之名，未见于今传前后《汉书》。
⑨ 《耆旧传》：即《益部耆旧传》，记载古益州（今西南地区）人物事迹的传记类史书，后世普遍认为乃陈寿所作。《集古今记》：指赵阅道《集古今记》。《图经》：附有图画、地图的书籍或地理志。指唐求缉《图经》。《蜀鉴》：宋代的一部史学著作，作者是郭允蹈。本书所记蜀事，起自秦取南郑，讫于宋平孟昶，上下一千三百余年，共十卷，后二卷为西南夷始末。其叙述蜀事，每条有纲有目有论，其目末兼附考证，极为详审，于地理颇为精核。按：此处所举各地方志，均见雍正《四川通志序》："《蜀志》何昉乎？盖自陈寿《耆旧传》、李膺《益州记》、常璩《华阳国志》、张唐英《蜀梼杌》、赵阅道《集古今记》、唐求缉《图经》、李文子撰《蜀鉴》，作者迭兴，于戏备矣！"（《景印文渊阁四库全书·史部三一七·地理类》第559册，台湾商务印书馆1986年3月第1版，第16页）
⑩ 闻者：听说。者：代词，用在动词之后，组成"者"字结构，用以指代事。
⑪ 《蜀碑碣录》：当即王象之《舆地碑记目》，明人将《舆地纪胜》中的《碑记》录出，辑为《舆地碑记》四卷。其中于蜀地碑碣多有记载。
⑫ 修养生息：指在国家大动荡或大变革以后，减轻人民负担，安定生活，以恢复元气。
⑬ 涵濡：滋润，沉浸。翔洽：和洽，犹安定融洽，和睦融洽。
⑭ 蒸蒸蔚蔚（yù yù）：兴盛众多的样子。
⑮ 胶序：商学名序，周学名胶，后为学校的通称。
⑯ 此句言乾隆《万县志》于1746年修成。乾隆丙寅：即清乾隆十一年，1746年。

又引病去不获睹①，可不谓难与？他日剞劂②毕，宗山尚邮示我一编，当盥手③读之，与万人士共庆斯志之成也。爰留志数语以为序④。

咸丰二年⑤二月，万县知县汉军⑥王玉鲸晓邨撰。

---

① 不获睹：不得目睹。

② 剞劂（jī jué）：刻镂用的刀具。此指雕版印书。

③ 盥（guàn）手：洗手。古人常以手洁表示敬重。

④ 此句言干是留在志书上几句话作为序文。爰（yuán）：连词，于是，就。

⑤ 咸丰二年：即1852年。

⑥ 汉军：清旗籍的一种。凡汉人于明季降清者，依满洲兵制，编入汉军各旗。王玉鲸为内务府镶黄旗汉军武备院笔帖式，故称。

《万县志》原序①

  自古封建②之设，有史无志③，及汉以后改立郡县④，则史归于一⑤，而志各隶于所属⑥。我皇上御极⑦十有一年，自定鼎⑧以来，已百有余年。道洽德涵⑨，文教诞敷⑩，

---

① 此序为乾隆《万县志》作。该志于清乾隆十一年（1746）纂成。由江西庐陵（今吉安县）进士、万县知县刘高培修、县丞赵志本等纂。
② 封建：即封土建国，乃一种政治制度，君主把土地分给宗室和功臣，让他们在这土地上建国。相传黄帝为封建之始，至周制度始备。《礼记·王制》："王者之制禄爵：公、侯、伯、子、男凡五等……天子之田方千里，公、侯田方百里，伯七十里，子、男五十里。"（《礼记正义》卷十一，第330—332页）秦统一中国之后，废封建立郡县。
③ 有史无志：有国家之史书而无地方之志书。史：本为古官名，在王左右的史官，担任祭祀、星历、卜筮、记事等职。《礼记·玉藻》："动则左史书之，言则右史书之。"（《礼记正义》卷二十九，第877页）亦指史册，历史。这里特指官修正史。志：通"识（志）"，记事的著作，特指史书中述食货、职官、礼乐、地理、兵刑等的篇章。这里特指地方志，即记载某一地方的地理、历史、风俗、教育、物产、人物等情况的书，如县志、府志等。
④ 郡县：郡和县均为古代地方行政区划名。郡县之名，初见于周。周制县大郡小，战国时逐渐变为郡大于县。秦始皇统一中国，分国内为三十六郡，正式建立郡县制，以郡统县。汉自景帝平七国之乱后，虽行封王侯建邦国之制，但集权于中央。其后郡县遂成常制。隋唐后，州郡互称，至而郡废。〔西汉〕司马迁《史记》卷六《秦始皇本纪》："今陛下兴义兵，诛残贼，平定天下，海内为郡县。"（郭逸、郭曼标点《史记》，上海古籍出版社1997年8月第1版，第161页）
⑤ 史归于一：正史统一归朝廷编修，他者无权妄纂。
⑥ 志各隶于所属：地方志为所隶属的地方政府编纂。
⑦ 御极：即位。
⑧ 定鼎：相传夏禹铸九鼎以为传受帝位的宝器，比喻得天下、奠定帝业。
⑨ 道洽德涵：治国之道周遍天下，仁政之施包容四海。
⑩ 文教：指礼乐法度、文章教化。诞敷：遍布。《尚书·大禹谟》："帝乃诞敷文德，舞干羽于两阶。"〔西汉〕孔安国传："远人不服，大布文德以来之。"（《尚书正义》卷四，第99页）

即边徼①荒远之乡，亦莫不有记载，以志②国家之盛，以备万年有道、亿祀③无疆之考核④。

余自今之四月承乏⑤南浦，莅任⑥之二日，接见诸绅士⑦，首举邑乘致询，而俱以未及修辑对⑧。旋检簿书⑨，各宪已有檄，饬纂修县志之明文⑩，于是欣然叹曰："士君子苟隶一邑⑪，欲知仰观以合天时，俯察以协地利⑫，考稽⑬往昔以穷其源，扶植⑭将来以浚其委⑮。沿革兴废，计土宜⑯而善其斟酌⑰；彰瘅劝惩⑱，因风俗而深为调剂⑲，莫不于志乎⑳载之，亦莫不于志乎变而通之。此上宪之所以汲汲㉑于志者。

---

① 边徼（jiào）：犹边境。
② 志：记载。
③ 亿祀（sì）：即亿年。祀：岁，年。
④ 考核：研究考证。
⑤ 承乏：语出《左传·成公二年》："敢告不敏，摄官承乏。"［杨伯峻《春秋左传注》（修订本），中华书局1990年5月第2版，第794页］指暂任某职的谦称，谓职位一时无好的人选，暂时由己充数。
⑥ 莅（lì）任：到任。莅：来，到。
⑦ 绅士：旧时称地方上有势力的地主或退职官僚等。
⑧ 对：回答，应答。
⑨ 旋检簿书：立即翻检官署中的文书。旋：急忙。检：翻检。簿书：官署中的文书簿册。
⑩ 此两句言各上司已有文书命令编纂县志的明文。各宪：犹各上司。
⑪ 此句言有学问而品德高尚的人如果供职于一县。士君子：周制，"士"指州长、党正，"君子"指卿、大夫和士。古代亦指上层统治人物或有学问而品德高尚的人。这里指后者，即品学兼优者。邑：旧时县的别称。
⑫ 仰观、俯察：指多方或仔细观察。天时：指时序。地利：地理优势，或指土壤肥沃。
⑬ 考稽：查考，考校。
⑭ 扶植：扶助培植。
⑮ 浚其委：深挖根由。
⑯ 土宜：谓各地不同性质的土壤，对于不同的生物各有所宜。
⑰ 斟酌：考虑可否而决定取舍。
⑱ 彰瘅（dàn）："彰善瘅恶"之省，表彰美善，憎恨邪恶。《尚书·毕命》："旌别淑慝，表厥宅里，彰善瘅恶，树之风声。"〔西汉〕孔安国传："言当识别顽民之善恶，表异其居里，明其为善，病其为恶，立其善风，扬其善声。"（《尚书正义》卷十九，第523页）劝惩："劝善惩恶"之省。《左传·成公十四年》："惩恶而劝善，非圣人，谁能修之？"（《春秋左传正义》卷二十七，第765页）后以"劝善惩恶"指奖勉劝励有善行的人，惩戒有恶行的人。
⑲ 调剂：调节，调整。
⑳ 乎：表缓和语气，表示语气的停顿。
㉑ 汲汲：心情急切的样子。

职是之故①。但万邑昔未有志②。志在人，不必尽在乎书③。万邑今始有志，志在书，志仍在乎人④。"爰集绅士，爰考旧章⑤，爰采诸逸简⑥，爰搜诸残碑，黄发⑦可道其先人，文士可忆其古迹，约略集裘⑧，勉为成帖⑨，而万志以竣⑩。

昔夫子⑪作《春秋》，取其义不因其文，而即其文益著其义⑫。志也者，史之散，即史之基也⑬。其间自天文、地理、赋役、物产、关梁、驿铺、治人、事神、职官、宦绩、文事、武备、忠孝、节义、科第、文章，无不备载。据其实，录其真，不传其浮伪⑭，不加以绚饰⑮，故文无可观而义则有所取尔。

且夫万邑旧无志，无志而修之为创，创则未免缺略⑯而不完顾⑰。余惧其缺，

---

① 职是之故：只是因为这个缘故。职：犹惟，只，表示主要由于某种原因。
② 其实从〔南宋〕王象之《舆地纪胜》卷一百七十七《夔州路·万州·碑记》"《南浦志》，赵善赣编。《新志》，王子申序"的记载来看，万县在宋代已有地方志，故不能言"昔未有志"，但因为早已失传，故可有"昔未有志"之言。万邑：犹万县。
③ 此二句言"志"（关于一县历史的记忆）存在于县人之中，不必尽记载在于书本（指成型的县志）。志：通"识"，记忆，记载。乎：于。
④ 此两句言关于一县历史的记载在书（县志）中，其记忆也仍然存在于县人中。前一"志"字当释为记载，后一"志"字则释为记忆。
⑤ 旧章：过去的典章、制度、法令。
⑥ 逸简：散失的书籍。
⑦ 黄发：指老人。
⑧ 约略：副词，粗略，不详尽。集裘，"集腋成裘"之省，比喻积少成多。腋：指狐狸腋下的毛皮。裘：用毛皮制成的御寒衣服。
⑨ 勉为成帖：勉强成书。勉为：犹言"勉为其难"，勉强做力所不及的事。谦辞。成帖：犹言成书。帖：指书籍的拓印文本。
⑩ 万志以竣：《万县志》因此完成。以：连词。因而，因此。竣：完成。
⑪ 夫子：孔门尊称孔子为夫子，后因以特指孔子。《论语·学而》："子禽问于子贡曰：'夫子至于是邦也，必闻其政，求之与？抑与之与？'"（《论语注疏》卷一，第9页）
⑫ 此两句言采取它的意义而不沿袭它的文字，而依据它的文字，更加突显出它的意义。因：沿袭，承袭。即：按照，依据。著：明显，显著。前句中的"其"字当指孔子著《春秋》所据之鲁史，后句中的"其"字当指孔子编订的《春秋》文本。
⑬ 这几句言方志是正史（一国之史）散见于地方者，也即是正史构建的基础。
⑭ 浮伪：虚假。
⑮ 绚饰：使人眩惑迷乱的装饰。
⑯ 缺略：欠缺，不完整。
⑰ 完顾：完整而前后照应。

尤惧其滥，故宁简而不敢浮取①。又《诗》有之："高山仰止，景行行止。"②先儒③有曰："不有先觉，孰启后贤？"④异日者⑤，济济多士⑥，光大前烈⑦。观冯、程之政绩⑧，则靖共尔位⑨，慈惠之声著矣⑩；景吴、杨之靖难⑪，则终始一节，尽瘁之行笃矣⑫；感邓、傅之孺慕⑬，则瞻依⑭膝下⑮，明发之怀⑯生矣；见崔氏、谭氏之节

---

① 浮取：过量获取。浮：超过，多余。
② 引诗语出《诗经·小雅·车舝》，〔东汉〕郑玄笺："古人有高德者则慕仰之，有明行者则而行之。"(《毛诗正义》卷十四，李学勤主编《十三经注疏》标点本，北京大学出版社1999年12月第1版，第874页。下引此书，只标书名、卷数、页码，余皆省）看到高山就停下来仰望，看到品德高尚的人就效法他。仰止：仰慕，向往。止：语气助词。景行：高尚的德行。一说景行（háng），大路。
③ 先儒：先世儒者，已去世的儒者。
④ 引文意为：没有先觉悟的人，谁来启迪后人？
⑤ 异日者：来日，以后。
⑥ 济济多士：语本《诗经·大雅·文王》："济济多士，文王以宁。"(《毛诗正义》卷十六，第960页）济济：众多貌。多士：古指众多的贤士。
⑦ 前烈：前人的功业。
⑧ 此句言看到宋冯时行与清程正性等人的政绩。冯时行本志卷二十四《职官志·政绩·宋》中有其简介，程正性本志卷二十九《士女志·贤哲·国朝》中有其简介，均可参看。
⑨ 靖共尔位：语出《诗经·小雅·小明》："靖共尔位，正直是与。"(《毛诗正义》卷十三，第803页）靖共：亦作"靖恭"，恭谨地奉守。尔位：你的职位。
⑩ 此句言仁爱的声誉卓著啊。慈惠：犹仁爱。矣：语气助词，与"也"相当。
⑪ 此句指仰慕明吴献柴与清杨存芳等人的平定变乱。景：仰慕。本志卷三十一《士女志·忠烈》中有二人的简介，可参看。靖难：平定变乱。
⑫ 此句言竭尽心力、不辞劳苦的行为笃诚专一啊。尽瘁：竭尽心力，不辞劳苦。笃：纯一，专一。
⑬ 此句指感发明邓璟与傅之元等人对父母的孝敬。二人于本志卷三十一《士女志·孝义·明》中有载，可以参看。孺慕：语本《礼记·檀弓下》："有子与子游立，见孺子慕者，有子谓子游曰：'予壹不知夫丧之踊也，予欲去之久矣，情在于斯，其是也夫。'"〔东汉〕郑玄注："丧之踊，犹孺子之号慕。"(《礼记正义》卷九，第283页）后谓对父母的哀悼、悼念、孝敬为"孺慕"。
⑭ 瞻依：语出《诗经·小雅·小弁》："靡瞻匪父，靡依匪母。"〔东汉〕郑玄笺："此言人无不瞻仰其父取法则者，无不依恃其母以长大者。"(《毛诗正义》卷十二，第751页）瞻仰依恃，表示对尊长的敬意。
⑮ 膝下：指人幼年时常依于父母膝旁，言父母对幼孩之亲昵。《孝经·圣治》："故亲生之膝下，以养父母日严。"〔唐〕唐玄宗注："亲，犹爱也。膝下，谓孩幼之时也。"(《孝经注疏》卷五，李学勤主编《十三经注疏》标点本，北京大学出版社1999年12月第1版，第32页）后用作对父母的亲敬之称。
⑯ 明发之怀：谓孝敬的心怀。

烈①，则从一而终，柏舟之操②励③矣。他如岑公之葆真④，来君之邃《易》⑤，傅翁之彪捷⑥，诵其诗，读其书，因之笃学而砥节⑦、育德而果行⑧，是志⑨之修，虽无进退予夺之权，而感发兴起，若鹏图南⑩，如鸿渐陆⑪；又宁第传其事其人其地已乎⑫，即谓是志为史之权舆⑬也可。兹自蒲节，历乎夷则⑭，与贰尹⑮赵君⑯、学博郭君⑰共相采摭⑱，定为四卷，列为三十六条，始自《舆图》，终于《艺文》，书成，

---

① 此句指见到明沈节妇崔氏与清杜节妇谭氏等人的守节或殉节。关于此二氏，本志卷三十四《士女志·列女》中有载，可以参看。节烈：封建礼教中指妇女守节或殉节。

② 柏舟之操：犹贞洁之操守。《柏舟》：本为《诗经·鄘风》篇名。《诗经·鄘风·柏舟序》："柏舟，共姜自誓也。卫世子共伯蚤（早）死，其妻守义，父母欲夺而嫁之，誓而弗许，故作是诗以绝之。"（《毛诗正义》卷三，第179页）后因以谓丧夫或夫死矢志不嫁。

③ 励：推崇，尊重。

④ 岑公：即岑道愿，隋末从江陵到万州避乱，隐居在长江南岸一石洞（岑公洞）中。本志中有其简介，可以参看。葆真：保持纯真的本性。葆：通"保"。

⑤ 来君：即来知德（1526—1604），明易学家、理学家。本志卷三十五《士女志·流寓》中有其简介，可以参看。邃《易》：精通《周易》。来知德是继孔子后用象数结合义理注释《易经》取得巨大成就的第一人，完成《易经集注》一书，故被称"夫子"。

⑥ 傅翁：指傅尔学。本志卷三十《士女志·武略·国朝》中有其简介，可以参看。彪捷：身体魁伟健壮敏捷。

⑦ 笃学：专心好学。砥节：磨炼气节。

⑧ 育德而果行：犹"果行育德"，以果断的行动培养高尚的道德。语出《周易·蒙》："君子以果行育德。"（《周易正义》卷一，第39页）

⑨ 是志：是，代词，此。是志，犹此志。

⑩ 若鹏图南：典出《庄子·逍遥游》："北冥有鱼，其名为鲲。……化而为鸟，其名为鹏……背负青天而莫之夭阏者，而后乃今将图南。"（方勇、陆永品《庄子诠评》，巴蜀书社1998年9月第1版，第4—5页）后以"图南"比喻人的志向远大。

⑪ 如鸿渐陆：典出《周易·渐》："九三，鸿渐于陆。"（《周易正义》卷五，第218页）谓鸿鹄飞翔从低到高。

⑫ 此句言宁只是姑且传播其事、其人、其地就算了？宁：岂，难道。第：副词，姑且。

⑬ 权舆：起始。

⑭ 此两句言（修志工作）从五月到七月。蒲节：指端午节。因旧时风俗端午节在门上挂菖蒲叶，故称。夷则：十二律之一。阴律六为吕，阳律六为律。夷则为阳律的第五律。律吕相配居第九。这里指代"孟秋之月"，即七月。

⑮ 贰尹：此处乃作为县令副职县丞的别称。

⑯ 赵君：本志卷一《修志姓氏·编纂》："夔州府万县县丞大兴赵志本厚邨。"县丞：官名，秦汉于诸县置丞，以佐令长，历代因之。厚邨乃赵志本的字。

⑰ 郭君：本志卷一《修志姓氏·编纂》："儒学，南溪郭维城。"儒学：当即学博。南溪：县名，即今四川省宜宾市南溪区。

⑱ 采摭（zhí）：采集摘录。

即奉以答宪檄①，留版籍②以待后之博雅君子③备采择焉④。

时乾隆十一年⑤秋月谷旦⑥、赐进士出身⑦、文林郎⑧、知万县事⑨、庐陵刘高培撰。

---

① 宪檄：上司的文书。按，此即前文所言"各宪已有檄，饬纂县志之明文"云云。
② 版籍：户口册，亦指版图、疆域。
③ 博雅君子：谓学识渊博，品行端正之人。
④ 备采择焉：预备采用选择。焉：语气词，表示停顿，用于句尾。
⑤ 乾隆十一年：即1746年。
⑥ 秋月：秋季。谷旦：良辰，晴朗美好的日子。旧时常用为吉日的代称。
⑦ 赐进士出身：科举考试用语。宋代进士科考第分五等，第三等即称"进士出身"。元、明、清经殿试取录者共分三甲，第二甲均赐进士出身。
⑧ 文林郎：文散官（散官，有官名而无固定职事之官，与职事官相对而言。散官又有文散官和武散官之分）名。隋置，取北齐征文学之士充文林馆之义。历代因之。
⑨ 知万县事：知事系官名，为地方行政长官的名称。宋时命京官出守列郡，称为权知某府或某州或某县事，知事之名由此而起。明、清径称县级地方行政长官为知县，民国改知县为县知事，省称知事，后又改知事为县长。

《万县志》原序[①]

万邑不可无志久矣。西蜀富饶甲天下,古称扬一益二[②]。而万为夔门剧邑[③],川原[④]人物冠[⑤]于川东,非寻常民社[⑥]之寄所可品汇[⑦]匹俦[⑧]也。慨自明季[⑨]兵燹[⑩]之余,戕贼[⑪]蹂躏,湮没无存。间得诸父老传闻,而疑信相半,语焉不详,固宜[⑫]其南浦之志之缺如[⑬]也。

我国家休养生息百有余年,阜民成俗[⑭],已臻上理[⑮]。其良法美意,善政善教,

[①] 此序乃赵志本为清乾隆《万县志》而作。
[②] 扬一益二:唐时谓天下之盛,扬州第一而益州次之。〔北宋〕司马光《资治通鉴》卷二百五十九《唐纪》:"先是,扬州富庶甲天下,时人称扬一益二。"〔元〕胡三省注:"言扬州居一,益州为次也。"(中华书局1956年6月第1版,第8430页)
[③] 夔门:长江三峡之首的瞿塘峡西口,江面陡然变窄,两岸峭壁矗立,高入云际,俨然如两扇石门,名为夔门。剧邑:政务繁多的县。
[④] 川原:河流与原野。
[⑤] 冠:乾隆《万县志》作"贯"。
[⑥] 民社:指人民和社稷。
[⑦] 品汇:事物的品种类别。
[⑧] 匹俦(chóu):配得上的,比得上的。
[⑨] 明季:明朝末年。季:末,指一个时期的末了。
[⑩] 兵燹(xiǎn):因战乱所造成的焚烧、破坏。〔元〕脱脱等《宋史·神宗纪二》:"丁酉,诏:岷州界经鬼章兵燹者赐钱。"(中华书局1977年11月第1版,第292页)
[⑪] 戕(qiāng)贼:摧残,破坏。
[⑫] 固宜:犹本应,本当。固:副词,原来,本来。
[⑬] 缺如:空缺。
[⑭] 阜民成俗:使民淳厚成为风俗。阜:谓使之淳厚。
[⑮] 已臻上理:已经达到最高的治理境界。

迈往昔①、启来兹②者，不可胜纪③。而志犹未作，岂学士大夫之倦勤④欤？抑将有待于其人欤？何宜闻而久不闻也。

乙丑⑤之春，本署篆兹土⑥，奉檄⑦饬修县志⑧。是役⑨也，实获我心⑩，而又自问谫劣⑪，未敢冒昧从事。方欲集邑之缙绅先生以资参考，旋因酆都⑫、石砫⑬及楚之利川诸大界会勘⑭，往还仆仆⑮道途，日无宁晷⑯。丙寅⑰，政务稍暇，而新令尹刘君⑱将至。君，江右⑲之伟儒⑳也，与古欧阳㉑同里闬㉒。其才堪华国㉓，不问可

---

① 迈往昔：超越往昔。
② 来兹：来年，泛指今后。
③ 不可胜纪：不能逐一记述，极言其多。
④ 倦勤：谓厌倦于政事的辛劳。
⑤ 乙丑：此指1745年，即乾隆十年。
⑥ 本，赵志本自称。署篆：署印，代理官职，因官印皆刻篆文，故名。兹土：犹此地。
⑦ 奉檄（xí）：奉行官府文书。檄：古代官府文书。
⑧ 饬（chì）修县志：上司命令修撰县志。饬：上级命令下级，多用于旧时公文。
⑨ 是役：犹言这事，指纂修县志之事。
⑩ 实获我心：表示别人说得跟自己的想法一样。
⑪ 谫（jiǎn）劣：浅薄低劣。
⑫ 酆都：隋义宁二年（618）置丰（豐）都县，属巴东郡。明洪武十年（1377）省入涪州，十三年（1380）复置，改为酆都。1958年，改为丰都县。今重庆市。
⑬ 石砫：唐武德二年（619）分浦州（今重庆万州区）之武宁县西界地置南宾县，为石柱建县之始。南宋建炎三年（1129），置石砫安抚司。清乾隆二十二年（1757），改土归流，置石砫厅。乾隆二十六年（1761），升为石砫直隶厅。民国二年（1913），改为石砫县。1959年，改为石柱县。1984年，成立石柱土家族自治县。
⑭ 大界会勘：大范围的边界会同查勘。
⑮ 仆仆：奔走劳顿的样子。
⑯ 日无宁晷（guǐ）：一日之中无安定的时刻。
⑰ 丙寅：此指1746年，即乾隆十一年。
⑱ 新令尹刘君：指新县令刘高培。
⑲ 江右：此处指长江下游以西的地区。
⑳ 伟儒：卓越的儒者。儒者：尊崇儒学、通习儒家经书的人，汉以后泛指一般读书人。
㉑ 欧阳：指欧阳修（1007—1072），字永叔，号醉翁，晚号六一居士，庐陵（今江西省吉安市）人，宋代著名文学家。
㉒ 里闬（hàn）：指里门，代指乡里。
㉓ 才堪华国：才能可以光耀国家。堪：能够，可以。华国：光耀国家。

知。本非敢诿任于人，而实以志欲传久，必得如椽之笔①，始不愧载记之能，不然者，本赞政②于今，十有六七年矣，胡不③早为编辑，而迟之又久，羽书星火④，仍复纡回⑤观望，甘蹈倦勤之咎而不顾耶？盖有其人焉。所谓待其人而后凝者非欤？

刘君莅任三月，出其董贾之才⑥，于理繁治剧⑦之暇，采风问俗⑧，挥毫裕如⑨，而志已告竣⑩。观其宣上德意以与斯民⑪图久远，而博闻广记之中，凡万民沦肌浃髓⑫，以沾濡乎膏泽⑬者，匪朝伊夕⑭也。本为之推其意而序之。

乾隆十一年丙寅孟秋月⑮七夕⑯后八日，夔州府万县县丞赵志本谨序。

---

① 如椽（chuán）之笔：典出〔唐〕房玄龄等《晋书·王珣传》："珣梦人以大笔如椽与之，既觉，语人曰：'此当有大手笔事。'俄而帝崩，哀册谥议，皆珣所草。"（中华书局1974年11月第1版，第1756—1757页）后以"如椽之笔"比喻笔力雄健。犹言大手笔。

② 赞政：犹辅政。赞：辅佐，帮助。

③ 胡不：何不。

④ 羽书：古代军事文书，因插有羽毛表示紧急、必须速递，故称。星火：流星，形容急速。

⑤ 纡回：迟缓。

⑥ 董贾之才：犹董仲舒、贾谊的文才。董仲舒（前179—前104）：广川（今河北省景县）人，西汉思想家、哲学家和今文经学大师。汉武帝下诏征求治国方略，董仲舒在著名的《举贤良对策》中系统地提出了"天人感应""大一统"学说和"罢黜百家，独尊儒术"的主张，为武帝所采纳，使儒学成为我国社会正统思想，影响长达两千多年。贾谊（前200—前168）：洛阳（今河南省洛阳市）人，西汉初年著名政论家、文学家，世称贾生。

⑦ 理繁治剧：谓处理繁重难办的事务。

⑧ 采风问俗：搜集民间歌谣，访问风俗。喻了解世态民情。

⑨ 挥毫：指运笔书写。裕如：形容从容自如。

⑩ 告竣：宣告完成。

⑪ 斯民：指老百姓。

⑫ 沦肌浃髓：语本《淮南子·原道训》："不浸于肌肤，不浃于骨髓。"〔东汉〕高诱注："浸，润也。浃，通也。"（何宁《淮南子集释》卷一，中华书局1998年10月第1版，第70页）渗透入肌肉骨髓，比喻程度或感受之深。

⑬ 沾濡：浸湿，多指恩泽普及。乎：相当于介词"于"。膏泽：滋润作物的雨水，比喻恩惠。

⑭ 匪朝伊夕：不止一日。

⑮ 孟秋月：即农历七月。孟秋：秋季的第一个月。

⑯ 七夕：农历七月初七之夕。

《万县志》原序①

国有史,省郡邑有志,所以资考镜②,示彰劝③、典至钜④也。顾⑤国史⑥载其重者、大者,至于风土人物,惟志所纪特详,而郡志详于省,邑志详于郡。且以邑人读邑志,古迹名胜悉所游历⑦,贤哲言行夙所熟闻⑧,其感发兴起⑨为尤切。

万为蜀东巨邑⑩,幅员之恢广⑪,物产之丰殖⑫,山水之雄奇,宜登典记者,美不胜书⑬,于以⑭钟灵毓秀⑮,笃生英俊⑯,代不乏人⑰。地当冲要⑱,四方贤达,乐

---

① 此序乃丁凤皋为龚珏纂修的道光《万县志》而作。
② 考镜:参证借鉴。
③ 彰:显扬,表彰。劝:劝导,劝说。
④ 典:简册,指可作为典范的重要书籍。这里指县志。至钜:犹至大。
⑤ 顾:视,看。
⑥ 国史:原指当代人修纂的本朝实录和本朝历史,后泛指一个朝代的历史。
⑦ 悉所游历:尽都是所游历过的。悉:尽、全。
⑧ 夙(sù)所熟闻:平素所经常听到的。夙:旧,平素。
⑨ 感发兴起:感奋激发而奋起。
⑩ 巨邑:犹大县。
⑪ 恢广:恢宏广大。
⑫ 丰殖:丰茂,蕃衍。
⑬ 美不胜书:谓其美书之不尽。不胜:犹不尽。
⑭ 于以:犹言至于。
⑮ 钟灵毓秀:谓美好的风土诞育优秀人物。
⑯ 笃生:谓生而得天独厚。英俊:才智卓越,俊逸超群之人。
⑰ 代不乏人:谓每个朝代都不缺少人物。
⑱ 地当冲要:其地处在重要的位置上。冲要:指地理位置或交通位置重要。

游兹土，流寓①尤众。高洁如岑公②，词宗如太白③，硕儒如来瞿塘④，其尤著者也。

万旧有志，创修于山阳刘君⑤，再修于庐陵刘君⑥，固已具著梗概⑦，堪资考溯⑧矣。顾山川人物，所记殊略；征引援据⑨，或未考核，况自乾隆十一年重修，而后幸际累洽重熙⑩，自必人文蔚起⑪。乃载纪⑫阙如，倘因循逾久⑬，潜德之幽光⑭，斯文之征信⑮，或至流传失实，将遂湮没不彰，所关非细也⑯。夫古人往矣，古事渺不相接矣，乃后人执简而稽⑰，犹得⑱历历识之，曰某也忠，某也孝，某也节义⑲，某也文采彪炳⑳，某也名位显达，相与传述之，叹美之，景仰而则效之，愧不获㉑与企慕㉒而欲窃附之㉓。父戒其子，兄勉其弟，于以激厉人心，丕振风俗㉔，顾不伟

---

① 流寓：指流落他乡居住的人。志书中所载"流寓"，多指流落本土的名人。
② 岑公：即岑道愿，隋末从江陵到万州避乱，隐居在长江南岸岑公洞中。
③ 词宗：词章为众所宗仰的人，即词坛泰斗。太白：即李白（701—762），太白乃其字，唐代著名诗人。
④ 硕儒：犹大儒，谓儒学大师。来瞿塘：即来知德，瞿塘是其号。按，本志一律作"瞿塘"，而嘉庆《梁山县志》作"瞿唐"。
⑤ 山阳刘君：指刘乃大，江南淮安府山阳县人，号墨韵。乾隆元年（1736）任万县知县。
⑥ 庐陵刘君：指刘高培，清乾隆十一年（1746）四月任万县知县，修乾隆《万县志》。
⑦ 具著：记载撰著。梗概：大概，概略。
⑧ 堪资考溯：可以提供考证追溯。溯：追溯，推求。
⑨ 征引：引用。援据：引证。
⑩ 幸际：幸运地遇到。际：适逢，恰遇。累洽：谓太平相承。重熙：君主累世圣明。
⑪ 人文：指礼乐教化。蔚起：蓬勃兴起。
⑫ 载纪：犹记载。
⑬ 倘因循愈久：倘若拖延愈久。
⑭ 潜德：谓不为人知的美德。幽光：潜隐的光辉。常用以指人的品德。
⑮ 斯文：指礼乐教化、典章制度。征信：考核证实。
⑯ 所关非细也：所相关的不是细小的事情啊。
⑰ 执简而稽：手持简册而考查。执简：手持简册。简册：书籍的通称。稽：考核，查考。
⑱ 犹得：还可以。
⑲ 节义：谓有节操与义行。
⑳ 文采：词藻雅丽，文章华美。彪炳：形容文采焕发，成绩显著。
㉑ 不获：犹不得，不能。
㉒ 与企慕：追随仰慕者。与：亲附，陪从。
㉓ 欲窃附之：而想要私下跟随他。附：随，跟从。
㉔ 丕振风俗：大力振兴风俗。丕：大。风俗：相沿积久而成的风气、习俗。

欤①！至若②守斯土者③，按籍而考④，知何者良法尚存，当谨守；何者美制已废，当复兴。次第展布焉⑤。是亦立政之权舆、致治之嚆矢⑥也。

予甫下车⑦，睹兹钜典尚缺，力肩斯事⑧。而龚学博介三官斯邑久，于近事尤悉，嘱其搜罗讨论，于旧志略者详之，佚者⑨补之，考据未当者正订之。百年来事实人物，所当逐类丽益者⑩，相与咨访商榷，慎核去取⑪而增入之，而全书乃灿然大备⑫。由是溯措置⑬之原委，而识其要领⑭；缅贤喆之风徽⑮，而得所取法⑯。非徒⑰高谈博雅⑱，饰为观美⑲已也。李文公曰："凡为天下者视千里之都，为千里之都者，视百里之县。"⑳予于斯志之成而深有契于斯言㉑。

---

① 顾不：犹岂不。伟：卓越。
② 至若：连词。表示另提一事。
③ 守斯土者：守卫这片疆土的人，指地方官。斯：指示代词。此，这。
④ 按籍而考：按照簿籍或典籍而考察。
⑤ 次第：依次。展布：犹陈述。
⑥ 致治：使国家在政治上安定清平。嚆（hāo）矢：响箭。因发射时声先于箭而到，故常用以比喻事物的开端，犹言先声。
⑦ 予甫下车：我刚到任。
⑧ 力肩斯事：努力担负此事（即修志之事）。肩：担负。
⑨ 佚者：散失的。
⑩ 逐类丽益者：逐一分类，附加增益的。指县志中增补的事实和人物。丽：附着，依附。
⑪ 慎核：认真查核。去取：舍弃或保留。
⑫ 灿然：明白。大备：一切具备，完备。
⑬ 措置：好的政治措施。
⑭ 要领：要点、关键。
⑮ 此句言缅怀贤哲的风范。喆：同"哲"。风徽：风范，美德。
⑯ 得所取法：得到所要仿效的法则。
⑰ 非徒：不但，不仅。
⑱ 博雅：指文章内容丰富、文辞优美。
⑲ 观美：外观美。
⑳ 出自〔唐〕李翱《平赋书》："凡为天下者视千里之都，为千里之都者视百里之州，为百里之州者起于一亩之田。"（《李文公集》卷三，上海古籍出版社1993年6月第1版，第13页）李文公：指唐代李翱（772—841），字习之，唐陇西成纪（今甘肃省天水市秦安县）人。唐朝文学家、哲学家。他曾从韩愈学古文，协助韩愈推进古文运动，两人关系在师友之间。李翱一生崇儒排佛，认为孔子是"圣人之大者也"（《李文公集》卷四《帝王所尚问》，上海古籍出版社1993年6月第1版，第19页），主张人们的言行都应以儒家的"中道"为标准。
㉑ 深有契于斯言：深深地投合于此言。契：和，投合。

夔州府万县知县、甲辰科①四川乡试同考官②、黔阳③丁凤皋撰。

---

① 甲辰科：清道光二十四年（1844）举行的乡试。科，指科举考试的届次。
② 乡试：明、清两代每三年一次在各省省城举行，中式者称"举人"。四川乡试在成都举行。同考官：明、清乡试、会试中协同主考或总裁阅卷之官。
③ 黔阳：北宋元丰三年（1080）置县，属沅州，治所即今湖南省洪江市西南黔城镇。按：本志卷二十四《职官志·政绩》称"丁凤皋，贵州开州举人。"贵州开州，明崇祯四年（1631）置，属贵阳府，治所即今贵州省贵阳市开阳县。但丁凤皋此处自署为"黔阳丁凤皋"，而龚珏序（文见后）亦称"黔阳丁侯"，则其籍贯当以"黔阳"为当。

《万县志》原序①

夫志者，所以②考疆里③、明职守④、征文献⑤、稽制度⑥也。万县自汉迄明，设州郡、并县者数矣。宋赵善赣志《南浦》、王子申序《新志》，书佚不传⑦。

国朝⑧乾隆十年，刘高培所撰《万县志》，略而芜⑨。道光二十八年⑩，龚君珪续修未就。咸丰二年⑪，范君泰衡踵之，⑫蒐讨⑬缉缀⑭，二君力焉，然颇繁。卓怀

---

① 此序乃冯卓怀为咸丰《万县志》所作。清咸丰年间，万县知县冯卓怀在清道光年间龚珪和咸丰初年范泰衡所撰《万县志》稿本的基础上删繁补缺而成。全志只设地理、职官、人物、典礼四门，十多个条目。
② 所以：用以，用来。
③ 疆里：疆埸（yì）邑里。疆埸，犹疆土。邑里：犹城乡。里：古代地方行政组织。自周始，后代多因之，其制不一。有二十五家为一里者，亦有五十家为一里，七十二家为一里，八十家为一里，一百家为一里，一百一十家为一里者。通常泛指乡里。
④ 职守：犹职责。
⑤ 征文献：验证于文献。征：原文作"徵"，证明，证验。文献：有关典章制度的文字资料和多闻熟悉掌故的人。
⑥ 稽制度：考察制度。稽：考核，查考。
⑦ 书佚不传：谓书散失不流传。佚：失落，散失。
⑧ 国朝：指本朝。这里指清朝。
⑨ 略而芜：简略而杂乱。
⑩ 道光二十八年：即1848年。
⑪ 咸丰二年：即1852年。
⑫ 踵之，比喻继承某人或某事业。踵：脚后跟。
⑬ 蒐讨：寻究探讨。蒐：同"搜"。
⑭ 缉缀：编辑缀合。

因其稿本①，芟乂②掇拾③，凡疆域、沿革、建置、山川、田赋、古迹，皆地理所具也，述《地理志》一；文武、职制，官司所存，述《职官志》二；贤哲、流寓、选举、议叙④、忠义、孝弟⑤、列女、耆年⑥，邦⑦之文献也，述《人物志》三；祠祀⑧、公典⑨、邑所、遵行，备载末编，用存法守⑩，述《典礼志》四。若夫大政之系全省与一郡者，概不录，明体限⑪也。艺文、事迹之应载，及拙诗之稍裨风化者⑫，逐条附注，备观览⑬焉。

咸丰十年五月，长沙冯卓怀识⑭。

---

① 因其稿本：承袭其稿本，意即根据原稿本。
② 芟乂（shān yì）：喻删削修改整治文字。
③ 掇拾：搜集。此句是说，以原书稿为底本删削修改、搜集整理。
④ 议叙：清制，对考绩优异的官员交部核议，奏请给予加级、记录等奖励，谓之"议叙"。
⑤ 孝弟：亦作"孝悌"。孝顺父母，敬爱兄长。
⑥ 耆（qí）年：老年人。此处指高寿者。
⑦ 邦：地区，政区。
⑧ 祠祀：祭祀；立祠祭神或祭祖。
⑨ 公典：国家典章、朝廷法典。
⑩ 法守：谓按法度履行自己的职守。
⑪ 体限：犹体制的限制。
⑫ 稍裨（bì）风化者：稍有益于风俗教化的。裨：补益。风化：犹风俗教化，风气。
⑬ 观览：阅览。
⑭ 识（zhì）：记载。

《万县志》原序[1]

　　常璩曰："善为志者，述而不作[2]而已。"顾作犹得纵其思力[3]、骋其才锋[4]、摛挦宏富[5]、雕琢瑰奇，述皆无所用之。况所采未详则漏，所收未当则滥，语无所本则俚[6]，词多撼拾则浮[7]，考据未富则陋，称引[8]太繁则支[9]。他若偏执而论未醇[10]，好诋诃[11]前人以求胜，粗疏而见不广，祇剿袭[12]陈语以盈篇，二者交讥[13]焉。至若[14]矜持[15]而评骘过刻[16]，骫[17]曲而笔削[18]未严，更无论矣。且作者先著始基之美，述者

---

[1] 此序乃龚珑为自己纂修的道光《万县志》所作。
[2] 述而不作：阐述前人成说，自己并不创新。语出《论语·述而》："述而不作，信而好古。"〔南宋〕朱熹集注："述，传旧而已。作，则创始也。"（〔南宋〕朱熹《四书章句集注·论语集注》卷四，中华书局1983年10月第1版，第93页）
[3] 思力：构思、思维能力。
[4] 才锋：谓杰出的才华。
[5] 摛挦（chī shàn）：铺张，铺陈。宏富：丰富。
[6] 此句言言语没有依据就粗俗。俚：粗俗，不文雅。
[7] 此句言词语收取多了就轻浮。撼拾：收取，采集。
[8] 称引：援引，称述。
[9] 支：繁琐。
[10] 论未醇：犹论说尚未精纯。醇：精纯，纯一不杂。
[11] 诋诃（dǐ hē）：诋毁，指责。
[12] 祇（zhī）：但，只。剿袭：犹抄袭，剽窃人言以为己说。陈语：陈旧的词语。
[13] 交讥：共相讥笑。
[14] 至若：连词，表示另提一事。
[15] 矜持：拘泥，拘谨。
[16] 评骘（zhì）：评定。过刻：过于苛刻。刻：刻薄，苛刻。
[17] 骫（wěi）曲：委曲，曲意求全。
[18] 笔削：指对作品删改订正。笔：书写记录。削：删改时用刀削刮简牍。

乃易为踵事之增①。

宋赵善赣有《南浦志》，王子申有《新志序》，其书必可观，而已久佚②。旧志作于乾隆初年，远事固无征，前明及国初散失者，犹可访求也。今又百余年，追溯愈无从矣。述之难如是，抑又有难者。珪③承乏铎秉④，目击钜典⑤阙如，不揣固陋，即思纂辑⑥，乃荏苒星周⑦，因循弗果⑧。

黔阳丁侯⑨莅止⑩，以教养为己任，甫下车，惩渠恶⑪、除积弊，凡有益于民者，规画略备⑫，谓珪曰："养当徐施，教必预立，正德不容缓于利用、厚生⑬，以身教⑭、以言教⑮、以法教⑯，随时随事，皆可示教。更有植教于无形，敷教为甚速者。邑乘

---

① 踵事之增：追随事件所作的增补文字。
② 而已久佚：然而早已散失。
③ 珪：本序的作者龚珪自称。
④ 铎秉：木铎之柄，喻掌管文教。本序作者为万县儒学训导，故称。
⑤ 钜典，这里指大型的文典，即县志。
⑥ 纂辑：编辑。
⑦ 荏苒（rěn rǎn）星周：谓时间过去一年。荏苒：（时间）渐渐过去，常形容时光易逝。星周：星辰视运动历一周天为一星周，即一年。
⑧ 因循弗果：谓拖延没有结果。因循：拖延。
⑨ 丁侯，即丁凤桌。侯：尊称，又指邑侯，即县令。
⑩ 莅止：来临。
⑪ 惩渠恶：惩罚首恶。渠：指首领。
⑫ 规划略备：规划大致具备。略：副词，大致。
⑬ 正德、利用、厚生：《尚书·大禹谟》："正德、利用、厚生，惟和。"〔西汉〕孔安国传："正德以率下，利用以阜财，厚生以养民，三者和，所谓善政。"（《尚书正义》卷四，第89页）后因称端正德行、物有所用、民有所养为"正德利用厚生"。
⑭ 身教：〔西汉〕刘向《列女传》卷一《鲁之母师》："夫人、诸姬皆师之，君子谓母师能以身教。"（张涛《列女传译注》，山东大学出版社1990年8月第1版，第44页）后以"身教"谓用自身的行为教育别人。
⑮ 言教：用话语引导、教育人。
⑯ 法教：用法制教化人。

所以树彰瘅之正鹄①、妙觉牖之枢机②也。予簿书粟六③，未暇编摩④，子盍为我修之⑤？"

珪闻命憬然⑥，曰："修志无异修史，必兼具才、学、识三长⑦，珪曷敢任⑧？然睹旧志之未善，嗛⑨名区⑩之减色，深惜故事旧章⑪，类多阙遗未载；大惧潜修独行，将至湮久不传⑫。十数年来，所由素念常萦⑬，而有志未逮⑭者，珪曷敢辞⑮？"

爰搜罗群籍，旁参闻见⑯，质诸丁侯⑰，相与商榷正订⑱，徂历寒暑⑲，裒然⑳成编，弗求博雅㉑华瞻㉒，希擅三长，但期无谬误、无遗漏，克尽㉓述者㉔之能事㉕尔㉖。

---

① 树彰瘅之正鹄：树立表彰美善、憎恨邪恶的标靶。彰瘅："彰善瘅恶"之省，谓表彰美善，憎恨邪恶。正鹄：箭靶中心。《礼记·中庸》："子曰：'射有似乎君子，失诸正鹄，反求诸其身。'"〔东汉〕郑玄注："画布曰正，栖皮曰鹄。"（《礼记正义》卷五十二，第1433页）
② 妙觉牖（yǒu）之枢机：县志启人觉悟就像打开窗户的枢机一样。妙觉：佛家语，谓佛果的无上正觉，亦泛指觉悟。枢机：枢与机，比喻事物的关键部分。
③ 簿书粟六：即公务忙碌。簿书：官署中的文书簿册。粟六：犹忙碌。
④ 未暇：谓没有时间顾及。编摩：犹编集。
⑤ 此句言你何不帮我纂修万县志？子：表示第二人称，相当于"你"。盍（hé）：副词，表示反诘，犹何不。之：代词，指修撰《万县志》。
⑥ 憬然：觉悟的样子。
⑦ 才、学、识三长：才能、学问、识见三种才能。
⑧ 曷敢任：何敢胜任。曷敢：犹何敢，怎么敢。
⑨ 嗛（xián）：怀恨。
⑩ 名区：指有名之地。
⑪ 故事旧章：以前的制度、旧时的典章。
⑫ 此两句言大为忧虑的是潜心修养、特立独行的人因为长久被埋没而不能传扬下去。
⑬ 素念常萦：向来的（修志）想法常常萦怀。素：平素，向来，旧时。
⑭ 未逮：不及，没有达到。
⑮ 曷敢辞：怎么敢推辞。
⑯ 旁参闻见：广泛参考听到的和看见的。
⑰ 质诸丁侯：询问于丁凤皋。质：询问，就正。诸：介词，相当于"于"。
⑱ 正订：犹订正，谓校订、改正文字或计算中的谬误。
⑲ 徂（cú）历寒暑：经历寒暑。徂：及，至。
⑳ 裒（póu）然：聚集。
㉑ 博雅：指文章内容丰富、文辞优美。
㉒ 华瞻：瞻，通"赡"，即华赡，华美富丽，多用以形容文辞。
㉓ 克尽：竭尽，尽到。
㉔ 述者：指修志者，因"述而不作"故称。
㉕ 能事：所能之事，所擅长之事。
㉖ 尔：而已，罢了（亦作"耳"）。

拣选知县借补万县儒学①训导渝州龚珪撰。

---

① 拣选：清代官制用语。谓在官员中选择任用。借补：指候补官员因本职额满，暂以高品之官衔补低品之缺。儒学：元、明、清在各府、州、县设立的供生员修业的学校。龚珪的身份为以拣选知县的资格借补万县儒学训导。

《增修万县志》职名

主修
前万县知县　　王玉鲸
钦加①盐运使司②运同③衔、保升同知直隶州知州④、万县知县　　张　琴
纂修
诰封⑤朝议大夫⑥、保升知县加五品衔、前万县训导　　范泰衡

---

① 钦：封建时代指皇帝亲自所做。加衔：给官吏高于本职的官衔，以示尊贵。
② 盐运使司：盐务管理机构。清代于长芦、河东、山东、两淮、两浙、两广皆设盐运使司，嘉庆时河东改设河东道兼办盐法事务。福建初设驿盐道，后改为盐法道。宣统二年（1910）四川将盐茶道改为盐运使司。清末在奉天（今沈阳）添设盐运使司。
③ 运同：清代官名，盐运使司或盐法道或辖盐务分司长官，掌督察各盐场，辅助盐运使或盐法道管理盐务。
④ 同知直隶州知州：作直隶州知州的同知。直隶州：建置最早出现于元代，明、清时地方行政单位之一，以直隶于布政司而得名，与一般隶属于府的散州不同。直隶州相当于现在的省辖市，与府平级；散州相当于现在的县级市，与县平级。同知：职官名。指正官之副。凡主管一事而不授以正官之名，则谓之知某事，如宋代不以枢密院使授人，则称为"知枢密院事"，副使则称为"同知"。辽、金以后，沿此习惯，如府之主官称"知府"，而以府之佐官为"同知"。知州：官名。宋代委朝臣为州一级地方行政长官，称"权知某军州事"，简称知州。明清时成为州长官的名称，为直隶州知州者，地位略低于知府；为散州知州者，地位与知县同。
⑤ 诰封：封建王朝对官员及其先代、妻室授予爵位或称号。
⑥ 朝议大夫：文散官名。隋文帝始置，炀帝时罢。唐为正五品下，文官第十一阶。宋元丰改制用以代太常卿、少卿及左、右司郎中，后定为第十五阶。明从四品初授朝列大夫，升授朝议大夫。清从四品概授朝议大夫。

参阅

钦加国子监学正①衔、万县儒学训导　　陈家谟

分纂

邑候选②教谕③、保升知县、癸卯科副贡④　　陈光熙

邑候选教谕、乙卯科副贡　　朱仁宇

校勘

邑岁贡生⑤　　罗永植

邑候选训导　　杜焕章

邑廪生⑥　　刘家谟

邑廪生　　王　堂

邑监生⑦　　刘　秉

邑监生　　魏明诲

邑庠生⑧　　魏阙安

采访

邑候选学正⑨、丁酉科举人⑩　　陈光烈

邑候选训导、恩贡⑪　　左逢源

---

① 国子监学正：官名。明朝国子监六堂掌管教诲约束学生及讲说经义文字的官员。洪武十五年（1382）改原国子学学正而置。后有所变化。永乐十八年（1420）迁都北京后，定北京十人，南京五人。隆庆四年（1570），革南京一人。

② 候选：清制，京官自郎中以下，地方官自道员以下，凡初由考试或捐纳入仕，以及原官因故开缺依例起复，皆须赴吏部报到，听候依法选用，称为候选。

③ 教谕：学官名。宋代在京师设立的小学和武学中始置教谕。元、明、清县学亦置教谕，掌文庙祭祀，教育所属生员。

④ 副贡：旧时乡、会试因名额限制，未能列于正榜而文字优良者，于发榜时，别取若干，列其姓名于正榜之后，称为"副贡"。

⑤ 岁贡生：即岁贡，科举时代贡入国子监的生员的一种。明、清两代，每年或两三年从府、州、县学中选送廪生升入国子监肄业，故称。

⑥ 廪生：明、清由公家给以膳食的生员。又称"廪膳生"。食廪年深者可充岁贡。

⑦ 监生：国子监学生的简称。国子监是明、清两代的最高学府，照规定必须贡生或荫生才有资格入监读书。所谓荫生即依靠父祖的官位而取得入监的官僚子弟，此种荫生亦称荫监。监生也可以用钱捐到的，这种监生，通称例监，亦称捐监。具有此资格的人，就可以和秀才一样应乡试。

⑧ 庠（xiáng）生：旧时府县学校的生员。

⑨ 学正：地方学校学官。宋元路、州、县学及书院设学正；明清州学设学正，掌教育所属生员。

⑩ 举人：明、清两代称乡试考取的人。

⑪ 恩贡：明、清科举制度规定遇有庆典特恩，准以是年岁贡作恩贡，次贡作岁贡。

邑候选教谕、庚子科副贡　　左翊元

邑候选训导、岁贡　　何登高

邑候选教谕、丁酉科府学选拔　　蒋兴仁

邑候选训导、岁贡　　张美含

邑候选训导、恩贡　　牟维升

邑候选训导、岁贡　　万元俊

邑候选训导、岁贡　　王　涛

邑候选训导、廪生　　刘肇修

邑廪生　　郭斗南

邑廪生　　熊兆麟

邑廪生　　程绍先

邑廪生　　余天池

邑廪生　　向集成

邑廪生　　金维斗

邑廪生　　何海平

邑廪生　　向上佑

邑廪生　　高　霖

邑廪生　　谭一元

邑廪生　　刘吉斋

邑廪生　　刘范宇

邑庠生　　谭孔昭

邑庠生　　甘　泽

邑庠生　　赵维城

邑庠生　　周焯然

邑庠生　　陈钟清

邑庠生　　朱心田

邑庠生　　刘海峰

邑庠生　　杜惠霖

邑庠生　　史秋田

邑庠生　　何茂才

邑庠生　　谭明伦

邑庠生　　谭和雄

邑庠生　　向拱宸
邑庠生　　唐遇清
邑庠生　　谭　彬
邑庠生　　程文璜
邑庠生　　易　溱
邑庠生　　蒋培之
邑庠生　　程复荣
邑庠生　　刘　燮
邑庠生　　陈第镜
邑庠生　　向　煜
邑庠生　　陈品三
邑庠生　　冉奇琯
邑庠生　　廖宴春
邑文童①　　张地模
邑文童　　张心恕
邑文童　　张心连
邑文童　　连学礼
邑文童　　谢大魁
邑文童　　任　莘

绘图

邑监生　　刘　秉

誊录②

邑文童　　王鼎元
邑文童　　刘家让
邑文童　　王　均
邑文童　　易大绂
邑文童　　冯昌翊
邑文童　　杜焕棠

监镌③

---

① 文童：科举时代童生的别称，即应秀才考试的士子，也称儒童。
② 誊录：誊写，抄录。
③ 监镌：监督雕刻。

邑监生　　魏明诲

承梓

岳池梓人①　　向明玉

---

① 梓人：指印刷业的刻版工人。

《万县志》先后修纂职名

乾隆初县志
纂修
万县知县　　刘乃大
赐进士出身、万县知县　　刘高培

道光间县志
主修
甲辰科四川乡试同考官、万县知县　　丁凤皋
纂修
拣选知县、万县儒学训导　　龚　珪

咸丰间县志
纂修
候补知府[①]、万县知县　　冯卓怀

[①] 知府：官名。宋代将大郡升为府，遣朝臣出任长官，称知某府事，简称知府。后成定制。明代时成为府一级行政长官的正式名称，辖州县。清代沿用。

《增修万县志》目录

序

职名

凡例

诸图

天文志　　卷一

星野

地理志　　卷二至二十一

建置沿革　　故城　　废县

疆域　　形胜

山川　　大江　　滩险

城池　　北山石城　　便民、利济池

公署　　公馆　　演武厅

坛壝庙祠　　民间祠庙

户口　　场集

田赋　　杂税　　蠲政　　仓储

水利

学校　　书院　　义学　　考棚　　非宫

风俗　　义局

物产

津梁

驿传

寨堡　　碉洞

关隘　　防堵粤、滇逆贼　　筹防经费　　团练章程

茔墓

坊表

寺观

古迹　　碑碣

职官志　　卷二十二至二十四

历任

仪制

政绩

士女志 _{卷二十五志三十五}

选举　文武

仕进　文武

叙衔

封荫

贤哲　学行　隐逸

宦绩　武略

忠烈　义烈　孝义　救亲割股　累世积善

义行

大年

列女

流寓

艺文志 _{卷三十六}

文　诗　赋

《增修万县志》凡例

　　一① 是编以刘明府始修旧志②为底本，益以龚学博续修志稿③，证之《一统》、省、郡志，参以史集。非好广撷④。县志志详，备輶采⑤也。其沿袭前志未尽注明者，注不胜注也。

　　一 体例于旧志、续修志稿颇有变易，小序于续志增易三分之二，或条目新益，或事实新纂，或意趣略别，非以文论也。

　　一 续志稿附论皆以"按"字起例，兹编间有管窥所及⑥，以"愚按"别之。纪事不注续修补增，录惟其实，毋庸⑦过分也。

　　一 星野参伍⑧历代折衷。本朝推步⑨未谙，而求间曲证⑩，扣盘扪烛⑪之见，斯无取焉。

　　一 建置沿革胪举⑫群书，明有征也。证据《一统》⑬，示所从也。至偶参末议⑭仍疑，

---

① 一：此短横线，为古行文（本）例，标记分段，今一之，不作改动。
② 此指刘高培所修之乾隆《万县志》。
③ 此指龚珪所修之道光《万县志》，已佚。
④ 广撷：广为选取。
⑤ 輶（yóu）采：即輶轩之采，指古代官方派使者采集方言、歌谣等。亦用作收集文人作品之典。
⑥ 管窥所及：从管子里看东西，指见识浅陋或片面。乃谦虚的说法。
⑦ 毋庸：副词。无须；不要。
⑧ 参伍：分划。
⑨ 推步：推算天象历法。古人谓日月转运于天，犹如人之行步，可推算而知。
⑩ 求间：请求对方避开他人与己私语。曲证：详细证明，多方考证。
⑪ 扣盘扪烛：比喻不经实践，认识片面，难以得到真知。扣：敲。扪：摸。
⑫ 胪（lú）举：列举。
⑬ 证据《一统》：证明来源于《一统志》。
⑭ 末议：谦称自己的议论。

则传疑也。

——蠲①政省志恭录恩诏惟谨，兹编只敬纪②万县叠邀蠲免，而国家轸恤③，鸿慈④有加无已于斯见矣。

——学校录《学制》，重以《卧碑》《训饬士子文》，可识为学本末。

——关隘、防堵、团练、筹防紧要务具、水陆驿递、梁万营兵制，旧志所录，损益原委，诸志节之，兹仍悉载，一以重军政，一以备查办。

——职官、政绩皆采之公举⑤，参之舆论，其同团防官事见各志，不特书。

——政绩、人物有见史传他集者，全录不遗，爱重之故，不厌覼缕⑥之。

——人物、列女现存者不录，虽有卓行懿德⑦，留俟⑧异日，惟孝子、悌弟、杀贼、刲股、节妇合例⑨待旌⑩，不在此例。

——艺文，凡邑人现存者，虽佳不录。

——奉行典礼，志未备载，以天下同遵，非万所独也。然不足餍⑪官民隆由之志，乡人又每以不见会典则例为憾，故谨刊《常行典礼》，自为一书以备考。

---

① 蠲（juān）政：蠲免政策，指免除租税、罚款、劳役等。

② 敬纪：恭敬地记录。

③ 轸（zhěn）恤：怜悯。

④ 鸿慈：即大恩，深厚的恩德。

⑤ 公举：共同推举。

⑥ 覼（luó）缕：谓详述。

⑦ 卓行懿德：高尚的品行、美好的品德。

⑧ 俟（sì）：等待。

⑨ 合例：符合规定。

⑩ 待旌：等待表彰。

⑪ 餍（yàn）：满足。

《增修万县志》图考

天文分野图

疆域图

城池图

学宫图

岑洞水帘图

峨眉碛月图

金岛印浮图

仙桥虹济图

鲁池流杯图

秋屏列画图

西山夕照图

天城倚空图

白岩仙迹图

都历摩天图

诸图

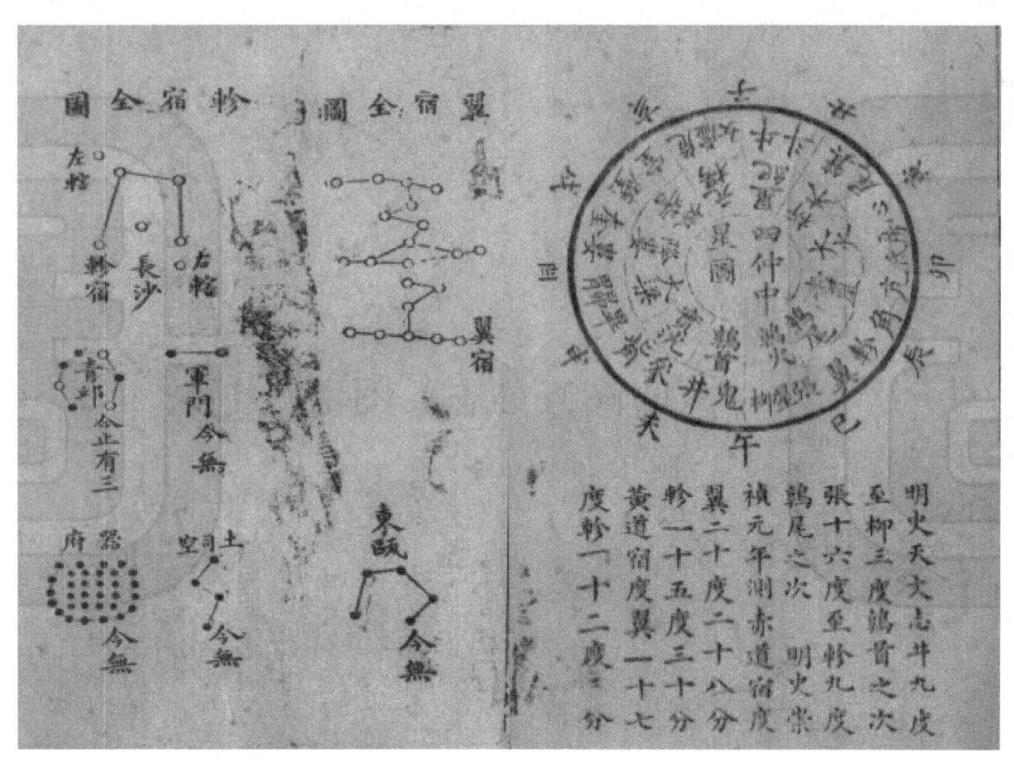

天文分野　图

《明史·天文志》："井九度至柳三度，鹑首之次。""张十六度至轸九度，鹑尾之次。"① 《明史》：崇祯元年测赤道宿度，翼二十度二十八分、轸一十五度三十分；黄道宿度，翼一十七度、轸一十二度三分②。

---

① 这两则材料录自〔清〕张廷玉等撰《明史》卷二十五《天文志一》（中华书局1974年4月第1版，第369页）。《明史》每句末有"也"字。
② 材料见〔清〕张廷玉等撰《明史》卷二十五《天文志一》（中华书局1974年4月第1版，第355—356页）。轸一十二度三分：《明史》作"一十三度零三分"。

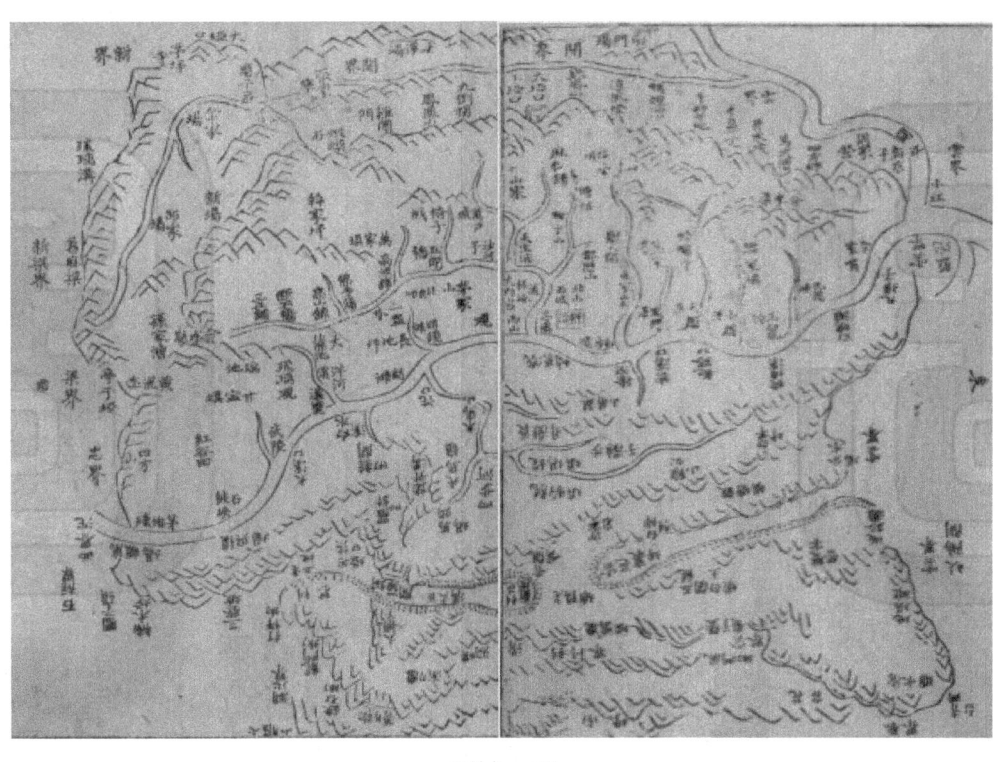

疆 域 图

城 池 图

学宫 图

岑洞水帘 图

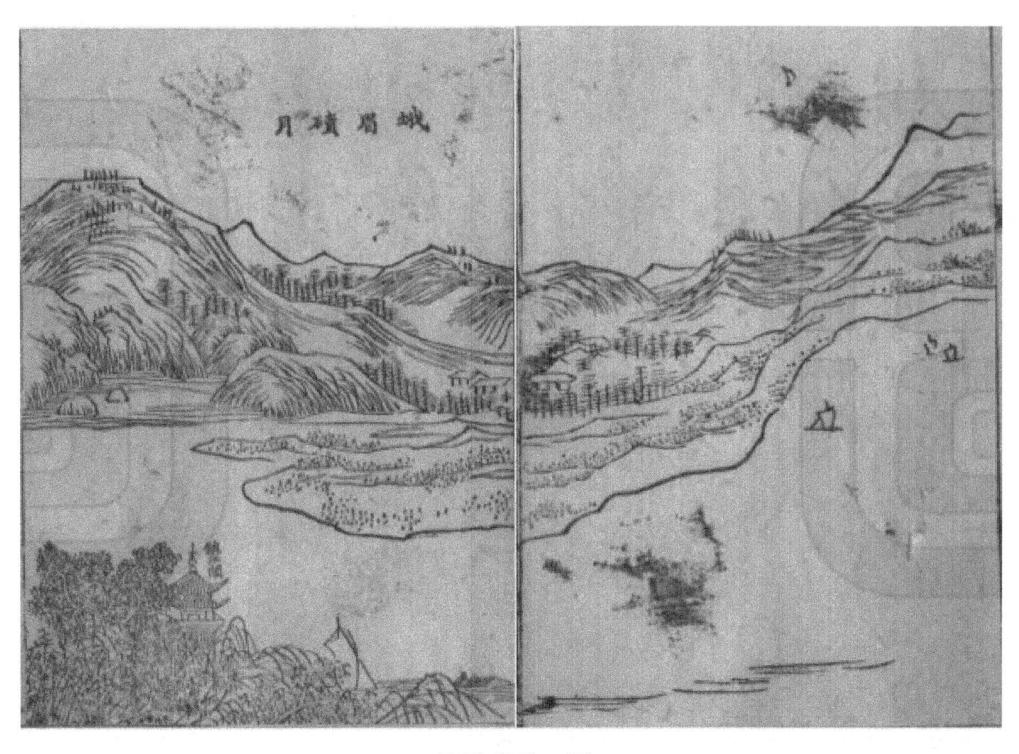

峨眉碛月　图

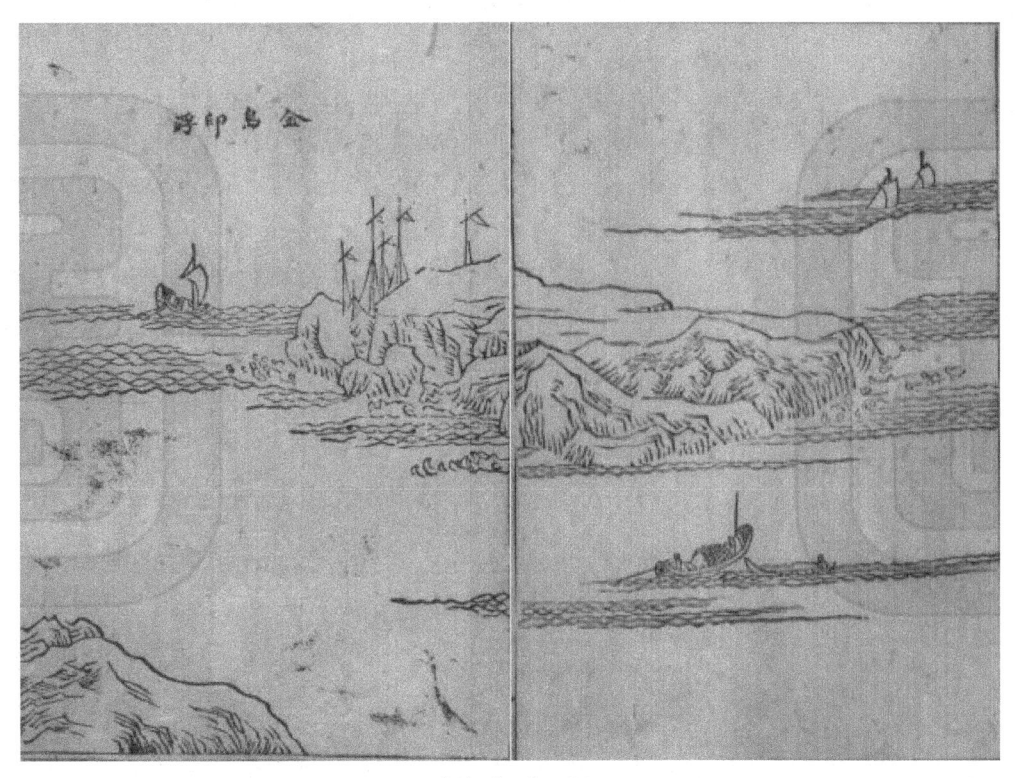

金岛印浮　图

仙桥虹济 图

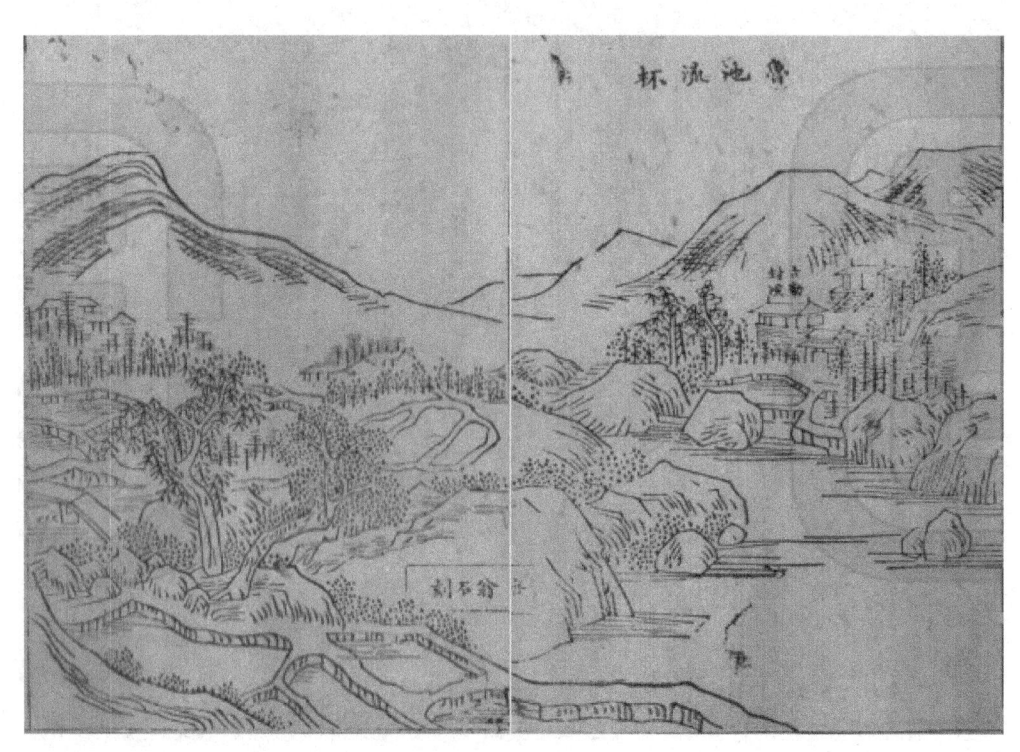

鲁池流杯 图

秋屏列画　图

西山夕照　图

天城倚空　图

白岩仙迹　图

都历摩天　图

《增修万县志》卷一 天文志

星野①

黄帝画野分州而作星官书②,至高阳氏使南正重司天、北正黎司地③,此星野所由昉④欤?后世分区配星,或以州,或以国,或以郡,不及县者,其微难知也。万于汉晋属巴,入参⑤;于唐自为州,入井、鬼⑥;于宋明属夔,入井、鬼;于国朝,

---

① 星野:与星次相对应的地域。古代占星家藉星象观察地面州国的吉凶祸福,将天上十二星次的位置分别指配地上的州国,使其互相对应。名曰星野,实为分野。就天文而言,称为"分星";从地面来说,则为"分野"。

② 黄帝画野分州:说见〔东汉〕班固《汉书》卷二十八上《地理志上》:"昔在黄帝,作舟车以济不通……方制万里,画野分州。"(中华书局1962年6月第1版,第1523页)指黄帝划分疆域而治理。黄帝:传说中五帝之一,因居于轩辕之丘,故名轩辕。曾战胜炎帝于阪泉、蚩尤于涿鹿,诸侯尊为天子。后人以之为中华民族的始祖。作星官书:说见〔南朝·宋〕范晔《后汉书·天文志上》:"至于书契之兴,五帝是作……故星官之书自黄帝始。"(中华书局1965年5月第1版,第3214页)星官:我国古代把天上的恒星几个几个地组合在一起,并命名。这种恒星组合叫星官。

③ 《国语·楚语下》:"颛顼受之,乃命南正重司天以属神,命火正黎司地以属民。"(徐元诰《国语集解》,中华书局2002年6月第1版,第515页)以后文献多有记载,如〔西汉〕司马迁《史记》卷一百三十《太史公自序》:"昔在颛顼,命南正重以司天,北正黎以司地。"(郭逸、郭曼标点《史记》,上海古籍出版社1997年8月第1版,第2476页)〔南朝·宋〕范晔《后汉书·天文志》:"至高阳氏,使南正重司天、北正黎司地。"(中华书局1965年5月第1版,第3214页)颛顼(zhuān xū):五帝之一,黄帝之孙。最初建国于高阳,故号高阳氏(事见《史记·五帝本纪》)。南正:上古天官,职掌天文。重:人名。北正:上古地官,职掌农事。黎:人名。

④ 由昉(fǎng):发端,起始。

⑤ 这两句言万县在两汉和两晋时候隶属于巴东郡,故分野为参。参:即参宿,二十八宿之一,属西方白虎七宿。原来参宿只包括猎户腰带的三颗星(参宿一、参宿二、参宿三),又称将军星。后来才加上肩(右肩,参宿四;左肩,参宿五)、足(右膝,参宿六;左脚踝,参宿七)的四星组成了参宿。

⑥ 这两句意为:万县在唐朝为州,故而分野为井、鬼。井、鬼:即井宿、鬼宿,皆为二十八星宿之一。前者为南方朱雀七宿之首,后者为南方朱雀七宿之二。

属夔，入翼、轸①。地辟于古，星增于旧，自三代②以来，未始有推步③若本朝之精者也。谨遵《大清一统志》，而胪历代史同异著于篇，令求万次④者知所折衷焉。

万县，夔州府属，分星翼、轸，次鹑尾⑤。

《史记·天官书》："觜觿、参，益州。"⑥《前汉书·天文志》："觜觿、参，益州。"⑦《地理志》："秦地于《天官》，东井、舆鬼之分野也……南有巴蜀、广汉、犍为、武都。"⑧《后汉书·天文志》："轸为秦、蜀。"⑨《华阳国志·巴志》："仰禀参

---

① 翼、轸（zhěn）：二十八宿中翼宿和轸宿。翼宿为南方朱雀第六宿。凡二十二星，形状就如张开的鸟翼，部分属于长蛇座，主体属于巨爵座。轸宿为南方朱雀第七宿。古代称车箱底部后面的横木为"轸"，其部位与轸宿居朱雀之位相当，故此而得名。轸宿古称"天车"，有悲痛之意，故轸宿多凶。〔西汉〕司马迁《史记·天官书》："轸为车。"司马贞《索隐》："轸四星居中，又有二星为左右辖，车之象也。"（郭逸、郭曼标点《史记》，上海古籍出版社1997年8月第1版，第1075页）

② 三代：指夏、商、周三个朝代。

③ 推步：推算天象历法。古人谓日月转运于天，犹如人之行步，可推算而知。

④ 万次：万县的星次。古人为了说明日月五星的运行和节气的变换，把黄赤道附近一周天按照由西向东的方向分为十二个等分，叫做星次。十二次的名称为：星纪、玄枵（xiāo）、娵訾（jū zī）、降娄、大梁、实沈、鹑首、鹑火、鹑尾、寿星、大火、析木。

⑤ 次鹑尾：星次为鹑尾。鹑尾：十二星次之一。分野主楚，属荆州。〔唐〕房玄龄等《晋书·天文志》："自张十七度至轸十一度为鹑尾，于辰在巳，楚之分野，属荆州。"（中华书局1974年11月第1版，第288页）可知，其乃为古楚的分野。其与黄道十二宫的室女宫相当。〔史记〕司马迁《史记》卷二十七《天官书》"翼为羽翮（hé），主远客"句下张守节《正义》："翼二十二星，轸四星，长沙一星，辖二星，合轸七星皆为鹑尾，于辰在巳，楚之分野。"（郭逸、郭曼标点《史记》，上海古籍出版社1997年8月第1版，第1074页）可见，其与十二辰相配为"巳"，与二十八宿相配为"翼""轸"两宿。

⑥ 材料出自〔西汉〕司马迁《史记》卷二十七《天官书》（郭逸、郭曼标点《史记》，上海古籍出版社1997年8月第1版，第1094页）。觜觿（zī xī）："觜宿"的早期名称，二十八宿之一。益州：汉武帝所置十三州（十三刺史部）之一，其最大范围（三国时期）包含今四川（川西部分地区）、重庆、云南、贵州、陕西汉中大部分地区及缅甸北部，湖北、河南小部分，治所在蜀郡的成都。以后的辖境逐渐缩小。此段材料认为万县的分野属觜、参。

⑦ 材料出自〔东汉〕班固《汉书》卷二十六《天文志》（中华书局1962年6月第1版，第1288页）。《前汉书》：即《汉书》。此段材料认为万县的分野属觜、参。

⑧ 材料出自〔东汉〕班固《汉书》卷二十八下《地理志下》（中华书局1962年6月第1版，第1641页）。秦：中国周代诸侯国名，在今陕西省和甘肃省一带。东井：即井宿，二十八宿之一。因在玉井之东，故称。舆鬼：即鬼宿，二十八宿中南方七宿之一。这段材料认为万县的分野属井、鬼。

⑨ 材料出自〔南朝·宋〕范晔《后汉书·天文志上》（中华书局1965年5月第1版，第3220页）。这段材料认为万县的分野属轸。

伐。"①又云："其分野舆鬼、东井。"②《晋书·天文志》："陈卓、范蠡、鬼谷先生、张良、诸葛亮、谯周、京房、张衡并云：……觜、参，魏，益州：……巴郡入参八度。"③《地理志》："蜀郡、巴郡之地，总为鹑首分。"④《隋书·天文志》："梁州于《天官》，上应参之宿。"⑤《新唐书·天文志》："东井、舆鬼，鹑首也……西南尽巴、蜀、汉中之地。""翼、轸，鹑尾也……自房陵、白帝而东尽汉之南郡。"⑥《地理志》："……峡、归、夔、澧……为鹑尾分；……开、忠、万、涪……为鹑首分。"⑦《五

---

① 材料出自〔东晋〕常璩《华阳国志》卷一《巴志》[刘琳《华阳国志校注》（修订版），成都时代出版社2007年6月第1版，第1页]。参伐：即二十八宿中的参宿。《晋书·天文志上》："参十星，一曰参伐。"（〔唐〕房玄龄等《晋书》卷十一《天文志上》，中华书局1974年11月第1版，第302页）此段材料认为万县的分野属参。

② 材料出自〔东晋〕常璩《华阳国志》卷一《巴志》[刘琳《华阳国志校注》（修订版），成都时代出版社2007年6月第1版，第4页]。按：《华阳国志》此处兼采《史记》巴蜀入"参"及《汉书·地理志》巴蜀入"井、鬼"两说。

③ 材料出自〔唐〕房玄龄等《晋书》卷十一《天文志上》（中华书局1974年11月第1版，第309—312页）。巴郡：我国古代的郡级行政区，辖今天重庆和四川部分区域。秦于秦惠文王后元九年（前316）置巴郡，郡治江州县（一说初置四川省阆中市，后移治江州县，今重庆市江北区）。东汉兴平元年（194），益州牧刘璋将巴郡一分为三。隋开皇三年（583）巴郡废。隋大业三年（607），改渝州为巴郡。唐武德元年（618），又改巴郡为渝州。至此，巴郡的名称不再使用。

④ 此段材料我们在《晋书·地理志》中没有找到。鹑（chún）首：十二星次之一。与二十八宿相配为井、鬼两宿。〔唐〕房玄龄等《晋书·天文志》："自东井十六度至柳八度为鹑首，于辰在未，秦之分野，属雍州。"（中华书局1974年11月第1版，第309页）可见，其分野主秦。

⑤ 材料出自〔唐〕魏征等撰《隋书》卷二十九《地理志上》（中华书局1973年8月第1版，第829页）。此处言"天文志"乃误，应为"地理志"。梁州：原为《尚书·禹贡》所言古代华夏九州之一，需要强调的是，此非行政区划，指商周时期的四川盆地和汉中地区。后来变为一个行政区域，是三国时期设置的梁州，治所在陕西汉中，隋大业三年（607）废。乾元元年（758）复为梁州。唐德宗改其为兴元府，此后不再称梁州。

⑥ 这两则材料出自〔北宋〕欧阳修、宋祁等《新唐书》卷三十一《天文志一》（中华书局1975年2月第1版，第822页、823页）。房陵：古地名，在今湖北省房县境内。

⑦ 材料出自〔北宋〕欧阳修、宋祁等《新唐书》卷四十《地理志四》（中华书局1975年2月第1版，第1027页）。峡、归、夔、澧：即峡州（北周改拓州置，即今湖北省宜昌市）、归州（唐武德二年即619年置，即今湖北省秭归县）、夔州（唐武德二年即619年改信州置，即今重庆市奉节县）、澧州（梁敬帝绍泰元年即555年始置，今湖南省澧县）。开、忠、万、涪：即开州（西魏废帝二年即553年置，即今重庆市开州区）、忠州（唐贞观八年即634年改临州置，即今重庆市忠县）、万州、涪州（唐武德元年即618年以渝州涪陵镇和巴县地置，即今重庆市涪陵区）。

代史》："鹑首，秦分也，蜀虽属秦，乃极南之表尔。前世火入鬼，其应多在秦。"①《宋史》：益、梓、利、夔四路②分井、鬼。又曰：东井、舆鬼，鹑首也，尽巴蜀汉中之地。《明史·天文志》："四川布政司所属，惟绵州觜分，合州参分，余皆井鬼分。"③《大清一统志》"四川夔州府"："翼、轸分野，鹑尾之次"④。

按，《汉书·天文志》沿《史记》之误，《地理志》近是。顾一书而自歧其说矣⑤。《华阳国志·蜀志》及《隋书》略有异同，惟《后汉志》⑥与诸书迥异，然皆举全蜀言之，未尝析指某郡为某星次也。《晋志》⑦于郡国所入宿度⑧分数特详，第⑨书成于唐，所纪者晋，而所指之郡国皆汉名。在晋，夔自为郡；在汉，夔隶巴郡，相距千余里⑩。昔人讥其支离穿凿，以求合乎《天官书》，即巴郡"入参八分"之说尚不足据，于夔更无当也。《五代史》云"蜀虽属秦，乃极南之表"，意颇疑蜀不尽鹑首之次，而未明言。《宋史》明指"益、梓、利、夔四路分井、鬼，"宜若可据。但其时夔州路所统者，广如渝⑪、忠等处，皆井、鬼分，史只括举一路之大概而言。《明史》时代

---

① 材料见〔北宋〕欧阳修《新五代史》卷六十四《后蜀世家》（中华书局1974年12月第1版，第803页）。《新五代史》无"多"字。尔：通"耳"，表示限止用在句末，可译为"而已""罢了"。
② 益、梓、利、夔四路：宋真宗咸平四年（1001）分西川为益州路、利州路，分峡西路为夔州路、梓州路，统称为川峡四路。益州路治益州（成都市）。后升益州为成都府，益州路更名成都府路。梓州路治梓州（四川省绵阳市三台县）。宋徽宗重和元年（1118）升梓州为潼川府，梓州路更名潼川府路。利州路治所最初设于利州（今四川省广元市），故名利州路。北宋末年因军政合制，迁治兴元府（陕西省汉中市）。元初废。夔州路治所夔州（今重庆市奉节县）。
③ 材料出自〔清〕张廷玉等撰《明史》卷二十五《天文志一》（中华书局1974年4月第1版，第369页）。合州参分：《明史》作"合州参、井分"。绵州：隋开皇五年（585）改潼州置，即今四川省绵阳市。合州：古名垫江，始设于前314年，治所在今重庆市合川区。
④ 材料可见于《嘉庆重修一统志》卷三百九十七《夔州府·分野》（中华书局1986年5月影印第1版，第25册，第19953页）。夔州府：位于重庆市东北部，宋、元为夔州路。明洪武四年（1371）八月"蜀地悉平"后，改夔州路为夔州府，治奉节县。明清属四川布政司。清承明制，但辖境缩小，仅有今重庆市开州区、万州区以东地区。1913年废。
⑤ 《汉书》一书中有不同的说法。按，前面一段是有关分野材料的罗列，此段及以下材料乃本志作者根据材料得出的一些分析和看法。
⑥ 《后汉志》：此处指《后汉书·天文志》。
⑦ 《晋志》：此处指《晋书·天文志》。
⑧ 宿度：天空中标志星宿位置的度数。周天共三百六十五度又四分之一。二十八宿各占若干度。
⑨ 第：但。
⑩ 在两晋大多时候，夔州所属当时属巴东郡（治今重庆市奉节县）。但在两汉的大多时候，三巴没有分离开，巴东郡还未存在，夔州所属当时属巴郡（治今重庆市渝中区）。在后来者看来，奉节县和渝中区二地相距千里。
⑪ 渝：《前汉·地理志》："渝，蜀郡绵虒县玉垒山，渝水所出。"

较近，堪资考证，乃多袭旧说，未尽厘正①。惟《新唐书·天文志》谓"自白帝而东属翼、轸，分鹑尾次"，推步最为精当，实指白帝之名于夔之星野，尤足征信。而《地理志》又谓"利、集、壁、巴、蓬、通、开、忠、万、涪、阆、果、渠②为鹑首分"，则万与夔星次各异。详其文义，自白帝以东属鹑尾次，万在白帝以西，似与夔各为分野。

  我朝玑衡③精审，数理周详，度越④前代。康熙十三年⑤监臣⑥南怀仁⑦撰《恒星经纬度表》，用黄赤⑧经纬⑨互推，乃得二十八宿度分之准。乾隆九年⑩，监臣戴进贤⑪等据新测以证旧经，增星一千六百一十有四，凡赤、黄经纬去极、入宿

---

① 厘正：订正。
② 利、集、壁、巴、蓬、通、开、忠、万、涪、阆、果、渠：即利州（西魏废帝三年即554年置，即今四川省广元市）、集州（北魏废帝三年改东巴州置。宋熙宁五年即1072年废入巴州）、壁州（唐武德八年即625年分巴、集二州置。北宋熙宁五年即1072年废入巴州）、巴州（北魏宣武帝延昌三年即514年置，即今四川省巴中市）、蓬州（北周武帝天和四年即569年置，即今四川省蓬安县）、通州（西魏废帝二年即553年改万州置，即今四川省达州市）、开州、忠州、万州、涪州、阆州（唐玄宗先天二年即713年避李隆基御讳改隆州置，即今四川省阆中市）、果州（唐高祖武德四年即621年置，即今四川省南充市）、渠州（南朝梁武帝大同三年即537年置，即今四川省渠县）。
③ 玑衡（jī héng）："璇玑玉衡"的省称。古代观测天体的仪器，借指天文学。
④ 度越：犹超过。
⑤ 康熙十三年：即1674年。
⑥ 监臣：钦天监的官员。南怀仁曾任钦天监监正（即钦天监长官），故云。
⑦ 南怀仁（1623—1688）：字敦伯，又字勋卿，西属尼德兰皮特姆（今比利时布鲁塞尔附近）人，耶稣会传教士，1658年来华，是清初最有影响的来华传教士之一，为近代西方科学知识在中国的传播做出了重要贡献，乃著名的天文学家、科学家。
⑧ 黄、赤：黄道、赤道。黄道：地球一年绕太阳转一周，我们从地球上看成太阳一年在天空中移动一圈，太阳这样移动的路线叫做黄道。它是天球上假设的一个大圆圈，即地球轨道在天球上的投影。黄道和赤道平面相交于春分点和秋分点。赤道：环绕地球表面，与地球南北两极距离相等的圆周线。通过地心垂直于地球自转轴的平面称为"地球赤道面"。地球赤道面将地球分为南北两个半球，是划分纬度的基准，赤道的纬度是零。
⑨ 经纬：经度与纬度的合称。
⑩ 乾隆九年：即1744年。
⑪ 戴进贤（1680—1746）：字嘉宾，德国天文学家，原名Ignatius Kgler，耶稣会来华传教士，康熙五十五年（1716年）来到中国，被康熙皇帝任命为钦天监监正，1731年为清廷礼部侍郎。在中国供职29年之久。

之度①，厘然②可考。《一统志》③载"夔州府翼、轸分，鹑尾之次"，盖夔统于蜀，而实与楚近，故全川多属鹑首次，惟夔郡与绥定府④、酉阳州⑤、石砫厅⑥则属鹑尾之次，与《新唐书·天文志》合。惟各邑⑦宿度⑧，例不分载，无由剖决⑨。

昔人谓星野有因天运而变者，有因人事而变者。自唐迄今，岁差⑩所积，宿度迁徙。考《唐志》自井十二度至柳六度属鹑首，自张十五度至轸九度属鹑尾⑪。《明志》：自井九度至柳三度为鹑首次，自张十六度至轸九度为鹑尾次⑫。《唐志》较《晋·天文志》所载宿度已殊⑬。至明，鹑首之次凡迁六度，鹑尾之次迁一度⑭。万与夔适当鹑首、鹑尾之交，历久则度迁，度迁则星移，星移则度徙，此天运之变也。

---

① 去极、入宿之度：即去极度和入宿度，皆天文学名词。我国的赤道坐标系继承古代二十八宿记录位置的传统，分为"去极度"和"入宿度"两个量，它们是表示天体位置的最主要数据。去极度就是所测天体距天北极的度数，而"入宿度"，则是以二十八宿中的某个宿的距星为标准，测量这个天体和这个距星之间的赤经差。
② 厘然：清楚、分明。
③《一统志》：从上文可知，此指《大清一统志》。
④ 绥定府：清嘉庆七年（1802），升达州为绥定府，即今四川省达州市。
⑤ 酉阳州：宋绍兴元年（1131）析思州部分地，合酉阳寨置酉阳羁縻州，治所在县境南部官坝（今李溪镇）。民国二年（1913），改酉阳州为酉阳县。1983年，成立酉阳土家族苗族自治县。
⑥ 石砫厅：清乾隆二十七年（1762）改石砫宣慰司置。1913年，改为石砫县。1959年，改为石柱县。1984年，成立石柱土家族自治县。
⑦ 各邑：各县。邑，旧指县。
⑧ 宿度：指天空中标志星宿位置的度数，周天共三百六十五度又四分之一。
⑨ 剖决：分析解决。
⑩ 岁差：由于太阳和月球引力对地球赤道隆起部分的作用及地轴对黄道的倾斜，引起春分点向西移动，使回归年比恒星年短的现象。
⑪〔北宋〕欧阳修、宋祁等《新唐书》卷三十一《天文志一》："东井、舆鬼，鹑首也。初，东井十二度……终，柳六度。""翼、轸，鹑尾也。初，张十五度……终，轸九度。"（中华书局1975年2月第1版，第822页、823页）此处乃综合而言。《唐志》：此处指《新唐书·天文志》。
⑫ 材料出自〔清〕张廷玉等撰《明史》卷二十五《天文志一》："井九度至柳三度，鹑首之次也……张十六度至轸九度，鹑尾之次也。"（中华书局1974年4月第1版，第369页）《明志》：此处指《明史·天文志》。
⑬ 所载宿度已殊：〔唐〕房玄龄等《晋书》卷十一《天文志上》："自东井十六度至柳八度为鹑首……自张十七度至轸十一度为鹑尾。"（中华书局1974年11月第1版，第309页）
⑭《新唐书·天文志》言"井十二度"，《明史·天文志》言"井九度"，相差三度，《新唐书·天文志》言"柳六度"，《明史·天文志》言"柳三度"，相差三度。共相差六度，故云"鹑首之次凡迁六度"。《新唐书·天文志》言"张十五度"，《明史·天文志》言"张十六度"，相差一度，《新唐书·天文志》言"轸九度"，《明史·天文志》"轸九度"，相同。共相差一度，故云"鹑尾之次迁一度"。

至于天象之昭垂①，原以察人事之得失。方今②天下一家，郡之于县，如臂使指，休咎征应③，讵同隔膜？故县无专宿，只统于郡。万在昔别为州，今则隶于夔。此人事之变也。而天运即与孚合，参观天人相与。自当遵《一统志》，与夔郡同属"翼、轸分野、鹑尾之次"为正，而存《唐志》所说，以俟④博雅参考焉。

愚按，《周礼·保章氏》"以星土辨九州之地，所分封域，皆有分星，以观妖祥"⑤。尚矣⑥。然自九州星土书亡，后世以十二国分野，上属二十八宿⑦，述《天官》者疑之。又况析及郡县欤。益⑧，吾不知其为参为井也；夔，吾不知其为轸为翼也；万，吾不知其为井、鬼，为翼、轸也。

余读《汉书·天文志》述《史记》"觜觿、参，益州"，又曰："觜觿，梁也。"⑨又曰："参，梁也。"⑩《晋书》："自毕十二度至东井十五度为实沈……魏之分野，属益州。"⑪此以参属魏兼属蜀也。而《魏书·天象志》："参，魏分。"⑫又曰："参主兵政，晋、魏墟也。"⑬则谓参属魏不属蜀也。

余读《汉书·地理志》：秦地，东井、舆鬼之分野，……巴、蜀……益州，属焉。⑭《唐书·天

---

① 昭垂：明白地显示。

② 方今：如今。

③ 休咎征应：指吉凶的应验。

④ 俟（sì）：等待。

⑤ 《周礼注疏》卷二十六（李学勤主编《十三经注疏》标点本，北京大学出版社1999年12月第1版，第705页）。保章氏：古代世守观察明显反常星象和气象活动者的职务。星土：即分野。所分，《周礼》作"所封"。即分野。妖祥：凶兆和吉兆。

⑥ 尚矣：犹言由来已久啊。尚，久，远。

⑦ 二十八宿：东方青龙七宿：角、亢、氐（dī）、房、心、尾、箕（jī），北方玄武七宿：斗（dǒu）、牛、女、虚、危、室、壁，西方白虎七宿：奎、娄（lóu）、胃、昴（mǎo）、毕、觜（zī）、参（shēn），南方朱雀七宿：井、鬼、柳、星、张、翼、轸（zhěn）。

⑧ 益：指益州。

⑨ 材料出自〔东汉〕班固《汉书》卷二十六《天文志》（中华书局1962年6月第1版，第1304页）。

⑩ 同上，第1305页。

⑪ 材料出自〔唐〕房玄龄等《晋书》卷十一《天文志上》（中华书局1974年11月第1版，第308页）。实沈：星次名。大致相当于二十八宿的觜、参和毕、井的一部分，黄道十二宫的双子座。在十二辰为申。古时为晋之分野。

⑫ 〔北齐〕魏收《魏书》卷一百五之三《天象志一之三》："参，魏分野。"（中华书局1974年6月第1版，第2396页）

⑬ 同上，第2402页。

⑭ 材料出自〔东汉〕班固《汉书》卷二十八下《地理志下》（中华书局1962年6月第1版，第1641页）。此处文字与《汉书》原文略有不同。

文志》："东井据百川上流，故鹑首为秦、蜀墟。"①此以井、鬼属秦兼属蜀也。而《史记》："东井、舆鬼，雍州。"②《后汉书》："东井，秦地。"③《晋书》："东井、舆鬼，秦雍州。"④《隋书》："井为秦分。"⑤则谓井、鬼属秦不属蜀也。

余读《后汉书》："翼、轸为楚。"⑥又曰："轸为秦蜀。"⑦此以轸属秦、楚，兼属蜀也。而《史记》："翼、轸，荆州。"⑧《汉书》："楚地，翼、轸之分野。"⑨《晋书》："翼、轸，楚，荆州。"⑩《魏书》："翼、轸南宫之蕃，又荆州也。"《隋书》："自张十七度至轸十一度为鹑尾……楚之分野。"⑪则谓翼、轸属楚不属蜀也。此即全蜀论之，为参为井为鬼为翼、轸，吾不得而知也。有合夔、万以配参者，《晋书》"巴郡入参八度"⑫，巴郡统朐忍、鱼复⑬者。有合夔、万以配井、鬼者，《宋史》"益、梓、利、夔四路分井鬼"，夔路统达、涪、万、开者。有分夔、万以配井、鬼、翼、轸者，《新唐书》"山南道夔鹑尾分，万鹑首分"⑭，此即夔、万论之，为参，为井，为鬼，为翼、轸，吾尤不得而知也。参之为蜀分也，井、鬼之为蜀分也，实沈鹑首之在西

---

① 材料出自〔北宋〕欧阳修、宋祁等《新唐书》卷三十一《天文志一》（中华书局1975年2月第1版，第818页）。

② 材料出自〔西汉〕司马迁《史记》卷二十七《天官书》（郭逸、郭曼标点《史记》，上海古籍出版社1997年8月第1版，第1094页）。

③ 材料出自〔南朝·宋〕范晔《后汉书·天文志中》（中华书局1965年5月第1版，第3235页）。

④ 材料出自〔唐〕房玄龄等《晋书》卷二十一《天文志下》（中华书局1974年11月第1版，第312页）。

⑤ 材料出自〔唐〕魏征等撰《隋书》卷三十一《天文志下》（中华书局1973年8月第1版，第604—605页）。

⑥ 材料出自〔南朝·宋〕范晔《后汉书·天文志上》（中华书局1965年5月第1版，第3218页）。

⑦ 同上，第3220页。

⑧ 材料出自〔西汉〕司马迁《史记》卷二十七《天官书》（郭逸、郭曼标点《史记》，上海古籍出版社1997年8月第1版，第1094页）。

⑨ 材料出自〔东汉〕班固《汉书》卷二十八下《地理志下》（中华书局1962年6月第1版，第1665页）。

⑩ 材料出自〔唐〕房玄龄等《晋书》卷十一《天文志上》（中华书局1974年11月第1版，第313页）。

⑪ 材料出自〔唐〕魏征等撰《隋书》卷三十一《地理志下》（中华书局1973年8月第1版，第897页）。

⑫ 材料出自〔唐〕房玄龄等《晋书》卷十一《天文志上》（中华书局1974年11月第1版，第309—312页）。

⑬ 鱼复：古县名。春秋时乃是庸国的鱼邑，秦置县。治今重庆市奉节县东白帝城。三国蜀汉刘备为吴将陆逊所败，退居于此，改名永安。晋复旧名。西魏改民复，唐贞观间改名奉节。

⑭ 材料出自〔北宋〕欧阳修、宋祁等《新唐书》卷四十《地理志四》（中华书局1975年2月第1版，第1027页）。

南也。吾知之矣。然水火合于参，梁何以亡？五星聚东井①，汉何以兴？吾不得而知也。万之为井、鬼也，夔之为翼、轸也，鹑首、鹑尾之交，南浦、云安②之会也，吾知之矣。然岁差于上，斗末或变为牛初③；里差④于下，汴南或徙于河北，吾不得而知也。夔为井、鬼，万属夔，而亦为井、鬼也。夔为翼、轸，万属夔，而亦为翼、轸也。魏徙大梁，则西河合于东井；秦拔宜阳，而上党入于舆鬼⑤。人事之变，星家之验也，吾知之矣。然属郡不百年而数更，未因悬象而定经，星附天体而不动，岂以地理而移？吾不得而知也。然则竟不可知乎！郑康成有言："九州分野之书既亡。"⑥后世堪舆⑦所书，易涉于诞。其诞者不可知，吾于其精者知之。

《大清一统志》：夔、绥、酉阳、石砫、太平，翼、轸分。夔无参，万无井、鬼也。夫前代分区配星，密矣。甘石、唐都⑧一行，郭守敬⑨之徒，非不具卓见、负绝识⑩，

---

① 五星聚东井：出自〔西汉〕司马迁《史记》卷八十九《张耳陈余列传》："汉王之入关，五星聚东井。东井者，秦分也，先至必霸。"（郭逸、郭曼标点《史记》，上海古籍出版社1997年8月第1版，第1973页）五星：指岁星、太白、荧惑、辰星、镇星。岁星行于东井，其他四星聚之，这被看作是汉高祖刘邦的"受命之符"。

② 云安：北周天和三年（568），更朐忍县置。即今重庆市云阳县。

③ 斗与牛，俱二十八宿之北方玄武七宿中的第一宿和第二宿，故二者较近。当岁差影响时，斗宿的末端就会被当作牛宿的开头。

④ 里差：古代原始的经度概念。金末元初耶律楚材在西域观察天象时发现。

⑤ 材料出自〔北宋〕欧阳修、宋祁等《新唐书》卷三十一《天文志一》（中华书局1975年2月第1版，第820页）。魏国于前364年迁都大梁，后来霸业衰落，西河之地被秦占领，而东井乃秦之分野，故云西河合于东井。秦、韩发生了宜阳之战。秦武王三年（前308）至秦武王四年（前307），秦国名将甘茂率军在韩国的国中重镇宜阳（今河南省洛阳市宜阳县西）一带同韩国军队发生的战争。韩军最终战败，秦国获胜进占宜阳。后来上党亦被秦攻取。而秦之分野为舆鬼，故云上党入于舆鬼。

⑥ 此话乃郑玄注《周礼·保章氏》中所言，但郑玄只是云"其书亡矣"，此处特加"九州分野之书"。郑康成：即郑玄（127—200），康成是其字，北海高密（今属山东）人。聚徒讲学，弟子多至千人。因遭党锢之祸，遂潜心著述，注《周易》《尚书》《毛诗》《仪礼》《论语》等，是当时著名的经学大家。

⑦ 堪舆：相地、看风水。

⑧ 甘石：战国时齐人甘公与魏人石申的并称。两人皆擅天文之学。唐都：西汉武帝时人，天文学家，祖先为楚国史官。汉武帝太初元年（前104），太史令司马迁等建议废弃原有"颛顼历"另造汉历。唐都参与其中。经近一年时间测试运算，同年新历造成，以正月为岁首，采用有利于农时的二十四节气，年中置闰。新历考订精确，与天体实际运转吻合，史称"太初历"。当年武帝改年号为太初元年。

⑨ 郭守敬（1231—1316）：字若思。邢州邢台县（今河北省邢台市）人。元朝著名的天文学家、数学家、水利工程专家，著有《推步》《立成》等十四种天文历法著作。

⑩ 负：具有。绝识：卓越的见识。

然而不能无失者，其所据疏也。我朝玑衡大备，康熙、乾隆间，监臣撰《恒星经纬度表》，增星千有六百。《钦定历象考成》①以岁差、里差辨其次舍，二十八宿之度分不失序，而九州封域分星益得其准。历列圣钦若②折衷之勤，以垂皇朝敬授③之纪④，复《周官》⑤辨地分星之数，以正屡代分野之疏。推之人事，妖祥起伏而不易向方⑥；验之，各直省⑦，日月剥蚀分数而不移晷刻⑧。盖星野之精，百世以俟而不惑矣。然则夔为翼、轸，万与之为翼、轸，所谓不得而知者，庶其知之乎！如曰万不隶夔，夔、万异宿；隶夔，夔、万同星。不问其推步得失也，吾又恶乎知之？

---

① 《钦定历象考成》：又名《历象考成》，康熙五十二年（1713）清政府组织钦天监内外人员修订《西洋新法历书》，历经九年，编成本书。共四十二卷。上篇十六卷，阐述计算原理，名"揆天察纪"；下篇十卷，讲计算方法，名"明时正度"。另附有运算表十六卷。为三部集《律历渊源》中的第一部。全书整理欧洲古典体系的理论，采用第谷天体运动体系和所定的数据。
② 钦若：敬重顺从。
③ 敬授：即敬授人时，指将历法颁布给百姓，使知时令变化，不误农时。后以之指颁布历书。
④ 纪：法度。
⑤ 《周官》：我国古代关于政治经济制度的一部著作，是古代儒家主要经典之一。包括天官、地官、春官、夏官、秋官、冬官等六篇，又称《周官经》。西汉成帝时，刘歆校理秘府所藏书籍，才将《周官》列入书目，但缺冬官一篇，遂以《考工记》补足。王莽建立新朝，始改《周官》为《周礼》，并宣称这是周公居摄时所制订的典章制度。自郑玄作注后，与《仪礼》《礼记》并列为《三礼》。宋代列入《十三经》，遂成为我国古代法典。
⑥ 向方：谓遵循正确方向。
⑦ 直省：指各省，因直属中央，故称。
⑧ 晷（guǐ）刻：日晷与刻漏，古代的计时仪器。

《增修万县志》卷二　地理志

建置沿革　　故城　废县

夔为《禹贡》梁、荆之域[1]，而万在云安[2]西，盖梁州分[3]，前志不言，文不足征也[4]。自朐忍、羊渠置县，而万之建置沿革乃颇可稽省志。蜀汉隋唐[5]，省复更名，皆有年数，盖其详哉。至于周秦，并为巴地，余读《华阳国志》《汉书·地理》，信矣。而诸志不书，毋乃过慎欤。于是采辑补缀，始自周初，窃取"徐、塞争巴"[6]之意焉。

---

[1]《禹贡》：乃《尚书》中的一篇名，其作者说颇歧纷。其分天下为九州，详细记载了各州的方位、山川、物产等内容。荆：即荆州。乃《尚书·禹贡》所言古代华夏九州之一，在荆山、衡山之间。《禹贡》："荆及衡阳惟荆州。"（李民、王健撰《尚书译注》，上海古籍出版社2000年10月第1版，第177页）荆山在今湖北省襄阳市南漳县。荆州大体相当于今湖北一带，由荆山之下直到衡山（大别山）之南。需要强调的是，此非行政区域概念。后来作为一个行政区域，则从西汉开始。西汉以荆州为十三刺史部之一，与先秦相比，范围有所扩大。辖境相当于湘、鄂二省及豫、桂、黔、粤一部分；汉末以后辖境又逐渐减小。东晋定治江陵，为当时及南朝长江中游重镇。梁：即梁州。原为《尚书·禹贡》所言古代华夏九州之一，需要强调的是，此亦非行政区划，指商周时期的四川盆地和汉中地区。后来变为一个行政区域，是三国时期设置的梁州，治所在陕西汉中，隋大业三年（607）废。唐乾元元年（758）复为梁州。唐德宗改其为兴元府，此后不再称梁州。

[2] 云安：古县名，即今重庆市云阳县。

[3] 分：指分野。

[4] 此两句言以前的志书不说明这一点，因为文献不能证明。

[5] 蜀汉隋唐：指蜀汉、隋朝、唐朝。蜀汉：三国之一。刘备称帝于221年，国号汉，建都成都，历史上又称蜀，或称蜀汉。263年为魏所灭。

[6] 徐、塞争巴：见〔东晋〕常璩《华阳国志》卷一《巴志》："巴东郡，先主入益州，改为江关都尉。建安二十一年，以朐忍、鱼复、汉丰、羊渠及宜都之巫、北井六县为固陵郡……章武元年，朐忍徐虑、鱼复塞机以失巴名，上表自讼，先主听复为巴东。"〔刘琳《华阳国志校注》（修订版），成都时代出版社2007年6月第1版，第31页〕从这段材料可知，因为先主刘备改巴东郡为固陵郡，后来朐忍县人徐虑、鱼复县人塞机因为失去了巴的旧名，于是上表向先主刘备申诉。刘备听从了，重新恢复旧名为巴东郡。建安二十一年：即216年。章武元年：即221年。徐、塞：即徐虑、塞机。

万县

周，巴国地。

《华阳国志·巴志》："武王既克殷，封其宗姬于巴，爵之以子……其地东至鱼复，西至僰道，北接汉中，南极黔、涪。"①

秦，巴郡地。

《华阳国志·巴志》："周慎王五年，蜀王伐苴侯，苴侯奔巴。巴为求救于秦。秦惠文王遣张仪、司马错救苴、巴，遂伐蜀，灭之。仪贪巴（道）〔苴〕之富，因取巴，执王以归，置巴、蜀及汉中郡。"②《太平寰宇记》："万州南浦郡，今理南浦县，其地即春秋时楚之西鄙，为夔子国，亦熊挚受封之所。"③

秦、汉，皆为巴郡朐忍县地。

愚按：《春秋》："楚人灭夔，以夔子归。"杜注："夔……今建平秭归县。"④《春

---

① 引文见刘琳《华阳国志校注》（修订版）（成都时代出版社2007年6月第1版，第4—6页）。武王：即周武王姬发。克殷：大败殷商。殷即商，乃商代迁都于殷（今河南省安阳市西北小屯村）后改用的称号。宗姬：指周王室，因其为姬姓，故称"宗姬"。僰（bó）道：古县名。汉属犍为郡。为僰人所居，故名。王莽时曾改称僰治。地在今四川省宜宾市境。黔：指黔中郡，辖今湖南西北部及湖北、重庆、贵州的临近地区。涪：即汉代的涪陵县、后来的涪陵郡，辖今重庆市彭水县及其周围广大地方。

② 引文见刘琳《华阳国志校注》（修订版）（成都时代出版社2007年6月第1版，第10页）。周慎王五年：即前316年。周慎王：即姬延（前344—前256），亦称王赧（nǎn），后世称"周赧王"，东周第25位君主，亦是最后一位君主，也是周朝在位最长的君主。苴侯：苴国的国君。苴国乃东周战国时期开明氏蜀国的分封国，都城在吐费城（今四川省广元市昭化区昭化镇），第一代君主是蜀王杜尚（开明氏九世）的王弟杜葭萌。所以也称葭萌国。从开明十一世起，苴国与巴国友好，时常与巴国联合抗蜀。巴苴：原作"巴道"，今据《华阳国志》校改。置巴、蜀及汉中郡：从《华阳国志》卷三《蜀志》可知，置巴郡的时间在秦惠文王后元十一年（前314），正式置蜀郡的时间在秦昭襄王二十二年（前285）；从《华阳国志》卷二《汉中郡》可知，置汉中郡的时间在秦惠文王后元十三年（前312）。

③ 引文见〔北宋〕乐史《太平寰宇记》卷一百四十九《山南东道八·万州》（中华书局2007年11月第1版，第2885页）。西鄙：西方的边邑。夔子国：春秋时楚国的同姓国，由熊挚建立，都城在今湖北省秭归县。前634年为楚国所灭。这段材料说法有误，下有本志作者的辨析。《太平寰宇记》：北宋地理总志，乐史撰，著于太平兴国年间（976—983），故名，共200卷。全书卷帙浩繁，采撷宏富，考据精核，博引历代史传、地志、文集、碑刻、诗赋、仙佛杂记约200种，多注明出处，保留了大量珍贵文献。

④ 引文见《左传·僖公二十六年》"经"部分（《春秋左传正义》卷十六，第431页）。建平：即建平郡，三国吴永安三年（260）置，属荆州，治所在信陵县（今湖北省秭归县南）。隋开皇初废。

秋》："楚人、秦人、巴人灭庸。"左氏传：楚伐庸，"七遇皆北，唯裨、鯈、鱼人实逐之。"杜注："庸，今上庸县。""裨、鯈、鱼，庸三邑。鱼，鱼复县。"①余考《宋书·晋太康地志》②："秭归有归乡，故夔子国。"③与杜合④。而隋、唐书：鱼复，梁为信州，唐初始改为夔州⑤。然则今之夔乃古庸属邑，非夔子故国也⑥。夔故国为晋秭归，与朐忍、南浦域异，梁、荆、万岂熊挚受封之所？且万建鱼复之西，其达鱼复，水陆三百里；秭归又鱼复下流。《华阳国志》武王封宗姬于巴，其地东至鱼复，万自属巴不属庸，亦不属夔⑦。《寰宇记》"万即春秋夔子国"，非是。第其言，秦汉皆为巴郡朐忍县地，则据《汉书》⑧云。

愚按：秦始分天下为郡县，汉家郡县多袭秦旧。《寰宇记》谓万州"秦、汉皆为朐忍县地"，秦、汉相沿，岂不然乎⑨！惜汉志有征，秦记不具⑩，然其地属巴郡，

---

① 材料见《左传·文公十六年》"经""传"部分（《春秋左传正义》卷二十，第564页、566页、565页、566页）。庸：古国名，首见于《尚书·牧誓》：王左杖黄钺，右秉白旄以麾，曰："逖矣，西土之人。"王曰："嗟！我友邦冢君，御事、司徒、司马、司空、亚旅、师氏、千夫长、百夫长，及庸、蜀、羌、髳、微、卢、彭、濮人。称尔戈，比尔干，立尔矛，予其誓。"（李民、王健撰《尚书译注》，上海古籍出版社2000年10月第1版，第204页）据载庸曾随同周武王灭商。春秋时，庸是巴、秦、楚三国间较大的国家，建都上庸（今湖北省十堰市竹山县西南）。《华阳国志·巴志》："鲁文公十六年，巴与秦、楚共灭庸。"（〔晋〕常璩撰、刘琳校注《华阳国志校注》，巴蜀书社出版社1984年7月第1版，第31页）即在公元前611年，为楚、秦、巴三国所灭，其地被三国瓜分。杜注：即杜预的注释。左氏传：即《春秋左氏传》，原名《左氏春秋》，汉代时又名《春秋左氏》《春秋内传》，汉以后多称为《左传》。相传是春秋末年鲁国的左丘明为《春秋》做注解的一部史书，与《公羊传》《谷梁传》合称为"春秋三传"。北：战败。鱼复：古邑名，即今重庆市奉节县。
② 《晋太康地志》：全国地理总志，作者不详，今已散佚。据清人毕沅考证，所录地志断代年限为太康三年（282）。《宋书》中引用较多。
③ 〔南朝·梁〕沈约《宋书》卷三十七《州郡三》："按《太康志》云，秭归有归乡，故夔子国，楚灭之。"（中华书局1974年10月第1版，第1123页）
④ 与杜合：指《宋书》引《晋太康地志》所言与杜预注《左传》所言相同。
⑤ 〔唐〕魏征等《隋书》卷二十九《地理志上》："梁置信州。"（中华书局1973年8月第1版，第825页）〔北宋〕欧阳修、宋祁等《新唐书》卷四十《地理志四》："本信州巴东郡，武德二年更州名。"（中华书局1975年2月第1版，第1028页）信州：南北朝、隋唐时期的行政区划名称，梁普通四年（523）分益州而成，治鱼复县（今重庆市奉节县）。唐武德二年（619），因避皇外祖独孤信之讳，改名夔州。
⑥ 此句言唐以后的夔州（夔州治地奉节）乃春秋时候古庸国所属的鱼邑，与古代夔子国无关（夔子国治地秭归县）。
⑦ 夔：此指夔子国。
⑧ 《汉书》卷二十八上《地理志上》有"巴东郡"条，其列十一县，中有朐忍县。
⑨ 岂不然乎：难道不是这样吗。
⑩ 这两句意为可惜汉代志书有证验，但秦代文献却没有记载。

则俯仰周汉，界画荆、梁[1]，无疑义矣。

汉，巴郡朐忍县地。

《汉书·地理志》："巴郡，秦置……县十一：江州、临江、枳、阆中、垫江、朐忍<small>容毋水所出，南有橘官、盐官。师古曰：朐音劬</small>、安汉、宕渠、鱼复、充国、涪陵。"[2]《后汉书·郡国志》："巴郡……十四城……：江州、宕渠、朐忍<small>《巴汉志》曰："山有大小石城势者"</small>、阆中、鱼复、临江、枳、涪陵、垫江、安汉、平都、充国、宣汉、汉昌。"[3]《寰宇记》："南浦县，旧八乡，今一十五乡。本汉朐忍县地。"[4]《续汉志》："朐䏰属巴郡。"《一统志》表万县"汉朐忍县地"[5]。

后汉，分朐忍置羊渠县，蜀汉建兴八年，改羊渠为南浦，属巴东郡。

《华阳国志》：献帝初平元年，益州牧刘璋以朐忍至鱼复为固陵郡。建安六年，鱼复蹇允白璋争巴名，璋乃以固陵为巴东郡。……先主入益州，改为江关都尉。建安二十一年，以朐忍、鱼复、羊渠及宜都巫、北井六县为固陵郡。……章武元年，

---

[1] 此句言万县乃古荆州与梁州的分界处。
[2] 引文见〔东汉〕班固《汉书》卷二十八上《地理志上》"巴郡"条（中华书局1962年6月第1版，第1603页）。其中"南"，《汉书》正文后有"入江"二字。"师古曰：朐音劬"乃颜师古的注，非正文内容。师古：即颜师古（581—645），名籀，字师古，隋唐以字行，故称颜师古，京兆万年（今陕西省西安市）人。其是名儒颜之推之孙，少传家业，博览群书，学问通博，擅长于文字训诂、声韵、校勘之学。
[3] 引文见〔南朝·宋〕范晔《后汉书·郡国志五》（中华书局1965年5月第1版，第3507页）。"朐忍"后面的小字乃刘昭之注，非正文内容。
[4] 引文见〔北宋〕乐史《太平寰宇记》卷一百四十九《山南东道八·万州》（中华书局2007年11月第1版，第2887页）。
[5] 〔明〕李贤等《大明一统志》卷七十《夔州府》："万县……本汉朐忍县地。"（三秦出版社1990年2月影印第1版，第1087页）《嘉庆重修一统志》卷三百九十七《夔州府·建置沿革·万县》："万县……汉朐忍县地。"（中华书局1986年5月影印第1版，第25册，第19957页）

朐忍徐虑、鱼复䆁机以失巴名，上表自讼，先主听，复为巴东南郡①。《宋书·州郡志》：南浦令下云："刘禅建兴八年十月，益州牧阎宇表改羊渠立。羊渠不详。何志：吴立。"②郡志："后汉置。"③《一统志》：南浦县，蜀汉更名，属巴东郡④。

愚按：《后汉书》益州巴郡十四城，视《前汉志》⑤，增平都、宣汉、汉昌，而羊渠不与焉。《宋书》："羊渠不详。何志：吴立。"此省志"三国吴置之"所本欤⑥？然《宋书》多采何、徐⑦，《州郡》⑧其曰"不详"，疑之也⑨。夫朐忍至鱼复之为

---

① 引文见刘琳《华阳国志校注》（修订版）（成都时代出版社2007年6月第1版，第22—31页）。初平：根据刘琳《华阳国志校注》（修订版）校勘应为"兴平"。䆁允：《华阳国志校注（修订版）》作"䆁胤"。宜都：郡名。《沈志》引习凿齿云："（建安十三年）魏武平荆州，分南郡枝江（今湖北宜都枝城镇东）以西为临江郡。建安十五年刘备改为宜都。"建安二十四年关羽败死后属吴（见《通鉴》卷六八）。辖今湖北省宜都市至重庆市巫山县之间的地区。（录自〔晋〕常璩撰、刘琳校注《华阳国志校注》，巴蜀书社出版社1984年7月第1版，第72页）巫：即巫县，战国时为楚国的巫郡，秦昭襄王三十年（前277），省郡改置巫县（见《史记·秦本纪》《水经注·江水》）。隋开皇三年（583），改为巫山县，属建平郡。巫山在县东，也称巫峡，县因以为名。自唐朝至明代，巫山县建制基本没有变化。清康熙九年（1670），大昌县并入巫山县。汉代巫县的县域比今天巫山县要大，辖今重庆市巫山县及湖北省建始、恩施等地。北井：即今重庆市巫溪县。建安十五年（210），巫县分设北井县，县治在今巫溪县城厢镇。民国三年（1914），因县名与山西省大宁县同名，遂改名巫溪县。巴东南郡：这是本志作者引用有错，"南郡"乃《华阳国志》下一句之言，云"南郡辅匡为太守"，即辅匡为改名后的巴东郡太守，其为南郡人。
② 引文见〔南朝·梁〕沈约《宋书》卷三十七《州郡三》（中华书局1974年10月第1版，第1120页）。建兴八年：即230年。羊渠不详：指不知羊渠县建置于何时。何志：指何承天所撰《州郡志》。"何志：吴立"：指何承天所修宋书的《州郡志》认为羊渠县乃三国吴所立。
③ 本志中的"郡志"多指《夔州府志》，言羊渠"后汉置"的是清道光《夔州府志》，其载："后汉置羊渠县。"（中华书局2011年12月点校第1版，第20页）明正德《夔州府志》和清乾隆《夔州府志》俱未涉羊渠县。
④ 《嘉庆重修一统志》卷三百九十七《夔州府·建置沿革·万县》："三国吴置羊渠县，蜀汉建兴八年改置南浦县，属巴东郡。"（中华书局1986年5月影印第1版，第25册，第19958页）
⑤ 此句言《后汉书》中益州巴郡有十四个县城，相比于《汉书·地理志》中十一个县城，只增加了平都、宣汉、汉昌三县城，但没有羊渠。《前汉志》：此指《汉书·地理志》。
⑥ 此句言《宋书》中转引的何志"吴立"乃后来省志认为羊渠县乃三国吴所立的本源。如清嘉庆《四川通志》卷三《舆地志二·建置沿革二》："万县，汉朐忍县地，三国吴置羊渠县，蜀汉建兴八年改置南浦县。"（巴蜀书社1984年12月影印第1版，第561页）
⑦ 何、徐：指何承天和徐爰。何承天在宋元嘉时就开始修撰《宋史》，后来在宋大明时期徐爰亦撰有《宋书》，《隋书·经籍志》著录徐爰《宋书》六十五卷。南朝齐永明年间，沈约奉命修撰《宋书》，多依据何承天、徐爰等人的旧作。
⑧ 《州郡》：即《州郡志》，说明何承天、徐爰的《宋书》均有《州郡志》。
⑨ 此处言《宋书》对于羊渠县何时所置说"不详"，而不是采用"何志：吴立"的观点，就说明《宋书》作者对"何志：吴立"持有怀疑的态度。

固陵郡，自刘璋已然。先主因之。又增巫、北井、宜都，即秭归，蹉跌①。吴人未能越白帝而西，岂能分朐忍置邑？固宜其疑之，而不敢定也。《华阳国志》：建安二十一年，先主以朐忍、羊渠六县为固陵郡，羊渠见献帝建安间，其为后汉置，又何疑焉？书缺有间矣。安知不如和帝之分枳置平都②，分宕渠东北置宣汉、汉昌③欤？郡志作"后汉置"，近是。

愚按，《晋书》巴东郡南浦断为汉置④，而《宋书》直书蜀汉建兴改羊渠立，具年月，果何据哉？余读《宋书·州郡志》，皆原本班固、马彪，太康元年定户、王隐《地道》、晋世《起居》《永初郡国》、何徐《州郡》及地理杂书，且谓三国无志，事出帝纪，虽立郡时见，而置县不书，今唯以《续汉·郡国》校《太康地志》，参伍征验⑤其志⑥，蜀汉改立南浦，盖非无稽⑦。至《华阳国志》记蜀平之后，吴

---

① 蹉跌：失足跌倒，比喻失误。
② 和帝之分枳置平都：东汉和帝永元二年（90），分枳县地置平都县（即今重庆市丰都县），治所倚平都山（名山），故名。
③ 分宕渠东北置宣汉、汉昌：东汉和帝永元年间（89—104），分宕渠县北部地置宣汉县（今属四川省达州市），取义宣扬汉王德威，仍属益州巴郡。和帝永元三年（91）划宕渠之北，包括今四川省巴中市巴州区、通江、南江、平昌及万源等地的巴河流域地区，置汉昌县（治今巴州区巴州镇）。
④ 材料见〔唐〕房玄龄等《晋书》卷十四《地理志上》（中华书局1974年11月第1版，第437页）。
⑤ 此处引自〔南朝·梁〕沈约《宋书》卷三十五《州郡一》："千回百改，巧历不算，寻校推求，未易精悉。今以班固马彪二志、太康元康定户、王隐《地道》、晋世《起居》《永初郡国》、何徐《州郡》及地理杂书，互相考覆。且三国无志，事出帝纪，虽立郡时见，而置县不书。今唯以《续汉郡国》校《太康地志》，参伍异同，用相征验。"（中华书局1974年10月第1版，第1028页）班固、马彪：即《宋书》中的班固、马彪二志，即班固《汉书·地理志》和司马彪《续汉书·郡国志》。按，司马彪（？—306）撰《续汉书》80卷。范晔《后汉书》问世后，司马彪的《续汉书》逐渐被淘汰，惟有八志因为补入范晔《后汉书》而被保留下来。太康元年定户：《宋书》作"太康元康定户"。太康：乃晋武帝司马炎的年号，从280年至289年共使用了10年。元康：乃惠帝司马衷的年号，从291年至299年共使用了9年。定户：封建政府将编户按贫富高下定等的制度。王隐《地道》：即王隐《晋书·地道记》，乃东晋史学家王隐所撰《晋书》中的一篇，为地理志。王隐《晋书》内容多已散佚，其中《地道记》一篇经有清一代辑佚家的相继努力，已渐完整。《起居》：即《起居注》，我国封建时代记载帝王言行、兼记朝政大事的日记体史册名称。为历代编修实录及正史的主要史料来源之一。"起居注"的正式名称始于汉代。魏晋以后始设专官编撰，历代沿袭。《永初郡国》：即《永初郡国记》，书名，南朝齐刘澄之撰，记南朝宋永初时辖境内政区沿革之事。《续汉·郡国》：即司马彪《续汉书·郡国志》。参伍：错综比较。征验：应验，证实。
⑥ 其志：指《宋书·州郡志》。
⑦ 盖非无稽：并非没有根据。

寇南浦①，已知南浦之名，晋仍②蜀汉，若迄吴平巴东，后省羊渠置南浦③。文不比属④，则简编残蚀脱误⑤，不必曲为解矣。

晋及宋、齐、梁因之，为南浦县。

《晋书·地理志》：巴东郡统县三，鱼复、朐䏰、南浦⑥。《宋书·州郡志》：巴东郡领县七：鱼复、朐䏰、新浦、南浦、汉丰、巴渠、鼋阳⑦。《一统志》：晋、宋、齐，南浦县⑧。

按，省志、郡志、旧志但言宋、齐，不及梁。在梁武帝时，巴蜀俱为南朝有，安得不书？考《梁书》虽无志，而《武帝本纪》有南浦侯萧推⑨，以南浦为封爵，则邑仍旧名可知。况《隋书》于宋、齐、梁所改郡县名，俱载《地理志》，南浦未尝改革，固当与晋及宋、齐并书，勿致一代独阙也。

愚按，《南齐书·州郡志》今诸本缺巴⑩，无考，从《一统志》书之。《梁书》无志，

---

① 〔东晋〕常璩《华阳国志》卷一《巴志》："泰始二年……吴武陵太守孙恢寇南浦，安蛮护军杨宗讨之，退走。因表以宗为武陵太守，住南浦。"〔刘琳《华阳国志校注》（修订版），成都时代出版社2007年6月第1版，第32页〕此事发生在晋武帝泰始二年（266）或以后，魏灭蜀在263年。故此处云"蜀平"。

② 仍：因袭，依旧。

③ 〔东晋〕常璩《华阳国志》卷一《巴志》："迄吴平巴东后省羊渠置南浦。"任乃强认为："此'巴东'二字为衍文，盖谓晋太康元年平吴后始省羊渠县。"（《四川州县建置沿革图说·羊渠故治考》，巴蜀书社、成都地图出版社2002年9月第1版，第247页）刘琳校注《华阳国志》，将"巴东后"放入后一句，断句为："迄吴平，巴东后省羊渠，置南浦。"〔刘琳《华阳国志校注》（修订版），成都时代出版社2007年6月第1版，第33页〕

④ 比属：细则。

⑤ 残蚀脱误：残缺、剥落、脱漏、错误。

⑥ 见〔唐〕房玄龄等《晋书》卷十四《地理志上》（中华书局1974年11月第1版，第437页）。

⑦ 见〔南朝·梁〕沈约《宋书》卷三十七《州郡三》（中华书局1974年10月第1版，第1120页）。

⑧ 《嘉庆重修一统志》卷三百九十七《夔州府·建置沿革》："晋及宋齐因之。"（中华书局1986年5月影印第1版，第25册，第19958页）

⑨ 材料见〔唐〕姚思廉《梁书》卷三《武帝本纪下》："十一月辛酉，贼攻陷东府城，害南浦侯萧推。"（中华书局1973年5月第1版，第94页）萧推：字智进，南兰陵（治今江苏省常州市西北）人。少清敏，好属文。南朝梁武帝普通六年（525），以王子例封南浦侯。侯景作乱，守建康（今南京）东府城，城陷见害。今存诗一首，见《先秦汉魏晋南北朝诗》。

⑩ 今中华书局点校本《南齐书》卷十五《州郡志下》有"巴州"条，其下有"巴东郡"统领"南浦"等七县（中华书局1972年1月第1版，第275页）。

而《武帝本纪》载太清二年八月侯景①反，十一月攻陷东府城，害南浦侯萧推，足证南浦仍旧名，做亦得书。梁末万已入魏，故不及陈。《隋书·地理志》："逮于陈氏，土宇弥蹙，西亡蜀、汉。"②亦其征也。

后魏改置鱼泉县。

《寰宇记》："南浦县，本汉朐䏰县地，后魏废帝元年分朐䏰之地置鱼泉县，以地土多泉，民赖鱼罟为名。"③《一统志》："魏更名鱼泉。"④

愚按，《南北史》：梁孝元帝承圣二年夏五月，魏大将尉迟迥进兵逼巴西，秋八月，平蜀⑤，即魏废帝之二年也。《寰宇记》：废帝元年置鱼泉县⑥，是岁⑦萧纪⑧据益州，巴蜀尚非魏有，鱼泉置县，考古者疑焉。然安知非"己亥三豕"⑨之讹欤。又《寰宇记》

---

① 侯景（503—552）：本姓侯骨，字万景，朔州（今山西省朔州市）人，羯族。先归顺东魏权臣高欢，后于太清元年（547）率部投降梁朝。太清二年（548）发动侯景之乱，翌年攻破建康，屠戮门阀世家。大宝二年（551）篡位自立，自称皇帝，国号汉。其后，梁元帝组织江州刺史王僧辩和东扬州刺史陈霸先，率军收复建康，平定侯景之乱。其为部下所杀。
② 引文见〔唐〕魏征等《隋书》卷二十九《地理志一》（中华书局1973年8月第1版，第807页）。陈氏：指陈国，乃陈霸先建立，故称。
③ 引文见〔北宋〕乐史《太平寰宇记》卷一百四十九《山南东道八·万州》（中华书局2007年11月第1版，第2887页）。后魏：此处指西魏。废帝元年：即552年。西魏废帝：即元钦（525—554），西魏政权第二位皇帝，魏孝文帝元宏曾孙，魏文帝元宝炬嫡长子。大统十七年（551）元宝炬去世，太子元钦继位，史称西魏废帝。未建年号，称元年。鱼罟（gǔ）：鱼网。
④《嘉庆重修一统志》卷三百九十七《夔州府·建置沿革·万县》："后魏改曰鱼泉。"（中华书局1986年5月影印第1版，第25册，第19958页）
⑤ 事可见〔唐〕李延寿《南史》卷八《元帝本纪》（中华书局1975年6月第1版，第240页）。承圣二年：即553年。承圣乃梁元帝萧绎的年号，从552年至555年，梁元帝于554年去世，梁敬帝萧方智即位沿用到555年4月。
⑥〔北宋〕乐史《太平寰宇记》卷一百四十九《山南东道八·万州》："南浦……后魏废帝元年分朐忍之地置鱼泉县。"（中华书局2007年11月第1版，第2887页）
⑦ 是岁：这一年，即西魏废帝元年，即551年。
⑧ 萧纪（508—553）：字世询，梁元帝萧绎之弟。历任彭城太守，迁益州刺史。治理蜀地，颇有政绩，拜征西大将军。和梁元帝争夺帝位，称帝于成都，年号天正，受到西魏韦孝宽和梁元帝的讨伐。天正二年（553），被樊猛杀害，后被追谥为贞献王。
⑨ 己亥三豕：典故名，见《吕氏春秋·察传》："子夏之晋，过卫，有读史记者曰：'晋师三豕涉河。'子夏曰：'非也，是己亥也。夫己与三相近，豕与亥相似。'至于晋而问之，则曰晋师己亥涉河也。"（张双棣等译注《吕氏春秋》，中华书局2007年12月第1版，第229—230页）"亥"和"豕"的篆文字形相似，容易混淆。后用以指书籍传写或刊印中文字因形近而误。

"废帝三年移巴东郡于梁置阳口县理"①，又安知鱼泉置县非三年一时事欤②？《一统志》取《隋书》，以"改置安乡，属后周"，录正史也，而"后魏置鱼泉"，仍从《寰宇记》③，补正史所不备也。

后周置安乡郡，寻改县曰安乡，郡曰万川。隋开皇初郡废，十八年仍改县曰南浦，属巴东郡。

《隋书·地理志》：巴东郡，统县十四：人复、云安、南浦、梁山、大昌、巫山、秭归、巴东、新浦、盛山、临江、武宁、石城、务川。南浦注："后周置安乡郡，后改县曰安乡，改郡曰万川。开皇初郡废。十八年，县改名焉。"④《寰宇记》："万州……后魏分朐䏰县地置安乡郡及鱼泉县，后又改安乡郡为万川郡，鱼泉县为万川县，兼立南州于此。隋开皇初郡废而州存，十八年改万川县为南浦县。大业三年州又废，并其地复入巴东郡。"⑤旧志、省志从《隋书》。《一统志》同。

唐武德⑥初属信州⑦。二年，析信州置南浦州，领南浦、武宁⑧、梁山⑨。八年，州废，南浦隶夔州，武宁隶临州⑩。九年复置，曰浦州，仍领三县。贞观八年⑪，

---

① 引文见〔北宋〕乐史《太平寰宇记》卷一百四十八《夔州》（中华书局2007年11月第1版，第2872页）。阳口县：南朝梁置，属巴东郡，治所在今重庆市奉节县西南长江南岸安坪镇。西魏废。理：官署。
② 这句言又怎么知道迁巴东郡治到阳口县的官署和置鱼泉县不是同一时间的事情呢？
③《隋书》和《寰宇记》中的材料见下。后周：此指北周。
④ 见〔唐〕魏征等《隋书》卷二十九《地理志一》（中华书局1973年8月第1版，第825—826页）。开皇十八年：即598年。开皇：乃隋文帝杨坚的年号，从581年至600年共使用了20年。
⑤ 引文见〔北宋〕乐史《太平寰宇记》卷一百四十九《万州》（中华书局2007年11月第1版，第2885页）。大业三年：即607年。"大业"乃隋炀帝杨广的年号。南州：北周置，治所万川郡万川县（今重庆市万州区）。辖境相当今重庆市万州区及梁平区等地。隋大业初废。
⑥ 武德：乃唐高祖李渊的年号，也是唐朝的第一个年号。从618年至626年共使用了9年。
⑦ 信州：南朝梁普通四年（523）分益州置，治所在鱼复县（西魏改为人复，今重庆市奉节县东十里白帝城）。隋大业三年（607）改为巴东郡。唐武德元年（618）复为信州，次年改为夔州。
⑧ 武宁：古县名，北周建德四年（575）改源阳县置，为怀德郡治，治所在今万州区西南武陵镇。明洪武四年（1371）省入万县。
⑨ 梁山：古县名，北周天和二年（567）置，属万川郡，即今重庆市梁平区。
⑩ 临州：西魏废帝二年（553）置，治所在临江郡临江县（今重庆市忠县）。隋大业初废。义宁二年（618）复置，唐贞观八年（634）改为忠州。
⑪ 贞观八年：即634年。按，"贞观"乃唐太宗李世民的年号，从627年至649年共使用了23年。

改曰万州。天宝①初曰南浦郡。乾元②初复曰万州，属山南东道。五代③因之，属山南道，地入前后蜀④。

《新唐书·地理志》：山南东道，领江陵府及峡、归、夔、澧、郎、忠、涪、万、襄、泌、唐、随、邓、均、房、复、郢、金十八州。又"万州南浦郡，下："本南浦州，武德二年析信州置。八年州废，以南浦、梁山隶夔州，武宁隶临州。九年复置，曰浦州。贞观八年更名。……县三：南浦、武宁、梁山。"⑤《寰宇记》"山南东道·万州"："唐武德三年……割信州之南浦、梁山、武宁三县，于此置南浦州，领南浦、梁山、武宁三县。八年，废南浦州，以南浦、梁山属夔州，武宁属临州。其年，复立浦州，依旧领三县。贞观八年改为万州。天宝元年改为南浦郡。乾元元年复为万州。"⑥《十道志》：万州南浦郡，土地所属与通州同。汉为巴郡朐忍县地。《旧五代史·郡县志》：山南道，州十八：襄、邓、唐、复、金、忠、万、夔、利、阆、果、朗、集、凤、唐、商、随、合⑦。《一统志》：唐五代万州南浦郡，武德二年置南浦州，八年废，旋复置浦州。贞观八年改万州，属山南东道⑧。

---

① 天宝：乃唐玄宗李隆基的年号，从742年至756年共使用了15年。
② 乾元：乃唐肃宗李亨的年号，从758年至760年共使用了3年。
③ 五代：史称后梁、后唐、后晋、后汉、后周为五代。
④ 前后蜀：即前蜀、后蜀，俱为五代时之十国。前蜀：唐大顺二年（891）王建攻占成都，任成都尹、剑南西川节度使，是为王氏据蜀之始。天复三年（903），封为蜀王，兼并东川、山南。天祐四年（907）唐亡，王建称帝，建国号蜀，定都成都，史称前蜀。咸康元年（925）为后唐所灭。凡二主，共二十三年。后蜀：后唐同光三年（925）孟知祥任成都尹、西川节度使。应顺元年（934）称帝，建国号蜀，定都成都，史称后蜀。疆域承前蜀旧地。广政二十八年（965），为宋所灭。凡二主，共三十三年。
⑤ 材料出自〔北宋〕欧阳修、宋祁等《新唐书》卷四十《地理志四》（中华书局1975年2月第1版，第1030页）。其中"郎"《新唐书》作"朗"。
⑥ 引文见〔北宋〕乐史《太平寰宇记》卷一百四十九《山南东道八·万州》（中华书局2007年11月第1版，第2885—2886页）。
⑦ 材料见于〔北宋〕薛居正等《旧五代史》卷一百五十《郡县志》（中华书局1976年5月第1版，第2018—2019页）。
⑧ 可见于《嘉庆重修一统志》卷三百九十七《夔州府·建置沿革·万县》（中华书局1986年5月影印第1版，第25册，第19958页），但二者文字略有不同。

愚按，唐昭宗①初，王建据蜀得五十三州，凡二世②。而后唐③同光④破蜀，中间仅一年，蜀四十六州复为孟知祥有。终五代之世，前后计七十余年。故《五代史·职方考》益、汉以下数十州尽署蜀⑤，不独万州也然。《一统志》书五代而不书前后蜀，小国割据不足书也，以五代统之而已。始余读旧志补"前后蜀因唐为万州"⑥，窃意⑦必非臆说，方将搜罗霸伪，参伍异同⑧，读《旧五代史》山南道忠、万、夔仍隶郡县志，乃爽然自失⑨矣。

宋仍曰万州，领南浦、武宁，属夔州路。

《宋史·地理志》："夔州路，州十：夔、黔、施、忠、万、开、达、涪、恭、珍。……南渡后……州八：夔、达、涪、万、开、施、播、（恩）〔思〕。"⑩宋《寰宇记》：万州"元

---

① 唐昭宗：即李晔（867—904）。文德元年（888），在宦官杨复恭拥立下，正式即位。他企图利用藩镇裁抑宦官，反为藩镇所控制。天祐元年（904），为宣武节度使朱温所弑。
② 凡二世：王建为帝，建立前蜀，死后传位其子王衍，后来王衍降后唐，前蜀亡。
③ 后唐：五代之一。同光元年（923），李存勖建立，国号唐，定都洛阳，史称后唐。旋灭后梁。清泰三年（936），为石敬瑭所灭。凡四帝，共十四年。
④ 同光：乃后唐开国皇帝李存勖的年号，亦李存勖使用过的唯一的一个年号，从923年至926年共使用了4年。同光三年（925）灭蜀。
⑤ 具体来说，据〔北宋〕欧阳修《新五代史》卷六十《职方考》中的表格，署蜀的州有"益、汉、彭、蜀、绵、眉、嘉、剑、梓、遂、果、阆、普、陵、资、荣、简、邛、黎、雅、维、茂、文、龙、黔、施、夔、忠、万、兴、利、开、通、涪、渝、泸、合、昌、巴、蓬、集、壁、渠、戎、梁、洋"（中华书局1974年12月第1版，第729—732页）。
⑥ 此句中的"旧志"指乾隆《万县志》。此句言乾隆《万县志》中关于万县建置沿革时在《一统志》、省志、历史地理志相关说法的基础上补充了这句关于前后蜀的资料。乾隆《万县志》卷一《沿革》："前蜀王建、后蜀孟知祥有其地，因唐为万州。"
⑦ 窃意：私下认为。
⑧ 参伍异同：说法不同。参伍：或三或五，指变化不定的数。
⑨ 爽然自失：形容茫无主见，无所适从。
⑩ 引文见〔元〕脱脱等《宋史》卷八十九《地理志五·夔州路》（中华书局1977年11月第1版，第2226页）。夔州路：古代行政区划。北宋真宗咸平四年（1001年）分置，治夔州（今重庆市奉节县）。辖境相当于今重庆市江津区、璧山区以东，四川省达州市、万源市以南，湖北省恩施市和贵州省东部地区。元初废。南渡：政权南迁。历史上只有东晋、南宋两个朝代称"南渡"。〔元〕赵孟頫《岳鄂王墓》："南渡君臣轻社稷，中原父老望旌旗。"（任道斌校点《赵孟頫集》卷三《七言律诗》，浙江古籍出版社1986年3月第1版，第75页）此谓赵氏南渡。播：古代州名。唐太宗贞观十三年（639）置，"以其地有播川为名"（〔北宋〕乐史《太平寰宇记》卷一百二十一《江南西道·播州》，中华书局2007年月第1版，第2412页），治恭水县（后改遵义县，今贵州省遵义市）。明神宗万历二十九年（1601）置遵义府，治遵义县，属四川布政司。清雍正六年（1728）改属贵州省。思：原作"恩"，今据《宋史》校改。思州：唐太宗贞观四年（630年）改务州置，治务川县（今贵州省铜仁市沿河土家族自治县东北）。即今贵州省铜仁市思南县。

领县三，今二：南浦、武陵。"① 《一统志》"万州南浦郡，属夔州路。"② 南浦县隶州。

元至元二十年省南浦县入万州。

《元史·地理志》："元至元十五年立夔州路总管府，以施、云安、万、大宁四州隶焉。二十二年又以开、达、梁山三州来属。"③ 又"万州，唐改浦州为万州，又改南浦郡。宋为浦州疑万州误。元至元二十年以南浦为万州，领一县：武宁"④。《一统志》：元，万州属夔州路"南浦县，至元中省入州"⑤。

明洪武四年省武宁县入万州，六年改州为县，属夔州府。皇朝因之，为万县。

《明史·地理志》：夔州府领奉节、巫山、大昌、大宁、云阳、万、开、梁山、新宁、建始、达州、太平，州一县十二⑥。又"万，府西，少南。元万州，洪武六年十二月降为县……西有武宁县，洪武四年省"⑦。《隋书·地理志》："武宁，后周置南州、南都郡、源阳县，后改郡曰怀德，县曰武宁。开皇初，州郡并废入焉。"⑧ 《寰宇记》："武宁县，本汉巴郡，即临江县地。后周武帝初分临江县地置源阳县，属南都郡。至建德四年改南都郡为怀德郡，又改源阳县为武宁县，取威武以宁斯地为名。隋开皇三年……废临州，以县属巴东郡。唐武德二年，改属浦州，即今万州是也。"⑨ 《一统志》："武宁，临江县地，后周武帝析置源阳县，兼立南州及南都郡。建德四年，改怀德郡、

---

① 引文见〔北宋〕乐史《太平寰宇记》卷一百四十九《山南东道八·万州》（中华书局2007年11月第1版，第2886页）。

② 《嘉庆重修一统志》卷三百九十七《夔州府·建置沿革·万县》："宋仍曰万州南浦郡，属夔州路。"（中华书局1986年5月影印第1版，第25册，第19958页）

③ 引文见〔明〕宋濂《元史》卷六十《地理志三·四川道廉访司》（中华书局1976年11月第1版，第1443页）。

④ 引文见〔明〕宋濂《元史》卷六十《地理志三·四川道廉访司》（中华书局1976年11月第1版，第1444页）。疑"万州"误：此乃本志作者对《元史》万州在两宋为浦州这种错误说法的怀疑。这个怀疑是正确的。在两宋，名为万州，非为浦州。

⑤ 《嘉庆重修一统志》卷三百九十七《夔州府·建置沿革·万县》："元至元二十年，省南浦县入州。"（中华书局1986年5月影印第1版，第25册，第19958页）

⑥ 材料见〔清〕张廷玉《明史》卷四十三《地理志四·四川·夔州府》（中华书局1974年4月第1版，第1029—1031页）。州一县十二：指夔州府领一州（即达州）和十二县。

⑦ 引文见〔清〕张廷玉《明史》卷四十三《地理志四·四川·夔州府》（中华书局1974年4月第1版，第1030页）。

⑧ 引文见〔唐〕魏征等《隋书》卷二十九《地理志一》（中华书局1973年8月第1版，第826页）。

⑨ 引文见〔北宋〕乐史《太平寰宇记》卷一百四十九《山南东道八·万州》（中华书局2007年11月第1版，第2887页）。为避免读者误解，将引文中的省略号处的内容补充如下：隋开皇三年巴郡，以县属临州，大业二年废临州。即临江县：今重庆忠县。《太平寰宇记》无"即"字。

武宁县。隋，州郡并废，以县属巴东郡。唐宋元俱属万州，明初省入万县。"

按，邑之名"万"，昉自周①置万川郡，盖取"大江至此，万川毕会"为名。唐省川为州，明改为县。顾梁尝置万州于通州②今之达县，隋又置万州于盛山③今之开县。而《旧唐志》谓万岁县，后周之万县④隋加世字，唐避御讳，改万岁县。隋唐俱属万州。隋属盛山所置之万州，唐属今治，其得名皆在兹邑。前《寰宇记》谓"万岁县以县北有万岁谷得名"⑤，省志谓"置于通州之万州，以州有万倾池为名"⑥，虽不无附会，然在二邑，则有说矣。盛山与兹邑，其谓之何得毋彼废此置？地相近，名亦相袭耶。然西魏改梁所置万州为通州，以居四达之路为名；后周改安乡郡为万川，亦以居群川所会为名，别无他义也。

故城废县⑦
汉朐忍故城

---

① 周：此指南北朝时的北周。
② 梁尝置万州于通州：南朝梁大同二年（536）置万州，辖境相当今四川省达州、开江、宣汉等市县地。西魏废帝二年（553）改为通州。
③ 《太平寰宇记》："义宁二年于盛山县置万州，仍割巴东郡之新浦、通川郡之万世、西流三县来属。"（〔北宋〕乐史《太平寰宇记》卷一百三十七《山南西道五》，中华书局2007年11月第1版，第2670页）〔南宋〕祝穆《方舆胜览》卷五十九《开州》："隋炀帝改永宁县为盛山县，恭帝于盛山县置万州及万岁郡。"（中华书局2003年6月第1版，第1037—1039页）盛山：县名，隋开皇十八年（598），为去除重名（除开州的永宁县外，此时原北齐地泽州、瀛州和原南陈地高州亦有永宁县），改永宁县为盛山县，以县治西北之盛山为名。唐广德元年（763年），因"盛"与"圣"音同而犯讳，以水为名，改盛山县为开江县。元至元二十年（1283），实行省县入州，省开江、清水二县入开州。明降开州为开县。
④ 〔后晋〕刘昫等撰《旧唐书》卷三十九《地理志二·山南西道·开州》："万岁，后周之万县，隋加'世'字。贞观二十三年，改万世为万岁县。"（中华书局1975年5月第1版，第1541页）此条材料有误，西魏改"巴渠县"为"万世县"，北周仍为"万世县"，非为"万县"，非为隋时加"世"。造成这种错误的原因是《旧唐志》要避李世民的讳，故书中多讳言"万世县"而称"万县"。唐贞观二十三年（649）六月，高宗即位，避太宗偏讳而改万世县为万岁县。北宋改万世县为清水县。元省清水县入开州。《旧唐志》：此处乃《旧唐书·地理志》之省称。
⑤ 〔北宋〕乐史《太平寰宇记》卷一百三十七《山南西道五·开州》："万岁县……取县北有万岁谷为名。"（中华书局2007年11月第1版，第2672页）
⑥ 嘉庆《四川通志》卷四《舆地志四·建置沿革四·绥定府》："梁置万州，《通典》：以州境有万倾池为名。《寰宇记》：大同二年置。"（巴蜀书社1984年12月影印第1版，第596页）
⑦ 故城废县：本志前"目录"处作"故城 废县"，卷二开头处亦作"故城 废县"，其指"故城"和"废县"为两物，此处却连在一起，应断开为是。

在今治东云阳县西，大江北岸。《水经注》：朐忍县"在巴东郡西二百九十里，故城跨其山阪，南临大江，南岸有方山，山形方峭，枕侧江濆"①。《后汉书》注："朐忍故城，今云安县西万户故城是也。"《后汉·刘焉传》："瑁以此遂屯兵朐腮备表"注"属蜀郡，故城在今夔州云安县西也。"②《吴汉传》"宕渠扬伟、朐腮徐容等"注"《十三州志》朐音蠢，腮音闰。其地下湿，多朐腮虫，因以名县。"③《旧唐志》：万户城，在云安县西三十里。④《寰宇记》："朐忍城，汉县，在万户城西三十一里。"⑤《方舆纪要》："阚骃曰：'朐音蠢，腮音闰。朐腮，蚯蚓也。土地下湿，多朐腮虫也。'颜师古曰：'朐音劬。'章怀太子贤曰：'云安西万户故城，即汉之朐忍县。后周复置云安县，朐忍并入焉。'志云：旧城，宋为万户驿，今名万户坝。"⑥

愚按，朐忍故城，今虽在云阳域内，而实万治，⑦得名之始，固应备书。或曰："今县治北负山，南临江。四十五里有山曰万户城，与《水经注》《后汉书》注合，殆即朐忍万户故城也？"或曰："非也。《旧唐志》'万户故城，云安县西三十里'。今县治距云阳水程百有余里。《寰宇记》云：'安军西至万州南浦一百四十三里……西北至南浦二百一十四里。'⑧去万治远矣。"《水经·江水》自临江县界坛又东，右迳将龟溪口，即朐腮县界，又东会南北集渠，又右迳池溪口，又东迳石龙，又东迳

---

① 引文见〔北魏〕郦道元《水经注》卷三十三《江水》注引常璩之言（陈桥驿《水经注校证》，中华书局2007年7月第1版，第775页）。故城：《水经注》作"县治故城"。南岸：《水经注》作"江之南岸"。

② 引文见〔南朝·宋〕范晔《后汉书》卷七十五《刘焉传》（中华书局1965年5月第1版，第2433页）。

③ 引文见〔南朝·宋〕范晔《后汉书》卷十八《吴汉传》（中华书局1965年5月第1版，第683页）。朐音蠢：《后汉书》作"朐音春"。

④ 〔后晋〕刘昫等撰《旧唐书》卷三十九《地理志二·山南东道·夔州》："云安……故城曰万户城，县西三十里。"（中华书局1975年5月第1版，第1556页）

⑤ 〔北宋〕乐史《太平寰宇记》卷一百四十七《山南东道六·云安军》："万岁县……取县北有万岁谷为名。"（中华书局2007年11月第1版，第2867页）朐忍：《寰宇记》作"朐腮"。

⑥ 引文见〔清〕顾祖禹《读史方舆纪要》卷六十九《四川·夔州府·云阳县》（中华书局2005年3月第1版，第3258页）。阚骃：字玄阴，生卒年不详，敦煌（今属甘肃）人，南北朝时期北魏著名地理学家、经学家。阚骃曾为三国时王朗所著的《易传》一书作注，又著有《十三州志》十卷，是我国古代一部地理要籍，已佚，今有辑本。蚯蚓：《读史方舆纪要》作"丘蚓"。朐忍：《读史方舆纪要》作"朐腮"。复置：《读史方舆纪要》作"改置"。

⑦ 治：旧称地方政府所在地。

⑧ 引文见〔北宋〕乐史《太平寰宇记》卷一百四十七《山南东道六·云安军》（中华书局2007年11月第1版，第2867页）西北至南浦：《寰宇记》作"西北至万州南浦县"。

羊肠虎背滩，又东迳彭溪口，又东至朐䏰①。今县治在彭溪西数十里，倚池溪而瞰石龙，非由彭溪而东也。

愚按，《汉书》朐忍县，朐从句②，忍无月。颜师古注："朐音劬。"③《说文》："朐䏰，虫名。汉中有朐䏰县。地多此虫，因以为名。"④李焘《记》："遍检地志，汉中实无朐䏰。"⑤刘禹锡《嘉话录》："朐䏰，夔州地名。音屈忍，蚯蚓也。其状屈忍，然其细已甚。何地下湿无蚯蚓，而至以名县？矧云万山城，地非卑湿，《十三州志》岂足信欤？"杜佑⑥云："朐音蠢。"李焘谓："当作朐，从旬⑦。"杨慎是之，且云："从句，与地名何干？"⑧然则《秦始皇纪》"立石东海上朐界中"⑨，非地名耶？且《五行志》"取须朐，郱邑"⑩，《地理志》"临朐属齐郡"⑪，汉邑名朐者不独朐忍⑫。《说

---

① 此段材料节引自〔北魏〕郦道元《水经注》卷三十三《江水》（陈桥驿《水经注校证》，中华书局2007年7月第1版，第774—775页）。迳（jìng）：经过、经行。池溪口：陈桥驿《水经注校证》作"汜溪口"，应是。《四库全书》编者案："近刻脱东字，'汜'讹作'池'。又，此九字原本及近刻并讹作经。"即是说，"池溪口"应作"汜溪口"。彭溪：长江北岸支流，又名开江、临江、南河、小江、江里河。发源于四川省开江县广福镇兰草沟，流经重庆市开州区铁桥镇、临江镇、盛山镇，于文峰街道北汇东河后始称彭溪，南流至云阳县双江街道注入长江，全长91千米，流域面积1117平方千米。〔民国〕赵尔巽《清史稿》卷六十九《地理志十六·四川》："彭溪一名开江，亦名临江，自开（县）入，东南流迳城西入大江。"（中华书局1977年12月第1版，第2219页）
② 从句：指"朐"这个字用"句"作声符。
③ 材料见〔东汉〕班固《汉书》卷二十八上《地理志上》（中华书局1962年6月第1版，第1603—1604页）。
④ 引文见〔东汉〕许慎《说文解字》（中华书局1963年12月第1版，第90页）。地多：《说文解字》作"地下多"。
⑤ 引文可见〔明〕杨慎《全蜀艺文志》卷四十李焘《朐忍记》（刘琳、王晓波点校《全蜀艺文志》，线装书局2003年版，第1234页）。李焘《记》：即李焘《朐忍记》。
⑥ 杜佑（735—812）：字君卿。杜佑用三十六年的时间撰成二百卷《通典》，创立史书编纂的新体裁，开创中国史学史先河。
⑦ 从旬：指"朐"这个字用"旬"作声符。
⑧〔明〕杨慎《丹铅总录》卷二《朐忍辨》："字既从句，与地名何干？"（王大淳《丹铅总录笺证》，浙江古籍出版社2013年7月第1版，第104页）
⑨〔西汉〕司马迁《史记》卷六《秦始皇本纪》："于是立石东海上朐界中，以为秦东门。"（郭逸、郭曼标点《史记》，上海古籍出版社1997年8月第1版，第174页）
⑩〔东汉〕班固《汉书》卷二十七中之下《五行志中之下》："时公伐郱取须朐。"（中华书局1962年6月第1版，第1433页）
⑪ 材料见〔东汉〕班固《汉书》卷二十八上《地理志上》（中华书局1962年6月第1版，第1583页）。
⑫ 此句言汉代的县以"朐"命名者不止朐忍一县。

文》："朐，脯脡。"① "申为脡，屈为朐。"《曲礼》："左朐右末。""屈中曰朐②也。"《管子》："古之祭者……有时而朐。"③ "朐，远也。"《说文》："忍，能也。"④《尚书》："必有忍，其乃有济。"⑤《左传》："鲁以相忍为国。"⑥朐忍义名可绎。又《巴汉志》："朐忍，山有大小石城势者。"⑦而云、万山石相望，壁立如城，恶在其以虫名也？"朐忍"字从《汉书》，音从师古为是。或曰："忍本作肕。"

后汉羊渠故城

《方舆纪要》："羊飞山，县西南五十里。"⑧《蜀鉴》云：三国时有羊渠县，盖置于山下。

愚按，大江南北，城、山⑨俱无可考。《蜀鉴》殆因羊飞山附会云。旧志童子放羊冲天⑩，说尤诞妄也。

蜀汉南浦故城

在大江南岸。旧志："废南浦县，在县治南岸。蜀汉时置。后周改曰安乡。隋复曰南浦。元省入万州。"⑪省志："按……《水经注》：南集渠，自涪陵北经南浦侨县西，又北注江。参考诸书，疑南浦本在江北。晋改置于江南，故曰侨县。后魏于江北置今县。隋始复故名为南浦。"⑫

---

① 引文见〔东汉〕许慎《说文解字》（中华书局1963年12月第1版，第89页）。
② 材料见《礼记·曲礼》（《礼记正义》卷二，第57页），前一句是正文，后一句乃郑玄的注文。
③ 引文见《管子校释》卷十二《侈靡》（齐鲁书社1996年2月第1版，第322页）。
④ 引文见〔东汉〕许慎《说文解字》（中华书局1963年12月第1版，第223页）。
⑤ 引文见《尚书·君陈》（《尚书正义》卷十八，第493页）。
⑥ 引文见《左传·昭公元年》（《春秋左传正义》卷四十一，第1151页）。
⑦ 引文见〔南朝·宋〕范晔《后汉书·郡国志五》（中华书局1965年5月第1版，第3507页），此乃刘昭注引之文。
⑧ 引文见〔清〕顾祖禹《读史方舆纪要》卷六十九《四川四·夔州府·万县》（中华书局2005年3月第1版，第3261页）。
⑨ 城、山：指羊渠县古城和羊飞山。
⑩ 此处的"旧志"指乾隆《万县志》，其卷一《山川》载："羊飞山，治西南五十里。相传昔有学道于此，常养二羊。忽一日，戒童子云勿放羊，童子放之，一羊冲天而去，故名。"
⑪ 引文见乾隆《万县志》卷一《古迹》。
⑫ 引文见清嘉庆《四川通志》卷五十三《舆地志五十二·古迹六》（巴蜀书社1984年12月影印第1版，第2011页）。晋改置：嘉庆《四川通志》作"晋平吴改置"。江北置：嘉庆《四川通志》作"江北南浦地置"。

按,《水经注》:南集渠出涪陵界,在大江之南,自南而北流入江,曰北经,曰北注①,皆南岸地,足证南浦故城在江之南。省志②亦以"南集渠,水所经之城,在南岸",但泥于侨县之言,遂谓"本在江北、晋改置江南"以牵合之。侨者,旅寓之意。六朝③有侨置④州县地,非其有置,治他所以遥领之,故曰侨置,如南雍州、南梁州⑤之类。谓晋改置,故无据。既曰改置,则江之南即为南浦新治矣,从无治在本县而目为侨置者⑥。考《蜀鉴》"羊渠县置羊飞山下,在县西南五十里",则南浦乃蜀汉所新建。相传大江南负山,滨江有坦坪⑦,周数里许,为南浦故城。缅山川形胜,绎命名之义,当在江之南。省志云"后魏于江北置今县"。考《寰宇记》后魏置鱼泉县,以土地多泉、民赖鱼罟为名⑧。今治环城泉最多,足为命名实证。旧志于蜀汉所置故城,直决其在南岸矣。但谓之废县,又谓后周改安乡,隋复曰南浦,元省入万州。历代沿革,独举是三者,以为魏改其名,未迁其地。隋则并复其名,又以唐置万州于江北,历五代迄宋,州治皆在江北,县治仍在江南。至元省入州,江南之县始废,故于隋复南浦之下,不言唐宋所建置,但云元省入万州,只为废县言之也。废县者,所治已省并,别隶他邑,故谓之废。若但移城改名,则犹是本邑。况城虽迁于今治,历代仍多袭旧名,则当谓之故城,不谓废县。考岑公洞⑨,在江之南,与旧县毗近。《图经》云:"岑公名道愿,本江陵人,隋末避地隐此。"

---

① 曰北经,曰北注:〔北魏〕郦道元《水经注》卷三十三《江水》:"江水又东会南、北集渠,南水出涪陵县界……北流迳巴东郡之南浦西……溪水北流注于江。"(陈桥驿《水经注校证》,中华书局2007年7月第1版,第775页)

② 省志:此处指嘉庆《四川通志》,此处议论的材料见上段。

③ 六朝:吴、东晋、宋、齐、梁、陈,先后建都于建康(吴称建业,今南京),合称六朝。后多泛指南北朝时期。

④ 侨置:六朝时南北分裂,战乱频仍,诸朝遇有州郡沦陷敌手,则往往暂借别地重置,仍用其旧名,称为"侨置"。

⑤ 南梁州:南朝梁天监二年(503)置,后来南梁州3郡及属县入于北魏,梁在"西城"(今陕西省安康市附近)设置了东梁州。不久,西城一带又为北魏所占,梁在天监八年(509)又在北巴西郡设了南梁州。

⑥ 此句言从来没有县政府在本县而被认为是侨置的。

⑦ 坦坪:平坦的场地。

⑧ 材料见〔北宋〕乐史《太平寰宇记》卷一百四十九《山南东道八·万州》(中华书局2007年11月第1版,第2887页)。

⑨ 岑公洞:位于长江南岸,为隋代道士岑道愿隐居修行之所。其位于海拔175米以下,三峡水库蓄水期即被淹没;水位下降时原洞出露,但已为淤泥封填。本志卷二十一《地理志·古迹》中有载,可以参看。

使治犹未徙，则嚣尘近市，安能避隐？足证今治改于后魏时。又考《寰宇记》："隋改万川县为南浦县，以浦为名。"盖治已改置江北，而犹袭名南浦，故曰以浦为名。唐于县置南浦州，旋废，复置浦州，不言南，但称浦，犹以浦为名意也。足证隋唐治俱因后魏，在江之北。至于四望楼、鲁池、西山亭，见诸载籍，名人题咏者，皆在江北今治。范石湖《万州》诗："晨炊维下岩，晚酌舣南浦。波心照州榜，云脚响衙鼓。前山如屏墙，得得正当户。"① 只此数语，万州形势悉绘。

西魏鱼泉、后周安乡、隋南浦、唐万州故城

即今县治，在大江北岸。《郡国利病书》南浦记云："土地多泉，民赖鱼罟，西魏于此置鱼泉县也。"《隋书》南浦注："后周置安乡郡，后改县曰安乡。开皇十八年县改名南浦。"②

《一统志表》："鱼泉，周为郡治；南浦县，唐为州治。"《方舆胜览》："西山亭，距万州治二里，宋郡守马元颖、鲁有开、元翰相继修葺。"③《元天城石壁记》："万在江北，城号天生。"④《明史》："万南滨江，西有苎溪，东有彭溪。"⑤

后周源阳、武宁废县

在今治西南，大江北岸。《隋书》："后周置源阳县，后改县曰武宁。"⑥《旧唐志》："县治巴子故城。"⑦《寰宇记》："武宁县，万州西南一百三十里，大江在县南十三步。"⑧《明史》："万西有苎溪……又西有武宁县，洪武四年省，有武宁

---

① 范石湖：即范成大，石湖是其号石湖居士的省称。范成大此诗本志卷三十六《艺文志》中有载，注释可以参看彼处。
② 〔唐〕魏征等《隋书》卷二十九《地理志一》："后周置安乡郡，后改县曰安乡，改郡曰万川。开皇初郡废。十八年，县改名焉。"（中华书局1973年8月第1版，第825页）
③ 今检〔南宋〕祝穆《方舆胜览》卷五十九《万州》中并无"西山亭"之介绍，但有"西山"："西山，距州治二里。初，泉荒草芜，郡守马元颖、鲁有开元翰修西山池亭。"（中华书局2003年6月第1版，第1044页）可见，意有相同之处。
④ 《元天城石壁记》：即元代王师能的《万州天生城石壁记》，本志卷三十六《艺文志上·文》中有收录，可以参看。
⑤ 引文见〔清〕张廷玉《明史》卷四十三《地理志四·四川·夔州府》（中华书局1974年4月第1版，第1030页）。
⑥ 材料见〔唐〕魏征等《隋书》卷二十九《地理志一》（中华书局1973年8月第1版，第826页）。
⑦ 引文见〔后晋〕刘昫等撰《旧唐书》卷三十九《地理志二·山南东道·万州·武宁》（中华书局1975年5月第1版，第1556页）。
⑧ 材料见〔北宋〕乐史《太平寰宇记》卷一百四十九《万州》（中华书局2007年11月第1版，第2887页）。

巡检司。"①《方舆纪要》："武宁废县，万县西百二十里。汉巴郡临江县地。"②

愚按，今武陵场，盖即废武宁县理，万县西唯此为大镇。计里与《寰宇记》《方舆纪要》不相远，明有巡检司，今废。宁曰陵，传讹也。

愚按，《水经注》"朐忍故城"："跨其山阪，南临大江"③，盖在江北无疑。至分置羊渠，其在江南北未详也。然《宋书》："南浦建兴间阎宇表改羊渠立。"④本朝《统志》："南浦，蜀汉更名。"⑤夫既曰改立，恶知非名易而治亦迁也⑥？然则南浦，南也。羊渠未必不北矣。《蜀鉴》"县置羊飞山下"之说果足征乎？若夫南浦之得名，意以治在江南故犹江南渠曰南渠，江北渠曰北渠也。《水经注》："南集渠出涪陵界，北流迳南浦，又北注江。"南浦治在江南益信。自是晋宋齐梁因之，名与地如故。逮乎后魏，始名鱼泉。顾《一统志表》载鱼泉实本《寰宇记》，而《记》谓后魏分朐忍地置鱼泉⑦。夫既曰分置，又恶知非治迁而名始易也？然则南浦，南也。鱼泉，又未必南矣。故省志谓后魏于江北南浦地置今县⑧，亦非无见也。余观后周置安乡郡于鱼泉，后改鱼泉县曰安乡，郡曰万川。逮隋郡废，县复名南浦。而《一统志》："鱼泉于周为郡治"是魏之鱼泉，周之安乡、万川，隋之南浦治皆一地也。唐以南浦属信州，继置南浦州于南浦。后州废，而南浦隶夔州，后复，置浦州，至贞观始更名

---

① 引文见〔清〕张廷玉《明史》卷四十三《地理志四·四川·夔州府》（中华书局1974年4月第1版，第1030页）。苎溪：即苎溪河，因古代河旁盛植苎麻而得名。由西北往东流，经高升、高梁、沙河镇至原万县市南门口注入长江。

② 引文见〔清〕顾祖禹《读史方舆纪要》卷六十九《四川四·夔州府·万县》（中华书局2005年3月第1版，第3260页）。《读史方舆纪要》无"万县"二字。

③ 引文见〔北魏〕郦道元《水经注》卷三十三《江水》（陈桥驿《水经注校证》，中华书局2007年7月第1版，第775页）。

④ 材料见〔南朝·梁〕沈约《宋书》卷三十七《州郡三》（中华书局1974年10月第1版，第1120页）。

⑤ 材料见《嘉庆重修一统志》卷三百九十七《夔州府·建置沿革·万县》："蜀汉建兴八年改置南浦县。"（中华书局1986年5月影印第1版，第25册，第19958页）本朝统志：即本朝的《一统志》，此处尤指《嘉庆重修一统志》。

⑥ 此句言怎知不是县名改变而且县政府所在地也迁徙了呢？

⑦〔北宋〕乐史《太平寰宇记》卷一百四十九《万州》："后魏分朐忍县地置安乡郡及鱼泉县。"（中华书局2007年11月第1版，第2885页）。此处的《记》指《太平寰宇记》。

⑧ 清嘉庆《四川通志》卷三《舆地志二·建置沿革二》："万县……蜀汉建兴八年改置南浦县……后魏改曰鱼泉。"（巴蜀书社1984年12月影印第1版，第561页）

万州，南浦隶焉。而宋《寰宇记》："万州，南浦郡。今理南浦县。"①《一统志》："南浦于唐为州治。"是隋之南浦，唐之南浦郡县、南浦州、浦州、万州，其治又皆一地也。自唐改万州，宋元相承以迄于明，或省，或降，考诸遗文，皆在江北，今县治即明县治也。左彭溪，右天城，岷江纬其南，都历蹲其北，西亭、四望②近接几席③，唐宋题咏、石刻摩岩④、比挈形势，证据今古，无不符合。则自今治上溯万州，其在江北可知。即自万州上溯鱼泉，其在江北亦可知矣。或曰，今县治南岸，南屏山麓，巍然高旷，起伏纵横，不下十里，大江环抱如带，土人相传其中为蜀汉南浦故址云。

---

① 引文见〔北宋〕乐史《太平寰宇记》卷一百四十九《万州》（中华书局2007年11月第1版，第2885页）。
② 西亭、四望：本志卷二十一《地理志·古迹》有载，可以参看。
③ 几席：几和席，为古人凭依、坐卧的器具。
④ 摩岩：应为"摩崖"，山崖。多指在山崖石壁上所刻的诗文、佛像等。

《增修万县志》卷三 地理志

疆域 形胜

万夙为州①，又尝置郡②，益以武宁县地，幅员较广，且水陆所会，交达秦、楚，上束巴蜀，下扼夔巫，行李往来，冠盖③相望，而商贩鳞集④，游手⑤群聚。禁诘抚绥⑥，皆宰斯土者精神所贯注也。爰胪疆域四至及旁达他邑者，附以形胜，资镜观焉⑦。

县治在夔州府西少南，旧编⑧三里⑨，曰大周、曰市郭、曰三正。里各十甲。东西广二百里，南北袤三百二十里。自县至府，陆路三百六十里，水程二百八十里。至省，陆路一千四百七十里，水程三千三百五十八里。自府至京师，陆路六千九百八十里。

治东九十里佘家嘴交云阳县界，又东九十里云阳县城。

治西九十里分水岭交梁山县界，又西九十里梁山县城。

---

① 唐武德八年（625）改南浦郡为浦州，贞观八年（634）改浦州为万州。
② 后周置安乡郡，唐武德二年（619）置南浦郡，天宝初曰南浦郡。
③ 冠盖：泛指官员的冠服和车乘。冠：礼帽。盖：车盖。
④ 鳞集：犹群集。
⑤ 游手：指闲荡不务正业的人。
⑥ 禁诘抚绥：盘查、安抚。
⑦ 资镜观焉：有助于如同镜子那样观察。
⑧ 旧编：指以前的编户。编户：古时地方官每三年审察民户人丁数目，编排成册，故称编入户口册的人家为"编户"。通常指编入户籍的平民。
⑨ 里：古代县以下的地方行政组织。自周始，后代多因之，其制不一。《周礼》以二十五家为一里，《管子》以五十家为一里，《后汉书》以一百家为一里，《明史》以一百一十家为一里。

治南二百四十里磨刀溪交湖北施南府①利川县界，又南二百四十里利川县城。

治北四十五里大丫口交开县界，又北七十五里开县城。

治东少南二百八十里青冈台②交奉节县界，又东一百八十里夔州府城。

治西少南水程一百五十里毛堆碛交忠州界，又西一百五里忠州城。

治南迤西二百四十里园子岭交石砫厅界，又南二百四十里石砫厅城。

治北迤西一百五十里余家场交新宁县③界，又北一百四十里新宁县城。

愚按，万县，汉为朐忍，魏改鱼泉，而东有云安朐忍故城，西有梁山鱼泉旧壤。唐以上如安乡、万川、南浦、万州，或分或合，疆域之广，未可界画④。

本朝因明制为万县，实宋元明万州地，兼南浦、武宁而有之四境，盖有一定矣。据《寰宇记》宋世万州"州境"："东西二百二十八里，南北四百五十八里。""东至夔州水路三百里，西至渠州四百五十里，南至施州六百八十三里，北至开州二百三十二里……东南至施州清江县三百四十里，西南至忠州界九十六里，西北至通州四百里，东北至泸溪、开州两郡界一百七十里。"⑤《方舆纪要》："明万县编户四里，治在夔州府西四百五十里，西南至忠州二百六十里，北至开县二百三十二里。"⑥计里皆与今县境间有不符。古今尺度不一，兵燹数经之后，陵谷⑦变迁，此疆彼界⑧，损益异焉。然其大致不远矣。援古证今，犹足见设州置郡幅员之廓、都会之雄焉。

---

① 施南府：清雍正十三年（1735）置，治所在恩施县（今湖北省恩施市）。1912年废。
② 青冈台：咸丰《万县志》作"青台冈"。
③ 新宁县：即今四川省开江县。
④ 界画：即划分界线。
⑤ 引文见〔北宋〕乐史《太平寰宇记》卷一百四十九《万州》（中华书局2007年11月第1版，第2886页）。渠州：古代州名。南朝梁武帝大同三年（537）置，治北宕渠郡（今四川省渠县）。明太祖洪武九年（1376）改为渠县。施州：系南北朝至元代的地方行政区，大致相当于今湖北省恩施土家族苗族自治州。明代洪武二十三年（1390）并入施州卫。清江县：隋开皇五年（585）改沙渠县置，治今湖北省恩施市。元至元二十二年（1285）并入施州。
⑥ 材料见〔清〕顾祖禹《读史方舆纪要》卷六十九《四川四·夔州府·万县》（中华书局2005年3月第1版，第3260页）。明万县编户四里：正德《夔州府志》卷一《建置沿革》："洪武七年……编户四里。成化十八年，知县龙济新增一里（大周、三真、市郭、巴南、新丰）。"（中华书局2009年11月点校第1版，第35页）
⑦ 陵谷：丘陵和山谷。
⑧ 此疆彼界：这个和那个之间的边界。疆：疆界，边界。

形胜

旧志：“东望巫峡，西眺郁鄢，岷江流于前，苎溪出其后。”①《济川记》：“扼束巴楚，岷江拖蓝。”《西池记》：“东接夔州，北环梁山。”《图经》：“面揖南山，背负都历。”②《天城石壁记》：“利夔以上，恃衣带水，万在江北，城号天生，上经蜀汉，下窥三峡。汉昭烈于此乎插剑，盖荆蜀之要会。”③

愚按，万县山川融结④，文笔⑤鸾翔⑥，天城⑦虎踞⑧，肩拍西岩，面揖南屏，枕铁凤，倚黄芦，凭铜锣⑨，跨黑象，池溪纬其西，岷江⑩带其南，扼忠夔之咽喉，据巴蜀之要害。东川县治形势之强，未有踰⑪于此者。虽然，地利不若人和，在德而不在险⑫也，愿与守土者谋之。

---

① 此处的"旧志"指咸丰《万县志》，见其卷一《地理志》。但咸丰《万县志》亦有源头。前两句出自〔北宋〕黄庭坚《西山留题》，本志卷三十六《艺文志上·文》中有载，可以参看。郁鄢（cún mǎ）：四川宜宾的古称。按："郁鄢"二字，文献中多有异文，或作"存鄢""郁鄢"等。〔东汉〕许慎《说文解字·邑部》："鄢，存鄢、犍为县。从邑，马声。"〔清〕段玉裁《说文解字注·邑部》注云："宋本皆作存，或作郁，俗又或讹为郁矣。前志犍为郡存，今本存作郁，而师古不为音，知故作存。《华阳国志》《晋书》尚作存。今四川叙州府府西南有郁鄢废县，府西北百六十里有郁鄢滩。"（浙江古籍出版社1998年2月据经韵楼刻本影印，第294页）后两句出自〔南宋〕王象之《舆地纪胜》卷一百七十七《夔州路·万州·风俗形胜》引《西池记》（中华书局1992年10月第1版，第4592页）。

② 以上三条材料录自乾隆《万县志》。拖蓝：即拖碧，形容水碧绿绵长。

③《天城石壁记》：即〔元〕王师能《万州天生城石壁记》，本志卷三十六《艺文志上·文》中有载，注释见彼处，此处不注。

④ 融结：语出〔东晋〕孙绰《游天台山赋》："融而为川渎，结而为山阜。"（〔清〕严可均《全上古三代秦汉三国六朝文·全晋文》，商务印书馆1999年10月第1班，第634页）融合凝聚。

⑤ 文笔：即文笔峰，乃都历山之最高峰，本志卷四《地理志·山川》中有载。

⑥ 鸾翔：鸾鸟飞翔，比喻飞黄腾达。

⑦ 天城：即天城山，和下句中的"西岩"（即太白岩、西山）、"南屏"（即南屏山、南山）、"铁凤"（即铁凤山）、"黄芦"（即黄芦山）、"黑象"（即黑象山）、池溪（即苎溪）均在下卷《山川》中有载，可以参看。

⑧ 虎踞：如虎之蹲踞，喻指地形的雄壮险要。

⑨ 铜锣：铜锣关，本志卷十七《地理志·关隘》中有载。

⑩ 岷江：河川名。在四川省境，源出松潘县西北岷山，南流至都江堰，折东南经成都、眉山、青神等地至宜宾市注入长江。古人经常将长江称为岷江，广义的岷江即长江。

⑪ 踰：同"逾"，越过，超过。

⑫ 在德而不在险：语出〔西汉〕司马迁《史记》六十五《吴起列传》："（魏）武侯浮西河而下，中流，顾而谓吴起曰：'美哉乎山河之固，此魏国之宝也。'起对曰：'在德不在险'。"（郭逸、郭曼标点《史记》，上海古籍出版社1997年8月第1版，第1681页）意谓国家的巩固在于推行仁政，而不在于凭恃天险。德：旧指仁政。险：指天险。

《增修万县志》卷四　地理志

山川　　大江滩险①

山川,国之望②也,出云降雨,蕃殖③百物,而降神载英④,人材出焉。全蜀山川雄杰,万近夔门⑤,群峭⑥争奇,遥引巫峰⑦。长江至此,众流尽会,洵足⑧分挺⑨岷峨⑩之秀,同炳⑪江汉⑫之灵矣。

都历山⑬　　在县北三里。《方舆纪要》:"一峰插天,突出众山之上,岜崹平阜,气象融结,为县之主山。"⑭旧志:"又号文笔山。"⑮

---

① 大江滩险:前面目录处分开为"大江""滩险",此处合为一处。以正文内容来看,应合在一起。
② 望:名望,即名誉声望。
③ 蕃殖:繁殖。
④ 降神载英:降下神灵、充满英杰。
⑤ 夔门:长江三峡之首的瞿塘峡西口,江面陡然变窄,两岸峭壁矗立,高入云际,俨然如两扇石门,名为夔门。
⑥ 群峭:连绵陡峭的山峰。
⑦ 巫峰:巫山群峰,尤指巫山十二峰。
⑧ 洵足:确实能够。
⑨ 挺:突出。
⑩ 岷峨:岷山和峨眉山的并称。
⑪ 炳:光明,显著。
⑫ 江汉:江水和汉水的并称。
⑬ 本卷内容基本上录自嘉庆《四川通志》卷十四《舆地志十三·山川五·夔州府·万县》(巴蜀书社1984年12月影印第1版,第868—872页),不在后文逐条指明。
⑭ 引文见〔清〕顾祖禹《读史方舆纪要》卷六十九《四川四·夔州府·万县》(中华书局2005年3月第1版,第3260页)。突出:《读史方舆纪要》无此二字。岜崹(lǐ yǐ):同"逦迤"山势曲折连绵。平阜:指高而平正的地方。《读史方舆纪要》作"为平阜"。
⑮ 此处的旧志指乾隆《万县志》,见卷一《山川》。但乾隆《万县志》作"文笔峰"。

南山　在县南，隔江三里，下瞰大江，即县之对山也。叠翠如屏，亦名南屏山。下有岑公岩，亦名岑公洞。洞中二石如累碁，屹立撑拄，是钟乳所成。其下有石台，洞门瀑布十余丈，自悬岩飞下，淙潺不绝，下注溪涧。《方舆胜览》："在大江之南，广六十余丈，深四十余丈，石岩盘结如华盖，左为方池，泉涌出岩际，盛夏注水如帘。松篁藤萝，郁葱苍翠，真神仙窟宅。"旧省志："在大江南岸，唐岑公隐于此，中有石，状如芝，名曰'石芝'。又有泉，曰'灌芝泉'。"①

　　西山　在县西三里，又名太白岩。《名胜志》：西山去县城三里，有'绝尘龛'三字，及唐人诗刻。相传太白读书于此。岩下有池，宋郡守马元颖、鲁有开所凿，植以芙蓉。荔枝果，凡三百本。②宋黄庭坚《西山留题》："西山者盖郡西，渡大壑，稍陟山半。乃竹柏荟翳之门，水泉潴为大湖，亭榭环之。……此邦之人，岁修禊事于此。凡夔州一道，东望巫峡，西尽郁鄢，林泉之胜，莫与南浦争长者也。"全载《艺文》③。

　　天城山　在县西五里，四面峭立如堵，惟西北一径可登，一名天生城。相传汉昭烈④曾驻兵于此，即《华阳国志》所云"小石城山"⑤也。其上有元至正十三年总管王师能《天城石壁记》云："万在江北，城号天生。昔昭烈……上控蜀汉，下窥三峡，于此乎插剑，盖荆蜀之要会也。"《纪胜》云："天城山，三面峻壁，惟

---

① 这段材料应取自嘉庆《四川通志》卷十四《舆地志十三·山川五·夔州府·万县》中"南山""岑公岩"两条资料中的部分内容组合而成（巴蜀书社1984年12月影印第1版，第868—870页）。累碁（qí）：堆叠棋子，比喻形势危险。碁：同"棋"。撑拄：支撑；顶拄。淙潺（cóng chán）：水流声。前段引文见〔南宋〕祝穆《方舆胜览》卷五十九《万州·山川》（中华书局2003年6月第1版，第1044—1045页）。如华盖：《方舆胜览》作"若华盖"。华盖乃古代帝王所乘车子上伞形的遮蔽物。左为：《方舆胜览》作"左右"。泉涌出岩际：《方舆胜览》作"有泉涌出岩檐"。盛夏：《方舆胜览》作"遇盛夏"。郁葱苍翠：《方舆胜览》作"蓊蔚葱翠"。《方舆胜览》无"宅"字。旧省志：此处录自嘉庆《四川通志》，故指嘉庆之前的省志。检嘉靖《四川总志》、万历《四川总志》、康熙《四川总志》、雍正《四川通志》等文献中亦无引文中的文字，故不知此"旧省志"究竟何指。
② 材料见〔明〕曹学佺《大明一统名胜志·四川名胜志》卷十八《夔州府·万县》"太白岩"条。《名胜志》：此指〔明〕曹学佺《大明一统名胜志》，共一百九十三卷，记述了明代疆域之内各府、州、县的历史沿革、山川等，侧重详细记载各地的风景名胜。太白：即李白，唐代伟大诗人，太白是其字。
③ 全载《艺文》：此指黄庭坚的《西山留题》全文收录于本志《艺文志》中，见卷三十六《艺文志上·文》。此处不注释，请参看彼处。
④ 汉昭烈：指刘备，谥号昭烈皇帝，故称。
⑤ 〔东晋〕常璩《华阳国志》卷一《巴志》〔刘琳《华阳国志校注》（修订版），成都时代出版社2007年6月第1版，第35页〕。

山后长延一脊，容径尺许，累石为门，俗亦谓之天子城，以昭烈名也。"①

石佛山　　在县北五里，形如佛像。

狮子山　　在县北八里，形如狻猊②。四面绝险，惟鼻尖可登。

鱼存山　　在县西十里，上锐下广，岩面有石，形如双鲤，一作鱼桺山。杨慎《蟫笺瓻笔》："桺，寂见切。《说文》：'桺，以柴木壅水也。'《江赋》：'桺淀为涔，夹众罗筌。'皆取鱼之具。"

黑象山　　在县东十五里，关锁水口，其形如象。

人存山　　在县西北十五里，西面悬岩，周围四十里，一名万户山。

椅城山　　在县西北二十里，壁如城，形如椅。

高梁山　　在县北四十里，与梁山③接界。《寰宇记》："（南浦县）高梁大山，在县治北四十里。"《寻江源记》："高梁山尾东跨江，西首剑阁，东西数千里，山岭长峻，其峰崔嵬。于蜀市望之，若长云垂天。一日行之，乃极其顶，俯视众山，泯若平原，《剑阁铭》所谓'岩岩梁山，积石峨峨'，即述此山也。"④又《寰宇记》："梁山县即鱼泉县地，周天和二年于此置梁山县，盖以界内高梁山为县名。"⑤又《记》："大剑山，亦名梁山。"⑥《山海经》："高梁之山，西接岷、峨，东引荆、衡。"⑦

愚按，鱼泉即南浦，而梁山亦鱼泉地，故《寰宇记》谓"梁山县以界内高梁山得名"。而高梁仍记于南浦，今万县西北二十五里高梁铺亦以山得名，梁、万本一山也。此山东跨江，绕梁、垫而西，绵亘不绝，起于剑门⑧。《寰宇》《寻江源记》非妄，或疑"首

---

① 此处的《纪胜》，应指〔南宋〕王象之《舆地纪胜》。今检其书，没有该条材料的记录。或为本志作者误记书名。
② 狻猊（suān ní）：传说似狮子的猛兽。
③ 梁山：指梁山县，即今梁平区。
④ 引文见〔北宋〕乐史《太平寰宇记》卷一百四十九《山南东道八·万州》（中华书局2007年11月第1版，第2887页）。县治：《太平寰宇记》无"治"字。《剑阁铭》：西晋文学家张载创作的一篇铭文。其文首先对剑阁的地理形势加以介绍，描写了它"穷地之险，投路之峻"的险要之势，接着引发出作者的告诫，这种告诫并不在于对蜀人恃险好乱的规劝，而在于希望统治者从中悟出"兴实在德，险亦难持"的真理。全文押韵，四字一句，句式整齐，琅琅上口。由风光到史实，夹叙夹议，结构上颇有特色。岩岩：高峻的样子。峨峨：高耸的样子。
⑤ 引文见〔北宋〕乐史《太平寰宇记》卷一百四十九《梁山军》（中华书局2007年11月第1版，第2892页）。
⑥ 引文见〔北宋〕乐史《太平寰宇记》卷八十四（中华书局2007年11月第1版，第1676页）。
⑦ 引文见《太平寰宇记》的转引（同上，第1676页）。岷、峨：岷山和峨眉山。荆、衡：荆山和衡山。
⑧ 剑门：即剑门关，位于剑阁县城南15千米处的大剑山和小剑山之间。本为天然隘口，三国蜀汉丞相诸葛亮在此垒石为关，称剑阁或剑阁关，唐以后多称剑门关。因地势险峻，享有"剑门天下雄，剑门天下险""天下第一关""西蜀门户"等称号。李白《蜀道难》"剑阁峥嵘而崔嵬，一夫当关，万夫莫开"的赞誉更让剑门关名扬天下。

剑阁"言虚者臆说也①。

羊耳山　　在县南市郭里，连亘五山，高十余里，惟羊耳最秀。峰具三棱②。县治及文昌宫③俱向焉。

铁凤山④　　在县北四十里，崇冈绝壁，其形如凤，山上旧有道观，右有铁邱。旧志：碑碣残断者多，一古碑字有可读者，云：三月三日士女会者数万⑤。

愚按，此山在县中，上至分水岭，下至小江⑥，绵亘数百里，为北岸诸山祖。盖即高梁山之绝顶也。

金凤山　　自铁凤山蜿蜒而来，一峰挺特，壁立千仞。白云深处，有元天观古刹⑦，凭阑⑧四望，凡接铁凤数百峰，无不一览而尽。香炉⑨石结于前山之脊，联以群峭⑩，争相拥护，山麓一峰，其秀如笔，此下廓然⑪平坦，见大江焉。

下崖　　在县东二里，与古练崖并擅幽胜⑫。相传唐末有刘道微者，凿龛以居。省志按："下崖本在云阳县西，唐宋纪游诸作，皆作'云安下崖'，而《夔州志》则载入万县，范成大《吴船录》：'甲寅发万州，六十里至开江口，水自开、达来合大江。四十里至下崖，四十里至云安军。'《万州》诗云：'晨炊维下崖，晚酌舣南浦。'万县，故南浦郡治，则谓下崖之去万州二里者，误也。"又按："万县南岑公崖有寺

---

① 此句言《太平寰宇记》和《寻江源记》所记（即高梁山山脉从剑阁起，在万县大江边结束）并不虚妄，有怀疑这样的观点的人。如嘉庆《梁山县志》卷二《山川》"高梁山"条最后就认为这样的观点"误矣"，认为剑阁之"梁山"与梁平、万县之梁山实则为二山，不能合在一起。
② 棱（léng）：棱角。
③ 文昌宫：本志卷七《地理志·民间祠庙》中有载，可以参看。
④ 铁凤山：山名，在今开州区南、万州区北交界处。又名"歇凤山"。《古今图书集成》、雍正《四川通志》、嘉庆《四川通志》、道光《夔州府志》、民国《重修四川通志稿》均作"铁凤山"，后人讹为"铁峰山"，相沿至今。现已被辟为国家级森林公园。
⑤ 此处的"旧志"指乾隆《万县志》，材料见卷一《山川》。
⑥ 小江：即彭溪，本卷后有载。
⑦ 古刹（chà）：古寺。
⑧ 凭阑：即凭栏。
⑨ 香炉：即香炉山，本卷后有载。
⑩ 群峭：众多的陡岩或山崖。
⑪ 廓然：空旷貌。
⑫ 幽胜：指幽静的风景之地。

曰'下崖'，得毋因是而讹耶？"①

按，范石湖《吴船录》所纪顺流东下，其诗在万州作，于云安无与②也。若谓"晨炊维下崖"为云阳之下崖，距万州百里，则"晚酌南浦"，转似溯流而上矣。县南下崖，与万州只隔一江，盖晨已维舟下崖于此邦，流连竟日，至晚犹舣南浦，酌酒赋诗也。

千金岛　　在县南二里，《寰宇记》："在南浦县南三里，屹立江心，石高数丈，广百步。"省志："土人每淘金于此，亦名黄金岛。"③

古练崖　　在县西十里，傍有治平寺。旧志：崖有《隋宝像记》④。

磁洞　　在县南四十里，产石，色黑性坚，可作砚。

万辅山　　在县东十三里。

羊飞山　　在县西南五十里。《蜀鉴》："三国时，羊渠县盖置于山下。"省志、郡志所载并同。

石笋山　　在县西北八十五里。《寰宇记》："石笋山，在武宁县东北三十五里，其状如笋。"⑤

木枥山　　在县西一百里，一名水枥山。省志："昔大禹治水过此，见众山漂没，惟此山木枥不动，故名。山顶有池，随大江水涨增减。旧有道观。"《寰宇记》："木枥山，在武宁县东南十三里，山顶有池，冬夏可验其浅深，随大江水涨增减。"⑥郡志同⑦。

---

① 此处的"省志"指嘉庆《四川通志》，见卷十四《舆地志十三·山川五·夔州府·万县》中"下岩"条（巴蜀书社1984年12月影印第1版，第870页）。《吴船录》：〔清〕纪昀等《〈吴船录〉提要》："宋范成大撰。成大于淳熙丁酉自四川制置使召还，取水程赴临安，因随日记所阅历，作为此书。始五月戊辰，迄十月己巳。于古迹形胜言之最悉，亦自有所考证。"（四库全书研究所整理《钦定四库全书总目》（整理本），中华书局1997年1月第1版，第819页）

② 无与：不相干。

③ 此处的"省志"指嘉庆《四川通志》。见卷十四《舆地志十三·山川五·夔州府·万县》中"千金岛"条（巴蜀书社1984年12月影印第1版，第871页）。

④ 此处的"旧志"指乾隆《万县志》。

⑤ 引文见〔北宋〕乐史《太平寰宇记》卷一百四十九《山南东道八·万州》（中华书局2007年11月第1版，第2888页）

⑥ 引文见〔北宋〕乐史《太平寰宇记》卷一百四十九《山南东道八·万州》（中华书局2007年11月第1版，第2887页）

⑦ 郡志同：此指道光《夔州府志》中的记载与之相同。详见道光《夔州府志》卷六《山川志·万县》"木枥山"条（中华书局2011年12月点校第1版，第65页）。道光《夔州府志》中无"省志"二字。

金碛山　　在县西一百二十里。《寰宇记》："在（武宁）县西南十五里。"①

康脑山　　在县西九十余里，上接马鬃岭，下连黑硐沟，东扼龙门寨，西望佛印山②，亦奇境也。嘉庆四年③，德参赞④歼贼于此，因更名"得胜坡"。邑贡生⑤王继抡有《黑硐沟记》，载《艺文》。

龙宝山　　在县南十五里，凌空耸峙，如珠在顶，历建道观于其上。岩腰石骨突出，如龙首矫然，尾见于石。悬壁千仞，非人力可为，亦奇观也。

香炉山　　在县南市郭里二甲，甲内三面皆山，独缺北面。此山突起，高数百丈，适当其缺。望之若香炉云。

螺髻山　　在县南大坪汛⑥西，青石层叠，高数十百丈，如螺髻⑦然⑧。山冢平坦，可容千人。正中石笋⑨高二丈有奇，顶宽半之，如簪髻⑩然，耸出云霄，无远弗见。明万历时上下有寺，皆梯木缘铁索而上。崇祯末，土人藉以避乱。

川洞山　　在县南市郭里，清水塘西，环绕巉岩⑪百千丈，结形如罏⑫，罏之右山腰突开石洞，如圆镜。洞壁见巨人足。葫芦形，渐进渐阔，中有泉而甘，其洞直穿山左，又如两月对照，俗呼"穿洞印月"。

石人峰　　一在县南龙宝山后，巨石高据山领，如人骑龙背，前列石鼓⑬。一

---

① 引文见〔北宋〕乐史《太平寰宇记》卷一百四十九《山南东道八·万州》（中华书局2007年11月第1版，第2888页）。

② 佛印山：位于今重庆市万州区与梁平区境内。嘉庆《梁山县志》卷二《山川志》载："佛印山，县东九十里，与梁万接壤。"（曾毅等《清嘉庆梁山县志校注》，四川大学出版社2020年9月第1版，第103页）

③ 嘉庆四年：即1799年。

④ 参赞：清政府有重大军事行动，统帅之下往往派参赞大臣，以赞襄军务，分统军队。

⑤ 贡生：明、清两代科举制度中，由府、州、县学推荐到京师国子监学习的人。明代有岁贡、选贡、恩贡和纳贡，清代有恩贡、拔贡、副贡、岁贡、优贡和例贡。

⑥ 汛：清代绿营建制，分标、协、营、汛四级，总督、巡抚、提督、总兵所属称标，副将所属称协，参将、游击、都司、守备所属称营，千总、把总、外委所属称汛。标、协管辖1—5营，营以下分若干汛。

⑦ 螺髻：螺壳状的发髻，比喻耸起如髻的峰峦。

⑧ 如……然：如同……样子。

⑨ 石笋：溶洞里地面形状像竹笋的地表形态，是洞顶含碳酸钙的水滴落到洞底后，经水分蒸发，碳酸钙沉淀而成的。

⑩ 簪髻：即髻簪，插定发髻的长针。用金玉等制成。亦为首饰之一种。

⑪ 巉岩：险峻的山岩。

⑫ 罏（lú）：一种小口的盛酒瓦器。

⑬ 石鼓：鼓形大石。

在县西瀼驿①西,山耸峙数十丈,如人立岩间。面山亦一石鼓相对。一在县东红沙碛,对山石人寺,如人坐石上,华盖覆顶。面山亦一石鼓,坠于土,犹宛然②。

天峰山　　在县南八十里,山上有石如鸡,故俗名鸡公山。旁有凤凰头、天生井诸胜③。

帽盒山　　在县西南岸一百五十里,以中峰形似名。山势参天,云横半岭,冈峻壁峭,三面削成,一面连石砫界,高十有五里。登临瞩目,层峦环拱,颇有"一览众山小"之概。上有石凿痕。相传为明季④秦良玉⑤立帜⑥设疑兵遗迹。

黄芦山　　在县西一百二十里,接忠州⑦界。

大江　　在县南关外。《水经》:"江水又东,迳临江县南……江水又东,得黄华水口……左迳石城南……又东至平洲……又东迳瀼涂而历和滩,又东迳界坛……江水又东,右得将龟溪口……江水又东会南,北集渠……江水又右迳池溪口……江水又东迳石龙……又东迳羊肠"虎背滩"⑧……江水又东,彭水注之……江水又东,右迳朐忍县故城南。"⑨郦注:"临江至石城、黄华口一百里。"界坛注:"是地巴东之西界,益州之东境,故得是名也。"将"龟溪"注:"《华阳记》曰:'朐忍县出灵龟,咸熙元年献龟于相府。'言出此溪也。"⑩《方舆胜览》:"大江,即岷江也。在万州东,其左有二石穴,名天仓、地仓。地仓满则丰,天仓满则歉。"⑪《寰宇记》:"岷江,在县东三十步,自成都而来,下入云安县界。"⑫

---

① 瀼驿:即瀼涂驿,即今瀼渡,因曾设水驿,故称。
② 宛然:清晰貌。
③ 胜:胜景,景色优美的地方。
④ 明季:明朝末年。
⑤ 秦良玉(1574—1648):字贞素,四川忠州(今重庆市忠县)人,明朝末年著名女将。
⑥ 立帜:插立旗帜。
⑦ 忠州:即今忠县。
⑧ 《水经注》为"虎臂滩"。
⑨ 引文见〔北魏〕郦道元《水经注》卷三十三《江水》(陈桥驿《水经注校证》,中华书局2007年7月第1版,第774—775页)。按,引文被本志作者认为是《水经》原文,实则为北魏郦道元的注文。瀼涂:《水经注》作"壤涂"。东会南、北集渠:原文作"东南会北集渠",今据《水经注》校改。
⑩ 这几条所谓的注文见〔北魏〕郦道元《水经注》卷三十三《江水》(陈桥驿《水经注校证》,中华书局2007年7月第1版,第774—775页)。
⑪ 引文见〔南宋〕祝穆《方舆胜览》卷五十九《万州·山川》(中华书局2003年6月第1版,第1045页)。
⑫ 引文见〔北宋〕乐史《太平寰宇记》卷一百四十九《山南东道八·万州》(中华书局2007年11月第1版,第2887页)。云安县:即今重庆市云阳县。

盘①龙碛　在县西，古曰石龙。《水经》："江水又东，迳石龙。"注："（水）至于博阳二村之间，有盘石，广四百丈，长六里，（而复殆于）阻塞江川。夏没冬出，基亘通渚。"②

峨眉碛　在县南对江岸侧，水落石出，碛形如眉，多细石，色斑，可以游戏。《万州图经》云："正月七日乡市，士女渡江南峨眉碛上，作鸡子卜，击小鼓，唱竹枝歌。"《方舆胜览》："郡守赵公有《诗序》，列峨眉碛为万州八景。"③

苎溪　自县西梁山县界分水铺流入，经狮子山下折流十二湾至城西，复南流入江，以溪旁土肥种苎，故名。即古池溪。《水经》："右迳池溪口注江，汜决入也。"④旧省志："春夏涨潦，则并舟为筏，以百丈苎绳双拽而渡。"⑤《方舆纪要》："溪之上流有天生巨石成桥，长与溪等，如履平地。溪流出其下，注于大江。"⑥

彭溪　在县东，自开县流入，又南入江。《水经》："江水又东，彭水注之。"注："水出巴渠郡獠中，东南流迳汉丰县东，清水注之……又迳朐忍县西六十里，南流入于江，

---

① 盘：本志原文缺，今据咸丰《万县志》、嘉庆《四川通志》、道光《夔州府志》补。
② 引文见〔北魏〕郦道元《水经注》卷三十三《江水》（陈桥驿《水经注校证》，中华书局2007年7月第1版，第775页）。按，与上条材料一样，本志作者将郦道元的注文当成了《水经》原文，故分原文和注文，实则俱为郦道元的注文。本卷下亦是如此。括号中的文字为《水经注》原文中没有的字。
③ 材料见〔南宋〕祝穆《方舆胜览》卷五十九《万州·形胜》"万州八景"条（中华书局2003年6月第1版，第1044页）。
④ 引文见〔北魏〕郦道元《水经注》卷三十三《江水》（陈桥驿《水经注校证》，中华书局2007年7月第1版，第775页）。
⑤ 这段材料嘉庆《四川通志》、雍正《四川通志》均载，均题为"旧志"。今检省志，最先出现者乃明嘉靖《四川总志》卷十《郡县志·夔州府·山川》"苎溪"条（《北京图书馆古籍珍本丛刊》第42册，书目文献出版社1988年2月影印第1版，第198页）。故此处的"旧省志"指嘉靖《四川总志》。后万历九年《四川总志》、康熙《四川总志》照录。
⑥ 引文见〔清〕顾祖禹《读史方舆纪要》卷六十九《四川四·夔州府·万县》（中华书局2005年3月第1版，第3261页）。有天生：《读史方舆纪要》作"有天生桥"。如履平地：《读史方舆纪要》作"平坦如履平地"。注于大江：《读史方舆纪要》作"下流注于大江"。

谓之彭溪口。"①《夔州志》："在万县东六十里，接云阳县界，亦曰开江，又曰小江。"②

双渠　《寰宇记》："在（武宁）县东十里，滩心有石，泉分为二，状如双渠。"③

南集渠　在县西。《水经注》："出涪陵县界，谓之于阳溪，北流迳巴东郡之南浦侨县西，溪夹侧，盐井三口，相去各数十步，以木为桶，径五尺，烧煮不绝。溪水北流注于江，谓之南集渠口，亦曰于阳溪口。"④

北集渠　在县西。《水经注》："北水出新浦县北，高梁山分溪，南流迳其县西，又南一百里入朐忍县，南入于江，谓之北集渠口，别名班口，又曰分水口。朐忍尉治此。"⑤

---

① 引文见〔北魏〕郦道元《水经注》卷三十三《江水》（陈桥驿《水经注校证》，中华书局2007年7月第1版，第775页）。入于江：《水经注》作"注于江"。巴渠郡：古代行政区划名。东汉和帝永元八年（96）析渠县置宣汉县，南朝刘宋永初间（420—422）升为巴渠郡，辖宣汉、始兴、巴渠、东关、新安、下蒲、晋兴7县。梁大同二年（536）废巴渠郡置万州，治石城县（今四川省达州市通川区），辖东关、开巴、新安、万荣等7郡。獠（lǎo）：即"僚"，古代南方部族名。从三国至清代史籍中屡见不鲜，分布于今四川、重庆、云南、贵州、湖南、广东、广西等地，近代壮侗语系各族及仡佬族与其有渊源关系。泛指南方少数民族。汉丰县：建安二十一年（216）刘备析朐忍县置，即今开州区。清水：河流名，今重庆市开州区温泉河。发源于开州东北35千米界顶山（又名雪包山，今称雪宝山，为开州区、城口县界山），南流25千米，至开州城东南注入彭溪。北宋时开州境内建清水县，即以此河命名。彭溪口：彭溪河注入长江的河口，在今重庆市云阳县双江街道。任乃强《华阳国志校补图注》卷一《巴志》引述《水经注》本段原文，并做详细考证："此文与今地理全合。所谓彭溪，源出宣汉、开县界间之八庙场地界。八庙场，后魏置巴渠郡。时山中皆獠民，故曰'源出獠中'。清水，今曰温汤井河，在东，亦出獠山中，南流过巴渠县（故址在今谭家坝），有温汤井。温泉水可煮盐，具硫磺气，盐味恶，从来或煮或闭，仅夷獠人食之。此处南北各约十里内，岸山偪促，旧称温汤峡。刘宋置巴渠县于此。隋改万世县，入元乃废。汉代于峡外置县曰汉丰，盖亦由有此盐泉也。自此井至开县五十余里。二水会，南经养鹿、渠马、高阳、黄石诸场镇，至双江镇入江。舟人称彭溪为小江，亦有舟运之利。养鹿镇附近亦是峡江，古汉丰与朐忍，今开县与云阳，均分界于此。"（上海古籍出版社1987年10月第1版，第39—40页）

② 此段材料交代来源于《夔州志》，此志不知何指。

③ 引文见〔北宋〕乐史《太平寰宇记》卷一百四十九《山南东道八·万州》（中华书局2007年11月第1版，第2888页）。泉：《太平寰宇记》作"水"字。

④ 引文见〔北魏〕郦道元《水经注》卷三十三《江水》（陈桥驿《水经注校证》，中华书局2007年7月第1版，第775页）。

⑤ 引文见〔北魏〕郦道元《水经注》卷三十三《江水》（陈桥驿《水经注校证》，中华书局2007年7月第1版，第775页）。新浦县：南朝宋永初中（约421）属汉丰县地置，治今开州区南门镇。庆历四年（1044）废。

龙池　　在县东二十里。《九域志》："万州南浦有龙女泉水，旱，祷祠有应。"①

包泉　　在县西山，泉水清洌。宋元符②间刺史③方泽为铭，以其品味，与惠泉④相上下。

石龙洞　　在县西南六十里，洞凡五层。初层明敞，次层石梗横阻，遂冥晦，爇炬⑤入，历数级，始登其上。平坦若台，行数武，循级下至三层，深涧莫测，旁通线径，逾石关入四层，径愈陂侧，再逾石关至五层，深潭汪濊⑥，水作澄碧色。土人言每日潮汐三次，五六日必盛潮涌泛，谓之洗洞。水气倍腥，当有神物潜其中。每岁旱，乡民祈祷辄应。道光十九年己亥⑦夏，久不雨，训导龚珪躬诣诚祈⑧，并以虎头缒⑨置潭中，祝甫焚⑩，水辄沸。薄暮，小雨帘纤。夜半，甘澍渥降⑪，岁获丰稔⑫。珪有诗纪其事，载《艺文》⑬。

干龙洞　　距石龙洞数里，洞中奇景甚多。相传洞原有泉，以龙徙于石龙洞，遂涸。

瀼溪　　经瀼涂驿曲折东注，涨则连大江为一。秋深水落，流回一线。鹭飞数行，足供观眺。

送客堆　　在瀼驿大江中，相传昔贤送客止此。深秋水落石出，土人呼为石龙过江。

石笋河　　在县南清水塘西，河中有石如笋，高十数寻⑭，笋尖绿树丛生如华盖，

---

① 校注者没有从李勇先主编《宋元地理史料》中收录的〔宋〕李昉《九域志》中找到该条资料。
② 元符：宋哲宗赵煦的第三个年号，元符三年正月宋徽宗即位沿用，从1098年至1100年共使用了3年。
③ 刺史：官名。西汉武帝时，于全国十三部（州）置刺史，为监督官，后数次改刺史为州牧。三国至南北朝各州多设刺史。隋朝州长官称刺史。此后州刺史实际即从前的郡太守。
④ 惠泉：位于湖北省荆门市象山风景区东麓，发现于隋代，传说因山神将其甘泉恩惠老百姓而得名。
⑤ 爇（ruò）炬：点燃火炬。
⑥ 汪濊（huì）：深广。
⑦ 道光十九年己亥：即1839年。
⑧ 躬诣诚祈：亲自到此虔诚地祈祷。
⑨ 缒（zhuì）：用绳索拴住人或物从上往下放。
⑩ 祝甫焚：写有祈祷的文书刚刚焚烧。
⑪ 甘澍渥降：急需的雨水大量下降。
⑫ 丰稔（rěn）：丰收。
⑬ 本志卷三十六《艺文志下·诗》中收录有龚珪的《己亥夏旱，以虎骨投龙潭得雨》。
⑭ 寻：古代的长度单位，一寻等于八尺。

俗呼石柱擎天。

　　大石洞　　在县大周里古北墙下，有三溪焉。至郎家坝合流，山水会之，迤逦迎送，南注二十余里，两岸忽开，环抱滩水，阔数十百丈，深数寻，滩心大石屹立，高数丈，善没①者探其下，三足鼎峙，如瞿唐滟滪②云③。

　　白水溪　　在治西三十里，江南瀼渡。白水溪米船日运县城十数，日不至，则米价昂。

　　黄柏溪　　在县东九十里，江南。

　　石磓溪　　在县西一百二十里，江南，两山合抱，溪广三五丈，中有石磓，阔丈余，故名。

　　藏龙洞　　在县西南一百五十里，大山之腰。烟萝云树，迷锁洞外，内可容百余人，其上滴溜④凝结人物鸟兽状，极精致，如人工刻成者。有一石门内黑，居民每盛夏祈雨，必多执火。由此门进，路纡回，约里许，忽廓如堂室，石柱中立，高丈余，亦滴溜成者。由前有潭一泓，其深莫测，清澈可爱，祈雨者必于此取水一瓶。再前径窄，虽好事者莫能穷也。藏龙洞山下有出水洞焉，仅丈余，水极清，虽久旱不涸。每夏欲雨，泉水泛溢，声闻数里。洞外皆白石，土人呼为龙骨。百余步外，平地涌泉十数处，水极寒彻骨，迤逦三十里，由忠州水磨溪入大江。

　　散水溪　　在县西南一百一十五里，江南。溪阔五六丈，入江，水势散乱，有如溅珠，故名。

大江滩险

　　石鼓峡滩　　与忠州交界，小水次险，大水无险。

　　双鱼子滩　　大水次险，小水无险。

　　磨刀滩　　大水次险，小水无险。

　　黑虎碛　　又名大石盘滩，小水次险，大水无险。

---

① 善没：善于潜水或游泳。
② 滟滪：即滟滪堆，俗称燕窝石，古代又名犹豫石，位于白帝城下瞿塘峡口。因航运障碍，于1958年冬炸除，现存放于重庆中国三峡博物馆中，供人们参观。
③ 云：文言助词，句首句中句末都用。此处句末用。
④ 滴溜：液体一滴一滴地下坠。

大湖滩　　大水极险，小水次险。省志："湖滩，在县西六十里，水势险急，春夏泛滥，江面如湖。"①宋查籥有诗，载《艺文》②。其下为小湖滩。

窄小子滩　　小水次险，大水无险。

席佛面滩　　大水次险，小水无险。旧志："名媳妇面，一作息沸面。"

明镜滩　　大水次险，小水无险。

黄泥滩　　大水次险，小水无险。

高桅子滩　　小水次险，大水无险。

猴子石滩　　大水次险，小水无险。

徐那滩　　与云阳县交界，小水次险，大水无险。

以上十二滩均经报部有案，俱载郡志。

使君滩　　《水经》："又东迳羊肠虎臂滩。"《注》："杨亮为益州，至此舟覆。惩其波澜，蜀人至今犹名之为使君滩。"③《寰宇记》："在州东二里大江中。昔杨亮赴任益州，行船至此覆，故名之。"④《峡程记》："又名使君主簿滩。"⑤

新妇滩　　《寰宇记》："东南岸十里，崖石上有妇人容状。"⑥故名。或疑即"媳妇面"。然东西异方，非是。

乾隆二年设救生船四只，一湖滩、一窄小子、一双鱼子、一媳妇面。每只桡夫、水手六名，每名月给工食银六钱，共岁给工食银一百七十二两八钱，赴盐道衙门请领，按季支给，遇闰加增，今在地丁⑦银内扣留。

---

① 引文见嘉庆《四川通志》卷十四《舆地志十三·山川五·夔州府·万县》中"湖滩"条（巴蜀书社1984年12月影印第1版，第872页）。

② 本志卷三十六《艺文志下·诗》中载有查籥《湖滩》诗。

③ 引文见〔北魏〕郦道元《水经注》卷三十三《江水》（陈桥驿《水经注校证》，中华书局2007年7月第1版，第775页）。

④ 引文见〔北宋〕乐史《太平寰宇记》卷一百四十九《山南东道八·万州》（中华书局2007年11月第1版，第2887页）。

⑤《峡程记》：据清人顾櫰三《补五代史艺文志》著录可知，此书作者乃韦庄。已佚。

⑥ 引文见〔北宋〕乐史《太平寰宇记》卷一百四十九《山南东道八·万州》（中华书局2007年11月第1版，第2887页）。

⑦ 地丁：地租和人口税的合称。

《增修万县志》卷五 地理志

城池 便民、利济池 北山石城

万控夔巫之上游,作涪忠之屏障。地居扼要①,弥资金汤②。城虽小而襟溪带壑③,面江负山④,力扼北山之吭⑤,建瓴⑥之势成焉。但城中无井,远引山泉。其水潎⑦时盈时涸,尤惧其截流塞源也。若为甬道⑧取江水,夹以石垣⑨、火器卫之,庶几⑩缓急有恃⑪,民大便,而利济益宏⑫矣。

万县旧土城,前明⑬屡经修造。成化二十三年⑭知县龙济始修,高一丈二尺。

---

① 扼要:据守紧要的地方。
② 弥资金汤:更加依赖于城池险固。金汤:"金城汤池"的略语,形容城池险固。
③ 襟溪带壑:溪水如衣襟流淌于前,沟壑如衣带那样坐落于旁边。
④ 面江负山:面对长江、背负大山(即都历山)。
⑤ 吭:泛指喉咙,比喻要害之地。
⑥ 建瓴:语本〔西汉〕司马迁《史记·高祖本纪》:"譬犹居高屋之上建瓴水也。"(郭逸、郭曼标点《史记》,上海古籍出版社1997年8月第1版,第263页)谓倾倒瓶中之水,形容居高临下、难以阻挡的形势。
⑦ 水潎(xué):夏有水、冬无水的山泽和山溪。
⑧ 为:修建。甬道:两旁有墙或其他障蔽物的驰道或通道。
⑨ 石垣(yuán):石墙。
⑩ 庶几:差不多。
⑪ 缓急有恃:危急的时候有依靠。
⑫ 利济益宏:所施加的恩泽更加深远。
⑬ 前明:清代人对明代的称呼。
⑭ 成化二十三年:即1487年。按,成化乃明宪宗朱见深的年号,从1465年至1487年共使用了23年。

正德六年①知县孙让增高三尺。嘉靖二十三年②知县成敏贯重修，周围五里，计九百丈，高一丈五尺，为门三，曰："会江""会府""会省"。万历三年③大水，临江一带崩塌，署印④主簿朱帜重修，用石甃砌⑤。万历壬子⑥知县方登书"迎曦"二字于东门，后皆颓废，惟三门基趾⑦尚存。

国朝，石城周围长三百二十六丈三尺六寸二分，高一丈五寸，乾隆三十四、五年⑧，知县刘文华、萧一枝先后修竣。五十三年六月，大江水涨，东南一带城墙淹坍五十七丈五尺，臌裂⑨三十八丈，续坍二十九丈七尺。五十四五年，知县孙廷锦劝捐修竣，并见旧志、郡志。计五门：东、西、南、小南、小西。北城地高无门。小南、西，则备不虞⑩取水门也。嘉庆四年⑪，教匪⑫乱，知县王世焘筹修炮台，为重城⑬于北城外，以应北山，建瓦屋三间，东、南、西三门，各设瞧楼⑭。道光十九年⑮，知县兴善增修砖垛⑯，并东门瓮城⑰，计雉堞⑱八百九十有五。咸丰十一年⑲，

---

① 正德六年：即1511年。按，正德乃明武宗朱厚照的年号，从1506年至1521年共使用了16年。
② 嘉靖二十三年：即1544年。按，嘉靖乃明世宗朱厚熜的年号，从1522年至1566年共使用了45年。
③ 万历三年：即1575年。按，万历乃明神宗朱翊钧的年号，从1573年至1620年共使用了48年。
④ 署印：代理官职。旧时官印最重要，同于官位，故名。
⑤ 甃（zhòu）砌：以砖石等砌垒。
⑥ 万历壬子：即1612年。
⑦ 基趾：建筑物的地基、基础。
⑧ 乾隆三十四、五年：即1769、1770年。按，乾隆乃清高宗爱新觉罗·弘历的年号，从1736年至1795年共使用了60年。
⑨ 臌（gǔ）裂：臌胀开裂。
⑩ 备不虞：防备预料不到的事。
⑪ 嘉庆四年：即1799年。按，嘉庆乃清仁宗爱新觉罗·颙琰的年号，从1796年至1820年共使用了25年。
⑫ 教匪：指清朝嘉庆年间爆发于四川、陕西、河南和湖北边境地区的白莲教教徒武装反清起义事件。
⑬ 重城：指城墙。
⑭ 瞧（qiáo）楼：应为"谯楼"，指古代城门上建造的用以瞭望的楼。下文对此不再作注。
⑮ 道光十九年：即1839年。
⑯ 砖垛：以砖为建筑材料砌筑而成的墙或某些建筑物突出的部分。
⑰ 瓮城：为古代城市的主要防御设施之一，可加强城堡或关隘的防守，而在城门外（亦有在城门内侧的特例）修建的半圆形或方形的护门小城。
⑱ 雉堞（zhì dié）：泛指城墙。
⑲ 咸丰十一年：即1861年。

粤逆①入湖北咸来，近万境。署知县余居宽筹增小南、小西门瓦屋各一间，城上守更迭息。砖屋旧设十有二所，同治元年②，周逆去境，知县张琴筹增三十八所。

城前江后山，左有小溪，右有苎溪，故未浚池。嘉庆二年，署知县刘大经城垣一周置石缸百口，以防火灾，谓之太平池。

便民、利济池　北山石城

便民池　　在学官③外左侧。乾隆初知县刘乃大自北山举人关④导泉入城，修石梘⑤百余丈，引注学宫⑥泮池⑦，后绕出宫墙外，凿池于左，蓄水资汲。嘉庆初年废。旧有赋并序，载《艺文》⑧。

利济池　　在学官外正中。邑无北门，水自北入，坎离乃交⑨。自便民池废，邑多火灾，人文稍替⑩。道光二十七年，署知县丁凤皋甫下车⑪，躬行北山寻源，举人关古堰旧迹略存，旧百余丈石梘仅有二三，水道全失。爰捐俸钱二百千，倡修石梘五百余丈，水道或因或徙，仍由坎方入城注学宫泮池，凿池于宫墙外正中。由泮池引出，萦绕三叠，以注于池，复绕四叠，注之江。易其名曰利济池。有序，载《艺文》⑫。

北山石城　　在北城外二里，旧有观。此山踞县城之顶，为守城者所必据。嘉庆四年，教匪之变，甘肃都司⑬张诰营此山。咸丰十一年，粤逆陷黔彭⑭，署知县

---

① 粤逆：指发生在1851年至1864年的太平天国运动，因其领袖洪秀全为广东花县（今广东省广州市花都区）人，广东简称粤，故清廷当局蔑称其为"粤贼""粤匪""粤逆""粤寇"等。
② 同治元年：即1862年。
③ 学官：旧指各府县的孔庙，为儒学教官的衙署所在。
④ 举人关：在今万州区钟鼓楼街道都历村护城寨内。位于万县老城后都历山上，今仍有溪水顺山沟流下。
⑤ 石梘（jiǎn）：石条砌成的引水渠道。有露天和加盖的两种。三峡地区常见。
⑥ 学宫：学校。
⑦ 泮池：学宫前的水池。
⑧ 本志卷三十六《艺文志下·赋》中载有两篇《便民池赋》，作者分别为刘乃大和刘高培。
⑨ 坎离乃交：水火相交，或北方和南方相交。坎：卦名，象征水，代表北方。离：卦名，象征火，代表南方。
⑩ 替：衰废。
⑪ 甫下车：犹言刚上任。甫：刚刚。
⑫ 本志卷三十六《艺文志上·文》中载有丁凤皋《新修利济池序》。
⑬ 都司：中级武官名。始设于明朝，清沿用为绿营军官名。官秩为正四品，位于参将、游击之下。
⑭ 黔彭：黔江县（今黔江区）、彭水县。

余居宽筹备经费，委邑绅郑茂林、王锡之、卫和泰监修石城。周围九十五丈有奇①，前后右高一丈七尺，左高一丈八尺。石堞②俱高五尺许，计雉堞一百四十有六。垣间兵道俱广一丈，前开炮口以应。北关兵道三丈，广丈八尺，后建炮台以制。北路兵道三丈，广丈六尺，台上瓦屋三间，左右兵棚三间，前、左关门各一。同治元年三月滇逆③入郛郭④，援军管带⑤罗亨奎营此。秋，知县张琴以军功魏晋三管带市郭里甲勇营此。二年，设瞭楼。

　　愚按，万县倚山为城，因江为池，固矣。然地冲户繁⑥，城小不能容。南津一带民居，多于城中数倍，曾无藩篱⑦之遮，散地也。北山俯压县城，如高屋建瓴，先据者胜，又争地⑧也。教匪之乱，坚营北山，与城犄角⑨，城幸无恙，而附郭⑩民居已焚毁过半。盖间道⑪易入，人无可恃，望风自溃⑫，则扞卫疏⑬矣。愚谓南津市与城内居民同为赤子，即各有三窟⑭，而廛舍⑮鳞次⑯不可弃也。且亦易图存⑰：其前临大江，可设炮船；其后西岩，可置营卡；其左右虽无险阻，亦可建空心炮台数座，势足击远。有警则联以土墙，藩以鹿角⑱，震以火器，布三堡团练守之，民

---

① 有奇（jī）：有余。
② 石堞：石头砌成的城上如齿状的矮墙。
③ 滇逆：指爆发于云南的李永和和蓝大顺、蓝二顺兄弟俩领导的我国近代历史上西南最大的农民革命起义。
④ 郛郭：外城。
⑤ 管带：军队中的一种职务。
⑥ 地冲户繁：地当冲要（军事或交通要地），户口繁多。
⑦ 藩篱：此处比喻屏障。
⑧ 争地：指战争双方必然争夺的险要之地。
⑨ 犄（jī）角：倚靠、支援。
⑩ 附郭：近城的地方；郊外。
⑪ 间道：偏僻的或抄近的小路。
⑫ 望风自溃：听到风声就先行溃散。
⑬ 疏：空虚。
⑭ 即各有三窟：即使他们各自都有避祸的方法。三窟：三个洞穴。《战国策·齐策四》："冯谖曰：'狡兔有三窟，仅得免其死耳。今君有一窟，未得高枕而卧也。请为君复凿二窟。'"（缪文远《战国策新校注》，巴蜀书社1987年9月第1版，第387页）后以喻多种图安避祸的方法。
⑮ 廛舍（chán shè）：平民住屋。
⑯ 鳞次：像鱼鳞那样依次排列。
⑰ 且亦易图存：况且也容易谋划生存。
⑱ 鹿角：一种用带有枝杈形似鹿角的树木堆放地上以阻挡敌军前进的防御物。

有所恃而不走，保全讵①不易欤？虽守在四境，先关隘后市廛②，然推筑城卫民意，城外保障之设，又曷③可缓哉？前约四堡团局鼎力为之，以筹防捐输④中止，将俟⑤民力稍苏也。是所望于后之父母⑥斯民者。

---

① 讵（jù）：岂，怎。
② 市廛（chán）：商店集中的地方。
③ 曷（hé）：何。
④ 捐输：捐献。
⑤ 俟（sì）：等。
⑥ 父母斯民：指为官于此者。父母：此为动词，像父母一样关心、养育。

《增修万县志》卷六　地理志

公署　公馆　演武厅

《诗》云："职思其居。"①居在是，职在是，思即在是②。万设文武公署五所，惟汛署③新造，兹皆倾者植之，攲者正之，参差者改而整齐之，故敝者撤而更新之矣④。居此者，瞿瞿乎，蹶蹶乎，庶几"无以太康，职思其居"，并"职思其外"乎⑤。

知县署　大门一座，仪门⑥三间。圣谕坊一座，大堂三间，书吏房⑦九间，差役⑧房一间，二堂三间。二堂前川堂⑨三间，左右厢房六间，书房三间，住房六间，厢房三间，耳房⑩三间，厨房三间。二堂后住房九间。大门外照墙⑪一座。历任屡

---

① 引文见《诗经·唐风·蟋蟀》（《毛诗正义》卷六，第378页），谓考虑自己的本职工作。居：指担任的职位。
② 这三句言职位在这里，职责在这里，你所思也应该集中于这里。
③ 汛署：管理驻军的衙门。
④ 这几句意为：歪倒的就让其直立，倾斜的就扶正它，不整齐的就使它整齐，过去的破旧的就撤换下来而更换成新的。攲（qī）：同"敧"，倾斜。
⑤ 化用《诗经·唐风·蟋蟀》："无已大康，职思其居。好乐无荒，良士瞿瞿。……无已大康，职思其外。好乐无荒，良士蹶蹶。"（《毛诗正义》卷六，第378—380页）太：古作"大"，音"泰"，过于。康：安，乐。瞿瞿（jùjù）：惊惶失措的样子，回头看顾的样子，指心存戒惕。蹶蹶（juéjué）：动作敏捷的样子，指勤奋作事。职思其外：意外之事想周全。
⑥ 仪门：官署的旁门。
⑦ 书吏房：书吏的办公房。书吏：承办文书的吏员。
⑧ 差役：旧时在衙门中当差的人。
⑨ 川堂：即穿堂。两个院子间供穿行的房间，也可于此设座会客。
⑩ 耳房：跟正房相连的两侧的小屋，也指厢房两旁的小屋。
⑪ 照墙：即照壁，大门外正对门起屏蔽作用的墙。

经修补。道光十年①，知县刘毓燨捐修西偏书房一间，厢房一间，对厅一间，走廊一带。道光二十七年，知县丁凤皋见年久材朽，撤住房、二堂新之，住房基移后数尺，改正字向②，并二堂增高，与大堂相称。咸丰五年③，大堂及西书房毁，知县陆玑捐修复旧。七年，知县冯卓怀撤二堂东西偏住房，捐修西花厅一间，住房二间，东住房四间，厨房一带，住房四间，厂屋二间。十年，西偏建修军器库上下两间，旁修马房一间。同治二年④，知县张琴撤朽敝⑤，修西偏后正房六间，左右厢房两间，前厅三间，东偏后左右厢房六间，再后正三间。为台，以观云物⑥。

儒学署　原在学官左，嘉庆二十三年⑦移建于右。大门一座，明伦堂⑧三间，书办房⑨二间，斗役房一间。二堂三间，厢房二间，东书房一间，厨房二间，膳夫⑩房一间。道光廿五年⑪，训导龚珪捐修西书房三间，撤修东书房一间。

典史署　在县署大门内左，大门一间，大堂三间，书办房二间，二堂二间，书房二间，住房三间，厢房二间，厨房一间，马房一间，监狱一所，内狱神堂⑫一间。男监一间，女监一间，内外围墙一周。

梁⑬万营都司⑭署　在城外苎溪西。康熙十九年⑮修，左右辕门⑯二间，仪门⑰二间，鼓楼⑱二间，照墙一座，大堂三间，左右厅房四间。二堂三间，过厅二间，住

---

① 道光十年：即1830年。
② 字向：朝向，走向。
③ 咸丰五年：即1855年。
④ 同治二年：即1863年。
⑤ 朽敝：朽坏，朽败。
⑥ 云物：景物，景色。
⑦ 嘉庆二十三年：即1818年。
⑧ 明伦堂：旧时各地孔庙的大殿，称为"明伦堂"。语本《孟子·滕文公上》："夏曰校，殷曰序，周曰庠，学则三代共之，皆所以明人伦也。"（《孟子注疏》卷五上，第136页）
⑨ 书办房：书吏办公的地方。书办：指明、清时期，府、州、县署各房承办文书的吏员的通称。
⑩ 膳夫：即厨子。
⑪ 道光廿五年：道光二十五年，即1845年。
⑫ 神堂：供神的处所。
⑬ 梁：原刻本此字模糊不清，今据咸丰《万县志》和本志卷二十二《职官志·历任》中"国朝梁万营都司"条校定。
⑭ 都司：中级武官名。始设于明朝，清沿用为绿营军官名。官秩为正四品，位于参将、游击之下。
⑮ 康熙十九年：即1680年。
⑯ 辕门：领兵将帅的营门。
⑰ 仪门：官署的旁门。
⑱ 鼓楼：旧时城市中设置大鼓的楼，楼内按时敲鼓报告时辰。

房五间，厢房六间，文案书房三间，耳房四间，住房五间，住房前厢房六间，厨房二间，马房二间。雍正十年①增修，乾隆五十四年、嘉庆十二年、道光十九年②，先后经都司书明阿、史定川、任得功补修。咸丰七年，署都司陈世安、九年署都司扎克丹、同治二年，署都司司马恒泰续加补修。

  驻防万县汛千总③**署** 旧址无考。道光二十四年，署知县阿洪阿筹款，买西门内民房一所改修，大门一座，大堂三间，书办房二间，住房三间，厢房二间。

  军民同知署 旧志载：尝分驻于城内，后移云安厂④，署裁，今缺，亦裁。

  县丞⑤**署** 在城西，今裁。

  巡检⑥**署** 在市郭里大坪，距城二百四十里，今裁。

  县城公馆 在东门外，旧借文昌宫隙地，后圮。同治四年，知县张琴改建桂宫，今公馆迁置他所。

  分水公馆 距城九十里。《方舆纪要》："在县西百里。"志云："宏治末建。⑦后废。同治四年知县张琴重修。"

  演武厅 在西关外里许梁万营地。内外两大间，照墙一座，将台、马道俱备，即西较场。东关外河堧⑧，俗谓东较场，无屋。咸丰初年，万提督⑨福曾设炮台。

---

① 雍正十年：即1732年。

② 乾隆五十四年、嘉庆十二年、道光十九年：即1789年、1807年、1839年。

③ 千总：低级武官名。清代绿营兵编制，营以下为汛，以千总、把总统领，称"营千总"，为武职下级，正六品。把总更低，正七品。

④ 云安厂：即云安盐场，位于今重庆市云阳县云安镇。

⑤ 县丞：官名，始置于战国，为县令之佐官，秦汉相沿，典文书及仓狱，为县令、县长之辅佐，历代所置略同。

⑥ 巡检：官署名巡检司，官名巡检使，省称巡检。始于五代后唐庄宗，宋时于京师府界东西两路，各置都同巡检二人，京城四门巡检各一人。又于沿边、沿江、沿海置巡检司。掌训练甲兵，巡逻州邑，职权颇重，后受所在县令节制。明清时，凡镇市、关隘要害处俱设巡检司，归县令管辖。

⑦ 引文见〔清〕顾祖禹《读史方舆纪要》卷六十九《四川四·夔州府·云阳县》（中华书局2005年3月第1版，第3262页）。宏治：《读史方舆纪要》作"弘治"，是。此处乃避清代乾隆皇帝弘历讳而改。为明孝宗朱祐樘的年号，从1488年至1505年共使用了18年。

⑧ 河堧（ruán）：即河壖，河边地。

⑨ 提督：官名。明代驻防京师的京营设有提督，南京置操江提督。后巡抚常兼提督军务衔。清代设提督军务总兵官，简称提督，是一省的高级武官。沿江沿海设水师提督。

《增修万县志》卷七　地理志

坛壝庙祠　　民间祠庙

礼隆享祀①而坛壝②庙祠重焉。国家馨香至治③，怀柔百神④，凡直省郡县，莫不建立如制。万邑坛庙祗肃⑤，而祀典⑥遵行，犹有未尽善者，毋亦赖有贤司牧⑦竭诚尽礼，格冥漠⑧而无贻⑨怨恫⑩也。至民间祠庙，苟⑪为崇德报功⑫，圣朝⑬弗禁，从宜从俗，不与冥羊、马行⑭同毁矣。

社稷⑮坛　　在东关外三里。雍正十二年⑯知县朱介圭建，岁以春秋仲月⑰

---

① 礼隆享祀：礼仪尊崇祭祀。享祀：祭祀。
② 坛壝（wéi）：坛场，祭祀之所。
③ 馨香：芬芳香气。至治：政治之至者，即治政所达到的最高境界。
④ 怀柔百神：出自《诗经·周颂·时迈》（《毛诗正义》卷十九，第1304页），用祭祀安抚众神。
⑤ 祗（zhī）肃：恭谨而严肃。
⑥ 祀典：祭祀的仪礼。
⑦ 贤司牧：贤明的地方官。
⑧ 格冥漠：感通阴间。
⑨ 无贻：不要留下。
⑩ 怨恫：怨恨，哀痛。
⑪ 苟：如果。
⑫ 崇德报功：尊崇有德行的人，酬报有功劳的人。
⑬ 圣朝：封建时代尊称本朝。
⑭ 冥羊、马行：本俱指神名，此处指二神的祠庙。
⑮ 社稷：土神和谷神。
⑯ 雍正十二年：即1734年。
⑰ 仲月：指每季的第二个月。

上戊日①致祭②。坛案设位：社神右，稷神左，均北向。

神祇③坛　　在东关外三里，雍正十二年知县朱介圭建，距社稷坛数武④。岁春秋仲月上戊日致祭。坛案设位：云雨风雷神居中，境内山川神居左，城隍神⑤居右，均南向。

厉坛⑥　　旧设于西门外，后移东门外江干⑦。咸丰八年知县冯卓怀仍移建西门外。岁三月清明、七月望⑧、十月朔日⑨致祭。坛案设位：城隍神坛上正中，无祀鬼神坛下左右。

先农⑩坛　　在西关外二里，雍正十二年知县朱介圭建，岁以春三月亥日致祭。行耕耤礼⑪。耤田⑫四亩九分，在坛下，坛后旧建藏神牌室。咸丰九年知县冯卓怀重修。坛案设位：先农神南向。

文庙　　在城北正顶都历山脉，巍然高出各庙，上乃元学⑬旧址，明末毁于兵。康熙二十二年知县张永辉复捐修。嘉庆十二年至道光五年知县陈焕章、李埙、宋大中、李嘉祐⑭、仇如玉先后劝捐重修，历十八年功始告竣。

崇圣祠　　在大成殿后，同时修。咸丰九年邑士绅补修。

大成殿⑮、大成门　　重檐，尽易朱丹⑯，栋宇加高，宫墙五尺。康熙二十三

---

① 上戊日：上旬之戊日。
② 致祭：进行祭祀。
③ 神祇（qí）：天神与地神。
④ 武：古以六尺为步，半步为武。
⑤ 城隍神：守护城池的神。
⑥ 厉坛：祭无祀鬼神的坛。
⑦ 江干：江边，江岸。
⑧ 七月望：即农历七月十五。望：即望日，农历每月十五。
⑨ 十月朔日：即农历十月初一。朔日：农历每月初一日。
⑩ 先农：古代传说中最先教民耕种的农神。或谓神农，或谓后稷。
⑪ 耕耤礼：礼制名，亦作"耕籍礼"，乃我国古代帝王亲耕田地的礼仪制度。每年春耕前，天子、诸侯举行仪式，亲耕藉田，种植供祭祀用的谷物，并以示劝农。历代皆有此制，称为耕藉礼或籍田礼。据《礼记·月令》，其礼为天子三推，三公五推，卿、诸侯九推。至清末始废。
⑫ 耤田：即藉田，古代天子、诸侯征用民力耕种之田。
⑬ 元学：元朝所修建的学校。
⑭ 本志卷十一《地理志·学校》、卷二十二《职官志·历任》"国朝知县"处均作"李嘉佑"。
⑮ 大成殿：因尊称孔子为"大成至圣先师"，所以称孔庙的正殿为"大成殿"。
⑯ 尽易朱丹：全都改用红色涂料涂饰。

年钦颁御书①"万世师表"匾额一道。雍正三年钦颁御书"生民未有"匾额一道。乾隆三年钦颁御书"与天地参"②匾额一道。嘉庆七年钦颁御书"圣集大成"匾额一道。道光二年钦颁御书"圣协时中"③匾额一道。咸丰二年钦颁御书"德齐帱载"④匾额一道。同治二年钦颁御书"圣神天纵"⑤匾额一道。先后奉到钦遵⑥建于大成殿。岁春秋仲月上丁⑦及八月二十七日致祭。

大成殿设位：至圣先师孔子，正中南面。

东配

复圣颜子　　名回，字子渊，鲁人。

述圣子思子　　名伋，字子思。

西配

宗圣曾子　　名参，字子舆，鲁国武城人。

亚圣孟子　　名轲，字子舆，邹邑人。

东哲

先贤闵子　　名损，字子骞，鲁人。

先贤冉子　　名雍，字仲弓，鲁人。

---

① 御书：皇帝书写的字。

② 与天地参：语出《中庸》："唯天下至诚，为能尽其性。能尽其性则能尽人之性；能尽人之性，则能尽物之性，能尽物之性，则可以赞天地之化育；可以赞天地之化育，则可以与天地参矣。"（〔南宋〕朱熹《四书章句集注·中庸章句》，中华书局1983年10月第1版，第32页）即与天地并列为三。天地生养万物，那么，与天地并列为三的意义就很明显了。参：同"叁"，三的大写。

③ 圣协时中：语出《中庸》："君子之中庸也，君子而时中。"（〔南宋〕朱熹《四书章句集注·中庸章句》，中华书局1983年10月第1版，第19页）赞扬孔子的中庸之道。

④ 德齐帱（dào）载：语出《中庸》："仲尼祖述尧舜，宪章文武，上律天时，下袭水土，譬如天地无不持载，无不覆帱。"（〔南宋〕朱熹《四书章句集注·中庸章句》，中华书局1983年10月第1版，第37页）赞扬孔子学术思想和个人品德完美无缺。

⑤ 圣神天纵：语出《孟子·尽心下》："充实之谓美，充实而有光辉之谓大，大而化之之谓圣，圣而不可知之之谓神。"（《孟子注疏》卷十四上，第394页）颂扬孔夫子为上天赋予人间的品德学识和高超的神灵。

⑥ 钦遵：恭敬遵奉，旧时臣子言遵奉圣旨的套语。

⑦ 上丁：上丁日，即指农历每月上旬的丁日。此日原有祭祀，《礼记·月令》："（仲春之月）上丁，命乐正习舞，释菜。"（《礼记正义》卷十五，第478页）又"（季秋之月）上丁，命乐正入学习吹。"孔颖达疏："其习舞吹必用丁者，取其丁壮成就之义，欲使学者艺业成故也。"（《礼记正义》卷十六，第534页）于是自唐代以后历代王朝就规定将每年仲春（二月）、仲秋（八月）的上丁之日作为祭祀孔子的日子。

先贤端木子　　名赐，字子贡，卫人。

先贤仲子　　名由，字子路，鲁之卞人。

先贤卜子　　名商，字子夏，卫人。

先贤有子　　名若，字子若，鲁人。

西哲

先贤冉子　　名耕，字伯牛，鲁人。

先贤宰子　　名予，字子我，鲁人。

先贤冉子　　名求，字子有。

先贤言子　　名偃，字子游，吴人。

先贤颛孙子　　名师，字子张，陈人。

先贤朱子　　名熹，字元晦，婺源人。

两庑设位

东庑先贤

先贤公孙侨　　字子产，郑公族。

先贤林放　　字子邱，鲁人。

先贤原宪　　字子思，鲁人。

先贤南宫适　　字子容，鲁人。

先贤商瞿　　字子木，鲁人。

先贤漆雕开　　字子若，一作凭，字子间，蔡人。

先贤司马耕　　字伯牛，宋人。

先贤梁鳣　　字子鱼，齐人。

先贤冉孺　　字子鲁，鲁人。

先贤伯虔　　字子析，鲁人。

先贤冉季　　字子产，一字子远，鲁人。

先贤漆雕徒父　　字子有，鲁人。

先贤漆雕哆　　字子敛，鲁人。

先贤公西赤　　字子华，鲁人。

先贤任不齐　　字子选，楚人。

先贤公良孺　　字子正，陈人。

先贤公肩定　　字子中，卫人。

先贤鄡单　　字子家，鲁人。

先贤罕父黑　　字子素，鲁人。

先贤荣旂　　字子旗，鲁人。

先贤左人郢　　字子行，鲁人。

先贤郑国　　字子徒，鲁人。

先贤原亢　　字子籍，鲁人。

先贤廉洁　　字子庸，卫人。

先贤叔仲会　　字子期，鲁人。

先贤西舆如　　字子上，鲁人。

先贤邦巽　　字子敛，鲁人。

先贤陈亢　　字子禽，陈人。

先贤琴张　　字子开，一字子张，卫人。

先贤步叔乘　　字子车，齐人。

先贤秦非　　字子之，鲁人。

先贤颜哙　　字子声，鲁人。

先贤颜何　　字子冉，鲁人。

先贤县亶　　字子象，鲁人。

先贤牧皮　　力牧之后。

先贤乐正克　　周人，孟子弟子。

先贤万章　　齐人。

先贤周敦颐　　字茂叔，宋湖广道州人。

先贤程颢　　字伯淳，宋河南洛阳人。

先贤邵雍　　字尧夫，宋河南人。

西庑先贤

先贤蘧瑗　　字伯玉，卫人。

先贤澹台灭明　　字子羽，鲁武城人。

先贤宓不齐　　字子贱，鲁人。

先贤公冶长　　字子长，鲁人。

先贤公皙哀　　字季次，齐人。

先贤高柴　　字子羔，齐人。

先贤樊须　　字子迟，鲁人。

先贤商泽　　字子季，鲁人。

先贤巫马施　　字子期，陈人。

先贤颜辛　　字子柳，鲁人。

先贤曹恤　　字子循，蔡人。

先贤公孙龙　　字子石，卫人。

先贤秦商　　字子丕，鲁人。

先贤颜高　　字子骄，鲁人。

先贤壤驷赤　　字子徒，秦人。

先贤石作蜀　　字子明，秦之成纪人。

先贤公夏首　　字子乘，鲁人。

先贤后处　　字子里，齐人。

先贤奚容蒧　　字子晳，鲁人。

先贤颜祖　　字子襄，鲁人。

先贤句井疆　　字子疆，卫人。

先贤秦祖　　字子南，鲁人。

先贤县成　　字子祺，鲁人。

先贤公祖句兹　　字子之，鲁人。

先贤燕伋　　字子思，秦人。

先贤乐欸　　字子声，鲁人。

先贤狄黑　　字子晳，卫人。

先贤孔忠　　字子蔑，《史记》作"孔子兄孟皮①之子"。

先贤公西蒧　　字子尚，鲁人。

先贤颜之仆　　字子叔，鲁人。

先贤施之常　　字子恒，鲁人。

先贤申枨　　字子周，鲁人。

先贤左丘明　　鲁人，楚左史倚相②之后。

先贤秦冉　　字开，鲁人。

先贤公明仪　　鲁南武城人。

先贤公都子　　齐人，孟子弟子。

先贤公孙丑　　齐人，孟子弟子。

先贤张载　　字子厚，宋郿县人。

---

① 孟皮：孔子的哥哥。名皮。因其为妾所生，且排行为老大，故称孟皮。

② 左史倚相：左史乃复姓，倚氏的始祖。他熟悉楚国历史，精通楚国《训典》，能读古籍《三坟》《五典》《九丘》《八索》。常以往事劝谏楚君，使之不忘先王之业。楚灵王及楚平王时期，颇受楚国君臣尊敬。楚人遇有疑难常向其请教，誉之为良史、贤者。

先贤程颐　　字正叔，伯淳之弟。

东庑先儒

先儒公羊高　　齐人。

先儒伏胜　　字子贱，汉济南人。

先儒毛亨　　汉鲁人。

先儒孔安国　　字子国，汉兖州人。

先儒后仓　　字近君，汉东海郯人。

先儒郑康成　　汉北海高密人。

先儒范宁　　字武子，晋鄢陵人。

先儒陆贽　　字敬舆，唐嘉兴人。

先儒范仲淹　　字希文，宋吴县人。

先儒欧阳修　　字永叔，宋庐陵人。

先儒司马光　　字君实，宋夏县人。

先儒谢良佐　　字显道，宋上蔡人。

先儒罗从彦　　字仲素，宋南剑州人。

先儒李纲　　字伯纪，宋邵武人。

先儒张栻　　字敬夫，宋绵竹人。

先儒陆九渊　　字子静，宋金溪人。

先儒陈淳　　字安乡，宋漳州龙溪人。

先儒真德秀　　字景元，宋浦城人。

先儒何基　　字子恭，宋金华人。

先儒文天祥　　字宋瑞，一字履善，宋吉水人。

先儒赵复　　字仁甫，元德安人。

先儒金履祥　　字吉父，元兰溪人。

先儒陈澔　　字可大，宋江西南昌人。

先儒方孝孺　　字希直，明宁海人。

先儒薛瑄　　字德温，明河津人。

先儒胡居仁　　字叔心，明余干人。

先儒罗钦顺　　字允升，明泰和人。

先儒吕柟　　明泾野人。

先儒刘宗周　　明浙江山阴人。

先儒孙奇逢　　字钟元，国朝河南人。

先儒陆陇其　　字稼书，国朝平湖人。

西庑先儒

先儒谷梁赤　　字元始，鲁人。

先儒高堂生　　字伯，汉初鲁人。

先儒董仲舒　　汉广川人。

先儒毛苌　　字长公，汉赵人。

先儒杜子春　　汉河南缑氏人。

先儒诸葛亮　　字孔明，汉湖广襄阳人。

先儒王通　　字仲淹，隋龙门人。

先儒韩愈　　字退之，唐南阳人。

先儒胡瑗　　字翼之，宋海陵人。

先儒韩琦　　字稚圭，宋相州安阳人。

先儒杨时　　字中立，宋将乐人。

先儒尹焞　　字彦明，一字德充，宋洛阳人。

先儒胡安国　　字康侯，宋崇安人。

先儒李侗　　字愿中，宋延平人。

先儒吕祖谦　　字伯恭，宋婺州人。

先儒黄干　　字直卿，宋福州闽县人。

先儒蔡沈　　字仲默，宋建阳人。

先儒魏了翁　　字华甫，宋邛州[1]蒲江人。

先儒王柏　　字子恭，宋金华人。

先儒陆秀夫　　字君实，盐城人。

先儒许衡　　字平仲，元河内人。

---

[1] 邛州：南朝梁置，治所在蒲口顿（西魏改置依政县，在今四川省邛崃市东南五十五里）。隋大业二年（606）废。唐武德元年（618）复置，治依政县。显庆二年（657）移治临邛县（今邛崃市）。辖境相当今四川邛崃、大邑、蒲江等市县地。元属嘉定府路。明洪武九年（1376）降州为邛县，成化十九年（1483）升为直隶州。1913年改为邛崃县。

先儒吴澄　　字幼清，宋崇仁人。
先儒许谦　　字益之，元金华人。
先儒曹端　　字月川，明渑池人。
先儒陈献章　　字公甫，明新会人。
先儒蔡清　　字介夫，明晋江人。
先儒王守仁　　字伯安，明余姚人。
先儒吕坤　　字叔简，明宁陵人。
先儒黄道周　　字石斋，明福建漳浦人。
先儒汤斌　　字潜菴，国朝河南睢州人。

崇圣祠正殿设位：肇圣王[1]木金父公正中，裕圣王祈父公左，诒圣王防叔公右，昌圣王伯夏公左次，启圣王叔梁公右次，均南向。

东配
先贤孔氏　　孟皮，一字伯尼[2]。
先贤颜氏　　名无繇，字路。
先贤孔氏　　名鲤，字伯鱼。

西配
先贤曾氏　　名点，字皙。
先贤孟孙氏　　名激，字公宜，鲁公族孟孙之后。

东庑先儒设位
先儒周氏　　名成，周子敦颐之父。
先儒程氏　　名珦，字伯温，二程子颢、颐之父。
先儒蔡氏　　名元定，字季通，蔡氏沈之父。

西庑先儒设位
先贤[3]张氏　　名迪，张子载之父。
先儒朱氏　　名松，字乔年，朱子熹之父。

---

[1] 肇圣王：及后面的"裕圣王""诒圣王""昌圣王""启圣王"这孔子五世祖先乃清代所封，封孔子之五世祖木金父公为肇圣王，此人自宋迁鲁，始姓孔氏。封孔子高祖祈父公为裕圣王、曾祖防叔公为诒圣王、祖伯夏公为昌圣王，加上元代已经封孔子父亲为启圣王，凡五代。
[2] 此处的"东配"和"西配"共5人，除孟皮为孔子哥哥之外，其余四人分别乃孔子四配颜回、子思子、曾子、孟子的父亲。
[3] 按文例，此"贤"当是"儒"之误。

愚按，国朝万县文庙向未塑像，前后殿奉安①木主②，位次先后均遵列圣钦定，同治二年，礼部颁发钦定祀位图，复钦遵敬谨补正。

名宦祠③、**乡贤祠**④、**忠义孝弟祠**⑤、**节孝祠**⑥　　名宦、乡贤、节孝三祠，原在学宫右侧，今学署即其旧址。嘉庆十二年，重修，文庙，移建于左。忠义孝弟祠，道光二十二年新建于右。四祠春秋仲月上丁附祀。

名宦祠设位：

唐

严挺之　　万州录事参军，华阴人。

柏贞节　　万州防御使。

苗拯　　万州刺史，上党人。

张造　　万州刺史。

宋

鲁有开　　南浦郡太守⑦。

束庄　　南浦郡太守，东平人。

刘源　　万州刺史。

冯时行　　万州刺史，巴县人。

上官夔　　万州守将。

明

高溥　　万县知县，歙县人。

窦祥　　万县知县，河南祥符人。

杨湜　　万县知县，云南太和人。

李植　　万县知县，湖广黄冈人。

赵珂　　万县知县，山西太原人。

---

① 奉安：安置神像、神位。

② 木主：又称神主，俗称牌位，木制的神位，上书死者姓名以供祭祀。

③ 名宦祠：任职于某地而勤政爱民、有德有业的官员，去世后由当地士民举荐，经本省总督、巡抚会同学政审核批准，将其牌位入祀于所在州县名宦祠，春秋致祭。

④ 乡贤祠：东汉孔融为北海相时，以甄士然祀于社。此为祭祀乡贤之始。明、清时凡有品学为地方所推重者，死后由大吏题请祀于其乡，入乡贤祠，春秋致祭。

⑤ 忠义孝弟祠：供奉生前忠、义、孝、弟（悌）的死者牌位的祠庙。

⑥ 节孝祠：旧时封建统治阶级旌表节孝妇女的祠堂。清代在各省、府、州、县各建节孝祠一所，祠外建大坊，凡节孝妇女由官府奏准旌表的都入祀其中，春秋致祭。

⑦ 太守：职官名。一郡之长，宋以后改郡为府，故知府亦别称为"太守"。

国朝

王贞一　　万县知县，江西太平人。

郑朝清　　万县知县，福建泉州人。

龙鳞锦　　万县知县，广东番禺人。

乡贤祠设位：

宋

王相

明

冉通、郎文林、刘五纬、沈鸿儒。

国朝

程正性

忠义孝弟祠设位：

明

邓天禄、罗维先、吴献棐。

国朝

杨春芳、傅朝举、魏士良、陈大方[①]。

节孝祠设位：

明

隆海宏妻胡氏、傅承爵妻龚氏、冉应海妻隆氏、向东妻陈氏、傅万荣妻解氏、沈瑜妻崔氏、陈常妻万氏、陈顺妻向氏、古元直妻谭氏、向东洋妻张氏。

国朝

宋得云妻谭氏、姜荣吉妻刘氏、文和典妻刘氏、刘思谦妻薛氏、谭烈女、节烈刘氏、平其安妻张氏、王英妻傅氏、丁应宠妻廖氏、马英妻杜氏、杜之章妻谭氏、龚治妻陈氏、万时玉妻龚氏、袁襄妻傅氏、易曰乾妻黄氏、易正道妻谭氏、丁玉彩妻张氏、魏如昆妻詹氏、张文甲妻陈氏、向世魁妻杨氏、陈烈女、陈旺妻巨氏、马德超妻莫氏、王太元妻周氏、王俸妻熊氏、程元妻王氏、陈元太妻王氏、陈元品妻罗氏、程思全妻余氏、陈元德妻胡氏、蒋顺柏妻彭氏、张太元妻陈氏、周明全妻喻氏、李子美妻谢氏、朱元高妻陈氏、陈德妻周氏、曹先元妻谢氏、屈正举妻袁氏、屈正举媳陈氏、谭万世女、屈某妻严氏、秦应芳女、王祥瑞妻文氏、萧兰妻张氏、王瑄妻黄氏、王继抡次女、舒遂武女、莫姑、熊辉碧妻陈氏、张天位女、吴大怀女、何正临妻马氏、

---

① 入祀三祠的这些人物本志后面的《职官志》和《士女志》中相关地方有其简介。

姚大德妻蔡氏、王正楷妻魏氏、朱学易妻殷氏、曹文德妻廖氏、李大斌妻向氏、向天位妻杨氏、陈大鸿妻胡氏、易成义妻李氏、廖秀朝妻龚氏、许仁义妻任氏、袁润妻张氏、黄佑妻覃氏、曹襄妻谭氏、曹芳学妻向氏、杨国珍妻何氏、崔之彦妻陈氏、黄仲乔妻蔡氏、易大恒妻刘氏、胡应科妻秦氏、魏元玉妻陈氏、严性达妻向氏、郝道纪妻谭氏、常大纲妻谭氏、张开先妻皇甫氏、陶勋扬妻朱氏、陈第廷妻张氏、杜文盛妾夏氏、何瑚妻冯氏、廖朝举妻刘氏、陈焕谟妻周氏、谭光灿妻杨氏、何大盛妻石氏、孙正顺妻张氏、易光晖妻兰氏、宋捷元妻孙氏、李湘妻樊氏、赖同毂妻曹氏、李如梅妻冉氏、余宏乾妻杨氏、魏士品妻秦氏、陈大栋妻李氏、魏明勋妻牟氏、陈大堂妻冉氏、郭铭妻王氏、冉天琳妻蓝氏、胡友珑妻谭氏、胡先连妻陈氏、向懋理妻张氏、熊成清妻张氏、杨辅臣妻张氏、杨遇泰妻王氏、向三谟妻张氏、谭二序妻文氏、谭兴凤妻向氏、吴能一妻赖氏、谭功永妻张氏、范士秀妻赖氏、魏元侁妻张氏、骆文翰妻陈氏、朱仁伟妻唐氏、朱仁厚妻史氏、何桂妻张氏、史良能妻张氏、汪学凯妻甘氏、陈二美妻张氏、胡承普妻赖氏、汪祖绥妻陈氏、廖正江妻刘氏、张问仁妻程氏、余登岸妻曹氏、郝道绪妻张氏、郭志玉妻杨氏、崔国俊妻刘氏、郭志玫妻易氏、王大绪妻龙氏、杨伦妻张氏、陈仁言妻崔氏、雷茂武妻易氏、黄元相妻崔氏、杨成汇妻朱氏、归仕骐妻易氏、熊成禄妻余氏、刘肇叚妻周氏、熊世俊妻余氏、邵信连妻李氏、彭绍观妻胡氏、邓朝璧妻何氏、张天悦妻郝氏、李宏门妻谢氏、胡世登妻刘氏、董翼妻陶氏、冉奇松妻谭氏、姚均照妻蓝氏、陈复亨妻向氏。①

愚按，旧志："名宦、乡贤祠各三间，康熙间知县张永辉捐建。忠孝节义祠，内外正房各三间，门楼各一座。"②盖即忠孝、节孝同祠而异堂也。后人移建，竟遗忠孝，而颜曰节孝，误矣。自魏孝义士良入祀，新建忠义孝弟祠，而四祠始具。夫忠义孝弟、节孝为两祠，业载《则例》③，以分为宜，不可缺，亦毋庸④合也。

查忠义有误（人）〔入〕乡贤者，或亦移建时无以位置而为之欤？又历代名宦、乡贤，旧志未尽注，牌位间有⑤遗失，柏茂林位存，志佚；刘梦凤志具，位亡。亦非所以重祀典也。据旧志以复牌位，据牌位以补志乘⑥，均注入祀于本传之末，庶

---

① 入祀之人本志卷三十四《士女志·列女上（下）》中有其简介，可以参看。
② 此处的"旧志"指乾隆《万县志》，引文见其卷二《祠庙》。
③ 业载《则例》：已经载入《则例》法典之中。《则例》：清代指汇集《会典》的新例疑义等所编成的行政法典。
④ 毋庸：副词，无须，不要。
⑤ 间有：偶有。
⑥ 志乘：志书。〔清〕章学诚《文史通义·和州志政略序例》："夫州县志乘，比于古者列国史书，尚矣。"（叶瑛校注《文史通义校注》，中华书局1994年3月第1版，第664页）

后有征焉。

关帝庙　　在城西。康熙四十六年知县鲍䥽建，道光十五年绅耆重修，至十九年落成。启圣祠同时修。岁春秋仲月诹吉①及五月十三日致祭，前殿塑像，奉忠义神武灵佑仁勇护国保民精诚绥靖关圣大帝神位，后殿中奉光昭王、左裕昌王、右成忠王②神位。

文昌庙　　在东关外，迤③北半里许。康熙四十六年知县鲍䥽建，内有奎光阁，嘉庆二十二年及道光五年重修。启圣祠，嘉庆八年知县王世焘建修，咸丰五年绅耆④重修。岁春秋仲月诹吉及二月初三日致祭。前殿塑像，奉文昌帝君神位，后殿奉文昌帝君先代神位。

火神庙　　在东门外。道光二十五年知县同书重修。岁以季夏下旬三日致祭。堂中塑像，奉火神位。

神龙祠　　在学宫左侧。乾隆己酉岁建，道光四年知县仇如玉重修，咸丰九年知县冯卓怀修理。岁春秋诹吉致祭。堂中塑像，奉龙神位。

城隍庙　　在城西。旧在县治西。明成化七年知县徐熙重建。国朝乾隆五十八年知县邓骥复建。中塑城隍神像。

昭忠祠

堂中祀：魏元相，梁万营候补千总。万钦，阜和营外委⑤。程安国，顺庆营额外外委。晏登甲，梁万营把总⑥。龚正海，武生，蓝翎六品顶戴⑦。陈祥瑞，武生。

左房祀梁万营兵丁：魏魁、潘士荣、向玉、杨大德、邵信朋、伍万银、刘文魁、任之顺、傅良德、陈天林、王廷爵、黄东兆、陈文、张国太、黄大武、余贵、张天华、王天贵、陈国珍、梁倖、谢太和、朱登榜、杨烈、蓝田贵、林连礼、向长升、柳子银、向阳春、周清万、陈天才、黄品、林长青、陶天贵、龙宗富、赖华长、向德、陈国汉、

---

① 诹（zōu）吉：选择吉日。
② 咸丰五年（1855）加封关羽三代祖辈为王，曾祖为光昭王，祖为裕昌王，父为成忠王。
③ 迤：延伸，向。
④ 绅耆（qí）：旧指地方上的绅士或有声望的人。
⑤ 外委：清代武官名。初为额外委派，后成定制。外委千总，正八品；外委把总，正九品；额外外委，从九品。
⑥ 把总：职官名。始于明代，清代定为正七品武职，以把总为武官之末级，位在千总下。
⑦ 蓝翎：清代礼冠上的饰物。插在冠后，用鹖尾制成，蓝色，故称。初用以赏赐官阶低的功臣，后很滥，并可出钱捐得。顶戴：清代用以区别官员等级的冠饰。通常皇帝可赏给无官的人某品顶带，亦可对次一等的官赏加较高级的顶带。前代有功或殉职，子孙可荫袭。到后期可以花钱捐购。

何国祥、李高年、徐斌、颜增福、周廷恕、陈永安、杨贵、唐应龙、卢昌友、周先祥、郭茂盛、郑廷魁、赵世龙、彭世贵、杨成贵、毕升、刘仲、黄应洪、李荣、李仕荣、廖昌贵、易文林、陈宗魁、刘太、张万一、郑文相、易德望、陈天顺、罗升、成天受、刘海洲、刘斯贵、袁正举、严启忠、牟洪、李天玉、苏有龙、成升、刘文升、熊世奇、钟英、刘富、陈文耀、王应凤、刘俸、向贵、谢文发、谭洪发、简正先、谢成炳、王俸、王槐、张奉先、谢博文、杨俸明、谭荣、郭学、陈刚、萧之林、李文忠、盛贵、刘榜、程连、何芝礼、伍元贵、曾朝榜、袁禹、戴升、吴永福、颜宗尧、崔其贵、张世可、钟彦珍。

右房祀万县乡勇①：曾正魁、唐已儿、朱维明、刘儒山、谭三保、窦世绪、唐宗相、刘德全、蔡正容、谭明、罗大保、李祖保、蔡秉坤、李三儿、谭贵、罗其彬、李正元、易国珍、李伯四、谭福英、徐玉文、李成英、龙尚韩、简永登、李学尧、黄国治、李和仁、刘三儿、罗发奉、方成荣、徐洪学、屈朝荣、刘二保、罗福榜、喻奇山、徐明学、张文显、曾老五、曾长儿、吴能富、谷敬朝、王桥儿、汪大本、何老幺、左德恒、刘昌林、曾二保、曾老四、黄安赐、盛文贵、谭世英、陈碧俸、陈尚选、高先、吴国富、林科成、郭显华、谭本儿、冉德榜、冉德忠、谭长儿、郭光俊、李见、饶荣、周文道、王扶、王大儿、王长生、罗泽仁、周成贵、丁正乡、唐尚品、王正标、孙明海、熊燕良、熊正鳌、赖元、赖定魁、蒋大娃、钟维贵、屈文汉、金方斗、唐子富、谢地禹、王老幺、冯青云、张文朝、莫永海、张守成、僧光辉、胡子刚、僧月辉、张长、舒达麟、张二、陈世良、张守志、谭永彦、宋国珍、谭永远、刘珍、曾玉堂、袁成、侯永贵、陈贵、李俸、张学才、向登义、叶起凤、廖正伦、黎海、周仕相、文洪柱、黄文、燕四海、邹亨林、左彪、刘锡盛、李元林、朱太洪、周杰、李富、林四方、黄禹贵、李正坤、任宗贵、王耀、陈治安、陈继德、彭书珍、张朝虎、徐安太、龙宗奇、向钟禹、曹继达、伍克成、向秀元、向秀芝、郭伦、唐之德、熊文四、潘元士、徐世清、樊文宗、魏朝贵、万太现、王正位、唐富、余明起、曹继远、李士洪、梁文足、张文魁、高一相、唐之选、伍顶文、罗文代、郎才、向英富、秦学赞、伍克纯、程远、温深洪、潘龙才、唐丙儿、谭正英、龚玉、陈大元、蔡大常、萧朝荣、郎才年、魏世爵、李世安、杨世榜、唐尔尧、余朋超、魏世禄、冉德恒、李世宏、向彦奇。

愚按，昭忠祠例各建于直省府城②，春秋致祭，品物仪节③，与直省贤良、名宦、

---

① 乡勇：乡兵，地方武装。
② 直省府城：各省府一级的行政机构所在的城市。
③ 品物仪节：祭祀物品和礼节。

乡贤同，酬庸恤死①，至周且渥②矣。万县员弁③兵勇，剿贼捐躯，实繁有徒④，安乡⑤固忠义乡，而圣朝之磨厉甄陶⑥，其效可睹。然府城建祠，邑人不常见也。置于本县，尤足以感朴忠⑦之心，而作义勇⑧之气，宜守土者⑨以此为急务也。

马将军祠　在东关外。知县张琴捐修，邑绅陈绶叔侄捐地宅。同治元年九月十一日，内阁⑩奉上谕⑪：所有阵亡之副将⑫马定国，着⑬交部从优议恤⑭，并准其于原籍万县地方建立专祠，随同马定国剿贼阵亡之勇丁⑮，均着准其一并附祀⑯，以彰忠荩⑰，嗣经兵部议，准⑱湖北补用副将马定国从优照总兵⑲例，给恤银七百两，并加赠总兵衔⑳，

---

① 酬庸恤死：奖赏有功劳者、使为国家利益死去的人得到抚恤。
② 至周且渥（wò）：极为完备而且深厚。渥：厚。
③ 员弁：低级文武官员。
④ 实繁有徒：实在有不少这样的人。实：实在。繁：多。徒：群众。
⑤ 安乡：即安乡县，乃万县在北周时的县名。
⑥ 磨厉：即磨砺，摩擦使锐利，比喻磨炼。甄陶：烧制瓦器，比喻培养造就。
⑦ 朴忠：朴实忠诚。
⑧ 义勇：见义勇为。
⑨ 守土者：指地方官。
⑩ 内阁：明、清两代的政务机关。乃设置多位大学士共同行使宰相权，为按照皇帝的意旨，批办各项事件。
⑪ 上谕：皇帝告令臣民的诏书。
⑫ 副将：官名。南宋武职的一种，位在统制、统领、正将下。清代隶于总兵，理一协军务。又漕运总督下设副将，掌催护粮船等事。
⑬ 着：命令，旧时公文用语。
⑭ 从优：选择所能给与的最优渥对待，多用于指抚恤或封赏。议恤：对立功殉难人员，评议其功绩，给予褒赠抚恤。
⑮ 勇丁：清代地方招募的士兵。
⑯ 附祀：配享、从祀。
⑰ 忠荩：犹忠诚。
⑱ 准：审议核准。
⑲ 总兵：官名。明代遣将出征，别设总兵官、副总兵官以统领军务。其后总兵官镇守一方，渐成常驻武官，简称总兵。清因之，于各省置提督，提督下分设总兵官及副总兵官。总兵所辖者为镇，故亦称总镇。
⑳ 总兵衔：总兵待遇，正二品。

给与骑都尉①，袭次②完时给与恩骑尉③，世袭罔替。礼部议：准照二品官阵亡例，给与全葬银四百两，一次致祭银二十两。遣官读文致祭，入祀京师昭忠祠，并入祀本籍及阵亡地方府城昭忠祠，行查籍贯事迹，造册送翰林院④立传。钦颁谕祭文⑤：皇帝谕祭⑥阵亡湖北补用副将照总兵例赐恤⑦马定国之灵曰："鞠躬尽瘁，臣子之芳踪；恤死报勤，国家之盛典。尔马定国，赋性忠直，国尔忘身⑧，御敌冲锋，奋勇阵殁，朕用悼焉。特颁祭葬以慰幽灵⑨。呜呼！聿昭⑩不朽之荣，庶享匪躬⑪之报，尔如有知，尚克歆享⑫。"

堂中祀：马将军定国。

左右祀：

哨官熊玉林　　六品军功，梁万营兵丁。

哨官冯安吉　　六品军功蓝翎，梁万营兵丁。

左右房祀万县团勇：

何得胜、文春、喻国明、潘庆林、刘春芳、吴连超、王正二、刘荣升、王兴廷、陈永芳、郭吉泰、郭宗品、吴占彪、唐兴泰、徐代斌、韩大愈、罗有志、谢荣昌、黄启发、马胜泰、钟占元、贾占魁、王占鳌、何春廷、熊聘侯、张洪春、詹荣贵、魏明伦、张占荣、吴占春、陈春、牟双茂、梁贵、吴光达、陈维汉、李长春、陈玉、马腾升、徐双魁、万贵廷、秦玉春、张诒荣、赵三级、马腾飞、陈崇惠、陈棠惠、

---

① 骑都尉：官名，清朝为爵位等级，列九等世爵之第七等，在轻车都尉下、云骑尉上，正四品，满名"拜他喇布勒哈番"。
② 袭次：清制，世袭官爵，除八旗外，都限定世数，一世为一次，谓之"袭次"。不限世数的，加"世袭罔替"字样。
③ 恩骑尉：爵名。清朝于公、侯、伯、子、男五等世爵之下所加四级世职的最末一级。上有轻车都尉、骑都尉、云骑尉。
④ 翰林院：官署名。唐代初设，集各种才艺之人于院中供皇帝使令。开元末另开学士院，供职者称翰林学士。宋代设翰林学士院，为皇帝起草诏旨。明代成为外朝官署，清代沿设，为"储才"之所，掌编修国史、进讲经史、草拟文书等事务，长官是掌院学士。
⑤ 谕祭文：文体名，天子遣使下祭的文辞。
⑥ 谕祭：谓天子下旨祭臣下。
⑦ 赐恤：专指官吏死后，根据其生前的功劳大小，追赠官爵，褒封谥号，并给其家属抚恤金。
⑧ 国尔忘身：一心为国，不顾自身。
⑨ 幽灵：死者的灵魂。
⑩ 聿（yù）昭：昭示，显示。聿：文言助词，无义，用于句首或句中。
⑪ 匪躬：谓忠心耿耿，不顾自身。
⑫ 尚克歆享：希望死者来享用祭品。歆享：旧指鬼神享受祭品、香火。

刘正川、徐永福、覃玉春、徐占彪、方占春、马腾武、刘占春、邱荣升、李春荣、梅贵、覃玉升、张浩、冯玉褚、张贵、李占荣、陈友禄、张万春、谭慎公、文治国、晏廷章、杨寿春、向治国、李泰、傅泰、陈联升、张玉伦、李春洪、曾光科、陈春华、范春、夏翊二、胡万明、王国衡、张保年、方玉田、巫占春、贺春山、秦珍、赖坤、黄占元、朱世扬、张开俊、秦玉山、王占彪、江占彪、马德荣、徐占魁、姚安、何良浚、张贵、崔洪、高联升、崔忠蔚、谭学润、王裕泰、文元、方青云、王占魁、袁和尚。

民间庙祠

七贤祠　　在东门外，祀宋贤鲁有开、张俞、范镇、苏洵、苏轼、苏辙、黄庭坚，今圮①。

遗爱祠　　在东门外，祀国初万县知县宋大中，附祀知县仇如玉。

禹王宫　　湖广会馆。

三圣宫　　陕西会馆。

万寿宫　　江西会馆。

皆在城南。

天后宫　　福建会馆。

帝主宫　　湖北黄州会馆。

南华宫　　广东会馆。

川主庙　　八省公所。

高　庙　　八帮公所。

南丹宫　　旧火神庙。

马王庙

药王庙

鲁班庙

三元宫

太白祠

皆在西门外。

镇江王庙

东岳庙

---

① 圮（pǐ）：坍塌。

桓侯宫

皆在东门外。

文翁祠 在治南八十里神拯邨，祀汉名宦文党。道光九年①岁贡生魏士良捐修。

来公祠 在治南六十里虬溪，祀明乡贤来知德。道光十一年邑绅易光晨、秦正高等修。

城隍庙 一在大周溪，乾隆二十八年②建，四十八年补修。一在龙驹坝，新修。

龙王堂 在双河口下，庙前龙潭，四季不涸。

东岳庙 一在大周里邵家场，明时修。一在市郭里沙滩场，明时修。康熙六年③重修。

禹王宫 一在分水场，道光壬寅年④建。一在王家场，道光二十六年建。一在瑞池场，道光二十七年建。一在高梁铺，咸丰九年⑤建。一在高山堡，一在三正铺，一在龙驹坝。

关帝庙 一在高梁铺，道光十四年建。一在太平场，嘉庆十二年⑥建。一在新场，咸丰十年建。一在兴隆场，嘉庆十三年建。一在老鸦塘，乾隆四十年建。一在龙驹坝。

文昌宫 一在新场，道光二十五年建。一在神拯村，道光九年监生魏士谦捐修。

文武庙 一在新场，嘉庆十一年建。一在分水场，道光二十年建。一在王家场，道光十七年建。一在瑞池场，前明旧基。一在黄泥凼，咸丰十年建。一在高山堡，一在三正铺。

川主庙 在石马山，乾隆五十八年建。

万寿宫 一在高梁铺，嘉庆十二年建。一在分水场，乾隆四十二年建。一在高山堡，一在龙驹坝。

镇江王庙 一在大周里一甲，道光十一年左德芳等建。一在万顺场上街。

雷祖庙 在新场。

---

① 道光九年：即1829年。

② 乾隆二十八年：即1763年。

③ 康熙六年：即1667年。

④ 道光壬寅年：即道光二十二年，1842年。

⑤ 咸丰九年：即1859年。

⑥ 嘉庆十二年：即1807年。

帝主宫　　一在瑞池场，道光十六年建。一在三正铺。

三圣宫　　在高峰场。咸丰六年建。

奎星①阁　　在新开田，乾隆二十年建。

① 奎星：传说中掌文运的神。

《增修万县志》卷八 地理志

户口 场集

蜀中丁①明季之厄，黎民几无孑遗②。皇朝定宇③，招徕抚绥④，渐复其旧。至乾隆初年，户益息⑤，今则增至十倍。庶矣哉⑥！皆列圣⑦深仁厚泽⑧、休养生息所致也。《寰宇记》："唐开元户五千一百，皇宋户主六百一十九，客一千二百八十。"⑨旧志："前明原额人丁三千九百十五丁。"⑩郡志："顺治三年，编审人丁，凡军民驿灶医卜工乐诸色人户，并以原报册籍为定，惟年老残疾逃亡故绝者，悉行豁免。康熙十年，定各省贫民携带妻子入蜀开垦者，准其入籍。二十九年，定入籍四川例。时川省民少而多荒地，凡他省民人在川垦荒居住者，即准其子

---

① 丁：遭逢。
② 几无孑遗：几乎没有一点剩余。
③ 定宇：平定天下。
④ 招徕抚绥：招抚并安定。
⑤ 息：滋生。
⑥ 庶矣哉：语出《论语·子路》："子适卫，冉有仆，子曰：'庶矣哉！'"（《论语注疏》卷十三，第174页）人口众多啊。
⑦ 列圣：指历代帝王。
⑧ 深仁厚泽：指深厚的仁爱和恩惠。
⑨ 引文见〔北宋〕乐史《太平寰宇记》卷一百四十九《山南东道八·万州》（中华书局2007年11月第1版，第2886页）。皇宋：《太平寰宇记》作"皇朝"。八十：《太平寰宇记》作"八十五"。
⑩ 此处的"旧志"指咸丰《万县志》，引文见其卷一《地理志》之"户口"条。

弟入籍考试。"①旧志："乾隆十一年，万县编一万八千三百八十一丁。"②省、郡志：嘉庆元年以后，万县旧额新增报部三万四千三百六十五户，男七万二百二十八丁，妇六万七千六百五十口，男妇十三万七千八百七十八丁口。咸丰八年报部二万八百七十四户，男妇十万一千六百九十六丁口③。

场集

大周里

一甲：

孙家漕　　一百二十里。

亭子垭　　一百三十里。

余家场　　一百五十里。

邵家场　　一百六十里。

二甲

分水场　　九十里。

黄泥凼　　一百里。

瑞池场　　一百四十里。

三元场　　一百四十里。

王家场　　一百四十里。

前三甲

高山坡　　五十里。

三正铺　　七十五里。

后三甲

新场　　　一百二十里。

---

① 此处的"郡志"指道光《夔州府志》，引文见其卷八《户口志》（中华书局2011年12月点校第1版，第87页）。顺治三年：即1646年。康熙十年：即1671年。按，这段文字除多"郡志"二字外，其余与咸丰《万县志》卷一《地理志》之"凡户口"条完全相同。

② 此处的"旧志"指咸丰《万县志》，引文见其卷一《地理志》之"户口"条。

③ 这段材料嘉庆《四川通志》卷六十五《食货志四·户口二》（巴蜀书社1984年12月影印第1版，第2257页）和道光《夔州府志》卷八《户口志》（中华书局2011年12月点校第1版，第87—88页）中均有载，故前有"省、郡志"之语。男妇：嘉庆《四川通志》作"共男妇"。按，这段文字除多"省郡志"三字、"旧额"二字外，其余与咸丰《万县志》卷一《地理志》之"凡户口"条完全相同。

五甲

高梁铺　　二十五里。

佛寺铺　　四十里。

六甲

三块石　　二十里。

八甲

陈家坝　　二十里。

九甲

熊家场　　三十五里。

黄柏溪　　九十里。

十甲

大周溪　　四十五里。

小周溪　　六十里。

佘家嘴[①]　九十里。

三正里

一甲

大溪口　　六十里。

复兴场　　七十五里。

万顺场　　一百里。

二甲

武宁场　　九十里。

三甲

响水滩　　九十里。

四甲

甘宁坝　　七十里。

五甲

瀼渡场　　六十里。

六甲

洋河溪　　五十里。

七甲

---

① 佘家嘴：从全志的称呼来看，此处有误，应为"佘家嘴"。

柱头山　　六十里。

八甲

高峰场　　四十五里。

市郭里

二甲

五间桥　　二十里。

三甲

裕隆场　　四十里。

四甲

白羊坝　　七十五里。

五甲

鸡公山　　九十里。

前六甲

地坝滩　　二百一十里。

白土坝　　二百八十里。

后六甲

赶场坝　　一百二十里。

过路滩　　一百八十里。

下七甲

龙驹坝　　一百六十里。

上七甲

老鸦塘　　二百四十里。

八甲

新开田　　二十里。

九甲

走马岭　　一百二十里。

小十甲

长滩井　　八十里。

龙家沟　　八十里。

大十甲

马头场　　一百四十里。

罗针田　　一百六十里。

六竹溪　　二百二十里。

磨刀溪　　二百四十里。

万县市郭里场集俱在江南，三正里、大周里场集俱在江北，间有一二甲在江南者，其户口繁多。今惟大周里新场、三正里武宁场、市郭里龙驹坝为最。

《增修万县志》卷九 地理志

田赋 杂税 蠲政 仓储

国初川省土旷人少,故赋①从轻,则承平②既久,生聚③渐繁,垦辟④益广。乾隆五年,特诏四川所属地处边徼⑤,山多田少,田赋⑥向⑦分上中下三等,如上田、中田不足五分⑧,下田与上地、中地不足一亩,以及山头地角⑨、间石杂沙之瘠地⑩,不论顷亩,悉听开垦,均免升科⑪。万县凡深林幽莽⑫、峻岭层崖,但有微土⑬者,悉皆树艺⑭,富藏于民,利溥无穷⑮,所以维正之供⑯,川省历来并无逋欠⑰,而安

---

① 赋:旧指田地税。
② 承平:持续相承的太平盛世。
③ 生聚:指人民。
④ 垦辟:开垦。
⑤ 边徼(jiào):犹边境。
⑥ 田赋:旧时按土地征收的赋税,始于公元前594年,名称历代有所不同。有些朝代将其他课征并入。明、清两代,田赋成为国家主要财政收入。
⑦ 向:从前。
⑧ 分:计量单位,一亩等于十分。
⑨ 地角:地的尽头,多比喻极僻远的地方。
⑩ 瘠地:贫瘠之地。
⑪ 升科:明、清定制,开垦荒地满规定年限(水田六年,旱田十年)后,就按照普通田地收税条例征收钱粮。科:科税。
⑫ 莽:草,密生的草。
⑬ 微土:少量的土地。
⑭ 树艺:种植。
⑮ 利溥无穷:利益广大而无穷。
⑯ 维正之供:出自《尚书·无逸》(《尚书正义》卷十六,第433页),指正税,古代法定百姓交纳的赋税。
⑰ 逋(bū)欠:拖欠。

乡尤无烦①催科②焉。

　　旧志：前明原额税粮二千四百二十九石七斗八升三合，人丁三千九百四十五丁③。

　　夏税：布政司④广济库⑤荒丝米二十二石一斗二升五合⑥，每石折荒丝一斤，共丝二十二斤，每斤折银五钱，共银一十一两六分二厘五毫。万历三十二年奉文，加增银二两四钱二分九厘七毫八丝三忽，有闰加银七钱一分五厘七毫四丝五忽七微五尘⑦。

　　秋粮：工部料米一百一十七石六斗九升三合九勺五抄三撮三圭。每石征银五钱，共银五十八两八钱四分六厘九毫二丝六忽六微五尘。

　　户口实编银七十一两六钱五分八厘三毫。

　　又均徭⑧：原编银一千八百二十四两二钱，除减抵算外，加增银二十四两一钱六分八厘五毫，实编银一千八百四十八两四钱六分八厘五毫，加增茶叶银三两，又商税九两八钱九分四厘五毫，遇闰加银五钱二厘五毫。鱼油银二两五钱三分四厘五毫，遇闰加银一钱八分。鱼课⑨银三钱三分，遇闰加银四分。

　　郡志：国朝顺治十年，准四川荒地官给牛种，听民间开垦，酌量补还价值……。（康熙）二十九年，以四川民少而荒地多，凡流寓愿垦荒居住者，将地亩给为永业……。（自康熙六年清丈后），五十一年清查隐漏田赋。……陆续自首开垦报部……。雍正五年，

---

① 无烦：不用。
② 催科：催交赋税。
③ 此处的"旧志"指乾隆《万县志》，材料见乾隆《万县志》卷二《赋役》。
④ 布政司：承宣布政使司的简称。明初设置，为掌理一省民政的机构。主官称为布政使。此指四川布政司。
⑤ 广济库：为行省的出纳钱谷部门。
⑥ 佚名《孙子算经》卷上："量之所起，起于粟。六粟为一圭，十圭为一撮，十撮为一抄，十抄为一勺，十勺为一合，十合为一升，十升为一斗，十斗为一斛。斛得六千万粟。"（湖北教育出版社1999年11月第1版，第72页）石（dàn）：十斗为一石。斗：十升为一斗。升：十合（gě）为一升。合（gě）：一升的十分之一。勺：一升的百分之一。抄：量词，六百粟为一抄。撮：一升的千分之一。圭：一升的十万分之一。
⑦ 钱、分、厘、毫、丝、忽、微、尘、纤：我国市制重量单位，钱是一两的十分之一，分是一钱的十分之一，厘是一分的十分之一，毫是一厘的十分之一，丝是一毫的十分之一，忽是一丝的十分之一，微是一忽的十分之一，尘是极小的计量单位，为一微的十分之一。纤为一两的千万分之一。
⑧ 均徭：清代徭役制度。初为征力役，后改为征银助役，继复摊征于地粮，称为"均徭银"。
⑨ 鱼课：鱼税。

丈勘隐占垦辟田土。六年，题准各省入川民人，每户酌给水田三十亩，或旱田五十亩。若有子弟及兄弟之子成丁者，每丁水田增十五亩，或旱地增二十五亩。实在老少丁多不能养赡者，临时酌增除拨给之数外，或有多余三五亩之地，亦准一并给垦。其奇零不成邱段之地，就近酌量安置，给以照票收执管业。①

旧志：（雍正）七年，四川巡抚宪德等以各属征粮科则②轻重悬殊，疏请③均定征收，以昭平允④。上田每亩载粮七合四勺六抄，中田每亩载粮六合五勺二抄八撮二圭，下田每亩载粮五合五勺九抄六撮一圭，上地每亩载粮二合三勺，中地每亩载粮二合一抄二撮一⑤圭，下地每亩载粮一合七勺二抄四撮七圭。每粮一石征条银一两一钱一分四厘六毫二丝三忽，每粮六斗一升五合九勺一抄五撮，载丁一丁，每丁征银一两一钱一分四厘六毫二丝三忽。⑥

旧志⑦：万县原载税粮八百八石八斗五升三合三勺二抄八撮六圭四粟八末，原载人丁一千三百一十三丁五厘四毫七丝七忽三微⑧，原载丁条粮银⑨三千一百六十二

---

① 检乾隆《夔州府志》和道光《夔州府志》中的记载，与此段材料差异甚大，却与嘉庆《四川通志》相近。引文见其卷六十二《食货志一·田赋一》（巴蜀书社1984年12月影印第1版，第2210—2213页）中的记载最为接近。括号中的文字乃嘉庆《四川通志》所没有。国朝：嘉庆《四川通志》作"皇清"。民间：嘉庆《四川通志》作"兵民间"。永业：永业田的省称，旧时称私有土地为永业田或世业田。成丁：指男子成年。照票：票证，有交纳租税、领取物资、查验户口、出入关口等功能。按，这段文字除多"郡志"二字外，其余与咸丰《万县志》卷一《地理志》之"凡田赋"条完全相同。
② 科则：按田地类别、等级而定的田赋标准。
③ 疏请：上疏朝廷请求。
④ 平允：公平适当。
⑤ 一：乾隆《万县志》作"二"。
⑥ 此处的"旧志"指咸丰《万县志》，引文见其卷一《地理志》之"凡田赋"条。括号中的文字乃咸丰《万县志》所无。
⑦ 这段材料乾隆《万县志》和咸丰《万县志》均有载，但略有不同。
⑧ 咸丰《万县志》无此句。
⑨ 丁条粮银：清雍正元年（1723）全国普遍推行"摊丁入亩"赋税改革，把清康熙五十年（1711）固定下来的人丁税平均摊入田赋中，征收统一的地丁银，不再按人头征收丁税。此后民户按亩缴纳的不仅有田赋，还有丁银，二者合称"丁条粮银"。朝廷为了推进四川勘丈土地，实行首报隐匿惩处政策，允许百姓自动首报，如果到期不报，或首报不实，均要受到严厉处分。凡官绅军民将新垦旧熟等地，隐匿一亩以上至一项以上者，分别议处责惩，其田入官，所隐钱粮，按数追纳。在此基础上，雍正六年（1728）全川4道（松茂道、川东道、永宁道、建昌道）同时开始清丈土地，雍正七年（1729）十一月丈量完毕，按实际田亩数实行按亩载粮、按粮征银的税制改革。

两四钱一厘一丝四忽四微五尘六纤。自①雍正七年奉行清丈起，至②乾隆十一年应征止，奉旨③丁条粮合并积算。遵照颁发弓式，以二百四十步为一亩，见丈土著及兵民自首开垦上中下田地。阖县共一千八百六十八顷四十一亩八④分四厘七尘⑤，田地俱分上中下三等。上田二百一十一顷一十九亩五分三厘，每亩征丁条粮银二分九厘一毫六丝六忽六微一尘三纤，共应征丁条粮银六百一十五两九钱八分五厘一毫五丝八忽二微五尘二纤。中田三百四十一顷四十九亩八分五厘，每亩征丁条粮银二分五厘五毫二丝三忽五微二尘二⑥纤，共应征丁条粮银八百七十一两六钱二分四厘四毫八丝一忽九微二尘一纤。下田七百六十三顷四十一亩四分二厘，每亩征丁条粮银二分一厘八毫七丝九忽二微六尘，共应征丁条粮银一千六百七十两二钱九分三厘七毫七丝六忽九微四尘五⑦纤。上地六十二顷六十六亩九分一厘七毫，每亩征丁条粮银八厘九毫九丝二忽三微七尘八纤，共应征丁条粮银五十六两三钱五分四厘四毫八丝二微一纤。中地一百七十六顷九十亩二⑧分一厘，每亩征丁条粮银七厘八毫六丝七忽五微五尘七纤，共应征丁条粮银一百三十九两一钱七分九厘五毫二丝二忽二微七尘二纤。下地三百一十二顷七十三亩八分二厘，每亩征丁条粮银六厘七毫四丝三忽一微一尘七纤，共应征丁条粮银二百一十两八钱八分三厘二丝七忽二微九尘七纤。统共征丁条粮银三千五百六十四两三钱二分四毫四丝六忽七微六纤⑨。康熙九年奉文遇闰⑩每两增银五分八厘八毫三忽三微五尘六纤三沙八渺七漠。嘉庆元年后⑪，川省田赋陆续报垦补首，略有所增⑫。万县新旧⑬起科上中下田地一千八百七十三顷

---

① 乾隆《万县志》作"又自"。

② 至：咸丰《万县志》作"自"。

③ 奉旨：咸丰《万县志》无此二字。

④ 八：咸丰《万县志》作"七"。

⑤ 尘：咸丰《万县志》作"毫"。

⑥ 二：乾隆《万县志》和咸丰《万县志》均作"三"。

⑦ 五：乾隆《万县志》作"三"。

⑧ 二：乾隆《万县志》作"三"。

⑨ 咸丰《万县志》作"四毫四丝六忽八微八尘八纤"。

⑩ 康熙九年奉文遇闰：咸丰《万县志》只有"遇闰"二字。乾隆《万县志》作"遵照康熙九年奉文加增闰银，照旧时全书核算"。

⑪ 乾隆《万县志》无此句以后的内容。

⑫ 略有所增：咸丰《万县志》作"屯秋杂粮，稍有所增"。

⑬ 新旧：咸丰《万县志》作"实在"。

八亩三分四厘，实征丁条粮银三千五百七十一两二分五厘，征火耗①银五百三十五两六钱五分四厘。

杂税

田房税契银七百二十三两八钱七分。

牙帖②税银四两。

当帖③税银十两。

盐课　长滩井盐井四眼，每年征银三十两三钱二分八厘，配陆引④七十二张，征银三十二两四钱二毫，引发各灶户，坐厂行销，以供治南市郭一里民食，治北大周、三正二里例食云安厂盐。其商人配行云安厂水引⑤五百三十一张，陆引一千零二十张，共征课税⑥、羡⑦、截⑧银二千五百零三两四钱七分五厘二毫。岁于奏销前征收批解⑨。现增长滩东井、盐井沟井试煎⑩，分引认课⑪，未几⑫水淡，废。

---

① 火耗：零碎白银熔化重铸为银锭时产生的折耗。其名起于明代，地方官府征收赋税时以火耗为名，正额之外多收钱粮。明朝中期火耗银为正税的20%～30%。火耗银加重了百姓的负担，也滋长了官吏的贪污行为。清初情况更加严重，"天下火耗之重，每银一两，有加耗至五钱者"（《清世祖实录》卷八十五，顺治十一年七月壬子，中华书局1985年8月第1版，第670页）。康熙后期各省征收的火耗银一般为正税的三四成，最高达七八成，严重扰乱了吏治秩序。清雍正二年（1724）七月制定"火耗归公"（又称"耗羡归公"）政策，每两地丁银明加火耗数分至一钱数分银不等，作为政府正常税收，统一征课，存留藩库，酌给本省文职官员养廉。

② 牙帖：旧时捐税之一种。牙商（旧时替买卖双方说合并抽取佣金的经纪人）或牙行（旧时为买卖双方介绍交易、并从中收取佣金的商业机构。相当于现代的经纪人）纳税后取得牙帖，方准营业。

③ 当帖：旧时政府发给当铺准许营业的执照。清雍正六年（1728）制定当帖规则，规定各地开设典当，须呈明县知事，转呈藩司请帖。并按年纳税。无力停业者，交帖免税。

④ 陆引：政府颁发给商人的由陆地运销的凭证。

⑤ 水引：政府颁发给商人的由河道运销的凭证。

⑥ 课税：国家规定数额征收赋税。

⑦ 羡：即羡余，清代州县于正赋外加征的附加税，除去实际损耗和归州县官吏支配以外，其余解送上司，称为"羡余"。

⑧ 截：即截角银，古代批验茶引、盐引的方法和记号。宋代始立茶引制，历代沿袭并引入盐引。客商贩到盐茶货源，经过批验所，须依例批验，将引由截角，别无夹带，方许放行。清乾隆十三年（1748），特别重申"水陆各路运商验引截角法"，于安徽、浙江、四川、云南、贵州等省推行。由此产生的费用称"截角银"。

⑨ 批解：成批发送。

⑩ 试煎：试着煎盐。

⑪ 分引认课：分发销售的凭证，认领税赋。

⑫ 未几：不久。

茶课　　万县向无。咸丰二年，派领茶腹引①一百五十张，照票十五张。每年应征课税、羡银一百五两一钱五分。因募商无人，官为捐解，现招商认课。

　　铁课　　无。

蠲政

　　万县自明季流贼②蹂躏，迭经数逆③窃踞④，益以教匪横行，民困极矣。国家休养生息，垂二百年，薄赋缓征，蠲租赐复⑤，厚泽深仁⑥，有加无已⑦。虽非军兴输挽病民⑧，而普免输免⑨，恩出望外。圣朝宽大轸恤⑩元元⑪，无微不至。万民即输将⑫恐后，岂能报高厚鸿慈⑬于万一⑭哉！

　　康熙二十五年，以川省初靖⑮，所有未完钱粮⑯，悉与豁除，并二十六年应征钱粮，俱着蠲免⑰；三十三年，以川省土壤硗瘠⑱，民生艰苦，蠲免钱粮；四十二年复行蠲免；五十年各省普免钱粮，轮次蠲免。

　　雍正八年用兵西藏，以转输资民⑲，地丁⑳钱粮悉行蠲免。

---

① 腹引：清代在内地贩卖茶、盐的行商执照。
② 流贼：四处流窜的盗贼。
③ 数逆：几次叛乱。
④ 窃踞：用不正当手段占据。
⑤ 蠲租：免除租税。赐复：谓以特恩免除赋税和徭役。
⑥ 厚泽深仁：深厚的仁爱和恩惠。
⑦ 有加无已：不断增加，没有停止。已：停止。
⑧ 军兴：谓征集财物以供军用。输挽：运送物资。病民：使民困苦。
⑨ 普免输免：普遍免除赋税。
⑩ 轸恤：怜悯。
⑪ 元元：人民，百姓。
⑫ 输将：指缴纳赋税。
⑬ 高厚鸿慈：恩德深厚的大恩。
⑭ 万一：万分之一，表示极少的一部分。
⑮ 初靖：刚刚平定。
⑯ 钱粮：田赋的通称。古以米谷或代金缴纳田地赋税，故称田赋为"钱粮"。
⑰ 蠲免：免除。
⑱ 硗瘠（qiāo jí）：不肥沃。
⑲ 转输资民：依赖民力进行周转、运输。
⑳ 地丁：地租和人口税的合称。

乾隆十一年普免钱粮输免；十四年用兵金川①，以供亿输挽②，有资民力，分别蠲免。三十六年，圣母③万寿④覃恩⑤，普免钱粮输免；三十八、九年，用兵金川⑥，以转输资民，分别蠲免；四十年，以金川荡平，全行蠲免；四十二年，推广慈仁，普免钱粮，输免；五十八年，万寿覃恩，普免钱粮输免。

嘉庆元年，以川省向无积欠，宽免十分之二；二年，嗣皇帝纪元⑦，大廷授受⑧，普免钱粮输免；三年，以教匪滋事，运送军粮，召募堵御，耕作失时，概行豁免；四年，以贼匪滋扰，被难⑨堪悯，全行豁免，并免带征⑩二年，输免案内火耗十分之三；五、六年，以被贼妨耕，团练⑪堵御认真，地丁、正闰、火耗银米全行蠲免；七年，以办理津贴、急公尚义，分别蠲免，复以被贼、近贼，民力拮据，蠲免十分之五。又以续输津贴，蠲免十分之二；八年，以甫经宁谧，生计尚艰，地丁、正耗钱粮缓至秋后开征；二十五年，以万寿覃恩，川省查无积欠，蠲免十分之二。

仓储

仓厫⑫　　在城内东北箭道。嘉庆九年建，计八十二间。

常平仓⑬　　谷七千二百二十八石六斗八升。监仓二万四千九百二十一石三斗二升，共贮谷三万二千一百五十石。道光七年，奉文拨粜⑭谷八千石。咸丰元年，

---

① 此指第一次金川之役。乾隆初，大金川土司莎罗奔夺取小金川泽旺印信，"意欲并吞诸蕃"，又攻明正土司（今康定）。乾隆十二年（1747），清军3万人分两路进讨，久而无功。后改派岳钟琪为总兵进讨。乾隆十四年（1749），莎罗奔请降，大金川事件初告平息。
② 供亿：指所供给的东西。输挽：运输。
③ 圣母：皇帝生母的尊称。此指乾隆帝的生母。
④ 万寿：封建时代指皇帝、皇太后的生日。嘉庆《梁山县志》卷五《蠲恤》记载为"恭逢皇太后八旬万寿"。
⑤ 覃恩：广施恩泽。旧时多用以称帝王对臣民的封赏、赦免等。
⑥ 此指第二次金川之役。大小金川联合起来发起了战争，清朝政府经历了五年的时间才平定。
⑦ 纪元：我国古代皆以新君即位的次年为元年。
⑧ 大廷授受：指统治权从乾隆帝手里交给嘉庆帝。
⑨ 被难：遭逢灾难。
⑩ 带征：国家因荒歉而停征钱粮，以其停征之数，匀摊分为数年，与各该本年钱粮同征者，称为"带征"。
⑪ 团练：除正规军外，于地方上挑选壮丁聚集，用兵法教练，以保卫地方，称为"团练"。
⑫ 仓厫（áo）：即仓厫，本作"仓敖"，粮库。古代秦以敖山为粮仓，故名。
⑬ 常平仓：古代政府为调节粮价、储粮备荒以供应官需民食而设置的粮仓。
⑭ 粜（tiào）：卖粮食。

奉文碾运广西谷四千石。实存谷二万四千一百五十石。咸丰三年，奉文拨枭常、监谷九千石，接济江南军饷。七年，奉文拨枭一万二千九十石，供给京饷。邑民两次缴价，存谷仍贮官仓。

  社仓① 原贮谷八千八百六十七石一斗九升五合四勺三抄，民借碾及贼匪焚毁开除②，谷五千四百四十九石一斗七升三合四勺。又陈前县任内因收成歉薄③出借谷一千二百六十五石七斗八升九合四勺，业经④劝捐，尚未归款，实存社仓谷二千一百五十二石二斗三升二合九勺，分贮四乡，责成社首经管。

  义仓⑤ 万县未设。

  济仓 万县向无。道光元年，夔州府知府杨世英捐银五百两，发万县饬劝捐置业，以作岁歉⑥赈济之用。五月，知县仇如玉交当商李隆茂、范信义等按月一分行息⑦。道光十七年，知县兴善置买济田，直银一千三百五十两，每年收租谷二十石。十九年，复买济田，直钱二百三十四千，兴善捐廉⑧一百千，其一百三十四千则济田所取押佃也。每年收租谷四石，后因两业无人完粮，减租每年一斗，现实存市斗⑨谷五百一十八石一斗。

---

① 社仓：古时窖贮粟麦，以备荒年赈灾之用的仓库。

② 开除：支出、开支。

③ 歉薄：收成微薄。

④ 业经：已经。

⑤ 义仓：隋以后各地为备荒而设置的粮仓。

⑥ 岁歉：年成歉收。

⑦ 行息：计算利息，通常用于借款契约上。

⑧ 捐廉：旧谓官吏捐献除正俸之外的养廉银。养廉银：清制，官吏于常俸之外，规定按职务等级每年另给银钱曰"养廉银"。文职始于雍正五年（1727），武职始于乾隆四十年（1775）。

⑨ 市斗：市制容量单位。一市斗等于十市升，通称斗。

《增修万县志》卷十 地理志

水利

万临大江,多溪河,里甲塘堰之数,不可胜计[①]。其地大半山田,而为腴米之乡,则水利为之。闾阎[②]争水如争谷,厚民生者恶得忽诸[③]!

大周里中山寨下大堰塘,周三里许,灌田千余亩。小塘七十余口。

大垭口山下大堰沟,沿路灌田千余亩,小堰十余道。

余家场石坝山大塘一、鹅蛋邱大塘一,灌溉多田。

陈家坝大堰,灌田千余亩。八甲三地塘三百八十口。

董家岩卫生寨塘百有八口。

熊家漕下五里堰,灌田千余亩。

凤凰山涌泉四道,一见郭沟,灌田二百余亩。迤逦至高山堡,东下,注黑龙滩,瀑布数十丈。一见小茶园,灌田二百余亩。一见大茶坪,泉源,愈旱愈大,溉田数百亩。一见康村,溉田千余亩。

三正铺西由大河坝至张家嘴,共堰数道。系溪水筑堤,分溉田千余亩。铺南孟家湾塘一口,溉田百余亩。

高山堡南苦草湾下塘一口,溉田二百余亩,余小塘不计其数。

白水溪至铁凤山出响水洞,迤逦至双河口,合中坝河,下镜子洞入于江。所经地五十余里,分堰水以灌田者千余亩。横溪沟自周家营出下河坝,折而下三龙凼,

---

[①] 不可胜计:不能全部计算完,形容数量极多。胜:尽。计:计算。
[②] 闾阎(lú yán):此处指民间。
[③] 此句言重视民生的人怎么能忽视水利呢?诸:语气助词,无实义。

合螃蟹寺河，至大周溪入于江，所过二十余里，分堰水以灌田千余亩。吴家坪水自堰口下龙洞溪，后山沟水自鸡宿岩下卷洞桥，骆家沟水自天池子下白家坪，三水汇流，过永定桥入于江，灌田千余亩。

九甲山多田少，咸就地势凿塘，计九百余口。

老桥沟水发源云阳大漕山，有古堰一道，灌溉佘家嘴田。

下高坪天鹅山、马鞍山有塘无堰。十甲官塘在北岸石壁后，长里许，宽三十余丈，古号银塘。

三正里大溪口后大堰塘，周围四里，深三十余丈，灌田无数。

中磴大塘，灌田百余亩。

七甲塘最广，不下千余口。八甲多山田，塘计八百余口。

甘宁坝东麓芦管口堰，灌田数千顷，西麓猪牙寨堰，灌田数百顷。

市郭里黑象堡枬木园沟堰一道，长二里许，灌田数百亩。

一甲塘大小计八百余口。

白羊坪四甲塘八百十三口。

五甲饮凤堰长二十余丈，灌田百余亩。太平场东南凤春、临月、河源、摆布四塘，各深四五丈，皆灌田二百余亩。

前后六甲多山，火埠塘、地坝滩、白土坝、堡子岭、清水塘等处，俱低田，依山溪为堰；高田引山水作塘。

七甲多小塘堰，惟大堰坝可灌龙驹坝、上坝田。

八甲乌龙池山泉，出灌田千余顷；养马池泉，灌田数千顷；甲东南有热水河、冷水河，二水至油沙坝汇流；西南有倒水沟、徐峰龙洞，二水至熊家坝汇流；两流至新开田两汇口复合，出白水溪北入江，皆源泉，冬夏不竭，灌田数万顷。

《增修万县志》卷十一　地理志

学校　书院　义学　考棚　桂官

古之教者必立学。学者，人材之薮①也。我朝加意庠序②，礼师儒③、先行谊④。汉室崇儒而文翁化蜀⑤，不足云也。万人士英髦⑥蔚起⑦，理学则慕庐，稽古则善长、清溪、西夏，笃行则苍山、静轩、环山、体斋，循良则存存⑧，忠烈则秦、刘、陈、

---

① 薮（sǒu）：聚集之地。
② 加意庠序：留心学校。庠序：古代地方基层学校。后泛称学校。《孟子·滕文公上》："设为庠序学校以教之：庠者，养也；校者，教也；序者，射也。夏曰校，殷曰序，周曰庠。"（南宋）朱熹注："庠以养老为义，校以教民为义，序以习射为义，皆乡学也。"（朱熹《四书章句集注·孟子集注》卷五，中华书局1983年10月第1版，第255页）
③ 礼师儒：尊敬教官。师儒：古代指教官或学官。
④ 先行谊：重视品行道义。
⑤ 文翁化蜀：文翁于汉景帝末年出任蜀郡太守。他为政推崇仁教，重视教化，他看到蜀地偏远，民风鄙陋，决心加以诱导。从郡、县内挑选聪明能干的十几位年青官吏，亲自培养训练，然后保送到京城长安去深造，就学于博士。学成之后，回到郡中加以重用。文翁还在成都兴建官办学校，为当地培养人材，注重在实践中锻炼提高他们的从政才干。经过几年不懈的努力，蜀地民风教化大为改观，在长安太学求学的蜀地学生和文化发达的齐鲁地区的学生人数差不多相等了。在汉武帝时，朝廷下令让全国各郡都设立学校，就是首先由文翁开的头。后以此典称颂地方官吏办学教化、治理有方。
⑥ 英髦：俊秀杰出的人。
⑦ 蔚起：蓬勃兴起。
⑧ 慕庐：沈复瑛的号。善长：陶仁明的字。西夏：何志高的字。环山：王继抡的号。体斋：王思敬的号。他们的简介可参看本志卷二十九《士女志·学行》。苍山：杜宗琰的字。静轩：魏士良的号。他们的简介可参看本志卷三十一《士女志·孝义》。存存：程正性的字。其简介可参看本志卷二十九《士女志·贤哲》。

张①，其余不可胜纪②。盖涵濡作人③，雅化④有本原矣。夫春秋释奠⑤、朔望⑥释菜⑦，范⑧之以先圣先师，模⑨之以先贤先儒，与夫明伦堂之卧碑⑩，学宫之训饬⑪，师儒所以教，弟子员所以学，岂区区⑫季考⑬、月课⑭、校艺⑮、角技⑯云尔哉⑰？

儒学 在县治北。洪武十三年知县桂仲权因⑱元学旧址重建。景泰间知县许斌，成化间知县徐熙，嘉靖间知县龙云、沈清先后重修。万历二年，兵巡副使范檄知府郭棐行万县，加修学宫。明末流寇乱毁。国朝康熙初，草创数楹⑲，烬⑳于甲寅吴逆之变㉑。二十二年，知县张永辉重建殿庑门署，是后知县刘乃大重修明伦堂，知县李大魁重修两庑。制乐器、祭器，久渐圮毁。嘉庆十二年，知县陈焕章、李埙、

---

① 秦、刘、陈、张：即秦应琚（其子秦学滔）、刘钟玙、陈祥瑞、张维正，其事可见本志卷三十一《士女志·义烈》。
② 不可胜纪：不能逐一记述，极言其多。
③ 涵濡：滋润；沉浸。作人：培育人才。
④ 雅化：纯正的教化。
⑤ 释奠：古代在学校设置酒食以奠祭先圣先师的一种典礼。
⑥ 朔望：朔日和望日，阴历初一与十五。
⑦ 释菜：古代入学时祭祀先圣先师的一种典礼。
⑧ 范：效法，取法。
⑨ 模：仿效，效法。
⑩ 卧碑：明洪武二年（1369）诏境内立学，十五年（1382）礼部颁学校禁例十二条，禁生员不得干涉词讼及妄言军民大事等，刻石置于学官明伦堂之侧，称为卧碑。清顺治九年（1652）又另立条款八项，颁刻学官，称为新卧碑。此指后者。此八条内容下之正文有录。
⑪ 此指康熙四十一年（1702）御制的《训饬士子文》，下之正文有录。学官：学校。
⑫ 区区：形容不重要。
⑬ 季考：清代国子监、八旗官学及地方儒学对在校学生每季进行考校的制度。国子监季考由祭酒主持，试以《四书》《五经》，并诏、诰、表、策、论、判。八旗官学于春、秋二季赴国子监会考。其他官学，每季由管学大臣率同管学各官会考。以成绩优劣，分别奖惩。府、州、县学之季考，由教官主持，除《四书》外，兼试策论。考试结束的第二天，并讲《大清律例》刑名、钱谷之要者若干条。试卷送学政查核。
⑭ 月课：明、清时每月对学子的课试或对武官武艺的考校。
⑮ 校艺：考核武艺、经学等。
⑯ 角技：比赛技艺。
⑰ 云尔哉：用于语尾，表示疑问。
⑱ 因：顺着，沿袭。
⑲ 数楹：数间。
⑳ 烬：动词，化成灰烬。
㉑ 甲寅吴逆之变：此指康熙年间吴三桂的叛乱。甲寅：此指1674年，次年吴三桂称为"周王"元年。

宋大中、李嘉佑、仇如玉相继劝捐重修，至道光五年，功始告竣。省志、郡志。

国朝制设万县学，额八名。文童①原额岁科试②各取进八名。咸丰间，以捐输③津贴，加永定学额三名；同治二年，加永定学额一名。岁科试定额各取进十二名。原额廪生④二十名，每名岁支廪饩⑤银九两六钱，遇闰加银八钱，以钱粮不敷未领。康熙二十四年，乃复三分之一，每名岁领廪饩银三两二钱，共银六十四两，遇闰加增，在地丁银内留支。增生二十名，二年一贡⑥，逢酉科拔贡⑦一名。

武童⑧原额岁试取进八名，咸丰间加三名，同治二年加一名，岁试定额取进共十二名。

顺治九年，题准⑨刊立卧碑，置于明伦堂之左，晓示生员⑩。道光间，训导钟崇盛重刊，年久漫灭。咸丰五年训导范泰衡谨书石，《学弟子员重刊》：

朝廷建立学校，选取生员，免其丁粮⑪，厚以廪膳⑫，设学院、学道、学官以教之，各衙门以礼相待，全要养成贤才，以供朝廷之用。诸生⑬皆当上报国恩，下立人品。所有教条⑭，开列于后：

---

① 文童：科举时代童生的别称，即应秀才考试的士子，也称儒童。
② 科试：明、清科举制度，各省学政周历各府、州，从童生中考选秀才及甄试欲应乡试的生员，称为"科试"。
③ 捐输：将财物捐助缴纳给公家。
④ 廪(lǐn)生：明、清两代由公家发给银两、粮食的生员。又称廪膳生。明初生员有定额，皆为廪生。其后名额增多，增多者谓之"增广生员"，简称"增生"，无公家发给的银两或粮食，地位次于廪生。又于额外增取，附于诸生之末，谓之"附学生员"，省称"附生"。后凡初入学者皆谓之附生，考试通过者可补为增生、廪生。廪生中时间久远者可充岁贡。
⑤ 廪饩(xì)：指科举时代由公家发给在学生员的膳食津贴。
⑥ 二年一贡：指万县学每两年向京师国子监推荐一名学习的人。
⑦ 拔贡：科举制度中选拔贡入国子监的生员的一种。清制，初定六年一次，乾隆七年（1742）改为每十二年（即逢酉岁）一次，由各省学政选拔文行兼优的生员，贡入京师，称为拔贡生，简称拔贡。同时，经朝考合格，入选者一等任七品京官，二等任知县，三等任教职，更下者罢归，谓之废贡。
⑧ 武童：即武童生，明清时应武科生员之试者。
⑨ 题准：奏经皇帝批准。
⑩ 生员：科举时代考试合格入各府、州、县学读书的学生，统称为"生员"。
⑪ 丁粮：按人口所征收的税粮。
⑫ 廪膳：科举时代公家发给在学生员的膳食津贴。
⑬ 诸生：明清两代称已入学的生员。生员即经本省各级考试取入府、州、县学学习者，通称秀才。
⑭ 教条：教令、法规。

一　生员之家父母贤智者，子当受教；父母愚鲁或有非为者，子既读书明理，当再三恳告①，使父母不陷于危亡。

一　生员立志，当学为忠臣、清官，书史②所载忠清事迹，务须互相讲究③，凡利国爱民之事，更宜留心。

一　生员居心忠厚正直，读书方有实用，出仕必作良吏；若心术邪刻④，读书必无成就，为官必取祸患。行害人之事者，往往自杀其身，常宜思省⑤。

一　生员不可干求⑥官长，交结势要⑦，希图进身⑧。若果心善德全⑨，上天知之，必加以福。

一　生员当爱身忍性⑩，凡有司官衙⑪，门不可轻入。即有切己之事，只许家人代告，不许干与⑫他人词讼⑬，他人亦不许牵连生员作证。

一　为学当尊敬先生。若讲说，皆须诚心听受⑭；如有未明，从容再问，毋妄行辨难。为师亦当尽心教训，勿致怠惰。

一　军民一切利病，不许生员上书陈言⑮。如有一言建白⑯，以违制⑰论，黜革⑱治罪。

---

① 恳告：恳求。

② 书史：典籍。

③ 讲究：讨论。

④ 邪刻：邪恶不厚道。

⑤ 思省（xǐng）：省察，考虑。

⑥ 干求：求取，请求。

⑦ 势要：有权势，居要职。亦指有权有势的人。

⑧ 进身：进入仕途为官。

⑨ 心善德全：心地善良，德行完备。

⑩ 忍性：克制性情。

⑪ 有司：官吏。古代设官分职，各有专司，故称。官衙：旧时对政府机关的通称。

⑫ 干与：干涉，过问。

⑬ 词讼：诉讼。

⑭ 听受：听从接受。

⑮ 陈言：陈述言词。

⑯ 建白：提出（建议），陈述（主张）。

⑰ 违制：违反制度。

⑱ 黜革：革除（学籍）。

一　生员不许纠党多人，立盟结社①，把持官府，武断乡曲②。所作文字，不许妄行刊刻，违者听提调官治罪。

康熙四十一年御制《训饬士子文》，颁行直省各学：

国家建立学校，原以兴行教化③、作育④人材，典至渥⑤也。朕临御⑥以来，隆重师儒，加意庠序⑦，近复慎简⑧学使⑨，厘剔⑩弊端，务期风教⑪修明，贤才蔚起⑫，庶几⑬棫朴⑭作人⑮之意。乃比年⑯士习未端⑰，儒效⑱罕著⑲，虽因内外臣工⑳奉行，未能尽善；亦由尔诸生㉑积锢㉒已久，猝㉓难改易之故也。兹特亲制训言，再

---

① 立盟结社：建立同盟、组织团体。
② 武断乡曲：语出〔西汉〕司马迁《史记》卷三十《平准书》："当此之时，网疏而民富，役财骄溢，或至兼并豪党之徒，以武断于乡曲。"（郭逸、郭曼标点《史记》，上海古籍出版社1997年8月第1版，第1158页）指凭借势力在民间横行霸道。
③ 兴行教化：教化之行，兴于学校。
④ 作育：培养，造就。
⑤ 渥（wò）：厚。
⑥ 临御：指天子统治宇内。
⑦ 加意庠序：留心学校。庠序：古代地方基层学校。后泛称学校。《孟子·滕文公上》："设为庠序学校以教之：庠者，养也；校者，教也；序者，射也。夏曰校，殷曰序，周曰庠。"（南宋）朱熹注："庠以养老为义，校以教民为义，序以习射为义，皆乡学也。"（朱熹《四书章句集注·孟子集注》卷五，中华书局1983年10月第1版，第255页）
⑧ 慎简：谨慎选择。
⑨ 学使：督学使者，明、清派驻各省督导教育行政及考试的官员。
⑩ 厘剔：清理剔除；革除。
⑪ 风教：《诗大序》："风，风也，教也。风以动之，教以化之。"（《毛诗正义》卷一，第6页）后以"风教"指风俗教化。
⑫ 蔚起：蓬勃兴起。
⑬ 庶几：表示希望的语气词，或许可以。
⑭ 棫朴（yù pǔ）：《诗经·大雅》中的篇名，诗序称此咏"文王能官人也"（《毛诗正义》卷十六，第996页），故多以喻贤材众多。
⑮ 作人：培育人才。
⑯ 比年：近年。
⑰ 未端：还未端正。
⑱ 儒效：儒学的功效。
⑲ 罕著：不显著。
⑳ 臣工：群臣百官。
㉑ 诸生：明、清两代称已入学的生员。生员即经本省各级考试取入府、州、县学学习者，通称秀才。
㉒ 积锢：长期积累的弊端。锢：通"痼"，痼疾。
㉓ 猝（cù）：突然。

加警饬①，尔诸生其敬听之。

从来学者，先立品行，次及文学。学术事功②，原委③有叙④。尔诸生幼闻庭训⑤，长立宫墙⑥，朝夕诵读，宁无究心⑦？必也躬修实践，砥砺廉隅⑧，敦孝顺以事亲，秉忠贞以立志。穷经考业⑨，勿杂荒诞之谈；取友亲师⑩，悉化骄盈⑪之气。文章归于醇雅⑫，毋事浮华⑬；轨度⑭式⑮于规绳⑯，最防荡轶⑰。子衿⑱佻达⑲，自昔所讥。苟行止⑳有亏，虽读书何益？若夫宅心㉑弗淑㉒，行己㉓多愆㉔，或蜚语流言㉕，

---

① 警饬：警告整饬。
② 学术事功：学问和功业。
③ 原委：语本《礼记·学记》："三王之祭川也，皆先河而后海，或源也，或委也。此之谓务本。"郑玄注："源，泉所出也；委，流所聚也。"（《礼记正义》卷三十六，第1071页）指水的发源和归宿。引申为事情的本末和底细。
④ 叙：同"序"，顺序。
⑤ 庭训：《论语·季氏》记孔子在庭，其子伯鱼趋而过之，孔子教以学《诗》《礼》（《论语注疏》卷十六，第230页）。后因称父教为庭训。
⑥ 宫墙：《论语·子张》："叔孙武叔语大夫于朝曰：'子贡贤于仲尼。'子服景伯以告子贡。子贡曰：'譬之宫墙，赐之墙也及肩，窥见室家之好。夫子之墙数仞，不得其门而入，不见宗庙之美，百官之富。'"（《论语注疏》卷十九，第261页）后因称师门为"宫墙"。
⑦ 究心：用心、费心。
⑧ 砥砺廉隅：指磨练节操。
⑨ 穷经考业：极力钻研经籍、考核学业。
⑩ 取友亲师：选择好的朋友，亲近老师。
⑪ 骄盈：骄傲自满。
⑫ 醇雅：淳厚雅正。
⑬ 浮华：虚浮华靡。
⑭ 轨度：法度。
⑮ 式：效法。
⑯ 规绳：规矩绳墨，比喻法度。
⑰ 荡轶：放纵；不受约束。
⑱ 子衿：《诗经·郑风·子衿》："青青子衿，悠悠我心。"毛传："青衿，青领也。学子之所服。"（《毛诗正义》卷四，第314页）后因称学子、生员为"子衿"。
⑲ 佻（tiāo）达：轻薄放荡。
⑳ 行止：举动、态度。
㉑ 宅心：居心、存心。
㉒ 弗淑：不善。
㉓ 行己：谓立身行事。
㉔ 愆（qiān）：过错。
㉕ 蜚语流言：没有根据的话。

胁制①官长；或隐粮包讼②，出入公门；或唆拨奸猾③，欺孤凌弱④；或招呼朋类，结社要盟⑤。乃如之人⑥，名教⑦不容，乡党⑧勿齿⑨。纵幸脱⑩褫扑⑪，滥窃章缝⑫，返之于衷⑬，能无愧乎？况乎乡会科名⑭，乃抡才⑮大典，关系尤钜。士子果有真才实学，何患困不逢年⑯？顾乃标榜⑰虚名，暗通声气⑱，夤缘⑲诡遇⑳，罔顾身家㉑；又或改窜乡贯㉒，希图进取㉓，嚣凌腾沸㉔，网利营私㉕，种种弊端，深可痛恨。且夫士子出身㉖之始，尤贵以正。若兹厥初拜献，便已作奸犯科㉗，则异时败检逾闲㉘，

---

① 胁制：倚恃权势，或利用弱点加以要挟控制。
② 隐粮包讼：隐瞒钱粮，包揽诉讼。
③ 唆拨奸猾：教唆挑拨，奸诈虚伪。
④ 欺孤凌弱：欺负孤儿与弱小。
⑤ 结社要盟：组织团体，签订盟约。
⑥ 乃如之人：这样的人。
⑦ 名教：以"三纲""五常"为主要内容的封建礼教。西汉武帝时，把符合封建统治利益的政治观念、道德规范确立和制定为名分、名目、名节等，以进行教化，习称"以名为教"。
⑧ 乡党：乡亲，同乡之人。
⑨ 勿齿：不与同列，表示轻蔑。
⑩ 幸脱：犹幸免。
⑪ 褫（chǐ）朴：革除功名。
⑫ 章缝：章甫缝掖，指儒者或儒家学说。
⑬ 衷：内心。
⑭ 乡会科名：指乡试、会试。乡试：明清两代科举考试的一级，每三年一次，在各省省城举行，由本省秀才与监生参加，考中者称举人，可参加会试；会试落第，也可依科选官。会试：古代科举制度，乡试第二年会集各省举人于京师应试，称为"会试"。
⑮ 抡（lún）才：选拔人才。
⑯ 困不逢年：考试不中。
⑰ 标榜：夸耀，吹嘘。
⑱ 暗通声气：私下沟通消息。
⑲ 夤（yín）缘：攀附上升，比喻拉拢关系，向上巴结。
⑳ 诡遇：比喻用不正当的手段去追求、取得某种东西。
㉑ 罔顾身家：不顾及本人和家庭。
㉒ 改窜乡贯：窜改籍贯。
㉓ 希图进取：企图向上。
㉔ 嚣凌腾沸：嚣张凌辱，气势汹汹。
㉕ 网利营私：谋求私利。
㉖ 出身：入仕之途。
㉗ 作奸犯科：为非作歹，触犯法令。奸：坏事。科：法律条文。
㉘ 败检逾闲：败坏礼法，超越规矩。检、闲：均作规矩法度解。

何所不至？又安望其秉公持正，为国家宣猷树绩①，膺先后疏附②之选哉？

朕用嘉惠③尔等，故不禁反复惓惓④，颁兹训言。尔等务共体朕心⑤，恪遵⑥明训，一切痛加改省⑦，争自濯磨⑧，积行勤学⑨，以图上进。国家三年登造⑩，束帛⑪弓旌⑫，不特尔身有荣，即尔祖父亦增光宠⑬矣。逢时得志⑭，宁俟他求哉？若乃⑮视为具文⑯，玩愒⑰勿儆，毁方⑱跃冶⑲，暴弃自甘⑳，则是尔等冥顽无知㉑，终不能率教㉒也。既负栽培，复干咎戾㉓，王章㉔具在，朕亦不能为尔等宽㉕矣。自兹以往，内而国学㉖，

---

① 宣猷（yóu）树绩：施展谋略、树立政绩。
② 疏附：使臣下亲附国君。《诗经·大雅·绵》："予曰有疏附。"毛传："率下亲上曰疏附。"孔颖达疏："疏附，使疏者亲也。"（《毛诗正义》卷十六，第994页）
③ 嘉惠：对别人所给予恩惠的美称。
④ 惓惓（quán quán）：真挚诚恳。
⑤ 尔等务共体朕心：你们务必体察我的用心。
⑥ 恪遵：谨慎遵守。
⑦ 痛加改省：彻底改正。
⑧ 濯磨：洗涤磨炼。比喻加强修养，以期有为。
⑨ 积行勤学：累积善行，勤奋学习。
⑩ 登造：进用。因为科举考试中比较重要的乡试、会试皆是三年一次，故云"三年登造"。
⑪ 束帛：捆为一束的五匹帛。古代用为聘问、馈赠的礼物。
⑫ 弓旌：弓和旌，古代征聘之礼，用弓招士，用旌招大夫。《左传·昭公二十年》："昔我先君之田也，旃以招大夫，弓以招士。"（《春秋左传正义》卷四十九，第1400页）《孟子·万章下》："敢问招虞人何以？曰：'以皮冠，庶人以旃，士以旂，大夫以旌。'"（《孟子注疏》卷十下，第288页）后遂以"弓旌"泛指招聘贤者的信物。
⑬ 光宠：荣耀，光荣。
⑭ 逢时得志：逢上好时代，能实现志愿。
⑮ 若乃：至于。用于句子开头，表示另起一事。
⑯ 具文：指徒有形式而无实际作用的规章制度。
⑰ 玩愒（kài）："玩岁愒日"的略语。谓贪图安逸，旷废时日。
⑱ 毁方：毁弃立身行事的准则。
⑲ 跃冶：《庄子·大宗师》："今之大冶铸金，金踊跃曰：'我且必为镆铘。'大冶必以为不祥之金。"（方勇、陆永品《庄子诠评》，巴蜀书社1998年9月第1版，第194页）后用跃冶比喻自以为能，急于求用。
⑳ 暴弃自甘：自甘暴弃，指自甘堕落，不求进取。
㉑ 冥顽无知：愚昧无知。
㉒ 率教：实行教化。
㉓ 复干咎戾：又触犯罪过。
㉔ 王章：犹王法，朝廷的法律。
㉕ 宽：宽恕。
㉖ 国学：指国家层面设立的学校，如太学、国子监等。

外而直省①乡校②，凡学臣③师长④，皆有司铎⑤之责者，并宜传集⑥诸生，多方董劝⑦，以副朕怀⑧。否则职业⑨弗修⑩，咎亦难逭⑪，勿谓朕言之不预⑫也。尔多士⑬尚敬听之！

乾隆五年，钦颁《太学训饬士子文》：

士为四民⑭之首，而太学⑮者，教化所先，四方于是观型⑯焉。比者⑰聚生徒而教育之，董⑱以师儒，举古人之成法，规条⑲亦既详备⑳矣。独是科名声利之习㉑，深入人心，积重难返。士子所为汲汲皇皇㉒者，惟是之求㉓，而未尝有志者于圣贤之道。不知国家以经义㉔取士㉕，使多士由圣贤之言，体圣贤之心，正欲使之为圣贤之徒，

---

① 直省：指各省，因直属中央，故称。
② 乡校：地方学校。
③ 学臣：学政，即督学，乃明清派往各省督导教育行政及主持考试的专职官员。
④ 师长：对老师的尊称。
⑤ 司铎（duó）：古代宣扬教化、颁布政令时击铎警众，故称主持教化的人为"司铎"。
⑥ 传集：传唤聚集。
⑦ 董劝：督导劝勉。
⑧ 以副朕怀：以相称于我的心意。
⑨ 职业：职分应作之事。
⑩ 弗修：不锻炼。
⑪ 逭（huàn）：逃避。
⑫ 勿谓朕言之不预：不要说我事先没有说过，表示事前已讲明白。
⑬ 多士：众多的贤士。
⑭ 四民：旧称士、农、工、商为四民。
⑮ 太学：古代设于京城的最高学府。汉武帝时开始设立。魏晋到明清，或设太学，或设国子监，或两者同时设立，名称不一，制度也有变化，但均为传授儒家经典的最高学府。
⑯ 观型：观摩楷模。
⑰ 比者：近来。
⑱ 董：统率，主管。
⑲ 规条：规章条文。
⑳ 详备：周详完备。
㉑ 科名声利之习：将科举功名作为名利的习性。
㉒ 汲汲皇皇：心情急切，举止匆忙。汲汲：急切的样子。皇皇：惶恐不安的样子。
㉓ 惟是之求：只是追求名利。
㉔ 经义：科举考试科目之一。宋代以经书中文句为题，应试者作文阐明其义理，故称。明清沿用而演变成八股文。
㉕ 取士：选用人才。

而岂沾沾文艺之末哉！朱子①《同安县谕学者》云："学以为己。"今之世，父所以诏②其子，兄所以勉其弟，师所以教其弟子，弟子之所以学，舍科举③之业则无为也。使古人之学，止于如此，则凡可以得志于科举斯已尔，所以孜孜焉爱日不倦，以至于死而后已者，果何为而然哉？今之士，惟不知此，以为苟足以应有司④之求矣，则无事于汲汲为也。是以至于惰游而不知返，终身不能有志于学。而君子以为非士之罪也。使教素⑤明于上，而学素讲于下，则士子固将有以用其力，而岂有不勉之患哉？诸君苟能致思于科举之外，而知古人之所以为学，则将有欲罢不能⑥者矣。观朱子此言，洵古今通患⑦。夫"为己"二字，乃入圣⑧之门，知为己，则所读之书，一一有益于身心。而日用事物之间，存养省察⑨，暗然自修，世俗之纷华靡丽，无足动念⑩，何患词章⑪声誉之能夺志哉！况即为科举，亦无碍于圣人之学。朱子云："非是科举累人，人累科举。若高见远识之士，读圣贤之书，据吾所见，为文以应之，得失置之度外，虽日日应举，亦不累也。居今之世，虽孔子复生也，不免应举，然岂能累孔子也。"朱子此言，即是科举中"为己"之学。诚能"为己"，则四书五经⑫，皆圣贤之精蕴⑬，体而行之，为圣贤而有余；不能"为己"，则虽举经义治事而督

---

① 朱子：指朱熹（1130—1200），字元晦，一字仲晦，徽州婺源（今属江西）人。他集北宋以来理学之大成，被尊称为朱子，与二程合称"程朱学派"。朱熹的理学思想对元、明、清三朝影响很大，成为三朝的官方哲学，是我国教育史上继孔子后的又一人。他是唯一非孔子亲传弟子而享祀孔庙者，位列大成殿十二哲中，受世代祭祀。生平著作甚多，有《伊洛渊源录》《大学中庸章句》《楚辞集注》及《诗集传》等。

② 诏：告诉，告诫。

③ 科举：从隋唐到清代的封建王朝分科考选文武官吏后备人员的制度。唐代文科的科目很多，每年举行。明清两代文科只设进士一科，考八股文，武科考骑射、举重等武艺，每三年举行一次。

④ 有司：官吏。古代设官分职，各有专司，故称"有司"。

⑤ 素：向来。

⑥ 欲罢不能：语出《论语·子罕》："夫子循循然善诱人，博我以文，约我以礼，欲罢不能。"（《论语注疏》卷九，第116页）想要停止却做不到。

⑦ 通患：犹通病。

⑧ 入圣：达到圣人境界。

⑨ 存养省察：存心养性，自我反省。

⑩ 动念：犹动心。

⑪ 词章：即前所谓"文艺之末"，乃诗文的总称。

⑫ 四书、五经：前者指《大学》《中庸》《论语》《孟子》四部作品，后者指《诗经》《尚书》《礼记》《周易》《春秋》五部作品。四书之名始于宋朝，五经之名始于汉武帝。

⑬ 精蕴：精深的含义。

课①之，亦糠粕陈言②，无裨③实用，浮伪与时文④等耳⑤。故学者莫先于辨志。志于为己者，圣贤之徒也；志于科名者，世俗之陋也。国家养育人才，将用以致君泽民⑥，治国平天下。而囿⑦于积习，不能奋然求至于圣贤，岂不谬哉！朕膺⑧君师⑨之任，行厚望⑩于诸生。适读朱子书，见其言切中士习⑪流弊，故亲切为诸生言之。俾⑫司教者⑬知所以教，而学者知所以学。

书院

集贤书院　　在东门外。明嘉靖知县欧纂建，今废。

刘公书院　　在学宫左，乾隆初知县刘乃大建，今改作龙神祠。

南浦书院　　旧址无考。

西山书院　　在广济寺右，知县梁文五建，今废。

凤山书院　　在东关外，乾隆四十九年知县孙廷锦建，并置学田⑭。嘉庆十六年，庠生杜越捐银五百两，生息⑮资膏火⑯。道光四年，知县仇如玉倡捐银二百两，邑绅江西定南厅同知赖勋、江苏安东县知县杜礼等共捐银一千一百四十两，贡生蒋承栋、卫⑰千总杨其柱等共捐钱九百六十千。具碑记。除培修院舍，置器具，并赎回

---

① 督课：督察考核。
② 陈言：陈旧的言词。
③ 无裨：无补，无助。
④ 时文：时下流行的文体。旧时对科举应试文体的通称。唐宋时指律赋。明清时特指八股文。
⑤ 等耳：等同。耳：文言语气词，无实义。
⑥ 致君：谓辅佐国君，使其成为圣明之主。泽民：施恩惠于民。
⑦ 囿：局限。
⑧ 膺：接受，承当。
⑨ 君师：古代君、师皆尊，故常以君师称天子。
⑩ 厚望：很大的期望。
⑪ 士习：士大夫的风气。
⑫ 俾（bǐ）：使。
⑬ 司教者：主管教育的人。
⑭ 学田：旧时办学用的公田，以田地收益作为学校基金。
⑮ 生息：获得利息。
⑯ 膏火：夜间读书用的灯火，借指供学习用的津贴。〔清〕张廷玉《明史》卷二百〇九《杨爵传》："（杨）爵上书讼冤，代者称奇士，立释之，资以膏火。"（中华书局1974年4月第1版，第5523页）
⑰ 卫：明朝自京师达于郡县，皆立卫所。数府划为一个防区设卫，下设千户所和百户所。各卫所分属于各省的都指挥使（都司），统由中央的五军都督府分别管辖。清初亦沿袭。

旧产外，所余银钱交典当生息，以作添补山长①束修②，并生童③膏火、奖赏，及士子乡、会试④卷费。今书院迁地，此为佃舍。

万川书院　在凤山书院右。咸丰五年，知县陆玑以"凤山"湫隘⑤不足容学子，捐金三百，倡募改建于旧址之上。其上为史氏捐地，复买楚人公屋，拆之以廓其基⑥。期年⑦落成⑧，讲堂三间，学舍四十余间，由市北历阶⑨者三，而后至大门，由大门历阶者二，而后至讲堂，更历阶二，而后至奎座。左山长书室，右长生祠，缳⑩以垣墙⑪。远绝俗氛⑫，高接文笔⑬，江山之胜，尽入函丈⑭，易其名曰"万川"。以凤山与大宁同名⑮也。七年，知县冯卓怀捐五百金，倡募钱四千余缗⑯，置田亩，增膏火，定课规，移奎座于前楼，祀宋五子⑰。同治二年，增修前后过道厅。三年，周筑后垣，工程乃竣。先后凡置田业十余处，岁入租二百三石，房佃、地课钱五百三十二千。

虹溪书院　在县南市郭里。道光十一年，邑绅民易光晨、秦正高、张问恒、秦德辉、冉之瑜、李自富、秦永兴、邬兴礼共捐银二千六百四十两，劝输银百八十

---

① 山长：唐代、五代时对山居讲学的人的敬称。至宋、元时书院设山长，讲学兼领院务。
② 束修：老师的酬金。
③ 生童：生员和童生。
④ 乡、会试：即乡试、会试。乡试：明清两代科举考试的一级，每三年一次，在各省省城举行，由本省秀才与监生参加，考中者称举人，可参加会试；会试落第，也可依科选官。会试：古代科举制度，乡试第二年会集各省举人于京师应试，称为"会试"。
⑤ 湫（jiǎo）隘：居处低湿狭小。
⑥ 廓其基：扩大地基。
⑦ 期（jī）年：一年。
⑧ 落成：原指古代宫室建成时举行祭礼，后指建筑工程完工。
⑨ 历阶：跨过台阶。
⑩ 缳（huán）：绕。
⑪ 垣墙：围墙。
⑫ 俗氛：指尘俗之气或庸俗的气氛。
⑬ 文笔：即文笔峰，乾隆《万县志》卷一《山川》载："都历山，治北三里，一峰突出，众山列峙，又号文笔峰。县治之主山。"
⑭ 函丈：古代讲学者与听讲者，坐席之间相距一丈。后用以称讲席，引申为对前辈学者或师长的敬称。
⑮ 与大宁同名：道光《夔州府志》卷十七《学校志·书院·大宁县》载："凤山书院，向在魁星阁左侧。"（中华书局2011年12月点校第1版，第158页）大宁：即今重庆市巫溪县。
⑯ 缗（mín）：用于成串的铜钱，每串一千文。
⑰ 宋五子：从本志卷三十六《艺文志》所录冯卓怀《新立宋五子龛位记》中可知为周敦颐、程颢、程颐、张载、朱熹五人。

两，钱六百余千，于来瞿塘①演易台故址②建书院，置买田产五契，岁入租二十石，每年延师训课③，刊《来氏年谱》④《目录》⑤《大学古本》《入圣工夫字义》⑥等书。秦正高等议叙⑦八品顶戴。同治三年，首事易濂等禀请附入万川书院经理⑧。

卯峰书院　　在三正里三甲。咸丰七年，廪生金维斗、何贞介等劝捐，建讲堂三间、后厅三间、前厅五间、东西堂各一间、厢房各三间，计用钱千五百缗。知县冯卓怀捐银三十两，绅民捐田直银四百余两。夏育才、陈光显、何海清、何正璋、谭如璋、谭茂春共捐田直钱千七百缗。林凤鸣、夏绍麒、雷金声、监生孙云程共捐钱千二百缗。

太和书院　　在大周里一甲红岩寨。咸丰九年，职员余茂林及子登庸等捐建，讲堂、正屋五间，左右横屋各二间，后屋各二间，下屋三间，外楼一间，左右横屋各四间，下屋二间，厨房四间，屏墙⑨一座。计费钱二千五百余缗。茂林捐田业，岁收租谷二十五石，登庸、登光、登鉴共捐钱二千六百缗。余学浩、余凤池各捐钱二百缗，置田业二契，每年共收租谷六十石。知县冯卓怀捐银四十两，详报立案⑩。

义学

社学五所　　明嘉靖间知县成敏贯建，今废。

义学一所　　在治西，康熙间知县张永辉捐建，今废。

义学一所　　旧志：知县鲍锌建，两廊十余间。⑪今废。

---

① 来瞿塘：即来知德（1526—1604），明代著名易学家。

② 演易台故址：在今万州区长滩镇泉水村小学内。来知德在此注《易》处，后人称为"演易台"。

③ 延师训课：聘请教师、传授课业。

④ 来氏年谱：即来知德的年谱，历史上有两部，一是《太史来瞿唐先生年谱》（《北京图书馆藏珍本年谱丛刊》第50册，北京图书馆出版社影印），一是嘉庆《梁山县志》卷十七《艺文五》中的《来瞿唐先生年谱》。

⑤ 目录：应为日录，来知德有关哲学与文学作品集。除《周易集注》外，来知德的其他各类著作均被收录入《日录》。《日录》分为内、外两篇。内篇中的各类著作主要包括易学、理学以及"入圣功夫"等涉及来知德思想研究方面的诸多内容，而在外篇中则收录了来知德生平各类诗词赋，可谓是来知德生平诗词赋之总集。

⑥《大学古本》《入圣工夫字义》：均收入《日录》之中。

⑦ 议叙：清制，对考绩优异的官员交部核议，奏请给予加级、记录等奖励，谓之"议叙"。

⑧ 经理：经营管理。

⑨ 屏墙：大门外对着大门做屏蔽用的墙壁，即照壁。

⑩ 详报：上报请示。立案：备案。

⑪ 此处的"旧志"指乾隆《万县志》，引文见其卷三《惠政》。

城内义学一所　　职员杜越建。

上堡义学一所

中堡义学一所

五宁场义学一所

瀼渡场义学一所

分水岭义学一所

佛寺铺义学一所

龙驹坝义学一所

以上道光四年知县仇如玉奉文，谕士民捐建。

上堡义学一所　　在高庙寺侧。同治三年建，学舍四间。绅粮①刘炳植、杜二怀、杨祖培等捐赀②置中堡街房，坐屋岔街铺面；王丙朝捐杜家塆地基收佃钱九十余千，每年束修钱五十六千，收生徒六十名。

大周里四甲义学　　道光六年，刘大海捐银三百两，附入凤山书院生息延师，馆设观音阁。

大周里义学一所　　道光四年，卓先发倡募重修八角庙，有先师像，左右书室六间。二十一年冉氏、广德、广碧、金昭德捐田业，岁收租谷以供香火薪水。

重岩义学一所　　姜遇昌等设。

瑞池场义学一所　　童俸文等设。

东关外义学一所　　崇善堂公设堂内，兼设医馆。

以上咸丰七年新增。

大周里义学一所　　文生余耀奎捐田业，岁租十五石，修学舍五间。

考棚

在治东门外。邑旧无考棚，试于县署。道光十九年，职员杜钟嵋独任捐建号舍三十余间，坐号一千八百有奇，大堂、二堂、上房、头仪门并执事房共六十余间，砖墙周一百余丈。越三载落成，计用制钱③一万六千二百余缗，规模宏敞，工程结实。

---

① 绅粮：绅士和粮户，指地方上有地位有财势的人。

② 捐赀：捐助财物。赀：同"资"。本志中的"赀"多同"资"，后不再出注。

③ 制钱：明、清官局监制铸造的铜钱。因形式、分量、成色皆有定制，故名。

咸丰九年冬，知县冯卓怀移文庙左侧奎星楼于考棚。

桂宫

在文昌庙左侧，正厅三间，漱江亭一座，榕舫三进，悬楼二间，长廊十三楹，荷池一泓。同治四年，知县张琴建修以为宾兴①之所。悬楼外隙地二亩许，卫成鹏捐。

---

① 宾兴：科举时代，地方官设宴招待应举之士。

《增修万县志》卷十二 地理志

风俗 义局

古之史乘①，地理、郡国、风俗备书焉。自《汉志》②采辑以来，蜀俗美恶大都③相近，岂政教得失皆一辙④欤？抑亦⑤水土所限，有不以时代变易者欤？夫南北异刚柔⑥者，囿于方也；上下同好恶者，一于政也⑦。万邑涵濡渐被⑧，士秀民朴，固已承流向风⑨矣。而限于土风⑩者，未克⑪变化整齐，犹有司之责也。采风⑫录实，鄙陋不遗⑬，庶其兴治之牧知所后先乎⑭。夫移风易俗，未有不由因俗利导⑮者也。

---

① 史乘：《孟子·离娄下》："晋之《乘》，楚之《梼杌》，鲁之《春秋》，一也。"（〔清〕焦循《孟子正义》，中华书局1987年10月第1版，第574页）《乘》《梼杌》《春秋》本为三国之史籍名，后因泛称史书为"史乘"。
② 汉志：此处指《汉书·地理志》，其中有关于巴蜀风俗的记载，见下正文第一条材料。
③ 大都：大概。
④ 一辙：相同，无变化。
⑤ 抑亦：副词，表示推测，可译为"也许""或许"。
⑥ 刚柔：此指性格的刚强和阴柔。一般认为，南方阴柔，北方刚强。
⑦ 一于政也：统一于政教。
⑧ 涵濡渐被：逐渐被熏陶、浸染。
⑨ 承流向风：仰慕之下，接受和继承良好的风尚传统。
⑩ 土风：当地的风俗。
⑪ 未克：不能够。
⑫ 采风：此指对民情风俗的采集。
⑬ 鄙陋不遗：粗俗浅薄的也不遗弃不录。
⑭ 此句言希望着手治理的地方官知道施政的先后之序。兴治之牧：着手治理的地方官。
⑮ 因俗利导：顺着风俗而加以引导。

《汉书》：巴蜀"土地肥美，有江水、沃野、山林、竹木、疏食、果实之饶……民食稻鱼，亡凶年忧，俗不愁苦，而轻易淫泆，柔弱褊阨"①。

《隋书》：蜀郡、巴东、巴西"其地四塞，山川重阻，水陆所凑，货殖所萃……其人敏慧轻急，貌多蕞陋，颇慕文学，时有斐然，多溺于逸乐，少从宦之士。或至耆年白首，不离乡邑，人多工巧……贫家不务储蓄，富家专于趋利"②。

《宋史》："地狭而腴，民勤耕凿，无寸土之旷。"③

《华阳国志》："江州以东……其人半楚，姿态敦重。"又"南浦县，郡南三百里……郡与楚接，人多劲勇，少文学，有将帅材"④。

《寰宇记》：万州"正月七日，乡市士女渡江南峨眉碛上，作鸡子卜，击小鼓，唱竹枝歌。二月二日，携酒馔鼓乐，于郊外饮宴，至暮而还，谓之迎富"⑤。

郡志："乐史亦言：昔日风俗，今不然矣。"⑥

旧郡志："土地沃饶，士习淳厚，民力农桑，人尚礼让。"⑦

旧志："民力农桑，佐以鱼罟，俗颇信巫。"⑧

愚按，万县城乡风俗，美于他邑，士都雅而厚⑨，民质直而驯⑩。世家⑪好蓄古书，

---

① 引文见〔东汉〕班固《汉书》卷二十八下《地理志下》（中华书局1962年6月第1版，第1645页）。亡：同"无"。轻易淫泆（yì）：简单容易，恣纵逸乐。褊阨（biǎn è）：即褊隘，心胸、气量、见识等不宽广。

② 引文见〔唐〕魏征等撰《隋书》卷二十九《地理志上》（中华书局1973年8月第1版，第830页）。水陆所凑：水陆交通的要冲。货殖：财货、商品。蕞（zuì）陋：丑恶。斐然：有文采的样子。从宦：犹言做官。耆年：指高年。

③ 引文见〔元〕脱脱等《宋史》卷八十九《地理志五》（中华书局1977年11月第1版，第2230页）。耕凿：《宋史》作"耕作"。

④ 两条引文均见〔东晋〕常璩《华阳国志》卷一《巴志》〔刘琳《华阳国志校注》（修订版），成都时代出版社2007年6月第1版，第19页、第36—37页）〕。姿态敦重：姿容态度，敦厚庄重。郡：此处指巴东郡。

⑤ 引文见〔北宋〕乐史《太平寰宇记》卷一百四十九《山南东道八·万州》（中华书局2007年11月第1版，第2886页）。酒馔：犹酒食。至暮而还：《太平寰宇记》作"至暮而回"。

⑥ 此处的"郡志"指清道光《夔州府志》，引文见道光《夔州府志》卷十六《风俗志》（中华书局2011年12月点校第1版，第132页）。

⑦ 此处的"旧郡志"指清乾隆《夔州府志》，引文见乾隆《夔州府志》卷二《风俗·万县风俗》（中华书局2015年9月点校第1版，第57页）。

⑧ 此处的"旧志"指清道光《夔州府志》，引文见道光《夔州府志》卷十六《风俗志》（中华书局2011年12月点校第1版，第132页）。鱼罟（gǔ）：捕鱼用具。

⑨ 都雅而厚：美好文雅而厚道。

⑩ 直而驯：朴实正直而温驯。

⑪ 世家：泛指世代显贵的家族。

富室①重为义举②。虽远商辐凑③，百货云屯④，而繁华不及巴渝，醇朴自留井闬⑤，盖亦易治之区也。

俗婚礼⑥必纳采、请期⑦，唯缺问名、纳吉、纳征⑧，而最重亲迎⑨，贫富皆行之。有力者尽饰彩舆⑩，旗仗⑪鼓乐导从。尤重媒妁⑫，择戚党⑬有体面者为之。亲迎日，盛服⑭以从，乘轿披红，与新郎君者等。唯冠，礼无特行者⑮。第⑯于亲迎前一日，宴宾客谓之伴郎，择戚属⑰尊者为之加冠。簪花⑱披红，遍拜亲友，命以字大书揭⑲之壁。

丧礼，始死置灵座，设魂帛，题铭旌⑳，唯不饭含㉑。棺多生前预备，柏杉兼用，

---

① 富室：富家，钱财多的人家。
② 义举：指疏财仗义的行为。
③ 辐凑：车辐会聚于毂，形容人物的聚集和稠密。
④ 云屯：如云之聚集，形容盛多。
⑤ 井闬（hàn）：乡里。
⑥ 婚礼：婚娶之礼。古时于黄昏举行，故称。古代昏礼礼仪有六：纳采、问名、纳吉、纳征、请期、亲迎。
⑦ 纳采：古代定亲时男方送聘礼给女方。请期：男家行聘之后，卜得吉日，使媒人赴女家告成婚日期。形式上似由男家请示女家，故称"请期"。
⑧ 问名：旧时婚礼中六礼之一，男家具书托媒请问女子的名字和出生的年月日。女家复书具告。纳吉：纳征之前，男方卜得吉兆，备礼通知女方，决定缔结婚姻。纳征：即纳币，纳吉之后，择日具书，送聘礼至女家，女家受物复书，婚姻乃定。亦称文定，俗称过定。
⑨ 亲迎：夫婿亲至女家迎新娘入室，行交拜合卺（jǐn）之礼。合卺：婚礼中，新郎新娘两人交杯共饮。后世遂以合卺称"结婚之礼"。也称为"喝交杯"。
⑩ 彩舆：彩轿。
⑪ 旗仗：仪仗队用的旗帜、伞、扇等。
⑫ 媒妁（shuò）：介绍婚姻的人。
⑬ 戚党：亲戚。
⑭ 盛服：穿着整齐庄重。
⑮ 此两句言只有戴的帽子，礼仪并无特别的规定。
⑯ 第：但。
⑰ 戚属：亲属；亲戚。
⑱ 簪（zān）花：戴花。
⑲ 揭：标示。
⑳ 铭旌：竖在灵柩前标志死者官职和姓名的旗幡。品官则借衔题写曰某官某公之柩，士或平民则称显考显妣。另纸书题者姓名粘于旌下。大殓后，以竹杠悬之依灵右。葬时取下加于柩上。
㉑ 饭含：古丧礼。以珠、玉、贝、米等物纳于死者之口。

唯无椁①。小敛②即日，大敛③三日，斩衰、缌功④皆遵制成服⑤。葬不拘时月远近，得地始诹吉⑥。前期展奠，吊⑦者赙⑧用钱帛、羊豕、彩帐。葬仪陈设，首方相⑨，次铭旌，次灵车，次大舆⑩。刻志石⑪，作木主⑫，修坟垣⑬。唯题主⑭不于墓，发引⑮前一夕，延宾至丧侧题之，题毕设祭。祭必三献⑯，歌《蓼莪》之诗⑰。诸仪略具，祭礼唯是时尤重。余如小祥⑱、大祥⑲、忌日、俗节，皆祭，第为酒馔之供，不备礼。

---

① 椁：套在棺材外面的大棺材。
② 小敛：旧时丧礼之一，给死者沐浴、穿衣、覆衾等。
③ 大敛：丧礼之一，将已装裹的尸体放入棺材。
④ 斩衰（cuī）、缌功：斩衰、缌（sī）麻、大功、小功，还有齐衰（zī cuī），乃我国古代五等丧服，以亲疏为差等。斩衰：用最粗的麻布制成，不缝边缘，服制三年。凡儿女为父母、媳妇为公婆、嫡长孙为祖父母及妻为夫，皆穿此服。齐衰：以粗麻布制成，因其缝齐，故称为"齐衰"。分为一年、五月、三月三种。祖父母丧、妻丧、已嫁女的父母丧，服期为一年；曾祖父母丧，服期为五月；高祖父母丧等，服期为三月。大功：用熟麻布做成，较齐衰稍细，较小功为粗。于已婚的姑、姊妹、侄女及众孙之丧时服之，为期九个月。小功：用熟布做成的丧服。为服曾祖父母、伯叔祖父母、兄弟之妻等丧时所穿，时间为五个月。缌麻：用细麻布制成的丧服。用在已出嫁的姑母、堂姊妹及族兄弟，以及表兄弟、岳父母、婿、外孙等之丧时所穿，为期三个月，为五服中最轻的一种。
⑤ 成服：旧时丧礼大殓之后，亲属按照与死者关系的亲疏穿上不同的丧服，叫"成服"。
⑥ 诹（zōu）吉：选择吉日。
⑦ 吊：悼念死者。
⑧ 赙（fù）：拿钱财帮助别人办理丧事。
⑨ 方相：上古传说中驱除疫鬼和山川精怪的神灵。
⑩ 大舆：大车。
⑪ 志石：刻有墓志铭的石碑。
⑫ 木主：又称神主，俗称牌位，木制的神位，上书死者姓名以供祭祀。
⑬ 坟垣：坟墓。
⑭ 题主：旧丧礼，人死后，立一木牌，上写死者衔名。用墨笔先写作"×××之神王"，然后于出殡之前请有名望者用朱笔在"王"字上加点成为"主"字，谓之"题主"。亦称"点主"。
⑮ 发引：古代出殡时送丧的人用绋牵引灵柩作前导，叫作发引。后来也指出殡时抬出灵柩。
⑯ 三献：古代举行祭典时，初次献酒为初献，再次献酒为亚献，第三次献酒为终献，合称为"三献"。
⑰ 《蓼莪》之诗：《诗经·小雅》中的一篇。此诗表达了子女追慕双亲抚养之德的情思，后因以"蓼莪"指对亡亲的悼念。
⑱ 小祥：古时父母丧后周年的祭名，祭后可稍改善生活及解除丧服的一部分。
⑲ 大祥：古时父母丧后两周年的祭礼。

俗元旦，四鼓肃①衣冠，祀先祀神②毕，即以香烛出门向喜神方③祭之，谓之出天方④。黎明，家长立于堂，子妇孙曾⑤以次展拜，卑幼各拜于其所尊长。是日，必拜谒祖祢⑥墓，三日内必尽拜族姻⑦尊长，亲友互相往称贺，谓之拜年。

元宵灯会最盛，富商大贾⑧之所竞炫⑨也。鱼龙曼衍⑩，藻绘离奇⑪。自初九日始，十六日罢。

二月初三日，士人必祀文昌帝君唯谨⑫。

社日⑬唯农家重之，不动土。祀社公社母，春以二月二日、秋以八月望日⑭。城乡报赛⑮，极盛。

上巳⑯祓除⑰，西山旧有流杯池遗迹。邦人岁修禊⑱于此。今废。

清明前后十日拜墓。新坟多祭于清明前，老幼男女咸集，必恸哭⑲，具酒馔，

---

① 肃：整饬，整治。

② 祀先祀神：祭祀祖先，祭祀天神。

③ 喜神方：喜神的方向。喜神：吉祥之神，会带来好运的神。我国古代各地有"迎喜神"的习俗，即对准喜神所在方位，在一定时辰出迎、焚香、鸣鞭炮、并赶猪羊等，仿效古时候的牲牢飨神之举。

④ 出天方：就是早上四五点去门口放鞭炮迎接新年的黎明的仪式。对过去一年风调雨顺的庆祝，以及对新的一年美好愿望的祝福。

⑤ 子妇孙曾：儿子、儿媳妇、孙子、曾孙。

⑥ 祖祢（mí）：先祖和先父，亦泛指祖先。

⑦ 族姻：家族和姻亲。

⑧ 大贾：大商人。

⑨ 竞炫：竞相炫耀。

⑩ 鱼龙曼衍：此指各种杂戏同时演出。后多比喻变化很多。鱼龙：古代百戏的名称。曼衍：指巨兽的名称，古指百戏的名字。

⑪ 藻绘离奇：错杂华丽的色彩奇异而不寻常。

⑫ 唯谨：唯有谨慎。

⑬ 社日：古时祭祀土神的日子，一般在立春、立秋后第五个戊日。间或有四时致祭者。

⑭ 望日：阴历每月十五日。

⑮ 报赛：古时农人于收成后，举办谢神祭典，以答谢神的保祐。

⑯ 上巳：古代节日名。汉以前以阴历三月上旬巳日为"上巳"，魏晋以后多改为三月三日。这一天人们都到水边洁身或嬉游，以去除不祥。

⑰ 祓（fú）除：古代三月三日至水边戒浴，以除不祥。

⑱ 修禊（xì）：古代民俗于农历三月上旬的巳日（三国魏以后始固定为三月初三）到水边嬉戏，以祓除不祥，称为修禊。

⑲ 恸（tòng）哭：非常哀伤地大哭。

焚纸钱，祭毕，席地围坐而食，盖所谓墦①间之祭也。旧茔②仅家长或命子弟往，纸香烛，刻纸钱，标植坟首，以为志③。

端午，家悬蒲艾④于门，亦有制艾虎⑤者。是日正午，必酌以雄黄之酒，辟毒也，小儿耳鼻胸背间遍抹之。制角黍⑥，转相馈遗⑦。尤尚竞渡。旗分五色，角胜争先，钲鼓⑧喧阗⑨，炮声不绝。乡市往观者云集，江岸几满。十五日亦如之，谓之大端午。

俗于五月十三日及六月二十三日祀关帝，十三日尤盛。其日多雨，谓之磨刀雨。又六月二十四日祀川主⑩，农家最重此会，醵钱⑪买豚⑫以祭，量⑬人数以桐叶包肉，蒸成鲊⑭，派分之，亦犹陈孺子之分社肉⑮也。

七夕，女子有穿针月下以乞巧者。或以碗水掷豆芽水中，视其影或象笔，或象如意，或象花，则谓之巧；或象锄，或不成形，则谓之拙。

---

① 墦（fán）：坟墓。
② 茔（yíng）：坟墓，坟地。
③ 志：标志，记号。
④ 蒲艾：菖蒲和艾草。中国民俗端午节悬插在门上，用以避邪驱瘟。因菖蒲的叶子像一把锋利的宝剑，古人认为可以遏退鬼怪，而艾草从古以来就被用来灸疾治病，所以被认为有驱除瘟疫疾病的功能。
⑤ 艾虎：旧俗于农历五月五日端午节用艾叶或布制成的虎形避邪物。传说将其戴在头上，可以驱邪。
⑥ 角黍：食品名，即粽子。以箬叶或芦苇叶等裹米蒸煮使熟。状如三角，古用黏黍，故称。
⑦ 馈遗（kuì wèi）：赠送。
⑧ 钲（zhēng）鼓：钲和鼓。古代行军或歌舞时用以指挥进退、动静的两种乐器。
⑨ 喧阗（tián）：喧哗，热闹。
⑩ 川主：明、清以来，川主成为四川本土乡神，清朝川主庙遍布四川省（含今重庆市）内各州县，有方志记载的便超过500处。川主一说是秦朝蜀太守李冰，一说是隋朝嘉州刺史赵昱。在新中国建立以后开展的"破四旧"运动之后，川主崇拜已基本消失。
⑪ 醵（jù）钱：凑钱，集资。
⑫ 豚：小猪，亦泛指猪。
⑬ 量：衡量，计算。
⑭ 鲊（zhǎ）：用米粉、面粉等加盐和其他作料拌制的切碎的菜，可以贮存。
⑮ 陈孺子之分社肉：即陈平分肉，典见〔西汉〕司马迁《史记》卷五十六《陈丞相世家》：汉陈平早年居库上里，乡里祭社时，陈平为宰，分肉食甚均匀。父老曰："善，陈孺子之为宰。"平曰："嗟呼！使平得宰天下，亦如是肉矣！"（郭逸、郭曼标点《史记》，上海古籍出版社1997年8月第1版，第1597页）材料说的是陈平分肉食均匀，受到父老称赞。后因以"陈平分肉"为办事公平之典。

中元①祀祖祢，烧纸钱、包袱，故鬼新鬼咸具。新鬼更剪纸为礼服、常亵服②，贮纸箱中焚之，谓之送寒衣。剧金作盂兰会③，云赈济穷鬼也。是月新谷既升④，有荐新祖考⑤之礼。客外⑥者，未逾中元不敢遽⑦食新也。

中秋祭月，饼果罗列，灯烛辉煌，爆竹之声，达郊野家，为团栾⑧之饮。饮毕，出门步月。子嗣艰⑨者，是夕亲友相率⑩饰童子，抱瓜送其家，鼓乐导从，爆竹喧闐。主家张灯结彩以迎，主人夫妇盛服俟⑪于堂，童子入内寝，置瓜床中，出，众宾登堂贺，颂祷宜男⑫。主人款宾，悉犒从者⑬。

八月二十七日士，人祀先师⑭唯谨，凡乡塾童蒙⑮无不与者⑯。

重阳日，士人间结侣携具，登西山、北山，以凭眺会饮。惟不系茱萸囊、泛菊花杯耳。

冬至，有祠堂者，祭始祖⑰，合族观谱，分胙⑱。

腊祭⑲，杀牲治具，以祀其先，然后具食⑳，谓之年饭。无定日，率于十二月

---

① 中元：指农历七月十五日。旧时道观于此日作斋醮（即设坛祈福），僧寺作盂兰盆会，民俗亦有祭祀亡故亲人等活动。
② 常亵（xiè）服：即常服、亵服，前者指日常穿的便服，后者指贴身内层衣服。
③ 盂兰会：即盂兰盆会。盂兰盆乃佛教用语，意为倒悬，指饿鬼生活在像被倒吊般的痛苦中，为梵语Ullambana的音译。旧传目连从佛言，于农历七月十五日置百味五果，供养三宝，以解救其亡母于饿鬼道中所受倒悬之苦（见《盂兰盆经》）。南朝梁以后成为民间超度先人的节日。该日请僧尼作盂兰盆会，诵经施食。后亦演为仅举行祭祀仪式而不请僧尼者。
④ 升：谷物登场，成熟。
⑤ 荐新：我国古代祭祀风俗，以时鲜的食品祭献。祖考：指祖先，亦指已故的祖父或父辈。
⑥ 客外：寄居于外地。
⑦ 遽（jù）：立刻。
⑧ 团栾（luán）：团聚。
⑨ 艰：欠缺。
⑩ 相率：相继；一个接一个。
⑪ 俟（sì）：等待。
⑫ 颂祷：祝福。宜男：谓多子。
⑬ 从者：跟随来的人。
⑭ 先师：称孔子。
⑮ 童蒙：儿童。
⑯ 无不与者：没有不参加的人。
⑰ 始祖：最初得姓的祖先。后用以称有世系可考的最早的祖先。
⑱ 分胙（zuò）：祭祀完毕分享祭神之肉。
⑲ 腊祭：古代于冬至后第三戌日，祭百神。
⑳ 具食：准备好食物。

下旬为之，俗谓是月为腊月。

初八日为腊八日，二十四日为小年，二十三日送灶，谓灶君①登天也。

除夕接灶，谓返自天也。祭用果品及饴饧②，谓之灶馈。又于灶中置米豆茶盐少许，祭毕，洒灶中。又断稻草同洒入，谓之祀灶马。除夕点灶灯，以照虚耗，爆竹声彻夜不绝。邑制爆竹最佳，凡令节③、嘉会④、祀神无不用之，谓之喜爆。除夕、元旦尤盛。户扉皆贴纸绘门神，颜以金花喜钱，至初三日祭而烧之。岁底亲串，以物互相赠贻⑤，谓之馈岁。卑幼有献于尊长，谓之年礼；尊长赐卑幼，谓之押岁钱。除夕祀神祀先毕，家长立堂上，子妇孙曾罗拜，卑幼各拜其所尊长。至异居尊长及外姻⑥尊长，亦各往拜于其家，谓之辞岁。治酒殽，合家聚饮，谓之团年。达旦不寝⑦，谓之守岁。

义局

万县民醇士厚⑧，闾阎市井⑨无贫富，好利人济物，相习成风⑩。其义举之多，有上行为政，而下成为局者，事无小大，亦见习俗之美，故并志⑪之，以表义乡⑫，即以励义行⑬。

公乐堂 在城内东街，知县仇如玉捐赀倡募，职员杜越捐钱四百二十千，建房屋五间，为经理⑭收殓浮尸，及养济院孤贫口食公费之所。众捐多寡不等，刊有

---

① 灶君：灶神的别称。
② 饴饧：用米及麦芽制成的糖。将米蒸熟，加麦芽使淀粉糖化后，经过滤、浓缩制成。主要成分为麦芽糖、葡萄糖及糊精。广泛用于糖果、糕点、罐头、酒类或饮料等，亦可供药用。
③ 令节：犹佳节。
④ 嘉会：欢乐的聚会，多指美好的宴集。
⑤ 赠贻：赠送。
⑥ 外姻：由婚姻关系而结成的亲戚。
⑦ 达旦不寝：整夜不睡。
⑧ 民醇士厚：百姓质朴，士人厚道。
⑨ 闾阎市井：民间和市集。
⑩ 相习成风：指都习惯于某种做法或看法，而成为一种风习。习：习惯。
⑪ 志：记载，记录。
⑫ 表义乡：表扬有义行的地方。
⑬ 励义行：勉励忠义的行为。
⑭ 经理：经营管理。

石碑，置三正里十甲田，岁纳①租谷三十石。杜姓捐狮子山熟地②、陈姓捐母猪跳河地，共岁收租钱二十余千。每岁公举③首士二人经理，设长工二名_{今各善举集于此，添设二名}，每小船收一浮尸，给钱八十，殓以木棺，裹以白布半匹，路毙④亦然。费或不足，随时募资。

  翼公会 公乐堂收埋浮尸，仅及城堡，逐流见遗者，乏人收瘗⑤。市郭里一甲拖路口船户杨正端募，职员张凌云舍地掩埋，岁贡张美含、副贡朱仁宇倡募生息，作捞葬诸费，以辅公乐堂所不及。

  养济院 邑旧无养济院，邑宰⑥仇如玉倡捐，劝募⑦多金，修建院房，置买三正里三甲田地，岁收租米仓斗一百八十石，额设⑧孤贫四十名，添设二十名，累年续增五十名，每月值年⑨绅士入院给米，典史⑩监之。每年给官斗米一百四十八石五斗，盐、菜钱一百四十八千五百。隆冬各给棉衣一件，三年一易。

  宾兴会 邑距京师数千里，距省亦千有余里。士子乡、会试，每以资斧⑪艰□⑫裹足。知县王玉鲸谕⑬监生陈绍绪捐田，岁入山课钱六十千，又捐银四百两，劝募邑绅杜钟嵋钱千二百缗、贺代元银千二百两，绅粮书捐多寡不等，买田三契，岁入谷共一百三十三石。值科场⑭举行，宾兴盏□，乡试每生助钱八千，会试钱

---

① 岁纳：一年收入。
② 熟地：经过多年耕种的土地。
③ 公举：共同推举。
④ 路毙：倒毙在路上。亦指路毙的尸首。
⑤ 收瘗（yì）：收殓埋葬。
⑥ 邑宰：旧时对县令的尊称。
⑦ 劝募：用劝说的方法募集捐款。
⑧ 额设：定员的设置。
⑨ 值年：当值的那一年。
⑩ 典史：古代官职名。始于元，广泛设于明清州县，是县令的佐杂官，典文仪出纳及缉捕、监狱等庶务。品阶很低，属九品以下的未入流文职外官。若本县县丞、主簿等职位裁并时，其职责由典史代理。
⑪ 资斧：路费。
⑫ □：一字磨灭不清。下同。
⑬ 谕：告诉，一般用于上对下。
⑭ 值科场：遇到科举考试。

四十千。新举者倍。□恩拔副岁优贡①初次北上，助钱四十千，后则减半。现因乡试人众，加募酌增。先是书院宾兴乡会试皆有资助，咸丰末年停止。现在书院略有余资，拟乡试复旧给钱二千，会试俟后充裕议复。

救火局　　邑商贾辐凑，肆舍②鳞次，而附市多茅店草屋，每火作，延烧或数日，家民常患之。咸丰八年，知县冯卓怀设救火局于公乐堂，倡捐钱二千余缗，交会馆生息备用。水器存局，钩镰诸器存各衙门，钟鸣则官率兵役③，表火道④，彻小屋，值年绅士率徒役运水器奔火所，熄则按名给赏。位民祓禳⑤于回禄⑥，焚室有赈者。同治三年，知县张琴饬绅民买田业，岁入租谷二十四石。

检验亭　　邑辽阔，山路迤逦，三里检验来报往勘，动辄经旬，胥役⑦因缘为□□□破产。咸丰七年，知县彭名湜令乡为检验会，□毙、□溺、自尽，得舁⑧入城。验费有限制，其数微而给□公，做民不困。九年，知县冯卓怀遂设检验亭于厉坛下，定验费、解费⑨章程，详禀立案刊碑，自是城乡久远遵行，后任无肯更张者。

验费解费章程碑　　为公议验费解费章程，详禀立案刊碑，以垂久远事。兹将章程列后。

一　检验费。乡城验尸办案差共给钱一千三百，刑房⑩共给钱六百，仵作⑪共

---

① 恩、拔、副、岁、优贡：即恩贡、拔贡、副贡、岁贡、优贡，合称"五贡"。五贡涉及贡生，乃明、清两代科举制度中由府、州、县学推荐到京师国子监学习的人。恩贡：明、清科举制度规定遇有庆典特恩，准以是年岁贡作恩贡，次贡作岁贡。拔贡：科举制度中选拔贡入国子监的生员的一种。清制，初定六年一次，乾隆七年（1742）改为每十二年（即逢酉岁）一次，由各省学政选拔文行兼优的生员，贡入京师，称为拔贡生，简称拔贡。同时，经朝考合格，入选者一等任七品京官，二等任知县，三等任教职，更下者罢归，谓之废贡。副贡：清代科举取士，在乡试中备取的列入副榜，得入大学肄业，称为副贡。岁贡：科举时代贡入国子监的生员的一种。明清两代，每年或两三年从府、州、县学中选送廪生升入国子监肄业，故称。优贡：清制，每三年各省学政于府、州、县在学生员中选拔文行俱优者，与督抚会考核定数名，贡入京师国子监，称为优贡生。经朝考合格后可任职。
② 肆舍：店铺和房舍。
③ 兵役：兵勇和衙役。衙役乃官署里的差役。
④ 表：标明。火道：起火时焚烧的方向。
⑤ 祓禳（fú ráng）：除凶之祭。
⑥ 回禄：传说中的火神名，多借指火灾。
⑦ 胥役：胥吏与差役。
⑧ 舁（yú）：抬。
⑨ 解费：押送的费用。解：押送财物或犯人。
⑩ 刑房：掌管刑事的官吏。
⑪ 仵（wǔ）作：旧时官府中检验死伤的差役。

六百，具结办册共四百文，格式共二百文，代书①一百文，办厂差共二百文，酒糟红白纸银朱葱白等项共给办案差钱六百文，洗尸共给钱二百六十文，提刑差共二百文，背朱盒差八十文，执事共三百文，壮班共三百二十文，帮轿差共三百二十文，小班共三百二十文，大班共五百文，跟班共六百文，茶房一百文，内差一百文，马夫②一百文。总共七千一百文。在乡由各乡检验会首事③交出，在城由各堡检验会首事交出，付办案差分结，此外不准书差另索分文。

一　乡间定罪犯人解费。每犯一名解府者，各甲诸会共派钱一千，三十甲合共钱三十千。解府兼解道④者，各甲诸会共派钱二千，三十甲合共钱六十千。解府兼解省者，各甲诸会共派钱三千，三十甲合共钱九十千。其一案两三名人犯者，解省每名加钱三十千，解道每名加钱二十千，解府每名加钱十千。其招解反供⑤复解者，查照⑥前数减半。城内外定罪犯人解费从同，其出钱分数，每解费钱一千，县城堡、上堡、中堡各派钱二百八十文，德堡派钱一百六十文，均于临解前半月由本县分别牌示⑦签差⑧，饬⑨各保长、会首公派催交，办案差领解，此外不准另索分文。

咸丰八年秋月，知县冯卓怀示立。

申明讲约所　　道光丙戌年⑩，知县黄杰建申明亭，文庙右侧，榜⑪《圣谕十六条》⑫于内。大周里五甲申明亭，监生李子映捐地、武生万青选等建，为乡人剖曲直⑬、息争讼之所。三正里杨监生甲地置讲约所，时宣讲圣谕，劝人改过迁善。城乡士多就各公所宣讲，感发颇众。地方官稽查，毋俾⑭异端邪说杂其中，乃无流弊矣。

---

① 代书：旧时代人书写呈状的人。
② 马夫：喂养马的人。
③ 首事：指出头主管其事的人。
④ 道：我国历史上行政区域的名称。唐代相当于现在的省，清代和民国初年在省以下设道。
⑤ 招解：把已招供的人犯解送上官复审。反供：推翻原来的供词。
⑥ 查照：核查。
⑦ 牌示：张贴在布告牌上的文告。
⑧ 签差：签发派遣。
⑨ 饬：命令。
⑩ 道光丙戌年：即1826年。
⑪ 榜：告示。
⑫ 《圣谕十六条》：即康熙帝的《训饬士子文》，本志卷十一《地理志·学校》中有载。
⑬ 剖曲直：分辨是非。
⑭ 毋俾：不让，不要使。

  平粜局 同治二年①，蜀岁有秋②，而东南发捻③、西北逆回④，军事方殷，水陆舟车公私转运米日数万石，于是各县米价腾跃。越明年春夏之交，万县遂至斗米钱千六百。知县张琴捐钱三千二百缗，分给三里团绅设局，倡募平粜⑤。遵大吏札⑥，粜仓谷官斗七千六百余石于四堡，归其常直⑦，募捐会馆钱八百余缗，银百两，委四堡团绅劝募绅商钱四千六百余缗，邑绅杜钟嵋捐谷三百石，不取直⑧。堡各一局，秋米价平，局撤。计四堡减价实用捐谷三百石，钱千七百余缗，犹余钱三千八百缗，遂置田二契，岁入谷七十五石，以备凶年。三里平粜有余者，亦即留积备荒。

  元卷会 自宾兴会成，乡会试皆有所资藉⑨，而寒畯⑩犹艰于行李。同治三年，知县张琴、训导范泰衡各捐金四百，募捐输局，委绅刘肇修、程文璜、蒋兴祥、向拱宸、曹宏镇、郝容中、刘曜荣等金四百，共交两当⑪课息⑫，以为元卷会。泰衡捐百金，交绅生息，以备不足。议定文武生监⑬乡试各给卷银二两，寒畯再助银四两。会试各给卷银十两，助银酌给。其秋甲子科带补辛酉，琴⑭外筹款四百金，先如议行，结彩盛筵以饯。是科文闱⑮中式三名⑯，为近所未有。

  安怀所 邑民彭乾元常悯穷民无告⑰，多死于岁暮饥寒，捐置房屋一院，名

---

① 同治二年：即1863年。

② 有秋：有收成，丰收。

③ 发捻：对太平天国与捻军的称呼。

④ 西北逆回：此指于同治年间（1862—1875）陕西、甘肃爆发的回民叛乱事。

⑤ 平粜（tiào）：将仓库所存粮食平价出售。粜：卖粮食。

⑥ 遵大吏札：遵从上级官员的公文要求。

⑦ 常直：平常的价格。

⑧ 直：价值。

⑨ 资藉：凭借，依赖。

⑩ 寒畯（jùn）：出身寒微而才能杰出的人。

⑪ 两当：两个当铺。

⑫ 课息：求利生息。

⑬ 生监：生员与监生。生员：科举时代考试合格入各府、州、县学读书的学生，统称为"生员"。监生：国子监学生的简称。国子监是明、清两代的最高学府，照规定必须贡生或荫生才有资格入监读书。所谓荫生即依靠父祖的官位而取得入监的官僚子弟，此种荫生亦称荫监。监生也可以用钱捐到的，这种监生通称例监，亦称捐监。具有此资格的人，就可以和秀才一样应乡试。

⑭ 琴：指当时的县令张琴。

⑮ 文闱：指科举考试。闱：试院。

⑯ 中式三名：从本志卷二十五《士女志·选举》中的记载可知，为何永卓、王燮元、谭云同。中式：科举时代考试及格。

⑰ 无告：指有疾苦而无处诉说。

安怀所，共用钱八百余千。募金置产，岁租四十石，每岁晚收笃老①幼孩百数十人，给粥三月。监生杜祥捐田，岁租二十石助赈②。咸丰九年，知县冯卓怀倡募，前后共得钱二千一百四十缗，增置田亩。现在每岁收二百余人，年饥倍之，用不足，则随时募赀。

恤孤堂　　邑监生罗维屏，常悯贫民弃孩饿死，倡建育婴堂，未行③，与子增生敬承相继殁。妻赵氏命孀媳谭氏、孙泽丰捐田业，岁租三十二石，钱六百千，倡设恤孤堂，知县王玉鲸申详④存案。前尤溪令⑤孙化南、监生谭长盛等复助募捐赀增置鹅沟田业，岁入租谷四十石，余赀增置房舍。岁晚收无告幼孩百余人，给粥三月。现在每岁增至四五百人，用不足，则随时募赀。赵氏曾分四百五十石谷田给夫兄三子⑥。

调养所　　贡生刘启祥、赖颐倡募，置屋一所，收养贫困病笃，医药调治，于是逆旅穷客⑦、贾舶梢夫⑧，乃不致⑨委弃⑩岩穴以死。现在监生谭长盛、程德裕、卫和泰募赀，延医、给粥、施药于其所，连年行之不倦。因其舍阴湿⑪，迁中堡。

拯溺施药局　　贡生蒋以仕，乾隆四十六年设济生堂于市郭里二甲，医药济人。邑大江湖滩、息沸面、窄小子，夏秋船多覆，设局约：小舟救一人予钱千，岁⑫全活⑬以百数，后子孙以祠堂烝尝谷⑭行之，世世拯溺施药不废。同治四年，增设拯溺局于下游徐那洞。

乐善堂　　一在市郭里三块石道光九年孝义岁贡生魏士良募建，公置田业。一在小湾，士良捐田建。一在匡井湾，监生魏士谦捐田建。三公所田租皆备朔望⑮讲约、平日教读、月课⑯之用。枣树坪，牟登顺捐田，则专备荒年平粜。一在魏家场北，

---

① 笃老：谓衰老已甚。
② 助赈：捐献财物用以救济。
③ 未行：还未实行。
④ 申详：以文书向上级机关说明。
⑤ 前尤溪令：以前的来自福建尤溪县的县令。
⑥ 夫兄三子：丈夫的哥哥的三个儿子。
⑦ 逆旅穷客：旅馆中困穷的外地人。
⑧ 贾舶梢夫：商船上的船夫。
⑨ 不致：尚且不会。
⑩ 委弃：丢弃。
⑪ 阴湿：阴暗潮湿。
⑫ 岁：每年。
⑬ 全活：救活。
⑭ 烝尝谷：祠堂祭祀的结余。烝尝：本指秋冬二祭（秋祭称尝，冬祭称烝），后亦泛称祭祀。
⑮ 朔望：朔日与望日，即夏历每月初一和十五。
⑯ 月课：明清时每月对学子的课试或对武官武艺的考校。

咸丰十一年监生魏明咏捐业，魏明谦、刘代魁募建，其田租备讲约、月课、平粜及岁暮济贫。

四祠扬显会　　春秋丁祭①前后殿严，教官耄老疲于祠事，往往俎豆②狼藉③，吏滋不恭。咸丰三年，训导范泰衡倡募四祠子孙钱近千缗，以备仪物④，俾得观礼祀先，并议扬显条例，以启后人，入学、乡举、中进士⑤、改庶常皆有奖励。置舍学地，岁入佃钱二十六千。同治三年，置田业，岁入租谷十四石。

全贞会　　同治三年，训导范泰衡倡为全贞之举，未及行而去⑥。其冬，邑绅杜钟嵋、贺襄勤、陈光熙、朱仁宇、彭维观、刘秉堃、杜惠霖相与首其事⑦。钟嵋、襄勤各捐钱千缗，杨节妇捐钱五百千，监生蒋兴祥捐钱三百千。四年五年，训导陈家谟、知县张琴先后劝捐成巨款，冬置业举行，预议助赤贫贞妇年三十以下，额三四十人，每人岁助钱十二千；四十以下，额一二十人，每人岁助钱十千。殁则助棺衾⑧钱六千，合例者为之请旌⑨建总坊，入节孝祠。

一钱会　　人日⑩投一钱于瓶若弃之，然年终则钱三百六十；十人累之，则三千六百；由斯累之，以至数万而不已⑪。除夕前，董⑫其成者取之，即钱若干，市⑬米斗斛⑭若干，券析升合⑮若干，阴相⑯穷民之不能度岁者口若干，计人三日粮

---

① 春秋丁祭：旧时于每年阴历二月、八月第一个丁日祭祀孔子，称丁祭。隋唐日制不一。隋文帝时一年有四祭，唐武德年间改用中丁日祭祀，唐开元年后专用春、秋二仲的上丁日举行祭祀。
② 俎（zǔ）豆：俎和豆，古代祭祀时盛食物的礼器。引申为祭祀、奉祀。
③ 狼藉：散乱。
④ 仪物：指用于礼仪的器物。
⑤ 进士：科举时代的科目。隋炀帝选拔人才，设进士科，唐宋因之，其时凡举人试于礼部合格者，称为"进士"。明、清之制，会试中式，殿试后赐进士及第、进士出身、同进士出身，皆通称为"进士"。
⑥ 未及行而去：还未来得及实行就离开了。
⑦ 首其事：出头主持其事。
⑧ 棺衾：棺材和衾被，泛指殓尸之具。
⑨ 请旌：旧制，凡忠孝节义之人，得向朝廷请求表扬，谓之请旌。
⑩ 日：每日。
⑪ 不已：不止。
⑫ 董：主持，主管。
⑬ 市：购买。
⑭ 斗斛（hú）：斗与斛，两种量器。
⑮ 升合：升和合，容量单位，比喻数量很小。
⑯ 阴相：暗中帮助。

而与之券，使自取粟焉。此商贾济人不费之惠①也。邑绅程复兴、易濂、程德泰倡行，已二十年不废。

  济腊局 一钱会行于中堡，兼顾南岸，而三堡有向隅②者。同治三四年，知县张琴捐米二十余石，命团首张德一、郭孔聪等募捐。除夕前察极贫户注册，按丁③给米一升，连年城堡捐米五十余石，德堡、上堡团首各募捐数石不等。

  赈灾局 万县每火灾，公乐堂士绅、四堡团首必倡募捐赈，视贫户被灾轻重，为捐赈多寡，历年不懈。水灾颇稀，咸丰十年，大水入城，至县甬墙，城外滨江市廛④，惟见屋瓦。署知县田秀粟倡捐绅民钱千数百缗，挹取⑤救火局钱五百缗赈之。

  筹防局 自邑令彭名湜设筹防局，备鹤游之变⑥，历任以防剿粤、滇逆⑦，前后增募民钱不及十万缗，而经费足。驿站改道，亦取资焉。总司局务、邑绅杜钟嵋、贺襄勤、彭维观、王锡之、卫和泰等皆出任事而家食⑧，维观、锡之尤勤劳，谨出纳⑨，绝浮滥⑩，故办防久而用少于他县，事平，犹余钱五千余缗，乃置田业，岁入租谷百石。同治四年冬，撤局，租谷建仓存积，以三里绅司之，非防堵不得用。

  崇善堂 在东关外，咸丰三年，监生刘衍福、□□□、刘峰泰等募建，每年延医施药⑪，贫民有疾，皆来诊病取药。文生谭孔昭捐柏林沟田、谭天锡捐学堂塝业，岁共入租三石六斗，山课钱十千，衍福等陆续募资以济。

  义渡会 县城达南津街，苎溪阻之。自平桥涨没，则往来必以舟渡。夏秋水泛，舟子贪载⑫覆舟，每岁不免。咸丰六年，邑绅等募金为会，春则并舟连筏⑬，夏则

---

① 不费之惠：指不花代价而给别人好处。
② 向隅：面向屋室的角落。比喻孤独失望、落寞寡欢。
③ 丁：成年男子。
④ 市廛（chán）：店铺集中之处。
⑤ 挹（yì）取：此处指提取，调取。
⑥ 鹤游之变：此指清咸丰七年（1857）鹤游坪灯花教首领刘文澧聚众300多人起义，占领了分州衙门，将州同昆秀杀死，震动清庭。鹤游：即鹤游坪，乃世界最大山寨式古城堡。主城堡位于垫江县坪山镇和鹤游镇之间，其城垣遍布垫江县坪山镇、鹤游镇、白家镇、包家镇等乡镇。
⑦ 粤、滇逆：即粤逆和滇逆，前者指太平天国起义，后者指爆发于云南的李永和、蓝大顺等领导的起义。
⑧ 家食：食于家，此处指为筹防局做事，而不拿筹防局的工资。
⑨ 出纳：财物的收入和支出。
⑩ 绝浮滥：断绝夸大的或乱用的开支。
⑪ 延医施药：请医生看病、施舍药物。
⑫ 贪载：贪图多载人的利益。
⑬ 并舟连筏：将大船、小船并联在一起。

多舟梭织①，立渡不停。复置田地房屋八契，岁入租谷一百四十石，课钱②十二千，房佃钱一百一十六千，以供舟楫口食之费。

巴阳峡上、下两渡，咸丰七年，知县冯卓怀谕募设，题石壁，曰"善溢江津"。

红沙碛义渡，李万成、张应葵捐设。

湖滩上义渡，乾隆初年，张灿若募设。滩下义渡，咸丰二年置。

万顺场义渡，船二只。

黄连嘴、陈家坝、担子坝三处义渡，嘉庆年间，陈大方、大中、杨学儒等捐设，历数十年就废。道光年间，陈光烈、光党等倡募置业，三渡复兴。

大宝寨下小河渡达新宁道，道光十一年，左德芳、冉天儒、李习易十二人捐设渡船，置田以备舟子口粮，并建镇江王庙，曹之才捐庙地。

黄龙寨下义渡，道光二十七年设。

马坝塘义渡，监生严性愹设，愹侄精谟置田，以助经费。

石板滩义渡，向遇春、罗德荣捐设。

白羊渡，向正祥捐山地，并募置田以供义渡费。

张家沱新义渡，曾光宇等募设。

蓼花洞义渡，道光十八年设。

佛耳岩义渡，咸丰七年陈、杨二姓捐设。

余家场小河设有义渡船。

湖滩义渡，张姓置。

白水溪义渡，幸德裕、杨天茂募置。

小湖滩义渡，幸有镒捐置。

三洲溪义渡，张地久募置。

杵子坡义渡，崔四琼、秦启应、陈藩南捐募置田以助经费。

义冢会　　环城官山义冢③，贫民多侵占造屋，兼之牛马践踏，骨骸暴露。咸丰七年，邑廪生李兆庚、程继勋，监生程德裕、吴光裕等醵金④为会，置北山观下地，价钱一百二十串，禀知县冯卓怀，饬⑤冢边居民数百家移居于此。南北义冢俱为刊

---

① 梭织：谓穿梭往来。

② 课钱：债款。

③ 义冢：旧指埋葬无主尸体的墓地。

④ 醵（jù）金：集资，凑钱。

⑤ 饬：命令。

石①定界，并岁雇二人环守，掩骼埋胾②，禁蓄践踏。同治三年，又募杨祖培、杜钟嵋等捐赀置昙花寺田地，价钱三千三百六十串，岁入租谷三十九石。

西门外官井坡、三正里鞍子坝、市郭里虾蟆石三地义冢，康熙二十四年知县张永辉捐置。

县西星辰梯义冢地，职员钟德林捐置，共一地，约周里许，监生程尚文捐置。

燕子窝义冢地二亩，嘉庆九年向天序捐置。

大周里土墙坪义冢二地，公置。

新场义冢地，名烂塆，同治元年公置。

新场钟三会义冢，余国珍等十六人公置，历八十年，同治元年以堵贼费缺，暂行借售。三年，何学古、田道宽募赀赎还旧业。

分水场左右义冢，公置。北十里外义冢，陈氏捐置。

王家场后义冢，唐氏捐地。西岸义冢，王正伦捐置。

余家场、邵家场义冢二地，监生余登光捐置。

余家场又一地，余耀奎、余代贞捐置。

向家塆一地，余登品捐置。

瑞池场东西义冢四地，公置。

高山堡北熊家塆义冢地，约周一里。同治二年，什邡教谕谢殿选、保蓝翎部郎衔谢诗章捐业。

堡西老鹳坡地，约周里许；三正铺场东店子塆地，约二里许，职员谢大成捐业。

李家河义冢，监生文正心募置。

大地坪义冢，监生文永龄捐置，于高桥施木匣以葬贫民，又于佛寺铺倡捐置地，并置木棺，贫者半值售，极贫者赠之。

石马山义冢，嘉庆时公置；偏石坂义冢，武生何世泰等募置；石灰梁义冢，咸丰时公置。皆兼施木匣。

七甲上下地义冢，公置。八甲河上桥义冢，监生刘亨泰捐置。

三正里中磴场义冢地，咸丰八年牟登材等募置。

总角山东北麓义冢地，道光十八年郑洪泰捐置。

生基坪义冢，陈永锡捐置。

野鹿衔花义冢，顾绍廉捐置。

---

① 刊石：刻石。
② 掩骼埋胾（zì）：收葬暴露于野的尸骨。

古老塝义冢，胡氏捐置。

唐家坝义冢，唐四虞捐置。

杉树沟义冢，公置。

高峰场义冢，宗显仁捐置。

张家岩义冢，公置。

柱头山义冢，监生熊圣祥捐地。

市郭里翠屏山后义冢地，咸丰八年朱榜等募置。

岑公洞后义冢地，道光二十六年唐朝清等募置。

风凸岭义冢，咸丰三年张应葵、李万成捐置。

清水塘义冢二地，嘉庆初年刘万良、万福、焦宏图捐置。

莲花石义冢，乾隆六十年郑正辅捐地。

黄草坪义冢，咸丰二年熊肇绿等募置。

白洋坪义冢，职员陈盛思捐置。

梨树坪义冢，道光二十七年武生魏士毅、职员张文藻等募置，岁入土租置薄棺。

学堂塝义冢，咸丰十年蔡禩楫、向忠信等募置，岁入土租置薄棺。

三十甲袁家磴义冢，监生程尚章捐置。

金子山、新开场、冉家嘴三处义冢，乡人捐置。

小湖滩义冢，冉之瑑捐置。

《增修万县志》卷十三 地理志

物产

自唐宋以来,万邑物产,史乘书之,信而有征①。顾②亦有志记③所遗,今昔殊致④者。旧志谷蔬竹木,既不胜书;而虎豹熊罴,殆非常产⑤。县境举目皆山,在昔荒芜,尚或藏纳,今则开垦几尽,土沃民稠⑥,唯见烟蓑雨笠,牛羊寝讹⑦而已。民间间亦⑧从狼献豹,皆境外所窜入,故不具录,而略采具货类,补其物之不同有而独异者,殊⑨不多见也。

纸　　《寰宇记》:万州产"蠲纸"⑩。

石砚　　省志:"万县磁洞产石,色黑性坚,可作砚。"⑪

---

① 信而有征:可靠而且有证据。征:证据。
② 顾:但。
③ 志记:相关志书和记文。
④ 今昔殊致:现在和过去不相同。
⑤ 殆非常产:大概不是寻常的物产。
⑥ 土沃民稠:土地肥沃人民众多。
⑦ 寝讹:《诗经·小雅·无羊》:"尔羊来思,其角濈濈……或降于阿,或饮于池,或寝或讹。"(《毛诗正义》卷十一,第693页)后以"寝讹"指牛羊的卧息与活动。
⑧ 间亦:间或,偶尔。
⑨ 殊:特别,很。
⑩ 材料见〔北宋〕乐史《太平寰宇记》卷一百四十九《山南东道八·万州》(中华书局2007年11月第1版,第2886页)。
⑪ 引文可见嘉庆《四川通志》卷七十四《食货志十三·物产一》(巴蜀书社1984年12月影印第1版,第2427页)。

愚按，其质坚润①不及端、歙砚②，而胜于他郡石砚远矣。石中有竹叶数枝形者，土人取为屏心桌面。

香　《寰宇记》：万州产"白胶香"③。

金　《唐地理志》：万州"贡麸金"④。《寰宇记》：万州贡金⑤。《明统志》：万县出金⑥。

愚按，今大江南北，水落沙屿⑦见，淘金者一聚或数十百人，唯峨眉碛无物色⑧者，护县治故也。

铁　县境出铁，粤、滇逆匪之变，万县设防，城乡铸火器，皆赖之。

盐　《汉书》朐忍注："有盐官。"⑨《水经注》：南集渠流经"南浦侨县西，溪夹侧，盐井三口，相去各数十步，以木为桶，径五尺，烧煮不绝。"⑩《唐地理志》："南浦盐官二。"省志："盐厂在县东一里。"⑪旧志：明长滩旧有盐井，兵燹后，淤塞。康熙五年，陆续报开，井共十口⑫。

桐油　万多山，故民多种桐，取其子为油，盛行荆鄂。

木棉　省志："万县产。"⑬

---

① 坚润：坚硬而润泽。
② 端、歙（shè）砚：即端砚和歙砚，前者乃广东省端溪（今属肇庆）地方出产的石头所制成的砚台，后者乃安徽省黄山市歙县歙溪所产的精美砚台。俱为砚台中的上品。
③ 材料见〔北宋〕乐史《太平寰宇记》卷一百四十九《山南东道八·万州》（中华书局2007年11月第1版，第2886页）。
④ 材料出自〔北宋〕欧阳修、宋祁等《新唐书》卷四十《地理志四》（中华书局1975年2月第1版，第1030页）。
⑤ 〔北宋〕乐史《太平寰宇记》卷一百四十九《山南东道八·万州》："土产：金，贡。"（中华书局2007年11月第1版，第2886页）
⑥ 〔明〕李贤等《大明一统志》卷七十《夔州府·土产》："麸金，万县、建始县出。"（三秦出版社1990年2月影印第1版，第1090页）
⑦ 沙屿：沙滩和小岛。亦泛指小沙岛。
⑧ 物色：各种物品。
⑨ 引文见〔东汉〕班固《汉书》卷二十八上《地理志上》"巴郡"条（中华书局1962年6月第1版，第1603页）。
⑩ 引文见〔北魏〕郦道元《水经注》卷三十三《江水》（陈桥驿《水经注校证》，中华书局2007年7月第1版，第775页）。
⑪ 材料见嘉庆《四川通志》卷二十八《舆地志二十七·关隘二》（巴蜀书社1984年12月影印第1版，第1242页）。
⑫ 此处的"旧志"指乾隆《万县志》，材料见其卷二《盐法》。
⑬ 嘉庆《四川通志》卷七十四《食货志十三·物产一》："木棉，万县、开县产。"（巴蜀书社1984年12月影印第1版，第2428页）

愚按，邑水陆商贩，向以米、棉、桐油三者为大，装行于滇楚。

木药子　《唐地理志》：万州贡"药子"①。《寰宇记》：万州土产"苦药子"，大历十一年"京兆尹黎干撰方进上，云：'此药性寒去热，能解一切毒。每服之，立有应效。'遂为常贡。"②《九域志》：万州产"木药子"③。《本草》："木药子，万州者为胜。"

山豆根　《本草》："出万州。"

兰　《蜀都碎事》："万县有兰，曰送春归，四月始花，叶长如带，一干数十花。"④

红花　省志："万县产。"⑤

红豆　郡志："高士奇《天禄识馀》：'红豆一名相思子，花白色，叶如冬青，蜀人采其实，以为异玎。古诗：红豆生南谷，秋来发几枝。赠君勤采撷，此物最相思。'"⑥

藕粉　万多山多堰，故种藕多而粉盛，贩行远近。

线粉　其细若银丝，其透若冰筋，商贩行于荆楚。

橘柚　《汉书》朐忍有"橘官"⑦。今县苎溪夹岸有橘市，其佳者，非万产。柚则甘美，不亚于夔柚。

锦鸡　形类雉而不食生物，金彩夺目，灿若文锦。

愚按，此即《尔雅》"鷩雉"也，郭注："似山鸡而小，冠，背毛黄，腹下赤，项绿，色鲜明。"⑧《山海经》"赤鷩"郭注云：即鷩雉，《尚书》谓之华虫⑨。

---

① 材料出自〔北宋〕欧阳修、宋祁等《新唐书》卷四十《地理志四》（中华书局1975年2月第1版，第1030页）。

② 材料见〔北宋〕乐史《太平寰宇记》卷一百四十九《山南东道八·万州》（中华书局2007年11月第1版，第2886页）。《太平寰宇记》"云"后面的文字为"此药多疗诸疾"。

③ 材料见〔北宋〕王存等《元丰九域志》卷八《夔州路》（中华书局1984年12月第1版，第368页）。

④ 引文见王斌、靳雅婷《蜀都碎事校注》卷四（西南交通大学出版社2017年8月第1版，第153页）。

⑤ 材料见嘉庆《四川通志》卷七十四《食货志十三·物产一》（巴蜀书社1984年12月影印第1版，第2428页）。

⑥ 引文见清道光《夔州府志》卷十四《物产志》（中华书局2011年12月点校第1版，第127页）。

⑦ 材料见〔东汉〕班固《汉书》卷二十八上《地理志上》"巴郡"条（中华书局1962年6月第1版，第1603页）。

⑧ 引文见《尔雅·释鸟》（《尔雅注疏》卷十，李学勤主编《十三经注疏》标点本，北京大学出版社1999年12月第1版，第317页。下引此书，只标书名、卷数、页码，余皆省）。

⑨ 《尚书·益稷》载："予欲观古人之象，日、月、星辰、山、龙、华虫，作会。"（《尚书正义》卷五，第116页）

阳雀　《金川琐记》："绥靖属逊克宗地有一种雀,形如班鸠,长尾,常自呼曰'贵贵阳',昼夜不绝声。土人目为阳雀,云系雀王,深栖丛莽,不喜飞翔,日俟群雀供虫豸,此雀非虫不食,便遗下活虫如蠡。每夜间,与叫月子规空山答响,倘亦开明魂化耶？"①郡志："按,此即子规也。俗呼为阳雀,各处有之。"②

愚按,《禽经》："江左曰子规,蜀右曰杜宇。《博物志》：'杜鹃生子,寄之他巢,百鸟为饲之。'杜子美诗：'生子白鸟巢,百鸟不敢嗔。仍为饲其子,礼若奉至尊。'世传望帝所化,土人呼为雀王,殆以此耶？"

鹰　其形大于隼③,而性不鸷④。城内外庙院,高树数株,数百翔止。每秋冬日暝,将集群飞,食顷,盘空往复,有若列阵。

魟　郡志："《类篇》：'白魟,鱼名,一曰鱼肥。'《酉阳杂俎》：'黄魟鱼,色黄无鳞,头尖,身似橄叶,口在颔下,眼后有耳,窍通于脑,尾末有三刺,甚毒。'据此,魟有黄白二种。按,白魟,即俗所称肥鮀子；黄魟,即俗所称黄骨头。二鱼味最美,产岷江中。"⑤

鳐　郡志："似魟而鼻长,俗呼为象鼻鱼。"⑥

喜爆　其制紧细,其声烈而远闻,千万联续,响彻云霄,工材之精,不亚锦城⑦。

---

① 引文见〔清〕李心衡《金川琐记》卷四（中华书局1985年版,第39—40页）。
② 引文见道光《夔州府志》卷十四《物产志》（中华书局2011年12月点校第1版,第127页）。
③ 隼（sǔn）：鸟类的一科,翅膀窄而尖,上嘴呈钩曲状,背青黑色,尾尖白色,腹部黄色。饲养驯熟后,可以帮助打猎。亦称"鹘"。
④ 鸷（zhì）：凶猛。
⑤ 引文见道光《夔州府志》卷十四《物产志》（中华书局2011年12月点校第1版,第127页）。
⑥ 引文见道光《夔州府志》卷十四《物产志》（中华书局2011年12月点校第1版,第127页）。
⑦ 锦城：故址在今四川成都南。成都旧有大城、少城。少城古为掌织锦员之官署,因称"锦官城"。后用作成都的别称。

《增修万县志》卷十四　地理志

津梁

　　天生桥　　在县西，巨石跨溪，自然成桥。《方舆胜览》："在苎溪上，乃一巨石，自然成桥，长与溪等，平阔如履平地，溪流出其下。"[1]旧志："桥上古额云：'跨虹天际。'联云：'有风因喷雨，无日不闻雷。'后注按院某，姓名剥落。又夔州军民府杨本源题额云'响雪'。"[2]明杜应芳、张佳允有诗，载《艺文》[3]。

　　黄溪桥　　在县西北二里，达梁邑道。

　　长春桥　　在县西三里，达梁邑道。

　　五梁桥　　在县西二十里，达梁邑道。

　　瀼渡桥　　在县西二里。

　　油心桥　　在县西四十里。

　　沙河桥　　在县西八里，达梁邑道。

　　苎溪桥　　知县项璋建。又建木桥。均废。今太平石桥，监生程善宝捐修。

　　济先桥　　四丈，监生刘启泽捐修。

　　司马桥　　在县西三里，临大江滨，两岸自生石礉，中为卷洞，达忠州道，监生程善宝募修。

　　大周里余家场晒鼓滩遇缘桥　　长九丈，高二丈余。咸丰九年职员曹元登、饶昌瑚募修。

---

[1] 引文见〔南宋〕祝穆《方舆胜览》卷五十九《万州·桥梁》（中华书局2003年6月第1版，第1045页）。长：《方舆胜览》作"其长"。平阔：《方舆胜览》作"而平阔"。
[2] 此处的"旧志"指咸丰《万县志》，引文见其卷一《地理志》。按院：明代巡按御史的别称。
[3] 本志卷三十六《艺文志下·诗》中收录有杜应芳《天生桥》，但无张佳允诗。

凤池沟关龙桥　　长六长，高三丈。道光二十四年龙朝明募修。

伏天狮沟观音桥　　五丈。咸丰三年建。同治二年监生余登光补修。

新场北天生桥　　大石自成，上覆田一顷，下达大堰场，南转龙桥场，东双河桥。

三叉河东天顺桥　　文生左德芳捐修。

大堰坝天缘桥、丁阳坝天佑桥　　皆曹元登监修。

黄泥凼天福桥　　同治二年修。

梅子沟桂花桥　　有桂一株，年极久远，结子可食。

弹子坝永兴桥　　咸丰八年募修。

分水场拱桥　　乾隆五十四年募修。

王家场桥　　七洞，十六丈，咸丰八年募修。

太平场木桥　　六丈四尺，咸丰五年募修。有深泽，禁渔。

黄泥凼木桥　　八丈。咸丰六年募修。

高山堡东永安拱桥　　募修。

海静桥　　七洞，五丈。道光十一年道衔①杜钟嵋捐修。

三正铺永定桥　　五洞，五丈。职员谢光远、绥定训导谢东山、什方②教谕谢殿选，咸丰元年捐修。

永安拱桥　　道光二十五年杨荣廷募修。

锦缆桥　　募修。

张家嘴桥　　六洞，五丈，职员陈光颖捐修。

佛寺铺福荫桥　　九洞，十四丈。道光十一年杜钟嵋捐修。

高桥　　相传前明时建，高三丈二尺。

永定桥　　八丈，五洞。道光八年庠生何世恭等募修。

高定桥　　十二丈，五洞。咸丰十一年岁贡生何登高等募修。

永宁拱桥　　十二丈，道光十四年谭济、任应元等募修。

龙溪河双桂桥　　四丈，杜钟嵋捐修。

中山寨下仙鹤、仁寿二拱桥，万安、兴平二桥　　近年募修。

双溪铺桥、镜子洞桥、麻柳拱桥　　皆昔年募修。

红沙碛万平桥　　四洞，五丈。道光间知县黄杰倡捐募修。

横溪沟种福木桥　　咸丰初张正迎捐修，并屋之。

---

① 道衔：道员衔，参看本志卷二十七《士女志·叙衔》中"杜钟嵋"条的记载及注释。
② 什方：应为"什邡"。

卷洞拱桥　　乾隆间募修。

三正里甘宁坝永宁桥　　九洞，十四丈。道光戊子岁监生毛蔚然等募修。

救生桥　　六洞，十丈。咸丰十一年牟登材募修。

石羊洞桥　　道光三年王应田捐修。

长寿桥　　道光年间募修，咸丰间重修。

回龙拱桥　　八丈，高二丈余，广亦如之。乾隆十五年耆寿①谭奇学、奇性等募修。

三渡水拱桥　　庠生吴应鼇捐修，后鼇与子庠生正琇卒，而桥倾圮，孙庠生维屏重建。经一载工始竣。凡补修津梁道路数处，皆母程氏命也。

市郭里太瑶溪拱桥　　咸丰七年，监生魏士哲与弟募修。

仙鹤桥　　道光十六年募修。

佛雷拱桥　　十丈，同治元年恩贡生魏执中等募修。

太平场东石龙桥　　乾隆四十二年陈良相募修。

元龟拱桥　　十丈，以上流有石如龟名，道光十五年监生陈方策等募修。

石河桥　　乾隆三十七年，陈万洲等募修。

㐖鸭木桥　　上覆以屋。同治二年谭世双等募修。

鸣凤拱桥　　八丈，咸丰九年谭洪谷等募修。

朝元寺下仙鹤拱桥　　咸丰八年耆寿杨大俊捐修。

罗针田卷洞桥　　五丈余，道光十四年范文才募修。

利济桥　　在高山堡。同治四年谢殿选、戴三阳倡募捐修。

---

① 耆寿：高寿。

《增修万县志》卷十五　地理志

驿传

万为水陆交会之区，文书[①]络绎，星使[②]冠盖相望。驿传[③]所系綦重[④]。原设递运所、集贤水马驿及急递诸铺，久经裁汰[⑤]。后复设站马铺司，盖亦重邮置[⑥]，随时损益[⑦]之道。今记见额，并补录旧制，为后因时制宜[⑧]者备览[⑨]。

集贤驿　在县东五里，水驿[⑩]也。
周溪水驿　在县东五十里。
瀼渡水驿　在县西北百里。

以上并见《方舆纪要》，今废。《舆程记》："自忠州水程东行九十里至漕溪驿，又六十里至瀼涂驿，又六十里至集贤驿，又六十里即周溪驿也，旧志以漕溪为巴郡、巴东之界，今属忠州。[⑪]

---

① 文书：各种文件的统称。
② 星使：古时认为天节八星主使臣事，因称帝王的使者为星使。
③ 驿传：古代官方为传递文书或接待官员往来而设的交通机构，至清末改办邮局后废除。
④ 綦（qí）重：非常重要，极为重要。
⑤ 裁汰：裁撤淘汰。
⑥ 邮置：驿站。
⑦ 随时损益：顺应时势而减或增。
⑧ 因时制宜：根据不同时期的具体情况，采取适当的措施。
⑨ 备览：提供阅览。
⑩ 水驿：水路驿站。
⑪ 前之三驿材料及此段引文见〔清〕顾祖禹《读史方舆纪要》卷六十九《四川四·夔州府·万县》（中华书局2005年3月第1版，第3261—3262页）。

集贤水马驿

旧额站船①四只，每年共修造银二十四两。每船水手六名，每名每年工食银七两二钱，共银一百九十六两八钱。协济旱夫三十二名，每名每年工食银七两二钱，共银二百三十两四钱。协济中马三十五匹，每匹编银二十八两八钱，共银一千八两。支应②水陆银四百八两，查照③水陆关文④牌、面廪粮⑤。支应铺陈⑥三副，每年备造上副一、中副二，共银二十七两。铺陈库子⑦二名，馆夫六名，每名每年工食银一十二两，共银九十六两。以上共银二千三十八两。后俱裁。

本县递运所

旧额马船一十八只，每船每年修造银二十五两，共银四百五十两。象船二只，每只每年修造银二十五两，共银五十两。红船十只，每只每年修造银六两，共银六十两。马船每只艄工二名，看船二名，水手一十八名。每名每年工食银七两二钱，共银二千八百五十一两二钱。象船每只艄工二名，看船一名，水手十六名。每名每年工食银七两二钱，共银二百七十三两六钱。红船每只艄工二名，水手四名，每名每年工食银七两二钱，共银四百三十二两。随船铺陈每年量造三副，每副估银一十二两，共银三十六两。以上共四千一百一十二两八钱。后俱裁。

旧额轮船一十五只，每只风蓬、水手、什物⑧、工食银一十四两四钱，共银二百一十六两。后因钱粮不敷，止⑨设站船三只。每只水手二名，每名岁支工食银二十八两八钱，共银一百七十二两八钱；每只桡夫六名，每名岁支工食银一十八两，共银三百二十四两。以上水、桡⑩工食共银四百九十六两八钱，遇闰加增。每季赴藩库⑪请领。康熙二十二年奉文，为驿递差使甚少，照江南例核减，每名日支工食银二分。康熙四十七年奉文，为船只朽坏裁站船一只，水手二名，桡夫六名。雍正五年，奉文为水站船只未收实用，船只、水桡全裁。

---

① 站船：旧称在航程有驿站递次接待的官船。
② 支应：供应。
③ 查照：核查。
④ 关文：旧时官府间的平行文书，多用于互相查询。清代运用范围扩大。
⑤ 廪粮：公家给予的粮食。
⑥ 铺陈：指被褥卧具。
⑦ 库子：掌管官库者。
⑧ 什物：各种常用的器具。
⑨ 止：仅，只。
⑩ 水、桡：即水手、桡夫。
⑪ 藩库：即省库，清代布政司所属储钱谷的仓库。

旧额应递马三十一匹，每匹草料、鞍辔①两具，人夫②工食银二十一两六钱，共钱六百六十九两六钱，后因钱粮不敷未设。见额：雍正八年奉文，设站马三匹，马夫一名半，每马一匹日支草料银六分，岁共支银六十三两七钱二分。马夫一名，日支工食银四分八厘，岁共支银二十五两四钱八分八厘。康熙六十一年奉文，川省有驿马倒毙，照十分补三分之例，倒毙马一匹，岁支买补价银八两，缴皮脏③银五钱。雍正六年奉文，川省驿马棚厂④、槽铡⑤照湖北茶马之例，每年每匹销银一两四钱二分，岁共支银四两二钱六分。以上夫、马工料、倒毙、置补棚厂、槽铡，岁共支银一百一两四钱六分八厘。雍正十年奉文，驿站银两，于本县地丁银内扣留支给，至倒毙马匹皮脏变价银两，解贮⑥按察司⑦库，听候拨支。饷鞘⑧经过，每鞘用夫二名，每名百里给银一钱五分，预扣夫价银四百八两。由按察司库请领，有余仍解归款。

原设急递铺、县门铺

东达云阳县界，双溪、红沙、周溪、三龙、七里凡五铺。西达梁山县界，西溪、高梁、普安、佛寺、七里、三正、观音、分水凡八铺。后俱废。

见设：乾隆元年奉文，县设底塘，并东西二路共十一铺，每铺铺司兵三名，每名岁给工食银六两，共给工食银一百九十八两，遇闰加增，在地丁银内留支。

以上旧志。

万县底塘铺

东达云阳县界：红沙铺二十里、大溪铺四十里、界牌铺六十里、小溪铺八十里、洗马铺一百里

西达梁山县界：西溪铺十里、高梁铺二十里、佛寺铺四十里、三正铺六十里、分水铺八十里

---

① 鞍辔（pèi）：马鞍和缰绳，二者皆为骑马的用具。
② 人夫：受雇佣的民夫。
③ 皮脏：倒毙马匹的马皮和内脏。清制，凡各省倒毙合例者，每匹应分别缴回马皮及内脏折价银两，谓之皮脏。
④ 棚厂：养马的地方。
⑤ 槽铡（zhá）：马槽和断草刀。
⑥ 解贮：发送贮存。
⑦ 按察司：乃元、明、清三朝时省一级的司法机构，主管一省的刑名、诉讼事务。同时也是中央监察机关——都察院在地方的分支机构，对地方官员行使监察权。
⑧ 饷鞘（qiào）：旧时地方政府装盛送缴中央政府的税收银两所用的木筒。

《增修万县志》卷十六 地理志

寨堡　碉洞

　　川楚教匪之乱蜀，以坚壁清野①制之而定，此古人以逸待劳、以饱待饥之善法也。万县多山，旧有寨洞，滇匪入蜀，民益②即岩为寨，就岭为堡，绝壁洞之③，广坪碉之④，交错盘踞，远近相望，不可胜计。故蓝贼⑤入，如在连营叠阵中，惧不得出也。其当路险寨不遽过⑥，过则婉言假道⑦，前者望，后者戒，已越者聚而待，尤兢兢焉。藉使⑧智者连寨为一，坚壁清野而分扼之，贼攻一寨，则一寨固守，众寨截其归路，彼进不得战，退不可据，野无所掠，不走则成禽⑨耳。诚如是，虽大开关门以延⑩贼，贼必不敢入。惜人自为谋，贼过不击⑪，贼攻他寨不出，曰慎，毋婴⑫其怒而代人受祸也。是则贼所窃笑⑬者也。

---

① 坚壁清野：对付强敌入侵的一种方法，使敌人既攻不下据点，又抢不到物资。坚壁：坚固壁垒。清野：清除郊野。
② 益：更加。
③ 绝壁洞之：在绝壁上开洞。
④ 广坪碉之：在平地上筑碉堡。
⑤ 蓝贼：此指蓝大顺、蓝二顺率领的起义军。
⑥ 不遽过：不能立即通过。
⑦ 假道：借道。
⑧ 藉使：假使。
⑨ 成禽：即成擒，被擒，就擒。
⑩ 延：请，引进，迎接。
⑪ 贼过不击：叛军经过也不抗击。
⑫ 婴：碰，触犯。
⑬ 窃笑：暗笑，私下好笑。

万全寨　　山高百余丈，四面木城。

人和寨　　高百余丈，三面砌石为城。

福德寨　　石岩广百余丈，二面砌石为城，可容百家。

明月寨　　原名得胜，以嘉庆四年官兵追贼首徐大德至此，战胜改名。后以岩石圆光，改今名。其山高广百余丈，四面悬岩，可容百余家。

狮子寨　　高二百余丈，四面峭壁，可容百余家。

天星寨　　三面石岩，高百余丈。

大宝寨、忠心寨　　俱三面石墙。

古城寨　　四面岩壁，高二百余丈，其山峦长七十丈，广仅四丈。

峰顶寨　　高二百余丈。

青龙寨、黄龙寨　　四面峭壁。

乘龙寨、三星寨　　俱石城，周七十丈。

高峰寨　　高长百余丈，砌石为城。前建炮台，可容五百余家。

庆云寨　　高广数百丈，悬岩三面，可容五百余家。

羊耳寨、三角寨　　俱寨形三方，一方砌石。

望安寨　　砌石为城，山高，举目可见数十寨。

四方寨　　三方砌石，广一百八十丈，可容百余家。

王官寨　　三面石岩，其高广百余丈，可容百余家。

金城寨　　四围皆石结成，中凹外高，居民数十家，隐藏不见。旁有深塘，水常盈，足供全寨汲饮。嘉庆初年，教匪屡越境，不知其为寨也。

大成寨　　高广百余丈，二面砌石，住一百三十家。

清吉寨、长陵寨　　俱砌石三面。

大平寨　　三面砌石，高三丈，石岩一面，高百余丈。

员峤寨　　四面砌石。

安怀洞　　峰顶寨下，洞广三丈有奇，深十余丈。

蓼花洞　　太平寨下，东西两岩，大小二十四洞。

矿子寨、三益寨　　俱西北石墙，东南峭壁。

满乐寨、兴隆寨　　俱峭壁，三面。

白岩寨、联升寨　　俱砌石，二面。

帽盒寨　　四面陡坡，石砌其半，可容百余家。

大公寨　　峭壁三面，住百二十五家。

帽斗寨　　梁万交界处，周围峭壁，寨门四丈。一甲名寨也，可容千余家。

长生寨、双合寨　　俱南北悬岩，东西砌石。

天保寨　　东南西俱石岩，住二百余家。

凤凰寨　　山绵延三四里，寨北砌石，东南峭壁。

青龙寨、迎凤寨　　俱石壁两面。

天成寨

带河寨

永清寨

茅庵寨

忠胜寨　　石墙、岩各半，住一百四十家。

佛印寨　　南界梁山，其山最高，四方石岩。

狮子寨　　石墙、岩各半。

清平寨、太平寨、大雄寨、顺天寨、龙头寨、迎峰寨　　俱砌石三面。

青狮寨、帽盒寨、天成寨、三义寨　　俱石岩三面。

忠义寨、三元寨、兴隆寨　　石墙、岩各半，住百余家。

全福寨、石龙寨、中华寨、忠心寨

大尖峰寨　　四围石砌。

小尖峰寨　　四围土墙。

鹰扬寨、骑龙寨、太平寨、青龙寨、高兴寨　　俱周围石砌。

黑虎寨　　峭壁三面，高百丈，可容二百余家。

天生上寨　　石砌三面。

下寨　　半岩壁，容二百余家。

天奇寨、余家寨　　俱峭壁四面。

天成寨　　寨广八十丈，三面石墙，住一百六十家。

万安寨　　石墙、岩各半，可容七八百家。

太和寨

高胜寨

人和寨　　峭壁三面。

马鞍寨　　周围石岩，形狭而长，住百余家。

福保寨　　寨连马鞍，四方峭壁，住百余家。

牛斗寨　　山势高峻，四壁峭立，住百余家。嘉庆三年，杠军门曾营于此。山麓有金龟洞。

观音寨　　咸丰十一年，田玉蓝捐修，住百余家。

万安寨　　两面绝壁，形如马首，住二百余家。

回龙寨　　周围小河旋绕，住百余家。

人和寨　　李大佑修，岩壁并砌石洞。

斗山寨　　三面危险，住二百余家。

中正寨　　地势高峻，四面石墙，寨前数十步□□①台。

天福寨、龙头寨、莫安寨　　均住百余家。

永安寨　　左洪绅捐修，住百余家。

松茂寨　　四面险峻，住百余家。

天元寨　　住百余家。

三义寨、帽盒寨、老寨　　三寨鼎峙，俱极危险，共住四五百家。嘉庆间居民截教匪尾，获胜数次，后贼迂道②夹攻，阵亡数十人，年远名不可考。四年，带兵官朱某追贼至寨下康家坝获胜。

高峰寨　　山势峻峭，三面危险，住四百余家。相传勒宫保曾屯兵于此。

鸡公梁

猫儿寨

燕儿窝洞　　可容百家。嘉庆时贼围攻数次未破。

白岩洞　　白岩寨下，其深七八丈，洞内有石笋、盘龙形。

黑洞沟　　山高沟狭，其洞上下不一，可容百余家。

锁口洞　　可容百余家。

太平洞　　狭沟峭壁，其洞相对。

清安洞、燕垮洞、金蝉洞、观音洞　　均可容三十余家。

大石洞

花山洞

荒山洞

佛印洞

凤凰洞

青云洞

太和洞

龙王洞

---

① 原文字迹模糊，疑为"有炮"二字。

② 迂道：绕道。

枯竹洞

川岩洞

清平洞

放马岩洞

安乐洞

新洞

以上大周里一甲及后三甲寨洞。

龙门寨　　南、北、东峭壁。

古城寨　　石墙、岩半。

人和寨　　平野突起高凸，石砌三丈，住百余家。寨南数十丈，又起高峰，东、南、北高十余丈，石楼四层，高广四丈有奇，围墙数十丈，住百余家。

观音寨　　古寨也。四方巉岩①，高广百余丈，修砌极险固。内建碉楼②，凭望则群寨皆见，住百余家。

九龙寨　　高五里，广百余丈，西南修砌，住百余家。

以上大周里二甲寨。

观音寨、三元寨　　周围墙垣。

五福寨、笔山寨、张家寨、凤山寨　　皆相距不远。

普安寨、祑城寨、天城寨　　皆工未竣。

齐家寨　　陈氏捐修，坚壁完墙，可容百余家。

大胜寨　　西北石岩，东南石墙，可容数百家。

英雄寨　　地宽平，周围岩壁高低不等，可容千余家。

骑龙寨　　东西石墙，长里许，南北仅十余丈，深沟峻壁，中留隙地，寨分为二，共住百余家。

青龙寨　　山数百丈，西、南、东石岩层叠，自南而北约里许。

武圣寨　　高数百丈，东、南、北俱巉岩。

光裕寨　　无岩，而山独高耸，周围石墙，与武圣、青龙为犄角③。

大凝寨　　孤峰耸立，险峻逼人，内不平。

扶龙寨　　东南石壁，高百余丈，直下七里沟；西北砌石墙。

---

① 巉（chán）岩：险峻的山岩。

② 碉楼：防守和瞭望用的较高建筑物。

③ 犄（jī）角：倚靠、支援。

保安寨　　三面石壁。

太平寨　　石墙、岩各半。

九龙寨　　四面斗峻[1]。

凤鸣寨　　亦陡险，工未竣。

永安楼　　曾氏修，高五丈许，四围护墙，可容三十余家，楼外有洞十余所。

以上大周里前三甲寨。

永宁寨　　前峭壁，后砌成，可容二百余家。

马鞍前寨

太白岩　　有洞数口，多系一家修成。

以上大周里四甲寨洞。

凤凰寨　　突起高峰，约三里之遥，径路绝，石岩参差[2]，因岩砌石，高下不等。

双峰寨　　上峰高起约四里之遥，峰巅石城，周围百有十丈。

天安寨　　与双峰并峙，峰巅石砌为城。

鞍山寨　　山险峻，四围土城。

鸦成寨　　与鞍山并峙，四面石墙。

高峰寨　　卓立千仞，四围石城。

天保寨　　黄姓修，四围石城。

正峰寨　　亦石砌。

金山寨　　东西两寨，四围石砌，土墙环之。

古佛寨　　山高百余丈，四围石壁。

敬胜寨、万安寨、平安寨　　三寨险固，"敬胜"尤甚。

燕山寨　　北锐，东、西皆峭壁，南砌石城。

太平寨　　贡生文永超修，四面砌石为城。

马鞍山寨　　前寨属四甲，后寨五甲。四围峭壁。

狮子寨　　东、南、西峭壁。周围百四十余丈。

平安洞　　监生文永龄修。岩壁洞穴，左右无路，有泉，可供数百人。

以上大周里五甲寨洞。

玉成寨　　天险、人力各半。

---

[1] 斗峻：高且陡。斗：通"陡"。

[2] 参差（cēn cī）：杂乱不齐。

高升寨、永镇寨　皆石工砌成。

五福寨　周围石壁，文生谭孔昭修。其山由五百梯迤逦而上，高约千寻。

椅城寨　山势雄峻，高数百丈，广数千丈，峭绝三面，一面砌石为城。其山再袭，因修下层环卫之，可容数千家。寨西有峰特立，锐如锥颖。嘉庆三年，教匪将攻椅城寨，适带兵官白某至，树帜①峰尖，贼见即退，后遂呼为插旗山。

万户城寨　山势雄伟，高如椅城，周围将十里，巉岩峭壁，简砌石墙，中有数百石谷田，塘三十余口，可容万家。

以上大周里六甲寨。

天城寨　山势雄奇，高数百丈，绝壁凌空，四围无隙。有如劙削，岩间有宋吕师愈创修、吕师夔重修《碑记》，近凿塘四口，并下修再成以利汲水，可容千余家。天城、椅城、万户三寨，皆近城名寨，为县西南保障。

狮子寨　运同②衔贺代元修，石岩高数十丈，一面砌石墙长数百丈，山顶内寨亦高数十丈，可容二百余家。

香炉寨　据山峰筑土墙，广三百五十丈，内有源泉。

凌云寨　据山巅加石墙，可容二百余家。

得胜寨　据山梁加石墙。

鸡冠石　四面峭壁。

福兴寨、尖峰寨、天凤寨　山高险峻。

中山寨　山高险，上砌石墙，可容百余家。

人和寨　土峰孤高，加以石墙。

保安寨　四围险岩，其东入寨，路狭处仅容□③人，居民掘断，搭以木桥。可容百家。

中营寨　土山加石墙，可容百家。

安城寨　西北峭壁，东南石墙，可容百家。

以上大周里七甲寨。

卫生寨　即董家岩寨，极高峻，周围二十里，四方崭绝，其人力砌成者十一二耳。中有水田，可获谷二千余石，泉流十数处，塘百有八口，林木甚盛。寨

---

① 树帜：树立旗帜。

② 运同：是清代官名，盐运使司或盐法道或辖盐务分司长官，掌督察各盐场，辅助盐运使或盐法道管理盐务。

③ □：此处原刻本缺一字。

门八，可容数万家。近城名寨，为县东保障。同治元年，蓝逆入分水隘径过，近城诸寨堡，惟卫生寨开炮轰击，贼不敢近。

永安寨、齐心寨、人和寨、固城寨　　山势皆高，容数百家。

佛凤寨、固围寨、勋和寨、三合寨　　山亦高，各容百十家。

玉安寨

中城寨

高峰寨

熊穴寨

吉安寨

老鹰寨

圆全寨

腰磨寨

大墩寨

双河寨

回龙寨

骑龙寨

八圆寨

兴隆寨

齐心寨

熊岩寨

洞二十余口　　各容一二十家。

以上大周里八甲寨洞。

古城寨　　左右峭壁，前后石砌，容百五十家。

忠义寨　　山高百寻①，左右峭壁，石砌前后。

同心寨　　三面陡壁，高百余丈。

朝天寨　　左右峭壁百丈，前后石砌。

中和寨、观音寨　　俱三面石砌

天保寨、忠心寨、文峰寨　　俱四方石砌。

金凤寨　　一峰突立，左右巉壁百余丈，四方石墙，容百余家。

义和寨　　左右峭壁，前后石墙。周围百五十余丈，容百余家。

---

① 百寻：形容极高或极长。寻：八尺。

三台寨　　土城。

保安寨　　周围百六十丈，左右峭壁，前后石墙，容百五六十家。嘉庆初，教匪入境，程正璘遇贼追，急入保安寨，坐寨门，连呼轰炮，贼惊去。

久安寨　　陡坡百余丈，壁皆石砌。

长发寨　　砌石土坡。

公安寨　　石墙、岩半。

志城寨　　陡坡百余丈，四围石墙，容百家。

协心寨　　石墙周九十余丈，容百余家。

同安寨　　峭壁临江，高百丈，三面砌石，容百家。

望城寨　　石墙。

美仁寨　　二面峭壁，高百丈。

香炉寨　　峭壁，二面石墙，周百丈，容百余家。

忠爱洞　　峭壁临江，高百丈。

鼓耳洞

显灵寨　　左右峭壁，高三百余丈。

明月寨　　内建石楼二层，外围石墙。

太和寨　　四面陡绝，高百丈，内石楼四层，外砌石城，临水，可容百家。

福寿寨　　三方陡绝，高二百余丈。

盛平寨　　前后峭壁，高二百余丈，石楼四层，高七丈。

升平楼　　三面陡险，高二百余丈，石楼四层。

进益楼、辅世楼　　四面陡险，石楼四层，外围石壁。

舞凤楼　　三面陡绝，一面峭壁，石楼四层，外围石壁。

桅杆坝楼　　四面水田，石楼三层，高五丈，外围石壁。

以上大周里九甲寨洞碉楼。嘉庆间涂把总击贼九甲石门嘴，贼众匿林箐[①]间，突起围之。戕卒四名，生获赵军功支解，寨上连炮轰击，贼走熊家场。

得胜寨　　东西北陡岩，南面砌石为城。

太平寨　　三面砌石为城，西则悬岩。

香炉寨　　山势陡险。

双峰寨　　北对大梁，砌石为城。

大保寨、尖山寨　　俱四围砌石为城。

---

① 林箐（jīng）：成片生长的竹木。

保安寨　　四面石岩，依岩为城，内建石楼三层。

兴隆寨　　山高十余里，北面石岩，余筑土城。

壶瓶寨　　高出大梁二三里，四面土城。

玉成寨　　四面陡山，两寨并立，相距十余丈。

三星寨　　大小两寨，相距十余丈。

三和寨　　山广约里许，西北峭壁，东南砌石为城。

清和寨　　古名寨也。高三百余丈，四面险削。嘉庆四年教匪攻围七昼夜，无害①。今复加修，可容二千余人。

人和寨　　清和寨尾，其旁有万安楼，均熊德镇捐修。三面石岩，一面水田。可容五六百人。

天宝寨、三元寨、三义寨　　皆高峻，可容四五百人。

三宝寨　　最高险，可容千余人。

七兴楼　　怪石丛峙。

以上大周里十甲寨楼。

白岩寨　　与忠州四望山白云寺寨并峙。其山孑然②独立，高数百丈，巉岩三面。周围沟渠，容百余户。

木匠沟洞　　沟八九里，峡壁高数十丈。沿沟皆洞，容千余户。

以上三正里二甲寨洞。

中兴寨

傅家寨

卯峰寨

观音寨

龙隄寨

易家寨

狮子寨

以上三正里三甲寨。

天星寨　　石城半面。

文胜寨　　三面石城。

煌兴寨　　三面石岩，一面砌石百余丈。可容二百户。

---

① 无害：没有损害。

② 孑（jié）然：形容孤独。

骑龙寨　　寨广二三里，石岩三面，一面砌石城四百余丈，可容二千余户，大寨也。

高峰寨　　石岩三面，一面砌石城，可容百余户。

永宁寨　　寨广二里，三面石岩，一面砌石城百有二十丈，可容千余户。

永安寨　　石岩三面，一面砌石城。

以上三正里四甲寨。

石龙寨　　东、南、西三面砌石为城，建碉楼三座。

三层岩寨　　周围悬岩。

石鼓岩洞　　岩长四里许，乡人岩半凿八洞，可容三四百人。

石锣溪洞　　岩长四里许，有古洞三口，乡人复凿十余洞，可容一千余人。

以上三正里六甲寨洞。

仁和寨　　四面峭壁，可容二百余户，迤①西达清平寨。

清平寨、新寨、三阳寨　　俱三面石墙。

顺天寨　　与清平相望里许，三面峭壁，一面石墙。

青龙寨　　三面峭壁，北面石墙。

擎天寨　　即柱头山顶，四岩峭壁，下陡坡，可容百户。

中城寨　　与擎天相去半里，四面石墙。

猫边寨　　三面峭壁，北面石墙，容百余户。

金城寨　　三面峭壁，北面石墙。跨墙碉楼二座，容二百余户。

全盛寨　　东南峭壁，北砌石墙，西狭径，即入寨道，下建碉楼。

太平寨　　四面石墙，容二百余户。

吴家坪寨　　三面石墙，容百余户。

洪岩洞　　中横一碛，长四十余丈，广丈许。

马家洞　　在洪岩之阴。

扁耳洞

牛头寺楼　　数座鼎峙②。

核桃坪楼　　楼下环墙。

以上三正里七甲寨洞碉楼。

大胜寨　　三面峭壁，可容三百余户。

---

① 迤：延伸，向。

② 鼎峙：比喻为三方如鼎足般对立。

团寨子　　四围悬岩，可容百余户。

扁寨子　　四围峭壁，缘以木梯。

双龙寨　　石岩上砌石，前后碉楼，高四丈余，可容百余家。

清河寨　　悬岩三面，一面石墙，跨墙碉楼。

大生寨　　三面砌石为城，可容百余户，对山建碉楼。

大滩洞　　穴壁临滩，左右石卡门，可容八十余家。

以上三正里八甲寨洞碉楼。

协力寨　　山形三角，两面峭壁，住百余户。

太平寨　　寨尾若鹅颈，左右峭壁。

黄虎坪大平寨　　山势高峻，群峰在望，砌石为城。可容二三百户。

万安寨　　悬岩三面，一面砌石，可容二三百户。

以上三正里九、十甲寨。

仙乐寨　　石岩三面，可容百余家。

大旗山寨　　四围石墙。

石宝寨　　周围砌石，僧星朗重修。

龙安寨、薄石梁寨　　皆据岩砌石。

陶姓洞、王姓洞　　两洞相连，长一里，可容数十户。

张姓洞　　依岩砌石而成，长十一丈。

魏唐二姓洞

史家洞

龚姓洞

贺家洞

廖家洞　　可容五六户。

以上市郭里一甲寨洞。

回龙寨　　峭壁三面，南面砌石为墙，可容七八百人。

治平寨　　山势突起，岩如刀削，高百余丈，惟西南一线来路，叠石为垣。容万余人，南岸名寨也。

尖山寨　　尖峰凌空，峰顶叠石为垣，可容三四千人。

利和寨　　西北峭岩，东南山岭，坚墙截断，建炮台数座。可容二三千人。

老君山寨　　高出群峰，后峭岩数十丈，前陡坡四五里，山顶叠石为墙，内建高亭，额曰"紫云"，凭栏四望，目极数百里，可容数千人。

以上市郭里二、三甲寨。明末流贼入二甲，甲内傅姓最盛，联络乡人与贼战于五间桥，败北，杀伤甚众。然贼由此遂退，傅姓力也，乡人至今称之。

向家寨　　东南峭壁，西北石砌。

太和寨　　与向寨①相望，东北峭壁，西南砌石。

中和寨　　山高九十余丈，西南峭壁，东北陡坡，四围砌石。

龙泉寨　　与云阳接界，高二百余丈，四面因岩砌石，内有石泉，可容二百余户。

德安寨　　砌石为垣，周围水田。

瀛和寨　　石墙，岩半。

万和寨　　四围峭壁，石墙。

尖山寨　　四围石墙，中建碉楼。

泰和寨　　四围石墙，顶建碉楼。

全安寨　　东南陡坡三百余丈，顶建碉楼。四围石墙。

杨家寨　　四围峭壁，石墙。

魏述楼、忠敏楼、楷公楼、傅裔楼、扶裔楼、溥公楼、太平楼、张裔楼、佐裔楼、大垣楼　　均碉高四丈许，外围石墙。

积道楼、德辉楼、协凤楼　　均碉高三丈许，围石墙。

天涯洞　　上下洞广十一丈，深三丈，可容四十余户。

龙王洞　　两洞相连。

小岩洞　　上下岩十余丈，两洞相连。

崇善洞　　上下岩二十余丈，三洞相连，皆砌石为之。可容四十余户。

观音洞　　亦人力凿成。

燕麓洞　　岩腰砌石十二丈。

以上市郭里四甲寨洞碉楼。

复兴寨　　陈盛思修。三面峭壁，一面砌石为城。

万安寨　　石墙、岩半。

太平寨　　四面依岩砌石。

天峰寨　　石岩三面，一面砌石。

小寨子　　两面深谷，砌石绝顶。

凤楼寨、云万寨　　俱三面砌石。

司南寨　　与云万寨犄角，山形如帽盒，中建碉楼，四面上垣，可容二百余人。

尖山寨　　三面石岩，一面石墙，可容三百余人。

---

① 向寨：即向家寨。

长治楼、文光楼、书公楼、映奎楼、望月楼、美瑞楼、思孝楼、养正楼、步云楼、成章楼、焕章楼、凤公楼　　均可容百余人。

永庆楼、烈灿楼、藻廷楼、文炳楼、亭祖楼、锡公楼、日升楼、善继楼、裕后楼、松亭楼　　均可容二百余人。

举安楼、奉先楼　　均可容三百余人。

菴寺沟洞　　两岩对立，共十四洞，可容八九百人。

缒索洞　　大小石洞可容三百余人。

大岩洞　　可容三百余人。

蒙泉洞、阳和洞　　可容百余人。

月光洞、上弯洞　　可容七八十人。

临流洞、新修洞、滴水洞、凤凰洞、杏核洞、明岩洞、大弯洞、猫洞　　均可容四五十人。

以上市郭里五甲寨洞碉楼。

观音寨　　三面临溪，峭壁数百丈，前凿石梯于巉岩，曲折攀缘而上，可容数百人。

乌龙寨　　寨右鹰嘴岩，高数百丈，三面临溪，深险莫测，一面仄径，曲折蚁附而上①，可容数百人。嘉庆二年，教匪扰清水塘，斜窜金家营，过乌龙寨右，径路绝。官兵乡勇追剿，毙贼殆尽。

瑞云寨　　高百寻，一面临溪，周围石垣。

三轮寨　　两面临溪，壁立千仞，周围石垣，可容百数十人，张代兴修。

容天洞　　前临深溪，洞口由山腰仄径砌石门，曲折而入，高十数丈，广二十丈。其上复开一洞，广六七丈，内有清泉涌出。上下洞可容三百人，谭家骥修。

小神山洞　　悬岩千仞，中辟一洞，梯而入。其内石骨森起，有若器具，奇幻莫测。外临危险，声息俱屏。上竖危楼七层，高八九丈，直极绝顶。容数十人，刘模山修。

东耦洞　　下有断陉，架木以度，始逡巡入洞，危险不亚小神山。中架屋如椽。可容八九十人。刘春田修。二洞皆利邑令高炳临赐名，谓其东西相耦，可望而不可即也。

以上市郭里前后六甲寨洞。

鸿凤山寨　　山广三里许，有塘二口，田井竹树皆备。东北峭壁，西南砌石为

---

① 蚁附而上：像蚂蚁一样攀附而上。

门，容五六百户。

扎军寨

以上市郭里七甲寨洞。

舆木寨 山高峻，四围壁立，广约十里，形如�鼓，从鼓柄入寨门，其径险仄，寨内广有田产、竹木，可容数千户，南岸名寨也。

大城寨 四围层岩绝壁，长约五里，可容千户。

小城寨 四围层岩绝壁，长约四里，可容数百户。

以上市郭里九甲寨。

《增修万县志》卷十七　地理志

关隘　防堵粤、滇逆贼　筹防经费　团练章程

万在群山之中，北倚汉丰①，则铁凤大梁②限之；东联云安，则方碑、凉风③大梁限之；西逼新宁④，则葛麻大梁限之；南接湖北施利⑤，则鹿鸣、龙门、铜锣大梁限之。益以楠木捍石砫，响鼓⑥拒梁山，木鱼阻临江⑦，野孔塞鱼复⑧。而又凭鼓峡⑨以遏下驶，踞巴阳以扼上溯。黄干、黑沟护其前，鹰石、虎坪卫其后，重关叠锁⑩，而雄寨若列城，钜堡若连营，不与焉，何其壮也！夫守城垣不若扼险要，

---

① 汉丰：古县名，东汉建安二十一年（216）蜀先主刘备划朐忍县西部地置，此乃今重庆市开州区建县之始。
② 铁凤大梁：指铁凤山高大的山梁。铁凤：即铁凤山。大梁：高大的山梁。
③ 凉风：即凉风垭，本卷有载。此处涉及到的葛麻（即葛麻梁）、鹿鸣（即鹿鸣垭）、龙门（即龙门拗）、铜锣（即铜锣关）、楠木（即楠木垭）、木鱼（即木鱼山）、鼓峡（即石鼓峡）、巴阳（即巴阳峡）、黄干（即黄干石）、黑沟（即黑洞沟，又名孙家漕）、鹰石（即鹰嘴岩）、虎坪（即黄虎坪），下之正文均有载。
④ 新宁：古县名，即今四川省开江县。
⑤ 施利：施南府利川县。施南府：清代行政区划，雍正十三年（1735）设置，由施州卫改设而成，辖恩施、建始、宣恩、利川、咸丰、来凤等6县。民国元年（1912）废除。
⑥ 响鼓：即响鼓岭。
⑦ 临江：古县名，即今重庆市忠县。
⑧ 鱼复：古县名，即今重庆市奉节县。
⑨ 鼓峡：即石鼓峡，及下句中的"巴阳"（即巴阳峡），后之正文中有简介。
⑩ 重关叠锁：重复的关卡，重叠的锁钥，指防护严密。

故王公设险以守其国①，失险，城虽天生，不可恃也②。虽然③，将遂恃此无恐乎④？则分水不见贼，新市不御寇矣。夫恃险失众，与无险同，是故未有团防不成而关寨自固者。地利人和，非保民贤司牧⑤，其孰与谋之！

  黄荆坝 在县大江南。旧省志：明万历初尝议令捕盗通判驻此弹压⑥。

  渔阳镇 《新唐书·地理志》：南浦县有涂常、渔阳二监⑦。《九域志》：有渔阳、同宁二镇⑧。《宋志》：有平阳寨⑨。

  五龙关 在县大江南一百八十里，接湖北施南府利川县界，今设大坪汛，属夔协左营。

  软耳箐 在县大江南，磨刀溪南五里，交湖北利川界，与湖北七曜山对峙，亦楚蜀往来道，隘口厂阔，防堵不易。铜锣关虽天险易守，然在软耳内，入软耳，则他道可绕由龙驹坝北渡江，故县大江南防堵，以软耳为最。同治元年春，粤逆石达开陷咸、来⑩、利川，武生陈第抡统带市郭里团勇堵软耳、铜锣、打杵各隘，石逆走石砫。二年秋，石逆后队李复猷回窜咸、来，军功陈诒荣带勇堵此。冬十月，知县张琴建关卡，石壁高二丈有奇，厚半之，横亘山垭八丈有奇。上设瞭楼，下置关门，营房七间，更辟驻扎民团地于旁两山。

  打杵拗、龙门拗、铁石拗、观音岩 皆在软耳右数里同一山梁，利、万接壤，皆小径可守。

  鹿鸣垭 在大江南市郭里上七甲老鸦塘南十里，与湖北利川接界。危岩峭壁，险峻可守。咸丰十一年，绅民修隘卡，砌石高二丈，广八丈，内设营房三间。此隘

---

① 王公设险以守其国：语出《周易·坎·象》（《周易正义》卷三，第130页），指君王们设置险隘，用以守卫自己的国土。
② 此句言失去了天险，城池就是天生而成，仍不足依赖。
③ 虽然：纵然如此。
④ 此句言依赖天险就无所顾忌吗？
⑤ 非保民贤司牧：如果不是保护民众的贤能地方官。
⑥ 材料见嘉庆《四川通志》卷二十八《舆地志二十七·关隘二》（巴蜀书社1984年12月影印第1版，第1242页）。
⑦ 材料见〔北宋〕欧阳修、宋祁等《新唐书》卷四十《地理志四》（中华书局1975年2月第1版，第1030页）。涂常：《新唐书》作"涂渣"。
⑧ 材料见〔北宋〕王存等《元丰九域志》卷八《夔州路》（中华书局1984年12月第1版，第369页）。
⑨ 此处的《宋志》指《宋史·地理志》，材料见〔元〕脱脱等《宋史》卷八十九《地理志五·夔州路·万州》（中华书局1977年11月第1版，第2227页）。但《宋史·地理志》作"平云寨"，非"平阳寨"。
⑩ 咸、来：即施南府下辖的咸丰、来凤两县。

东如岐阳关、野人孔、黑塘、风门拗，皆在云、奉①界内，实为万火埠塘之蔽②。石逆陷利川，增生蒋培之、职员严精训管带团勇堵鹿鸣垭。培之卧病风雪中死守不去，贼窜石砫，乃撤。同治元年，培之举孝廉方正③，以亲老辞④，不赴。

铜锣关 在县大江南，天生绝险。咸丰间，绅民修置关门、营房。《明史》："又西南有铜锣关巡检司。"⑤

愚按，万县南岸毗连湖北施南，山势蜿蜒，雄奇峻绝，壁立俨然，界划⑥楚、蜀。铜锣关，十夫所守，千夫不过。嘉庆教匪之役，德参赞剿楚贼至此，武生陈刚及傅生率团勇，拒不纳。参赞使人持令箭示之，生曰："贼计多端，恶知其非假官军以袭我也⑦？吾守关者知有县官令，不知其他。"参赞卒由他道入。咸丰二年，粤匪破岳州⑧，施、宜⑨震动，而万县南关之守益严。然备多则兵寡，久暴师则力屈，将弱不严⑩，则民未有寇害而先罹兵患，非善之善者也。善之善者，务得人以练民团，人自为守而官节制之。戍兵十不当一，彼用⑪陈、傅⑫者，其知之矣。

百丈沟 有僻径可断。

五龙关以下，皆市郭里大十甲隘。

黄干石 在县大江南市郭里小十甲。傍山腰窄径十数里，其下深沟数十丈。峡道易守，同治二年知县张琴修石卡。

永安宁堡 在县大江南巴南里，旧名罗网坝。明嘉靖十一年知县成敏贯建关

---

① 云、奉：今重庆市云阳、奉节二县。
② 蔽：庇护。
③ 孝廉方正：清代特诏举行的制科之一。自雍正时起，新帝嗣位，诏直省府、州、县、卫各举"孝廉方正"，赐六品章服，备召用。乾隆以后，定荐举后送吏部考察，授以知县等官及教职。
④ 以亲老辞：用父母双亲年老需要赡养和陪伴的理由推辞。
⑤ 引文见〔清〕张廷玉《明史》卷四十三《地理志四·四川·夔州府》（中华书局1974年4月第1版，第1030页）。铜锣关：《明史》作"铜罗关"。
⑥ 界划：划分界线。
⑦ 此句意为：怎知不是假扮官军来偷袭我们的呢？
⑧ 粤匪破岳州：1853年太平天国定都天京后，为了扫清长江上游的清军对天京的威胁，太平天国在派出精锐进行北伐的同时，也派出西征军。后来西征军的一支攻占了岳州（即今湖南省岳阳市）。按，破岳州非咸丰二年（1852）。
⑨ 施、宜：施南府和宜昌府。
⑩ 将弱不严：将领柔弱而管理不严。
⑪ 此句言朝廷派遣戍守疆土的士兵十个的作用不及民团一个的作用。
⑫ 陈、傅：指陈刚和傅生。

堡，今废。省、郡志误为罗网坝①，今土人群呼龙王坝，盖"罗网"声讹也②。

石板滩陡梯子　　走利川汪家营与剑南道，在市郭里九甲。

楠木垭　　在县西大江南，石、万接界处，亦来往楚、蜀道。两峰对峙，隘口八九丈，山陡径窄。发逆③陷石砫，文生谭文奭、武宁张泛弁带团勇堵此。团众布满山谷，贼走洋渡溪。

三磴坡、老土地　　皆在楠木垭东，相距各三十余里，同一山梁。石、万接壤。

以上三隘皆在三正里一甲。

武宁关　　在县西，今废。《明史》："有武宁巡检司。"④

西柳关　　在县西北。《明史》："又西北有西柳关。"⑤省志："宋宝佑元年，元兵渡汉江，攻万州，入西柳关，荆湖将高达拒却之，即此。今废。"⑥

木鱼山　　在县西南大江北三正里二甲，忠、万接壤。同治元年春，滇逆蓝二顺自忠任家沟越木鱼山入万，戕我马副将定国于红谷，万县戒严，我军与援军出击，贼走开县。是年秋，备鹤游坪贼，文生何大壁、武生刘耀荣统带三正里团勇营木鱼山。花翎守备陈先春亦营此山。

磨滩河　　在县西大江北三正里四甲。山高数十丈，溪径狭，沿溪上至三正铺，下至甘宁坝四十余里。皆两山相夹，巉岩险道，耆老相传，嘉庆四年三月二十六日，贼酋冷天禄等过此，官兵逼击，几尽歼其族。

黄虎坪　　在县西大江北三正里十甲。左峻岭，右狭沟。现修卡门。

凤坡岭　　在黄虎坪东，山势高三四里，陡峻可据。蓝二顺由红谷窜至一碗水，文生向拱宸、监生沈化龙等以护城勇回扼凤坡岭，贼绕由柱头山去。

穿洞子　　在县西大江北大周里四甲。两巨石合，空其下，生成卡门，高约四五丈，中容数骑。蓝池沟山险路狭，中有卡门，均阻柱头山来路。北门坳外有壕沟，旧迹犹存。与蔡地沟、土地岩，均阻西大道来路。

---

① 如嘉庆《四川通志》卷二十八《舆地志二十七·关隘二》作"罗纲坝"（巴蜀书社1984年12月影印第1版，第1241页）。

② 此指因读音相近，"罗网"讹为"龙王"。

③ 发逆：清朝统治者对太平天国起义军的蔑称。

④ 引文见〔清〕张廷玉《明史》卷四十三《地理志四·四川·夔州府》（中华书局1974年4月第1版，第1030页）。

⑤ 同上。

⑥ 引文见嘉庆《四川通志》卷二十八《舆地志二十七·关隘二》（巴蜀书社1984年12月影印第1版，第1241页）。宝佑：嘉庆《四川通志》作"宝祐"，应是。

鹰嘴岩　　在县北都历山后。

分水岭　　在县西大江北大周里二甲，梁、万交界，赴省垣①渝城大道要隘。同治元年，夔巫都司薛尚品营于此，击贼获胜，以出援红谷，蓝逆二顺入隘。秋，防周逆绍涌，军功胡占春亦管带练勇营此。

孙家漕　　在县西大江北。辟悬岩成路，路断处有石桥，由桥转依石壁一线道行，下临深溪，不可俯视。一名"黑洞沟"，险隘易守。

亭子垭　　在县西孙家漕西，梁、万接界，与梁响鼓岭相望。

葛麻梁　　又名过马梁，距母猪漕、横冲沟八九里。两山多树，峡口八丈，长半里，外有小径二，可兼守。咸丰十一年冬，蓝逆窜新宁，监生余登鉴捐勇固守此隘。

母猪漕　　峡口四丈，长一里，多树。

琉璃沟　　距葛麻梁六里，峡口三丈，长十丈，可守。

茅坪寺　　距琉璃沟十余里。由新宁来有径，难设卡。

横冲沟　　峡口二丈，内有大塘，外有巉岩，易守。

西大垭口　　距茅坪寺十里，新万往来道。山势高广二十余丈，峡长五里许，半山有石桥可据。旁小道丛错，难尽毁，唯下至鲤鱼沟可扼。

自葛麻梁至大垭口六隘，皆在县西北与新宁接界，同一山梁。

小垭口　　界接新、开，同大垭口山梁，高十余丈，隘口三十余丈，峡道五六里，斜下十五里滚柴坡乃有高梁可扼。外若开、万连界之牛项颈、洗马滩，皆无隘可守，当守开之偏岩子张家寨。同治元年春，蓝逆据新宁，邑侯选训导何裕如统带大周里团勇堵大小垭口、磨崖各隘，贼绕由梁盐井沟入万境，候选教谕陈光熙堵于新场，蓝逆大顺走梁山。秋，周逆绍涌窜新宁，知县张琴剿贼出大垭口，营于新之低寺，贼走开县，后擒王逆永顺于开之张家寨下。

磨子岩　　新、开连界，亦与大小垭口同一山梁，高二十余丈，斜下十五里合滚柴坡路。

孙家漕以下皆大周里一甲隘。

虾蟆石　　在县北大周里后三甲，余邵新市入城道，其山梁约十里。父老言嘉庆三年五月初旬，有马统带军与贼遇于三正铺之北山，贼先得地，官军阵亡以千数，事平，犹骸骨遍野。马以亲兵保于新菴子，中炮伤，黄昏溃围，出至分水而殁。次日，贼攻虾蟆石，败于梁山知县方积，数日后乘雨夜遁，伏诛大半。

凤凰山　　在县西北大周里前三甲，开、万接壤。

---

① 省垣：也称为"省城"，乃省政府所在地。

鸡圈门　　在县北大周里五甲，两山对峙，一上一下，约五里之遥，中隔小溪，开、万于此分界。

井水坡　　距鸡圈门七八里。

马武漕　　在县北大周里六甲，与开接壤。山势高峻千寻，峡道十余里。外天鹅池峡道五里。

九倒拐　　在县北，与开接壤，曲径九折，山势陡险。

北大垭口　　在县北大周里七甲，开、万往来道。垭顶有营垒遗址，中有卡门，下为滚石深漕，垭口数丈，长约十丈。同治元年春，蓝逆二顺自木鱼山阑入万，败于我军，由大垭口走开县。二年秋，周逆窜开县，邑绅刘肇修统带大周里各甲团勇堵此，与铁凤、牛鼻各隘。

小垭口　　径可断。

凉凤垭　　峡道五六丈。

铁凤山　　内峭而外颇防守不易。嘉庆时贼踞开州坪①，大军扎营于此，营垒遗址犹存。

周家营　　在县北大周里九甲，与开接壤。东一峰，约高三百丈，西峰略低，中路由半岩削断，可守。

蚂蝗漕、擢箕口　　在周家营左右，守较易。

凡与开接壤之隘，均同一大梁。

牛鼻子　　在县北大周里八甲，与开接壤。山势虽高，而两面皆平颇，然牛鼻子不守，则周家营、擢箕口可直入也。

牛犁地、四坊碑　　皆在县北。东界连云、开，山势突兀，高约七八里。

分水梁　　在县东大江北大周里十甲，与云阳连界。云阳设有卡门，惟两山夹立，卡势低，而高处无不可往。

毛堆碛　　在县西大江，可设水卡。

石鼓峡　　在县西。大江水道极狭，渟蓄如积泽。向设水卡于北岸，南岸则忠、石、万接壤。

大湖滩　　在县西大江。省志："宋嘉熙中，蒙古兵渡湖滩，施、夔震动，即此。"②

---

① 开州坪：即后来的"开竹坪"，《四川省开县地名录》"开竹坪"条目下标明："开竹坪，古名开州坪，因盛产竹而易今名。"（四川大学出版社1987年9月第1版，第395页）其在今赵家街道。

② 引文见嘉庆《四川通志》卷十四《舆地志十三·山川五》（巴蜀书社1984年12月影印第1版，第872页）。嘉熙：南宋理宗赵昀年号，从1237年至1240年共使用了4年。

巴阳峡　　在县东大江，水道极狭，未涨时，两岸石壁数十里，束流如线。

佘家嘴　　在县东大江，现设水卡。

防堵粤、滇逆贼

咸丰九年^①秋，滇逆入蜀。十年，李卯逆踞牛腹渡，号二十万众。蓝逆上窜围绵州^②，而张、周、王、郭逆下窜入荣昌，破永川，骎骎^③有窥渝涪^④、伺忠夔之意。夏四月，今制府^⑤骆宫保^⑥以楚抚督办四川军务^⑦，帅师过万，檄^⑧知县佘居宽、训导范泰衡与邑绅陈教谕光熙会办万县团练。冬十月，粤逆石达开由黔窜鄂，陷咸、来，将道^⑨利川，以图蜀。利，万邻县也。居宽扎委^⑩武生陈第抡统带^⑪市郭里甲勇千名，南防软耳各要隘。泰衡与光熙遂阅团于市郭，督派团勇随第抡出防市里。文生程万里、蒋培之，监生魏明海，武生陈第扶、袭人龙管带甲勇首先到隘，而文生佘在田，千总衔向望之，军功董超、谭家藏、胡颜玉、程东华、陈盛清、邵定国等亦各率甲勇以赴。然初起仓猝，管带迭更不一，且软耳厂阔，关未缮^⑫，防堵难。佥议^⑬

---

① 咸丰九年：即1859年。

② 绵州：古州名，隋置，治巴西县（今四川绵阳东）。清雍正五年（1727）升绵州为直隶州，辖有绵竹、德阳、梓潼等县。民国废，以州为绵阳县。今为绵阳市。

③ 骎骎（qīn qīn）：疾速，急迫。

④ 渝涪：渝州、涪州，即今重庆市市区和涪陵区。

⑤ 制府：宋代的安抚使、制置使，明清两代的总督，均尊称为"制府"。骆秉章于同治六年（1867）再升任四川总督。

⑥ 骆宫保：即骆秉章（1793—1867）。宫保：太子太保、少保的通称。明代习惯上尊称太子太保为宫保，清代则用以称太子少保。骆秉章因剿灭石达开于1863年被朝廷加赐为太子少保。

⑦ 咸丰三年（1853），骆秉章受命为湖北巡抚。后又被重新受命为湖南巡抚。他在任内抗击太平天国义军有功，受到朝廷褒奖。咸丰十年（1860），67岁的骆秉章被奉调入川督办军务。之前，云南太平军李永和与蓝大顺兄弟已由云南入川，袭取了物资富饶的自贡盐场，指向川西和成都。清廷调驻藏大臣崇实入川，也无济于事。当时李、蓝太平军距成都仅七十里，成都危在旦夕。此乃清廷十万火急调骆秉章入川的原因。

⑧ 檄：用檄文晓谕。

⑨ 道：取道，经过。

⑩ 扎委：应为"札委"，此处为动词，指下公文委派。

⑪ 统带：统辖带领。

⑫ 关未缮：关隘还未修整。

⑬ 佥议：共同商议。

利为万蔽①，有黑洞险要可据，守万不若守利便②，而团众不欲。十一月，滇逆窜大竹，至袁坝驿。泰衡与光熙出阅大周里团，兼饬挑勇守隘。道次③奉制军骆官保檄，以粤逆犯利，紧急饬会同调团防堵，发功牌④百有六十，随带赏给鼓励之。时南防软耳部署略定，正谋西拒分水、葛麻，而忧邵、余、新⑤三市无隘可守。十二日，会团首于新场，遂议以邑侯选训导何裕如将⑥团勇赴梁山助守福尔岩⑦，未成军而贼已夺梁隘，入其郛⑧。乃改计，仍守界梁、新⑨之分水、大垭等处。以监生余登鉴守葛麻梁，而以裕如统带大周里团勇驻新场，以制余、邵。同治元年春正月，以两湖⑩重兵既集，石逆不能越施卫龙山⑪，惟利川空虚，惧贼由此阑入⑫软耳也。人日⑬，复会统管带团长于龙驹，申助守黑洞之议。时团勇演习久，咸踊跃，遂定计，以五百人往，使管带廪生程绍先、监生张定陶驰告利川。追二生入谒⑭利尹⑮，已闻黑洞戍勇有溃者。晨往视隘⑯，未中道而发逆伪帜见山脊矣，乃驰归复命。时陈第抡以足疾未在防，贼众散布七曜山，软耳防勇退守龙驹坝，惟董超将二十人不去。县城闻变，以罗军功、邑侯选州吏目⑰张凌云持令箭督第抡，力疾⑱收溃勇，还扼软耳，势复振⑲，石逆走石砫。

当粤逆陷利时，滇逆蓝大顺亦自绵州败窜至，破新宁入据，大垭一带紧急。何

---

① 利为万蔽：利川县为万县的庇护。
② 守万不若守利便：守卫万县不如守卫利川更便利。
③ 道次：途中。
④ 功牌：旧时颁给有功将士的一种奖牌。原用银制，清代改用纸制。从五品以下，分为各级。有功牌就算有了出身。后来赏赐日滥，辗转顶替，甚至有预印空白，随时填写的。
⑤ 邵余新：邵家场、余家场、新场。本志卷八《地理志·场集》中有载。
⑥ 将：带领。
⑦ 福尔岩：嘉庆《梁山县志》与光绪《梁山县志》均无载。
⑧ 郛（fú）：古代城圈外围的大城。
⑨ 界梁、新：作为梁山县（今重庆市梁平区）、新宁县（今四川省开江县）的分界。
⑩ 两湖：湖北省和湖南省的合称。
⑪ 施卫龙山：即今湖北省恩施市、湖南省龙山县。
⑫ 阑入：擅自进入。
⑬ 人日：旧俗以农历正月初七为人日。
⑭ 入谒：进见。此处用于下对上。
⑮ 利尹：利川县令。
⑯ 视隘：查看黑洞隘口。
⑰ 吏目：职官名。州及兵马吏目掌管缉捕盗贼、防狱囚、典簿籍等事，太医院吏目则为医士之职。
⑱ 力疾：勉强支撑病体。
⑲ 势复振：形势又有所振奋。

裕如即由新场率勇疾趋垭口，而各甲发勇犹观望。居宽亲往督之，乃陆续赴隘。二月，贼弃新宁城，外窜，裕如防大小垭口、琉璃各隘，与余登鉴守葛麻岩，蓝逆不得越，乃绕由梁盐井沟入万，余、邵市乡民纷纷走寨洞。陈教谕光熙率本团二百练急扼新场，以牟泛、牟昭然飞调各团，团众遂集。何裕如亦以守隘勇来会，旌旗蔽野，声势大振。蓝大顺夜遁，复走梁山，裕如追剿数里，贼情见势屈。自是团练不畏贼，可用战也。居宽乃请于防剿局，檄委①裕如带勇防剿。

先是贼破新宁，居宽与泰衡以防剿带勇请于骆制军，檄委告假回籍霆营副将马定国。及贼出新宁，窜我邵、余，乃请定国委罗军功率二百勇驰赴虾蟆石，据险以遏贼入城道。定国将勇三百，营北山以卫县城。城中民人多先迁去，留者五百余丁。制兵②不满二百，军功胡占春勇不过百名，军功易文长、城堡团练不过二百。调三正里团勇二百、撤市郭里软耳勇三百，皆未克③即至。居宽率同文武官、训导范泰衡、典史赵繁、都司扎克丹、千总梁正超、外委④任寿与绅民登陴⑤共守。筹防局监生彭维观、工部额外主事⑥贺襄勤、盐运司运同衔杜钟崦裕经费，城防局廪生杜焕章、杜焕南、刘家谟、监生赖资谷、王建章、彭廷丞、程庆旸备守具⑦、运米粟。设四城长，监生张德远，军功尤建扬、王文选、胡贞耀，副长军功胡祖煜、傅永庆、罗德馨、胡家懋巡视女墙，以城外三堡团练为三营，犄角北山。而南北二里所调勇丁亦先后至，于是百姓纷纷入城，城中民心乃定。及贼走梁山，果健营知县罗亨奎将三营兵营北山左右，候补藩司⑧刘岳昭统带果后营全军过境，暂驻江干，贼不敢逸出大江。追刘军⑨趋涪，罗军⑩移梁，蓝逆大顺遂窜葫芦坝。三月，蓝逆二顺窜至忠之汝溪滩。马定国即日将团勇五百出剿，号召西南团练将营⑪忠之四方山下。团

---

① 檄委：用檄文晓谕、托咐。
② 制兵：统辖士兵。
③ 未克：未能。
④ 外委：清代武官名。初为额外委派，后成定制。外委千总，正八品；外委把总，正九品；额外外委，从九品。
⑤ 登陴（pí）：登上城墙。
⑥ 额外主事：明清时为各部司员的低级官吏。一般由没有考中庶吉士的进士充任，也可以由皇帝赏赐。
⑦ 守具：守卫用的战具。
⑧ 藩司：官名。明清时布政使的别称，主管一省民政与财务的官员。
⑨ 刘军：指刘岳昭率领的果后营全军。
⑩ 罗军：指果健营知县罗亨奎率领的三营兵。
⑪ 将营：将要驻扎。

练未集，乃留壁①红谷。贼夜袭我，定国出击，贼数万围之，力竭阵亡，从出②勇丁数十皆战殁，月之十八日也。蓝二顺贼既戕我马镇③，乘胜掠武宁、瀼渡，焚洋河溪，下一碗水，距城十里。而蓝大顺贼亦由葫芦入分水，绕椅城后至塘房郭罗坝，距城十五里。二逆分两道逼县城，万县戒严。居宽率同文武官寝于城楼，与筹防城防局绅、四城长、副督、居民，占垛昼夜巡警。因南津一带民各走寨，调管带程德裕、牟正寅收中二堡团练入守，而以易文长将县城堡团练居中策应，民心稍安。何裕如闻贼趋县城，以扼新场团勇，与邑侯选县丞尤炳璋、廪生谢怀芳、武生谭登瀛、监生曹仁昭兼程疾驱入护城。夔巫都司薛尚品亦以堵分水二百兵继至，候补布理问④郭人绣亦督军功陈诒荣率市郭里四五甲勇驰入。遂分拨兵勇于各城垣雉堞，而以三正里文生向拱宸，监生沈化龙、张兰芳、王嵩山，武生冯惠然各率其甲勇营北山石城，民于是咸有锐气。二十日，蓝大顺贼东窜，由熊家场出大周溪，遂走云阳。楚军管带罗亨奎以居宽告急，兼程赴援，营北山上下。我遂撤向、沈等勇回，据风坡岭以扼贼二顺入城道。贼夜望星炬布满山谷，疑我军出，乃绕由柱头山趋高梁，仍蹑蓝大顺迹至郭罗坝。二十六日，罗军来约，并力攻贼。我以何、陈、薛、胡军出剿，调塘房附近凌云、中山、狮山、天城诸寨团练俱下，贼已蜂起引去⑤，回顾旗帜出山冈，乃撤，转列阵凌云、三山以待。我军与罗军三路并进，贼溃遁⑥，追剿数里。蓝逆二顺越北大垭口走开县，后仍走云阳合蓝大顺，由东乡、太平⑦窜入秦。制军以马定国阵亡，上闻⑧，奉旨从优⑨议恤⑩，赐祭葬⑪，并准于万县建专祠，随同剿贼阵亡勇丁一并附祀，以彰忠荩⑫。夏六月，知县张琴莅任，县境无事。

初，三里各就甲为团，丁勇皆由此出，及二蓝逆入三正、大周里地，团众散入各寨。

---

① 留壁：指驻军设防。壁：军垒。
② 从出：跟随出战。
③ 马镇：指马定国。镇：明、清两代军队的编制单位。清代总兵所辖者为镇。马定国殉难后增总兵衔，故称。
④ 布理问：乃布政使司衙门"理问"的省称。理问：官名。元、明、清三朝理问所主官。理问所负责掌勘核刑名案件，设理问、副理问、知事、提控案牍若干员。
⑤ 引去：谓引兵退去。
⑥ 溃遁：崩溃逃遁。
⑦ 东乡、太平：即今四川省宣汉县、万源市。
⑧ 上闻：向朝廷呈报。
⑨ 从优：选择所能给予的最优渥对待。多用于指抚恤或封赏。
⑩ 议恤：对立功殉难人员，评议其功绩，给予褒赠抚恤。
⑪ 赐祭葬：清代高级官吏死亡时皇帝按其官阶或其功劳大小赐给祭品、祭文，或遣官治丧。
⑫ 忠荩：犹忠诚。

甲地互淆①，颇难调勇派丁，且往往有守寨弃隘之见。乃权议②就寨为团，示谕③除征勇外，每寨团丁十成，以五成留守，三成守本甲隘，二成巡逻甲地，各甲寨遴选调丁团首，有警责成之。未几④，郭逆下窜至新宁，逼近万。陈光熙及从九衔⑤曹元登等集团练千余以拒。琴与泰衡犹恐团丁不支，即饬统管带何裕如、余登鉴挈勇数百，分道赴剿。未至而郭逆走开县。

先是贼出梁山，分两道：蓝、朱逆入新宁，周、王、郭逆窜垫、涪，盘踞鹤游坪。楚军攻之未下，及方伯⑥刘蓉⑦出督师，围龙孔，获李卯逆。鹤游坪贼震动。秋九月，周逆以数万众下窜，楚军追之不及。贼至新宁时，统带团勇何裕如病甚，尤炳璋代之。陈光熙率同集一三甲团练千余，知县张琴驰至，将其众出西大垭口，追剿于新宁低寺，贼走开县。浃旬⑧，楚军追至后坪坝，大败之。贼由开岳溪回窜，多降于我军。降人多言周逆始谋窜秦，今知不能，将仍返鹤游，以图再举也。乃命统管带尤炳璋、谢怀芳、瑞芳率大周里团勇，扼开之张家寨。琴自将四堡三正里团勇督之。轰毙悍贼多名，擒逆酋⑨王永顺，降其众数千。周逆逸走梁、竹⑩，获于楚军。二年秋，石逆后队逆酋李复猷回窜咸、来，琴与泰衡议守黑洞如前，且计贼闻万勇在利，将谓万人强，疑蜀兵且至，必不敢复窥万也。七月，张琴亲率团勇八百赴利，与利令⑪会，遂部署统管带尤炳璋、谢瑞芳，监生陈光晙、左咸宜、黄建勋、田宏才，拔贡蒋兴仁，廪生程绍先等分布助守咸、利之黑洞、马鬃岭，贼远乃罢。

始琴择防剿尤出力者，以上闻，及滇逆平，骆制军举禽⑫周逆、歼贼党、沿路州县防剿请奖，汇具入奏。奉旨，俞允⑬万县知县张琴以同知直隶州补用、先换顶

---

① 互淆：互相混淆。

② 权议：变通之后的商议。

③ 示谕：告知。

④ 未几：不久。

⑤ 从九衔：官职品级，封建社会中，官阶分为九品十八级，每品有正、从之别，共计十八级。从九品是九品十八级官制中的第十八等级。

⑥ 方伯：此处是对巡抚的别称。

⑦ 刘蓉（1816—1873）：字孟容，号霞仙，湖南湘乡人，清朝湘军将领、桐城派古文家，官至陕西巡抚。

⑧ 浃旬：一旬，十天。

⑨ 逆酋：叛军头目。

⑩ 梁、竹：即梁山县、大竹县。

⑪ 利令：利川县令。

⑫ 举禽：全部擒拿。

⑬ 俞允：《尚书·尧典》："帝曰：'俞。'"（《尚书正义》卷二，第45页）俞：应诺之词。后即称允诺为"俞允"，多用于君主。

戴，在任候升。同城文武官迁级加升衔赏戴蓝翎有差①。绅民择尤②优奖授职尽先即选升用拔补者三十有六人，赏戴蓝翎者八人。具志职官保举中其四堡三正里出剿管带易文长，监生程德裕、牟正寅、谭文奭、牟海涛、夏正寅，武生骆照宸、张明英、冯惠然，军功张光洪、张联升，大周里守隘管带文生廖宴春、曾省三，武生谭鹏飞，监生张遐龄，军功张正纪、张学文、陈圣住，三正里炮船管带监生姜二品、何心田，军功张万顺、易大川，均给军功，顶带九品至六品有差。

筹防经费

万县经流贼蹂躏以来二百年，团防往事，父老传闻已不获十一，明以前更不可得而纪矣。教匪之乱，焚我南津市屋，城守严，而贼趋乡间③，其事略散见各志。乃者④发逆由楚入川，滇逆自川西南走川东，一月间连陷我邻封利川、石砫、新宁，而忠、梁、云、开、奉皆贼踪，安乡⑤亦不免阑入矣。当粤、滇逆逼县境，其间官绅堵隘守城、备勇调丁、迎战追剿，保土安民，俱关紧要。惟州县防堵所恃者，团练；所尤恃者，团练勇丁。而勇无粮易溃。故既有团练，不患无勇，特患无粮。而粮又非咄嗟⑥可立办也。是用⑦特记迩年⑧筹防之设，沥陈⑨经费之艰，以见临渴掘井⑩之非谋⑪，而未雨绸缪⑫之宜豫⑬。后之君子可以观焉。

自鹤游坪刘逆义顺之变⑭，忠、涪一带，昼夜巡防，万县震动。署令彭名湜乃设筹防局，募捐民钱数千缗为守备⑮，民未尽纳而名湜去。

---

① 有差：不一，有区别。
② 择尤：挑选突出的。
③ 乡间：古以二十五家为闾，一万二千五百家为乡，因以"乡间"泛指民众聚居之处。
④ 乃者：从前，往日。
⑤ 安乡：即安乡县，此处借指万县，因万县在北周时名为安乡县。
⑥ 咄嗟（duō jiē）：片刻之间。
⑦ 是用：因此。
⑧ 迩年：近年。
⑨ 沥（lì）陈：竭诚陈述。
⑩ 临渴掘井：到口渴才掘井。比喻事先没有准备，临时才想办法。
⑪ 非谋：不是好的谋略。
⑫ 未雨绸缪（chóu móu）：天还没有下雨，先把门窗绑牢。比喻事先做好准备工作。绸缪：紧密缠缚。
⑬ 宜豫：应该早日谋划。
⑭ 关于刘义顺生平及起义事，可以参看曾召南《刘义顺的灯花教与贵州的号军起义》（《贵州师大学报》（社会科学版），1985年第2期，第8—15页）。
⑮ 为守备：作为防守的准备。

咸丰九年①，粤逆石达开围宝庆，楚军获奸细，知石逆志在据蜀，将由施利入万也。知县冯卓怀得楚帅书，即日募团勇五百名，扼铜锣关，加募筹防钱，并前捐输②近万缗以给饷。迄咸丰十一年知县余居宽署任，是时犹有勇百数十名，防局钱竭焉。

当滇逆李短鞑③、蓝大顺窜川南北，其分股周绍涌、张五麻子、郭王刀刀诸逆酋渐蔓延川东，而石逆由黔入楚，破据咸丰、来凤，在大江南，与万仅间利川。团练初起，防局空虚，北山石城工未半而财匮矣。官绅欲募勇救急而艰饷④，乃谋曰："万县三十甲，若甲征勇数十，不下数千人，以堵市郭里隘有余。顾贼在南岸，则北岸甲阻大江，以为害未及我，调其勇兼赍饷⑤，将毋⑥迟时日？事易败，不若发南岸勇自转粮，彼切近灾，速自救可必也。"于是权宜⑦划南北分办。十月，督南岸各甲团勇千人守软耳、铜锣关，不领筹防之经费。而南岸甲近江者，距利川远，利不出勇粮，讼言⑧曰："南岸亦万县民也，何得分畛域⑨独当贼？"官绅惑之。十一月，复集绅耆⑩改议，石租⑪百钱缴筹防局，无分南北，勇粮⑫皆自防局给。其时北岸尚无警也。然民观望无纳钱者。楚军统领易佩绅⑬书来告万曰："贼非欲久伏咸、来者。两湖皆有重兵摧压，惟利川路空虚，万县守备何如？惧贼乘间⑭入川也。"官绅恐，

---

① 咸丰九年：即1859年。
② 捐输：捐献。
③ 李短鞑：即李永和，其于1859年在家乡与蓝大顺、蓝二顺兄弟聚众起义。1860年，起义军攻占自贡盐场后曾准备与石达开部的太平天国军队汇合，但没有成功。1861年，清政府派湖南巡抚骆秉章率领湘军数万人前来镇压起义军，他率所部起义军迎战。蓝氏兄弟被击败后，他率军北上陕南。经大小20余战，于1862年9月被俘牺牲。
④ 艰饷：军饷筹措困难。
⑤ 赍（jī）饷：送给军饷。
⑥ 将毋：表示选择的疑问词。
⑦ 权宜：灵活变通。
⑧ 讼言：公开说，明说。
⑨ 畛（zhěn）域：界限。
⑩ 绅耆（qí）：地方上的绅士和年老有德望的人。
⑪ 石租：租佃制度名。即按石计田并论租。清代福建、四川等一些南方省份，其计田的单位不按顷或亩，而是按其田所纳赋粮的石数为计算单位，并以此作为向佃户收取地租的依据，称为石租。
⑫ 勇粮：兵勇的粮饷。
⑬ 易佩绅（1826—1906）：字笏山，一字子笏。咸丰八年（1858）举人。历任贵州按察使、山西布政使、四川藩司。他与陈宝箴、罗亨奎相交甚好，被称为"三君子"。
⑭ 乘间：利用机会，趁空子。

乃议各甲应入钱防局为勇饷者，富人先代入以佐急①。而其时，北岸蓝逆亦已营大竹，图窜梁矣。然绅民徒空言，仍无入钱者。自此，北岸宜堵分水、大垭口各隘之甲，不输钱防局，而皆待领勇粮于防局，防局无以应，则皆弃险不守；而南岸扼软耳各隘之甲，亦皆停其转饷以待防局予饷，卒至逾月饷不发，而勇几②溃。于是乃仍主前议，南北分办，各甲调勇仍不领筹防之经费。除夕前，夔协薛都司以制兵③二百至，官绅请扎分水，由防局给饷。

同治元年④春正月，石逆陷利川、石砫，蓝逆窜梁山、陷新宁，而县城守具不备，遂议集富户劝捐，时危岁暮，富人匿寨洞不出，乃于开印⑤后举行，议定家收租谷百石，捐钱三十千，以备兵勇守城卫乡之需；旧征石租百钱，留为里甲出练防隘之用，而书捐⑥纳钱者仍寥寥。三月，蓝逆入红谷，马镇全军俱覆，辎重⑦尽失，贼乘胜入我郛郭，万县戒严。城守益烦费，而梁万营兵、薛都司巫山营兵数百、文武官所统陈、胡二营练勇数百、三堡团练数百、何广文护城勇数百，及罗统领赴援楚军一千五百，粮饷薪米，凡城守军需等局，一切支应，皆仰给防局。防局不足给，不得已假贷⑧商民钱，与宾兴、书院、救火局、养济院、各会馆公项钱九千余缗，并天城绅民银数百两以赡之。迨⑨蓝逆走秦，周逆在鹤游，事稍定，书捐之士渐出，而上下兵差络绎，防不得撤，租捐入不敷出。官绅复议各甲富人勉代入其甲钱三百千，后即偿于租捐，而入钱防局者十二三焉。夏六月，知县张琴莅任，以为租不可校，而粮则可凭，且租捐书捐者仅二万有奇，而收用已一万五千有奇，若不核实，则书捐太少，经费易穷。核实，则当捐者过多，民力易竭，矧⑩告讦⑪诬陷无已，时中下户其破矣。乃集绅耆议，仿照丁粮⑫认捐。万县粮少而租多，若粮升

---

① 佐急：救急。
② 几：将近，差一点。
③ 制兵：清代称绿营编制的地方常备军为"制兵"。
④ 同治元年：即1862年。
⑤ 开印：官署于岁末封官印停止办公，至次年正月中旬恢复办公，开始用印，泛指官吏开始办理公务。
⑥ 书捐：书写捐献，即同意捐献。
⑦ 辎重：装载于车运输的军用物资。
⑧ 假贷：借贷。
⑨ 迨：等到。
⑩ 矧（shěn）：况且。
⑪ 告讦（jié）：告发，责人过失或揭人阴私。
⑫ 丁粮：按人口所征收的税粮。

合免之，约计升粮钱五百，犹轻于石租三百二倍也。租捐已纳者，即抵粮捐。溢则还之，还者犹钱千有余缗，而粮捐之入四万有奇，反多于租捐二倍，亦无或逋欠①者。非民前狡而后忠，时有暇有不暇，数有可定有不可定，所由者异也。自此夔城练勇常数百。至周、王逆窜开、万，发三里与县城练勇防剿不下千名。一出新宁八庙桥低寺，一出开县张家寨，而县城一切防守、支应要款，以及上下往来兵差使费，皆取足于筹防。

明年春，秦省②以回逆之乱③驿站改由东川，使车冠盖相望，大吏檄就地筹款，官绅亦欲增备防费。张琴集绅耆，议仿丁粮认捐如故，分筹防局为二，而改道局附之。计粮捐五成，一成归城局备城守，三成归三里乡局，备发勇④出防，改道局约归一成。乡局仍设城中。以三里绅董之示公也。始南北防堵之分办也，非谓可分而不可合也。设使一号召而三十甲输将⑤恐后，则第⑥大募团勇以趋贼所向，而又何分南北为？惟其防局空匮⑦，而北岸各甲又不能驱之裹粮⑧以奔南岸之急，故出此。今蓝逆亡，郭、王、周逆授首⑨，万县无事。年丰人乐，民易输将，南北可合，此其时矣。

始时，三里各甲堵贼，视地派勇⑩，近贼者二三百，远者半之，愈远又半之。一里不下千人，人日百钱⑪，管带饩粮⑫约再倍勇丁，统带约再倍管带，其费皆本甲自备。县城兵勇数百，亦人日百钱，统管带饩粮如三里，其费乃防局图之。今议里甲无庸⑬备勇⑭，亦无庸备饷，各甲有警，无论募勇若干，费皆出于防局。而一甲团练十成，以五成守寨，以二成巡本甲，三成防本甲隘。人日米半升，不与勇粮等，其费则取于其甲谷⑮。厘⑯此南北防堵，所以合为一，而城乡防局所以分为二

---

① 逋（bū）欠：拖欠。

② 秦省：此指陕西省。

③ 回逆之乱：此指于同治年间（1862—1875）陕西、甘肃爆发的回民叛乱事。

④ 发勇：征发兵勇。

⑤ 输将：捐献。

⑥ 第：但。

⑦ 空匮：财用不足。

⑧ 裹粮：裹携粮食。

⑨ 授首：被杀。

⑩ 视地派勇：根据地方征派兵勇。

⑪ 人日百钱：每一人（此处尤指勇丁）每一天粮饷一百钱。

⑫ 饩（xì）粮：粮饷。

⑬ 无庸：无须，不必。

⑭ 备勇：准备兵勇。

⑮ 甲谷：每一甲自备的粮食。

⑯ 厘：厘正，整理。

也。是时团勇裁撤，防局有余财，遂砖砌城垣①、营房数十所，置军械库，广火药局，北山石城建瞧楼，软耳箐缮②雄关，黄干石设卡，而守具益增修矣。石逆后队逆酋李复猷回窜咸、来，挑大一甲与市二甲、五甲练勇八百助利川守马鬃岭塞，塞咸丰黑洞，五百里馈粮③不绝，皆领于防局，迄贼远勇撤而后已。明年，秦中两蓝④贼一诛一走，回逆窜甘肃，蜀军防滇黔贼严，贼无敢窥我边邮者。蜀省安静，防局可撤，于是琴集绅者，尽反余令时防局所假书院、宾兴等各款九千余缗，银亦如其原数。余钱五千余缗，遂买田业，为百年不用有备无患之计。田业成，岁入租谷百石，犹惜不足，将厚积其力，以遗后之绸缪御侮者。

团练章程

古者田赋⑤寓兵于农，后世兵农分，而武备弱，陵夷⑥至，募勇⑦而弊滋，甚矣。夫近古惟团练⑧。团练者，制乱民流寇之上兵也。攻则不足，守则有余，坚壁清野以待，而贼不攻自破，亦何攻不破。是故本朝教匪之乱，此剿彼窜，而惟团练能承其敝而制其命。咸丰十一年，滇逆李、蓝分股窜扰川东，今制府前湖南骆抚军以万县团练扎委万县知县、训导、书院山长会办。时承平久，民不知兵，惟恐⑨抽丁远调⑩，乃为恺切晓谕⑪，予以章程。于是四堡三十甲次第毕举⑫，综计五百余团，练丁多者六百，少者百数十人，团总十余人，团长二百余人，团正千余人。知县余居宽以时阅四堡团练于较场，赍赏⑬鼓舞之。其冬，粤逆石酋破咸、来入利川，训导范泰衡、山长陈光熙出阅市里，即以团练守隘，而就中拣其精锐为勇，如选锋⑭。至滇逆窜忠、梁，亦即拣大周、三正二里勇而皆守以团练。同治元年，知县张琴莅任，

---

① 砖砌城垣：用砖砌成城墙。
② 缮：修整。
③ 馈粮：粮饷。
④ 两蓝：指蓝大顺、蓝二顺兄弟俩。
⑤ 田赋：政府对农业用地所课征的税捐，课征标准以土地的收益能力为准。
⑥ 陵夷：衰落，衰败。
⑦ 募勇：招募兵勇。
⑧ 团练：除正规军外，于地方上挑选壮丁聚集，用兵法教练，以保卫地方，称为"团练"。
⑨ 惟恐：只怕。
⑩ 抽丁远调：被朝廷征发壮丁而被派往他处。
⑪ 恺（kǎi）切：犹恳切。晓谕：告知，使知晓。
⑫ 毕举：全都举办（团练）。
⑬ 赍赏：赏赐。
⑭ 选锋：古代指挑选精锐的士兵组成的突击队。

以贼近，团民多散入各寨，乃谕①就寨为团，而分画其守②本甲地调丁成数。其秋，郭、周、王逆窜梁、开，寨团备丁勇惟命③。及王、周逆成禽④，民多下寨，然后仍就甲地为团，民以时操习⑤，官以时点阅⑥，如常。

同治四年冬，张琴亲出阅，重赏赉，罚其驰玩⑦者，于是万县团练益励，自来贼匪进退，视团练有无。万县颇有团练，第⑧民无远虑。贼远易懈，然张弛在人。有司⑨一提挈则振矣。爰录团练务实、寨团责成规条，具本末⑩备览。

万县团练务实规条：

解疑惑。凡堡甲团练，原为保护本地生灵。其入团册者，不强为勇⑪，并不调出境，各安各业，各据各险，毋听谣言，妄疑调勇抽丁。尔既未食勇粮⑫，谁能逼尔为勇？官不能逼尔为勇，又谁能调尔出境？川勇⑬不下数万，皆系情愿赴招，未

---

① 谕：告知。
② 分画其守：划分各寨的守卫范围。
③ 惟命：听从命令。
④ 成禽：即成擒，被擒。
⑤ 操习：操练。
⑥ 点阅：点名检阅。
⑦ 驰玩：松懈玩忽。
⑧ 第：但。
⑨ 有司：官吏。古代设官分职，各有专司，故称。
⑩ 本末：事物的根本与细节。
⑪ 不强为勇：不强迫他成为国家的兵勇（即正规军）。
⑫ 此句言你既然没有拿国家的军饷。
⑬ 川勇：四川省的兵勇。

尝不招强调①。本朝爱民，从不抽丁。试问二百年来，平三藩②、取金川③、灭教匪，乃祖乃父④曾见有抽丁事否？湖南抚院⑤骆⑥督师临万，国制⑦如许抽丁，何难就万抽取？乃犹悬牌招募，每名按月给饷四两二钱，于帑藏⑧艰难之时，不为抽丁之计，而顾⑨捐此重赀以募川勇，不失计乎？且招募后见勇不可用，仍行全撤。不教之勇不可用，不教之丁尚可抽乎？况重属⑩江津一带，团练甚精，当务者⑪何难檄饬按抽，乃必远调邻省兵勇，不亦迂乎？总之，团练一法，原为各保各境起见，并不抽丁，尔民切勿疑惑。如藉此惑众阻挠，定行根究不贷⑫。

---

① 强调：强行征调。
② 平三藩：指康熙朝平定三个藩镇王发起的反清事件。三藩是指平西王吴三桂、平南王尚可喜、靖南王耿精忠。
③ 取金川：指乾隆朝发生的两次大小金川之役。乾隆初，大金川土司莎罗奔夺取小金川泽旺印信，又攻明正土司（今康定）。乾隆十二年（1747），清军三万人分两路进讨，久而无功，川陕总督张广泗被清廷处死，改派岳钟琪为总兵，刻期进讨。乾隆十四年（1749），莎罗奔请降，第一次金川事件平息。乾隆三十一年（1766），清廷派四川总督阿尔泰联合9家土司会攻大金川，小金川土司僧格桑（泽旺子）却与大金川土司索诺木（莎罗奔侄孙）联合反清。乾隆三十六年（1771）清军败绩，清廷又将阿尔泰革职，派温福入川督师，向金川进兵，第二次金川之役由此开始。乾隆三十八年（1773年），温福战死，清廷又派阿桂为将军，增兵金川。经多次血战，清军于乾隆四十一年（1776）初取胜。历时五年、死伤逾万、耗银7000万两的第二次金川之役至此结束。两次平定大小金川之乱是乾隆帝的十大武功之一。与其他九大武功相比，偏居川西一隅、仅有弹丸之地、数万人口的大小金川，却致使清王朝先后共投入了近60万人力、7000万帑币，其代价远远超过乾隆的其他任何一次武功。金川：地名，位于四川省西北部，藏族聚居区。隋置金川县，唐属维州地，明隶杂谷安抚司。清康熙五年（1666），土司嘉勒巴内附。雍正元年（1723），授其孙莎罗奔为金川安抚司。莎罗奔自号大金川，以旧土司泽旺为小金川。
④ 乃祖乃父：你的祖父，你的父亲。
⑤ 抚院：明清时巡抚例兼都察院右副都御史或右佥都御史衔，故称。
⑥ 骆：指骆秉章。
⑦ 国制：本朝的制度。
⑧ 帑藏（tǎng cáng）：国库。
⑨ 顾：但。
⑩ 重属：重庆府属，江津县隶属于重庆府。
⑪ 当务者：地方官。
⑫ 根究不贷：彻底追究不饶恕。

举团首。一团团练,听公举团首数人专办。一甲团练,听公举团长数人,常川①督办,或分地督办。勿徇情②、任听③贤能推卸④;勿畏强委⑤与横暴充当。凡团首,以现当者为任办,旧当者为帮办。如旧团首公正勤能,准团众复举,添充如新团首。不公不正、不勤不能,准团众会议撤退。如团长未足服众,准团首、团众公禀更换。凡团长、团首,专管练团,保护城乡,解息争讼⑥,稽查匪类,如侵吞公项,武断乡曲⑦,把持公事,妄作威福,鱼肉善良,准团众公禀究治。

练壮丁。万县团练,家出一丁,久为成额⑧。今乡民不知团练是保自己事,若欲仿广西练法,人人皆练,则家有数丁,不以为利,反以为苦。若欲就团丁十成挑练三成,则同为壮丁,谁当独逸⑨?谁当独劳?故仍照旧规,除鳏寡⑩、孤独⑪、残废、痼疾⑫免,家无壮丁又无雇工免,有壮丁入馆教书、读书而家无雇工免,愿学者听。此外,一家一丁,一丁一练,总不准勒令出钱准折⑬。派定造册,就地挨近,什人立一什长,百人数十人立一百长。壮丁领于什长,什长领于百长,百长领于团首,团首领于团长。团长、团首、百什长、壮丁皆领于官。如有当免误派,准公禀涂销;迁居别团,准公禀改易。各团各请教师一二人,教习一二月。有父兄子弟,兼习铳矛、阵法,谋衣食贫民,只习数下矛刀。凡有丧事疾病,准邻里代为告假。无故不到,自团首至练丁,分四等议罚。凡教师教习技艺,比较准头,勿尚花法。教成后,合一甲为一大团。初八、二十八、十三、二十三,本团会操⑭,以一早毕事。初二十六,大团会操,以半日毕事。或满十日,轮流会操。如初六大团,十六小团,二十六大团,初六小团,相间不息。贼平,则月二次,或一次,凡会操疏密,视贼氛⑮远近。

---

① 常川:经常不断。
② 徇情:受私情左右,不能秉公处理事务。
③ 任听:听随,听凭。
④ 推卸:推辞。
⑤ 强委:强行委任。
⑥ 解息争讼:化解论辩,平息争执。
⑦ 武断乡曲:指凭借势力在民间横行霸道。
⑧ 成额:成为定额。
⑨ 独逸:唯独不参加团练。
⑩ 鳏(guān)寡:年老而失去配偶的人,泛指孤独无助的人。
⑪ 孤独:幼而无父和老而无子的人。
⑫ 痼(gù)疾:久治不愈的疾病。
⑬ 准折:抵偿。
⑭ 会操:会合举行操演。
⑮ 贼氛:敌人的气势。

筹经费。甲团壮丁，十名什长，角旗一杆；百名数十名百长，角旗一杆、团首数名，方旗一杆。颜色遵照札示。惟旗不宜小，杆不宜短。短小示弱。矛刀铳铅皆具，教练会操必行。以上一切经费，如无公项，按一团租谷若干，公议一石捐钱若干，总不准任意多派软弱良民。如团首酌派既公，粮户①抗不缴出，准公禀究追②。此外，壮丁一名，自制号衣一件。佃户不制，惟田主、地主是问；地主不制，惟约保、团首是问。如系谋衣食贫民，准以短衣。制白布号补二元，总不准一丁无有。号补中间大书"万县团练"，左书"某里某甲"，右书"某名"。如查出有团衣、旗、矛、铳、教习、会操不办不备，定将团首、约保、田主、地主惩罚不贷。

专责成③。凡有团无练，一由业主纵容，一由约保放散，一由团首推诿，一由团长怠玩。此次认真团练，为尔民身家性命④，断不忍姑息优容⑤。如佃民不练，责惩⑥业主；团众不练，责惩约保；团练不实，责惩团首、团长。若有恶佃、刁民不听督率⑦，准业主、约保、团首、团长公禀究办。若有土豪、粮户不听督率，准团长、团首公禀究办。谕⑧到，仰团长、团首、约保趁此农隙⑨，速将本甲各地团练一律办成。限一月，各甲团长、团首、约保出具各团旗帜、号褂，器械制齐，教练技艺，队伍认真，如虚，甘坐切结⑩。秋收农隙，点团看操，若不备不实，定将该团长、团首、约保重罚，重惩不贷。

严防御。各甲无论有无壮丁之家，以及道观僧寺，俱要入团入册，总不准一家遗漏。如抗不入团入册，准公禀从严究办。团内十家，牌什长⑪，专司稽查，十家又互相稽查。家添一客，亦须认识。其场市、寺观、歇店⑫、凉亭、山岩、石洞，有容留来历不明，如医、卜、星、相、僧、道之类，以及强壮乞丐，准团长、团首、

---

① 粮户：缴纳钱粮的人家。
② 究追：追究。
③ 责成：完成任务。
④ 身家性命：本人和全家人的生命。身家：本人和家庭。
⑤ 姑息优容：过于宽容。
⑥ 责惩：责罚惩处。
⑦ 督率：监督率领。
⑧ 谕：旧时用指上对下的文告、指示。
⑨ 农隙：农事闲暇时候。
⑩ 甘坐切结：自愿因写了不实的保证书而受罪。
⑪ 牌什长：给什长牌。
⑫ 歇店：客店，旅舍。

约保公同撵逐①。如团内有讹诈、生事、窝贼②、行窃、结盟、拜会③、邪教、私宰、窝赌、逞凶，准团长、团首、约保公禀究治。限十日，团长、团首、约保出具团内并无内匪外匪，如虚，甘坐切结。以后则一月一结，呈官存案。平日无事，则肃清④地方，有盗，则齐团协禽⑤，不使一匪得脱。有警，则联团助守，不使群寇敢窥。总须平时预先准备，如隘口谋设卡、筑墙寨上，仿抽厘积谷⑥之类，皆团练要务也。此次上下贼匪，惟惧认真团练。团练松，则乘虚而来；团练紧，则绕道而过。况万县有险可据、有隘可守。据高扼要，虽悍贼不能飞入；坚壁清野，虽强贼不能久留。富、隆、荣、泸⑦一带，蹂躏糜烂，富者破家，即幸而远逃，田不能耕，谷不能有，已为难民；贫者亡身，即幸而走脱，不死于贼，不死于兵，终成饿莩⑧，其咎皆由不办团练。此时泸、富数州县绅民贫富，一心认真练团，遂能屡挫贼锋，兼护城邑。尔民各有身家性命，富者情愿练团费财乎？情愿不练团破家乎？贫者情愿练团劳力乎？情愿不练团亡身乎？富者勿谓吾有寨、有洞，何惧？须知无团练，则乡邻亦为土匪，虽金城汤池⑨易攻；贫者勿谓吾无钱、无谷，何忧？须知无团练，则茅屋亦为劫灰，况父母妻子难保。尔民谁不顾身家性命，为何不急速团练？凡教练会操，日仰团长、团首，先将此规条令善言者登高座讲说一遍，使知贫富相顾，皆所以自顾。朔望宣讲圣谕，必教以孝亲敬长⑩，守身保家，和乡里、奉官法、黜邪教，申明团规，讲解《广西团练事宜》⑪劝谕数则，及《乡兵管见》⑫劝谕十一条，以固众志而作士

---

① 撵逐：驱逐。
② 窝贼：窝藏盗贼。
③ 拜会：此处指带不良目的拜访逗留。
④ 肃清：犹清平。
⑤ 协禽：协助擒拿。
⑥ 抽厘积谷：抽取厘金、积存粮食。厘金：旧时在内地交通要道对过往货物征收的税，实即一种值百抽一的商业税，百分之一为一厘，故称厘金。最初是地方筹集饷需的方法，又名捐厘。创行于咸丰三年（1853）。在全国通行后，不仅课税对象广，税率也极不一致，且不限于百分之一。有的高达百分之二十以上，有部分货物实行人量抽厘。
⑦ 富、隆、荣、泸：即富顺、隆昌、荣昌、泸州。
⑧ 饿莩（piǎo）：也作"饿殍"，饿死的人。
⑨ 金城汤池：金属的城墙，滚水的护城河。比喻坚固无比、防守严密的城市或工事。城、池：城墙和护城河。汤：热水。
⑩ 孝亲敬长：孝顺亲人，敬重尊长。
⑪《广西团练事宜》：清人朱孙诒编，有清咸丰十一年（1861）刻本。
⑫《乡兵管见》：清有李柬著，有清光绪二十四年（1898）刻本。

气，以正人心而厚风俗，庶几众志成城，不徒仗恃地利，人心向善，足以感召天和，万县必免于难而并受其福矣。父老子弟其善体吾意，毋怨毋忽。

寨团责成规条：

就寨立团。查里堡团练，造册有案。兹因民多居寨，彼此互迁，自应团局改易，以便操练。仰各寨居民，就寨成团，团名即以寨名，寨首即为团首。即从前甲地团首，无论迁徙何寨，仍旧充当帮办。至碉洞，零星居民，亦附寨团造册，不许一户漏载。抗不入团者，禀究①。

下寨练团。查三里团练，各有定地定期，但办防甚急，练团遂缓。且寨上有练，寨下谁查？仰各寨团首择近寨、近冲地为较场，家派壮丁，月操三次。铳炮六七成，刀矛三四成，务每月下寨，以习健步而壮军威。不到者，照四堡罚规定罚。

挨寨联团。贼攻一寨，而四围之寨环而攻之。抑或塞其要道，截其归路，袭其食息②。即不然不下寨而以逸待劳，过则轰之。寨寨皆然，贼必立溃。无如人情③，只知为己，不敢犯贼，致贼横行，良可慨叹。仰各甲寨首各就前后左右寨团，矢死④联络合同⑤。盖即某路有警，即放信炮三次，群寨应之。即刻防堵攻剿，如畏贼不出，或放贼不击，定将寨首重法严办。

按寨派丁。查去冬及本年春夏办防，或按甲调勇以守要隘，或按团派丁以助声威，各甲办理已著成效。今既就寨立团，即应按寨派丁。除有警按甲调勇百名防剿外，计每寨练壮丁若干，分为十成，以五成守本寨，以二成巡甲地，以三成守本甲隘。仰里甲即公议调丁，团首出防管带⑥，并预将团勇练壮丁造册，以便调取，毋致临事周章干究⑦。

就寨筹费。前示谕⑧里甲，粮捐系为养勇守城护乡而设，至乡间勇粮丁米，更宜预筹。现在贼踪未远，秋收粮食应遵示坚壁清野，尽数搬运入寨。凡入寨之谷，每石取厘⑨三升，杂粮每石二升，不足一石者不取。仰团首查收，公仓备用。隐匿者，

---

① 禀究：禀告官府，追究责任。
② 食息：吃饭休息，亦泛指休息。
③ 无如人情：无奈于人之常情。
④ 矢死：誓死。谓下定决心，宁可死去。
⑤ 合同：会合，会同。
⑥ 管带：管束带领。
⑦ 周章：仓惶惊恐的样子。干究：徒然遭受追究。
⑧ 示谕：告知，常用于上对下或书札中。
⑨ 取厘：即抽厘，亦即抽取。

议罚。避谷厘不运寨者，禀明罚半充公。此为救急经费，平时团练不得挪用。

无寨派练。如场市，则以一场为一团，乡村则以一地为一团。凡一切练团、定期联团、合同守隘防甲、调勇派丁、筹费抽厘，均与有寨无异。惟场市无谷厘，有货厘。货厘有取不取，有多取少取，仰团首集商贾公议请示，总以有益团防、无损商贾为要。

《增修万县志》卷十八　地理志

茔墓

名流瘗玉①之所，虽蓬颗荒阡②，奕世③犹封树题识④。是邦在昔⑤，岂乏贤哲？而旧志及郡志只载冉仁才墓、谭母墓。此外无闻焉，良可慨已⑥。今益⑦以所知乡贤、忠节、孝义、士女，庶⑧异于生荣没已⑨者欤！

唐

巫山公冉仁才墓　　在县东十三里。明墓志："仁才字征文，资性英勇，大业末，以功授通议大夫；义宁二年平绿郎有功，秩金紫光禄大夫，泾州刺史，封巫山公。唐武德二年，诏加前开国食邑，持节浦州刺史。贞观六年迁澧州。永徽二年，入朝优诏，迁使持节永州刺史。三年九月卒于任，年五十六，谥曰'果'。五年，归葬万州南浦之万辅山。"旧有龙朔间碑，全载《艺文》⑩。《明统志》："嘉靖二十年，

---

① 瘗（yì）玉：埋葬。
② 蓬颗荒阡：指长有蓬草的坟头在荒郊野外。
③ 奕世：累世，世代。
④ 封树题识：聚土为坟，并在其旁种树作为标记。
⑤ 是邦：此县。在昔：从前，往昔。
⑥ 良可慨已：的确让人感慨。
⑦ 益：增加。
⑧ 庶：但愿，或许。
⑨ 生荣没已：活着受人尊敬，死了就没有了这种尊敬。
⑩ 本志卷三十六《艺文志上·文》载有明朝户部侍郎高公韶《唐金紫光禄大夫使持节永州刺史巫山开国公冉公墓志铭》，参看彼处的注释。

酉阳宣抚司嗣孙元奉诏重修。"墓旁华表书："潜德重光。"①

明

乡贤刘五纬墓　　在三正里九甲刘家坝，有碑。

副将墓　　在大周里十甲堰塘塆，石碑残缺，有"忠勇"字。

国朝

左都督陈祚昌墓　　在市郭里四甲白燕山，其祖父母荣禄大夫②、一品夫人墓，及武德骑尉③陈胜学、云骑尉④陈第襄墓，均在太平场西东。

忠烈杨春芳⑤墓　　谕祭文⑥："维皇康熙二十有二年，岁次癸亥，十二月二十二日，皇帝遣川东道官谕祭⑦都督同知、管副将事，因殉难赠太子少保、左都督杨春芳之灵曰：烈士成仁，赍志而殁⑧，忠臣报国，捐躯以从。尔杨春芳，矢志忠贞，服官敬慎⑨。值逆贼之煽乱，励臣节以弥坚。临难不屈，甘心殒命。朕用悼焉，特颁祭葬以慰幽魂。呜呼！聿垂不朽之荣，庶享匪躬⑩之报。尔如有知，尚克歆飨⑪。"

忠烈张仲胜墓　　在市郭里二甲螃蟹溪，碑书："诰赠从一品都督同知张公讳仲胜号国位大人之墓，弟仲鼎，男大用，侄大相，大受，大孝康熙八年仲冬既望立。"神道碑可读者："将军讳仲胜，楚之施卫⑫人也。世以军功为施僚幕□⑬累功授副总

---

① 《明统志》：即《大明一统志》，此段材料《大明一统志》中没有。
② 荣禄大夫：文散官名。金始置，从二品下，元升为从一品。清代后期以正一品优赠。
③ 武德骑尉：官阶名。乾隆五十一年（1786）定制，正五品武官授武德骑尉之官阶，并可封赠其父母及妻室。
④ 云骑尉：隋文帝开皇六年（586）置为散官八尉之一，正九品下。唐高祖武德七年（624）改帅都督置，为二转勋官，比正七品。宋朝为第十一阶勋官，秩正七品。明朝为第十一阶武勋，正六品。清朝为九等爵第八等，正五品。乾隆元年（1736）改拖沙喇哈番，汉名云骑尉，在骑都尉下。
⑤ 杨春芳：本志卷三十一《士女志·忠烈》中有载，可以参看。
⑥ 谕祭文：文体名，天子遣使下祭的文辞。
⑦ 谕祭：谓天子下旨祭臣下。
⑧ 赍志而殁：指怀抱着未遂的志愿而死去。赍：怀抱着，带着。殁：死。
⑨ 服官敬慎：为官恭敬谨慎。
⑩ 匪躬：谓忠心耿耿，不顾自身。
⑪ 尚克歆飨：希望死者来享用祭品。歆飨：旧指鬼神享受祭品、香火。
⑫ 施卫：即施州卫，全称施州卫军民指挥使司，简称施州卫，是明代和清初设置于今湖北省恩施市的军政机构。宋元时设有施州，明洪武十四年（1381）设立施州卫，二十三年（1390）废州存卫。雍正六年（1728）改为恩施县。
⑬ □：原刻本皆用一个空格表示字不读者，此处亦用一个"□"表示。

兵□定鼎垂二十年，诸寇犹鼾榻如故也。维时督臣李□，诸寇蜂屯鹊起①，进逼高唐。官兵虽皆西北健卒，起于平原□救无所施，而制胜克敌，有藉于川楚骁勇居多。将军独奋勇先登□其先后纪录及临阵殉难状□赐以祭葬。盖将军常侨寓②南浦，因藁葬③于万南。□余窃维将军之世系□顾当世岂无衣冠望族、瑰伟丈夫？独其临难濡忍④不能自裁□膺⑤上赏，卒能以身殉敌，不挫其志，所谓国士报之者，其待斯人。"碑字剥落，文不比属⑥，然其大节可见矣。

诰封昭勇将军傅思忠墓 在三正里十甲磨刀溪上，碑书："湖广彝陵镇标⑦参将、管水师前营游击⑧事，男傅尔学康熙八年立。"

孝义魏士良墓 在市郭里四甲青狮岭。

忠烈马定国墓 在西关外，以剿蓝逆阵亡。朝廷优恤谕祭，予建专祠。同治三年冬，知县张琴为之建祠、营冢、竖碑。

明

冯氏一品夫人墓 在王家山。

国朝

谭夫人墓 在县治大江南翠屏山下，碑书："一品夫人谭门黄氏之墓，镇守四川驻扎云阳等处总兵官向化侯男谭诣、孙贡生谭天性、右都督总兵官谭天叙奉祀⑨，康熙三年立。"

诰封正一品张夫人墓 在大周里七甲谭家坡。碑书：男湖北枣阳县知县大召、长阳县知县大猷、云南楚姚镇总兵大典、孙云南提督耀祖、曾孙绍兴府知府廷柱、广西全州营参将左都督廷辅、元孙刑部东所司狱司⑩光第顺治十七年建，康熙七年、乾隆二十七年重修。

---

① 蜂屯鹊起：如蜂聚集，如鹊飞起。比喻人员众多，气势旺盛。
② 侨寓：寄居。
③ 藁（gǎo）葬：草草埋葬。
④ 濡忍：和顺忍让。
⑤ 膺：接受。
⑥ 比属：此处指连贯。
⑦ 镇标：清代由总兵统辖的绿营兵称"镇标"。
⑧ 游击：清代武官名，游击将军的简称，从三品，次于参将一级。
⑨ 奉祀：供奉祭祀。
⑩ 司狱司：官署名。元、明、清三朝掌管刑狱之机构。

《增修万县志》卷十九　地理志

坊表

表厥宅里①，旌其门闾②，甚盛典也。崇坊③树之康衢④，尤足光昭⑤众睹焉。功令、科名、忠孝节烈、乐善好施，皆给坊银⑥。恩荣宠锡⑦如是。其至所由鼓舞一世之人心于不觉，砥砺⑧亿兆⑨之志节⑩于无穷也。

前代
激扬坊　　按察分司左。
澄清坊　　按察分司右。
世科坊　　为魏纪立。
腾蛟起凤坊　　为举人张试荣立。孙张表重修。

---

① 表厥宅里：《尚书·毕命》："旌别淑慝，表厥宅里。"孔传："言当识别顽民之善恶，表异其居里。"（《尚书正义》卷十九，第523—524页）标志其所居之处。
② 旌其门闾：表扬于乡里。
③ 崇坊：高大的牌坊。
④ 康衢：大路。
⑤ 光昭：彰明显扬。
⑥ 坊银：建坊之银。
⑦ 恩荣宠锡：皇帝的恩宠和恩赐。
⑧ 砥砺：磨炼。
⑨ 亿兆：民众，百姓。
⑩ 志节：志向和节操。

金榜题名坊　　为崔奇勋立。

进士坊　　为傅时望立。

贞节坊　　为冉应海妻隆氏立。

贞节坊　　为庠生隆海宏妻胡氏立。

节烈坊　　为傅承爵妻龚氏立。

国朝

孝子坊　　为傅朝举立。

孝义坊　　为岁贡生魏士良立，在青狮岭。

乐善好施坊　　为贡生蒋以仕立。

贞节坊　　为马英妻杜氏立。

贞节坊　　为杜之章妻谭氏立，在武宁场。

贞节坊　　为文和典妻刘氏立。

节烈坊　　为宋得云妻谭氏立。

节烈坊　　为姜荣吉妻刘氏立。

节烈坊　　为烈女谭氏立。

节烈坊　　为烈女刘氏立。

孝妇坊　　为殉姑孝妇常大纲妻谭氏立。

节孝坊　　为魏元玉妻陈氏立，在云万寺下。

节孝坊　　为胡应科妻秦氏立，在神拯邨上。

节孝坊　　为胡有珖妻谭氏立，在毛家岩。

节孝坊　　为魏元侁妻张氏立，在生芝坞石壁。

节孝坊　　为廖秀朝妻龚氏立。

节烈总坊　　嘉庆初年，教匪乱，殉难陈旺妻巨氏、马德超妻莫氏、王太元妻周氏、王俸妻熊氏、陈元太妻王氏、程元妻王氏、程思全妻余氏、陈元品妻罗氏、陈元德妻胡氏、蒋顺柏妻彭氏、周明全妻喻氏、张太元妻陈氏、朱元高妻陈氏、李子美妻谢氏、曹先元妻谢氏、陈德妻周氏、屈正举妻袁氏、屈正举媳陈氏、屈某妻严氏、谭万世六女、秦应芳季女，事平，报闻，为立总坊。咸丰四年署知县白映庚重建。

节孝坊　　为曹襄妻谭氏立。

节孝坊　　为曹芳学妻向氏立。皆在余家场。

节孝坊　　为谭功永妻张氏立。在市郭里太平场南。

节孝坊　　为许仁义妻任氏立。

节孝总坊　　咸丰八年汇请旌表①节孝廖正江妻刘氏、张问仁妻程氏一百一十五人。同治二年冬，为建总坊，知县张琴给发公款银四百四十两，邑绅贺代恒捐钱四百千，众共捐钱千余缗，于三年六月下旬落成，在佛寺铺。

---

① 旌表：表扬，表彰。

《增修万县志》卷二十　地理志

寺观

　　大凡名山，必有古寺，红墙碧瓦，点缀林峦，倍饶仕致①，此高人韵士所为寻胜探幽、藉清俗虑②也。乃若佞佛媚道③，妄觊求福④，甚至士女群集，嚣凌杂沓⑤，为风俗病矣。亦岂如来⑥寂灭⑦之正宗、老子⑧清静之本旨⑨欤？

　　勒封院　　在县西山下，宋时建，见黄鲁直《西山留题》⑩，即今青羊宫。
　　广济寺　　在县西二里，明黄溥有诗，载《艺文》。

---

① 倍饶仕致：更加增添为官的情致。
② 藉清俗虑：借以使世俗的思想情感得以高洁。
③ 佞佛媚道：沉迷佛教和迷信道家。
④ 妄觊求福：非分地希望得到神灵的赐福。觊：希望得到。
⑤ 嚣凌杂沓：嚣张纷扰。
⑥ 如来：佛教创始人释迦牟尼的"十大名号"之一。"如"即真如，指佛所说的绝对真理。意指循真如之道来，而成圆满正觉。释迦牟尼常用以自称。
⑦ 寂灭：佛教语，"涅槃"的意译，指超脱生死的理想境界，亦即佛教谓断除贪欲、瞋恨、愚痴和一切烦恼，不再轮回生死的境界。
⑧ 老子：春秋时思想家、道家学派创始人。他把宇宙万物的本体看作"道"，认为它是超越时空静止不动的实体，是产生整个物质世界的总根源。在政治上，主张无为而治、不言之教，并讲究虚心实腹、不与人争的修持。
⑨ 本旨：原有的或主要的宗旨。
⑩ 本志卷三十六《艺文志上·文》中有载，可以参看。黄鲁直：即黄庭坚（1045—1105），鲁直是其字，号山谷道人、涪翁，洪州分宁（江西省九江市修水县）人，北宋著名文学家、书法家，江西诗派开山之祖。

白鹤寺　　在县西一百三十里，即《舆地纪胜》所谓"许旌阳旧宅，今之白鹤寺也"[1]。郭钦华有诗，载《艺文》[2]。

　　罗汉寺　　在县西二里，有洞。

　　北山观　　在县北二里，今环以石城，为县治保障。旧志：观前石坊，书"玉枕雄峰"[3]。

　　西山观　　在县西二里，向化侯谭诣建。

　　集虚观　　在县西。《明统志》："有唐垂拱时所遗钟，又有巨铁，紫色。岁旱祷雨，烧之如汗出，必有雨，干则无。"[4]

　　木枥观　　在县西一百二十里木枥山，许旌阳得道之所，即其旧宅作观，今废。宋苏洵《序》："许旌阳得道之所，舟人不以相告。既过至武宁县，乃得其事。县人云，旌阳棺椁犹在山上。"[5]旌阳，许迈也，尝为旌阳县令。苏轼有诗，载《艺文》[6]。

　　省志辨讹，《晋地理志》旌阳属荆州南郡[7]。今之德阳，乃唐武德中分雒县[8]置。晋无此县。逊[9]尝宰旌阳，遽可指为今之德阳乎？惟万县木枥观，《寰宇记》谓有

---

[1] 引文见〔南宋〕王象之《舆地纪胜》卷一百七十七《夔州路·万州·古迹》（中华书局1992年10月第1版，第4598页）。

[2] 诗题《白鹤寺》，本志卷三十六《艺文志下·诗》中有载。

[3] 此处的"旧志"指乾隆《万县志》，其卷一《寺观》载："观前有石牌坊，上书'玉枕雄峰'四字。"

[4] 引文见〔明〕李贤等《大明一统志》卷七十《夔州府·寺观》（三秦出版社1990年2月影印第1版，第1092页）。《明统志》：即《大明一统志》。垂拱：武后的年号，从685年至688年共使用了4年。

[5] 引文见〔北宋〕苏洵《过木枥观并引》，乃苏洵《过木枥观》诗的序（曾枣庄等《嘉祐集笺注》，上海古籍出版社1993年3月第1版，第501页）许旌阳：《嘉祐集笺注》作"许精阳"，乃同声假借。《嘉祐集笺注》且无"至"字。苏洵（1009—1066）：字明允，自号老泉，眉州眉山（今属四川省眉山市）人。北宋文学家，与其子苏轼、苏辙并以文学著称于世，世称"三苏"，均被列入"唐宋八大家"。

[6] 苏轼之诗题为《过木枥观》，本志卷三十六《艺文志下·诗》中有载。

[7] 材料见〔唐〕房玄龄等《晋书》卷十五《地理志下》（中华书局1974年11月第1版，第455页）。《晋地理志》：即《晋书·地理志》。

[8] 雒县：汉高祖六年（前201）置县，属广汉郡。唐武德三年（620），析雒县置德阳县。元中统元年（1260），废雒县，由汉州直辖原雒县地。清康熙二十六年（1687），降汉州为不领县单州。1913年，汉州改为广汉县，因广汉郡得名。新中国成立后仍置广汉县，1988年经国务院批准撤县建市，市政府驻地雒城。

[9] 逊：即许逊。《舆地纪胜》认为许旌阳宅主人为许逊。〔南宋〕王象之《舆地纪胜》卷一百七十七《夔州路·万州·古迹》载："许旌阳宅，即今之白鹤寺，在武宁县西一里。宋大章未尝读《神仙传》，疑其不信。新都宰张泽语予曰：'许逊，本泽人，曾任嘉之津阳令。雅顾此山，因有别业，亦何疑乎？'"（中华书局1992年10月第1版，第4598页）

许真君旧宅，亦见东坡诗。然老苏诗序又云宰旌阳者，为许迈。迈见《晋书》[1]，不云作宰[2]，要属传疑。

  元天观 在县北二十里。

  地灵观 在县东三十里。旧志作"地台观"。

  黄金观 在县东十里。

  万寿寺 在县西二里。

  报恩寺 《舆地碑目》：万州报恩寺有汉碑[3]。

  大云寺 《舆地碑目》：万州"大云寺碑，寺有唐僧圆满传及元和间万州守李裁书"[4]。

  圣业院 《舆地碑目》：万州圣业院碑"在苏溪，大江之滨"[5]。

  妙庭观 在县南岑公岩，《名胜志》："有宋宣和中御书万州妙庭观岑洞碑。"

  下崖寺 在岑公崖，有宋黄鲁直《留题》、岑像求《岑公洞记》[6]、李方叔书。古碑林立，名流题咏最盛。

  云台寺 在县西六里，古寺。

  石佛寺 在县西二里。

  大佛寺 在县北三里，有明时申时行碑。

  甘霖洞 在县东一里，中刻大士像，下隐露石龙，世传古之报恩寺旧址。寺已久废，署令王如瑄拂拭其像而泥金[7]之。旁有山泉，深广尺许，遇岁旱，往祷辄应。嘉庆辛未[8]夏，雨泽愆期[9]，邑宰陈焕章竭诚祈祷，大雨如霔[10]，岁赖以稔[11]，乃捐

---

[1] 许迈事见〔唐〕房玄龄等《晋书》卷八十《许迈传》（中华书局1974年11月第1版，第2106—2107页）。

[2] 不云作宰：指《晋书·许迈传》中未言及许迈当官事。作宰：当官。

[3] 材料见〔南宋〕王象之《舆地纪胜》卷一百七十七《夔州路·万州·碑记》（中华书局1992年10月第1版，第4603页）。《舆地碑目》：王象之传，四卷，以天下碑刻地志之目，分郡编次，而各注其年月姓氏大略于下。后成《舆地纪胜·碑记》中的内容。

[4] 同上。

[5] 同上。

[6] 岑文本志卷三十六《艺文志上·文》中有载。

[7] 泥金：用黄金粉末和胶水或油漆制成的金色颜料或涂料。此处用作动词，指用泥金涂抹。

[8] 嘉庆辛未：即1811年。

[9] 愆期：失期。此指久旱不雨。

[10] 霔（shù）：同"澍"，时雨灌注。

[11] 稔（rěn）：庄稼成熟。

俸重修。同治二、三年，知县张琴祈雨立应，复捐金新之，加高其山门，与左右净室①等。

洪岩寺　　在县南一百八十里。前有方巾石，后有斋公石，左右俱飞岩绝壁，乱石盘桓。崇祯十一年②，僧了凡创修。乾隆、嘉庆间，僧惠然、普宪复修。

海螺寺　　在县西九十里。康熙二十年僧，广慈重修。

安乐寺　　在县南一百二十里。山形前有狮象，后有古城，明崇祯十一年，僧丹乐创修，乾隆戊寅③僧真性重修。

乌鹊寺、智庵寺、净居寺、青龙观　　皆在县南。

楞严寺　　在县南，明正德年间建，乾隆十八年，僧海禄重修，嘉庆九年，僧照惺复修。

宝莲寺　　在县西一百二十里。明成化时创修。

慈容庵　　在县西北七十里。

宝积寺　　在县西一百里。

宝藏寺　　在县西一百三十里。

毛坪寺、回龙寺　　皆在县西六十里。

宝珠寺、山云寺　　皆在县西九十里。

广禅寺　　在县南六十里，明时建。寺后有莲花池，方十余丈。

大周里铁厂坪福宁寺　　明建文④时建。

元龙寺　　明时建。

骑龙寺　　康熙时建。

新场北紫云寺　　明嘉靖时建。

场南灵山寺　　嘉庆时建，内有甘泉可疗疾。

三叉河观音寺　　明时建。

石笋沟下老君洞　　洞口瀑布十余丈，自悬岩飞下，如珠帘卷雨。洞广十余丈，深数丈，内有石如舟，为老君像座。洞前一潭，每盛夏旱，祷雨立应。

三正铺慈云庵　　古寺。

井水坡大悲寺

---

① 净室：清静、干净的屋子（多指和尚或尼姑的住室）。
② 崇祯十一年：即1638年。
③ 乾隆戊寅：即1758年。
④ 建文：明惠宗朱允炆的年号，从1399年至1402年共使用了4年。

大周溪凤凰庵　　旧名螃蟹寺，乾隆二年有碑。

　　朝阳寺　　古刹，道光初年熊元福等培修，以为本甲公所。寺前麻柳一株，大围丈余，旁出三四尺。围者十有八枝。

　　瀼渡对山东林寺　　层峦叠嶂，高拟都历。

　　临江寺　　俯瞰大江，山光水色，兼收其胜。

　　凤凰山凤凰寺　　古刹也。乱山合沓，异树参差，幽鸟时鸣，兰若清静。由左侧门，出虹桥飞渡，危石独立，四壁削成。有阁焉，上覆铁瓦，盖明万历时建。碑记模糊，不可卒读。

　　椅城西一诚庵

　　万户城南安乐寺、北兴发寺

　　开、万交界大山巅古寺　　俗称小丰都庙，碑记剥落。

　　兴隆寺　　雍正间建，道光丁未岁①重修，向儒捐业。

　　朝阳寺　　明末建，任氏捐业。

　　丛林寺　　明正德时建。康熙五十三年僧参微、本恒等重修。

　　铁凤山观　　在县北四十里。崇崖峻壁，前仅线路②。观右石拱桥二，桥外有铁邱焉。其上二木，同根异株，六七人围，人莫识其名，千年古树也。叶冬不彫③，花形如钟，花不常开，开不全树。花开之方，土人于此卜年丰焉。二树中交处，挺生一树，如杉，大三四人围。三株盘根交错于铁邱，不能遍掩。旁晒经石，立于绝顶，其平如坦。观左有古井，昔楼其上，今废。水仅半井，旱潦无涨落，取之不竭。

　　七星观　　古刹，以山如七星贯珠，故名。

　　金凤山元天观　　古刹。

　　熊家场福慧庵　　明时建。

　　志城寨下兴隆寺　　明时建。

　　永定庵　　明万历时建。

　　青凤庵　　明时建。

　　佘家嘴集圣宫　　古刹也。

　　三正里石鼓峡石鼓寺　　明宏化④五年建。

―――――――――――――――

① 道光丁未岁：即道光二十七年，1847年。
② 线路：细小狭窄的道路。
③ 彫（diāo）：通"凋"，草木衰落。
④ 宏化：明朝无此年号，或为宏治（即弘治，清朝因避康熙帝之讳而改），或为成化。

石礧溪右黎家寺 明崇祯四年建。对山兴隆寺，康熙五年建修。龙洞沟有福隆堂，汪家溪有含池寺，冷水碛有一庵寺。

东陵寺 在县西六十里。康熙间建，其山高而小，邑人因以为寨。

临江寺 在县西六十里。顺治年间建，嘉庆、道光间增修。

永宁寺 康熙二十五年牟启富等捐业。

福顶山永胜寺 顺治甲申年①赵守明等捐业。

永镇寺 古刹。

高峰山天台寺 明时李姓捐建。

偏桥天奇寺 明天启二年陈九思捐建，寺侧古柏一株，大数围，高十余丈。

白云山永兴寺 明代建。

瀼渡右天圆寺 明洪武间建。乾隆、道光间增修。

柱头山兴福寺、兴国寺、洪福寺、山人观、觉皇寺、回龙庵、三龙庵。

市郭里一甲凤凰庵 明崇祯间建。

慈隐庵 宋景德间建。

朝阳洞寺 明代建。

石人寺 明代建。

龙泉洞寺 明代建。

观音堂 古刹，明末毁于贼，后屡重修。其地倚山俯江，四围林木掩荫，亦清幽境也。

太瑶溪元天观 古刹，明万历间建。

龙滩堡圆觉洞寺 古刹，洞深七八丈，广十余丈，冬温而夏凉，石乳溅珠，松风起涛，胜境也。

天台庵 前代建，地势高朗，俯临大江，林木茂密，但闻钟声，不见梵宇。其地僻静清洁，入其中者，尘烦自息。

太平场天峰寺 明崇祯七年修。

现祥庵 明万历四十二年修。

中兴寺 明崇祯三年修。

金莲寺 古刹，康熙四十四年重修。

法隆寺 宋时建，明洪武壬戌年重修。

兴隆场南千佛寺 明万历时建。观音寺康熙时建。清潭寺雍正时建。场北白

---

① 顺治甲申年：即1644年。

燕寺、场西祖师观，皆明万历时建。

  石龙场北方石寺 明成化时建。水仙寺，万历时建。场东圆通寺，隆庆①时建。

  魏家场北云万寺 康熙时建。

  长滩井永乐寺

  观音寺 乾隆三十八年建。

  乐堂寺 明万历二十六年建，咸丰七年修功德堂。

  石佛寺 道光二十八年监生谭德联等募修。

  大坪泛弥勒寺 明万历时建，寺后石壁排列若门，下有泉而甘，将旱则漫，将潦则微。土人以卜旱潦。

  隆福寺 原名把总寺，明万历七年建。山三面皆峭壁，寺后峰峦秀丽，林木葱蒨②。

  笔架山朝阳寺 明万历三年土人掘得石佛，复建寺。峻岭巍峨，林木苍翠，旭日将升，彩霞映射。

  清水塘回龙寺 明万历时建。山脉自七曜山来，回环琬蜓③，若游龙返顾。

  老鸦塘青云寺 康熙十八年移建。

  白柿村净居 明末毁后重建。

  妙音寺 明末毁后复建。寺前白果树，高十余丈，中虚，可容数人。

  龙驹坝龙驹寺、观音堂、隆福寺 皆明末毁后复建。

  马头场安乐寺 左右石形如龟蛇。

  红岩寺 后丛石耸峙。

  走马岭后元天观 古寺。

  王家坪下石磴寺 寺前印石一方。

  智庵寺 在八甲，明末建。

  湖滩寺 在湖滩上，明洪武间冉氏舍业。国初冉云飞补葺。道光十九年冉之琟、冉之瑛重修。

---

① 隆庆：明穆宗朱载垕的年号，从1567年至1572年共使用了6年。
② 葱蒨：青翠茂盛的样子。
③ 琬蜓：应为"蜿蜒"，曲折。

《增修万县志》卷二十一　地理志

古迹　碑碣

涪翁谓"林泉之胜，莫与南浦争长"①，故为佳客所乐游，词宗②所欣赏。贤守名宰③，政闲公暇④，或凿池，或构楼，或筑堂置亭，顿觉林峦生色，城郭壮观，传作美谈，长留芳躅⑤。虽遗址就湮而故实⑥可数，当年之胜境高怀⑦，溯洄宛在⑧也。

许旌阳宅　　在武宁废县西一里，今为白鹤观。《舆地纪胜》："武宁县西一里，许旌阳旧宅，今之白鹤寺也。宋大章未尝读《神仙传》，疑而不信。新都宰张泽语之曰：'许逊，本潭人，曾任蜀之旌阳令，雅顾此山，因有别业，亦何疑乎？'"⑨

岑公洞　　即岑公崖。郡志："大江之南，岑公隐此，中有石状如芝。又有泉，名灌芝泉。崖注水若珠帘，洞前石碑林立。"⑩洞口碑有"岑公洞"三字，碑阴"清境"

---

① 材料见〔北宋〕黄庭坚《西山留题》，文见本志卷三十六《艺文志上·文》，可以参看。涪翁：乃黄庭坚的别号。
② 词宗：此指文学大家。
③ 贤守名宰：贤能的或有名的地方官。
④ 政闲公暇：公务间的闲暇。
⑤ 芳躅（zhú）：指前贤的踪迹。
⑥ 故实：往日的事实。
⑦ 高怀：高洁的胸怀。
⑧ 溯洄宛在：追溯的话就宛如在眼前。
⑨ 材料见〔南宋〕王象之《舆地纪胜》卷一百七十七《夔州路·万州·古迹》（中华书局1992年10月第1版，第4598页）。此处的引文与《舆地纪胜》原文有很多的不同，原文见上卷"木枥观"条处。
⑩ 道光《夔州府志》最接近这段引文，故此处的"郡志"指道光《夔州府志》，材料见卷三十三《古迹志·万县》（中华书局2011年12月点校第1版，第540页）。

二字，绍兴辛巳①郡守何榘书。《图经》："岑公名道愿，本江陵人。隋末避地隐此岩下，百余岁，肌肤若冰雪，积二十年，尸解去。至唐宋间，封冲妙大师、虚鉴真人。"唐马冉，宋赵善赣、黄庭坚、范仲黼、陆游、冯时行、郭印、赵希混，明卢雍，国朝王士正，俱有诗，载《艺文》。

  太白岩 即西山。中有李太白祠，明曹学佺《记》②："县西有太白岩，在西山上，相传李太白读书于此，有'大醉西岩一局棋'之句。太白，蜀人也。涪陵有渡曰李渡，以李太白曾渡此，即妇人稚子皆知之矣。独万县西岩者不甚著闻，至为天仙桥以别之，而过者未尝闻也。予诗落句云，'一自金陵问消息，无人指向万州看'，盖甚致慨。"全《记》载《艺文》③。

  古练石 即古练崖，在县西十里。旧志："崖有《隋宝像记》。"④《方舆胜览》宋郡守赵公有诗序，古练石为万州八景之一⑤。

  四望楼 在治南，今圮。唐白居易有诗，又有《答杨使君登楼见忆》诗，载《艺文》⑥。

  鲁池 在治西三里，西山之麓。宋南浦太守⑦鲁有开所凿，广百亩，植以红莲。按，省志书刺史鲁有开凿，郡志沿误⑧。考《方舆胜览》及《舆地纪胜》诸书，俱称鲁有开为郡守。而刘公仪《西亭记》所载特详，谓："鲁公虞曹剖符此地，历数任，东平束公来守南浦，乃于鲁池增修亭榭。"束为南浦太守，束前数任皆为太守可知。《记》⑨作于宋治平，去鲁未远，足征信，爰据以改正。

  济川亭 在县治前。《舆地纪胜》：太守鲁有开建，亦名南浦楼，今圮。

  西亭 在西山麓鲁池上，宋太守鲁有开、束庄先后修葺，今圮。《方舆胜览》：

---

① 绍兴辛巳：即1161年。
② 曹学佺《记》：指曹学佺的《西山太白祠记》。
③ 全《记》载《艺文》：本志卷三十六《艺文志上·文》中载有曹学佺的《西山太白祠记》全文。此处不注释，请参看彼处。
④ 此处的"旧志"指乾隆《万县志》，引文见乾隆《万县志》卷一《山川》。
⑤ 材料见〔南宋〕祝穆《方舆胜览》卷五十九《万州·形胜》"万川八景"条（中华书局2003年6月第1版，第1044页）。
⑥ 诗载本志卷三十六《艺文志下·诗》之中，可以参看。
⑦ 太守：官名。秦置郡守，汉景帝时改名太守，为一郡最高的行政长官。隋初以州刺史为郡长官。宋以后改郡为府或州，太守已非正式官名，只用作知府、知州的别称。
⑧ 检嘉庆《四川通志》、乾隆《夔州府志》、道光《夔州府志》，俱称鲁有开为"守"，无称"刺史"者。
⑨《记》：指刘公仪《西亭记》，本志卷三十六《艺文志上·文》中题作《万州西亭记》。

"距万州治二里，宋郡守马元颖、鲁有开元翰按，有开，字元翰相继修葺。为峡上胜境。"[①]宋南浦令刘公仪《西亭记》："至和元年，鲁公虞曹剖符此地，始建三亭：曰高亭，曰鉴亭，曰集胜亭。嘉祐八年，东平束公名庄守南浦郡，乃度池之南岸，创亭曰碧照，步亭之东，又建亭曰绿荫；循亭而西，有石方丈如席，公命凿之，引泉其间，为流杯之所，命亭曰玉泉；亭之南有石突起，公命方之，以为棋局，结茅为小亭而覆之，由是池之周回皆有亭榭。"全《记》载《艺文》。

按，郡志、旧志俱谓西山亭，宋郡守鲁有开建省志但载《方舆胜览》及《西亭记》[②]，不言何人所建。而《方舆胜览》则谓马元颖、鲁元翰相继修葺[③]，是鲁之前已有经始[④]者也。刘公仪所《记》谓鲁公始建三亭，历数任，至束公乃修葺复建数亭，是鲁之后更有增盛者也。刘时为南浦令，目击其事，所言自足据。元颖草创，《记》不及之者，池以鲁名，亭建在池既凿后，昉于鲁、成于束也。亭不一名，盖统名之曰西亭也。

流杯池　　在鲁池南。宋郡守束庄所凿，邦人岁修禊事于此[⑤]。池上方石有黄山谷书《西山记》[⑥]，今犹完好。

按省志、郡志、旧志，皆作鲁有开凿，盖未详览刘《记》[⑦]而误以鲁池、流杯为一时凿也。

兰皋亭　　宋郡守束庄因济川亭重修，刘公仪《西亭记》："束公重修公府前兰皋亭。自注：旧名济川亭，蜀人张俞贤良作记，今圮。"

临江亭　　在治西，今圮。宋张俞有诗，载《艺文》。

二咏亭　　在治东，宋张俞、范镇尝相倡酬于此，太守赵希混因以名亭。今圮。

桂华楼　　在县治。宋庆元中张宾知万州，以州士二人同年登科，故名，今圮。

七贤堂　　在治东，祀宋鲁有开、张俞、范镇、苏洵、苏轼、苏辙、黄庭坚，

---

① 材料见〔南宋〕祝穆《方舆胜览》卷五十九《万州·山川》"西山"条（中华书局2003年6月第1版，第1044页）。此处的引文与《方舆胜览》原文有很多的不同。

② 材料见清嘉庆《四川通志》卷五十三《舆地志五十二·古迹六·万县》"西山亭"条（巴蜀书社1984年12月影印第1版，第2011页）。

③ 材料见〔南宋〕祝穆《方舆胜览》卷五十九《万州·山川》"西山"条（中华书局2003年6月第1版，第1044页）。

④ 经始：开始营建。

⑤ 岁修禊（xì）事于此：犹言每年祓除不祥的祭仪在此举行。修禊：古代民俗于农历三月上旬的巳日（三国魏以后始固定为三月初三）到水边嬉戏，以祓除不祥，称为修禊。

⑥ 本志卷三十六《艺文志上·文》中收录此文，题作《西山留题》。

⑦ 刘《记》：指刘公仪的《西亭记》，本志卷三十六《艺文志上·文》题作《万州西亭记》。

刻其诗堂中。今圮。

江会楼 在治北。宋时八景之一。旧志："即临江门。"①今圮。

钟鼓楼 在治东三里，前临大江。知县房兰若建，以锁江口。康熙五十年，知县鲍䥽重修。咸丰十年，大水，圮于江。同治四年，知县张琴复建。

深柳读书堂 旧志：义学左，知县鲍䥽修②。

日可亭 旧志：知县鲍䥽建③。

讲易堂 在治南市郭里虬溪，明梁山来知德注《易》处，今遗址犹存。邑人即其地建虬溪书院。

静波楼 在县署前，乾隆初年知县刘乃大建，乾隆五十三年大水入城，楼圮。

十景附

岑洞水帘　　峨眉碛月　　金岛印浮　　仙桥虹济　　鲁池流杯

秋屏列画　　西山夕照　　天城倚空　　白岩仙迹　　都历摩天

按，《方舆胜览》宋郡守赵公有诗序，曰岑公洞、曰西山、曰翠屏、曰鲁池、曰江会楼、曰天生桥、曰峨眉碛、曰古练石，为万州八景④。《艺文志》载国初孙本卓《南浦八景》诗⑤无"白岩仙迹""都历摩天"；沈巨儒《南浦八景》诗有"白岩仙迹""都历摩天"，无"秋屏列画""天城倚空"，而"玉印中浮"作"金岛印浮"，"峨眉碛月"作"峨眉返照"，"曲水流觞"作"鲁池流觞"，"长虹横渡"作"仙桥虹济"，"岑洞水帘"作"岑公灌芝"。十景名目列于旧志，并各绘为图，载入郡志。大抵邑必有景，或八或十，拉杂摭拾⑥，以符其数，不必皆当也。

碑碣

报恩寺汉碑　　《图经》云："硖中汉刻少，今万州报恩寺有碑，高五尺，乃汉桓帝延熹间所刻，凡百余字，土人谓之宜子碑。"

---

① 此处的"旧志"指乾隆《万县志》，引文见其卷一《楼阁》。
② 此处的"旧志"应指乾隆《万县志》，其卷三《惠政》载："义学，知县鲍䥽建造……左修深柳读书堂三大间。"
③ 此处的"旧志"应指乾隆《万县志》，其卷二《祠庙》载："文昌祠……知县鲍䥽重修。内有……日可亭。"
④ 材料见〔南宋〕祝穆《方舆胜览》卷五十九《万州·形胜》"万川八景"条（中华书局2003年6月第1版，第1044页）。
⑤ 此处的《艺文志》指乾隆《万县志》卷四《艺文志》，其中有载孙本卓《南浦八景诗》，可以参看。
⑥ 拉杂摭（zhí）拾：杂乱采集。

《蜀碑记补》：考万县报恩寺真道冢地碑："延熹五年字，原云在万州，即今夔州府万县。《隶续》云：真道以钱八千，从真教兄弟市此地，刻其文，戒约后世，字札紊碎，不能尽晓。"

愚按，雨村卷中增入王本所未有者，曰补，厘订所已有者，曰考。《碑记补》：万县报恩寺真道冢地碑，即《舆地碑目》万州报恩寺汉碑也。特正其误，详其略，故列之。《考》中其曰"原云在万州、今夔州府万县"，即释象之所云，毋庸两存其目。

绝尘盦石刻　"绝尘盦"三字，在西山石壁，字体清劲，类晋宋人书。

宝像记　古练崖有庄修《隋朝宝像记》。

岑先生铭　严挺之撰，开元二年立。又有段文昌铭，贞元二年四月十五日镌。

岑公洞记　在岑公洞，元和八年段文昌记。

鲁直留题　在岑公洞下岩寺。

圣业院碑　在苏溪大江之滨，石旁藓封，可见者仅有"咸通三年十一月建"数字。

大云寺碑　寺有唐僧圆满传，（中）〔元〕和①间万州守李裁书。

冉仁才碑　见《沿革门·南浦州下》②。

万州庙碑　乾德乙丑白延海为刺史重修，碑虽存而漫灭不可读。

白刺史题名记　开宝二年九月，白延海《题名记》，上云："刺史白延海。"今万利庙有碑仆草莽中，考之字皆漫灭，独白刺史名衔在。按，"万利庙"疑即"万州庙"，"州"讹"利"。

灵显王碑　加封昭毅武惠灵显王遗爱碑碣于庙。

《南浦志》　赵善赣编。

《新志》　王子申序。

以上见宋王象之《蜀舆地碑记目》③及国朝李雨村《蜀碑记补》，今俱无存。

---

① 元和：乃唐宪宗李纯的年号，从806年至820年共使用了15年。原作"中和"，今据咸丰《万县志》校改。

② 此为〔南宋〕王象之《舆地纪胜》中语，其《沿革》中"唐初，割信州之南浦县置南浦州，领南浦、梁山、武宁三县"下有作者王象之的注释："象之谨按：旧碑唐武德二年以冉仁才为使持节浦州诸军事、浦州刺史。四年同赵郡王孝恭讨萧铣有功。旧碑所载也，当以浦州为是。"（中华书局1992年10月第1版，第4589页）依王象之语意，《沿革》此段文字中的"旧碑"指的就是此处所谓的冉仁才碑。

③ 材料见〔南宋〕王象之《舆地纪胜》卷一百七十七《夔州路·万州·碑记》（中华书局1992年10月第1版，第4603页）。二者文字略有不同。

唐垂拱碑　　旧志：治北集虚观有唐垂拱时碑文，今无①。

　　妙庭观碑　　在岑公崖，今无。省志、《名胜志》："宋宣和中，御书《万州妙庭观岑洞碑》，绍兴二十八年二月。右：朝请大夫、权发遣万州军主管学事、兼管内劝农借紫臣李莘民述记《冲妙大师》前，敕差充万州道正主管教门公事、赐紫臣冉通明立石。以上诸碑，佺以癸丑岁二月归舟遍访而拓之。"②

　　岑公洞碑　　省志："高四尺，宽三尺，嘉定丁丑年刻石，外有'岑公洞'三大字绍兴辛巳郡守何榘书，后有'清境'二字。"③

　　岑像求岑公洞记　　王渔阳诗注："元符间岑岩起像求虚鉴真人赞一碑，李廌方叔所书。"

　　流杯池黄鲁直留题　　宋建中靖国元年，鲁直道出南浦，太守高仲本邀游西山，题记并书。全《记》载《艺文》。

　　刘公仪西亭记　　宋嘉祐八年，东平束庄以驾部员外郎来守南浦郡，修葺西山，为峡上胜境，于鲁池南更建数亭，凿流杯池。治平三年，受代还台，嘱南浦令刘公仪记其事，南浦尉孙鉴立石。全《记》载《艺文》。

　　愚按，郡志、旧志"刘公仪"作"公钱"④。考碑记作"公钱"者误⑤。碑在

---

① 这条材料录自咸丰《万县志》卷一《地理志·古迹》。此处的"旧志"指乾隆《万县志》，其卷一《寺观》载："集虚观：治北，有唐垂拱时碑文。"

② 材料可见〔明〕曹学佺《蜀中广记》卷七十五《名胜记·下川东道·夔州府·万县》（刘知渐点校《蜀中名胜记》，重庆出版社1984年10月第1版，第341页）。佺：即曹学佺（1574—1646），字能始，号雁泽，又号石仓居士、西峰居士，侯官县（今属福建省福州市区）人，曾任四川右参政。隆武二年（1646）清兵攻陷福州，曹学佺自缢于西峰里府第。清乾隆十一年（1746），追谥"忠节"。著述较多，其中《蜀中广记》较为有名。《蜀中广记》中有《名胜记》30卷，后人常将其单独刊出名曰《蜀中名胜记》，按川西、上川南、下川南、上川东、下川东、川北等道所属府州县，先简溯沿革，再分述各地的胜迹，并征引前人诗文以为佐证，特别详瞻。朝请大夫：官名。为文散官（散官，有官名而无固定职事之官，与职事官相对而言）。散官又有文散官和武散官之分）。宋代亦设朝请大夫，为从五品。管内：谓所管辖的区域之内。劝农事：劝勉农桑之事的官职。宋代知州军、通判所兼任。借紫：唐宋时规定官员的服色，三品以上服紫，未至三品者特许服紫，称为"借紫"。赐紫：唐、宋时三品以上官公服为紫色，五品以上官为绯色，官位不及而有大功，或为皇帝所宠爱者，特加赐紫或赐绯，以示尊宠。

③ 引文见清嘉庆《四川通志》卷五十九《舆地志五十六·金石二·万县》"岑公洞石碑"条（巴蜀书社1984年12月影印第1版，第2145页）。

④ 郡志如乾隆《夔州府志》、道光《夔州府志》均作"刘公钱"，旧志如乾隆《万县志》、咸丰《万县志》亦均作"刘公钱"。

⑤ 此句言考查碑文中的《西亭记》，作"刘公钱"是错误的（其意当作"刘公仪"）。

流杯池黄鲁直留题右，朗若列眉①，可诵也。

天城石壁记 元至元十三年，万州安抚使王师能勒石，记元师取万州事，全《记》载《艺文》。

王道正直石刻 在县西里许马仑岩道旁石壁上，笔力圆劲，似唐宋以前人书。壁间有"君子居之，共由斯道"等字可识。

---

① 朗若列眉：形容非常明白。朗：明亮。列眉：明白。

《增修万县志》卷二十二　职官志

历任

职官题名于其署,所以循名责实①也。其名之共称凤播②者,睹是题③而景慕④之、而额颂之,实惠之,渍乎人心者⑤,不容没也。其名之历久渐湮者,睹是题而追议⑥之、而指摘⑦之,实迹之,存乎公论者⑧,不能掩也。万邑各署,俱无题名。名者,实之宾⑨。名无可考,实何由核?爰远征特书⑩,著其历任,具列于篇,践斯职者,可审所自处矣。

晋

杨　宗　　武陵太守,驻南浦,见《华阳国志》。

按《华阳国志》:"晋泰始二年……吴武陵太守孙恢寇南浦,安蛮护军杨宗讨平

---

① 循名责实:依照其名来责求其实。
② 共称凤播:共同称赞,早年传扬。
③ 是题:指官署中的这些题名。
④ 景慕:景仰,仰慕。
⑤ 此句言实际的恩惠早已浸渍于世人的内心中。
⑥ 追议:事后评议。
⑦ 指摘:挑出错误,加以批评。
⑧ 此句言业绩存在于后人的评论之中。
⑨ 名者,实之宾:出自《庄子·逍遥游》:"名者实之宾也。"成玄英疏:"实以生名,名从实起,实则是内是主,名便是外是宾。"(〔晋〕郭象注、〔唐〕成玄英疏《南华真经注疏》,中华书局1998年7月第1版,第11页)名是实的宾位,表示名应由实决定。实为主,名为宾。
⑩ 远征特书:将时间久远的情况进行收集,然后书写出来。

之……因以宗为武陵太守，驻南浦。"[1]各志俱佚，今补入。

梁

萧　推　　梁宗室，封南浦侯，见《梁武帝本纪》[2]。

隋

陈　愿　　长城人，万州刺史。

愚按，隋废万川郡，改安乡县为南浦，属巴东郡。万州刺史疑误。

唐

冉仁才　　武德二年授持节浦州刺史。

严挺之　　华阴人，先天二年[3]贬万州录事参军。

愚按，唐贞观八年始改浦州为万州，先天、开元无万州名，史盖从后言之也。

马　冉　　开元中任万州刺史。省志谓唐末任万州，列于五代张武后[4]，与郡志异[5]。

马　珉　　陕西扶风县人，燧[6]之祖，万州刺史。省志谓万岁令[7]，与郡志异[8]。

柏贞节　　大历初授夔、万等州防御使。

鲜于灵　　大历中任万州刺史。

元　持　　大历中任万州别驾。

刘　藻　　大历十二年自渭南令贬南浦尉。

---

[1] 引文见〔晋〕常璩《华阳国志》卷一《巴志》[刘琳《华阳国志校注》（修订版），成都时代出版社2007年6月第1版，第32页]。讨平之：《华阳国志》无"平"字。因以：《华阳国志》作"因表以"。驻：《华阳国志》作"住"。

[2] 材料见〔唐〕姚察、姚思廉《梁书》卷三《武帝本纪下》："十一月辛酉，贼攻陷东府城，害南浦侯萧推。"（中华书局1973年5月第1版，第94页）梁（502—557）：我国南北朝时期南朝第三个朝代，由萧衍取代南齐称帝，定都建康（今南京）。因萧衍封地在古梁郡，故定国号为梁；因皇室姓萧，又称萧梁。

[3] 先天二年：即713年。按，先天乃唐玄宗李隆基的年号，从712年至713年共使用了2年。

[4] 材料见清嘉庆《四川通志》卷百一《职官志三·题名三·夔州府》（巴蜀书社1984年12月影印第1版，第3190页）。

[5] 如道光《夔州府志》卷二十三《秩官志·万县》载："马冉，开元中任万州刺史。"（中华书局2011年12月点校第1版，第274页）与郡志嘉庆《四川通志》看法不同，与本志相同。

[6] 燧：即马燧（726—795），字洵美，唐代中期名将，主要成就：大败田悦，解邢、洺之围，大破李怀光，平定河中。

[7] 材料见嘉庆《四川通志》卷百一《职官志三·题名三·夔州府》（巴蜀书社1984年12月影印第1版，第3190页）。

[8] 如道光《夔州府志》（中华书局2011年12月点校第1版，第274页）。

苗　拯　　贞元十五年自谏议大夫贬万州刺史。

李　载　　元和中任万州刺史，见大云寺碑。

李元喜　　长庆二年万州刺史，后迁安南都护。

韦士南　　京兆人。

李元系　　唐宗室，蒋王①之裔，任万州刺史。

吕　仲　　寿张县人，万州刺史。

朱体微　　南浦尉。

唐处一　　晋阳人，为南浦令。

王　暐　　晙②弟，洛阳县人，万州参军。

李知止　　元系子，万州录事参军。

许　存　　唐末成汭③用为万州刺史，后降王建④。

按，存既降王建，则非唐臣。但存为万州刺史时，在唐末，姑系之唐耳。

张　造　　万州刺史。

按，省、郡志于唐及五代俱载张造⑤，惟旧志只载于唐⑥，俱注：万州刺史，有传。考《唐史》《五代史》，皆无张造传，只见于《九国志》。而《五代史·王建传》，造在唐末，与建同为"随驾五都"⑦。《唐史·陈敬瑄传》载：王建兵至成都，简州

---

① 蒋王：我国古代王爵之一。只有唐朝封此爵，共5人：李恽、李炜、李绍宗、李钦福、李宗俭。
② 晙：即王晙（653—732），唐朝宰相、名将，主要成就：大破吐蕃、平定突厥。
③ 成汭（？—903）：又名郭禹，唐末军阀，任荆南节度使，官拜中书令，爵封上谷郡王。任内治理有方，903年败于杨行密，投水而死。
④ 王建（847—918）：字光图，小字行哥，许州舞阳（今河南省舞阳县）人。天祐四年（907），唐朝灭亡，王建因不服后梁而自立为帝，国号大蜀，史称"前蜀"。
⑤ 省志材料可见清嘉庆《四川通志》卷百一《职官志三·题名三·夔州府》（巴蜀书社1984年12月影印第1版，第3190页）。郡志所载非此处所言"唐及五代俱载"，道光《夔州府志》载在"五代"（中华书局2011年12月点校第1版，第274页），而乾隆《夔州府志》载在"唐"（中华书局2015年9月点校第1版，第159页）。
⑥ 如乾隆《万县志》就是如此。
⑦〔北宋〕欧阳修《新五代史》卷六十三《前蜀世家·王建传》载："建与晋晖、韩建、张造、李师泰等各率一都，西奔于蜀。僖宗得之大喜，号'随驾五都'。"（中华书局1974年12月第1版，第783页）。

刺史张造攻笮桥，大败，死之①。《唐本纪》载：天福三年②，王建乃得忠、万、施三州。建尚未得万州，造已死，安得以为万州刺史？殆造于唐始为万州，后为简州耶？存考。

  张 武 石照人，唐天福末为万州刺史。

  按，省、郡志俱列武五代中③，兹载诸唐，盖与许存同例也。

  五 代

  王宗播 汝阳人，本姓许，前蜀万州刺史。

  石处温 万州人，后蜀万州刺史。

  裴 宙 万州刺史，省志不载。旧志列于唐，与郡志异④。旧志："唐大中间任。"⑤

  王景瑰 成都人，万州别驾。

  宋

  程师孟 吴人，提点夔路刑狱，治在万州。

  白延诲 开宝二年知万州，见《题名记》。

  马元颖 皇祐初南浦太守，见《方舆胜览》及《西亭记》。

  鲁有开 至和初南浦太守。

  束 庄 嘉祐八年以驾部员外郎出任南浦太守，治平三年以代还台。

  按，《方舆胜览》《舆地纪胜》诸书俱称马元颖、鲁有开为郡守，《西亭记》作于当时，亦称鲁与束为南浦太守，各志于三人皆注知万州，兹从诸书所称。

  刘公仪 南浦令。

  孙 鉴 南浦尉兼主簿。

  刘 源 嘉祐中知万州。

  王可道 熙宁中知万州。

---

① 材料可见于〔北宋〕欧阳修、宋祁等《新唐书》卷二百二十四下《叛臣下·陈敬瑄传》（中华书局1975年2月第1版，第6408页）。此事发生了在龙纪元年，即889年。龙纪乃唐昭宗的年号，只使用了1年。

② 天福三年：即938年。按，天福乃后晋高祖石敬瑭和出帝石重贵的年号，从936年至944年共使用了9年。

③ 省志材料可见清嘉庆《四川通志》卷百一《职官志三·题名三·夔州府》（巴蜀书社1984年12月影印第1版，第3190页）。郡志材料可见道光《夔州府志》（中华书局2011年12月点校第1版，第274页）。

④ 如道光《夔州府志》将之列于五代。

⑤ 引文见乾隆《万县志》卷三《秩官》。

赵善赣　　熙宁中知万州。

赵希混　　元丰中知万州。

方　泽　　元符中知万州。

高仲本　　建中靖国初南浦太守，见黄鲁直《西山留题》。

谭处道　　南浦郡从事，见黄鲁直《留题》。

张大中　　宣和间南浦令。旧郡志："绍兴中南浦令。"①

卢宗式　　绍兴中知万州。

郁处厚　　通州人，绍兴进士，任司户。

何　槩　　绍兴辛巳郡守。

冯时行　　渝州巴县人，绍兴间以状元出为县尉，升知万州。

吴景偲　　巴陵人，乾道中摄万州。

张　宾　　庆元中知万州。

谢宋兴　　嘉定中知万州。

张　寿　　淳祐中知万州。

吕师夔　　淳祐中知万州。

杨鼎年　　任万州。

上官夔　　德祐间万州守将。

元

王师能　　至元十三年万州安抚使。

左　祥　　至元中知万州。

明知县

刘　成　　洪武七年知万县。

郭子卢　　江西太和县进士，洪武中知万县。

周　文　　河南巩县人。

桂中权　　洪武十五年知万县。

范　醇

李仲才

高　溥　　旧志："歙县人，永乐中知万县。"

许　斌　　河南怀宁县人。

―――――――――――

①　乾隆《夔州府志》、道光《夔州府志》均如此载。

方　昶	
屈　伸	江西丰城县人。
徐　熙	直隶①霍邱监生，成化中知万县。
龙　济	江西人，成化中知万县。
窦　祥	河南祥符县进士，以御史谪万县。
郝　辅	陕西肤施县人。
高冲之	山西榆林县人。
夏　扇	江西庐江县人。
陶　儒	江西南城县人。
孙　让	陕西城固县人，正德六年知万县。
周　启	江西永丰县人。
熊　兆	湖广道州人。
杨　湜	云南太和县人，正德中知万县。
陈　聪	贵州普定卫人。
王官之	湖广华容县人。
曾汝汉	湖广衡阳县人。
欧　篆	贵州赤水卫人，嘉靖间知万县。
龙　云	直隶赵州人。
王　武	陕西安定县人。
成敏贯	湖广石首县人，嘉靖中知万县。
蔡邦佐	山西永宁州人。
王凤阳	湖广黄冈县人。
刘清善	湖广酃县人。
邓寿鼎	广西全州人。
陈文章	湖广蕲州人。
沈　清	江西太和县举人，隆庆间知万县。
唐其昭	西安前卫举人。
李春熙	湖广桃源县举人。
高世儒	湖广蕲州举人。

---

① 直隶：旧省名。明成祖迁都，以南京为南直隶，北平为北直隶。清初以南直隶为江南省，北直隶为直隶省。1928年改为河北省。

周作乐	云南昆明县人。
张问仁	湖广江陵县贡生。
方　登	湖广潜江县人，万历间知万县。
吴　范	
吴越乐	
彭时荐	
陶懋中	广西桂林县举人。
田大本	江南举人。
李　植	湖广黄冈举人，万历五年知万县。
毛羽健	湖广公安县进士，天启间知万县，后行取①御史。
刘宗宸	湖广潜江县举人。
陈　瑜	湖广黄梅县举人。
方元正	福建莆田县人，崇祯间知万县，历任荆南道。
赵　珂	山西太原人。

明主簿

娄　清	湖广人。
易　让	湖广人。
杨　瑞	湖广沔阳州人。
张　钦	湖广人。
马　铎	湖广人。
谭　伦	湖广归州人。
葛　坤	陕西商州人。
孙　贤	湖广荆门州人。
刘廷玉	云南晋宁州人。
程　逵	湖广南漳县人。
李　韶	云南北胜州人。
花朝卿	江西弋阳县人。
谢　选	湖广湘潭县人。
汪本洪	湖广人。

---

① 行取：明清时，地方官经推荐保举后调任京职。

章大邦　　浙江人。

叶　英　　浙江仁和县人。

刘汝松　　江南贵池县人。

甘受和　　湖广黄陂县人。

朱　帜　　江南太湖县人。

国朝裁

明典史

傅以源　　湖广宝庆府人。

吴　海　　陕西平凉县人。

程　懋　　湖广宜城县人。

谢　谨　　广西人。

许　旺　　南直隶人。

徐绍斌　　江西人。

李　鉴　　陕西人。

杨　栋　　陕西西安府人。

陈　铭　　浙江人。

詹学诗　　湖广麻城县人。

李万旸　　湖广巴陵县人。

李文玉　　湖广钟祥县人。

康世荣　　陕西乾州人。

晏尚冕　　湖广巴陵县人。

张仲贤　　湖广郧阳府人。

李复旺　　湖广蓝山县人。

蔡　钦　　湖广公安县人。

明教谕

李　铎　　湖广人。

欧阳迥　　江西太和县人。

石　钧　　湖广蒲圻县人。

严　容　　云南人。

席　正　　湖广孝感县人。

田朝用　　陕西长安县人。
魏　昇　　陕西秦州人。
邵华谱　　贵州普安州人。
罗邦瑞　　贵州桂阳县人。
唐　灿　　广西桂林县人。
张　文　　湖广襄阳县人。
刘大中　　湖南善化县人。
王邦泰　　江南太和县人。
段云鸿　　江南太和县人。
段　衰　　湖广衡山县人。
李凤鸣　　安徽太和县人。
王世贤　　陕西襄城县人。
夏德政　　湖广云梦县人。
黄应旌　　贵州举人。

国朝裁

明训导
曾　辉　　江西人。
周孟经　　湖广常德府人。
李　英　　湖广靖州人。
唐　纲　　湖广靖州人。
邓　璧　　江南宿松县人。
殷　劝　　江西高安县人。
余　祯　　江西鄱阳县人。
周永济　　湖广永兴县人。
张希颜　　湖广靖州人。
杨文宗　　云南阿迷州人。
周　道　　湖广南漳县人。
李　奈　　陕西西乡县人。
丑　竣　　湖广常德府人。
陈　咏　　湖广蕲州人。
李嵩龄　　湖广嘉鱼县人。

苏　时　　直隶赵州人。
唐　武　　贵州兴隆卫人。
杨　章　　云南楚雄府人。
赵文林　　云南嵩明州人。
王彦卿　　湖广嘉鱼县人。
焦于润　　湖广桂阳县人。
李宗智　　云南嵩明州人。
颜　铿　　湖广武陵县人。
张　瑞　　贵州镇远府人。
张　翼　　云南河阳县人。
舒以赐　　湖广彝陵州人。
黄天爵　　湖广湘阴县人。
王　伊　　湖广龙阳县人。
张以宽　　雅州府洪雅县人。
李逢时　　云南姚州人。
杨　敕　　雅州府洪雅县人。

国朝知县

李毓秀　　直隶贡生，顺治十七年任。
王贞一　　江南太平县恩贡，康熙二年任。
王隆祚　　河南登封县贡生，康熙四年任。
郑朝清　　福建泉州举人，康熙十年任。
龙鳞锦　　广东广州番禺县人，康熙十九年任。
张永辉　　山西平阳府临汾县人，康熙二十一年任。
萧一杰　　湖广汉阳县人，康熙三十年任。
房兰若　　江南高邮州进士，康熙三十五年任。
李燕俊　　直隶易州进士，康熙四十年任。
鲍　铎　　正红旗监生，康熙四十六年任。
刘文焕　　直隶大兴县岁贡，康熙五十四年任。
尤世求　　江南长洲县岁贡，雍正三年任。
张佳瑞　　湖北通城县贡生，雍正五年任。
黄正缘　　浙江仁和县举人，雍正六年任。

李大魁	福建福清县监生，雍正八年任。
朱介圭	江南监生，雍正十一年任，后升达州知州。
刘乃大	江南淮安府山阳县廪生，乾隆元年任，后升忠州知州。
万承式	浙江鄞县举人，乾隆五年任。
项　璋	江苏阜宁县进士，乾隆七年任。
刘高培	江西吉安府庐陵县进士，乾隆十一年任。
陆　锦	江南长洲人，乾隆初署任。
叶　鉴	江南苏州府昆山县进士，乾隆十四年任。
王　位	江西建昌府南城县举人，乾隆十五年任。
邬　昇	贵州平越府黄平州举人，乾隆十五年任。
朱　昇	福建泉州府蒲江县举人，乾隆十七年任。
张　素	贵州铜仁府铜仁县进士，乾隆十七年任。
何文霖	江苏松江府华宁县举人，乾隆二十一年任。
董大全	汉军镶白旗①举人，乾隆二十五年任。
刘文华	山西直隶吉州乡宁县举人，乾隆二十六年任。
朱　琳	安徽徽州府休宁县监生，乾隆三十三年任。
萧一枝	江西赣州府雩都县举人，乾隆三十四年任。
潘宏选	湖北荆州府监利县进士，乾隆三十六年任。
梁文五	山西汾州府介休县举人，乾隆三十六年任。
梁　震	江西吉安府太和县拔贡②，乾隆三十九年任。
秦昌统	广西宁桂县举人，乾隆四十二年任。
王　棠	陕西凤翔府扶风县附生，乾隆四十四年任。
赵寿元	山东青州府寿光县附生，乾隆四十四年任。
沈　灆	河南直隶光州固始县举人，乾隆四十五年任。

---

① 汉军镶白旗：此乃八旗汉军中的一种。八旗汉军乃清朝八旗的三个组成部分之一，指代八旗中的汉军旗份佐领，并非单独有八个汉军旗，部分误称为"汉军八旗"。与八旗满洲、八旗蒙古构成八旗军的整体，皆以兵籍编制。分属正黄、正白、正红、正蓝、镶黄、镶白、镶红、镶蓝八旗。

② 拔贡：科举制度中选拔贡入国子监的生员的一种。清制，初定六年一次，乾隆七年（1742）改为每十二年（即逢酉岁）一次，由各省学政选拔文行兼优的生员，贡入京师，称为拔贡生，简称拔贡。同时，经朝考合格，入选者一等任七品京官，二等任知县，三等任教职，更下者罢归，谓之废贡。

李重福	山西直隶解州拔贡，乾隆四十七年任。
魏之林	湖北江夏县贡生，乾隆四十八年任。
王尔昌	江南安庆府桐城县监生，乾隆四十八年任。
孙廷锦	直隶易州举人，乾隆四十九年任。
伯 起	满洲镶白旗举人，乾隆五十二年任。
陈景韩	江南苏州府元和县举人，乾隆五十五年任。
李光裕	江苏江宁府上元县举人，乾隆五十六年任。
邓 骥	福建延平府永安县举人，乾隆五十六年任。
谢生晋	福建侯官县举人，乾隆五十八年任。
王玉英	云南石屏州举人，乾隆五十八年任。
徐士林	顺天通州廪贡①，乾隆六十年任。
陈文鸿	广东庆州府东莞县举人，乾隆六十年任。
刘大经	陕西西安府长安县人，吏备考职，嘉庆二年任。
王世焘	江西饶州府鄱阳县监生，嘉庆四年任。
刘国永	顺天大兴县监生，嘉庆五年任。
乔维新	陕西西安府渭南县拔贡，嘉庆十年任。
庄炯明	江苏元和县监生，嘉庆十三年署。
李 墥	云南大理府太和县副榜②，嘉庆十五年署。
陈焕章	福建侯官举人，嘉庆十六年任。
王如琯	江西庐陵县监生，捐布经历职衔，嘉庆十七年署任，后升巴州知州。
翟中策	山东章丘县进士，嘉庆十八年任。
邰兆禄	广西桂林府临桂县举人，嘉庆二十一年署。
宋大中	直隶磁州举人，嘉庆二十二年任。
李嘉佑	广西桂林府临桂县进士，嘉庆二十三年署。
黎 宪	广东东莞县举人，嘉庆二十四年任。
吴 协	云南保山县举人，道光元年署。
仇如玉	浙江钱塘县举人，道光二年任。
黄 杰	福建龙岩州进士，道光五年署。

---

① 廪贡：指府、州、县的廪生被选拔为贡生。
② 副榜：科举时代会试或乡试取士，除正榜外另取若干名，列为副榜。始于元至正八年（1348）。明永乐中会试有副榜，给下第举人以作官的机会。嘉靖中有乡试副榜，名在副榜者准作贡生，称为副贡。清只限乡试有副榜，可入国子监学习。

黄继修　　广西灵川县举人，道光六年任。

彭以增　　江西宁都州举人，道光七年五月署。

王　奋　　甘肃伏羌县举人，道光七年八月任。

达　衡　　汉军正蓝旗贡生，道光八年二月署。

刘毓熷　　山东清平县举人，道光九年二月任。

罗　寅　　河南罗山县举人，道光十年四月署。

刘伯蕴　　山东潍县举人，道光十年十一月署。

钟文彬　　山东诸城县举人，道光十四年三月署。

戴齐松　　湖北云梦县进士，道光十四年十月任。

觉罗祥庆　满州正蓝旗①进士，道光十六年十一月署。

兴　善　　内务府②汉军正黄旗笔帖式③，道光十七年四月任。

孙正锴　　浙江嘉善县举人，道光二十年二月署。

柴觐岳　　河南固始县举人，道光二十年九月任。

阿洪阿　　蒙古正红旗④翻译举人，道光二十三年七月署。

同　书　　蒙古正白旗举人，江南京口驻防，道光二十四年四月任。

年昌阿　　内务府汉军正白旗笔帖式，道光二十六年二月署。

宁　宪　　山东宁阳县进士，道光二十六年十一月任。

姚德基　　浙江钱塘县荫生⑤，道光二十七年三月署。

丁凤皋　　贵州开州举人，道光二十七年十一月署，后升知府。

李承保　　湖北云梦县监生，道光二十八年署。

高德溥　　江苏武进县贡生，道光二十八年任。

王玉鲸　　内务府镶黄旗汉军武备院笔帖式，道光二十九年七月任。

---

① 满洲正蓝旗：满洲八旗中的一种。满洲八旗乃清代八旗的三个主要组成部分之一。其地位优于八旗蒙古和八旗汉军，是八旗组织的主体。正式建立于万历四十三年（1615），以初设之四旗为正黄、正白、正红、正蓝，增设之四旗为镶黄、镶白、镶红、镶蓝。

② 内务府：官署名，清朝专管宫廷事务的机构，办理宫中日常事务，如衣食住行、典礼、仓储、财务、工程、警卫、刑狱等。

③ 笔帖式：官名，清代于各衙署设置的低级文官，掌理翻译满汉章奏文书。

④ 蒙古正红旗：蒙古八旗中的一种。蒙古八旗乃清朝八旗的三个组成部分之一，指代八旗中的蒙古旗份佐领，并非单独有八个蒙古旗，部分误称为"蒙古八旗"。分属正黄、正白、正红、正蓝、镶黄、镶白、镶红、镶蓝八旗。

⑤ 荫生：封建社会中对凭借父祖余荫取得监生资格者的称呼。荫生名目较多，如皇帝特给的称恩生，先代殉职而给予的称难荫等。名义上入监读书，实际只须经过一次考试即可获得一定官职。

白映庚　奉天举人，咸丰三年二月署，后捐升知府。

陆　玑①　浙江萧山县优贡②，候补通判，咸丰五年正月署。

彭名湜　湖南巴陵监生，咸丰六年二月署，后升马边厅同知③。

冯卓怀　湖南长沙府解元④，咸丰七年闰五月任，后升知府。

田秀栗　陕西汉中府城固县增贡生，咸丰十年闰三月署。

陈维镜　江西九江府德安县增生，咸丰十年九月署。

余居宽　江苏江宁府上元县监生，咸丰十一年三月署。

张　琴　甘肃凉州府武威县廪生，由泾州镇原县教谕保升知县。同治元年六月任，二年保升补用同知直隶州，四年加盐运使司运同衔。

国朝训导

教职一缺，初系知县兼摄，雍正三年，始将开县训导改设万县。

邱善庆　成都府郫县岁贡，雍正三年任。

杨元会　马湖府⑤屏山县岁贡，雍正四年任。

周其选　成都府郫县岁贡，雍正五年任。

卢　玺　重庆府綦江县岁贡，雍正七年任。

黄正色　成都府成都县岁贡，乾隆元年任。

董钟灵　直隶茂州保县岁贡，乾隆三年任。

李文选　成都府成都县岁贡，乾隆六年任。

郭维城　叙州府⑥南溪县岁贡，乾隆九年任。

---

① 咸丰《万县志》在此人之前还有一人："万年清　□□□县监生，咸丰五年署，被劾去。"

② 优贡：清制，每三年各省学政于府、州、县在学生员中选拔文行俱优者，与督抚会考核定数名，贡入京师国子监，称为优贡生。经朝考合格后可任职。

③ 同知：职官名。指正官之副。凡主管一事而不授以正官之名，则谓之知某事，如宋代不以枢密院使授人，则称为"知枢密院事"，副使则称为"同知"。辽、金以后，沿此习惯，如府之主官称"知府"，而以府之佐官为"同知"。

④ 解（jiè）元：科举时代，乡试第一名称为"解元"。

⑤ 马湖府：明洪武四年（1371）改马湖路置，属四川行中书省（后改四川布政使司）。治所在泥溪长官司[后改屏山县，今四川省屏山县。弘治九年（1496）改土归流]。辖境相当今四川大凉山以东，沐川以南，金沙江金阳至屏山段以北地区。清雍正五年（1727）废。

⑥ 叙州府：明洪武六年（1373）改叙州路置，属四川行中书省（后改四川布政使司）。治所在宜宾县（今四川省宜宾市）。清辖境相当今四川大凉山及雷波以东，富顺以南，隆昌、兴文以西地区。1913年废。

吴麟昌	叙州府高县岁贡，乾隆十三年任。
李逢阳	成都府温江县岁贡，乾隆十八年任。
李广生	保宁府①阆中县岁贡，乾隆四十年任。
徐文煜	保宁府昭化县廪贡，乾隆四十年署。
王　份	保宁府剑州岁贡，乾隆四十二年任。
杨春元	保宁府昭化县岁贡，乾隆五十一年任。
尹侃一	乾隆五十八年任。
薛　瑞	潼川府②蓬溪县岁贡，嘉庆元年任。
张来泰	直隶资州资阳县廪贡，嘉庆二年署。
马　壎	成都府新繁县副贡③，嘉庆二年署。
尹锡朋	叙州府筠连县贡生，嘉庆三年任。
杨　旛	合州廪贡，嘉庆四年署。
余　燕	重庆府长寿县岁贡，嘉庆九年任。
周　礼	顺庆府广安州廪贡，嘉庆十一年署。
严慎术	广安州岁贡，嘉庆十二年任。
欧相今	龙安府④江油县廪贡，嘉庆十六年署。
倪文斗	重庆府涪州岁贡，嘉庆十七年任。
李联祺	潼川府三台县贡生，嘉庆二十年任。
钟崇盛	成都府华阳县举人，嘉庆二十二年任。
龚　珪	重庆府巴县举人，道光十七年任。
温玉润	成都府新都县举人，咸丰元年署。
范泰衡	叙州府隆昌县举人，咸丰元年任，二年保升知县，并加五品衔。
陈家谟	酉阳州岁贡，保举加国子监学政衔，同治四年任。

---

① 保宁府：元至元十三年（1276）改阆州东川路元帅府置，治所在阆中县（今四川省阆中市）。以五代唐保宁军为名。至元二十年（1283）升为保宁路，不久复降为保宁府，属广元路。明洪武四年（1371）属四川行中书省（后改为四川布政使司）。辖境相当于今四川阆中、南部、广元、剑阁、梓潼、巴中、通江、南江等市县地。1913年废。

② 潼川府：北宋重和元年（1118）改梓州置，治所在郪县（今四川省绵阳市三台县）。辖境相当于今四川三台、中江、盐亭、射洪等市县地。元属顺庆路。明洪武九年（1376）降为潼川州。清雍正十二年（1734）又升为潼川府。1913年废。

③ 副贡：清代科举取士，在乡试中备取的列入副榜，得入太学肄业，称为副贡。

④ 龙安府：明嘉靖四十五年（1566）改龙州宣抚司置，属四川布政使司。治所在盘龙坝（今四川省绵阳市平武县）。辖境相当于今四川平武、青川二县及江油市、北川县部分地。1913年废。

国朝旧设县丞，后裁。

赵志本　　顺天大兴县附生，乾隆六年任。

范世勤　　浙江会稽县监生，乾隆十七年任。

孔继韶　　汉军镶红旗贡生，乾隆十八年任。

夏绍业　　江南长洲县吏员[1]，乾隆二十五年任。

曾自伊　　江西长宁县贡生，乾隆二十五年任。

张朝职　　湖南攸县贡生，乾隆二十八年任。

王天佑　　山东高密县监生，乾隆二十九年任。

萧承芝　　广东南海县监生，乾隆三十年任。

冯　瀛　　浙江山阴县吏员，乾隆三十一年任。

穆大道　　山西介休县监生，乾隆四十三年任。

范源沛　　浙江鄞县拔贡，乾隆五十一年任。

周应骥　　江西丰城县监生，乾隆五十二年任。

查　硕　　浙江海宁县监生，乾隆五十六年任。

赵　谟　　顺天涿州贡生，乾隆五十七年任。

李　铸　　河南柘城县拔贡，乾隆五十九年任。

曹六兴　　江西新建县监生，乾隆五十九年任，后升四川布政使。

胡青上　　浙江海宁县监生，嘉庆二年任。

王　焕　　浙江嘉善县监生，嘉庆四年任。

朱法祖　　江苏江宁县监生，嘉庆五年任。

吴之珩　　湖广汉阳县吏员，嘉庆五年任。

李德薰　　浙江嘉善县监生，嘉庆八年任。

胡　钟　　顺天大兴县吏员，嘉庆九年任。

周克家　　河南直隶光州附生，嘉庆九年任。

邢绍孔　　云南广西州人，嘉庆十一年任，二十一年署。

倪元溥　　嘉庆二十一年署。

何景湘　　嘉庆二十一年任。

汪　诚　　嘉庆二十二年任。

余肯堂　　浙江监生，嘉庆二十三年任。

刘　钦　　嘉庆二十五年任。

---

[1] 吏员：地方政府中的小官。清制，凡书吏六年任满，得以吏员就职入仕。

戴天恩　　顺天府监生，道光二年任。

洪文谦　　汉军镶黄旗人，由副榜就职州判，道光六年任。

王有章

国朝旧设巡检，后裁。

张志远　　顺天①吏员，雍正九年任。

王永恭　　山东监生，乾隆四年任。

王永荣　　顺天吏员，乾隆四年任。

国朝典史

柳宗元　　浙江人，康熙二年任。

张圣桂　　浙江人，康熙六年任。

杨逢科　　浙江人，康熙九年任。

黄有琦　　宁国府旌德县人，康熙二十年任。

樊汉臣　　浙江山阴县人，康熙三十一年任。

徐鸿谟　　顺天大兴县人，康熙四十三年任。

司　铭　　顺天大兴县人，康熙四十九年任。

王永先　　浙江会稽县人，康熙五十三年任。

樊　铎　　河南彰德县人，雍正四年任。

钱　梓　　顺天宝坻县人，雍正六年任。

王如贵　　顺天顺义县人，乾隆六年任。

吴　琳　　顺天大兴县人，乾隆七年任。

朱焕容　　顺天大兴县人，乾隆十六年任。

徐文魁　　浙江会稽县人，乾隆二十二年任。

赵永龄　　浙江仁和县人，乾隆二十三年任。

朱　邦　　江西高安县人，乾隆二十八年任。

谢锡偕　　浙江会稽县人，乾隆三十年任。

王思禔　　陕西泾阳县人，乾隆三十一年任。

童开第　　浙江德清县人，乾隆三十二年任。

---

① 顺天：即顺天府，明永乐元年（1403）改北平府置，建为北京。永乐十九年（1421）定都于此，改称京师。清中叶后东部略小。1914年废。

沈文玉　　江苏元和县人，乾隆三十三年任。

张魁荣　　广东博罗县人，乾隆三十九年任。

蔡光绪　　江苏吴县人，乾隆四十七年任。

杨如灿　　顺天大兴县人，乾隆五十二年任。

曾兴臣　　顺天大兴县人，乾隆五十八年任。

朱　试　　江苏阳湖县人，嘉庆二年任。

徐　柱　　江苏阳湖县人，嘉庆六年任。

苏如衡　　江苏娄县人，嘉庆十二年任。

张玉麟　　浙江山阴县人，嘉庆十三年任。

潘　琠　　顺天大兴县人，嘉庆十七年任，道光元年再任。

毛世腾　　嘉庆二十三年任。

佘　恢　　嘉庆二十三年任。

贾　杰　　道光元年任。

茹钟庆　　顺天大兴县人，吏部供事，道光二年任。

徐伟骏　　山东博山县监生，道光三年署。

马德音　　顺天大兴县人，会典馆供事，道光四年任。

马楚材　　顺天宛平县人，道光十二年代理。

刘宗濂　　江西长宁县监生，道光二十二年代理。

黄叔望　　江苏元和县监生，道光二十二年署。

李廷藩　　浙江山阴县监生，道光二十二年任。

吕廷樟　　湖北黄陂县监生，道光二十八年代理。

堂　寀　　顺天大兴县监生，道光二十九年署。

黄朝瓒　　顺天大兴县监生，道光三十年任。

熊道锋　　湖北汉阳县监生，咸丰二年代理。

沈　庆　　陕西咸宁县吏员，咸丰二年署。

胡裕廷　　云南昆明县监生，试用吏目，咸丰三年署。

程世贤　　顺天大兴县监生，咸丰四年署。

赵　繁　　浙江归安县监生，咸丰四年任。十年，验看，八月回任。同治二年，保以应升班次，在任候升。三年，调办文闱，十二月回任。

顾同承　　顺天宛平县人，咸丰十年代理。

沈毓龄　　浙江钱塘县监生，同治三年署。

国朝梁万营原设参将①，后裁。康熙年间驻化林坪。

宣　福　　辽东人，康熙二十年任。

沈　勇　　福建人，康熙二十六年任，后升副将②。

韩　潞　　陕西人，康熙三十二年任，后升副将。

陈致远　　福建人，康熙三十三年任。

国朝梁万营原设守备③，后裁。

杨国臣　　山西人，康熙二十一年任。

童得魁　　浙江人，康熙三十年任。

刘　珂　　江南武举，康熙三十六年任。

吴　万　　左卫武举，康熙三十八年任。

刘君懿　　陕西人，康熙四十二年任。

钱加裕　　贵州人，康熙四十四年任。

陈玉辅　　山西武进士，康熙五十五年任，后升游击④。

孙伯绪　　江南人，康熙五十九年任，后升游击。

左宗鲁　　河南武进士，雍正三年任。

哈元成　　陕西人，雍正六年任，后升都司⑤。

杨　鹤　　山东武进士，雍正八年任。

国朝梁万营都司，雍正九年裁守备，改设，驻万县城外南津街。

杨　鹤　　山东武进士，雍正九年任。

童　彪　　山西大同人，乾隆六年任。

常　瑚　　湖南武陵人，乾隆十年任。

罗应麟　　浙江乌程人，乾隆十二年任。

---

① 参将：武官名。明置，位次于总兵、副总兵。清因之，位次于副将。凡参将之为提督及巡抚统理营务的，称提标中军参将、抚标中军参将。

② 副将：官名。南宋武职的一种，位在统制、统领、正将下。清代隶于总兵，统理一协军务。又漕运总督下设副将，掌催护粮船等事。

③ 守备：职官名。明代镇守边防五等将官之一，守一城一堡；清代时为绿营统兵官，位在都司之下，为五品武官，称为"营守备"。

④ 游击：清代武官名。从三品，次于参将一级。

⑤ 都司：中级武官名。始设于明朝，清沿用为绿营军官名。官秩为正四品，位于参将、游击之下。

杨崇典　　贵州黔西人，乾隆十三年任。

萧　韵　　江西泸溪人，乾隆二十一年任。

李　库　　陕西长安人，乾隆二十五年任。

韩国钺　　汉军正蓝旗武举，乾隆三十年任。

刘大勇　　直隶河间人，乾隆三十四年任。

杨文贵　　阆中武举，乾隆四十年任。

金玉声　　直隶清苑人，乾隆四十八年任。

书明阿　　蒲州正蓝旗人，乾隆五十一年任。

张腾霄　　直隶衡水武进士，乾隆五十九年任。

高　杰　　新都行伍，嘉庆元年任。

杨国琳　　华阳行伍，嘉庆二年任。

郑启贵　　成都行伍，嘉庆三年任。

罗声皋　　成都行伍，嘉庆四年任。

刘　彪　　华阳行伍，嘉庆五年任。

涂　升　　简州行伍，嘉庆六年任。

刘廷斌　　温江行伍，嘉庆七年任。

史定川　　梓潼乡勇，嘉庆八年任。

赵国柱　　华阳行伍，嘉庆二十一年任。

王殿元　　湖北谷城行伍，道光四年任。

彭　荣　　华阳行伍，道光十三年任。

桂凤鸣　　华阳行伍，道光十八年署。

任得功　　直隶清苑县行伍，道光十八年任。

李耀章　　温江行伍，道光二十一年署。

安　成　　直隶易州行伍，道光二十三年任。

吴安邦　　成都荫袭①云骑尉，道光三十年署。

钟　海　　蒙古正红旗人，咸丰元年十二月署。

扎克丹　　河南驻防蒙古镶红旗武举，夔左都司，咸丰四年十一月署。九年正月再署。同治二年保戴蓝翎②。

---

① 荫袭：承袭先辈的名位爵禄。
② 蓝翎：清代礼冠上的饰物。插在冠后，用鹖尾制成，蓝色，故称。初用以赏赐官阶低的功臣，后很滥，并可出钱捐得。

杜文富　　巴县行伍，蓝翎，忠州营千总①，咸丰五年十月署。
陈世安　　巴县武生，巫山营千总，咸丰六年十月署。
高驭富　　巴县人，重中云骑尉，咸丰七年四月署。
马恒泰　　成都行伍，蓝翎，都司衔，提左千总，同治二年十月署。
胡允权　　长寿县武监生，督标②候补都司，同治三年六月署。

国朝万县汛梁万营千总
闻天德　　江南山阴县人。
李世虎　　陕西宁夏人。
袁　旺　　湖广归州人，后升守备。
湛荣官　　湖广人。
周永玺　　四川人。
赵世龙
以上俱见旧志③。
王之汉　　成都行伍，乾隆十三年任。
马　元　　成都行伍，乾隆十六年任。
杨　志　　巴县行伍，乾隆二十二年任。
杨　升　　奉节行伍，乾隆四十二年任。
李世全　　巴县乡勇，乾隆四十四年任。
谢圣观　　湖北潜江武举，乾隆四十八年任。
朱仕彦　　华阳行伍，乾隆四十八年任。
白联升　　成都行伍，乾隆五十五年任。
丁永安　　新繁行伍，嘉庆五年任。
袁得禄　　茂州行伍，嘉庆七年任。
周永和　　成都行伍，嘉庆十四年任。
林　材　　南充行伍，嘉庆二十三年任。
杨应贵　　灌县行伍，道光十九年任。

---

① 千总：低级武官名。清代绿营兵编制，营以下为汛，以千总、把总统领，称"营千总"，为武职下级，正六品。把总更低，正七品。
② 督标：清朝总督所辖部队的编制单位，一标有三营。
③ 此处的"旧志"指乾隆《万县志》，见其卷三《秩官·镇营》。

王扬庭　　南川武生，道光二十三年任。

李胜堂　　铜梁行伍，道光二十六年任。

王怀玉　　广元行伍，道光二十七年任。

王伯庭　　巴县行伍，道光二十九年署。

范国恺　　新都行伍，道光三十年任。

詹玉春　　巴县行伍，夔右把总，咸丰元年署。

刘　成　　奉节行伍，重右把总，咸丰二年署。

杨占鳌　　茂州行伍，盐厂营千总，咸丰六年署。

冯　源　　奉节行伍，夔左外委，咸丰七年署，八年再署。

马胜麟　　新都行伍，夔左额外外委[①]，咸丰十年署。

梁正超　　巴县行伍，咸丰十一年任，同治二年由千总蓝翎尽先守备、保升先都司。八月调署重中左哨千总，三年回任。

刘兴发　　奉节行伍，重中千总，同治二年署。

张文光　　雷波厅行伍，夔左把总，同治三年代理。

---

① 额外外委：额外外委，绿营军最低级的军官，秩从九品。是在外委额数之外，由督、抚、提、镇等再加委任的领兵人员，故称"额外外委"，职掌与外委相同，亦有巡守汛地之责。

《增修万县志》卷二十三　职官志

仪制

明以前，万县文武官员仪制均不备载，载自国朝始。

国朝知县一员，岁支俸薪银四十五两，养廉银七百五十两，藩库请领。额设衙役①二十七名，内：门子②二名，皂隶③十一名，马快④七名，骑轿伞夫⑤七名。每名岁支工食银六两，共银一百六十二两。改设忤作⑥三名，每名岁支工食银六两；随学忤作二名，每名岁支工食银三两。共银二十四两。额设民壮⑦二十名，每名岁支工食银八两，共银一百六十两。额设禁卒⑧十二名，更夫⑨十名，捕役⑩二名，斗级⑪二名，仓夫⑫四名。每名岁支工食银六两，共银一百八十两。均在地丁银内

---

① 衙役：古代官署里的差役。
② 门子：守门的人。
③ 皂隶：旧时衙门里的差役。
④ 马快：旧时官署中担任缉捕事务的役吏。
⑤ 骑轿伞夫：古代衙门中为长官照顾马匹、抬轿、撑伞的杂役。〔清〕梁章钜《称谓录》卷二十六《各役》："轿夫、伞夫、扇夫。《赋役全书》：'各县有此名目。'"（福建人民出版社2003年12月第1版，第485页）
⑥ 忤（wǔ）作：在官署中担任检验死伤工作的官吏。相当于现在的法医。
⑦ 民壮：清代州、县官衙前卫兵。也叫壮班。
⑧ 禁卒：即牢房看守。
⑨ 更夫：打更者。
⑩ 捕役：旧时州县官署中从事缉捕的差役。与前述"马快"性质相近，合称"捕快"。区别在于：捕役步行，又称"步快""健步""楚足"，身着便装，悬挂腰牌，怀揣铁尺、绳索。
⑪ 斗级：斗子和节级的合称。斗子是管仓的役吏。节级是管理地方监狱的役吏。
⑫ 仓夫：巡守照护粮仓的役吏。

留支。其铺司①工食，旧支银一百九十八两，遇闰加增，现在酌留二成。

训导一员，岁支俸薪银四十两，额设衙役四名，内门斗②二名，膳夫③二名。每名岁支工食银六两，共银二十四两。在县地丁银内支发。

典史一员，岁支俸薪银三十一两五钱二分，养廉银八十两。额设衙役六名，内：门子一名，皂隶四名，马夫一名。每名岁支工食银六两，共银三十六两，亦在县地丁银内支发。

旧志："万县旧设弓兵二十名，民兵四百名，操备二百九十名。戍守永宁堡一百一十名，武宁关巡检司弓兵三十名，铜罗关巡检司弓兵四十名，大坪巡检司雍正九年设弓兵六名。"④后俱废。

梁万营官兵旧制：

旧志⑤：康熙十九年，湖广徐军门⑥剿平谭逆⑦，题请设立梁万营。二十年，新设参将一员，守备一员，驻化林坪。千总二员，把总四员，马步战守兵一千名。二十三年，裁汰四百二十五名。又三十七年，裁汰三百七十五名。后惟留守备一员，把总一员，马步兵二百名。

雍正九年，裁守备，改设都司一员，驻县城外南津街。把总一员、外委把总一员，马步战守兵一百九十九名。内：马兵十九名，步战兵三十名，守兵一百五十名，总计原额官弁兵丁二百二员名。

乾隆九年，将协标⑧左右巫山三营裁汰步战兵五十名拨归本营差防：内战兵十六名，守兵三十四名。

郡志：乾隆四十四年，拨归新疆马步战守兵四十名，内马兵二名，步战兵六名，守兵三十二名，公费战粮一分。乾隆四十六年，裁退各官养廉公费战守粮二十一分，内马粮七分，战粮十三分，守粮一分。乾隆四十七年，增添募补实兵六十名：内战兵三十七名，守兵二十三名。又将泸州营千总一员，外委马兵一员，拨归本营操防。

---

① 铺司：古时驿站的主管人员。
② 门斗：旧日学官的仆役。
③ 膳夫：泛称厨夫。
④ 此处的"旧志"指乾隆《万县志》，见其卷三《武备》。此处引用时有删节。
⑤ 此处的"旧志"指乾隆《万县志》，材料见其卷三《武备》。二者文字略有不同。
⑥ 徐军门：即徐治都。关于其简介及平叛事参见本志卷三十六《艺文志上·文》沈巨儒《荡平东川碑记》。
⑦ 谭逆：此指谭宏叛清事。谭宏：明末农民起义首领，明朝灭亡之后，占据忠州石宝寨，与清军对抗达十几年之久，是著名的"夔东十三家"义军之一。
⑧ 协标：清朝凡为总督、巡抚、提督、总兵分守险要之副将，均称协标。

嘉庆二十一年，裁汰号令兵六名①。

梁万营官兵新制：

都司一员，岁支俸薪银一百四十一两二钱九分四厘，养廉银二百六十两。例马四匹，马乾②银四十两八钱。千总一员，岁支俸薪银四十八两，养廉银一百二十两。例马二匹，马乾银二十两四钱。把总一员，岁支俸薪银三十六两，养廉银九十两。例马二匹，马乾银二十两四钱。外委马兵二名，每名岁支养廉银十八两，饷银二十四两，马乾银十两二钱，米折银③三两三钱一分二厘。额外及马兵十名，每名岁支饷银二十四两，马乾银十两二钱，米折银三两三钱一分二厘。步战兵六十三名，每名岁支饷银十八两，米折银三两三钱一分二厘。步守兵一百六十九名，每名岁支饷银十二两，米折银三两三钱一分二厘。总计官弁马步战守兵丁二百四十七员名，例马八匹，营马十二匹。官弁俸薪养廉、例马兵丁饷乾米折，每年共应支银五千一百九十三两五钱二分二厘，如遇闰月，兵丁加增饷乾米折，官不加增。

管辖万县、梁山、龙驹坝三汛：

专防万县汛千总一员，带领马步战守兵丁一百四十二名，驻扎梁万营；驻防梁山县汛把总一员，带领战守兵五十六名，驻扎梁山县城；驻防万县龙驹坝汛外委千总一员，带领战守兵十名，驻扎龙驹坝。

驻防陕重塘

马兵三名，骑操营马十二匹，定例每年准报倒毙十分之三，请领马价银两，随时购补。威远炮一位，劈山炮一位，五子连环炮一位，共炮三位，定例营中操演，三十年后或有损坏，详请补造，如遇动拨损失，随时详造。马步兵盔甲除裁拨新疆外，实存盔甲一百九十六顶副，定例十年后修补一次。雍正二年补造后，未经详请修补。威字号鸟枪一百二十五杆，定例营中操演，十年后查有损坏，准其详请补造。如遇动拨损失，随时详造。双手带刀二十六把，定例三十年后查有损坏，准其详请补造。账房、锣锅、锹镰、斧锄等件二十五顶副，原无定例修制，如遇换防台藏及动拨带往，损坏之处，随时详请补造。旗帜五堂，定例营中操演，三十年后查有损坏，准其详请补造；如遇换防台藏及动拨带往，损坏之处，随时详请补造。额备三年火药铅弹，营中每年不分寒暑操演，所需药铅，遵照出阵易新之例，在于额备药弹内动用，按

---

① 此处的"郡志"指道光《夔州府志》，材料见其卷二十《武备·梁万营》（中华书局2011年12月点校第1版，第209页），二者文字约有不同。

② 马乾：饲马的干食料。

③ 米折银：即折色米。古代驻防官兵，除了饷银之外，还有饷米，饷米发放的方式有两种，一种是直接将米发放给兵丁，称"本色米"；一种是把米折价发银，称"折色米"。

年动支。营中公费银两，采买硝磺铅筋配造。

万县城堆卡

三处，自康熙元年设立，嘉庆十八年详请补修，道光十八年又详请补修。

安设万县汛水陆塘房①

十六处：万县底塘、红沙溪塘、里牌溪塘、大周溪塘、小周溪塘、佘家嘴塘、吴家窖塘、小湖滩塘、五陵溪塘、高梁铺塘、佛寺铺塘、三正铺塘、分水铺塘、长滩井塘、老鸦岩塘、龙王坝塘。

梁山县城堆卡

四处，自康熙元年设立，嘉庆十八年详请补修，道光十八年又详请补修。

分防梁山县汛陆塘

十六处：梁山底塘、茶房铺塘、银河桥塘、葫芦坝塘、曲水铺塘、福德铺塘、沙河铺塘、桥村铺塘、沙龙铺塘、平井铺塘、石骨嘴塘、界牌铺塘、赛白兔塘、高都铺塘、响潭子塘、万年塘。

以上各塘均系康熙元年设立，历年并未改造。至嘉庆十九年，始详请补修。道光十九年，又详请补修。梁万营道光二年奉文，都司每年于季首带领兵丁前赴梁、万二县汛所属地方巡查四次。并见郡志②。

查道光十一年，裁拨回疆③战兵一名，守兵三名。十五年，裁拨马边战兵二名，守兵八名。十九年，裁拨雷波战兵五名，守兵十二名。二十二年，裁拨天津海口战兵一名，守兵一名。咸丰元年，裁拨屏山战兵一名，守兵五名。四年，裁减马兵一名，改补步战兵一名。六年，增添新兵三十名，实共现存新旧马步战守兵二百三十五名，内派换台站④战守兵六名，分防梁山汛战守兵四十四名，哨船舵夫水手九名，余存营、汛。

愚按，国家县皆置汛，辖卒数十百名，而津关要陇⑤兵守之，所以备豫⑥不虞⑦

---

① 塘房：起警备作用的驻军营地。塘：明、清驻军警备的较小辖地，比"汛地"小。
② 此处的"郡志"指道光《夔州府志》，从"梁万营官兵新制"开始均与道光《夔州府志》卷二十《武备志·梁万营》中的记载（中华书局2011年12月点校第1版，第209—210页）相同。
③ 回疆：清代对新疆天山南路的通称。该地为维吾尔族所聚居，因清代对信仰伊斯兰教的少数民族或地区多加称为"回"，故名。也叫回部。
④ 台站：旧时我国边远地区所设置的一种类似驿站的机构。
⑤ 津关：水陆要地之处所设的关口。要陇：险要之地。
⑥ 备豫：防备。
⑦ 不虞：料想不到的意外事件。

者密矣。万地扼束①巴楚，犄角②忠夔，水陆之要冲，省会之关键也。自流贼蹂躏窃据频仍③，督臣④诛夷⑤叛逆，鉴于反侧⑥，然后题请置营，将弁⑦林立，兵以千数，控制严而百姓得安其性命矣。是后四境无事，将卒⑧渐次裁撤，然营、汛如故，都阃⑨简兵⑩不下数百，犹想见安不忘危⑪之至意⑫焉。

① 扼束：控制，约束。
② 犄角：依靠，支援。
③ 窃据：用不正当手段占据。频仍：连续不断。
④ 督臣：即总督。因上对朝廷，故称。
⑤ 诛夷：诛杀。
⑥ 鉴于反侧：借鉴于此地叛乱的反复无常。
⑦ 将弁：武官的通称。
⑧ 将卒：军官和士卒。
⑨ 都阃（kǔn）：指统兵在外的将帅。
⑩ 简兵：选兵。
⑪ 安不忘危：居于安定、太平时不能忘记潜伏着的危机，即时刻谨慎小心，提高警惕。
⑫ 至意：极深远的用意。

《增修万县志》卷二十四　职官志

政绩

万邑在昔，州、郡并设，地广事繁，夙号①难治，顾敷政底绩②，代不乏贤。圣朝③吏治修明④，善政入于民心，熙绩⑤播诸众口者，项背相望⑥。不遇盘根错节⑦，安识利器⑧？志载政绩，亦犹史传循良⑨，纪前徽⑩所以风后起⑪也。

晋

杨宗一作崇　《华阳国志·后贤志》：武陵太守杨宗，临江人⑫。《巴志》：罗献代宗预为巴东都督，"蜀平……泰始二年，吴大将步阐、唐咨攻献，献保城。咨西侵至朐䏰，故蜀尚书郎巴郡杨宗告急于洛，未还，献出击阐，大破之……吴武陵太

---

① 夙号：早年号称。
② 敷政底绩：施行教化，取得成就。
③ 圣朝：封建时代尊称本朝。
④ 修明：指政治有序而清明。
⑤ 熙绩：光盛的成绩。
⑥ 项背相望：原指前后相顾。后多形容行人拥挤，接连不断。项：颈项。
⑦ 盘根错节：树木的根枝盘旋交错，比喻事情纷难复杂。错：交错。节：枝节。
⑧ 利器：比喻英才。
⑨ 此两句言地方志载入政绩，也好像历史传记记载善良守法的官吏。
⑩ 前徽：前人美好的德行。
⑪ 风后起：感化后来者。
⑫〔晋〕常璩《华阳国志》卷十一《后贤志》载："文立……巴郡临江人也……同郡毛楚、杨宗……宗，武陵太守。"［刘琳《华阳国志校注》（修订版），成都时代出版社2007年6月第1版，第472—473页］

守孙恢寇南浦，安蛮护军杨宗讨之，退走。因表以宗为武陵太守，驻南浦，诱恤武陵蛮夷，行三县初附民。"①

唐

严挺之 先天二年贬万州录事参军，今邑名宦祠有旧设牌位。《新唐书》本传②：名浚，以字行③，华阴人，少好学，资质轩秀④，举进士，并擢制科⑤，调义兴尉，号材吏⑥。姚崇⑦为州刺史，异之。崇执政，引为右拾遗。先天二年正月望夜⑧，胡人婆陁请然百千灯⑨，因驰门禁⑩。又追赐元年酺⑪，帝御延喜、安福门纵观，昼夜不息，阅月⑫未止。挺之上疏谏，以为"酺者因人所利，合醵⑬为欢也，不使靡敝⑭。今暴衣冠，罗伎乐⑮，杂郑卫之音⑯，纵优倡⑰之玩，不深戒慎，使有司跛

---

① 引文见〔晋〕常璩《华阳国志》卷一《巴志》（同上，第32页）。罗献：根据《三国志·蜀志·霍峻传》《晋书·罗宪传》等历史文献可知，应为"罗宪"。详细考证可参看刘琳《华阳国志校注》（修订版）卷一《巴志》（成都时代出版社2007年6月第1版，第32页）。行：《华阳国志》作"得"。三县：当指靠近晋巴东的迁陵（今湖南省保靖县）、酉阳（今湖南省永顺县南）、黔阳（今湖南省沅陵县西北）三县，皆属吴武陵郡［录自刘琳《华阳国志校注》（修订版），成都时代出版社2007年6月第1版，第33页］。
② 录自〔北宋〕欧阳修、宋祁等《新唐书》卷一百二十九《严挺之传》（中华书局1975年2月第1版，第4482—4483页）。
③ 以字行："以字行于世"的简称。即仅称呼此人的"字"，代替其名。
④ 轩秀：秀异出众。
⑤ 擢：提拔。制科：唐朝科举的一种，由天子亲试。
⑥ 材吏：有才能的官吏。
⑦ 姚崇（651—721）：字元之。陕州硖石（今河南省三门峡市陕州区）人。唐著名政治家，曾任武则天、睿宗、玄宗三朝宰相常兼兵部尚书。
⑧ 望夜：农历十五日之夜。
⑨ 然百千灯：即燃百千灯。然：同"燃"。
⑩ 因驰门禁：因此松驰官门的禁止。
⑪ 赐酺（pú）：秦汉之法，三人以上不得聚饮，朝廷有庆典之事，特许臣民聚会欢饮，此谓"赐酺"。后世王朝遂为一种宴饮庆祝活动。酺：欢聚饮酒。
⑫ 阅月：经一月。
⑬ 合醵（jù）：凑钱饮酒，聚饮。
⑭ 靡敝：浪费。
⑮ 罗伎乐：广布音乐、舞蹈。
⑯ 郑卫之音：春秋战国时郑、卫两国的民间音乐。因不同于雅乐，曾被儒家斥为"乱世之音"。后多用以泛指淫靡的音乐。
⑰ 优倡：指歌舞杂戏。

倚①，下人罢剧，府县里间课赋②苛严，呼嗟道路，贸坏家产，营百戏，扰方春之业，欲同其乐而反遗之患。乃陈"五不可"，诚意忠到，帝纳焉。侍御史任正名持风宪③，至廷中④责詈⑤衣冠。挺之让⑥其不敬，反为所劾，贬万州员外参军事。开元中，为考功员外郎，累进给事中，典贡举⑦，时号平允。会杜暹、李元纮为相，不相中⑧。暹善挺之，而元纮善宋遥，用为中书舍人。遥校吏部判，取舍与挺之异，言于元纮，元纮屡诘让。挺之厉言曰："公位相国⑨，而爱憎反任小人乎？"元纮曰："小人为谁？"曰："宋遥也。"繇是⑩出为登州刺史，改太原少尹。初，殿中监王毛仲⑪持节抵太原、朔方籍⑫兵马，后累年，仍移太原取兵仗⑬，挺之不肯应。且以毛仲宠幸久，恐有变，密启于帝。俄改濮、汴二州刺史，所治皆严威，吏至重足胁息⑭。会毛仲败死，帝以挺之言忠，召为刑部侍郎，迁太府卿。宰相张九龄雅知之，用为尚书左丞，知吏部选⑮。李林甫与九龄同辅政，以九龄方得君⑯，诣事之，内实不善也。户部侍郎萧炅，林甫所引，不知书，尝与挺之言，称"蒸尝伏腊"⑰乃为"伏猎"。挺之白⑱九龄："省中⑲而有伏猎侍郎乎！"乃出炅岐州刺史，林甫恨之。九龄欲引以辅政，使往谒林甫，

---

① 跛倚：偏袒。

② 课赋：征收赋税。

③ 持风宪：《新唐书》作"恃风宪"。风宪：古代御史掌纠弹百官，正吏治之职，故以"风宪"称御史。

④ 廷中：朝廷中。

⑤ 责詈（lì）：责骂。

⑥ 让：责备，谴责。

⑦ 典贡举：主持科举考试的官员。

⑧ 不相中：不和睦，不融洽。

⑨ 公位相国：您居宰相位。

⑩ 繇（yóu）是：于是。表示后一事承接前一事，后一事往往是前一事引起的。繇：通"由"。

⑪ 王毛仲（？—731）：高句丽人，始为李隆基家奴。李隆基继位后，授为大将军，因诛杀萧至忠等有功，升为辅国大将军。开元九年（721）为朔方道防御讨击大使，后来居功触怒唐玄宗，又得罪了高力士。后被赐死。

⑫ 籍：登记。

⑬ 兵仗：兵器的总称。

⑭ 重足：叠足不前，形容非常恐惧。胁息：屏气，敛息，形容恐惧之至。

⑮ 知吏部选：主管吏部的选拔。

⑯ 得君：谓得到君主的信任和重用。

⑰ 蒸尝伏腊：与祭祀有关。蒸尝：指秋冬二祭。伏腊：古代两种祭祀的名称。"伏"在夏季伏日，"腊"在农历十二月。

⑱ 白：报告。

⑲ 省中：唐朝确立了三省六部制。此处指尚书省。

挺之负正①，陋其为人，凡三年，非公事不造②也，林甫益怨。会挺之有所诿于蔚州刺史王元琰，林甫使人暴其语禁中③，下除④洛州刺史，徙绛州。天宝初，帝顾林甫曰："严挺之安在？此其材可用。"林甫退，召其弟损之⑤与道旧⑥，谆谆款曲，且许美官，因曰："天子视绛州厚，要当以事自解归，得见上，且大用。"因绐⑦挺之，使称疾，愿就医京师。林甫已得奏，即言挺之春秋高，有疾，幸闲官得自养。帝怅叱⑧久之，乃以为员外詹事，诏归东都。挺之郁郁成疾，乃自为文志墓，遗令薄葬，敛以时服。挺之重交游，许与生死不易，嫁故人孤女数十人，当时重之。

愚按，严挺之政绩，志稿节录《新唐书》本传，但挺之为万参军政绩不传，故据旧设牌位书之。重其人，故全录本传不遗，即以信其有惠政也。

柏贞节　旧省志："大历初，授夔、万等州防御使，制称其雅有器干，深于戎律。蕴三略以经世，秉一心而事君。杜甫寓夔，贞节厚加优礼，尝分俸给之。崔旰乱，贞节率子弟起兵讨旰，故甫诗云：'柏公镇夔门，滞雾兹一扫。'"⑨祀名宦。

鲜于炅　颜真卿《鲜于仲通碑》："仲通子，万州刺史。炅雅有父风，作牧万州，政绩尤异，诏迁秘书监，寻改牧巴州。"杜子美有《送鲜于万州迁巴州》诗⑩。

---

① 负正：抱有正气。
② 不造：不去拜访。
③ 禁中：也作"禁内"。封建帝王所居的官苑。因不许人随便进出，故称。
④ 下除：贬官。
⑤ 损之：即严损之，严挺之的弟弟。
⑥ 道旧：谈论往事，叙说旧情。
⑦ 绐（dài）：同"诒"，欺骗，欺诈。
⑧ 怅叱：《新唐书》作"恨叱"。
⑨ 此处的"旧省志"指嘉庆《四川通志》，引文见卷百十三《职官志十五·政绩五·夔州府》（巴蜀书社1984年12月影印第1版，第3521页）。制：帝王的命令。器干：犹才干。戎律：军机，军务。三略：也称《黄石公记》《黄石公三略》，我国古代兵书，相传为秦때黄石公撰。据后人考证，约为秦汉之间无名氏作品。全书分上略、中略、下略三卷。论述治国统军的战略思想以及谋略等。崔旰：唐朝中期重要的军事家、政治家。其是严武的爱将，时任西山都知兵马使。严武死后，他请求朝廷任命大将王崇俊为剑南节度使，可朝廷已任郭英乂。郭英乂至成都，先杀王崇俊，又召崔旰还成都，崔旰不还，于是郭英乂自将兵讨崔旰，结果大败。后郭英乂被杀，众人讨伐崔旰，蜀中大乱。杜甫诗题为《园人送瓜》（中华书局编辑部点校《全唐诗》增订本卷二百二十一，中华书局1999年1月第1版，第2346页）。夔门：《全唐诗》作"夔国"。滞雾：《全唐诗》作"滞务"。
⑩ 此诗可见于中华书局编辑部点校《全唐诗》增订本卷二百三十一（中华书局1999年1月第1版，第2545页）。本志卷三十六《艺文志下·诗》中亦有收录，可以参看。

苗　　拯　　旧郡志："上党人，峭直有学术，以谏议大夫贬万州。"[①]祀名宦。

张　　造　　旧郡志："为万州刺史。秦宗权[②]余党常厚[③]屯白帝，为许存所破，厚奔万州，造力拒之，厚奔绵州。万得以全。"祀名宦。

五代

石处温　　《九国志·后蜀》本传："万州人，同光中孟知祥入蜀，补万州管内诸坛提点指挥使，率义兵同收峡路。时通州大将王允琼侵扰边鄙，及草寇杜景温劫乡豪、杀县令，牟孟剽略户口，焚烧村落，处温与诸军讨平之。知祥遗书褒美，转万州管内义军都指挥使。孟昶袭位，授万州刺史。"

宋

王宗望　　《宋史》本传：字磻叟，光州固始人，以荫累擢夔州路转运副使。哲宗即位，行赦赏军，万州弥旬不给，庖卒朱明因众怒，白昼入府宅，伤守臣，左右惊散，他兵藉谋兆乱，宗望闻变，自夔疾驱至，先命给赏，然后斩明。以徇且窜视守伤不救者，乃自劾，朝廷嘉之。[④]

程师孟　　《宋史》本传："字公辟，吴人，进士甲科……提点夔路刑狱。泸戎数犯渝州，边使者治所在万州，相去远，有警率浃日乃至。师孟奏徙于渝。夔路无常平粟，建请置仓，适凶岁，赈民不足，即矫发他储，不俟报。吏惧，白不可。师孟曰：'必俟报，饿者尽死矣。'竟发之。"[⑤]

愚按，杨宗非南浦官，磻叟、公辟亦本路而非本州[⑥]，以一驻南浦，一治所在万，一定乱在万，故并录之。

---

① 此条和下条中"旧郡志"指乾隆《夔州府志》，引文见卷六《宦绩·万县》（中华书局2015年9月点校第1版，第196页）。峭直：严峻刚正。谏议大夫：职官名，掌侍从规谏之职。

② 秦宗权（？—889）：河南郡许州（今河南省许昌市）人。广明元年（880），秦宗权趁机驱逐蔡州刺史，占据蔡州。同年冬，黄巢率起义军入关，唐僖宗逃离长安出奔西川，秦宗权以蔡州军攻击起义军，以功授蔡州奉国军节度使。后兵败投降黄巢，仍称蔡州节度使。龙纪元年（889），秦宗权被斩。

③ 常厚：为秦宗权的别将。秦宗权败亡后，其占据夔州，围白帝城。郭禹（成汭）收复夔州，常厚奔万州，遭刺史张造抵抗，逃到绵州。后成为当权宦官杨复恭养子，改名杨守厚，被任命为绵州刺史。

④ 引文见〔元〕脱脱等《宋史》卷三百三十《王宗望》（中华书局1977年11月第1版，第10636页）。藉：《宋史》作"籍籍"。籍籍：众口喧腾的样子。

⑤ 引文见〔元〕脱脱等《宋史》卷三百三十一《王宗望》（中华书局1977年11月第1版，第10660—10661页）。浃日：古代以干支纪日，称自甲至癸一周十日为"浃日"。赈民：《宋史》作"振民"。矫：假托。

⑥ 亦本路而非本州：也为官于夔州路而不是万州。

鲁有开　旧省志：至和中"知万州误，本南浦太守，政宽民和，人怀其惠。暇日修西山池亭，萃泉石之胜，杂植竹木花果，一时名贤相过，游咏其中，后之人名其地为鲁池云。"①祀名宦。

束　庄　东平人，嘉祐八年以驾部员外郎守南浦郡。郡濒江蹲山，土瘠而民啬，居室多草茨，火灾屡作。庄籍羡缗募，陶人屋，通衢而瓦之，筑水防，表火道，其害始息。祀名宦。

刘　源　旧省志："嘉祐中为万州刺史，溪有滩，舟楫患之，源焚其石，淬以醯，石解流通。民德之。"②祀名宦。

赵希混　旧郡志："元丰间知万州，与范镇、张俞常唱酬于二咏亭，三人齐名，一州称为盛事。"③

王可道　旧郡志："熙宁间以大理寺丞知万州，时旱，祈祷有感。"④

张大中　旧郡志："永陆进士，绍兴中为南浦令，甘清苦，勤民事，时称古廉吏，历官果州通判。"

冯时行　旧郡志："字当可，巴县人，绍兴状元。与朱松、曾开等极言和议之非，出为奉节县尉，升知万州。公平廉谨，治甚有声，百姓爱之，立祠以祀。有《缙云集》行世。"祀名宦。

附录

明王应熊⑤撰《时行传》："时行，字当可，别号缙云，恭州⑥南乐碛人。嘉熙

---

① 此处的"旧省志"指咸丰《四川通志》，引文见卷七《名宦下》（景印文渊阁《四库全书》本，台湾商务印书馆1986年3月第1版，第559册，第297页）。修：咸丰《四川通志》作"敞"。为鲁池：咸丰《四川通志》于此三字之前有"鲁园池"三字。

② 此处的"旧省志"指咸丰《四川通志》，引文见卷七《名宦下》（同上，第295页）。按，咸丰《四川通志》、嘉庆《四川通志》均载刘源为"开州万川令"，非"万州刺史"。另，据开州历代建置沿革可知，非"万川"，为"万岁"。宋时开州辖有两县，即开江县和万岁县。万岁县的县治在今重庆市开州区温泉镇县坝村。嘉祐：宋仁宗的第九个和最后一个年号，从1056年至1063年共8年。石解：滩石解散，即疏通河道。德之：咸丰《四川通志》作"祀之"。

③ 此处的"旧郡志"指道光《夔州府志》，引文见卷二十四《政绩志·万县》（中华书局2011年12月点校第1版，第354页）。

④ 此条和后面两条材料中的"旧郡志"指乾隆《夔州府志》，引文均见卷六《官绩·万县》（中华书局2015年9月点校第1版，第196页、第197页、第193页）。

⑤ 王应熊（1589—1647）：字非熊，号春石。万历四十一年（1613）进士。官至礼部尚书兼东阁大学士、兵部尚书兼文渊阁大学士，督川、湖、云、贵军务，卒赠太保、建极殿大学士，谥号"文恪"。其博雅能文，尤工诗，著有《春石集》。

⑥ 恭州：重庆古称。

间状元及第,宰①通义之丹稜,有惠政,以奉礼郎赴行在②。时秦桧主和议,时行召对,力言不可,至引汉高帝分羹事③为喻。帝曰:'朕不忍闻!'颦蹙④而起。桧乃谪时行知万州部使者,承风旨附会⑤抵罪,由是居里社十余年。桧死,起守蓬黎,而以提点成都刑狱终。著有《缙云集》。"

宋蹇驹撰《古城冯侯庙碑》:提点成都府刑狱功事冯侯,隆兴元年死其官。死四年,名山进士众大中,合邦之人思,筑宫于县之古城,以俎豆⑥侯。又三年,驹来守雅州,考侯事之终始,刻之石。先是经界之祸,此邦实烈。方经界之令甫⑦颁,民恐惧,不敢轻售⑧其奸。法既行久且玩⑨,奸弊始错出,跬步⑩之田,而受倍蓰⑪之税;连阡陌者,以巧幸入轻租。贫者破业产,瘠沟中枕籍⑫,几蹈汤火之酷,将且十年。而侯持节而来,问民疾苦,首得此,蹙然⑬,寝食不遑⑭。即闭合⑮,书奏报天子,乞仍其故。既画可行,民欢迎曰:"吾今更生矣!"及侯死,民聚哭曰:"我有屋庐,侯焉我使,我获弛然,安居其下;我有田畴,以耕以饱,皆侯之赐,虽一饭必祝⑯。"大中斥

---

① 宰:主管,治理。
② 行在:即"行在所",皇帝所在的地方,本指京都。后泛指皇帝所到之处。
③ 汉高帝分羹:典见〔西汉〕司马迁《史记》卷七《项羽本纪》:"彭越数反梁地,绝楚粮食,项王患之。为高俎,置太公其上,告汉王曰:'今不急下,吾烹太公。'汉王曰:'吾与项羽俱北面受命怀王,曰约为兄弟,吾翁即若翁,必欲烹而翁,则幸分我一杯羹。'"(郭逸、郭曼标点《史记》,上海古籍出版社1997年8月第1版,第226页)彭越几次返回梁地,断绝楚军粮食供应,项羽对此很忧虑。架起高高的砧板,把刘邦父亲放在上面,告诉刘邦说:"现在不赶紧投降,我就煮了你父亲太公。"刘邦说:"我和你都接受怀王的使命,说'约定为兄弟',我父亲就是你父亲,一定要煮了你父亲,那就希望你分我一杯肉汤。"后多用以借指父子不和,没有情义。
④ 颦蹙(pín cù):皱眉皱额,比喻忧愁不乐。
⑤ 风旨:指君主的旨意,意图。附会:牵强凑合。
⑥ 俎豆:祭祀。
⑦ 甫:刚刚。
⑧ 轻售:轻易施展。
⑨ 玩:轻视,忽视。
⑩ 跬步:半步。
⑪ 倍蓰(xǐ):谓数倍。倍:一倍。蓰:五倍。
⑫ 枕籍:即枕藉,纵横交错地躺卧在一起。
⑬ 蹙然:忧愁不悦貌。
⑭ 不遑:无暇,没有闲暇。
⑮ 闭合:即闭合思过,指关起门来自我反省。
⑯ 祝:祷告。

七十万钱，缚屋塑侯像。民岁时①歌舞其下，水旱厉疫②必以祷，侯亦能为民祸福，以恐动其民而食其土云。

朱子《跋张敬夫与冯公帖》："此张敬夫与缙云冯当可书也。"味其词意，知其一时家庭之间，定省③从容，未尝食息④不在中原之复，令人感慨不已。冯公独不及识，然尝见故端殿汪公⑤甚推重之，近得其文集读之，议论伟然。而所论人主正心亲贤⑥，为所谓建极⑦者，明禹箕之传⑧，破诸儒之陋，乃适与鄙意合，尤恨不得一见其面目，而听其话言也。

卢宗⑨式　旧郡志："绍兴间知万州，政和讼理，祈雨，克期而应。"⑩

吴景偲　旧郡志："巴陵人，乾道中任夔州参军，勤密不懈，尝摄万州，有声。王梅溪赠诗有云：'为郎堪叹冯唐老，治郡聊施黄霸长。'"

张　宾　旧郡志："庆元中知万州，有惠政，加意造士，时郡士二人同年登第，宾立桂花坊以表之。"

杨鼎年　《朝野杂记》："武兴之变，知万州杨鼎年避伪去官。"

上官夔　德祐间为万州守将，元师取蜀，开、达、洋川俱下，独万坚守，攻之不克，相持年余。元人已拔外城，一再遗檄劝降，夔终不屈。城破，犹巷战，力尽死之，元将纪其事于天城石壁。《宋史·忠义·张珏传》：德祐二年"万州破，杀守将上官夔。"⑪祀名宦。

明

---

① 岁时：每年一定的季节或时间。
② 厉疫：即疠疫，急性传染病。
③ 定省：旧时子女早晚向父母请安。
④ 食息：谓每时每刻。
⑤ 端殿汪公：即端明殿学士汪大猷（1120—1200），字仲嘉，庆元府鄞县（今浙江省余姚市）人，南宋大臣。端明殿学士：官名，后唐天成元年（926）始置。以翰林学士担任，掌进读书奏。宋沿置，由久任学士大臣担任，元丰改制后，并以执政官担任，无职掌，仅出入侍从备顾问。
⑥ 亲贤：亲近贤人。
⑦ 建极：语本《尚书·洪范》："皇建其有极。"孔颖达疏："皇，大也。极，中也。施政教，治下民，当使大得其中，无有邪僻。"（《尚书正义》卷十二，第307页）指建立中正之道。
⑧ 禹箕之传：指《洪范》"九畴"（即治理国家必须遵循的九条大法），舜帝传给大禹，而箕子将其发扬光大。
⑨ 宗：前卷二十二《职官志·历任》作"中"。
⑩ 此条及下两条材料中的"旧郡志"指乾隆《夔州府志》，引文见卷六《宦绩·万县》（中华书局2015年9月点校第1版，第197页、第189页、第197页）。克期：定期，如期。
⑪ 引文见〔元〕脱脱等《宋史》卷四百五十一《忠义六》（中华书局1977年11月第1版，第13283页）。

刘　成　　旧志："洪武七年知万县，草创之初，制度未备，多所建立，人称为贤令云。"①

桂仲②权　　旧志："洪武十五年知万县，首建学校，百废具举。"

郭子卢　　旧志："江西太和进士，洪武中知万县，政甚有声，邑人称颂，历官广西佥事。"省志作郭子虚③。

高　溥　　旧志："歙县人，永乐中知万县，恺悌④爱民，有古循吏⑤风。"祀名宦。

徐　熙　　旧郡志："直隶霍邱监生，成化中知万县，莅政公勤，处己廉洁，政声远著，吏畏民怀。"⑥

龙　济　　旧志："江西举人，成化中知万县。廉介⑦自持，爱民如子，修砌石城，周五里余，民赖保障。"

窦　祥　　旧志："河南祥符进士，以御史谪知万县，廉能刚介，志意不隳，惠政及民。"祀名宦。

杨　湜　　旧志："云南太和举人，正德中知万县，刑清政举，士悦民安，开药局以惠民，给棺椁以助葬，民感其德，时称循良。"祀名宦。

成敏贯　　旧郡志："湖广石首举人，嘉靖中知万县，廉慎公勤⑧，刚明果断，勤教养，服叛蛮，士民至今思之。"

唐　灿　　旧郡志："嘉靖中任万县教谕，勤学善诱，捐俸以给，贫士多赖陶成，后升福建平乐知县。"

方　登　　湖广潜江人，万历间知万县。《遗爱碑记》："方君几五载于兹，初终一节，忧在民穷，勤在民事，兴在民利，除在民害，境内呼吸痛痒，罔弗⑨关切，宜民怙恃⑩，若父母云。"

---

① 此节的"旧志"指乾隆《万县志》，引文均见卷三《宦绩·明》。
② 仲：前卷二十二《职官志·历任》作"中"。
③ 如咸丰《四川通志》就作"郭子虚"（景印文渊阁《四库全书》本，台湾商务印书馆1986年3月第1版，第559册，第297页）、嘉庆《四川通志》亦是（巴蜀书社1984年12月影印第1版，第3525页）。
④ 恺悌（kǎitì）：和乐平易。
⑤ 循吏：善良守法的官吏。
⑥ 本节中的"旧郡志"均指乾隆《夔州府志》，均见卷六《宦绩·万县》（中华书局2015年9月点校第1版，第197页）。
⑦ 廉介：清廉正直。
⑧ 廉慎公勤：清廉谨慎、公正勤勉。
⑨ 罔弗：无不。
⑩ 怙恃（hùshì）：依赖，凭借。

李　植　　旧志："湖广黄冈举人，万历五年知万县，廉能并著①，士民怀之，召入为御史。"祀名宦。

　　毛羽健　　旧郡志："湖广公安进士，天启间知万县，三载，循声大著，调任巴县，去之日，合邑绅士父老祖道江干②，泣声载道，有《去思碑》，累官御史。"

　　方元正　　旧志："字起白，福建莆田人，崇祯间知万县，性刚正而慈爱，到任半载，时寇乱频仍，寸土无耕，人至相食，元正捐资设粥活之。历任九年，咸以为古之遗爱③。"后累升荆南道。

　　赵　珂　　旧志："山西太原人。鄢蓝为乱，余党安插临江，事势危迫；又土汉兵辏集，动费万钱，珂善经营，无恐。贼平，致仕④归。"祀名宦。

　　国朝

　　王贞一　　省志："江南太平恩贡，康熙二年知万县，耿介自持，⑤恩威并著。"祀名宦。

　　郑朝清　　旧志："福建泉州举人，康熙十年知万县，秉志不阿，勤敏民事，训课⑥士子，咸仰其德。"祀名宦。

　　龙鳞锦　　旧志："广东番禺举人，康熙十九年任万县，忠厚廉洁，慈爱及民。"祀名宦。

　　张永辉　　旧志："山西临汾人，性通敏⑦，才干练⑧。康熙二十一年任万县，捐俸创修儒学、义学、名宦、乡贤、崇圣祠，作养⑨人才。"

　　刘乃大　　旧郡志："字有容，江南山阳廪生，乾隆元年任万县。清廉持己，慈惠及民，凡悍吏豪奸，剔除几尽；捐俸修明伦堂，立静波楼，创纂邑乘；又于学宫左侧开便民池，修石枧百余丈，自举人关引水入城，注诸池，居民便之。"⑩

---

① 廉能并著：清廉能干同时显著。
② 祖道：古代为出行者祭祀路神，并饮宴送行。江干：江边，江岸。
③ 遗爱：指有古人高尚德行、被人敬爱的人。
④ 致仕：辞官退休。
⑤ 咸丰《四川通志》、嘉庆《四川通志》均有载，内容一致，且皆作"王正一"。孤介自持：正直、直爽，不同流俗，自我克制。
⑥ 训课：训诲和督促。
⑦ 通敏：通达聪慧。
⑧ 干练：能干老练。
⑨ 作养：培养，培育。
⑩ 从文字内容来看，此段材料与乾隆《夔州府志》中的记载差异甚大，与道光《夔州府志》中的记载较为接近（中华书局2011年12月点校第1版，第355页）。另，二府志均未提及刘乃大"创纂邑乘"事。清廉持己：以清白廉洁持身。

愚按，《旧志序》，创纂邑乘乃刘高培，郡志或误，抑亦此创而未成耶？

陆　锦　　郡志："江南长洲人，署万县。以昔年钱粮不满千金，试童不满百人，迩来额征三千有零，童生数百应试，详请改为中学。上宪批回，当先由首县增额。锦方拟再详，适升嘉定州，不果。合邑感之，立碑明伦堂。"①

刘文华　　郡志："山西吉州乡宁举人，乾隆二十六年任万县。勤于教养，创设养济院，以赡孤贫，士民怀之。"

梁文五　　郡志："山西介休县举人。乾隆三十六年任万县。廉介自持②，宽猛相济③，有古循良风。建修西山书院，以广作育。"

梁　震　　郡志："江西太和县拔贡，乾隆三十九年任万县。明敏果决，奸民猾吏闻声敛迹，民甚爱之。"

李重福　　郡志："山西解州拔贡，乾隆四十七年任万县，劝农课士④，恩威兼济，闾阎声称不置。"

孙廷锦　　郡志："直隶易州举人，乾隆四十九年任万县。刚正果断，吏畏民怀。修石城以卫民社，建塔阁以培文风，多所创立，有古遗爱风。"

刘大经　　郡志："陕西长安县吏员，嘉庆二年任万县。廉明果断，公正无私。值教匪窜境滋扰，百姓惊恐，大经善应变，不伤财动众，卒赖无虞。"

王世焘　　郡志："江西鄱阳县人，嘉庆四年任万县。惠爱慈祥，宽以济猛。教匪犯境，多方保护，百姓无恐。今邑中建设公乐堂，岁捞浮尸，是其所倡捐者。"

庄炯明　　江苏元和县监生，嘉庆十三年署任万县。遇事果敢，听断⑤有声。有投谋逆匿名揭帖⑥于省者，凡万县稍有声望人，悉罗织其中。大吏委文武二员至邑严办，炯明惟知救民，不顾一己利害，极陈其罔，力保无他，全活不少，邑人戴之。

李　埙　　郡志："云南太和县副榜，嘉庆十五年任万县。惠爱及民，捐俸以课士子。迁升之日，合邑衿士父老祖饯，声称藉藉⑦。"

---

① 此小节中的"郡志"均指道光《夔州府志》，内容见卷二十四《政绩志·万县》（中华书局2011年12月点校第1版，第355—356页）。后不再注出。钱粮：田赋的通称。古以米谷或代金缴纳田地赋税，故称田赋为"钱粮"。试童：参加科考资格考试的学生。迩来：近来。额征：指应征税赋数。上宪：指上司。不果：没有做成。

② 廉介自持：以清廉正直自我约束。

③ 宽猛相济：指政治措施要宽和严互相补充。宽：宽容。猛：严厉。济：相辅而行。

④ 课士：考核士子的学业。

⑤ 听断：听取陈述而做出决定，常指听讼断狱。

⑥ 揭帖：向上司陈诉的报告书。

⑦ 声称藉藉：名声显著。

瞿中策　　山东章邱县进士，嘉庆十八年任万县。严明果断。市郭里冯家梁山洞险固，群盗盘踞，为民害，役莫能捕。中策莅任，亲督官兵团民直捣巢穴，尽擒之，诛渠魁十三人，遐迩称快，境内肃清。

　　宋大中　　郡志：直隶磁州举人，事母孝，嘉庆二十二年任万县。廉明以劳，瘁卒于官，贫不能返榇。邑人醵赙千金，前所任通江部民闻讣，不远数百里，咸来哭奠致赙。万邑士庶公请入祀名宦祠，以格于例寝，乃建遗爱祠祀之。邑贡生魏士良躬送其柩，归葬于磁；复至京师遍征名流记咏，刻之名《遗爱集》。①

　　仇如玉　　号琢庵，浙江钱塘县举人，道光二年任万县。慈祥恺悌，兴利除弊，行之不遗余力。凤山书院向无膏火赀，初至，捐俸劝谕置产，增修脯、设膏火。每课集诸生，诲以殖学立品②，谆切恳挚，士习丕变③。养济院日久，有名无实，捐廉倡募，置田地，建屋宇，设正、副，孤贫口粮数十名。前此收瘗④浮尸，公项无多，倡捐劝募，立公乐堂，买田为垂久计。定规：一尸裹以白布，殓以木棺，凡路毙暴骸，悉为殓瘗，士民感戴。解组⑤归日，合邑祖送，有泣下者。今祀诸遗爱祠，配享宋大中。

　　刘毓熻　　山东清平县举人，道光九年任万县。公正勤廉，每听讼，必当堂书判⑥，人皆服其明允⑦。课士衡文⑧，必亲评校⑨，士多成就者。在任未久，懋著循声⑩。

　　刘伯蕴　　山东潍县举人，道光十年任万县。操守清洁⑪，政事修举⑫，士民怀之，为作《清德颂》，刻于高梁铺道旁石壁。

　　戴齐松　　湖北云梦县进士，道光十四年知万县。勤民爱士，甫下车，微行廉

---

① 这段材料交代来源为"郡志"，但检乾隆《夔州府志》、道光《夔州府志》二志记载与此大不相同。瘁：辛苦劳累。榇（chèn）：棺材。醵赙（jù fù）：凑集的赙金（帮助别人办理丧事的款项）。赙：拿钱财帮助别人办理丧事。部民：统属下的人民。格于例：即格于成例，为传统的惯例所限制，表示不能达到目的。寝：搁置。
② 殖学立品：培植学问，树立人品。
③ 丕变：大变。
④ 收瘗（yì）：收殓埋葬。
⑤ 解组：组，旧时官印上系的丝绳。解组指解下官印，辞官卸任。
⑥ 书判：书写判决。
⑦ 明允：严明恰当。
⑧ 课士衡文：考核士子的学业，品评他们的文章。
⑨ 评校：评论订正。
⑩ 懋著循声：显露出为官奉公守法的名声。
⑪ 清洁：廉洁。
⑫ 修举：处理及时、得当。

访邑中匪类讼师姓名，榜①室壁，于是奸民闻风敛迹②。每四乡勘验，仅用书役数人，丝毫无累于民。接见绅耆，必访民间利弊。书院课士，亲为指授，文风蒸蒸日上，狷薄③之俗为之一变。

兴　善　内务府正黄旗汉军，道光十七年任万县。悃愊无华④，风清政简。十九年，邑中岁歉，捐金畀⑤三里⑥绅耆，倡劝富家各恤其佃户，周⑦其附近极贫者。城关劝输平粜⑧。众感激乐输⑨，合邑弗病艰食⑩，安堵⑪如常。士民作《恤灾救患颂》，刻石以纪其德。解组，归舟将发，见江干送者多贫民，以钱八十千分给极窭⑫者，始解维⑬去。

柴觐岳　河南固始县举人。道光二十年莅万县。被服儒素⑭，食用节俭，为治不尚严威⑮，专务以德化民，廉以律己，人无敢干以私⑯。每课士，生徒⑰环绕，口讲指画，如父兄教其子弟。在任，刑清政简，士悦民怀。

宁　宪　山东宁阳县进士，道光二十六年任万县。厘奸剔蠹⑱，吏役屏息⑲。尤严关防，幕宾家人无敢出宅门者。达下情，理冤狱，惠士林，每一令出，布公开

---

① 榜：张贴。

② 敛迹：隐蔽起来，不敢再出头露面。

③ 狷（juàn）薄：轻薄，轻佻。

④ 悃愊（kǔn bì）无华：至诚而不虚浮。形容真心实意，毫不虚假。悃愊：至诚。华：浮夸。

⑤ 畀（bì）：给予。

⑥ 三里：乾隆《万县志》卷一《沿革》载："国朝因之。编户三里，曰大周里、曰市郭里、曰三正里。"里：古代县以下的地方行政组织。自周始，后代多因之，其制不一。《周礼》以二十五家为一里，《管子》以五十家为一里，《后汉书》以一百家为一里，《明史》以一百一十家为一里。

⑦ 周：周济，救济。

⑧ 劝输平粜（tiào）：劝勉捐献用以平价出售粮食。

⑨ 感激：感动激发。乐输：自愿捐献。

⑩ 弗病艰食：不担忧于粮食的匮乏。

⑪ 安堵：安居。

⑫ 窭（jù）：贫穷，贫寒。

⑬ 解维：解开缆索，指开船。

⑭ 被服儒素：身体力行于儒者的素质，谓符合儒家思想的品格和德行。

⑮ 严威：严肃而威严。

⑯ 干以私：以私事相求。

⑰ 生徒：学生。

⑱ 厘奸剔蠹（dù）：整治邪恶，清除弊害。

⑲ 吏役屏息：官府中的胥吏和差役变得寂静无声（指不敢再害民）。

诚①，民谅②其心。在任未满三月，撤省，卒于成都旅邸③。万人闻讣，莫不泣下。

丁凤皋 贵州开州举人，号九轩，道光二十七年署任万县。绝苞苴④，修政刑⑤，除暴安良，士民颂德。便民池废已四十余年，城中无井，邑多火灾。凤皋捐廉倡修利济池石枧五百余丈，略因便民故道引注泮池，绕出宫墙外，蓄水以备不虞⑥。尝与校官龚珪续纂县志⑦。

彭名浞 湖南巴陵人，字鸿川，咸丰六年署任万县。为政宽而不弛，涪城鹤游之变，忠、万震惊，名浞部署合机宜，设筹防局，不虚糜⑧民财。尝用法外，意使属吏有以自给，而自不干政，时捐输。增广文武生，为详请注销，暂广为永增定额二名，后任继之，于是比于中学。优礼士类⑨，养其廉耻，唯恐伤之。设检验局，定验费，以杜株累⑩。听讼不厌反复，务得其情而不轻用刑。自鄂垣⑪数陷，万县兵差络绎，皆给于官。万民德名浞而忧其疲于共命⑫也。因为太宜人⑬寿，约得金钱二千余缗，却不受。民益爱而敬之。去任，父老祖饯⑭极盛，佥为勒《去思碑》，志不忘。

冯卓怀 湖南长沙府解元，号树堂。咸丰七年任万县。为政猛以济宽，兴利剔弊，除莠安良，讼至即断，结案无留牍⑮。建先农坛、藏主室、修厉坛，定讼费、检验及解费⑯，而胥吏⑰不得因缘⑱为奸。捐廉倡增书院田亩，加膏火，严课规，祀宋五子①以教士。赈水灾，设救火局、义渡船，增安怀所，老弱隆冬给粥，资以惠民。

---

① 布公开诚：即开诚布公，指以诚心待人，坦白无私。
② 谅：信实。
③ 旅邸：犹旅馆。
④ 苞苴（bāojū）：贿赂。古代行贿恐怕为人所知，故以草苇包裹掩饰。
⑤ 修政刑：整治政令和刑罚。
⑥ 以备不虞：以防备预料不到的事。
⑦ 此指修撰道光《万县志》，今已佚。校官：此指训导。
⑧ 虚糜：白白地耗费。
⑨ 优礼：优待礼遇。士类：文人。
⑩ 杜株累：杜绝株连牵累。
⑪ 鄂垣：旧指湖北省省城武昌。
⑫ 共命：命运与共。
⑬ 太宜人：明、清时五品官之母或祖母的封号。此指彭名浞的母亲或祖母。
⑭ 祖饯：饯行。
⑮ 留牍：积压文案。
⑯ 解费：押送（人犯等）的费用。
⑰ 胥吏：官府中的小吏。
⑱ 因缘：勾结。

饬四野联团以制盗贼，而假②公正团长权，俾③得解纷息争④。自是讼师豪猾⑤无敢鱼肉良善，闾阎获安，民咸谓严威贤于煦妪⑥，至今思之安乡政令。士绅赴省汇请立案，大吏并饬遍行各州县。

---

① 宋五子：从本志卷三十六《艺文志》所录冯卓怀《新立宋五子龛位记》可知，其为周敦颐、程颢、程颐、张载、朱熹五人。
② 假：授予；给予。
③ 俾（bǐ）：使。
④ 解纷息争：排解纠纷，平息争论。
⑤ 豪猾：指强横狡猾而不守法纪的人。
⑥ 煦妪（xù yù）：温暖，暖和。

《增修万县志》卷二十五　士女志

选举　文武

　　自乡举里选①变为科举岁贡，而功名道德、豪杰非常之士，莫不出于其中，盖亦登庸②正轨也。万距京师、省会遥远，士子有志观光良难③顾都。谏膺甲科④，铭斋改庶常⑤，此外登贤书⑥、捷南宫⑦者，连镳接迹⑧至。南浦，昔称劲勇⑨，后世武科⑩反微，壬子⑪赴武闱者，万无人焉，今时乃渐起有举者。承平日久，挽百

---

① 乡举里选：古代选拔人才的一种方式，从乡里考察推荐。
② 登庸：举用人才。
③ 良难：确实很难。
④ 此指冉通考中进士（下卷《仕进》有载），其后任兵科都给事中，都谏乃明代六种都给事中的俗称。甲科：明清通称进士为甲科。
⑤ 从下卷记载中的"庶吉士"来看，此指赖勋，铭斋或是其字。庶常：语出《尚书·立政》："太史、尹伯，庶常吉士。"（《尚书正义》卷十七，第472页）明置庶吉士，取义于此。清因以"庶常"为庶吉士的代称。
⑥ 贤书：语本《周礼·地官·乡大夫》："乡老及乡大夫群吏，献贤能之书于王。"（《周礼注疏》卷十二，第297页）贤能之书，谓举荐贤能的名录，后因以"贤书"指考试中式的名榜。
⑦ 捷南宫：指会试中式，即考中进士。明、清举人考进士，会试是决定性的。南宫：汉代把尚书省比作南方列宿，称为南宫。宋、明以来则称礼部为南宫。会试由礼部主持，因称会试中式为捷南宫。捷：谓获胜、取中。
⑧ 连镳（biāo）接迹：接续不断，前后相接，形容人多。
⑨ 昔称劲勇：材料见〔东晋〕常璩《华阳国志》卷一《巴志》："南浦县，郡南三百里……郡与楚接，人多劲勇，少文学，有将帅材。"〔刘琳《华阳国志校注》（修订版），成都时代出版社2007年6月第1版，第36—37页〕
⑩ 武科：旧时选拔武官的科举考试。唐武则天长安二年（702）设武举，为武科之始。以后历朝皆因袭之，但不定期举行，至明代中期始定武乡试、武会试之制。清代沿袭，考试科目为马箭、步箭、弓、刀、石，均名外场，又以默写武经为内场。清光绪二十七年（1901）废止。
⑪ 壬子：此指1852年。

石弓不如识一丁字，岂不然乎？

明进士

舟　通　　洪武二十七年甲戌科张崇榜进士。

郭道源　　永乐二年甲申科曾棨榜进士。

崔奇勋　　嘉靖甲辰科进士，万县有坊。又见《夔府历科题名列》。

傅时望　　隆庆二年戊辰科罗万化榜进士。

刘五纬　　万历四十七年己未科庄际昌榜进士。

国朝进士

杨　棠　　康熙三十三年甲戌科胡任舆榜进士。

陶仁明　　康熙四十五年丙戌科进士。

赖　勋　　嘉庆己未科姚文田榜进士。

刘兆蓁　　嘉庆壬戌吴廷琛榜进士。

明举人

黄希贤　　永乐三年乙酉科举人。

宋　信　　永乐六年戊子科举人。县志作"宋言"。

李景行　　永乐六年戊子科举人。

许志敏　　永乐六年戊子科举人。

周思聪　　永乐六年戊子科举人。

李　华　　永乐九年辛卯科举人。

向　靖　　永乐十二年甲午科举人。

陶文靖　　永乐十二年甲午科举人。

张　斌　　永乐十二年甲午科举人。

幸　能　　永乐十八年庚子科举人。

牟　佐　　永乐二十一年癸卯科举人。

张　观　　永乐二十一年癸卯科举人。

赵　瓒　　宣德元年丙午科举人。县志作"璨"[①]，省志作"瓒"。

张试荣　　宣德七年壬子科举人。

魏　纪　　景泰元年庚午科举人。

崔奇勋　　嘉靖二十二年癸卯科举人。

---

① 此指乾隆《万县志》，见卷三《科贡》。

傅时望	隆庆元年丁卯科举人，成进士。
孙应乔	万历元年癸酉科举人。
沈　良	万历元年癸酉科举人。
江鲤腾	万历三十七年己酉科举人。
刘五纬	万历四十六年戊午科举人，成进士。
沈鸿儒	万历四十六年戊午科举人。
刘仲奇	天启四年甲子科举人。
刘　禹	天启四年甲子科举人。
沈良方	崇正①九年丙子科举人。旧志作"沈良"②。
孙乔芳	崇正十五年壬午科举人。

国朝举人

刘履泰	顺治十七年庚子科举人。
郭象崇	康熙二年癸卯科举人。
程　鼎	康熙十一年壬子科举人。旧志"万人，忠州学"。
程　豫	康熙二十三年甲子科举人。
刘鹏翥	康熙二十六年丁卯科解元。
黄　通	康熙二十九年庚午科举人。
杨　棠	康熙三十二年癸酉科举人，成进士。
陶仁明	康熙三十五年丙子科举人，成进士。省志"建始学"。
方　昶	康熙三十五年丙子科举人。
黄维屏	康熙三十五年丙子科举人。
袁世德	旧志：万人，巫山学③。康熙三十五年丙子科举人。
钟常正	康熙四十一年壬午科举人。
程元楫	康熙四十一年壬午科举人。
程元骥	府学，康熙四十四年乙酉科举人。
刘　勋	康熙四十七年戊子科举人。
刘　溶	府学，康熙五十年辛卯科举人。
李正华	康熙五十年辛卯科举人，建始学。

---

① 崇正：应为"崇祯"。下同。
② 此指乾隆《万县志》，见卷三《科贡》。
③ 同上。

陆　轼	康熙五十二年癸巳恩科举人。
程元樑	康熙五十二年癸巳恩科举人。
姜　琯	康熙五十六年丁酉科举人。旧志作"姜绾"[①]。
赵其昌	康熙五十六年丁酉科举人。
罗洪声	康熙五十六年丁酉科举人。本姓易，涪州学。
何　淳	雍正元年癸卯恩科举人。
程　峰	雍正四年丙午科举人，南溪学。
严圣义	雍正十三年乙卯科举人。
黄　峋	乾隆三年戊午科举人。
刘汉宽	乾隆三十年乙酉科举人。
赵荣义	乾隆三十六年辛卯科举人。
程　训	乾隆三十九年甲午科举人。
曹芳六	乾隆五十一年丙子科举人。
陈一书	乾隆五十七年壬子科举人。
杨发枝	乾隆六十年乙卯恩科举人。
赖　勋	嘉庆三年戊午科举人，成进士。
刘兆藜	嘉庆五年庚申恩科举人，成进士。原名启科。
万峰青	嘉庆十八年癸酉科举人。
王子珍	道光八年戊子科举人。
幸德昭	道光十二年壬辰科举人。
易　瀚	道光十二年壬辰科举人。
贺正笏	道光十五年乙未恩科举人。
陈光烈	道光十七年丁酉科举人。
廖联奎	道光二十三年癸卯科举人。
许家楣	道光二十九年己酉科举人。
左斗才	咸丰八年戊午科举人。
陈　善	咸丰九年己未恩科举人。
何永卓	同治三年甲子科带补辛酉科举人。
王燮元	同治三年甲子科带补辛酉科举人。
谭云鹏	同治三年甲子科带补辛酉科举人。

[①] 此指乾隆《万县志》，见卷三《科贡》。

顺天府中式①举人

陈二士　　嘉庆十五年庚午科举人。

陈新之　　道光元年辛巳科举人。

国朝副贡生

赵其昌　　康熙辛卯科副贡，后中式。

程　晋　　康熙丁卯科副贡。

赵　益　　乾隆戊子科副贡。愚按，戊子副贡，则丁酉不与选拔矣。或误，省志缺科。

赵荣义　　乾隆庚寅科副贡，后中式。

牟载瀛　　道光己亥恩科副贡。

左翊元　　道光庚子科副贡。

陈光熙　　道光癸卯科副贡。同治元年举孝廉方正②，以亲老辞不赴。

朱仁宇　　咸丰乙卯科副贡。同治元年举孝廉方正，以疾辞不赴。

明拔贡生

邓汉臣　　万历间拔贡。

陆升玉　　见旧志③。

国朝拔贡生

陈　纲　　雍正己酉科选拔。

李　浡　　雍正乙卯科选拔。县志注"乾隆丙辰"④，误。盖六年一选，则有卯科。十二年一选，则惟有酉科。又郡志作"岁贡"。

刘正坤　　乾隆辛酉科选拔。

郭　瑛　　乾隆癸酉科选拔。

刘福征　　乾隆乙酉科选拔。

赵　益　　乾隆丁酉科选拔。省志：府县学俱载，疑重出。

赵　昶　　乾隆己酉科选拔。

杜　礼　　乾隆辛酉科选拔。

---

① 中式：科举时代考试及格。
② 孝廉方正：清代特诏举行的制科之一。自雍正时起，新帝嗣位，诏直省府、州、县、卫各举"孝廉方正"，赐六品章服，备召用。乾隆以后，定荐举后送吏部考察，授以知县等官及教职。
③ 此指乾隆《万县志》，见卷三《科贡》。
④ 乾隆《万县志》卷三《科贡》载："李浡，乾隆丙辰拔。"

冯　浩　　嘉庆癸酉科选拔。

孙化南　　道光乙酉科选拔。朝考一等。

蒋兴仁　　道光丁酉科府学选拔。

孙兆岐　　道光丁酉科选拔。

许家楣　　道光己酉科选拔，中式。

姚本地　　咸丰辛酉科选拔。

国朝优贡生

程之联　　道光戊戌科优贡，考取八旗汉教习①。

明贡生

向恭、刘清、陈坤、谭试新、张试荣、何逊、骆安、谭辉、赵廉、魏文昭、刘彬、毛汝安、高崧、黄勉、张敏、余敬、谭经、骆浩、傅友凉、覃文礼、冉遇旧志"冉愚"，省志同、何哲、陈善、谭复初、余庆、郭用、骆俊、姜旺、冉斌、牟颖、谭衍、郭思平、向贞、谭浩、李纲、王通、向渊、叶荣、胡简、何澜、程先、向贤、傅杰、毛哲、周鼎、易宽、宋纪、冉麟、傅贵、谭道、陶惇、李全、杨忠、吴雄、谭温、向山、谭岐凤、王廷宸、胡昂、傅良、陶宪、程应魁、郎文林、魏廷汉、张霄汉、谭銮旧志作"覃銮"，省志同、陶璞、崔时杰、张云汉、胡瑞、张表、李宗翰、刘恩、杨宪、何舜元、胡公铬、孙茂、谭嘉教旧志作"谭教"、傅之经、刘惟中、向舜卿、刘仁、傅冠、谭璋、谭霆、魏邦、刘朝南、吴宗、冉三元、傅时敏、胡泮、向志、夏继韶、傅凤、刘三恕、刘五仲、包负奇、孙祥、刘庆远、吴运大、吴之淮、吴献芹、吴献葵、吴献苍、吴献棐、张九苞、向于溟、刘履晋、邓之材、胡洪、陶之化、邓楷、沈萃麟、沈萃美、钟良、沈巨儒、杜时昌。

国朝贡生

程长府学、易时睿府学、吴大谟府学，俱见省志、刘麟、黄玉弦、陈俊、杨永嵩、卫传武、方从矩、杜芝若、陈文、龚铭、赵怡、王继初、曹芳远、陈一正、刘用中、程峦、易光周、王家祥、魏执中道光丁酉科，挑誊录、李伍、何渭、张翊赞、李苂、朱仁宇、陈光照、左逢源、何贞介，以上恩贡。

陈治才、刘鉴府学、孙兰省志"恩贡"、程正性、刘若鹏、谭怀国、吴琮、程贲、程晋康熙丁卯副榜、刘勋康熙戊子中式、程谦、文如璠、江源、杜翊宇、张翼如、张次庆、

---

① 八旗汉教习：清八旗官学、宗学中教授汉文的教师。由礼部从考取的举人、贡生以及新进士中择老成者充任。乾隆八年（1743），定八旗官学汉教习三年期满，分等引见。考核获一等者知县补用，二等者教职铨选。一等者若再教习三年，确属认真训课，即用为知县。

邓栩、李绍弼、丁为霖、杨为栋、沈松、袁士璋、李元梅、沈樟见省郡志、旧志、刘璧、程元梅、程元俊、谭孔信、宋本、杨英、程元栋、黄奇廉、胡之藩、范仕任、刘铉、赵其昌后中康熙辛卯副榜，丁酉举人、刘铎、孙尔昌、王作惠、徐国佐、杜之章、傅维翰、孙尔锡、杜之预、李枚、余之璐、王作信、王希文、陈正德、李一新、赵永卓、廖肇先、刘澂、李如琛、陈衍虞、敖明义见旧志、向士义见旧志、袁恺、何如澜、吴明、刘珣、傅翼高、谭登邦、晏云齐、刘珩见旧志、李溱旧志"建始县学"、陈铎、范释、蔡曰宁、万良、黄文林省志"文琳"、刘茂才、陆毓麟、刘偲、文朝柱、曹芳廷、张大橺府学、冉璞府学、刘元会府学、范铭道府学、张岚府学、陆兆麟、周宗才、张宏毅、冉玠、王世远、张永和、易昭然、王之屏、马为栋、黄中色、程纯祖、万光祖、赵甸绥、周瑛、程元珏、崔鸣翔、谭国瑜、陈天旸、王继抡、张冠贤、王家骥、郭周臣、赖鼎、程升旧志作"拔贡"、刘时中、刘麟省志"恩贡"，或二人、刘启祥、文敏时、刘启龙、张继志、张问岐、张麟书、刘光辉、刘光廷、张伯麟、冉永兴、魏士良、梁澍、刘用仪、赖颐、程复新、刘士楷、李端、严性怀、汪怀珠、赖因谷、李景韩、熊轼、杨世荣、冉钧、张美含、何登高、兰荣禄、牟维升、李兆庚府学、甘雨府学、万元俊、牟懋德、程继勋、罗永植府学，以上岁贡。

国朝武举人

刘尧勋　　康熙二十九年庚午科举人。

张成凤　　康熙三十二年癸酉科举人。

刘成猷　　康熙三十八年己卯科举人。

旧志同科易某失其名[1]。

郭世臣　　康熙四十一年壬午科举人。

旧志同科张某、李某失其名[2]。

刘成图　　康熙四十四年乙酉科举人。见旧志[3]。

王作所　　康熙四十七年戊子科举人。

陶以咏　　康熙五十三年甲午科举人。

赵其升　　康熙五十六年丁酉科举人。

陈国璧　　康熙五十六年丁酉科举人，见旧志。

李　元　　康熙五十六年丁酉科举人。

---

[1] 此处的"旧志"指乾隆《万县志》，卷三《科贡》中只载其姓，无名，故云"失其名"。
[2] 同上。
[3] 此处的"旧志"指乾隆《万县志》，卷三《科贡》中有载。

李作栋　　康熙五十六年丁酉科举人。
王　镐　　康熙五十九年庚子科举人。
张　德　　乾隆三十九年甲午科举人。
张开鹏　　嘉庆五年庚午科举人。
向日升　　道光十九年己亥恩科举人。
冯锦春　　咸丰九年己未科举人。
陈定中　　同治三年甲子科带补辛酉科举人。

《增修万县志》卷二十六 士女志

仕进 文 武

历代选举取士，原欲得人材以任国事①。而登进②则不尽由科第③：罝兔野人也而干城④，屠狗市侩也而茅土⑤，萧相国之贤也以刀笔进⑥，张廷尉之明允也以资郎升⑦，夫伏枥之骥，泛驾之马，亦在御之而已⑧。万邑数经兵燹，元以前正杂

---

① 任国事：承担国家大事。
② 登进：提拔任用。
③ 科第：唐以来设科取士，因次第有甲乙，因称科举为"科第"。
④ 此句言捕捉兔子的野外之人成为了国家的将士。典出《诗经·兔罝》："肃肃兔罝，椓之丁丁。赳赳武夫，公侯干城。"（《毛诗正义》卷一，第48页）罝（jū）：网住，捕捉。干城：盾牌和城墙，比喻捍卫国家的将士。
⑤ 此指西汉名将樊哙。典出〔西汉〕司马迁《史记》卷九十五《樊哙列传》："舞阳侯樊哙者，沛人也，以屠狗为事。"张守节正义："时人食狗，亦与羊豕同，故哙专屠以卖之。"（郭逸、郭曼标点《史记》，上海古籍出版社1997年8月第1版，第2023页）屠狗：泛指出身低微者，或位卑的豪杰之士。茅土：指王、侯的封爵。古天子分封王、侯时，用代表方位的五色土筑坛，按封地所在方向取一色土，包以白茅而授之，作为受封者得以有国建社的表征。樊哙深得汉高祖刘邦和吕后信任，后随刘邦平定韩信等，封舞阳侯，故此处云"茅土"。
⑥ 萧相国：即萧何（前257—前193），沛郡丰邑（今江苏省徐州市丰县）人，西汉初年政治家、宰相，西汉开国功臣之一。他开始为沛县县吏，故称"刀笔"，即刀笔吏，代办文书的小吏。
⑦ 张廷尉：即张释之，生卒年不详，字季，堵阳（今河南省南阳市方城县）人，西汉法学家，法官。汉文帝时，张释之曾捐官出仕为骑郎，故此处称"资郎"，即出钱捐官之人。
⑧ 语出〔东汉〕班固《汉书》卷六《武帝纪》："夫泛驾之马，跅弛之士，亦在御之而已。"（中华书局1962年6月第1版，第197页）伏枥之骥：拴在马槽上的骏马，引申义为纵有千里之志，但却缚手缚脚。泛驾之马：不服从驾驭的马，比喻很有才能而不循旧规的人。亦在御之而已：也在于如何驾驭他们罢了。

仕途不可考矣。有明来冉都谏下，内官不过部郎①，外官不过郡县吏，而武弁②封侯伯、膺镇将③者，指不胜屈④。夫南浦劲勇，有将帅材⑤，乃自古识之矣。

明

冉　通　　由进士任兵科都给事中⑥。

傅时望　　由进士、主事⑦，任广西桂林府知府。

刘五纬　　由进士任江南无锡县知县。

李　华　　由举人任云南石屏州知州。

陶文靖　　由举人任云南安宁州、贵州普安州知州。

赵　瓒　　由举人任鹤庆府同知。

张试荣　　旧志：由举人任湖广巴东县知县。

魏　纪　　由举人任湖广石首县知县。

江鲤腾　　由举人任山西临汾县知县，又任广东平阳县知县。

沈鸿儒　　由举人任南京户部陕西司郎中⑧。

刘仲奇　　旧志：由举人任江南太和县知县。

刘　禹　　旧志：由举人任陕西富平县教谕⑨。

---

① 部郎：中央六部中的郎官。
② 武弁：武官。
③ 镇将：总兵、将军（副将、参将）。清于各省置提督，提督下分设总兵官及副总兵官。总兵所辖者为镇，故称总镇。
④ 指不胜屈：扳着指头数也数不过来，形容为数很多。指：手指。屈：弯曲。
⑤ 材料见〔东晋〕常璩《华阳国志》卷一《巴志》："南浦县，郡南三百里……郡与楚接，人多劲勇……有将帅材。"［刘琳《华阳国志校注》（修订版），成都时代出版社2007年6月第1版，第36—37页］
⑥ 兵科都给事中：官名。明、清兵科之主官。明洪武二十四年（1391）设一人，秩正八品。建文（1399—1402）中改为正七品。清顺治十八年（1661）沿设，满、汉各一人。康熙四年（1665）裁。
⑦ 主事：职官名，汉代光禄勋属官置有主事，为所属官员中最优秀者。南北朝时置尚书主事令史，为官署中的事务员，均非正式官职。至金时始为正官。明代六部各设主事，官阶从从七品升为从六品。清代升为正六品，与郎中、员外郎并列为六部司官。
⑧ 户部陕西司郎中：明朝户部下设浙江、江西、湖广、陕西、广东、山东、福建、河南、山西、四川、广西、贵州、云南十三清吏司。各司设司长（郎中）一人到三人不等，正五品；副司长（员外郎）一人，从五品；主事二人到七人不等，正六品。
⑨ 教谕：学官名。宋代在京师设立的小学和武学中始置教谕。元、明、清县学亦置教谕，掌文庙祭祀，教育所属生员。

邓汉臣　　由拔贡任无锡县知县，后任镇江通判①。

赵　廉　　由贡生任江南应天府通判。

魏文昭　　由贡生任福建泉州府知府。

毛汝安　　由贡生任云南楚雄府经历②。

黄　勉　　由贡生任陕西邠州同知。

骆　浩　　由贡生任云南大理府经历。

何　哲　　由贡生任云南经历。

陈　善　　由贡生任云南经历。

姜　旺　　由贡生任湖广武陵县主簿③。

牟　颖　　由贡生任湖广通道县知县。

谭　衍　　由贡生任陕西石泉县知县。

郭思平　　由贡生任陕西蓝田县知县。

谭　浩　　由贡生任河南许州同知。

胡　简　　由贡生任福建龙岩县县丞④。

周　鼎　　旧志：由贡生任经历。

宋　纪　　由贡生任广西柳州府学正⑤。

杨　忠　　由贡生任陕西岐山县主簿。

谭　温　　由贡生任陕西狄道县主簿。

谭岐凤　　由贡生任陕西渭南县主簿。

王廷宸　　由贡生任湖广安乡县训导。

胡　昂　　由贡生任云南府知事。

傅　良　　由贡生任陕西华州学正。

郎文林　　由贡生任经历。

陶　璞　　由贡生任神策经历。

① 通判：官名。宋初始于诸州府设置，即共同处理政务之意。地位略次于州府长官，但握有连署州府公事和监察官吏的实权，号称州判。明清设于各府，分掌粮运及农田水利等事务，职务远较宋初为轻。清代另有州通判，称州判。
② 经历：职官名，掌出纳公文。自金代、元代至清代皆曾设置。
③ 主簿：为汉代以来通用的官名，主管文书簿籍及印鉴。魏、晋以前主簿官职广泛存在于各级官署中；隋唐以后，主簿是部分官署与地方政府的事务官，重要性减少。
④ 县丞：官名，始置于战国，为县令之佐官，秦汉相沿，典文书及仓狱，为县令、县长之辅佐，历代所置略同。
⑤ 学正：地方学校学官。宋元路、州、县学及书院设学正；明清州学设学正，掌教育所属生员。

崔时杰　　由贡生任直隶定州州判。

张云汉　　由贡生任陕西平凉县教谕。

胡　瑞　　由贡生任经历。

张　表　　由贡生任江西临川县县丞。

李宗翰　　由贡生任湖广安仁县训导。

胡公辂　　由贡生任湖广房县知县。

傅　冠　　由贡生任陕西乾州州判。

谭　璋　　由贡生任教谕。

魏　邦　　由贡生任教谕。

刘朝南　　由贡生任教谕。

吴　宗　　由贡生任训导。

冉三元　　由贡生任训导。

刘五仲　　由贡生任光禄寺丞，后升兵巡道[①]。

国朝

杨　棠　　由进士任江南吴县知县。

赖　勋　　由庶吉士改知县，历任江西定南厅同知。

刘兆藜　　由进士任顺庆府教授[②]。

刘履泰　　由举人任湖广湘乡县知县。

郭象崇　　由举人任广西桂平县知县。

程　鼎　　由举人任广东茂名县知县，升刑部江西司员外郎。康熙间与修郡志。

程　豫　　由举人任福建宁德县知县。

黄　通　　由举人任简州学正，龙安府教谕，浙江於潜县知县。

方　昶　　由举人任崇庆州学正。

黄维屏　　由举人任陕西通渭县知县。

袁世德　　由举人任忠州学正。

钟常正　　由举人任山东滕县知县。

程元楫　　由举人任陕西陇西县知县。

[①] 兵巡道：官名。明代各省设提刑按察使司，置按察使为其长官，一省又分为数道，道设"按察分司"，以按察副使、按察佥事等员任其职，掌分察府、州、县，谓分巡道。其兼兵备职者，又称兵巡道、兵备道，仍兼副使、佥事等衔。清初因之，乾隆时裁衔存官，亦简称"巡道"。

[②] 教授：职官名。宋元以后府、州、县学的学官，掌学校课试等职。

程元骥　　由举人任山东禹城县知县。

李正华　　由举人任山西永宁州学正。

陆　轼　　由举人任山东滕县知县。

程元梁　　由举人任山西怀仁县知县。

姜　琯　　由举人任河南鄢陵县知县。

程　训　　由举人任江西武宁县知县。

陈一书　　由举人任长寿教谕，选福建德化县知县。

杨发枝　　由举人任温江县教谕。

王子珍　　由举人任雷波厅训导。

辛德昭　　由举人大挑①署广东和平县知县。

陈新之　　由举人任河南虞城县知县，加知州衔。

易　瀚　　由举人大挑任灌县训导。

贺正筋　　由举人现任垫江县教谕。

廖联奎　　由举人大挑署山东曲阜县知县。

许家楣　　由举人任云南禄丰县知县，升知州。

左斗才　　由举人候补国子监学正，任刑部额外主事。

陈光烈　　由举人截取知县，任候选学正、教谕。

程　晋　　由副贡任叙州府训导。

朱仁宇　　由副贡候选教谕。

刘福征　　由拔贡任广西安平州州判。

杜　礼　　由拔贡任富顺县教谕，保举任江苏安东县知县。

孙化南　　由拔贡朝考任福建尤溪县知县。

孙兆岐　　由拔贡候补广东州判②，历署龙门县知县、新会县县丞、南雄州州同③，办理佛冈厅粮台。疾卒，督抚④会奏，给葬银一百五十两。

---

① 大挑：清乾隆以后定制，三科以上会试不中的举人，挑取其中一等的以知县用，二等的以教职用。六年举行一次，意在使举人出身的有较宽的出路。

② 州判：官名。清朝地方各州之副职。无定员，从七品。与州同分掌督粮、捕盗、海防、水利诸事。

③ 州同：官名。清朝地方各州之副职。明朝称州同知，清沿置，改称州同，以别于各府之同知。无定员，从六品。与州判分掌督粮、捕盗、海防、水利诸事。

④ 督抚：总督和巡抚，明清两代最高的地方行政长官。总督：官名。明成化五年（1469），专设两广总督，后渐成定制。清代起正式成为地方最高军政长官，辖一省或两三省。巡抚：官名。从明代宣德时起，各省专设。清代正式成为省级地方政府长官，总揽一省军事、刑狱、吏治等。

程之联　　由优贡教习任雅安县训导。

黄玉弦　　由恩贡任荣昌县教谕。

易光周　　由恩贡任荥经县教谕。

杨永嵩　　由恩贡拣选县丞。

魏执中　　由恩贡候选州判。

张治才[①]　由岁贡任大竹县训导。

程正性　　由岁贡任直隶开州州同，升河南睢州知州。

吴　琮　　由岁贡任邻水县训导。

程　贲　　由岁贡任剑州训导。

程　谦　　由岁贡任蒲江县教谕。

文如璠　　由岁贡任崇庆州训导。

李绍弼　　由岁贡任屏山县训导。

谭孔信　　由岁贡任南川县训导。

杨　英　　由岁□□[②]纳溪县训导。

黄奇廉　　由岁贡任温江县训导。

王作惠　　由岁贡任中江县训导，见省郡志、旧志。

王作信、陈正德、王希文　　均由岁贡拣选吏目[③]。监生王希文任滦州吏目，疑系一人。

廖肇先　　由岁贡任直隶滦州吏目。

李　溱　　由岁贡任南溪县训导。

刘　偲　　由岁贡任灌县训导。

张　岚　　由岁贡任汶川县训导。

周宗才　　由岁贡任平武县训导。

易昭然　　由岁贡任汉州训导。

王之屏　　由岁贡任罗江县训导。

程纯祖　　由岁贡任广元县训导。

万光祖　　由岁贡任射洪县训导。

程元珏　　由岁贡任江西玉山县知县。

---

① 应为"陈治才"。
② 原刻本缺二字，根据上下文推测或为"贡任"。
③ 吏目：职官名。州及兵马吏目掌管缉捕盗贼、防狱囚、典簿籍等事，太医院吏目则为医士之职。

崔鸣翔	由岁贡任训导。
赖　鼎	由岁贡任重庆府训导。
程　升	由岁贡任西充县训导。省志：九姓司训导。
文敏时	由岁贡任广安州训导。
赖因谷	由岁贡任梓潼县训导。
陈光熙	副贡候选教谕，保举选用知县。
蒋兴仁	拔贡保举遇缺即选教谕。
尤炳璋	候选县丞，保举选缺，后升用知县。
谢怀芳	廪生保遇缺前先选用教谕。
谢端芳	廪生保遇缺前先选用教谕。
曹仁昭	监生保遇缺前先选用县丞。
田宏才	贡生保遇缺前先选用县丞。
余登鉴	监生保尽先选用从九品[1]。
陈光党	监生保尽先选用从九品。
左咸宜	监生保尽先选用从九品。
陈光晙	监生保尽先选用从九品。
彭维观	监生保尽先选用从九品。
卫和泰	监生保尽先选用从九品。
王锡之	监生保尽先选用从九品。
王芳坤	监生保尽先选用从九品。
曹元登	从九衔保尽先选用从九品。
左耀廷	从九衔保尽先选用从九品。
邱光朝	六品军功保尽先选用从九品。
何文明	字识保尽先选用从九品。
曹仁山	保尽先选用从九品。
熊登青	保尽先选用从九品。
何秉钧	保戴六品蓝翎。
尤琼璋	保戴六品蓝翎。

---

[1] 从九品：乃官职品级。封建社会中，官阶分为九品十八级，每品有正、从之别，共计十八级。从九品是九品十八级官制中的第十八等级。

田道本	监生，保戴六品蓝翎。
何桂林	布经历衔保选用布经历。
刘肇修	廪生，保遇缺即选训导。
何大壁	附生，保遇缺即选训导。
杜焕章	廪生，保选用训导，并戴六品蓝翎。
杜焕南	廪生，保选用训导，并戴六品蓝翎。
杜钟嵋	运同衔保戴蓝翎。
谢诗章	附贡员外郎衔，保戴蓝翎。
贺裹勤	工部额外主事，保尽先补用。

自陈光熙以下三十二人，均由万县防剿得力，同治三年保举，同时保举文武官外防剿得力者三人：华阳增生叶树棠，以教谕遇缺前先选用隆昌布理问[1]；郭人绣蓝翎加知州衔，湖南从九方朝懋以应升班次归部，遇缺先选。

刘衍福	监生，由梁山防剿保尽先选用府经历。
田道宽	监生，由梁山防剿保六品蓝翎。
钟九联	文童，由新宁防剿保即选未入流[2]。
程元喆	监生，由西安府都事[3]升江苏水利同知。
易光晨	廪贡，历署金堂、广元县、酉阳州训导。
廖正扬	监生，贵州试用未入流，任瓮安县典史。
杜 懋	监生，广东横查司巡检。
文永宗	监生，广东试用从九品。
王希文	监生，任直隶永平府[4]滦州吏目。
谢东山	附贡，任绥定府训导，捐升盐课司提举。
许正瀜	廪贡，任成都府灌县教谕。
贺代英	附贡，任成都府新繁县教谕，议叙内阁中书[5]衔。

---

[1] 理问：官名。元、明、清三朝理问所主官，掌勘核刑名案件。理问所负责掌勘核刑名案件，设理问、副理问、知事、提控案牍若干员。

[2] 未入流：明、清称官阶不到从九品的职官。

[3] 都事：官名。隋朝始设，又称"尚书都事"，掌文书收发、稽察缺失、监印给纸笔等事。清朝于都察院设，兼用满洲及汉员，正六品，与经历同掌出纳文移。又于福建、河南布政使司各设一人，从七品，兼职库大使。

[4] 永平府：明、清时期的一个府级行政区划，包括现秦皇岛大部分地区、唐山大部分地区。曾辖一州六县：即滦州、迁安县、抚宁县、昌黎县、乐亭县、临榆县、卢龙县。

[5] 内阁中书：清代官名，掌撰拟、记载、翻译、缮写。或由举人考授，或由特赐。

谢殿选　　廪贡，任成都府什邡县教谕，议叙内阁中书衔。
甘　涛　　附贡，候选训导。
张凌云　　附生，试用州吏目。
许正裕　　监生，任云南禄丰县知县，升知州。
郝容中　　监生，陕西试用县丞。
牟焕廷　　监生，湖北试用县丞。
孙汝镛　　监生，湖南试用县丞，历署浏阳、零陵县丞。
刘炳植　　监生，湖北试用布政司理问，署汉川县典史。
万　炳　　监生，湖南试用县丞。
何裕如　　附贡，候选教谕。
曹汝湘　　监生，任湖南兴宁县滁口司巡检。
邓中山　　监生，湖北试用县丞。
周云涛　　监生，湖北试用从九品。
向秉政　　监生，湖北试用从九品。
易　濂　　监生，湖北试用从九品。

武职

汉

甘　宁　　仕吴，拜西陵太守，后拜折冲将军。

五代

石处温　　仕前蜀，为利州司马，后蜀补万州管内诸坛提点指挥使，转宁江军节度都知兵马使，万州管内义军都指挥使，后迁奖州刺史，加检校司空，复授万州刺史，移简州刺史。

明

谭大孝　　四川松潘镇右军都督副总兵。
谭正修　　南京大教场都督总兵官。
谭正心　　四川镇远营前锋守备。
谭正通　　南京花马池小教场都督总兵官。
谭　铎　　河南王禄店都司管守备事。
谭正常　　参将。
谭　鉉　　封平夷伯。
谭　文　　封涪侯。

邓天禄　　任太平把总。

国朝

吴第选　　顺治中擢正白旗头等下。

谭　诣　　明累封仁寿侯。国朝封向化侯，授云阳水师总兵官，复授安龙镇总兵官。

谭天叙　　任花马池副将。

谭　宪　　贵州安南卫等处地方游击。

杨春芳　　由行伍历官都督同知，温州城守副将，赠太子少保、左都督。

魏国珍　　累功任山西偏关参将。

魏文藻　　初任云南开化镇守备，升楚姚蒙景镇中军游击。

傅尔学　　任楚都标中营副将。

陈祚昌　　任楚督标左营游击，升陕西提督[①]中营参将，陕永昌营副将。

陈北学　　任太平营都司佥书[②]。

刘云凤　　由行伍任居庸关都司，升湖广左协右营游击。

刘尧思　　由行伍历任山东高唐营、直隶张家口游击，升山西汾州营参将。

刘克龙　　由行伍任川北千总，升建昌营游击。

陈光旭　　太平营千总。

陈斗明　　随营千总。

刘　宽　　由文生军功赏戴蓝翎，历任威茂、石泉等营守备，补湖南城守备。

刘成猷　　由武举任永宁协千总。

郭世臣　　由武举任永宁协千总。

刘成图　　由武举历任湖广岳州卫守备。

王作所　　由武举历任松潘镇守备。

陶以咏　　由武举历任黔彭营守备。

赵其昇　　由武举任建昌营千总。

王　镐　　由武举拣选卫守备。

张　德　　由武举任甘肃千总。

魏元柏　　由行伍军功坐补千总。

---

① 提督：官名。明代驻防京师的京营设有提督，南京置操江提督。后巡抚常兼提督军务衔。清代设提督军务总兵官，简称"提督"，是一省的高级武官。沿江沿海设水师提督。

② 佥书：职掌名。明朝设于各都指挥使司及卫所等机构。专指统掌本司事以外的副职，一般一至二人，掌练兵及屯田等事。

龚正海　　由武生军功给六品顶戴，赏戴蓝翎。

万　钦　　任阜和营外委。

陈缔襄　　荫袭云骑尉，以军功赏戴蓝翎，历任建昌、永定、保宁等营守备，升忠州、冕山、城口等营都司，署太平营游击。

程安国　　任顺庆营额外外委。

刘安华、李占彪、戴云龙　　均保举蓝翎，尽先把总。

秦廷珍　　保六品蓝翎，尽先外委。

张步升　　蓝翎，尽先千总，保守备，遇缺即补。赏换花翎①。

陈占彪　　保蓝翎尽先外委。

陈兆瑞　　保尽先外委。

江兴胜、张鹏扬　　均军功保尽先补用把总，并赏戴蓝翎。

廖绍洪　　花翎守备，保尽先补用都司。

刘安华以下，均由湖北军务保举。

袁仕林　　保尽先补用把总，并赏戴蓝翎。

陈维朝　　保尽先拔补外委，并赏戴蓝翎。

蔡凤山　　保六品蓝翎。

张　喜　　军功保尽先补用外委，并赏戴蓝翎。

熊家升　　蓝翎千总，保尽先补用守备，并赏换花翎。

杨天必　　蓝翎把总，保免补把总千总，以守备尽先补用。

彭大华　　保五品花翎，尽先把总。

袁仕林以下均由楚军征皖保举。

罗元吉　　千总，由安徽军务保即补守备。

王必超　　军功，由安徽军务保尽先补用把总，并赏戴蓝翎。

马定国　　由楚营八品军功保把总，历保守备、都司、游击、参将，以副将遇缺尽先补用。

向　奎　　由军功累保提督。

唐　发　　军功由安庆大营涿保②花翎提督衔，记名总兵勤勇巴图鲁③。

---

① 花翎：清代官吏礼帽上的孔雀翎，根据品级不同有单眼、双眼、三眼的区别（眼：孔雀翎端的圆形纹理）。

② 保：保举。

③ 勇巴图鲁：为朝廷给予的赐号。巴图鲁：蒙语，意为勇士。清初，满族、蒙古族有战功者多赐此称。在巴图鲁称号之前，复冠他字为"勇号"，冠以满文如搏奇、乌能伊之类者，谓之清字勇号。后来也用于汉族武官，冠以汉文英勇、刚勇之类者，谓之汉字勇号。

洪朝赞　　由陕西军务保四品花翎都司。

张成梁　　梁万营兵，由广西军务保蓝翎，尽先外委。

廖茂才　　梁万营兵，由广西军务保六品蓝翎。

万富禄　　由浙江军务保花翎，尽先守备。

万拱华　　由浙江军务保蓝翎守备衔补用千总。

万富福　　由浙江军务保蓝翎把总。

应北山　　由陕西军务保五品蓝翎千总。

秦昌笃　　军功保千总拔补，并赏戴蓝翎。

夏全能　　蓝翎把总，保五品花翎，尽先千总。

幸占彪　　保五品蓝翎，尽先把总。

陈金荣　　尽先都司保尽先补用游击。

严占彪　　保尽先外委，赏戴蓝翎。

吴占彪　　五品军功保蓝翎尽先把总。

牟丰泰　　六品军功保尽先外委，并赏戴蓝翎。

宋联升、周长清　　均军功保尽先拔补把总。

董江魁　　军功保尽先拔补把总。

周育清　　军功保尽先拔补外委。

魏廷立、潘兴万　　均军功保尽先拔补外委，并赏戴蓝翎。

江占魁　　五品蓝翎，保尽先补用把总。

胡鹏飞　　保都司衔尽先花翎守备。

余德喜　　外委保把总拔补。

陈荣贵　　军功保尽先拔补把总。

彭大望、罗世喜　　均军功保尽先拔补外委。

范天寿　　军功保尽先拔补把总，并赏戴蓝翎。

王在田　　外委保尽先拔补把总。

秦昌笃以下均由本省军务保举。

陈先春　　花翎尽先守备，保尽先升用都司。

余良弼　　武生，保归营拔补把总。

陈第抡　　五品军功，武生，保尽先补用千总。

刘耀荣　　武生，保尽，先补用千总。

陈诒荣_{六品军功}牟昭然_{马兵}，均保尽先补用千总。

谭宏魁　　武生，保拔补把总

陈先春以下，均由万县防剿保举。

愚按，嘉庆间奉文纂志①，有以军功举者，已录而复佚之。及问诸父老，或曰："军兴，虚名笼络②，未上闻，及事平，仍执贱艺，为乡党笑。"或曰："流品③杂，得势益横，某也后戮于市，某也后刃于仇④，人不齿⑤也。"噫！亦过矣。夫淮阴无行⑥，卫青人奴⑦，自古名将，讵论出身？万多雄才，前代割据，甘兴霸⑧以盗帅树大功，本朝川省军务，龚正海⑨以勇首殉大节，马定国以八品军功成副将，膺恤典。盖行虽贱而难污，名虽微而不没，激浊扬清，正谓此也。国家当多事之秋，破格用人，不惜封侯重赏，矧⑩兹微衔，何庸⑪虚矫⑫？彼马、龚非其彰明较著者欤？至若末路穷途，罗雀种瓜，事势之常，亦奚辱焉？然卒以名滥流杂，书不胜书，仅录其劳绩显著与确有职衔者，可慨也夫！

① 纂志：纂修县志。
② 虚名笼络：用虚名（给予蓝翎或补用把总等）来笼络人。
③ 流品：指官阶。
④ 刃于仇：被仇人杀死。
⑤ 不齿：羞与为伍。
⑥ 淮阴无行：〔西汉〕司马迁《史记》卷九十二《淮阴侯列传》："淮阴侯韩信者，淮阴人也。始为布衣时，贫无行，不得推择为吏。"裴骃集解引李奇曰："无善行可推举选择。"（郭逸、郭曼标点《史记》，上海古籍出版社1997年8月第1版，第1991页）淮阴：指韩信，因其被封淮阴侯，故称。无行：品行不端。
⑦ 卫青人奴：〔西汉〕司马迁《史记》卷一百一十一《卫将军骠骑列传》："青为侯家人，少时归其父，其父使牧羊。先母之子皆奴畜之，不以为兄弟数……青壮，为侯家骑，从平阳主。"（郭逸、郭曼标点《史记》，上海古籍出版社1997年8月第1版，第2213—2214页）卫青是私生子，所以出生以后只能随母亲姓。在生父郑季的家中，郑季却让卫青放羊，郑家的儿子也没把卫青看成兄弟，而是将其当成了奴仆畜生一样虐待。后来到了亲生母亲的身边，做了平阳侯府的童骑。
⑧ 甘兴霸：即甘宁，本志卷三十《士女志·宦绩》中有详细的介绍。
⑨ 龚正海及下句中的"马定国"，本志卷三十一《士女志·忠烈》中有介绍。
⑩ 矧（shěn）：况且。
⑪ 何庸：何用，何须。
⑫ 虚矫：虚伪做作。

《增修万县志》卷二十七 士女志

叙衔

叙衔非科举仕进①，何以书？书善也。我朝澄叙②官方，中外文武员弁③，咸各有叙④，或曰照例⑤，或曰从优⑥，惟其称矣⑦。至于生监⑧平民，亦复称其善之分量，予以职衔⑨。日月照临，光被草莽，何其周欤⑩！而为善者，初念固不及此。夫援例捐职⑪，犹有名之见存也。议叙⑫无名之见存，而名自归之。世常谓荣名⑬为宝。夫苟好善，所宝在此不在彼。

---

① 科举仕进：通过科举考试做官。
② 澄叙：清理整饬。
③ 员弁（biàn）：文武官员。
④ 叙：等级，次第。
⑤ 照例：依照惯例或常情。
⑥ 从优：选择所能给予的最优厚对待。多用于指抚恤或封赏。
⑦ 惟其称矣：符合实际。称：符合，相当。
⑧ 生监：生员与监生。
⑨ 职衔：犹官衔。
⑩ 何其周欤：多么完备啊！
⑪ 援例：根据过去的例子。捐职：谓捐资纳粟换取官职或官衔。
⑫ 议叙：清制，对考绩优异的官员交部核议，奏请给予加级、记录等奖励，谓之"议叙"。
⑬ 荣名：美名。

杜钟嵋　　道光十年议叙盐知事①衔。二年、三年议叙盐运使司运同②衔。同治二年议叙道员③衔。

贺代元　　咸丰二年议叙盐运使司运同衔。

魏嘉言　　咸丰二年议叙盐知事衔。

崔焕彩　　监生，同治二年议叙光禄寺署正④衔。

杨春芳　　孔目⑤衔，议叙中书⑥衔。

贺代贤、贺代恒　　均贡生，议叙国子监典簿⑦衔。

杨祖培　　监生，议叙国子监典簿衔。

刘肇业　　州同衔，议叙翰林院待诏⑧衔。

陈缔造　　贡生，议叙翰林院待诏衔。

邓卿三、佘先朴、田玉蓝、佘叶元　　均监生，议叙翰林院待诏衔。

---

① 盐知事："盐运司知事"的简称。盐运司的属官，分辖某一地区的盐场，又称盐场知事。

② 盐运使司：盐务管理机构。清代于长芦、河东、山东、两淮、两浙、两广皆设盐运使司，嘉庆时河东改设河东道兼办盐法事务。福建初设驿盐道，后改为盐法道。宣统二年（1910），四川将盐茶道改为盐运使司。清末在奉天（今沈阳）添设盐运使司。运同：清代官名，盐运使司或盐法道或辖盐务分司长官，掌督察各盐场，辅助盐运使或盐法道管理盐务。

③ 道员：官名，始于明代，辅佐布政使分理省内各道钱谷的称分守道，协助按察使分理省内各道刑名的称分巡道。清时成为省以下、府、州以上的行政长官，并设督粮、盐法等道，各司专职。北洋军阀时曾分一省为数道，置道尹。

④ 光禄寺署正：光禄寺属官有四署，即大官、珍羞、良酝、掌醢，每署置署正一人，从六品，为一署之长。四署署正通称光禄寺署正。光禄寺：官署名，北齐置为九寺之一，职掌宫殿门户、帐幕铺设器物、百官朝会膳食等事务。隋朝沿置，唯掌祭祀及朝会宴享酒食之供设。历代因之。

⑤ 孔目：官吏名。唐朝始置。诸府州及方镇皆置孔目院，设都孔目一员，下设孔目若干，掌文书簿籍或财计出纳之事。因军府细事皆经其手，一孔一目无不综理，故名。

⑥ 中书：官名。清朝于内阁设中书百二十四人，其中满洲员七十，蒙古员十六，汉军员八，汉人员三十，均为正七品，分别于内阁各房处任事，掌撰拟、缮写、记档、翻译等事。例由贴写中书、笔帖式等考试除授，亦有新进士分部以中书用，到阁行走者。中书科设中书六人，其中满洲员二人、汉员四人，并从七品，掌缮书诰敕。宣统三年（1911），改官制后废。

⑦ 国子监典簿：官名。明、清国子监属官。于典簿厅设。明朝一人，从八品，掌章奏文移及本监财务出纳。清朝满、汉各一人，掌章奏文移之事。

⑧ 翰林院：官署名。唐代初设，集各种才艺之人于院中供皇帝使令。开元末另开学士院，供职者称翰林学士。宋代设翰林学士院，为皇帝起草诏旨。明代成为外朝官署，清代沿设，为"储才"之所，掌编修国史、进讲经史、草拟文书等事务，长官是掌院学士。待诏：官名，汉代征士未有正官者，均待诏公车，其特异者待诏金马门，备顾问，后以待诏为官名。

陈绶、谢大纲　　均监生，议叙翰林院孔目衔。

余登光、余学浦、陈抑德、向为铭　　均监生，议叙布政司经历衔。

谢诗俊、应春台、王熙　　均监生，议叙布政司理问①衔。

陈嘉志、向光裕、谢日升、杨云亭　　均贡生，议叙州同衔。

陈嘉德、丁毓明、郭祚煌、向醴泉、唐播笏　　均监生，议叙州同衔。

程浩然　　监生，议叙按察司经历衔。

谢重远、潘鸣魁　　均监生，议叙布政司都事衔。

张万程　　监生，议叙府经历衔。

牟成周　　监生，议叙州判衔。

陈文炳　　监生，议叙按察司照磨②衔。

以上均同治二年议叙。

武职

余良弼　　把总，议叙守备衔。

余让廷　　武监生，议叙营千总衔。

姜桂林　　武生，议叙卫千总衔。

均同治二年议叙。

---

① 理问：官名。元、明、清三朝理问所主官，掌勘核刑事案件。
② 照磨：官名。元朝始置，正八品，掌各衙门钱谷出纳等事。明朝于各照磨所置，品秩随所属衙门高低而定，自正八品至从九品不等，掌文书卷宗。清朝于各布政使司及顺天府下沿置，如明制。

《增修万县志》卷二十八 士女志

封荫

封荫之志,纪恩施、历忠荩也①。国家褒德录贤②,旌善赏功③,嘉予④海内臣子,永锡尔类⑤,而诰敕⑥貤封⑦、恩荫⑧恤荫⑨之典行焉。天章所贲⑩,龙光凤采⑪,闾党⑫荣之矣。万志纂自乾隆时,前代告身⑬,除胜朝⑭傅民部⑮俱失考,而圣世⑯

---

① 此两句言封荫的记录,乃记载皇恩施于忠诚的人。封荫:旧时具有一定品秩的官吏,其父母、祖父母、曾祖父母及妻室得受封赠,子孙亦得荫袭官爵,称为"封荫"。忠荩:犹忠诚。
② 褒德录贤:颂扬德行,记载贤能。
③ 旌善赏功:表彰美善者,赏赐有功者。
④ 嘉予:赞许。
⑤ 永锡尔类:你家族永远受上天的赐予。
⑥ 诰敕:朝廷封官授爵的敕书。
⑦ 貤(yí)封:旧时官员以自身所受的封爵名号呈请朝廷移授给亲族尊长。
⑧ 恩荫:又称任子、门荫、荫补、世赏,是我国上古时代世袭制的一种变相,指因上辈有功而给予下辈入学任官的待遇。
⑨ 恤荫:因祖先有功德,受到皇帝的抚恤和封赏。
⑩ 天章所贲:分布在天空的日月星辰光彩照人。
⑪ 龙光凤采:皇帝或皇后给予的恩宠、荣光。龙:通"宠"。
⑫ 闾党:犹乡里,邻里。
⑬ 告身:古代授官的文凭。
⑭ 胜朝:指已灭亡的前一朝代。此指明朝。
⑮ 傅民部:从下面正文可知乃为傅时望。民部:即户部,古代官署名,主财用。隋初置度支,开皇三年(583)改为民部。唐永徽(650—655)初因避太宗李世民讳,复改称户部。
⑯ 圣世:犹圣代,旧时对于当代的谀称。

荷殊恩①者，声施烂焉②。爰③敬谨④编载⑤，以劝万之有志服官⑥者。

明

傅　冠　　　以子时望贵，封承德郎⑦、户部云南清吏司主事⑧。

国朝

吴　尚　　　以孙第选贵，赠通议大夫⑨头等下，妻郎氏赠淑人⑩。

吴登高　　　以子第选贵，赠通议大夫头等下，妻陈氏赠淑人。

吴第选　　　以头等下，封通议大夫，妻周氏赠淑人。顺治十八年，正白旗义藩下头等下加一级，吴第选恩封二品，特进彪骑将军，妻马氏封夫人⑪，祖父吴尚赠彪骑将军，祖母郎氏赠夫人。父吴登高赠彪骑将军，母陈氏赠夫人。

傅思忠　　　以子尔学贵，赠昭勇将军。

谭彦豸　　　以曾孙诣贵，康熙六年赠光禄大夫⑫、四川云阳水师总兵官、向化侯，妻黄氏赠一品夫人。

谭大道　　　以孙诣贵，康熙六年赠光禄大夫、四川云阳水师总兵官、向化侯，妻马氏赠一品夫人。

谭正贤　　　以子诣贵，康熙六年赠光禄大夫、四川云阳水师总兵官、向化侯，妻黄氏赠一品夫人。

---

① 荷殊恩：承蒙特殊的恩宠。常指帝王的恩宠。
② 声施烂焉：名声光明灿烂。声施：为世人所传扬的名声。焉：文言助词。
③ 爰：于是。
④ 敬谨：恭敬慎重。
⑤ 编载：记载。
⑥ 服官：为官，做官。
⑦ 承德郎：散官名。金始置，正七品上。元正六品。明正六品，初授承直郎，升授承德郎。清正六品，概授承德郎。
⑧ 户部云南清吏司主事：明朝户部下设浙江、江西、湖广、陕西、广东、山东、福建、河南、山西、四川、广西、贵州、云南十三清吏司。各司设司长（郎中）一人到三人不等，正五品，副司长（员外郎）一人，从五品；主事二人到七人不等，正六品。
⑨ 通议大夫：文散官名。隋始置为散官，唐为文散官，秩正四品。
⑩ 淑人：古时妇人封号。明为三品官员祖母、母、妻封号。清因明制，又增宗室奉国将军之妻为淑人。
⑪ 夫人：古时妇人封号。唐代规定，诸王、国公及文武官一品之母或妻封国夫人，三品以上官员之母或妻封郡夫人。宋徽宗政和年间改为执政以上的官员之妻封夫人。明、清沿之，一、二品官之母、妻皆封之。清公、侯、伯之妻为一品夫人，宗室封爵中的长子、贝勒等之妻亦封夫人。
⑫ 光禄大夫：文散官名。唐始以为文散官，后代多沿袭，稍有变化。

  谭　诣　　由向化侯康熙六年封光禄大夫，妻向氏赠一品夫人。

  魏金华　　以孙国珍贵，康熙六年赠怀远将军、湖广彝陵镇标游击、管水师前营中军守备事，妻夏氏赠淑人。

  魏世德　　以子国珍贵，康熙六年赠怀远将军、湖广彝陵镇标游击、管水师前营中军守备事，妻陆氏封淑人。

  魏国珍　　以彝陵镇标游击康熙六年授怀远将军。妻张氏封淑人。

  陈贵德　　以孙祚昌贵，康熙二十年赠荣禄大夫[①]、左都督、管湖广督标左营游击事，妻谭氏赠一品夫人。

  陈　韶　　以子祚昌贵，康熙二十年赠荣禄大夫、左都督、管湖广督标左营游击事。妻李氏赠一品夫人。

  陈祚昌　　以左都督、管湖广督标左营游击事，康熙二十年授荣禄大夫。妻刘氏封一品夫人。康熙二十五年，以恢复云南省城功予荫袭[②]。

  程　耀　　以子正性贵，赠奉直大夫[③]、河南归德府睢州知州。妻喻氏赠宜人[④]。

  程正性　　以河南归德府睢州知州，授奉直大夫，妻谭氏封宜人。后又以子鼎原贵，赠奉直大夫，妻赠宜人。

  程鼎原　　任广东廉州府钦州知州，以遵例急公，康熙四十一年授奉直大夫，妻邹氏封宜人。后又以子元喆，赠奉直大夫，妻赠宜人。

  程元喆　　以江苏松江府通判，乾隆二年授承德郎，妻冯氏封安人[⑤]。

  杜　朴　　以孙礼贵，嘉庆二十四年貤赠文林郎[⑥]、江苏淮安府安东县知县。妻王氏貤赠[⑦]孺人[⑧]。

  杜宗玥　　以子礼贵，嘉庆十四年貤赠修职郎[⑨]，妻朱氏貤封八品太孺人。嘉庆二十四年，晋赠文林郎、江苏淮安府安东县知县，妻晋封太孺人。

[①] 荣禄大夫：文散官名。金始置，从二品下，元升为从一品。清代后期以正一品优赠。
[②] 荫袭：袭承先辈相应的爵位。
[③] 奉直大夫：散官名。金、元代为从正六品文散官，明、清各代为从正五品文散官。
[④] 宜人：明、清两朝，称五品命妇为"宜人"。
[⑤] 安人：妇人封赠的号，宋代朝奉郎以上封安人，明、清六品封安人。
[⑥] 文林郎：散官，隋置，取北齐征文学之士充文林馆之义，历代因之，散官用来定级别。
[⑦] 貤（yí）赠：置官赠爵。清制，文武官员以自己所应得的爵位名号，呈请改授予亲族尊长，如远祖或外祖父母等，称为"貤封"；若其人已死，则称为"貤赠"。
[⑧] 孺人：明、清时七品官的母亲或妻子封孺人。
[⑨] 修职郎：古代文职官员散阶名。北宋徽宗政和六年（1116）改登仕郎置，金、元无此官名。明代正八品初授迪功郎，升授修职郎。清因之。

杜王氏　　以夫杜礼贵，道光元年封孺人。

杜文盛　　以子越贵，赠奉直大夫。妻李氏、黄氏、尹氏赠宜人。

杜　越　　州同衔加二级，诰授奉直大夫。妻司氏封宜人。后又以子钟嵋贵，晋赠朝议大夫①。妻司氏、陈氏赠太恭人②。

易大观　　以子光周贵，嘉庆二十四年貤封修职郎。妻向氏貤赠八品孺人。

孙　纶　　以孙化南贵，道光十五年貤赠文林郎、福建延平府尤溪县知县。妻谭氏、继妻王氏貤赠孺人。

孙芝茂　　以子化南贵，道光十五年赠文林郎、福建延平府尤溪县知县。妻朱氏赠孺人。

陈胜学　　以子缔襄贵，道光十五年封武德骑尉。妻何氏赠宜人。

陈缔襄　　以四川云骑尉，道光十五年授武德骑尉。妻梁氏封宜人。

易光晨　　以子瀚贵，道光三十年貤赠修职佐郎③。妻谭氏、继妻李氏貤赠八品孺人。

文启才　　以子如璠贵，貤赠修职佐郎。妻□氏貤封八品孺人。

王之举　　以子希文贵，貤赠登仕佐郎④。妻陈氏貤封九品孺人。

张廷梅　　以子岚贵，貤封修职佐郎。妻陈氏貤赠八品孺人。

赖奎亮　　以子勋贵，封征仕郎⑤、翰林院庶吉士，晋赠奉政大夫⑥、江西定南厅同知。妻蓝氏赠孺人，晋赠宜人。

赖　成　　以弟勋贵，貤封征仕郎、翰林院庶吉士。妻余氏貤封孺人。

刘正坤　　以孙兆藜贵，貤封文林郎、顺庆府教授。妻陈氏貤赠孺人。

刘元良　　以子兆藜贵，封文林郎、顺庆府教授。妻范氏赠孺人。

陈汤盘　　以子一书贵，貤封修职郎。妻邓氏貤赠八品孺人。

陈国寿　　以孙兴恻贵，貤赠奉直大夫。妻周氏貤赠宜人。

陈日新　　以子兴恻贵，封奉直大夫。妻黄氏封宜人。

---

① 朝议大夫：文散官名。明从四品初授朝列大夫，升授朝议大夫。清从四品概授朝议大夫。

② 太恭人：明、清时四品官之母或祖母的封号。

③ 修职佐郎：散阶称号。明始置，为文职从八品之升授。清沿置，为文职从八品之封赠。

④ 登仕佐郎：官名。金代始置，为文散官，从九品以上。元代沿置，改从八品，敕授。明代为从九品，敕授。清代为文职从九品封赠。

⑤ 征仕郎：官阶名。清代从七品的文官，可授征仕郎之官阶，并可封赠及父母、妻室。

⑥ 奉政大夫：官名。金代始置为文散官，以授正六品上文官。元代沿置，改文官正五品，宣授。明代为文官正五品，升授。清代为文职正五品之封赠。

陈　铎	以子善贵，貤封文林郎。妻宋氏封孺人。
贺盛文	以子代元贵，赠朝议大夫。妻胡氏封太恭人。
谢亲信	以孙东山贵，貤赠奉直大夫。妻张氏貤封宜人。
谢光远	以子东山贵，赠奉直大夫。妻唐氏封宜人。
许仁敏	以子正瀜贵，赠修职郎。妻甘氏封太孺人。
陈缔裹	以七世祖陈祚昌恢复云南等处功，承袭云骑尉，制准再袭一次。
万玉林	以父钦从征苗匪阵亡，承袭云骑尉世职。
魏国忠	以父元相从征金川阵亡，荫把总，追袭恩骑尉世职[①]。
晏从礼	以父登甲从征教匪病故，荫八品监生。
龚承烈	以父正海从征教匪阵亡，承袭云骑尉。

---

① 世职：世代承袭的职位。

《增修万县志》卷二十九　士女志

贤哲　学行　隐逸

宋乐史著《寰宇记》，而万州贤俊无闻。是邦群峰拱卫，万川汇流，扶舆磅礴[1]，郁积而钟毓[2]，非麸金、木药[3]能当也。必有瑰奇磊落材德之士，世载其英，而书缺有间[4]。若此类名湮没而不称[5]，可胜叹哉！藉使[6]赵善赣《南浦志》至今存，必能补乐史阙漏，广蜀耆旧西卅后贤[7]之传，而为朐忍增色。奈何名存志佚，使秦汉名区，宋以前俊哲遥遥千有余岁，无从求索，可胜叹哉！有明迄今，志乘[8]略备，顾其得书，亦有幸不幸。即幸而纪录，而名不著于国史，安知更历千余年，不又与前哲同其湮没也？夫君子，亦为其不可没者，而已名之传不传，何容心[9]焉？

---

[1] 扶舆：盘旋而上。磅礴：广大无边。
[2] 钟毓（yù）：即钟灵毓秀，指美好的风土诞育优秀人物。
[3] 〔北宋〕欧阳修、宋祁等《新唐书》卷四十《地理志四》载万州贡"麸金""药子"（中华书局1975年2月第1版，第1030页）。
[4] 书缺有间：泛指古书残缺已有多年。
[5] 不称：不相称。
[6] 藉使：假使。
[7] 按，"州"当为"川"刻误，"后"当为"俊"刻误。
[8] 志乘：志书。
[9] 容心：留心，在意。

宋

王　相　旧省志:万州人,"家贫力学,父病笃,吁天祈代,割股以进。父疾愈,人称其孝。"①祀乡贤祠。

愚按,王相力学笃行,入祀乡贤,非割股一节也。且愚忠、愚孝至性,又可没耶？郡志易之失实②。

明

舟　通　《蜀人物志》:"万县人,洪武中进士,任兵科都给事中。直声③动天下。虽在窜逐,读书不辍。"祀乡贤祠。

郎文林　旧省志:"万县人,任经历,气度浑厚,家甚贫。人有馈金者,却不受。"④祀乡贤祠。

刘五纬　《一统志》:"万县人,万历中知无锡县,案无留牍,摘发如神。邑有天授、青城、万安三乡,圩田千顷。遇涝皆成巨浸。五纬躬率众圩民并工挑筑,遂成沃壤,甃官塘五十里,邑人称为刘公塘。"⑤《蜀人物志》:"字梦凤,万历己未进士,授无锡知县,正直爱民,以东林党禁摘官。邑人立祠祀之。"旧省志:"生时母梦飞凤入怀,遂字梦凤,体不胜衣,言若不出诸口,任无锡,以廉直著。"旧志:"孝友性成。"⑥祀乡贤祠。

沈鸿儒　旧省志:"万县人。家贫,父早亡,抚弟妹,教育婚嫁,如父之存。中万历戊午举人,历任南京户部郎中。"⑦旧志:"孝友性生……博通群书,留心理学。"⑧祀乡贤祠。

---

① 此处的"旧省志"指雍正《四川通志》,引文见卷十上《人物·孝友·夔州府》(《景印文渊阁四库全书·史部三一七·地理类》第559册,台湾商务印书馆1986年3月第1版,第428页)。疾笃:病势沉重。祈代:祈求以己身代父病。雍正《四川通志》作"乞代"。

② 郡志易之失实:此指道光《夔州府志》将"割股以进"事删除,有失王相的实际情况。

③ 直声:正直的名声。

④ 此处的"旧省志"指雍正《四川通志》,引文见卷十上《人物·夔州府》(《景印文渊阁四库全书·史部三一七·地理类》第559册,台湾商务印书馆1986年3月第1版,第374页)。

⑤〔清〕和珅等《钦定大清一统志》中无载,《嘉庆重修一统志》卷三百九十七《夔州府·人物》中有载(中华书局1986年5月影印第1版,第25册,第20015页),但与此处文字差异较大。

⑥ 此处的"旧志"指乾隆《万县志》,见卷三《名贤》。

⑦ 此处的"旧省志"指雍正《四川通志》,引文见卷十上《人物·夔州府》(《景印文渊阁四库全书·史部三一七·地理类》第559册,台湾商务印书馆1986年3月第1版,第375页)。

⑧ 此处的"旧志"指乾隆《万县志》,见卷三《名贤》。

国朝

程正性　旧郡志："万县人,字存存。顺治十六年,以贡生任直隶开州州同,升河南雎州知州。建学宫,置书院,捐廉俸,教育贫士。迁云南永宁同知。卒于官。"①旧志："初任开州州同,次任雎州知州。慈惠详明,民安吏驯。卜地创建学宫,特立书院,设置义学,每岁捐俸备束修,以教贫士。均里息讼,劝民（恳）〔垦〕荒,钱粮听民自封投柜。大兵过境,应付得宜,民赖安堵。操守廉正,一时首推。后任云南永宁府同知,卒于官。雎人感德,闻讣不远数千里致祭于万。壬子举人程鼎、甲子举人程豫、西充县训导程升,皆其子也。"②祀乡贤祠。

学行

明

胡　洪　旧郡志："万县人,字禹锡。性至孝,嗜文博古,筑馆于西山,以教授后学为事,著有《四书遵注》行于世。"③

国朝

沈复瑛　旧郡志："万县弟子员,字伯温,号慕庐。潜心理学,绝意仕进,邑中士大夫咸钦之,著有《性理汇要》。"④陶仁明"笃学儒者沈伯温墓志"注："伯温,著有《大学铭》《四书大意》,尊周说,称周子为圣。释《太极图说》并《河图洛书精义》。善琴,著有《琴谱》。性纯孝。母死,庐墓⑤六年。"

陶仁明　旧郡志："万县人,字善长,博雅,邃于经学,康熙丙午进士,邑后进多从学焉。"⑥

王继抡　号环山,邑岁贡生,性笃孝,终身不衰。每忌日设祭,虽耄⑦,犹

---

① 此处的"旧郡志"指道光《夔州府志》,引文见卷二十七《人物志上·贤良》（中华书局2011年12月点校第1版,第438页）。旧郡志:道光《夔州府志》作"旧志"。
② 此处的"旧志"指乾隆《万县志》,见卷三《名贤》。垦荒:原作"恳荒",于义不合,今据乾隆《万县志》、咸丰《万县志》校改。
③ 此处的"旧郡志"指乾隆《夔州府志》,见卷七《隐逸》（中华书局2015年9月点校第1版,第263页）。
④ 此处的"旧郡志"指道光《夔州府志》,引文见卷二十七《人物志上·隐逸》（中华书局2011年12月点校第1版,第450页）。旧郡志:道光《夔州府志》作"旧志"。
⑤ 庐墓:古人于父母或师长死后,服丧期间在墓旁搭盖小屋居住,守护坟墓,谓之庐墓。
⑥ 同上。旧郡志:道光《夔州府志》作"旧志"。康熙丙午:即1666年。
⑦ 耄（mào）:年老。

长跪号泣,见者感动。教人先品行后文艺,家居足不履城市。忘毁誉①。不苟取一介②。丧葬恪守儒礼,不用浮屠③,里中风俗为之一变。

万峰青 邑举人,力学,甫八岁,牧牛,辄挟一卷。比长④,益自刻苦。事母笃孝,事兄悌⑤。未入庠门⑥时,债累,卖产余千金,悉让与伯兄⑦,以授徒自给。暨伯兄困乏,峰青遂奉以终余年。为人醇谨敦厚⑧,呐呐⑨如不能言,人咸称笃实君子。

王家祥 号云瞻,恩贡生。简默⑩恭敬,临财廉,不以贫易节。肆力⑪于学,百家诸子,靡不⑫涉猎,为文亦复骎骎⑬进古,恬淡不乐仕进⑭。教人时,以古孝子悌弟⑮、忠臣义士谆谆⑯相劝勉,故邑立名之士,多出其门。

王思敬 号体斋,邑庠生,忠厚端方,嗜学安贫,不喜炎热。有负郭田⑰数亩,筑室作宗祠,不为子孙私有。教人必以古谊⑱相勖,弟子遵之。王云瞻为作《生圹⑲志》曰:"予二人,境遇同,业同,其冷亦无不同。有不同者,予犹脱略形迹之外⑳,君

---

① 亡毁誉:不轻易非议与称赞他人。亡:同"无",没有。
② 此句言不是自己应该得到的一点都不要。
③ 浮屠:此处指佛教。
④ 比长:等到长大。
⑤ 悌:敬爱哥哥,引申为顺从长(zhǎng)上。
⑥ 庠门:指学校。
⑦ 伯兄:长兄。
⑧ 醇谨敦厚:脾气和性情憨厚,做事却小心谨慎。
⑨ 呐呐:形容说话迟钝。
⑩ 简默:简约沉默。
⑪ 肆力:尽力。
⑫ 靡不:无不。
⑬ 骎骎(qīnqīn):很快且有进步。
⑭ 仕进:做官。
⑮ 悌弟:敬爱兄长,爱护弟弟。
⑯ 谆谆:反覆教导。
⑰ 负郭田:指近郊良田。〔西汉〕司马迁《史记》卷六十九《苏秦列传》:"苏秦喟然叹曰:'此一人之身,富贵则亲戚畏惧之,贫贱则轻易之,况众人乎!且使我有雒阳负郭田二顷,吾岂能佩六国相印乎!'"司马贞索隐:"负者,背也,枕也。近城之地,沃润流泽,最为膏腴,故曰'负郭'也。"(郭逸、郭曼标点《史记》,上海古籍出版社1997年8月第1版,第1744页)后因以"负郭田"为典,泛指良田。
⑱ 古谊:古贤人之情谊。
⑲ 生圹(kuàng):生前预造的坟墓。
⑳ 此句言我举止神态尚且放任无拘束。

更谨守礼法之中。"邑举端士①，必以二王并称，有以也。

陈士杰　原名二士，号桂山。邑举人。少颖异，能文章，赋性刚毅，凡立身行己，循循矩矱②，无少假借③。与人不设城府，面折人过④，里闾惮之。惇宗睦族⑤，倡建宗祠，修族谱，年饥，筹画捐赈，远近承风⑥，咸来取法，由是野无饿莩⑦。著有文集行世。

易光周　字密亭，性情恬静，学养深醇⑧，生平未尝轻怒一人。由恩贡生司铎⑨荥经十有余年，士人戴之。嗣因亲老，回籍终养。年逾八旬，日犹手不释卷。邑令刘毓爔尊为"乡饮⑩大宾"⑪，涪陵陈太史燨撰有传。

何志高　字西夏，邑廪生。为人坦直，喜洁好静，淡于科名。闭户穷经，每大寒暑不辍。意有所得，中夜数起；或遇疑难纷结，寝食俱废，如是者数十年。撰有《易经本意》六卷，《释书》《释诗》各一卷，《春秋大传补说》四卷，《礼论》一卷。

刘用中　邑恩贡生。砥砺廉隅⑫，率由古道，不苟取，不随俗波靡⑬，与人耻苟同，而言不为世俗周旋，态落落寡合，独行之士也。邃于经，为门人讲说，必肃衣冠以临。终身绳趋矩步，邑士咸相目为古人云。

---

① 端士：犹端人，正直的人。
② 矩矱（yuē）：规矩法度。
③ 无少假借：很少对自己放纵。
④ 面折人过：当面指责别人的过失，不宽容，不留余地。面折：当面指责，批评。
⑤ 惇宗睦族：使家族和睦、淳朴敦厚。
⑥ 承风：接受影响。
⑦ 饿莩（piǎo）：即饿殍。莩：同"殍"。
⑧ 深醇：深湛淳厚。
⑨ 司铎（duó）：古代宣扬教化、颁布政令时击铎警众，故称主持教化的人为"司铎"。此处指学官训导。
⑩ 乡饮：即乡饮酒礼，古代嘉礼的一种，也是一种源远流长的宴饮风俗。亦称"乡饮酒"。周代乡学三年业成大比，考其德行道艺优异者，荐于诸侯。将行之时，由乡大夫设酒宴以宾礼相待。历朝沿用，后演为地方官设宴招待应举之士。后亦指地方官按时在儒学举行的一种敬老仪式。此处即指敬老仪式。
⑪ 大宾：古乡饮礼，推举年高德劭者一人为宾，也称"大宾"。
⑫ 砥砺廉隅：通过磨炼而使品德端正不苟。砥砺：磨炼。廉隅：品德端正。
⑬ 波靡：随波起伏，顺风而倒。比喻胸无定见，相率而从。

隐逸

宋

王　珪　旧志:"万州人,筑室南溪,号志堂居士。左右植松竹,逍遥其下,一时名流,喜其高尚,榜其居曰'竹隐'。"①

明

胡　鸾　旧郡志:"万县人,秉性幽雅,不乐仕进,结室南山之下,自号'南山野人'。邑令杨浞赠诗云:'幽人有佳行,不入尘寰中。植杖调驯鹤,携琴坐古松。'进士吴英赠诗云:'秀耸晴空碧万重,幽人亭子倚南峰。遥看怪石成鱼队,洞口云深有卧龙。'"②

沈巨儒　旧省志:"字越鸡。万县人,明季避乱隐居,号'西溪野人'。国朝总督李国英知其夙学,劝之仕,不应,辟草舍,以诗文自娱。"旧志:"贡生,幼嗜学,好历名山、友名士。直明季大乱,遂隐……康熙二十五年,太守许嗣印聘修郡志。"③

---

① 此处的"旧志"指咸丰《万县志》,见卷三《人物志·贤哲》。
② 此处的"旧郡志"指乾隆《夔州府志》,见卷七《隐逸》(中华书局2015年9月点校第1版,第263页)。
③ 此处的"旧志"指咸丰《万县志》,见卷三《人物志·贤哲》。

《增修万县志》卷三十　士女志

宦绩　武略

天下仕者之患，莫如多欲。后世觟法①峻刑，忍为酷墨②，至以身殉③者，岂智昏哉④？欲误之也⑤。士莫不以仁廉⑥望其宰官，自为宰则忘之；莫不以忠勇恤士责将兵者，自将则忘之。果皆善忘者乎？其亦有独不忘者乎？！

明

陶文靖　省志《人物》载："《贵州省志》：'万县人，宣德间知普安州，裁决庶务，皆迎刃而解，时称能吏。'"⑦

邓汉臣　旧省志："万县人，拔贡生。万历十七年任无锡县令，澹泊自甘，百姓号为'邓菜羹'。"⑧旧志："澹泊自奉，而给衣棺以葬贫民……后任镇江通判，年九十致仕归。"⑨

傅时望　《蜀人物志》："号达吾……万历戊戌进士，知桂林府，惠政甚多。

---

① 觟（wěi）法：枉法，即专讲情面，不依法处理。
② 酷墨：即酷吏贪墨。酷吏：滥用刑罚、残害人民的官吏。贪墨：即贪官污吏。
③ 身殉：指为了某种东西而舍弃生命。
④ 岂智昏哉：难道是糊涂吗？
⑤ 欲误之也：欲望伤害了人啊。
⑥ 仁廉：仁爱，廉洁。
⑦ 引文见嘉庆《四川通志》卷百四十八《人物志六·人物六·夔州府》（巴蜀书社1984年12月影印第1版，第4480页）。
⑧ 同上。旧省志：嘉庆《四川通志》作"旧通志"。
⑨ 此处的"旧志"指乾隆《万县志》，见卷三《名贤》。

桂人为入祀名宦。"旧省志:"字仲瞻,隆庆戊辰进士,御倭寇,娴方略。"①旧志:"谦谦君子也。家贫,室不容书案,凿石室太白岩之左,坚苦读书数年。隆庆间联捷,任桂林府,御倭寇,娴方略,有遗爱。卒于任。"②

国朝

程　训　旧郡志:"万县举人。任武宁县甫月余,会大旱,闻离城三十里有石窝者,灵泉一泓,祷之辄应。训步行虔祷。同僚俱云:'道路修阻,未可以步往也。'训正色斥之曰:'旱关民命,予等惮徒步耶!'嗣后屡次虔祈,仍不雨。训以忧民情切,竟至愤懑以卒。及殓,怀中得片纸,亲书云:'久旱不雨,予罪良深,惟以命赎,庶降甘霖。'次日,大雨滂沱,三日乃止。"③

赖　勋　字仲让,嘉庆己未④成进士,入词馆⑤,改授信丰知县,旋任吉水上饶,升定南同知,历署新城、宁都州、南安府。居官三十年,案无留牍,屡决大狱,同寮⑥咸以老吏相推重。而不矜才能,惟以休养为政,民爱戴之。

武略

汉

甘　宁　郡志:"万县人。三国时仕吴,尝说⑦孙权先取黄祖⑧,鼓行而据武关,可渐窥他郡。权纳其谋,以为折冲将军。轻财尚义,勇冠三军,时号虎臣。今邑有甘宁坝,"相传宁生于此。⑨《吴书》本传⑩:"甘宁,字兴霸,巴郡临江⑪人也。

---

① 引文见嘉庆《四川通志》卷百六十三《人物志二十一·行谊·夔州府》(巴蜀书社1984年12月影印第1版,第4881页)。旧省志:嘉庆《四川通志》作"旧志"。倭寇:明朝时日本海盗侵扰我国沿海各省,时人称之为"倭寇"。娴方略:熟悉方法谋略。
② 此处的"旧志"指乾隆《万县志》,见卷三《名贤》。联捷:谓科举考试中两科或三科接连考中。
③ 此处的"旧郡志"指道光《夔州府志》,引文见卷二十七《人物志上·贤良》(中华书局2011年12月点校第1版,第438页)。惮:怕,畏惧。
④ 嘉庆己未:即1799年。
⑤ 词馆:即翰林院。
⑥ 同寮:即同僚。
⑦ 说(shuì):用话劝说别人,使他听从自己的意见。
⑧ 黄祖(?—208):东汉末年将领。刘表任荆州牧时,黄祖出任江夏太守。初平二年(191),黄祖在与长沙太守孙坚交战时,其部下将孙坚射死。建安十三年(208),与孙权交战,败北,被杀。
⑨ 此处的"郡志"指道光《夔州府志》,引文见卷二十七《人物志上·贤良》(中华书局2011年12月点校第1版,第434页)。
⑩ 引文见〔西晋〕陈寿《三国志》卷五十五《甘宁传》(中华书局2006年9月第1版,第765页)。
⑪ 临江:古县名,治今忠县忠州街道,地域涵盖今忠县、石柱、垫江及万州西部地区。

少有气力，好游侠，招合轻薄少年，为之渠帅①。群聚相随，挟持弓弩，负毦带铃，民闻铃声，即知是宁。人与相逢，及属城长吏②，接待隆厚者，乃与交欢；不尔，即放所将夺其资货。于长吏界中有所贼害，作其发负至二十余年，止不攻劫③。颇读诸子，乃往依刘表，因居南阳，不见进用，后转托黄祖，祖又以凡人畜之。于是归吴。周瑜、吕蒙皆共荐达④，孙权加异，同于旧臣。宁陈计曰：'今汉祚⑤日微，曹操弥憍⑥，终为篡盗⑦。南荆之地，山陵形便，江川流通，诚是国之西势也。宁已观刘表，虑既不远，儿子又劣，非能承业传基⑧者也。至尊⑨当早规之，不可后操⑩图之。图之之计，宜先取黄祖。祖今年老，昏耄⑪已甚，财谷并乏，左右欺弄⑫，务于货利侵求吏士；吏士心怨，舟船战具，顿废不修，怠于耕农，军无法伍。至尊今往，其破可必。一破祖军，鼓行而西，西据楚关，大势弥广，即可渐窥巴蜀。'权深纳之。张昭时在坐，难⑬曰：'吴下业业⑭，若军果行，恐必致乱。'宁谓昭曰：'国家以萧何⑮之任付君，君居守而忧乱，奚以希慕古人乎⑯？'权举酒属⑰宁曰：'兴霸今年行讨，如此酒矣。决以付卿；卿但当勉建方略，令必克祖⑱，则卿之功，何嫌张长史之言乎？'权遂西，果禽⑲祖，尽获其士众，遂授宁兵屯当口。后随周瑜拒破曹公于乌

---

① 渠帅：首领。

② 属城长吏：所属县城的官员。

③ 止不攻劫：停止这种举动，不再抢劫。

④ 荐达：推荐引进。

⑤ 汉祚：指汉朝的皇位和国统。

⑥ 憍（jiāo）：同"骄"，骄纵，骄傲。

⑦ 篡盗：篡权盗位。

⑧ 承业传基：继承并传承基业。

⑨ 至尊：最为尊贵。此处尊称孙权。

⑩ 后操：后于曹操。

⑪ 昏耄：衰老，糊涂。

⑫ 欺弄：欺骗愚弄。

⑬ 难（nàn）：发难，诘责。

⑭ 业业：忧虑恐惧的样子。

⑮ 萧何（前257—前193）：沛郡丰邑（今江苏省徐州市丰县）人，西汉初年政治家、宰相，西汉开国功臣之一。

⑯ 此句言何以仰慕古人呢。

⑰ 属：同"嘱"，嘱咐，托付。

⑱ 克祖：战胜黄祖。

⑲ 禽：通"擒"。

林①，攻曹仁于南郡。未拔，宁建计先径进取夷陵②，往即得其城，因入守之。时手下有数百兵，并所新得，仅满千人。曹仁乃令五六千人围宁，宁受攻累日。敌设高楼，雨射城中，士众皆惧，惟宁谈笑自若。遣使报瑜，瑜用吕蒙计，帅诸将解围。后随鲁肃镇益阳，距关公。公号有三万人，自择选锐士五千人，投县上流十余里浅濑，云欲夜涉渡。肃与诸将议。宁时有三百兵，乃曰：'可复以五百人益吾，吾往对之，保闻吾欬唾③，不敢涉水，涉水即是吾禽。"肃便选千兵益宁，宁乃夜往，公闻之，住不渡，而结柴营，今遂名此处为关公濑。权嘉宁功，拜西陵太守，领阳新、下雉两县。后从攻皖，为升城督，宁手持练，身缘城，为吏士先，卒破，获朱光。计功，吕蒙为最，宁次之，拜折冲将军。后曹公出濡须，宁为前部督，受敕出斫④敌前营。权特赐米酒众殽，宁以料赐手下百余人食。食毕，宁先以银盌⑤酌酒，自饮两盌，乃酌与其都督。都督伏⑥，不肯时持⑦。宁引白削⑧置膝上，呵谓之曰：'卿见□⑨于至尊，孰与甘宁？甘宁尚不惜死，卿何以独惜死乎？'都督见宁色厉，即起拜持酒，通酌兵各一银盌。至二更时，衔枚⑩出斫敌。敌惊动，遂退。宁益贵重，增兵二千人。宁虽麤⑪猛好杀，然开爽有计略，轻财敬士，能厚养健儿⑫，健儿亦乐为用命⑬。建安二十年，从攻合肥，会疫疾，军旅皆已引出，唯车下虎士千余人，并吕蒙、蒋钦、凌统及宁，从权逍遥津北。张辽觇望⑭知之，即将步骑奄至⑮。宁引弓射敌，与统

---

① 曹公：指曹操。
② 夷陵：县名，位于湖北省宜昌东。春秋时本为楚国先王的陵墓，汉时置为县。雍正十三年（1735），以原夷陵县境立东湖县。1912年废宜昌府，改东湖县为宜昌县。2001年3月22日，国务院批准撤销宜昌县，设立宜昌市夷陵区。
③ 欬唾：喻声音。
④ 斫：攻击。
⑤ 盌（wǎn）：同"碗"。
⑥ 伏：趴，脸向下。
⑦ 不肯时持：不肯立即接酒碗。
⑧ 白削：犹白刃。
⑨ □：原刻本缺一字，据《三国志》本传，为"知"字。
⑩ 衔枚：古代行军时口中衔着枚，以防出声。
⑪ 麤（cū）：同"粗"。
⑫ 健儿：健壮的男儿。
⑬ 用命：效力。
⑭ 觇（chān）望：窥视，观望。
⑮ 奄至：突然到达。

等死战。宁厉声问鼓吹①何以不作，壮气毅然，权尤嘉之。宁厨下儿曾有过，走投吕蒙。蒙恐宁杀之，故不即还。后宁赍礼②礼蒙母，临当③与升堂，乃出厨下儿还宁。宁许不杀。斯须还船，缚置桑树，自挽弓射杀之。毕，敕船人更增舸缆，解衣卧船中。蒙大怒，击鼓会兵，欲就船攻宁。宁闻之，故卧不起。蒙母徒跣④出谏蒙曰：'至尊待汝如骨肉，属汝以大事，何有以私怨而欲攻杀甘宁？宁死之日，纵至尊不问，汝是为臣下非法。'蒙素至孝，闻母言，即豁然意释，自至宁船，笑呼之曰：'兴霸，老母待卿食，急上！'宁涕泣歔欷⑤曰：'负卿。'与蒙俱还见母，欢宴竟日。宁卒，权痛惜之。子瓖。

按，《三国志》："甘兴霸，巴郡临江人。"考《华阳国志》："临江县，接朐䏰。"《一统志》："武宁废县……汉临江县地。"⑥武宁，今隶于万，郡志直书为万人⑦，固宜。

五代

石处温 《九国志·后蜀》本传：万州人，本波斯之种，仕前蜀，为利州司马。同光中孟知祥入蜀，补万州管内诸坛提点指挥使，率义兵收峡路。时通州大将王允琼侵扰边鄙，及草寇杜景温劫乡豪，杀县令牟孟，剽略户口⑧，焚烧村落。处温与诸将讨平之。知祥遗书褒美，转宁江军节度都知兵马使、万州管内义军都指挥使。孟昶袭位，迁奖州刺史。处温初据石市，招纳亡命，远近多归之。由是广事耕垦，积谷数万千石，前后累献军粮二十余万石，加之以宝货。昶嘉之，加检校司空，未几⑨，授万州刺史，移简州。卒年八十。

国朝

吴第选 旧志："赋性耿直，少有武略，膂力过人，效力行间，娴习戎事。顺治中擢正白旗头等下。"⑩

---

① 鼓吹：音乐。
② 赍礼：带着礼物。
③ 临当：及，到；正当。
④ 徒跣（xiǎn）：赤足步行。
⑤ 歔欷（xū xī）：悲泣抽噎。
⑥ 引文见〔清〕和珅等《钦定大清一统志》卷三百三《夔州府·古迹》（《景印文渊阁四库全书·史部二三九·地理类》第481册，台湾商务印书馆1986年3月影印第1版，第230页）
⑦ 此处的"郡志"指乾隆《夔州府志》，材料见卷七《武略·三国》（中华书局2015年9月点校第1版，第250页）。
⑧ 剽略户口：强夺住户和人口。
⑨ 未几：不久。
⑩ 此处的"旧志"指乾隆《万县志》，见卷三《武功》。膂（lǚ）力：体力。行间：军队行伍之间。

谭　诣　　　旧志："字养元，明末以御流寇功累封仁寿侯。顺治十六年，东川一隅尚称永历年号。诣势不支，赴国朝川陕总督李国英辕前投诚，朝廷爵以向化侯，复议开云阳水师镇授之。继裁水师，以侯爵归第。康熙七年复奉召对，随授贵州安龙镇。秉节四年，边庭晏如。壬子秋卒于镇，归葬故里。其子天叙，任花马池副将。"①

穆国珍　　旧志："字君锡。顺治初年，蜀之西北虽入版图，东南尚多遗孽。珍与蜀将曾英、余大海、李占春御寇于渝、涪之间，复随李占春等归诚。本朝累功，任山西偏关参将。子文藻，云南开化镇守备。"

傅尔学　　旧志："字睿初，任楚标中营副将。先是甲申②流寇犯川，尔学同蜀守将曾英、李占春、余大海等造战船千艘，御寇于渝江，为蜀东保障。时东川蹂躏，百里无烟，人且相食，尔学放舟东下，拯济全活甚众。至辛酉谭逆③之变，复帅水师随大帅由楚道逆流，荡平川东。时万民逃窜荒菁④，尔学遣人持檄密布招徕⑤，因是乡间无恙。"

陈祚昌　　旧志："字列培，当流寇姚黄⑥入川，势甚猖獗，祚昌率土兵保护乡里，御贼于南岸二十四堡中，时称杰士。本朝定蜀，祚昌率众归诚，授楚督标左营游击，随大军平滇、黔有功，升陕西提督中营参将。"

愚按，康熙二十五年，陈祚昌予荫袭。祚昌在湖广辰龙关杀贼八千余名，贵州恢复，新添龙里二卫；占夺沙子哨，恢复普安州；云南夺取重关、太平桥、走马街，

---

① 经过文字对比，引文或录自咸丰《万县志》，见卷三《人物·贤哲》，但亦参考了乾隆《万县志》。以下数条皆如此。归第：回家。秉节：即持节，官名。魏晋以后有使持节、持节、假节、假使节等，其权大小有别。唐初，诸州刺史加号持节，后有节度使，持节之称遂废。边庭晏如：边疆安定。壬子：此指1672年。

② 甲申：即甲申年，此指1644年。

③ 谭逆：此指谭宏叛清事。谭宏：明末农民起义首领，明朝灭亡之后，占据忠州石宝寨，与清军对抗达十九年之久，是著名的"夔东十三家"义军之一。

④ 菁：山间的大竹林，泛指树木丛生的山谷。

⑤ 招徕（lái）：招抚，使归附。

⑥ 姚黄：即姚黄十三家，又作"摇黄十三家"，指清初以摇天动、黄龙为首，活动在川东鄂西三峡地区的抗清武装力量。〔清〕费密《荒书》："贼首最著者曰摇天动，曰黄龙，蜀谓之'摇黄贼'。其掌盘子十三人，号'摇黄十三家'：曰争天王袁韬，曰震天王白蛟龙，曰整齐王张某，曰黑虎王混天星，曰必反王刘维明，曰夺天王某，曰闯食王某，曰争食王黄鹞子，曰二哨杨秉胤，曰六队马超，曰行十万呼九思，曰顺虎过天星梁某，曰九条龙，遂为四川东北大害。"（浙江古籍出版社1985年2月新1版，第150页）按，"整齐王张某"，据〔清〕李馥荣《滟滪囊》知其人名张显。"必反王刘维明"，或作"刘维民"，即刘惟灵。

云南城外杀贼九千余名，恢复云南省城，由空衔①授为拖沙喇哈番②，准承荫袭，注入四川越隽卫，见制书③。

陈北学　　旧志："字思甫，久历行间，康熙辛酉随楚师进剿川东有功，升太平营都司金书。"

愚按，旧志《武功》纪有吴、谭、魏、傅、陈诸人，志稿佚之。当流寇蹂躏巴东，百姓婴锋镝④，肝脑涂地，逃亡转徙，百里无烟，人且相食。而谭、魏御流寇，傅、陈护乡里，其有功于桑梓⑤甚钜。及圣人御宇⑥，乾坤清夷⑦，归命⑧投诚，鳞比翼附⑨，盖亦一时之雄，有足多者。虽谭诣拜爵两朝，然其节可议，其功又曷可⑩没哉！郡志《人物》载石处温，意与旧志将毋同。兹仍从旧志，采录其杰出者，毋令⑪与碌碌庸辈同湮也。

何裕如　　邑庠生，候选教谕，字述堂。素豪侠，有智略，勇于任事。同治元年正月，贼越梁山，陷新宁，裕如统带大周里团勇扼大垭口，兼制琉璃沟数隘。逆酋蓝大顺不得入，乃绕回梁盐井沟入万余、邵二市。时委办团防副贡陈光熙集团练御于新场，裕如率勇疾驰至，声势益振，贼夜遁。追剿数里。知县余居宽为请防剿局檄委裕如防剿。三月，马协镇⑫定国阵亡于红谷，蓝逆二顺直趋县城，未至十余里而裕如率勇驰入城，民心乃安。遂约援军三道出击贼，贼溃走开县，振旅⑬而还。郭逆过境，裕如复由县驰回，追剿自大垭口，雪虐风号，连月积劳成疾，追逆酋周绍涌窜万，已不能起。邑令张琴就其家视疾，犹强起画策，乃以所善尤炳璋代之，

---

① 空衔：没有实权的官职。
② 拖沙喇哈番：爵名。清初九等世爵之第八等，俗称"半个前程"。乾隆元年（1736）定汉文名为"云骑尉"。叙正五品。凡封爵自此始。
③ 制书：古代皇帝命令的一种。
④ 婴锋镝：遭受战争。婴：遭受。
⑤ 桑梓（zǐ）：《诗经·小雅·小弁》："维桑与梓，必恭敬止。"（《毛诗正义》卷十二，第749页）谓家乡的桑树、梓树是父母种的，对它要有敬意。后因以"桑梓"代指故乡或父老乡亲。
⑥ 御宇：统治天下。
⑦ 乾坤清夷：国家太平。
⑧ 归命：归顺。
⑨ 鳞比翼附：先后迅速地归附。
⑩ 曷可：怎么能够。
⑪ 毋令：不使。
⑫ 协镇：清代绿营副将别称。马定国乃副将，故称。
⑬ 振旅：整队班师。

卒擒王逆永顺于开之张家寨下。裕如死，张琴为详请从优照军营病故例议恤①。

余登鉴　邑监生，以军功保从九品。同治元年正月，蓝逆窜梁、新，西路吃紧，登鉴慨然认守葛麻梁要隘，捐勇百名，不领公帑②。贼陷新宁，出窥万。登鉴击杀其打粮贼。贼卒不敢过葛麻梁。郭逆近万，鉴在县城，急驰归堵剿。及周逆由开、万窜梁，鉴降其伪统领众数千，以连月积劳成疾卒。

---

① 议恤：对立功殉难人员，评议其功绩，给予褒赠抚恤。
② 公帑（tǎng）：公款

《增修万县志》卷三十一　士女志

忠烈　义烈　孝义　救亲割股　累世积善

成仁取义，大节攸关。若庭帏寝膳①本庸行②，而至德要道③存焉。世有杀贼救亲、刲股④疗亲者，虽匹夫一节⑤，而一时至性⑥激发，鬼神可感。至于积善累世，则亦非寻常仗义所能及也。

明

邓天禄　旧省志："万县人，明末为太平戍守把总，与覃璞共守城，贼杨东荫陷太平，覃璞被执，贼欲降之，不屈，贼磔⑦璞，天禄奋拳击贼，贼怒，并磔之。"⑧《胜朝殉节诸臣录》⑨。乾隆四十一年予入忠义祠。

---

① 庭帏寝膳：父母的寝食。庭帏：即庭闱，指父母居住处。
② 庸行：指平平常常的言行。
③ 要道：重要的儒家之道。
④ 刲（kuī）股：割大腿肉。割股疗亲，古以为孝行。
⑤ 匹夫一节：寻常个人的一种行为。
⑥ 至性：诚挚纯厚的性情。
⑦ 磔（zhé）：古代一种酷刑，把肢体分裂。
⑧ 此处的"旧省志"指雍正《四川通志》，引文见卷十二《忠义·夔州府》（《景印文渊阁四库全书·史部三一七·地理类》第559册，台湾商务印书馆1986年3月第1版，第521页）。
⑨《钦定胜朝殉节诸臣录》卷九："邓天禄，万县人，贼陷太平，天禄击贼，被磔死。"（台湾大通书局1987年版，第223页）

罗维先 旧省志："万县人，明末戍守太平，杨贼陷城，维先手刃妻子，驱家人闭于一室，纵火焚屋，跃入火中。举家皆死。"①《胜朝殉节诸臣录》。乾隆四十一年予入忠义祠。

吴献枼 《胜朝殉节诸臣录》：贡生，"万县人，献贼入城，大骂，强以为参军，不受见杀"。②子之英，亦被磔死。乾隆四十一年予入忠义祠。旧志："吴献枼，贡生，幼性敏嗜学。贼入川被执，强逼以职，不屈，贼怒，断臂解腕而死。子之英，邑庠生，亦不屈，被磔暴尸西山观池中。"③

国朝

杨春芳 省志：万县人，"由行伍历官都督同知管温州城守副将。康熙十四年，耿逆④犯温州，春芳死之，二十年奉旨优恤，赐祭葬。"祀忠义祠。

魏元相 省志："梁万营马兵，剿金川，屡次杀贼有功，以千总坐补。乾隆三十八年阵没，恤荫如例。"祀昭忠祠。

万　钦 省志：万邑人，"阜和营外委，随剿黔楚等处逆苗，屡立战功。乾隆六十年攻夺乌草河，力战阵没，恤荫如例"。祀昭忠祠。

程安国 省志：万县人，"顺庆营额外外委，派剿邪匪。嘉庆二年击贼于天星桥，阵亡，恤荫如例"。祀昭忠祠。

龚正海 省志："由武生军营效力，随剿邪匪，骁勇善战，以功给六品顶戴，赏戴蓝翎。嘉庆六年⑤，带领乡勇在开县三磴坡击贼阵亡。恤荫如例。"祀昭忠祠。

马定国 字辅廷，少贫，执末艺⑥，然素豪侠，在市井中独喜扶弱摧强，急人之难。咸丰六年从军，入湖北抚标⑦霆字左营，从统领鲍超攻剿粤逆于小池口，尽毁沿江贼垒，战于黄梅叠获胜。抚臣⑧胡林翼汇奏，授把总，赏戴蓝翎。从超攻

---

① 引文见雍正《四川通志》卷十二《忠义·夔州府》（《景印文渊阁四库全书·史部三一七·地理类》第559册，台湾商务印书馆1986年3月第1版，第521页）。
② 引文见《钦定胜朝殉节诸臣录》卷十一（台湾大通书局1987年版，第288页）。献贼：对张献忠及其义军的蔑称。
③ 此处的"旧志"指乾隆《万县志》，见卷三《孝义》。
④ 耿逆：此处指耿精忠（1644—1682）。康熙十二年（1673），清廷下诏撤"三藩"，耿精忠反，与吴三桂合兵入江西，被清军镇压，遂降，后被凌迟处死。
⑤ 嘉庆六年：嘉庆《四川通志》作"嘉庆三年"。
⑥ 末艺：微不足道的技艺。
⑦ 抚标：明、清时巡抚直辖的军队。
⑧ 抚臣：称巡抚。

枫青驿，连踏贼营十三座，迁守备。八年三月，皖大股贼入麻城，以守备从超赴援，大胜之。五月，克复麻城，日夜穷追一百数十里。督臣①官文奏，迁都司，并赏换花翎。是月，超调回宿松，定国以都司从攻太湖。八月，克太湖。进攻安庆。十月，舒桐大股贼上窜，从回援宿太，踏平花凉亭一带贼垒。迁游击。九年十二月，超调赴小池，定国以游击从攻小池援贼，破之，连克复太湖、潜山，迁参将。十一年，钦差大臣、两江总督曾国藩遵旨酌保，楚军收复黟县羊栈岭、庐村两次获胜，暨击败洋塘等处出力员弁迁副将。自为把总至副将，皆从统领鲍军门超，而攻城拔垒野，战功为多。

同治元年春，定国回籍省墓，时滇贼入蜀，蓝逆二顺窜临江猖獗。知县余居宽、训导范泰衡请于骆制军，檄定国带勇防剿。定国乃留万，部署营阵。贼至忠汝溪，遂即日率勇出御，号召西南团练将营②忠之四方山下以迎拒贼。团练未集，乃留壁红谷田。是夜，贼潜袭我。先是定国以五百人为营，皆取之团练，以曾入楚标得功战士为哨长，亲训练一月，演阵于峨眉碛，觉可用以战。然奸民游勇，颇多冒滥，团勇中而司营务者，又非由定国拔用，与各哨长龃龉。及贼至，定国令开壁迎战，而众不从。定国怒曰："不出战，则贼蹂我桑梓，径趋县城，吾何面目见安乡官民也。"遂从后营门出，大呼敢告奋勇重赏。奋勇从出者数十百人，贼众数万，分股抄袭，兵刃接而后无继，遂为所乘。定国身中三十余伤，手杀十数人而死，数十百人皆战没。督臣骆秉章以闻，奉旨优恤，予建专祠，以从阵亡勇丁附祀。赐祭葬，荫子骑都尉，以恩骑尉世袭罔替。

义烈

国朝

戴志春 省志："嘉庆三年贼匪攻围黑洞沟，挺矛格斗，被戕。"③

陈周恩 省志："嘉庆三年贼匪窜至康脑坡，周恩率领乡勇悉力堵御，贼至分水，又用火枪击毙二十余人。夜半，贼从山后猝至，被执遇害。"

秦应瑁 郡志："字相柏，邑职员，性慷慨，好施济。嘉庆丁巳，邪匪四起，应瑁捐资募勇，设立卡隘堵御，贼势猖狂，冲卡焚掠，众劝其早避，应瑁曰：'数

---

① 督臣：即总督。因上对朝廷，故称。
② 营：扎营，驻扎。
③ 此条和下条材料中的"省志"指嘉庆《四川通志》，引文见卷百五十八《人物志十六·国朝忠节·夔州府·万县》（巴蜀书社1984年12月影印第1版，第4750—4751页）。

果应绝，逃亦何益？'贼至，偕子学滔不屈，缢死。"①

秦学滔　郡志："字殿元，万县廪膳生。嘉庆丁巳随父御邪匪。一夕贼近，劝父早避，恐遇贼受辱，不从，学滔乃私属其弟学汻曰：'汝自为计，毋及于难。兄名教中人，不可舍父偷生。'贼至，绕门数匝，知不免，遂与父相对缢死。"

陈祥瑞　郡志："万邑武生，耿介性成，忠厚过人。嘉庆二年，逆匪犯境，祥瑞率乡勇御敌于梁、万交界之新场，贼众势狂，祥瑞力不敌，斗死。"祀昭忠祠。

愚闻万父老言，武生陈祥瑞，素负侠气。嘉庆初，逆匪入境，奉调护卫县城。贼首郭某者，少与祥瑞同学。祥瑞闻其至，请于官，单骑往说降。贼前驱执而胁之，不屈死。郭酋至，归其尸曰："吾负陈义士也。"郡志失实，故附记之。

刘钟玙　郡志："万邑庠生。嘉庆三年，贼匪侵扰，钟玙遇贼被掳，逼胁不从，骂不绝口，致贼戕害。"

张维正　郡志："万邑武生。嘉庆二年，贼匪侵扰，维正设卡堵御，贼不能破，后贼势猖獗，力不能支，乃抗义不屈，与弟维良同溺死巴阳峡中。"

樊文宗　嘉庆三年，贼匪入境，文宗率众夜入贼营，拴其酋李大志。梁山令方积予以军功顶戴，不受。后贼屯白石坝，宗堵截要隘，贼计擒宗，爱其勇，释之，令演枪法，得间②掉枪杀数贼，贼众拥而磔之。祀昭忠祠。

文德章　赋性朴直。嘉庆三年，教匪由狮山下焚掠城外，德章正牧马瀼渡桥下被获，以大义骂贼，贼怒，割其两颐③，犹有声，复刺其颧胁乃死。

郭朝魁　字春芳，喜读书，尤精医。父早逝，敬兄备至。兄子多不肖，破其家。朝魁不计，且唯恐忧兄也。兄卒，诸侄苦求分爨④，不能禁，乃涕泣从之，而请奉养其嫂。有侄流荡不归，侄妇男女数口皆食于魁。生平无狭邪游。戆直⑤，与人排难解纷，不畏强御，里人惮之。同治元年，蓝逆犯境，魁已入寨，见贼逐一戚友⑥妇，遂挺身下力斥其非，因被获。贼与之食，曰："吾不食掠来之食！"与之衣，曰："吾不服掳来之衣。"贼酋有疾，人言魁善医，则曰："吾医人不医贼！"贼怒而杀之。远近闻者，识与不识皆陨涕⑦。

---

① 此小节中的"郡志"指道光《夔州府志》，见卷二十七《人物志上·忠义·万县》（中华书局2011年12月点校第1版，第447—448页）。下面不再出注。
② 得间：得到机会。
③ 颐：面颊，腮。
④ 分爨（cuàn）：分家过日子。
⑤ 戆直：刚直。
⑥ 戚友：亲戚朋友。
⑦ 陨涕：流泪。

王一宽、余富发、余登榜　　均于蓝逆窜佛寺铺，破硐掳胁，不屈遇害。

张明斗　　蓝逆窜三正里八甲，骂贼坠岩死。

王秀经、张明发　　奋勇杀贼死。

愚按，梁、万营兵丁出征阵亡，应附祀昭忠祠者，皆有案可核。同治元年，蓝周逆窜万境，阵亡勇丁有应附昭忠祠与马协镇专祠者，或未及禀详，或已禀详入祀而名改易，乡人不能确指，若或误遗，则死事者魂魄长憾何穷。爰采访附录于后，以彰义烈。

刘正学、何春亭、杨天锡、何地盛、何地清、平长保、骆肇惠、毛一正、潘连、程焕然、张占春、张荣、唐世福、姚芳春、王光耀、侯大望、熊正泰、何珍、王豁然　　均从马副将剿贼死。

李毛子　　从尤炳璋堵剿周逆于张家寨中炮亡。

余有方、曾有道、李寅、杨依礼、李芳林、杨见　　均从阮文魁堵剿周逆于石坎垭阵亡。

孝义

明

傅之元　　旧志："邑庠生，年甫十一岁，母疾笃，割股以进，母疾愈。"①省志同。

邓璜　　旧志："邑诸生，素以孝闻，母生毒疮垂危，跪床前诵经吁告，恍惚中见有鬼吮疮而愈。"

国朝

傅朝举　　省志："万县人，事继母王氏以孝闻，及卒，亲筑坟茔，独居三年。乾隆五年，奉旨建坊旌表。"②祀忠义孝弟祠。

魏士良　　邑岁贡，号静轩。幼即庄敬，涅③"白圭"二字于肱，日以曾子三省④自勉。

---

① 此条和下条材料中的"旧志"指乾隆《万县志》，见卷三《孝义》。疾笃：病势沉重。
② 此条材料中的"省志"指嘉庆《四川通志》，引文见卷百六十二《人物志二十·孝友三·夔州府》（巴蜀书社1984年12月影印第1版，第4850页）。
③ 涅：用黑色文身。
④ 曾子三省：见《论语·学而》："曾子曰：'吾日三省吾身——为人谋而不忠乎？与朋友交而不信乎？传不习乎？'"（《论语注疏》卷一，第4页）曾子说："我每天多次反省自己：替别人做事有没有尽心竭力？和朋友交往有没有诚信？传给别人的知识有没有亲身实践过？"曾子：即曾参（shēn）（前505—前435），字子舆。乃孔子得意门生，以孝名。

嘉庆初练团堵贼，一乡恃以无恐。磁州宋明府大中宰万①，有惠政，卒官②，母老子弱，贫不能返榇。士良素未受知，既偕邑人酿赙归赀，独慨然走数千里护归其家。视葬毕，游都中③将应京兆试。期近，忽梦母病，心动，遂驰归。母果卧疾，见良喜而愈。家居建宗祠、置祭田④、修族谱，养老抚孤。故人张俸斗殁，遗跛女，嫁之而恤其夫家。倡设讲约公所，奖善愧恶，有悔心无正业者，量予赀本玉成⑤之，自是乡里益多善良。道光十五年，详请旌表。祀忠义孝弟祠。

　　张惠林　邑监生，性孝友。父病笃，惠林割股和药以进。及卒，庐墓三年。母疾危，复与弟德正割股和药。妻幸、弟妻杨咸割股以助，疾遂瘳⑥。越数年母卒，兄弟庐墓三年。道光十六年详请旌表。

　　陈大方　字钜宜。性孝友慈仁。早孤，事孀母能以色养⑦，兄弟怡怡翕和⑧，母族贫者多依之居，母乐之。家不甚丰，族姻乡邻有丧葬婚嫁无力者，大方辄引为己任，贫人称贷，辄焚其券⑨。荒年则捐谷赈济，全活者众。尝念岁凶民困，艰于医药，备药饵⑩，命子光熙兼习岐黄，赴其急。至求诊切方饵者盈门，则色喜然。大方好施予，而取甚廉⑪，常曰："士大夫若爱一文，不值一文。"闻者无不肃然起敬。同治三年，详请旌表。祀忠义孝弟祠。

　　赵其昌　省志："万县康熙丁酉科举人，父应虎溺于江，其昌沿流哀号，得尸以葬，庐墓三年。"⑫

　　兰发玉　郡志："万县人，字焕彩。幼失怙，事母孝，母性温和，发玉事之

---

① 宰万：治理万县。
② 卒官：死于官署。
③ 都中：京都，京城。
④ 祭田：旧时族田中用于祭祀的土地。
⑤ 玉成：成全。
⑥ 瘳（chōu）：病愈。
⑦ 色养：《论语·为政》："子夏问孝。子曰：'色难……。'"朱熹集注："色难，谓事亲之际，惟色为难也。"〔[南宋] 朱熹《四书章句集注·论语集注》，中华书局1983年10月第1版，第56页〕一说，谓承顺父母颜色。何晏集解引包咸曰："色难者，谓承顺父母颜色乃为难也。"（《论语注疏》卷二，第17页）后因称人子和颜悦色奉养父母或承顺父母颜色为"色养"。
⑧ 怡怡：和悦、顺从的样子，后用以指兄弟的情谊。翕（xī）和：和顺。
⑨ 券：借条。
⑩ 药饵：药物。
⑪ 廉：价格低。
⑫ 此处的"省志"指嘉庆《四川通志》，引文见卷百六十二《人物志二十·孝友三·夔州府》（巴蜀书社1984年12月影印第1版，第4850页）。

若严父然，母年七十，孺慕依依。家贫未能终读，其行事俨若学问中人。后稍积财，宗族有婚葬不逮者，乡里有贫苦急难者，量力周助。设夜灯，修道路，善行多端。乾隆二十年，邑令刘文华旌其门曰：'望重乡邦'。"①

杜宗琰 郡志："字苍山，万邑增生。胞弟宗玥，廪生，俱称孝友。宗琰持家，待侄无异所生，终身如一，卒年七十一岁。宗琰之子四：禧、祐、祺，庠生；祚，监生。宗玥之子四：礼，拔贡生，任富顺县教谕，保举知县，选授江苏安东县知县；祜，增生；礽、祥，监生。礼之子恂，庠生。人以为孝友所致。"

赖奎亮 郡志："字容璋。其先闽省人，父锦汉入蜀，遂家万邑。奎亮事亲尽孝，处世和平。邑人咸钦仰之。子六：长子成，极友爱，貤封征仕郎。次子勋，嘉庆己未进士，由翰林院庶吉士散馆改用知县，升任江西定南厅同知。三子辅，监生。四子鼎，廪生，任重庆府学训导。五子箴，廪生。季子颐，岁贡生。奎亮诰封奉政大夫。"

张国珍 郡志："万邑儒士也。幼失怙，母张氏孀居多病，常在床褥。国珍多方调治，药必亲尝，饮食必亲检，阅母病笃，国珍衣不解带，卧于榻前，历久不懈。岁余母殁，哀礼并尽，庐墓三年。"

严精鳌 郡志："字占魁，万邑处士也。性孝友。年十四母病笃，汤药必亲，母殁，庐墓三年。后事继母孝，亦如之。年二十，父母俱亡，遗异母弟方襁褓②，抚养成立，友爱维殷。"

牟大材 郡志："字美用，万县人。性至孝，家贫，佣工养亲。母病危，割股以进，病遂愈。"

徐步青 郡志："万县增生，道光元年公举步青孝廉方正……未几病故。众论惜之。"

救亲割股

饶家实 同治元年三月，蓝逆突至塘房，实持两短刀，扶母行。一贼执大刀追截，实踣贼③杀之。母骇不能举步，乃负母上寨。

张永智 同治元年，蓝逆入境。智兄永仁获于贼，智挺身救兄，杀贼而归。

---

① 此小节中的"郡志"指道光《夔州府志》，此条和"杜宗琰"条、"张国珍"条、"严精鳌"条、"牟大材"条见卷二十七《人物志上·孝友》（中华书局2011年12月点校第1版，第443页）。"赖奎亮"条见卷二十七《人物志上·贤良》（同上，第438页）。"徐步青"条见卷二十七《人物志上·方正》（同上，第439—440页）。

② 襁褓（qiǎng bǎo）：背负幼儿的布条和小被，此处借指婴幼儿。

③ 踣（bó）贼：将贼摔倒。

康景正　　同治元年三月，蓝逆入境。正弟景祥被获，正趋救，挞贼以挺，贼释手，正弃挺夺其刀，杀贼携弟归。

周正绪　　家极贫，不识字。其父周文祥患病三载，正绪日则佣工①，夜则奉药。一夕割股径二寸许，煎熬以进，父病遂瘳。

周信怀　　父病笃，信怀割股煎汤以进，父食之病愈。

李永馥　　母陈氏病风几危，馥割股和药以进，旋甦②。母殁，父升芳病，复割股。

冉永开　　母陈氏素患弱厥，后病笃，割股以救，寻愈。

何贤纶　　母病笃，尝割股疗之，病良已。

陈世锡　　母徐氏病笃，锡割股和药以进，旋愈。

李　馥　　邑庠生。母目疾不已，馥割股和药以进，母目顿明。

累世积善

蒋以仕　　邑贡生，字学征。性慈祥，乐善不倦。设义学于乡，岁饥，则捐谷平粜③。设济生堂，延医施药。大江湖滩、息沸面、窄小子夏秋水险，多覆舟。滩上小舟惟利攘取货物，弃溺人，不一引手④。以仕设救生局，与舟子约，拯一人千钱，于是舟子争先，每岁全活百数十人。道光二十三年，详请旌表。子孙继志，立祠堂以主其事，世世施药、拯溺不替⑤，活人以万计。同治四年，复增设救生局于下游徐那洞。凡捐输、宾兴、全贞，县中大义举，靡不捐重赀为倡。

杜文盛　　邑附贡生，字郁亭。施棺掩骼⑥，乐善不倦。教匪肆逆，文盛捐筑土城，捍卫乡里。后复捐修长椿桥，及疾革，谆谆以置义田、增书院膏火为遗嘱，卒年五十八岁。其子职员越，竟出重赀以成父志，捐银五百余两，资凤山书院膏火。在东关内捐设义学一所，高朗整齐，几案悉备，每岁束修，钱三十千，延师以教。载郡志。越子钟嵋，克承父志，增束脩，每岁钱六十千，迄今遵行不替。钟嵋字峙三，为人阔达慷慨，尤明大义，乐善不倦。道光初年，捐修佛寺铺、沓水二桥，议叙盐知事衔。邑旧试文童于县署，不免雨飘日炙，又自备桌凳，关防⑦难周，前后邑宰

---

① 佣工：谓受雇为人做工。
② 甦：同"苏"。
③ 平粜（tiào）：将仓库所存粮食平价出售。粜：卖粮食。
④ 不一引手：皆不施以援手。
⑤ 拯溺不替：拯救溺水的人，一直不衰。
⑥ 施棺掩骼：施舍棺材掩埋暴露的尸骨。
⑦ 关防：防止串通或泄露机密的措施。

议修考棚，而工钜费多，终莫能就。钟嵋慨然独任其事，于道光十九年兴工，在东关外建造试院一所，规模宏敞，体制严肃，越三年落成，计用钱万六千二百余缗。二十三年，议叙盐运使司运同衔。二十六年三月，小西门外连被回禄①延烧数百家。五月，西山观侧灾。咸丰初，数次火。钟嵋前后赈给钱不下千缗。二年，邑设宾兴会，助钱千二百缗。粤匪之役，输军饷银千二百两，万县筹防钱五百千。同治三年，岁饥，平粜捐谷三百石。倡为全贞会，以恤嫠妇②，捐钱千缗。是年，复输军饷。议叙加道衔。凡邑有善举，靡不多出赀以为众倡，不可枚举。邑言重义轻财，咸首推之。

---

① 回禄：传说中的火神名，多借指火灾。
② 嫠（lí）妇：寡妇。

《增修万县志》卷三十二　士女志

义行

郡志"急公尚义绅民"[①]，志稿易名曰"任恤"，而附于"食货""蠲政"后，纂录不垢，存没为一节之善，实事可征也。今仍从郡志例目，曰"义行"，附"士女志"中，以旌[②]善人。

国朝

杜之櫺　郡志："之櫺，邑附贡生，字维师。性敦悫，好施与。乾隆戊戌、己亥，岁不登，斗米钱二千。之櫺于德堡火神庙施粥数月，存活颇多。"[③]

杜朴　郡志："朴，万邑处士，字天民。性公直，好施与。岁荒，施粥道路，掩骼埋胔，不计其数，邑人咸称好义。厥后子孙以诗礼发家，人以为好义之报。"

刘万良、刘万福　郡志："万良、万福，胞兄弟也，住奉节刘家山、万邑清水塘。乾隆三十六年修石大路，自云阳歧阳关中过万邑清水塘至奉节大垭口，共六十余里，捐银一千四百两。万良、万福物故[④]，良妻莫氏、福妻黄氏，命子富文、富升、富贵、生员廷贞于嘉庆二十四年二月修石大路，自云阳溜沙坡经万邑天池坡至奉节漆水槽，

[①] 道光《夔州府志》设有此目，附于卷二十七《人物志》之末。

[②] 旌：表扬。

[③] 此小节中的"郡志"指道光《夔州府志》，除"邱宗昌"条见卷二十七《人物志上·方正》（中华书局2011年12月点校第1版，第440页）之外，余皆见卷二十七《人物志下·急公尚义士民·万县》（同上，第472—473页）。后不再出注。敦悫（què）：厚道，诚实。乾隆戊戌、己亥：指1778年、1779年。不登：歉收。

[④] 物故：死亡。

计八十余里，共用银二千余两。万县知县仇如玉给额'乐善不倦'。又捐设豫兴义学，知府恩成给额'教先乡塾'。"

向天序　　郡志："天序，万县人。为人慷慨端方①。嘉庆九年，见江水泛涨，浮尸漂流，爰捐资买燕子窝山地二亩埋瘗。每雇人捞浮尸，约计每岁捞获八九十人不等，力行不懈。"

王德慧　　郡志："德慧，万县人，廪生王子珍祖父。住邑西指横溪，右达开县，左达梁山，雨后溪水暴涨，急流难涉，行人苦之。德慧于嘉庆十九年捐修石桥，费千金。桥成，亦不镌石表名，人以为隐德云。"

严圣曾　　郡志："圣曾，万县监生。素性孝友，好善乐施，兼明大义。乾隆戊戌、己亥②连年饥馑，买米四百余石赈济饥民，后每遇饥荒施济。嘉庆二、三年，教匪猖獗，募集义勇二百余名于黄柏溪，设卡堵御；三百余名于分水岭、碑牌、黄杆石设卡，以防贼首林之华南窜，匪不敢入。计二载共用数千金。邑令王世焘赠以'辟雍誉髦'匾额。至其排难解纷，施医药、设义馆、教族子弟，买义田赡族③，造渡船桥梁，善事未可枚举。子性怀、性悌，俱廪生；性愢，监生。克守父训。"

邱宗昌　　郡志："万邑人，年八十三岁。秉性正直，素行④仁厚。居苎溪土桥，乾隆戊戌年遭回禄，周围尽焚，独宗昌茅屋数间获免。邑令往勘，异之，问其素行，对云：'平生无好处，惟郑重五谷耳。'嘉庆己未、庚申⑤间，教匪扰县，焚掠四起，宗昌居屋仍无恙。其人殆有阴德，不自表暴⑥，郑重五谷，特一端耳。"

蓝　琫　　郡志："琫，万县监生。为人公正，取与不苟⑦，尤慷慨⑧有志略⑨。嘉庆二、三年间，贼匪猖獗，城外民居烧毁殆尽。邑令陈文鸿、王世焘先后延琫监筑炮台，贼至，昼夜巡城不懈。其他赈穷恤贫，解纷息争，及监修文庙、养济院诸工程，尤尽心力。乐善不倦，人咸重之。"

---

① 慷慨：大方，不吝啬。端方：庄重正直。
② 乾隆戊戌、己亥：即1778年、1779年。
③ 赡族：赡养同族之人。
④ 素行：平时的品行。
⑤ 嘉庆己未、庚申：即1799年、1800年。
⑥ 表暴：显露。
⑦ 取与不苟：拿取与给予都不随便。
⑧ 慷慨：志气昂扬。
⑨ 志略：抱负。

易成富　　郡志："成富，万县监生。明理端品①，诚笃不欺。嘉庆二、三年间，贼匪窜扰，成富偕绅耆于苎溪岸修土城六百八十余丈，捐银一千八百余两。功始告竣②，即率领乡勇堵御，邑人德之。"今土城圮。

　　郝二相　　郡志："二相，三世节孝，寿八十余岁。乐善好施。念长江溺死多作饿鬼，山间荒塚不乏孤魂，命子捐银三百余两存城隍庙，买田收租，每年中元赈济。"

　　贺盛文　　邑监生。夔郡旧无考棚，官绅屡议合六属力共建而不行。盛文慨然独任，命子代元留夔城监修，经始道光二十七年，迨二十九年将落成，而盛文物故。至三十年春告竣，计号舍二十九间，坐号千七百有奇。自辕门、甬壁、旗杆、乐楼、头仪门、抱厅、大堂、二堂、衡文堂，计九层，及左右供役房，共百有五间，围墙百余丈。院右建提调公馆，内堂、大堂、头门，计三层，十有五间，统计捐钱二万一千八百余缗。咸丰三年，议叙贺代元盐运使司运同衔。盛文于道光二十六七年城外火灾，周恤贫户钱数百千。咸丰二年，邑设宾兴会，代元弟兄捐银一千二百两。粤匪之役，捐输军饷银一千二百两。万县筹防，捐钱五百千。倡为全贞会，捐钱千缗。均为人所难云。

　　刘光廷　　字丹山，邑贡生。轻财好义。市郭里二道河至马坝塘，乃利、万往来道，为险所阻。光廷于道光庚寅年捐银千二百余两，凿穿高穴子石岩，长百六十余丈，砌成大路；修平湮骞子岩、黄杆石岩共四十余里，连建平桥三座。越三年工竣，行旅歌诵弗辍。邑衿耆③为请奖叙，不受。乃刊"万功岩"三字于石壁，以志不忘。光廷殁，其妻严氏亦好善，凡桥路坏，即命子增生德元等补修。

　　魏元彬　　字君儒。性醇谨勤俭，捐田数十亩为祠田，以敬宗睦族④。嘉庆二年，教匪窜小江，元彬捐米三十石，集团勇于九堆飞揽堵御，南岸获安。子士良举孝义执中，恩贡生。

　　易光晨　　字晓亭，邑廪贡，历署金堂、广元、酉阳训导。性质朴端方，尤多义举。邑虬溪讲易台，年久荒芜，光晨慨然倡建来公祠，兼作义馆，刊来氏《大学古本》⑤，

---

① 明理端品：明察事理，端正品行。
② 告竣：宣告完成。
③ 衿耆：指儒生中年老且有地位者。
④ 敬宗睦族：尊敬祖先，和睦亲族。
⑤ 来氏《大学古本》：即来知德的《大学古本》，其中对《大学》的解读与宋理学家有所不同，如释"格物"为"克己"，即要去除物欲。

时集少长①，讲明六行②。子瀚，孝廉，灌县教谕；濂，湖北候补从九；孙栻，庠生。

年登顺　幼失怙恃③，为人牧牛，忠而勤。及壮佣工，铢积④百余金，罄赀以建宗祠，孝义魏士良为修谱焉。顺佃耕苦作至六旬，后积赀四百余金，即以三百五十金买田，交乐善堂，备凶年平粜，富人愧之。

杜　祥　邑监生，字吉人。性端方戆直⑤，少孤，事母谨，笃友爱，抚侄犹子。重然诺，视公事如家事。邑文昌庙颓败，捐募重修，并及东关外道。邑人以祥公正谙练⑥，任劳怨⑦，凡大兴作，必请督工，火神庙、北山观，皆年余始成。族侄钟峒捐建考棚尤钜，祥慨然独任，朝出暮归者，凡三年而不倦。邑宰仇如玉建书院、养济院、公乐堂，祥偕绅耆四乡募捐，始克蒇事⑧。邑言急公竭力，必首推焉。尝以柏林坝田租二十石施入安怀所。子协，增生；惠霖，庠生。侄恂、愉、怿，俱廪生；忻，庠生。

陈维祺　邑贡生。异母弟负贷千金，祺代偿之，析产⑨复合，闻者感愧。倡捐重资修谱，建宗祠，余金数百，岁取以赡族人。性怜贫，每岁杪⑩施米。前邑宰兴善奖以"好善乐施"匾额。子新辉，庠生。

程善宝　性忠厚，勇于为善。建宗祠，设义渡，施义冢，捐修太平桥，创修开邑大垭口石路，逾年始成。修王家桥至沱口石路二十余里，改修四层岩石路、县马头石梯数百丈，助修瀼渡、张家、万平三桥，补修司马桥，监修城垣庙祠。素有足疾，凡桥路大工，恒奔走不倦，人以为难。由县申详⑪，给八品顶戴。

曹芳兰　道光六、七年，捐修新、万交界葛麻梁、黑沟槽、陡梯子石路五十里，

---

① 少长（zhǎng）：指年少的和年长的。
② 六行：即西周大司徒教民的孝（孝顺父母）、友（友爱朋友）、睦（和睦邻里）、姻（对姻亲以礼相待）、任（对社会要有责任感）、恤（体恤他人）这六种善行。
③ 怙恃（hù shì）：《诗经·小雅·蓼莪》："无父何怙，无母何恃。"（《毛诗正义》卷十三，第777页）后来用"怙恃"为父母的代称。
④ 铢（zhū）积：犹言一点一滴地积累。
⑤ 戆直：忠厚耿直。
⑥ 谙练：熟练，有经验。
⑦ 任劳怨：形容人做事热心负责，不辞劳苦，不怕埋怨。
⑧ 始克蒇（chǎn）事：才能够完事。蒇事：谓事情办理完成。
⑨ 析产：分割财产，指分家。
⑩ 岁杪（miǎo）：《礼记·王制》："冢宰制国用，必于岁之杪，五谷皆入，然后制国用。"郑玄注："杪，末也。"（《礼记正义》卷十二，第376页）后谓年底为岁杪。
⑪ 申详：向上级官府详细呈报。

虾蟆石、余家坡石路四十里，计钱三千六百余串。由县申详，给九品顶戴。子职员元登，捐修断石桥寨梁石路，后复捐重赀，倡募改修分水黑洞沟路，募钱万有六千缗，危崖〔哨〕（峭）壁①，竟成坦道。修路近五十年，身亲险阻，无冬无夏，行人咸利赖焉。登子②宏田，常制药救人，为大周里团总，认真办三成丁谷厘，亲历百有余寨，积劳感寒以卒，官绅莫不惜之。

李习易　万、开之交有溪河数十里，无舟楫。易首捐重赀，倡设义渡，三津往来称便。喜修路，善相地势，开辟险阻。其修麻梯及新宁大垭口，尤利行人。家数千金，平生施济，几耗其半。

王天星　幼孤，与母相失，及长，以医术游四方寻母，得于湖北巴东县，已适李天相家。六年之中不远千里，连往省母十次。天相亡，乃迎母归养。业师贫无子，生养而死殡之。

谭为荣　少贫苦，及长，经营成家，轻财重义，周急济困，老而不倦。捐募修建街楼、官路及司马桥，行者便之。前郡守玛③给予"为善最乐"匾额，以示优奖。子长志，监生。

刘振仁　素好义，其堂侄早失怙恃，抚之成立，无异亲生。恒解纷排难，矜恤④孤贫，修补桥路，施药饵、棺木，十数年不倦。子家谟，廪生，工诗文、书法。同治元年，两蓝逆先后犯境，万县戒严，家谟总司城防局，勤劳特甚。及事平，官为请优奖，辞不受。

姚安国　性正直。道光己丑岁⑤，西路溪水暴发，津梁道路尽失，安国倡捐监造，历风霜不懈，及告竣⑥，勒石不自镌名。大府⑦旌以"津梁利赖"匾额，安国未尝建立。子均照，廪生。

钟德林　邑职员。道光九年夏，霖雨，溪水暴溢，坏城西马仑岩大道。德林贸易，家资仅数百金，罄所有，鸠工修治，砌石高数仞，长九十余丈。

---

① 峭壁：原作"哨壁"，于文意不通，今据文意校改。
② 登子：曹元登的儿子。
③ 前郡守玛：指以前的夔州府知府玛隆阿，道光《夔州府志》卷二十三《秩官志下·夔州府文职题名》载："玛隆阿，满洲正白旗官学生，嘉庆十八年任。"（中华书局2011年12月点校第1版，第292页）
④ 矜恤：怜悯抚恤。
⑤ 道光己丑岁：即1829年。
⑥ 告竣：宣告事情完毕（多指较大的工程）。
⑦ 大府：泛指上级官府。

赵世德 积学不偶①，常欲子孙皆读书人。嘉庆二十四年，以黄草坡山地捐入学署，充公用，仅留薄田数亩，夫妇寿俱耄耋，子孙耕读。同治四年，孙吉云，暨其子尚辅，父子同入邑庠，一时传为美报云。

张文联 少孤事母，得其欢心。家不甚丰，而乡邻有婚娶丧葬无力者，皆极力伙助②。贫乏灾患，必量为周恤③，尝施葬地数百冢。

李龙深 兄弟三，初析居④，俱赤贫。龙深后积五千余金，三分产业，以二分授其诸侄，子孙不欲，龙深曰："兄弟之子犹子也。"卒行之。道光十三年，谷昂贵，有谷三十石，减价以粜。凡遇争讼，捐钱劝息。

谭维相 字朝柱，友爱兄弟，仗义轻财。嘉庆间岁旱，常出钱米周亲族。凡值米价昂，减价以粜。暮年倡建宗祠，序族谱。教匪之乱，捐重赀募勇堵御。

黄世乾 素仗义。嘉庆间岁饥，斗米钱千六百，近邻多贫家，饔飧⑤莫给。世乾欲赈之，而力不足，乃典田富室，得钱百余缗，计口分给。

左德芳 邑庠生。道光庚寅年⑥捐修天顺桥，常刻印善书，倡为讲约会，凡济人利物事，见无不为。子洪福，亦好善乐施，约族人宣讲，力行二十余年不懈。

何世泰 邑武生，兄弟析居，独养亲终老。暮年三兄困乏，衣食丧葬，皆泰任之。捐重赀、倡修沙坝风凸岭桥路。睦宗族，周困乏，和争讼，里党重之。子登高，贡生。孙永馨，廪生；永卓，同治甲子科登贤书。

陈盛思 字廷扬，州同衔。嘉庆初年，教匪猖獗，盛思练团堵御，贼不敢犯。于是命子孙无废团练，积久，妇孺亦能用火器，故陈氏团练为一县冠，其团丁多为各甲教练师。盛思尝建宗祠，修家乘，施白羊坪义冢数亩，善排难解纷。子孙游武庠者十余人：子第抡以防堵功保尽先千总；第扶六品顶戴；孙定中，同治甲子⑦科武举人。

魏士谦 字受益，邑监生。笃友爱，尚节俭。道光十年，捐湖口山千金产业入乐善堂，助宣讲之费。复与兄士良捐新宁陡梯田业，为是处讲约赀。凡济人利物，不惜解囊。

---

① 不偶：不得志，不被赏识。
② 伙（cì）助：帮助。
③ 周恤：帮助。
④ 析居：分居，分家。
⑤ 饔飧（yōng sūn）莫给：三餐不继，形容生活非常困苦。饔飧：指早饭和晚饭。
⑥ 道光庚寅年：即1830年。
⑦ 同治甲子：即1864年。

张应葵、李万成　　佃田为业，而性喜利物。市郭里滋溪旧有渡船，夏秋水涨，一日仅数渡，途远者苦日暮无归。咸丰元年，二人捐钱千余缗，买马头，造船雇夫，买河地及垭口田，岁收租谷作义渡费。尝同捐买义冢，岁施木匣。捐修八老坪石路八百九十余丈。乡人咸称之。

　　刘培宗　　廪生，刘履泰之子。兄弟析居，后独奉养孀母，偿兄负殡葬两侄。兄妻亡，夫妇抚幼侄如子，并迎养兄终老。咸丰四年，负累卖业，余钱七百千，令侄与子均分之。尝倡修永宁桥，培修道路。

　　姚芹芳　　庠生，与周曰庠友善。周生，故贫士，乡试无以自赍，芹芳尝典妻奁物①助之。道光庚子②乡试，周生至省寓被盗，感寒不起，汤药溲便③，皆芳躬司之。及没，简州优贡万理融为醵金棺敛、锦江院山长李惺为作启募金，芳护榇归。复为课息④，周妻陈氏得以全节养亲，皆芳力也。芳秉性刚鲠，教人尚行谊⑤，工诗，有《红藕花轩稿》，藏于家。

　　赖剑亭　　生平与人无忤⑥，凡族中有孤老无依者，养之；贫不能嫁娶殡葬者，赀助之。后置义田于万户城，以襄义举。

　　赵文翰　　性明敏而忠厚，有房族凋零，仅遗一孙八岁，流落开县，文翰收养之，与以地，为之婚配。里中不能卒岁者，辄济以钱米。倡修凌云寨。凡鼠牙雀角⑦，一言排解，无不帖服⑧。

　　王　暲　　生平尊礼师儒，兄弟析居，见两弟幼，与合爨⑨，为课读⑩，婚配之。好施予，重贞妇。其从寡嫂迎养十有四年，弟妇与长女皆青年守志，依以全节。族弟妇孀居，按月助以钱米周恤。戚族有贷其钱而无力偿者，辄焚其券。

　　刘学礼　　监生，始殷富，戚友称贷计二千余金，未尝追索。每诫其子曰："人

---

① 奁（lián）物：女子出嫁时，从娘家带到婆家的财物。

② 道光庚子：即1840年。

③ 溲（sōu）便：小便。

④ 课息：获得利息。

⑤ 行谊：品行道义。

⑥ 无忤（wǔ）：不抵触。

⑦ 鼠牙雀角：语出《诗经·召南·行露》："谁谓雀无角，何以穿我屋？谁谓女无家，何以速我狱……谁谓鼠无牙，何以穿我墉？谁谓女无家，何以速我讼？"（《毛诗正义》卷一，第81—83页）谓强暴侵凌引起争讼，后比喻打官司的事。

⑧ 帖服：顺从。

⑨ 合爨（cuàn）：即合灶，指一家人不分家聚集一起。

⑩ 课读：接受教育。

贷我金，非不欲偿，负义爽约，皆不得已。索无益也。且我幸温饱，多积何为？"岁暮乞升斗，日踵门①无空返者，以是无余财。喜读书，将六旬，犹从师焉。

王锦明　侄道南，先已异居，及父母卒，明与合爨，教读而婚配之。原籍湖南衡山，独往修谱二次，喜刷善书，修桥路。乡里有善人之目。

罗安昌　粗晓文义，喜读朱子小学②，遇族人即举以规劝，族数十家遵约束。倡立宗祠，修族谱。从祖兄罗安文、安瑄早殁，昌劝嫂守志，抚其子成人。岁荒，为贫户贷于富家，极贫者则代偿无悔。

张　杰　邑庠生，生平言笑不苟，笃友爱，抚侄两世孤，教养备至。性严而和，凡游其门而䗪声黉宫③数十人。

熊一勋　性友爱，方十余岁，兄一聪负债千余金，父命勋析居，勋不忍，后债益多，父命益力，乃分析④，独任养亲，尽偿兄债。兄殁，身后事皆勋任，犹子女数人，教养婚配，皆赖之。

杨泰义　好济人利物，精医术，日为人疗疾，富者不受谢，贫者予药赀，孳孳不倦。

魏执中　恩贡生，笃友爱，睦宗族，性怛直乐易，喜济人利物。倡修雷佛桥，费多工钜，必成乃已，其为善不畏难类如此。兄士良建乐善堂宣讲，既殁，执中引为己任，乡邻多感化者。防堵粤、滇逆，总办市四甲团练，轮流训饬⑤，虽年逾七旬，不异少壮。

曹芳远　恩贡生，轻财好义，寒士从游者，辄给薪米，多所成就。历年学赀半以赒⑥乡里贫乏。居新、余两市间，乡人质讼辄解；不听，则捐赀调停，必息而后已。后署资州学正。子元体，孙纯醐，俱庠生。

---

① 踵门：登门。
② 朱子：即朱熹（1130—1200）。在朱熹看来，小学和大学共同构成了古代完整且完善的教育体系，这一教育体系的目标明确地指向个体道德的自我完善（修身）。在修身的过程中，小学和大学分别承担了不同的职责。大学教育指向对"理"（所当然及所以然）认识，旨在提升自身的道德认知水平；小学教育则指向"事"（具体的道德实践），通过伦理行为的养成和塑造涵养本心之固有善良与敬意。
③ 黉（hóng）官：学校。
④ 分析：即分居析产，指分家。
⑤ 训饬：训戒与整顿。
⑥ 赒（zhōu）：接济；救济。

《增修万县志》卷三十三 士女志

大年上　五世同堂

乾隆四十九年奉上谕①："朕喜得五世元孙②，实为从古罕有盛事，因思各省绅士、庶民③，或亦有五世同堂者，令呈报，以昭恩赉④。"后屡奉诏书，给予耆寿⑤顶戴，自九品至六品，赏赉有差。百岁五世同堂者，建坊旌表。薄海之内，莫不含和吐气⑥，颂曰："盛哉圣德！一人有庆，天下赖之。"谨博采万县大年五世同堂，撷拾其行，事列于编。大年自八十始。

谢兆智　　年一百岁，忠实，五世同堂。

牟登高　　年九十五岁，五世同堂。

熊元禄　　年九十五岁，五世同堂。

郑先荣　　年九十四岁，五世同堂。

陶文儒　　现年九十三岁，五世同堂。

蔡亦仲　　现年九十一岁，五世同堂。朴质寡言，捐建宗祠，割腴产以充祭田，与孝义魏士良倡建乐善堂。凡修桥路，施棺冢⑦，无不助成。道光二十七年举耆寿。

龚绍闵　　年九十一岁，五世同堂。生平不与人讼。

向体容　　年九十一岁，五世同堂。

---

① 上谕：皇帝告令臣民的诏书。
② 元孙：玄孙，指本人以下的第五代。
③ 庶民：平民。
④ 恩赉：恩赐。
⑤ 耆寿：高寿。
⑥ 含和吐气：蕴藏着祥和之气，并绽放生机。
⑦ 棺冢：棺材和坟地。

廖国会　　年九十一岁。子世荣，九十岁。两代五世同堂。子孙二百余口。

胡先华　　年九十岁；妻罗氏八十六岁。夫妇偕老，五世同堂。曾孙定国，庠生。

阎明洪　　忠厚，年八十九岁；妻郎氏，八十三岁。五世同堂。

谢仕奇　　年八十八岁，五世同堂。

廖世明　　年八十七岁，五世同堂。子联奎，举人，山东曲阜县知县。

郭元福　　现年八十七岁，五世同堂。

程正泰　　年八十七岁，与妻张氏齐眉偕老，五世同堂。道光十四年，详请旌表，给"寰宇熙春"额。

辛□□[①]　　年八十六岁，五世同堂。曾孙德照，亦年八十二岁。照妻陈氏九十二岁。

陈盛纬　　年八十四岁；妻李氏，现九十一岁。五世同堂。

武生胡德胜　　现年八十二岁，五世同堂。同治三年详请旌表。

魏之槐　　年八十二岁；妻陈氏，亦八十二岁。五世同堂。

谭有星　　年八十一岁；妻向氏，年八十五岁。五世同堂。

州同陈光先　　现年八十一岁；妻刘氏，现年八十四岁，五世同堂。

罗可麟　　举耆寿。妻谢氏，俱九十岁。

军功陈盛籍　　以嘉庆间带勇堵御，获贼首黄采莲得功。年九十二岁。八旬时举耆寿。

张维敬　　年九十岁，嘉庆间以耆寿举。

徐天佑　　武生，年八十六岁，嘉庆四年举耆寿。

欧泰炳　　年九十一岁，举耆寿。子登岱，庠生。

曾仕礼　　现年九十岁，举耆寿，犹健步，一日行百余里。

张国极　　现年八十七岁，温厚俭勤，举耆寿。

朱启凰　　年八十五岁，举耆寿。妻张氏，八十三岁。

刘志达　　现年八十四岁，举耆寿。妻谭氏，八十岁。

何有余　　现年八十三岁，举耆寿。夫妻齐眉。

向德深　　年八十岁。常平粜，施粥药，修桥路，建宗祠，置祭田。举耆寿。

杜臣松　　温深泽，俱年八十岁，举耆寿。

黄学禹　　字夏中，年百有二岁。子昌绒，八十八岁。媳李氏，八十五岁。

---

① □□：原刻本墨盖两字。

罗登富　　年八十四岁。妻董氏,九十八岁。长子科麟,九十岁。冢妇谢氏九十岁。次子秀、季子元,俱八旬有余。子孙曾元四十余人。

吴世凤　　年八十三岁。长子朝文,八十七岁。次子朝武,八十四岁。三子朝举,八十二岁。四子朝学,现八十岁。

牟登信　　年八十六岁。妻吴氏,年九十岁。子俱入学,一副贡。弟登陵,八十三岁。弟妻陈氏,现年九十四岁。

余生华　　年八十八岁。弟生贵,八十岁。弟妻熊氏,八十二岁。季弟生魁,八十二岁。

钟玉章　　年八十七岁。妻廖氏,八十四岁。子书文,八十岁。夫妇齐眉。

程世华　　现年八十七岁。弟世贵,现八十三岁;世凝,现八十岁。

陈如华　　年八十六岁。子定文,七十七岁。孙监生光显,八十三岁。

廖维舜　　年八十一岁。子元科,八十岁。孙妇罗氏,八十一岁。

何泽洪　　年八十岁。弟泽伦,现年八十二岁。弟妇钟氏,现八十一岁。

幸如珉　　庠生,忠厚,年九十二岁。弟如琞,九十六岁。

邓国政　　年八十九岁。子一秀,八十岁。

何临洁　　八十六岁。子正道,九十岁。

张　纪　　年八十五岁。弟纲,年八十岁。

刘国贤　　年八十二岁。子繡,九十七岁。

冉绍舜　　年九十五岁。妻冯氏,八十一岁。

刘文富　　年九十一岁。妻邹氏,年八十九岁。

易如荣　　年九十岁。妻周氏,八十一岁。

李立成　　年九十岁。妻刘氏,八十二岁。

牟正良　　现九十岁。妻夏氏,八十一岁。

冉之珵　　喜劝善行,利人事,年八十八岁。妻崔氏九十岁。

黄正荣　　与妻张氏,现年八十八岁。

陈国正　　年八十七岁。妻程氏,八十七岁。

谭维达　　年八十七岁。妻杨氏,八十九岁。

项国清　　朴直,现年八十六岁。妻谭氏现八十一岁。

黄谏臣　　现年八十六岁。喜以医济人。妻刘氏,亦八十六岁。

赵廷桂　　年八十六岁。妻何氏,年八十四岁。

杨　藩　　年八十五岁。妻熊氏,亦八十五岁。

余维彩　　年八十四岁。妻谭氏,八十七岁。

梁从政　　现年八十四岁。妻同年生。夫妇偕老。

彭光灿　　年八十四岁。妻陈氏，现八十四岁。

杨若梅　　年八十四岁。妻彭氏，八十一岁。

史天瑞　　年八十四岁。妻熊氏，年九十三岁。孙良玥，廪生。

彭圣樟　　年八十三岁。妻陈氏，八十岁。

李肇端　　现年八十三岁。妻赖氏，现八十二岁。

向志魁　　年八十三岁。妻张氏，现九十岁。

赵坤义　　现年八十三岁。直而厚。妻张氏，八十岁。

曹元英　　现年八十二岁。妻何氏，现八十九岁。

谭代琼　　现年八十二岁。夫妻齐眉。

谭立相　　现年八十二岁。妻刘氏，现八十三岁。

彭仕藻　　现年八十二岁。妻叶氏，现八十四岁。

杨其斗　　年八十二岁。妻黄氏，现八十六岁。

黎礼明　　现年八十二岁。妻秦氏，同年生，偕老。

黄仕臣　　年八十二岁。勤俭。妻彭氏，八十三岁。

熊毓江　　年八十一岁。妻程氏，亦八十一岁。

赖奎瑾　　年八十一岁。妻郭氏，八十三岁。

彭邦仁　　现年八十一岁。妻谢氏，同年生，偕老。

谢明恩　　现年八十一岁。妻郭氏，现八十二岁。

王正韬　　现年八十一岁。妻李氏，现八十三岁。

陈必英　　现年八十一岁。妻同年生，夫妇偕老。

李芳廷　　现年八十一岁。妻漆氏，八十二岁。

郭朝级　　年八十一岁。妻杨氏，年八十三岁。

魏文兆　　年八十一岁。妻程氏，现八十三岁。

牟天鉴　　年八十岁。妻李氏，八十八岁。子秀士，妻冉氏，现年百岁。孙维升冉氏次子，岁贡生，亦六旬有余。性好善，并喜劝人为善不倦。士林推之。

周国汤　　年八十一岁。妻陈氏，年八十七岁。

刘清远　　年八十岁。妻贺氏，年八十三岁。

戴二礼　　现年八十岁。妻黄氏，同年生，夫妇偕老。

田天泽　　现年八十岁。妻李氏，现八十一岁。天泽祖母刘，患风瘫，背负两载。侍父病，衣不解带。

邓一正　　现年八十岁。妻陈氏，现八十四岁。

李先升　　现年八十岁。妻吴氏，现八十一岁。

周有林　　年八十岁。妻吴氏，现八十三岁。子庠生，曰庠。

殷月栋　　年八十岁。妻杨氏，亦八十岁。

姜一科　　年八十岁。妻罗氏，现年九十四岁。

熊毓弼　　现年八十岁。朴实。妻向氏，八十一岁。

陈盛忠　　现年九十八岁。素戆直，闻人谈闺阁①辄面唾之。人有以妓女试之者，终无所染。

军功佘成凤　　嘉庆年间带勇防堵出力。年九十六岁。

何应碧　　年九十一岁。好施予，笃宗族。

幸禄英　　现年九十岁。倡修倒水木桥、太平木桥。自太平溪至张家漕倡修石路三十余里。又监修乡文昌庙，倡禁私宰。子士廉，庠生。

张兆龙　　年八十八岁。生平忠厚正直，祭必诚敬，教养诸侄成立，捐十余硕租谷田以建宗祠。孙美含，岁贡生。曾孙承栻、文生；鹏程，武生。

陈世海　　监生，年八十七岁，犹能书小楷。

陈二寿　　现年八十五岁，乐施，喜放生，间里称善良。

军功杜世连　　嘉庆间带勇防堵萧水湾、扁岩子三载。卒年八十四岁。

陈心泰　　年八十二岁。精医术。著有《伤害订注》《脉诀提纲》《药性切指》《医方歌正》。

焦大成　　年八十二岁。修补桥路，施棺木、药物，周族戚困穷。里邻争讼，不惜出赀解和。

秦学诗　　现年八十一岁，忠厚朴实。孙曾绕膝者百八十余人。

幸有鉴　　年八十一岁。慕义好施。喜修桥路。尝捐重赀设小湖滩义渡。

监生戴二宜，节妇戴傅氏子　　现年八十岁。尝捐修高山坡和岩子隘路，捐置二磴岩义冢数里地。

何文旭　　监生，年八十岁。喜息争，一乡赖之。

监生张文载　　年八十岁。醇厚，不言人非，人有言者，亦不答。建宗祠，尊师傅，施药食以利人。子凌云，庠生，州判衔。

杨鸿皋　　监生，年八十岁，不吝施予，助修杨家街及土桥子石路。邑宾兴、安怀、恤孤诸义举，均重赀赞成②。尝以原籍麻城田数十亩予侄，并给钱千余缗，从侄给

---

① 闺阁：闺房。

② 赞成：帮助使完成。

钱亦以千计。

冉之瑛　　年八十岁。介直疏财。尝捐置白水溪、小涪滩义冢，瘗江面浮尸。妻刘氏亦八十岁。

郭继仪　　文生，现年八十岁。朴厚①无世俗习气。

张仁寿、李肇先、熊万湘、刘登廷、魁元先_{庠生}、杨永安、唐朝慧　　均八十岁。

贺隆相、唐勋_{岁贡}、牟正富、牟正位、熊德亮、吴德芳、李如彬　　均八十一岁。

魏元书、程洪斗、魏士长、兰贵枒_{庠生}、李宗茂　　均八十二岁。

文正立_{监生}、牟秀琨　　均八十三岁。

平宗古、牟正麟、魏士治　　均八十四岁。

易大观_{庠生}、谭宗海、龙在田　　均八十五岁。

向有玿、何葵_{贡生}、牟天梅、吴大有、何正有、魏士泉　　均八十六岁。

陈璠允、魏瑛、牟登渭　　均八十七岁。

兰贵松、刘元位　　均八十八岁。

张国礼、张天绪、张印、牟先位、李宾益　　均八十九岁。

朱照信、易明略、杨璧、张国佑　　均九十一岁。

魏天藩　　年九十三岁。

胡功钟、程大荣　　均九十五岁。

向大林　　年九十七岁。

以上咸丰四年辑。

谢仕栋、文永培、范大梅、窦遇贵、张维玺、游文扬、杨正荣、胡大才_{文生}、张汝霖、张仰孟、周昭庆、刘西顺、张天谓_{文生}、谭二都、谭二美、郭仁升、郑伯级、殷国典、杨蕙林　　均八十岁。

陈光达、谢学榜、胡发秀、张正元、李超伦、窦遇乾、王思鹏、程复春、李运泰、郎万钦、杨朝宗　　均八十一岁。

文占魁_{贡生}、许道德、熊世伦、郭朝岱、谭大中、李显照、彭有明、龙乾义、熊贞矩、陈第耀、冉绍华、郝三耀、郭仁道、周召南、张天秀　　均八十二岁。

陈心正、杨清秀、冉国华、杜芳先　　均八十三岁。

谭仁宠、易文学、周肇国、李升魁、饶华、刘海溶、刘文泰、解宗品、陈朝彦　　均八十四岁。

杨学启、杨开贵、骆征、邓荣升、漆开谟、余永魁、崔锡照、孙兆鹏、向元义、

---

① 朴厚：朴实厚道。

程宏周、幸成功、刘尚容、易雍裔、易大升　　均八十五岁。

李廷秀、黄朝恭、熊世伯、熊肇禄、冉绍才　　均八十六岁。

刘明德、余林、刘以华、罗治昭、易光周　　均八十七岁。

熊世才、蒋诚贵、甘恩义、张能松、刘国用　　均八十八岁。

谭隆柏、冉绍学、余学奠、王兆福、向钟义　　均八十九岁。

陈大雄、张朝才、唐朝富　　均九十岁。

孙纯红、王正良、邓一安　　均九十一岁。

朱道宏、祝光祖、向体桢、冉之宁、周义朝、伍顺禄　　均九十二岁。

曹芳廷、胡天顺、谭济生、罗大纯　　均九十三岁。

夏文达、王廷桢、程化奇、罗大经　　均九十四岁。

刘金玉、骆□①、何天才　　均九十六岁。

谷敬德　　年九十七岁。

何临纯、陈常亨、向万崇　　均九十八岁。

谭世清　　现年一百岁。

---

① 原本缺二字，据国家图书馆珍藏本，为"廷耀"。

《增修万县志》卷三十三　士女志

大年下　五世同堂

邵廷举母蒲氏　　年九十八岁，五世同堂。

曾兆贤妻余氏　　年九十七岁，五世同堂。子元仁、孙书章，皆武庠生。曾孙养志，文生。

谭君锡妻张氏　　年九十六岁，五世同堂。

张心贵母章氏　　年九十六岁，五世同堂。

陈大方妻李氏　　现九十岁，五世同堂。氏能助夫为善。子光照，恩贡生。光烈，举人。光熙，副贡，以团防保举知县。光党，监生，以防堵保从九尽先。孙明奎、明景、明政，庠生。

易人恒妻刘氏　　年八十九岁，五世同堂。

向明举妻谭氏　　现年八十八岁，五世同堂。

谢昌言妻蒋氏　　年八十一岁，五世同堂。子监生万钟妻戴氏，亦八十一岁。五世同堂。

邓一亨妻刘氏　　现八十一岁，五世同堂。

雷子祥妻任氏　　现八十岁，五世同堂。

何正韶妻沈氏　　年八十六岁，四世同居。子何渭，邑恩贡生，年八十二岁，读书立品。次子芳，年八十三岁。三子芬，现年逾古稀[①]。

节妇向阎氏之祖姑阎氏　　寿九十八岁。姑谭氏，八十八岁。

---

① 古稀：语本〔唐〕杜甫《曲江二首》之一："酒债寻常行处有，人生七十古来稀。"（中华书局编辑部点校《全唐诗》增订本卷二百二十五，中华书局1999年1月第1版，第2413页）指人七十岁。

王家鳌妻谭氏　　年八十八岁。子昭妻刘氏现年八十一岁。昭亦年逾古稀。尊礼师儒①。孙登荣，邑廪生。

　　左德常妻窦氏　　年九十七岁。二十六岁守节，抚孤洪猷成立。

　　岁贡生刘启祥妻罗氏　　不苟言笑，好施予，不斋尼僧。年九十三岁。子秉堃，监生，善养老母，工诗文，书画山水尤绝伦。

　　许桐妻陈氏，佐夫兴家　　年九十三岁。孙正瀜，廪生，任灌县教谕；正裕，监生，任云南禄丰县知县，升知州。曾孙家楣，己酉科举人，任云南禄丰县知县，升知州。

　　向地群妻王氏　　年九十一岁。三十余岁夫故，守志抚孤，见孙曾②焉。

　　舟德贵妻崔氏　　年九十岁。尝捐养膳恤贫，治道路。

　　王珩妻邓氏　　年八十六岁。学使黄琮旌以"贞松慈竹"匾额。

　　杜光德妻谭氏　　三十四岁守节，卒年八十四岁。

　　文正榜妻尹氏　　年八十四岁。夫殁无子，抚侄永裕为嗣。子卒。抚孙慈惠。喜捐赀助乡里贫乏。

　　曾门光妻凌氏　　现年八十四岁。三十六岁守节，抚子尚世、文世、武世成立。

　　熊毓甲妻陈氏　　现年八十三岁。慈良。尝请善言者宣讲劝善数年，约计七百余金。印善书、修津梁、神祠，施药食不惜费。

　　文永龄母任氏　　年八十岁。教子以义。虽家仅中人③，而喜赒贫乏。氏父任正贤、母李氏以教匪播越④，氏迎居别院孝养二十余年。

　　廖朝典妻李氏　　年八十岁。中年守节，贫而无子，善事翁姑⑤，里党称之。

　　王裕椿妻张氏、熊德顺妻陈氏、陈天位妻张氏、谭维滋妻王氏、牟永试妻向氏、严精麟妻张氏、文宗谟妻张氏、魏文从妻何氏、严祖述妻王氏　　均年八十岁。

　　刘启昆妻任氏　　年八十一岁。

　　严精禹妻傅氏　　年八十二岁。

　　陈正科媳李氏、严精乾妻朱氏、李如英妻牟氏　　均年八十三岁。

　　陈瑄妻吴氏、何志高妻李氏　　均年八十四岁。

　　陈先贵妻向氏　　年八十五岁。

　　谭宏才妻陈氏、程维礼妻骆氏、蒋承林妻张氏、魏士举妻陈氏　　均年八十六岁。

---

① 师儒：效法儒者。
② 孙曾：孙子和曾孙。
③ 中人：中等人家。
④ 播越：流亡不定。
⑤ 翁姑：丈夫的父与母。

张仕禄妻潘氏、何才广妻夏氏　　均年八十七岁。

刘德邻母魏氏　　年八十八岁。

李毓安妻龙氏　　年八十九岁。

谭崇贤妻袁氏、陈国寿妻周氏、李毓著妻张氏　　均年九十岁。

程维礼妻向氏　　年九十岁。

陈为颜妻李氏　　年九十二岁。

陈正科妻蓝氏　　年九十三岁。

杨和茂妻龚氏、何仁广妻李氏　　均年九十四岁。

杨桂妻王氏　　年一百有六岁。

以上咸丰四年辑。

朱昌南妻邵氏、冉之伦妻张氏　　均年八十岁。

何大发妻李氏、程善宝妻周氏、丁清发妻魏氏、谢咸诚继妻钟氏　　均八十一岁。

左光显妻王氏、罗时清妻唐氏、罗□□①妻萧氏、文明道妻黄氏、吕大奇妻严氏、张天禄妻刘氏、赵年桂妻胡氏　　均年八十二岁。

王兴礼妻张氏、杜一讱妻张氏　　均年八十三岁。

冉绍远妻陈氏、王锴妻陈氏、谭永位妻唐氏　　均年八十四岁。

田大用妻曾氏、张名英妻李氏、向天龙妻崔氏、谭维纲妻王氏、刘尚麒妻王氏、王皓妻赵氏、易成荣妻周氏、刘国典妻戴氏　　均年八十五岁。

何臻高妻易氏、何文义妻晏氏、谭世选妻张氏　　均年八十六岁。

成先略妻张氏、何文祺妻陈氏、冉绍魁妻谭氏、彭志立妻谢氏、易名才妻张氏　　均年八十七岁。

谷宗相妻熊氏、胡寅邦妻郭氏　　均年八十八岁。

王二碧妻刘氏、王逞妻姜氏、易大经继妻周氏、谭永伦妻钟氏　　均年八十九岁。

王正良妻黄氏、李自荣妻张氏、莫武库妻文氏、易光晨继妻李氏　　均年九十岁。

何瑄妻黄氏、王□□②妻陈氏、冉绍福妻张氏、易琼妻蔡氏　　均年九十一岁。

沈国正妻李氏、谭光典妻姜氏　　均年九十二岁。

谷伦妻陈氏、冉永祥妻骆氏、丁照远母余氏、郎永睿妻吴氏、杨世凤妻吴氏，均年九十三岁。

---

① 此处墨盖二字。

② 此处墨盖二字。

邓时圣妻刘氏、向人俊妻胡氏、张天玉妻刘氏、王永武妻向氏、冉之琳妻冯氏、程连元妻郭氏　　均年九十四岁。

谷先美妻王氏、徐一贤妻余氏、张邦学妻任氏　　均年九十五岁。

孙世琤妻王氏　　年九十六岁。

刘镒妻任氏、段书高妻刘氏　　均年九十七岁。

龙天一母刘氏、周昌华妻孙氏　　均年九十八岁。

刘从汉妻陶氏、任□□①妻董氏、邓之万妻曾氏　　均年一百岁。

张国榜妻程氏　　年百有一岁。

---

① 此处墨盖二字。

《增修万县志》卷三十四　士女志

列女上

蜀中多奇女子。往古勿论,近代如云阳沈云英①、石砫秦良玉②,皆产于邻封③。顾旧志所纪殊略,郡志只于曾被旌表者,自明迄今,悉载靡遗④。盖闺仪⑤以贞为本正,不必持节从军、颂椒⑥咏絮⑦、增辉彤管⑧也。

---

① 沈云英(1624—1660):明代女将。她随父征战,父亲战死,她有胆有识,守卫父营,组织父亲旧部解除道州之危,因功被敕封游击将军。清军入关,她耐守清贫,后抑郁而终。
② 秦良玉(1574—1648):字贞素,明末著名女将。秦良玉率领兄弟秦邦屏、秦民屏先后参加抗击清军、奢崇明之乱、张献忠之乱等战役,战功显赫,被封为二品诰命夫人。崇祯皇帝曾作诗四首赞颂秦良玉。
③ 邻封:本为相邻的封地。泛指邻县。
④ 悉载靡遗:全都记载,没有遗漏。
⑤ 闺仪:即闺范,闺中的礼法、规矩。
⑥ 颂椒:典见〔唐〕房玄龄等《晋书》卷九十六《列女传·刘臻妻陈氏》:"刘臻妻陈氏者,亦聪辨能属文,尝正旦献《椒花颂》。其词曰:'旋穹周回,三朝肇建。青阳散辉,澄景载焕,标美灵葩,爰采爰献,圣容映之,永寿于万。'"(中华书局1974年11月第1版,第2517页)后遂用为典实,指新年祝词。
⑦ 咏絮:典见〔南朝·宋〕刘义庆《世说新语·言语》:"谢太傅寒雪日内集,与儿女讲论文义。俄而雪骤,公欣然曰:'白雪纷纷何所似?'兄子胡儿曰:'撒盐空中差可拟。'兄女曰:'未若柳絮因风起。'公大笑乐。即公大兄无奕女,左将军王凝之妻也。"(余嘉锡《世说新语笺疏》,上海古籍出版社1993年12月第1版,第131页)东晋诗人谢安的侄女谢道韫很有才华,用"柳絮因风起"的诗句比喻飞舞的雪花,很得谢安赞赏。后遂用"咏絮"称赞女子善于吟咏。
⑧ 彤管:一种红管的笔。古代皇宫内的女史,以此记录后妃的事迹。以红色表赤心公正。

明

隆胡氏 旧志：万县"庠生隆海宏妻，年二十一海宏卒，氏守节抚孤，正德九年旌表。赵评事鳌题诗云：'灯火诗书泽，纲常铁石心。'"①

冉隆氏 旧志：万县"冉应海妻，于归②二年，生子未弥月，夫卒，时年二十一，誓不再适③，孝姑④抚子，正德间旌表"。

傅龚氏 旧志：万县人，"幼适傅承爵，三年夫故，家贫守节。父文试怜其少，令他适。氏念大节难亏，父命又不可违，遂自缢死。崇祯十年旌表，并铭其墓"。

向陈氏 旧志："万县庠生向东妻，年二十一夫亡。氏守节，抚子婚娶。子寻卒⑤，遗腹⑥生孙，甫一岁，子妇又卒。氏苦节清操⑦，育孙成立。"知县成敏贯详请旌表。

傅解氏 旧志：万县"傅万荣妻，年二十二守节，寿六十一岁。无子，一女待哺，艰苦百倍，清操愈坚"。

向张氏 旧志：万县"向东洋妻，年二十二东洋卒，氏守节诲子，无异志。子长，入庠。乡里嘉之。县令表其门曰'贞节'"。

沈崔氏 旧志：万县"进士崔奇勋之女，适庠生沈瑜，越五年生一子，夫卒，剪发自誓，教子游泮⑧。县令旌其门曰"苦节可风"。天启丁卯举人、南京户部陕西司郎中沈鸿儒、隐逸贡生沈巨儒，其孙也"。⑨ 旧省志：鸿儒"万历戊午科举人"。⑩

愚按，沈巨儒、鸿儒，均谓沈节妇孙。旧志不知何见。郡志留鸿儒，去巨儒，亦未确有所据，今并存之，以俟考。旧省志："越鸡，明季避乱隐居。国朝李国英劝之仕，不应。"而旧志：载"国朝贡生"。岂王侯不可事，而贡生独乐为欤？然谓

---

① 此节中的"旧志"如无特别交代，均指咸丰《万县志》，均见卷三《人物志·列女》。
② 于归：出嫁。
③ 适：旧称女子出嫁。
④ 孝姑：孝顺婆婆。姑：旧时妻称夫的母亲。
⑤ 子寻卒：儿子不久去世。
⑥ 遗腹：妇人怀孕后，丈夫因故死亡，腹中未生之儿，称为"遗腹"。
⑦ 苦节《周易·节》："节，亨。苦节，不可贞。"孔颖达疏："节须得中。为节过苦，伤于刻薄。物所不堪，不可复正。故曰'苦节，不可贞'也。"（《周易正义》卷六，第239页）意谓俭约过甚，后以坚守节操，矢志不渝为"苦节"。清操：高尚的情操。
⑧ 游泮：明、清科举制度，经州县考试录取为生员者就读于学官，称"游泮"。
⑨ 此条材料即录自咸丰《万县志》，又取材了乾隆《万县志》。
⑩ 此处的"旧省志"指雍正《四川通志》，材料见卷十上《人物·夔州府》（《景印文渊阁四库全书·史部三一七·地理类》第559册，台湾商务印书馆1986年3月第1版，第375页）。

之明贡生，则又无考。

罗某氏　　忠烈罗维先母。旧志："杨贼陷太平，维先泣请其母自缢，老幼十余口悉殉难。"

罗某氏　　罗维先妻。《胜朝殉节诸臣录》："维先戍守太平，贼陷城，手刃妻子，举家同焚死。"①

陈万氏　　旧志："万县陈常妻。谭宏籍民为兵，土人陈一旺等据天城抗之。谭兵攻城，破，被执。贼取怀中乳子投之。氏不顾，矢志必死。绐②言其夫有金藏于岩畔，贼信之，至岩，氏奋身推贼坠岩，已亦死。国朝咸丰八年旌表。"

陈向氏　　旧志：万县白羊坪人，"时姚黄贼渡江。氏与夫名顺避岩洞中。贼攻破洞，见氏有姿色，只杀其夫。氏绐以携二子同去，至洞门，与二子坠岩死。国朝咸丰八年旌表"。

古谭氏　　旧志："万邑监生谭用予之女，适梁山生员古元直。崇祯甲申，流贼陷梁山。氏被执，骂贼，随取刃毁面。贼抚其乳。氏遂割乳，以头触阶而死。贼壮其节，命其家仆掩之而去。月余，家人启尸改葬，面犹如生。"③按，节妇夫家梁山，尽节又在梁山，应载《梁山志》④。各志俱载入万县，姑从其旧。

国朝

宋谭氏　　旧志：万县"宋得云妻，得云亡，守节八载，矢志冰霜，族恶欲强污之，氏坚拒，竟斧破死，康熙二十八年详请旌表"。省志："猝遭强暴，不甘受辱，杀身全节。载《一统志》。"⑤

姜刘氏　　郡志："万县姜荣吉妻。赋性幽闲，持身清洁，孀居，有醉者突入，执氏欲污之，氏大骂不从，抓其面，醉者因火其居，氏同一子三女俱焚死。"⑥详

---

① 引文见嘉庆《四川通志》卷百七十一《人物志二十九·烈女三》（巴蜀书社1984年12月影印第1版，第4995页）。贼：嘉庆《四川通志》作"献贼"。
② 绐（dài）：同"诒"，欺骗。
③ 此条材料中的"旧志"指乾隆《万县志》，见卷三《贞节》。
④ 嘉庆《梁山县志》和光绪《梁山县志》均有载。如嘉庆《梁山县志》卷十一《列女·明》中"谭氏"条载："万县人，监生谭用予女，适梁山进士古之贤之孙、举人德懋之子、庠生元直。崇祯甲申，流贼陷城，被执，骂贼不绝口，随取刀毁其面，贼摸其乳，复割其乳，以头触阶，昏绝，俄而复苏，再触阶而死。贼壮其节，令家仆土掩之。贼去。时四月十四日事也。经月余，家人启其尸，具衣棺改葬，面目如生。"
⑤ 引文见嘉庆《四川通志》卷百七十三《人物志三十一·烈女五》（巴蜀书社1984年12月影印第1版，第5032页）。
⑥ 此节中的"郡志"除有特别注明之外，皆指道光《夔州府志》，见卷二十九《列女志·万县·国朝节烈》或《殉难妇女》（中华书局2011年12月点校第1版，第496—500页）。后不再出注。

请旌表。旧志、省志：拒强暴之污，锄击脑死①。

文刘氏　　旧志：万县"文和典妻，年二十二夫病危，日夜祷以身代。和典死，遗子甫襁褓。氏矢志守节，事姑育子，备历艰辛，节孝两全，详请旌表"。

刘薛氏　　省志："万县刘思廉妻，年二十五夫殁，抚子游庠，苦节三十二年卒。"②郡志："详请旌表。"

平张氏　　郡志："万县平其安妻，年二十四夫亡，氏守节四十八载，乾隆十三年详请旌表。"

王傅氏　　省志："万县王英妻，年二十二夫殁，苦志守节，历五十三年卒。"郡志："详请旌表。"

丁廖氏　　郡志："万县丁应宠妻，年二十五守节，寿六十七岁卒，详请旌表。"

马杜氏　　郡志："万县马英妻，夫亡，氏奉翁姑，抚子成立，青年矢志，白首完贞，详请旌表。"

杜谭氏　　郡志："万县杜之章妻，夫亡，氏奉翁姑，丧葬尽礼，抚孤成立，白首完贞，详请旌表。"

龚陈氏　　省志："万县龚治妻，夫病，氏割股以疗，不起③，孝事衰翁，甘旨不缺。翁殁，葬祭尽礼。"郡志："详请旌表。"

万龚氏　　省志："万县万时玉妻，年二十二夫殁，守节三十八年，详请旌表。"④

袁傅氏　　省志："万县袁襄妻，年二十三夫殁，守节三十六年，乾隆二十八年，详请旌表。"

易黄氏　　郡志："万县易曰乾妻，年二十二夫卒，氏抚子成立，娶媳生孙，甫三岁，子亡，抚孙昭然，由贡生任汉州训导。守节六十二年，乾隆五十三年，详请旌表。"

易谭氏　　省志："万县易正道妻，年十九夫殁，守节四十余年，嘉庆十四年，详请旌表。抚孤大经成立，寿八旬有四。"

---

① 此处的"旧志"指乾隆《万县志》，其卷三《贞节》载："随以锄击其脑而死"。嘉庆《四川通志》卷百七十三《人物志·烈女五》载："以铁锄击其脑亡毙。"（巴蜀书社1984年12月影印第1版，第5032页）

② 此卷除"万龚氏""袁傅氏"条之外，其余中的"省志"指嘉庆《四川通志》，见卷百七十九《人物志三十七·烈女十一》（巴蜀书社1984年12月影印第1版，第5181页）。后不再出注。

③ 不起：久病不愈。

④ 此条和下条材料嘉庆《四川通志》中无载，道光《夔州府志》卷二十九《列女志·万县·国朝节烈》中有载（中华书局2011年12月点校第1版，第497页）。

丁张氏　　　省志："万县丁玉彩妻，年二十二夫殁，抚子丁仕常列武庠。守节六十一年。嘉庆十五年详请旌表。"

魏詹氏　　　郡志："万县魏如昆妻，年二十五夫卒，抚子游庠。苦节三十二年，详请旌表。"

张陈氏　　　郡志："万县监生张文甲妻，年二十三夫殁，长子地符、次子地维均在襁褓，姑陈氏年已九十。氏矢志苦守，孝事衰姑，历三十三年，详请旌表。"

向杨氏　　　郡志："万县向世魁妻，因拒强暴之污，受伤身死，详请旌表。"

陈氏女　　　郡志："陈女，万县人，因拒强暴之污，受伤身死，详请旌表。"

谭氏女　　　谭万世女，年十四岁，嘉庆二年七月，遇贼不屈死。

秦氏女　　　秦应芳季女，年十五岁，嘉庆二年十月，遇贼不屈死。

陈巨氏　　　陈旺妻，年二十岁，嘉庆二年十月，遇贼不屈死。

马莫氏　　　马德超妻，年二十六岁，嘉庆二年十二月，遇贼死节。

王周氏　　　王太元妻，年四十一岁，嘉庆二年十二月，遇贼死节。

王熊氏　　　王俸妻，年三十五岁，嘉庆二年十二月，遇贼死节。

陈王氏　　　陈元太妻，年二十二岁，嘉庆二年十二月，遇贼死节。

程王氏　　　程元妻，年三十二岁，嘉庆二年十二月，遇贼死节。

程余氏　　　程思全妻，年二十岁，嘉庆二年十二月，遇贼死节。

陈罗氏　　　陈元品妻，年二十一岁，嘉庆二年十二月，遇贼死节。

陈胡氏　　　陈元德妻，年二十岁，嘉庆二年十二月，遇贼死节。

周喻氏　　　周明全妻，年四十一岁，嘉庆二年十二月，遇贼死节。

蒋彭氏　　　蒋顺柏妻，年四十三岁，嘉庆二年十二月，遇贼死节。

张陈氏　　　张太元妻，年二十九岁，嘉庆二年十二月，遇贼死节。

朱陈氏　　　朱元高妻，年三十五岁，嘉庆二年十二月，遇贼死节。

李谢氏　　　李子美妻，年三十九岁，嘉庆二年十二月，遇贼死节。

曹谢氏　　　曹先元妻，年五十二岁，嘉庆二年十二月，遇贼死节。

陈周氏　　　陈德妻，年二十岁，嘉庆二年十二月，遇贼死节。

屈袁氏　　　屈正举妻，年五十四岁；子媳屈陈氏，年二十九岁；侄媳屈严氏，年三十二岁；均于嘉庆八年遇贼掳掠，同心死节。

以上节烈妇女二十一人，俱详请旌表，见郡志。

王文氏　　　郡志："邑贡生文占鳌之女，武生王祥瑞妻。翁亡姑寡，邪匪猖獗，全家避难见龙寨。嘉庆七年九月二十六夜寨破，时祥瑞送子在城应试，氏怀挟田契，扶老姑、挈幼子少女奔逃。途次遇贼，欲杀其姑，氏以身护姑，伤及右手。贼舍姑，令氏偕行。氏伪从贼，以免伤姑，取怀中契约与姑，约染血迹。氏行数十步，度姑已脱，骂贼，贼怒，杀其子女。氏骂愈厉，贼刺以矛，受八伤死。道光十一年，详请旌表。"

萧张氏　萧兰之妻，郡志："嘉庆三年为教匪所执，不屈被杀。"

王黄氏　邑监生王瑄妻，郡志："原任大坪巡检司之媳，寄居万县。夫与子相继殁，氏矢志柏舟①，苦节三十余载。嘉庆四年，为教匪所掠，氏大骂不从，被戕。咸丰八年，详请旌表。"

王氏女　郡志："贡生王继抡次女，许字②易姓。嘉庆三年，教匪犯境，女随母避贼岩穴，母渴甚，女越岭汲水。贼至，先杀其母，胁女从行。女骂曰：'既杀吾母，当俱死于此！'即以提壶击贼，遂投岩折足而死。咸丰八年，详请旌表。"

熊陈氏　熊辉碧之妻，郡志："年二十二夫亡，氏矢志守节。嘉庆三年，贼破清平寨，氏赴水死。"咸丰八年，详请旌表。

舒　姑　郡志："舒逵武女，嘉庆三年遇贼死节。"③又旧卷：舒逵武女，父女俱骂贼死，身无完肤。后咸丰八年，详请旌表。

莫　姑　郡志："年十七，嘉庆三年避贼山岩，为贼搜得，紧抱树枝，骂不绝口，贼刺杀之。"咸丰八年，详请旌表。

张氏女　农民张天位女小妹，年十八，教匪之乱，父奔匿，母与两弟俱被掠。贼睨女美，欲污之，胁以刃。女从容曰："释母与弟，当从尔。"贼并驱其母、弟以行，又恳之。贼果纵④其母、弟，被女以红绡翠钿，乘以马，前后护拥之。女度母、弟已远，乃下马碎裂衣饰，大骂贼，贼遂杀之。咸丰八年，详请旌表。

吴氏女　庠生吴大怀女，教匪入万，掠女去，欲肆淫污。女守死不从，继以大骂，身受七刃死。咸丰八年，详请旌表。

何马氏　何正临妻，年二十七岁夫故。氏善事姑，和妯娌⑤，抚子贤才、贤纶、贤相成立，守节三十九载。道光十年，详请旌表。

---

① 柏舟：此指《诗经·鄘风》中的篇目。据《诗经·鄘风·柏舟序》："柏舟，共姜自誓也。卫世子共伯蚤死，其妻守义。父母欲夺而嫁之，誓而弗许。故作是诗以绝之。"（《毛诗正义》卷三，第179页）共姜：周时卫世子共伯之妻。共伯早死，她不再嫁。后常用为女子守节的典实。

② 许字：许配。

③ 此条和下条我们在道光《夔州府志》中没有找到，却与嘉庆《四川通志》所载完全相同（巴蜀书社1984年12月影印第1版，第5032页），故疑本志作者误为"郡志"，应为"省志"。

④ 纵：放。

⑤ 妯娌（zhóu li）：兄弟之妻相互的称呼。

杜胡氏、杜孙氏　　俱邑绅杜越之妾,青年守节,捐钱一千七百串,修佛寺、沓水二桥。道光十年,题请杜胡氏旌表建坊,杜孙氏给与"乐善好施"匾额。

　　廖龚氏　　廖秀朝妻,年二十二岁夫殁,守节六十五年。子正洪,武生;正荣,监生。道光十一年,详请旌表。省志:"少寡励志,节孝著闻。"

　　许任氏　　许仁义妻,嘉庆五年,氏年二十八岁,举家避贼永安寨。七月生子正清,甫四日,仁义物故①。氏柏舟自矢,孝事翁姑,抚子正清入成均②,孙家楣以己酉选拔、联捷乡闱,后任知州。守节历三十二年,道光十一年,详请旌表。

　　袁张氏　　袁润妻,年二十六岁夫殁。氏矢志靡他,孝事迈姑③,抚子锡畴成立。守节历四十年。道光十一年,详请旌表。

　　黄覃氏　　黄佑学妻,年二十岁生子启祥,甫十余日,佑学物故。氏茹蘖饮冰,善事重帏,抚孤成立。守节历四十六年。道光十一年,详请旌表。

　　曹谭氏　　曹襄妻,年二十五岁夫殁,遗腹生子之才。氏抚孤及诸孙芳廷、芳六、芳远,俱成名。守节历二十四年。道光十四年,详请旌表。省志:"少寡励志,节孝著闻。"

　　曹向氏　　曹芳学妻,贡生向英臣之女。年二十二岁夫殁,矢志奉翁姑,抚孤廷选、元碧,廷选入邑庠。守节历二十八年。道光十四年,详请旌表。

　　杨何氏　　杨国贞④妻,年二十一岁夫殁,孝事翁姑,抚孤成立,孙世荣,为邑岁贡。计守节历六十年。道光十五年,详请旌表。

　　崔陈氏　　监生崔之彦妻,年二十六岁夫殁。氏善事姑,姑患瘫疾,汤药扶持,积年不倦,抚遗腹子⑤国钦成立。守节历二十八年。道光十五年,详请旌表。

　　黄蔡氏　　黄仲乔妻,年二十六岁夫殁。时氏惟一子、一女,子复夭亡,氏孝养孀姑⑥,誓不他适。守节历三十六年。道光十六年,详请旌表。

　　易刘氏　　廪生易大恒妻,年十九岁夫殁,氏孝事舅姑⑦,抚孤光奎成立。守节历三十四年。道光十六年,详请旌表。

　　胡秦氏　　胡应科妻,年二十四岁夫殁,孝事翁姑,抚子大臣成立,孙登信入

---

① 物故:死亡。
② 成均:古代的大学,亦泛称官设的最高学府。
③ 迈姑:年迈的公婆。
④ 咸丰《万县志》作"杨国珍"。
⑤ 遗腹子:指怀孕妇人于丈夫死后所生的孩子。
⑥ 孀姑:守寡的婆母。
⑦ 舅姑:称夫之父母。

太学。守节历五十七年。道光二十一年，详请旌表。

魏陈氏 魏元至妻，年二十六岁夫殁，孝事翁姑、继姑。翁病中风，辗转床褥，氏备汤药，奉甘旨，历三年如一日。抚子三，季子士芬早逝，媳牟氏年二十四，继志抚孤，氏爱怜有加。计守节五十五年。道光二十二年，详请旌表。

严向氏 严性达妻，年十九岁夫故，无子。氏孝事翁姑，继侄精业为嗣，复夭亡。茹苦终身，守节六十一年。道光二十三年，详请旌表。

杜刘氏 邑庠杜恂妻，岁贡刘启祥女。年二十夫殁，矢志守节。翁出宰安东，姑亦随任。祖姑暮年多疾，迎养未就，氏留事祖姑孝谨。后逮事姑亦如之。无子，继侄焕书，教养成立。守节历三十四年。道光二十四年，详请旌表。

郝谭氏 郝道纪妻，武生谭凤仪女。年三十岁夫殁，抚子容中成立，事翁姑以孝谨称。守节历三十年。道光二十四年，详请旌表。

常谭氏 常大纲妻，家贫，夫佣工①于外，氏孝事病姑。夜被回禄，氏负姑避灾，阻土坎不能上，姑媳俱焚毙，尸重获，姑犹负于背，氏一臂回拥，若恐或失者。道光二十四年，详请旌表，里人醵金建坊。

张皇甫氏 张开先妻，年三十岁夫殁，孝事翁姑。翁患瘫疾，侍奉尤谨，抚子成立。守节历三十年。道光二十五年，详请旌表。

陶朱氏 儒童陶勋扬妻，廪生朱栋之女。年十九于归，逾年夫亡，无子，翁姑俱殁，叔婶相依。婶母患疮疾数年，氏侍奉汤药，日夜不倦，及殁，哀毁②尽礼。抚夫从弟③子祖烈为子，教养勤苦。后其子从军远出，氏年五十无力自给，从弟朱仁宇迎养其家，殁时，年七十二岁。道光二十五年，详请旌表。其子至同治四年乃归奉祀。

陈张氏 儒童陈第廷妻，年二十一岁夫故，氏矢志柏舟，孝事舅姑，抚孤维忠成立，援例营千总职衔。守节五十二年。道光三十年，详请旌表。

杜夏氏 附贡生杜文盛妾，巴县人。文盛避乱迁居渝城，纳氏不数年物故。继姑杨氏相继逝，将扶柩回万。继室尹氏以氏青年，听他适。氏乃先期登舟，誓不再醮④，抚继室子越，列胶庠⑤。越卒，孙钟嵋甫十龄，两世单传，多方保护，始克成立。自二十一岁守节，历四十五载。咸丰元年，详请旌表。

---

① 佣工：谓受雇为人做工。
② 哀毁：谓居亲丧之时悲伤异常而毁损其身，常作居丧尽礼之辞。
③ 从弟：堂弟。
④ 再醮（jiào）：妇女再嫁。
⑤ 胶庠（xiáng）：周代学校名。周时胶为大学，庠为小学，后世通称学校为"胶庠"。

何冯氏　　监生何瑚妻，年二十五岁夫故，氏善事翁姑，抚孤文旭成立，比邻①田氏子贫困，不能存活，欲嫁其妻，氏捐赀全之。守节二十八年。咸丰二年，详请旌表。

廖刘氏　　廖朝举妻，庠生刘仕清女。年二十五岁夫故，无子。氏善事舅姑，姑病，氏侍疾谨恒，终夜不寐。继侄子培为嗣，由襁褓抚之成立。守节三十二年。咸丰三年，详请旌表。

陈周氏　　儒童陈焕谟妻，年二十七岁夫故，氏事翁姑、继姑，得其欢心。抚子纲早逝，无嗣。媳谢氏承姑志，方欲继侄承祧②，而次子纪尚未得子，而谢氏亡，氏悲痛，疾卒。守节二十六载。咸丰三年，详请旌表。

谭杨氏　　谭光灿妻，二十八岁夫故，氏善事翁姑、祖姑，抚孤成立。守节四十九载。咸丰五年，详请旌表。

何石氏　　何大盛妻，年十八于归，逮事祖翁姑，二十九岁守节，抚二子婚配成立，现年六十岁。咸丰五年，详请旌表。

易兰氏　　易光晖妻，年二十六岁夫故，氏纺绩事翁姑，以孝闻。抚二子潆、治成立。生平言笑不苟，苦节五十九年。咸丰五年，详请旌表。

易李氏　　监生易成义妻，二十八岁夫故，氏善事舅姑，抚四子俱婚娶。樟、树、梅早逝；森，庠生，亦不永年③。氏抚育诸孙，现年六十四岁。咸丰五年，详请旌表。

孙张氏　　孙正顺妻，因民妇张余氏秽语詈骂，气忿服毒身死。咸丰七年，详请旌表。

廖刘氏　　廖正江妻，年十八归正江，年余夫殁，遗腹生子成珍。氏抚孤入成均，事孀姑以孝闻。守节三十余年。咸丰八年，详请旌表。

胡谭氏　　胡有珖妻，二十一岁夫殁，氏柏舟自矢，善事孀姑，抚遗腹子功钟成立。守节五十余年。咸丰八年，详请旌表。

张程氏　　张问仁妻，年二十三夫卒，氏守节，奉姑抚孤，誓不再适。寿八十有四，子天绪，亦年登大耋。咸丰八年，详请旌表。

姚蔡氏　　姚大德继室，年十六适大德，甫二载夫殁，氏无子，元配蒋氏遗一子光明，氏抚之如已出。家贫，父母欲夺其志，氏坚不从，苦守其子成立。守节三十二年。咸丰八年，详请旌表。

汪陈氏　　汪祖绶妻，于归时翁姑已殁。年二十夫殁，遗腹一女。夫弟数人俱

① 比邻：近邻。
② 承祧（tiāo）：指承继为后嗣。
③ 永年：长寿。

幼。氏抚育婚配，教之诗书，后夫弟汪怀珠、采芹食饩①，氏教育有方焉。咸丰八年，详请旌表。

　　范赖氏　　范士秀妻，士秀父早逝，祖温方患痼疾②，母亦多疾，氏汤药扶持，未尝有倦。未几姑死，氏助夫治丧皆尽礼。年二十三岁夫卒，家赀荡然，兼被教匪扰害，愈益穷迫，氏勤俭操持，抚二子国栾、国棠成立。守节三十余年。咸丰八年，详请旌表。

　　吴赖氏　　吴能一妻，年二十一夫亡，家贫，竭力纺绩，孝事翁姑。不数年翁姑继殁，氏丧葬尽礼，抚孤成立。守节四十余年。咸丰八年，详请旌表。

　　谭文氏　　谭二序妻，年二十二夫殁，遗二子。家贫苦节，柏舟自矢。后翁姑继殁，抚子成立，长子如纶入邑庠。咸丰八年，详请旌表。

　　杨张氏　　杨辅臣妻，夫故时氏年二十四岁，矢志守节，孝事翁姑，抚子遇泰成立。遇泰早亡，与媳王氏抚孙发枝，登贤书③，任温江学博④。守节三十二年卒。咸丰八年，详请旌表。

　　魏张氏　　魏元侁妻，年甫二十夫亡，同里富人慕其姿，通媒妁⑤，氏溺水几毙，舅姑遂不夺其志。家贫，纺绩以资事养，年六十余犹习苦不辍。咸丰八年，详请旌表。

　　陈杜氏　　陈光裕妻，年十九于归，越五年夫逝，遗二子，长明晰方二岁，次明信甫数月，氏内外支持⑥，饮冰茹蘖⑦，苦志抚育成立，孙曾均敦朴实。氏守节四十余年。咸丰八年，详请旌表。

　　陈冉氏　　陈大堂妻，十七岁于归。夫病，氏尽心调理，艰苦备尝。越三年夫故，遗一子光达。氏矢志坚守，上奉翁姑，下抚孤儿，光达亦勤苦自持，克成母志。氏守节六十余年，嘉庆壬申，知县陈焕章给有"冰清玉洁"匾额；道光壬辰，黄学政琮给有"柏节松年"匾额。咸丰八年，详请旌表。

　　陈谭氏　　陈光前妻，年十八于归陈，事孀姑孝。光前病故，时氏年三十，遗

---

① 采芹：采集泮水的芹菜，意谓入学。食饩（xì）：指明、清时经考试取得廪生资格的生员享受廪膳补贴。
② 痼疾：经久难治愈的病。
③ 贤书：语本《周礼·地官·乡大夫》："乡老及乡大夫群吏献贤能之书于王。"（《周礼注疏》卷十二，第297页）贤能之书，谓举荐贤能的名录，后因以"贤书"指考试中式的名榜。
④ 学博：唐制，府郡置经学博士各一人，掌以五经教授学生。后泛称学官为学博。此处指儒学训导。
⑤ 媒妁（shuò）：介绍婚姻的人。
⑥ 支持：照料。
⑦ 饮冰茹蘖（niè）：冰最寒，蘖味苦，指处境清苦。

一子明馨，甫四岁，家负重累。氏坚志守节，勤苦经营，抚孤成立。迨后明馨生一子而殁，氏与孀媳李氏辛苦支持，家道复兴。氏守节三十余年。咸丰八年，详请旌表。

陈李氏 陈大栋妻，年二十四夫故，抚遗腹子光晓至十七岁而殇，抚侄光辉以继之，尽心教养，守节五十余年。咸丰八年，详请旌表。

向傅氏 向泰宇妻，二十五岁夫故，遗孤仅二岁。氏矢志守节，家贫，菽水承欢①，得翁姑心，抚孤成立。咸丰八年，详请旌表。

李樊氏 李湘妻，二十五岁夫殁，氏矢志守节，事翁姑克尽妇职，抚遗腹子文华成立。氏守节四十二年。咸丰八年，详请旌表。

崔刘氏 举人刘汉宽女孙，监生崔国俊妻，年二十二岁夫故，无子，矢志柏舟，继侄有淮为嗣。氏读书识字，事翁姑无违礼，宗族称之。守节三十八年。咸丰八年，详请旌表。

董陶氏 士人董翼妻，二十七岁翼卒，无子，仅遗二女。时堂上病姑年迈，家徒四壁，陶奉姑至八旬寿终，嫁其小姑及二女，艰辛万状。翼父故浙人，族属无可抚继，卒绝嗣。咸丰八年，详请旌表。

宋孙氏 宋捷元妻，十九岁夫故，遗孤钦甫周岁。氏矢志守节，上事翁姑，下抚孤子，人称孝慈。乳哺胞侄，不啻②己出。尝割股以疗姑病，昼夜侍疾，积劳创溃几死。守节五十三年。咸丰八年，详请旌表。

何张氏 庠生何桂妻，二十六岁守节，事翁姑，抚孤子，厄穷堪悯③。守节五十八年。咸丰八年，详请旌表。

吴谭氏 庠生吴中杰妻，二十四岁夫殁，子国桢幼，氏事重慈④以孝闻。姑病笃，氏割股和药以进，旋愈，家人鲜知者。守节四十余年。咸丰八年，详请旌表。

何周氏 士人何朝宗妻，年二十八岁守节，孝事翁姑，抚孤国兴成立。前学使黄琮给予"彤管流芳"匾式⑤。守节四十余年。咸丰八年，详请旌表。

何吴氏 何大中妻，年十七于归，越七月而夫亡，遗腹生一子，甘贫苦守，

---

① 菽（shū）水：原指豆与水。一般指所食唯豆和水，经常用以形容生活极其清苦。后作为典故，见《礼记·檀弓下》："子路曰：'伤哉！贫也！生无以为养，死无以为礼也。'孔子曰：'啜菽饮水尽其欢，斯之谓孝。'"（《礼记正义》卷十，第293页）故而常以"菽水"指晚辈对长辈的供养。承欢：侍奉父母。
② 不啻（chì）：无异于，如同。
③ 厄（è）穷堪悯：艰难贫穷让人怜悯。
④ 重慈：指祖母。
⑤ 匾式：匾额。

矢死靡他①。守节六十余年。咸丰八年，详请旌表。

何胡氏　何文兴妻，夫殁时氏年二十有五，甘贫苦守，抚孤成立。守节四十余年。咸丰八年，详请旌表。

邓何氏　邓朝璧妻，年二十八岁守节，侍堂上甘旨，深得欢心。抚子崇孝、崇弟成立，厄穷堪悯。守节五十余年。咸丰八年，详请旌表。

胡陈氏　胡先连妻，年二十九岁夫亡，无子，矢志柏舟，继夫堂兄子世登为嗣。姑早逝，翁年迈且患痼疾，奉事惟谨，历数寒暑不懈。抚继子成立，入成均。守节三十六年。世登故，妻刘氏年二十八岁，亦矢志守节，事孀姑，得其欢心，抚子泽钧从九品。氏守节三十余年。人称一门双节。咸丰八年，详请旌表。

余杨氏　士人余洪乾妻，二十四岁夫故，遗腹生子伯周，抚之成立。事翁姑孝，翁卒，姑病痿痹②，氏移榻姑所，饮食、药饵、衣服、溲便，俱亲经纪③，历三年如一日。氏守节五十余年。咸丰八年，详请旌表。

郭余氏　郭朝楫妻，年三十岁，矢志守节，孝养翁姑，抚子斗南入庠食廪饩④。氏守节三十余年。咸丰八年，详请旌表。

谭张氏　士人谭功永妻，十六岁夫故，遗腹生子德联。氏守节抚孤，孝事重帏。临终遗命衰服以葬，以翁姑尚在也。尝命子修祖墓，建宗祠，岁饥周急。守节三十五年。咸丰八年，详请旌表。

姚蓝氏　廪生姚均照继室，年十七于归，嫡妻有子继汭，甫四龄，氏抚之如己出。二十九岁均照故，氏无出，矢志守节抚孤，时翁姑俱存，孝养不衰。氏守节五十余年。咸丰八年，详请旌表。

汪甘氏　汪学凯妻，夫殁，氏年二十五岁，志不他适。翁姑早逝，家贫依夫叔婶以居，事之惟谨。守节四十余年。咸丰八年，详请旌表。

朱唐氏　朱仁伟妻，年二十七岁夫殁，氏矢志守节，抚孤成立。守节二十三年。咸丰八年，详请旌表。

朱史氏　朱仁厚妻，二十五岁守节。为人柔顺寡言，事姑能得其欢心。夫病，割股以疗。及殁，无子，继夫弟子为嗣，不数岁而殇，复继其幼子，艰苦备尝。守

---

① 矢死靡他：发誓到死也不变心。
② 痿痹：肢体不能动作或丧失感觉。
③ 经纪：料理。
④ 食廪饩：旧时科举，生员岁试列优等者，由政府供给其日常生活所需，称为"食廪饩"。廪：谷仓。饩：米粮。

节四十年殁。咸丰八年,详请旌表。

邵李氏　邵信连妻,年二十二岁夫故,遗腹子孔榜,氏矢志守节,抚孤成立。守节五十余年。咸丰八年,详请旌表。

吴杜氏　士人吴中孚妻,年二十六岁,中孚病故,亲老家贫,二子在襁褓,氏矢志守节,善事翁姑,抚遗孤成立。守节三十余年。咸丰八年,详请旌表。

夏傅氏　夏文铉妻,二十九岁夫故,氏矢志抚孤经序成立。捐五百五十金田业,设立义学。氏守节四十余年。咸丰八年,详请旌表。

吴向氏　吴大福妻,年二十八岁夫殁,氏矢志柏舟,不出闺闼①者十余载,里党罕见其面。孝事翁姑,翁疾,侍汤药,久而不懈。及卒,茹素三年,抚孤光德成立。守节二十二年。咸丰八年,详请旌表。

刘王氏　刘步瀛妻,二十二岁夫故。遗腹生子武勋,及孙锡福生而武勋殁,氏两世抚孤,坚贞弥笃。守节四十余年。咸丰八年,详请旌表。

魏年氏　魏士芬妻,年十九归士芬,事媚姑甚谨。越八年夫故,遗孤明彰甫半岁,氏矢志守节。姑患中风,转动需人,氏朝夕扶持,历三年如一日。训子孙,俱勤俭谦谨。氏守节四十余年。咸丰八年,详请旌表。

刘周氏　刘肇暇妻,年二十夫故,遗腹生子,既冠而亡,继侄承祧,事翁姑人无间言。守节五十余年。咸丰八年,详请旌表。

幸冯氏　幸成德妻,年二十四夫故,守志不再适,事翁姑孝,抚子世恩成立。氏守节四十余年。咸丰八年,详请旌表。

郭周氏　郭胜科妻,年二十六岁夫故,立志守节,上事翁姑,下抚孤子先明、先正成立。守节二十余年。咸丰八年,详请旌表。

骆陈氏　士人骆文翰妻,二十八岁夫故,矢志柏舟。时家徒壁立,翁姑既老,而遗孤明福及二女俱幼,上事下育,艰苦异常,亲眷悯之,欲夺其志,氏伤悲赴水以自明,乃止。苦节二十八年。咸丰八年,详请旌表。

郭王氏　郭铭妻,二十四岁夫故。家本寒素②,氏矢志守节,奉衰翁终老,下抚幼子继仪游泮,毕历艰辛。守节四十四年。咸丰八年,详请旌表。

张郝氏　张天悦妻,二十一岁夫故,氏矢志靡他,侍奉媚姑,抚孤成立,族党称贤。守节三十一年。咸丰八年,详请旌表。

---

① 闺闼（tà）：女子居住的内室。
② 寒素：朴素,简陋。

杨张氏　　杨伦妻,二十二岁夫故,无嗣。氏矢志守节,孝事翁姑。族中无可承祧,竟绝嗣。苦节五十八年。咸丰八年,详请旌表。

李冉氏　　监生李如梅妻,二十七岁夫故,遗二子瓒、珍皆幼。氏守节不渝,抚孤成立。守节五十八年。咸丰八年,详请旌表。

王魏氏　　王正恺妻,二十七岁守节。孝养翁姑,抚子文桂、文相及孙成立,兼训胞侄文选,好善不倦。氏家贫艰苦,勤于纺绩,老犹不辍。守节五十九年。咸丰八年,详请旌表。

陈张氏　　士人陈二美妻,二十八岁夫贸楚,殁于水,氏哀毁异常,矢志守节,事翁姑孝,抚子琼成立,备历艰辛。守节五十余年。咸丰八年,详请旌表。

向张氏　　向三谟妻,二十六岁守节。逮事翁姑及继姑,皆得欢心。抚子成槐有室而殁,与媳汪氏共帷,励志孤苦一堂。守节三十一年。咸丰八年,详请旌表。

吴石氏　　吴有伦妻,年十九岁夫故,氏敬事翁姑,抚子正才成立。守节四十八年。咸丰八年,详请旌表。

赖曹氏　　监生赖同谷妻,夫故时氏年二十五岁,矢志守节,孝事翁姑,抚侄慧臻为子。守节二十年卒。咸丰八年,详请旌表。

魏秦氏　　魏士品妻,夫故时氏年三十岁,矢志守节,孝事孀姑,比姑年老目瞽[①],奉养尤得欢心。遗子明周、明辅、明翠,苦育成立。守节三十一年卒。咸丰八年,详请旌表。

魏牟氏　　魏明勋妻,夫故时氏年二十四岁,矢志守节,孝事翁姑,抚子良恭成立。守节三十年卒。咸丰八年,详请旌表。

向张氏　　向懋礼妻,夫故时氏年二十二岁,矢志守节,剪发自誓,孝事翁姑,抚子正祥成立。守节五十四年卒。咸丰八年,详请旌表。

杨王氏　　杨遇泰妻,于归三年夫故,氏年十九岁。矢志守节,孝事孀姑,抚孤发枝登贤书,任温江学博。守节二十一年卒。咸丰八年,详请旌表。

谭向氏　　谭兴凤妻,夫故时氏年三十岁,矢志守节,孝事翁姑,抚子隆发、隆全成立。守节六十六年卒。咸丰八年,详请旌表。

冉蓝氏　　冉天琳妻,夫故时氏年二十九岁,矢志守节,孝事翁姑,抚子奇昕、奇昭成立。守节五十二年卒。咸丰八年,详请旌表。

熊张氏　　熊成清妻,夫故时氏年二十八岁,矢志守节,孝事翁姑,抚子世杰成立。守节三十四年卒。咸丰八年,详请旌表。

---

① 瞽(gǔ):瞎。

胡赖氏　胡承普妻，夫故时氏年二十六岁，矢志守节，孝事翁姑，抚子先杰成立。守节四十七年卒。咸丰八年，详请旌表。

余曹氏　余登岸妻，夫故时氏年二十八岁，矢志守节，孝事翁姑，抚子先玺、遗腹子先烈成立。守节十九年卒。咸丰八年，详请旌表。

郭杨氏　郭志玉妻，夫故时氏年二十九岁，矢志守节，孝事翁姑，抚子升春成立。守节四十年卒。咸丰八年，详请旌表。

郭易氏　郭志玖妻，夫故时氏年二十七岁，矢志守节，孝事孀姑，抚子升洪成立。守节四十七年卒。咸丰八年，详请旌表。

雷易氏　雷茂武妻，夫故时氏年二十八岁，矢志守节，抚子时春成立。计守节四十七年卒。咸丰八年，详请旌表。

杨朱氏　杨成汇妻，夫故时氏年二十五岁，矢志守节。孝事翁姑，抚子升阁成立。守节五十四年。咸丰八年，详请旌表[①]。

黄崔氏　黄元相妻，夫故时氏年二十八岁，矢志守节，无子，族中无承继者。守节二十五年卒。咸丰八年，详请旌表。

归易氏　归任骐妻，夫故时氏年二十四岁，矢志守节，孝事翁姑，继侄为子。守节十七年卒。咸丰八年，详请旌表。

陈黄氏　陈明春妻，夫故时氏年三十岁，矢志守节，孝事翁姑，抚遗腹子世发成立完娶，子死，又抚堂侄世盛为子。现年五十岁。咸丰八年，详请旌表。

谭陈氏　谭长兴妻，夫故时氏年二十八岁，矢志守节，孝事翁姑。现年五十二岁。咸丰八年，详请旌表。

陈胡氏　陈大鸿妻，夫故时氏年二十五岁，矢志守节，朝夕纺绩，孝养翁姑，抚子成立。现年五十五岁。咸丰八年，详请旌表。

曹魏氏　曹宏烈妻，夫故时氏年二十一岁，矢志守节，孝养翁姑，抚子成立。现年五十二岁。咸丰八年，详请旌表。

熊余氏　熊成禄妻，夫故时氏年二十四岁，矢志守节，孝事翁姑，抚子世俊成立。守节六十七年。咸丰八年，详请旌表。

熊余氏　熊世俊妻，夫故时氏年二十六岁，矢志守节，孝事孀姑，抚子登贵成立。守节三十七年卒。咸丰八年，详请旌表。

彭胡氏　庠生彭绍观妻，夫故时氏年二十四岁，矢志守节，孝事翁姑，抚子觐光成立。守节十七年卒。咸丰八年，详请旌表。

[①] 此条至"陈崔氏，陈仁言妻"条原刻本错版，今据咸丰《万县志》予以调整。

郝张氏　　郝道绪妻，夫故时氏年三十岁，矢志守节，孝事孀姑，抚子恭德成立。守节三十六年卒。咸丰八年，详请旌表。

王龙氏　　监生王大绪妻，夫故时氏年三十岁，矢志守节，孝事孀姑，继侄建邦、遗腹子建寅，抚育二子，恩养无异。守节三十二年。咸丰八年，详请旌表。

陈崔氏　　陈仁言妻，夫故时氏年二十二岁，矢志守节，无子，族中无继立者。守节四十六年卒。咸丰八年，详请旌表。

王杨氏　　王北淳妻，夫故时氏年二十三岁，矢志守节，朝夕纺绩。孝养翁姑，抚子成立。现年七十一岁。咸丰八年，详请旌表。

朱殷氏　　朱学慧妻，夫故时氏年二十七岁，矢志守节，孝养翁姑，抚子成立。现年五十七岁。咸丰八年，详请旌表。

刘谭氏　　刘太清妻，夫故时氏年二十八岁，矢志守节，孝养翁姑，抚子成立。现年五十七岁。咸丰八年，详请旌表。

王熊氏　　王定安妻，夫故时氏年二十岁，立志守节，孝养翁姑，抚二岁子永桢、遗腹子永祥成立。现年五十九岁。咸丰八年，详请旌表。

牟李氏　　牟秀彦妻，夫故时氏年二十二岁，矢志守节，孝养翁姑，抚幼子成立。现年五十一岁。咸丰八年，详请旌表。

程刘氏　　程复疆妻，夫故时氏年二十二岁，矢志守节，孝养翁姑，抚三子成立。现年七十四岁。咸丰八年，详请旌表。

张熊氏　　张天河妻，于归二年夫故，氏年十九岁，矢志守节，孝养翁姑，无嗣，继侄承祧，抚之成立。现年五十岁。咸丰八年，详请旌表。

幸张氏　　幸士瑜妻，于归二年夫故，氏年二十二岁，矢志守节，孝养翁姑，无子，继侄为嗣。现年五十岁。咸丰八年，详请旌表。

熊冯氏　　熊毓榜妻，夫故时氏年三十岁，矢志守节，抚子成立。姑早逝，翁续娶，历事三姑，始终如一。现年七十三岁。咸丰八年，详请旌表。

陈郭氏　　陈启心妻，夫故时氏年二十七岁，矢志守节，孝养翁姑，抚子成立。现年六十九岁。咸丰八年，详请旌表。

李谢氏　　李洪间妻，夫故时氏年二十二岁，矢志守节，孝养翁姑。现年五十七岁。咸丰八年，详请旌表。

范赖氏　　范国栾妻，夫故时氏年二十六岁，矢志守节，孝养孀姑，抚二子成立。现年五十八岁。咸丰八年，详请旌表。

史张氏　　史良能妻，夫故时氏年二十四岁，矢志守节，孝养祖母、翁姑，抚二子成立。现年五十五岁。咸丰八年，详请旌表。

王双氏　　王以康妻，夫故时氏年二十九岁，矢志守节，孝养翁姑，无子，继侄为嗣。现年五十五岁。咸丰八年，详请旌表。

陈郑氏　　陈代科妻，夫故时氏年二十五岁，矢志守节，孝养翁姑，抚孺子成立。现年五十五岁。咸丰八年，详请旌表。

吴何氏　　吴登玥妻，夫故时氏年二十五岁，矢志守节，孝养翁姑，抚二子成立。现年五十九岁。咸丰八年，详请旌表。

胡张氏　　胡占魁妻，夫故时氏年二十二岁，矢志守节，孝养翁姑，抚子成立。现年七十四岁。咸丰八年，详请旌表。

胡刘氏　　胡世登妻，夫故时氏年二十九岁，矢志守节，孝事孀姑，甚得欢心，抚子成立。现年六十七岁。咸丰八年，详请旌表。

李张氏　　李维岳妻，夫故时氏年二十九岁，矢志守节，孝养翁姑，抚子成立。现年六十一岁。咸丰八年，详请旌表。

向陈氏　　向万明妻，夫故时氏年二十七岁，矢志守节，孝养翁姑，抚二子成立完配，不幸均早殁。二媳皆属青年，氏勉以节义，同志①苦守，仅遗一孙。现年五十五岁。咸丰八年，详请旌表。

谢周氏　　谢联科妻，夫故时氏年二十二岁，矢志守节，奉养孀姑，甚得欢心，抚子成立。现年五十六岁。咸丰八年，详请旌表。

刘周氏　　刘兴泰妻，夫故时氏年二十九岁，矢志守节，孝养翁姑，无子，继侄为嗣。现年六十二岁。咸丰八年，详请旌表。

胡陈氏　　胡希贤妻，于归二年氏年十九岁，夫故守节，孝养翁姑，抚遗腹子成立，训以义方。现年六十二岁。咸丰八年，详请旌表。

余郭氏　　余代允妻，夫故时氏年二十六岁，矢志守节，孝养翁姑，抚子成立。现年五十三岁。咸丰八年，详请旌表。

张胡氏　　张心一妻，于归一年夫故，氏年十九岁，矢志守节，奉养祖母、翁姑，俱得欢心。无子，继侄为嗣，抚养成立。现年五十二岁。咸丰八年，详请旌表。

李樊氏　　李文清妻，夫故时氏年二十五岁，矢志守节，孝养翁姑，无子，继侄为嗣，抚养成立。现年五十岁。咸丰八年，详请旌表。

向杨氏　　向天位妻，夫故时氏年三十岁，矢志守节，孝养翁姑，遗子月余，抚之成立。现年九十岁。咸丰八年，详请旌表。

---

① 同志：志向相同。

施罗氏　　施光明妻，夫故时氏年二十六岁，矢志守节，孝养翁姑，抚二子成立。现年五十五岁。咸丰八年，详请旌表。

向石氏　　向正汉之妻，于归四年夫故，氏年二十一岁，矢志守节，孝养翁姑，遗子一岁，抚之成立。并视前妻子如己出，至成立，毫无闲言。现年五十五岁。咸丰八年，详请旌表。

李向氏　　李大彬妻，夫故时氏年二十三岁，矢志守节，孝养翁姑，抚二子均不禄，族中寥寥，无可继立。现年五十岁。咸丰八年，详请旌表。

向汪氏　　向成槐妻，夫故时氏年二十六岁，矢志守节，奉养孀姑，尤得欢心。遗子一岁，抚之成立。现年五十岁。咸丰八年，详请旌表。

曹廖氏　　曹文德妻，夫故时氏年二十三岁，矢志守节，家计①贫乏，纺绩度日。宗族寥寥，无可继立。现年六十七岁。咸丰八年，详请旌表。

何谭氏　　何国清妻，夫故时氏年二十三岁，矢志守节，孝养翁姑，遗子二岁，不幸有室即殁，仅遗一孙，抚之成立。现年八十岁。咸丰八年，详请旌表。

吴杨氏　　吴大鼎妻，夫故时氏年二十四岁，矢志守节，事孀姑以孝闻，遗子半岁，抚之成立。现年五十岁。咸丰八年，详请旌表。

陈向氏　　陈复亨妻，夫故时氏年三十岁，矢志守节，家贫无子，以纺绩度日，至老不倦。现年六十九岁。咸丰八年，详请旌表。

崔王氏　　崔国休妻，夫故时氏年二十五岁，矢志守节，孝养翁姑，抚子完配，后子媳相继而殁，仅遗一孙，抚之成立。现年五十五岁。咸丰八年，详请旌表。

杜崔氏　　杜愫妻，夫故时氏年二十六岁，矢志守节，孝养翁姑，无子，继侄为嗣。现年五十一岁。咸丰八年，详请旌表。

冉谭氏　　冉奇松妻，夫故时氏年二十五岁，矢志守节，孝事翁姑，抚子永橘成立，橘早逝，又抚孙裕灿成立。守节五十四年。咸丰八年，详请旌表。

何谭氏　　监生何振邦妻，二十八岁夫故，矢志守节，事舅姑维②谨，抚孤学周成立。咸丰七年，氏七十九岁。邑奉部文行查，详请旌表。

文杜氏　　文永庆妻，夫故时氏年二十三岁，矢志守节，事姑以孝，无子，继兄永周子为嗣，教养成立。现年五十六岁。咸丰十一年，详请旌表。

彭田氏　　彭世礼妻，年二十二时夫病革，泣谓氏曰："余死不足惜，惟父母年迈，

---

① 家计：家庭生计。
② 维：应为"惟"。

苦无兄弟侍甘旨①，奈何？"氏啮指自矢，无异志，及礼殁，氏馐膳洁餐②，奉侍翁姑，十余年如一日。姑逝，翁续娶后姑，氏奉养如初。子一源，夫故时甫三岁，教养并至。殁年六十七岁。同治四年，邑奉部文行查，详请旌表。

谢谭氏 士人谢仲妻，二十六岁守节抚孤，事孀姑以孝闻，卒年七十二岁，计守节四十七年。孙正爵，贡生。曾孙含芳、兰芳、龙廷，俱贡生；瑞芳、怀芳，俱廪贡，保举教谕。元孙世臣，廪生；世章，监生。同治四年，邑奉部文行查，详请旌表。

庾何氏 庾学成妻，夫故氏年二十八岁。事孀姑以孝，遗孤家麟，抚养成立，备历艰辛，守节四十五年。同治四年，邑奉部文行查，详请旌表。

万王氏 万灿妻，氏族不苟笑言，二十三岁夫故，无子，继侄福培为嗣。励志柏舟，不可干以一毫非礼，其清操烈气，以死自誓，可泣鬼神，卒年四十六岁。同治四年，邑奉部文行查，详请旌表。

万刘氏 万鸿德妻，贡生刘元音女，年二十三岁夫故，氏矢志守节，孝翁姑，抚遗孤秉信成立，年八十余岁，守节六十五年。同治四年，邑奉部文行查，详请旌表。

万王氏 邑监生万秉正妻，年十九适万，年余夫故，遗腹生子亦夭。氏守志不遗，继侄万灿为嗣，茹苦终身。同治八年，详请旌表。

---

① 甘旨：美味。
② 馐膳洁餐：美味的食物，干净的饭菜。

《增修万县志》卷三十四　士女志

列女下　自咸丰四年至同治五年辑

范吴氏、范曹氏　　省志：范吴氏，万县"庠生范春荣妻，夫病，氏割股和药以进，得瘥，年余殁，时氏年二十，矢志自守。夫弟宗斌妻曹氏，亦二十三而寡，苦节共励，孝事舅姑，抚孤成立，人称双节"①。旧卷：吴氏现年五十七岁，曹氏卒年五十二岁。

牟张氏、牟兰氏　　省志：牟张氏，万县"牟宽妻，年二十三夫殁，抚子成立，孝事舅姑。舅姑爱怜少子，以氏承分租谷四百石给之，氏委婉顺从，无怨言。尝修五间桥，以利行者。子世袭卒，媳兰氏年二十有二，继姑守志，抚遗腹子大启长成。里党称之"。

张刘氏　　张永正妻，夫殁年二十岁，矢志守节，家贫如洗，纺绩抚孤维英成立，卒年八十三岁。

石许氏　　石一蠹妻，二十二岁夫故，生遗腹子启林，氏誓不他适，善事翁姑，抚孤成立，年七十岁。

兰张氏　　兰启荣妻，二十六岁夫殁，翁姑衰迈，克尽孝养，抚子发玉成立，守节四十余载。

吴李氏　　吴世忠妻，重庆镇左标游击②李友德之女孙，夔协千总李世选之女也。二十四岁夫故，矢志柏舟，抚二子兴圣、兴祥成立，守节五十载。

李吴氏　　李毓湛继妻，十八岁归李，时前妻遗子如涟甫岁余，氏抚若己出。越六载夫殁，氏生子如璧未周岁，矢志守节，抚二子成立：如涟，监生；如璧，武生。

---

① 此条和下条中的"省志"指嘉庆《四川通志》，见卷百七十九《人物志三十七·烈女十一》（巴蜀书社1984年12月影印第1版，第5181页）。

② 游击：清代武官名，游击将军的简称，从三品，次于参将一级。

张向氏　　张大乾妻，二十五岁夫殁，遗孤问举甫三岁，氏矢志柏舟，孝事翁姑，抚弱息①，爱而能劳，守节三十五年。孙士任，廪生。

易黄氏　　易九珣妻，年十六于归，逮事旌表节孝祖姑黄氏，以孝称。氏二十三岁，九珣物故，誓不他适，守节四十一载。

张王氏　　庠生张学荐妻，年十八归张，姑病垂危，氏刲股以进，遂愈。二十六岁学荐殁，氏矢志守节，孝养翁姑，抚孤兆伦入黉序②，苦节三十八年。

幸文氏　　庠生幸有斐妻，十七岁夫殁，氏事翁姑孝，抚子成品入成均，守节三十三年。

张方氏　　张烈妻，年二十四岁夫亡，舅姑俱存，氏惟一女，舅姑以氏无子虑难坚守，氏矢死不渝，守节四十年。

闵方氏　　闵大章妻，年二十岁夫殁，越二年孀姑亦殁，氏无子，矢志柏舟，誓不他适，苦节三十年。

吴李氏　　庠生吴士俊妻，二十四岁夫殁，氏矢志守节，孝事翁姑，奉继姑亦如之，抚子大琚成立，苦节三十六年。

陈骆氏　　陈如举妻，二十四岁夫殁，越十五日，生遗腹子之忠。如举五世单传，族人屡逼嫁，氏矢死不易，抚孤成立，见三孙焉。次孙步云，入太学。计守节五十八年。

向黄氏　　向英周妻，二十一岁夫殁，氏守节奉养舅姑，抚子钟惠成立，乡邻称之。

牟戴氏　　牟天贵妻，二十岁夫故，遗孤维新甫半岁，姑以哭子丧明，翁亦旋卒，氏恸夫短折③，每欲相从地下，以姑老且瞽，子在襁抱④，勉力奉姑，抚孤成立，守节三十四年。

愚按，自张刘氏至牟戴氏，外合廖龚氏、曹谭氏、曹向氏、廖刘氏、胡谭氏、张程氏、万刘氏共二十二人，省志：俱少寡励志，节孝著闻。郡志均照省志开载，未注事实。兹查旧卷添注，其廖龚氏等七人已经详请旌表，另与道光十一、十四年，咸丰八年，同治四年各旌表节妇汇载。

曹陈氏　　郡志："万县曹联荣妻，归联荣一年夫亡，无子。氏年十九，矢志守节，孝事翁姑。翁病危，静夜告天，割股和药，病愈。继侄为子，抚若亲生。年五十有

---

① 弱息：幼弱的子女。
② 黉（hóng）序：古代的学校。
③ 短折：早死。
④ 襁抱：即襁褓，借指婴幼时。

五卒。"①

姜牟氏　郡志："万县姜宏韬妻，归宏韬五月夫亡，遗腹生一女。氏柏舟自矢，孝事翁姑，丧葬尽礼。螟蛉子②亦殇，无嗣。其寡媳同志守节，低现年六十有二。"

程龚氏　郡志："万县程维顺妻，年二十四翁殁，姑老，继以夫亡。氏守节事姑，抚育幼子，持家有法。夫弟家产荡尽，并氏所存姑之膳金亦耗去，氏不与较，惟竭力养姑。后夫弟亡，遗五子皆幼，氏抚育教诲，并为婚娶以续宗祧③。人称孝节义三者咸备。"

黄张氏　郡志："万县黄祥妻，年二十二夫亡，矢志守节，孝事翁姑，抚子中连成立，低现年八十有六。"

傅张氏　郡志："万县傅一琳妻，年二十四夫亡，遗一子方周岁，氏矢志苦节，善事翁姑，至老不移。"

万袁氏　郡志："万县万填妻，夫殁，氏哭泣过哀，目失明，继而病废④。子永年娶妇王氏，性孝，侍病废之姑，衣食起居，用力用劳无倦色。姑已寿终，永年二十无子，染危疾，王氏割股和药以进，疾愈，延十余年卒，遗二子：长尚朴，遗腹子峰青。氏矢志守节，教育成名。峰青，嘉庆癸酉科举人。两世苦节，而王氏养姑、训子、疗疾、守义，历四十年，尤人所难。"

程朱氏　郡志："万县程正魁妻，夫殁时氏年二十五，遗腹生子宗槐，翁姑俱存，克尽孝养三十二载，始终不渝。"

向黄氏　郡志："万县向正榜妻，年十九翁姑并殁，正榜亦亡，姑有幼子八岁。家徒四壁，艰难万状。氏茹荼忍苦，抚之成立，年七十四卒。青年矢志，白首完贞，里党称之。"

易蔡氏　郡志："万县易琼妻，年二十七，琼客死荆州，翁姑年老，家计维艰。氏长子耀先方十岁，次子绍远方七岁，闻夫殁，变衣饰携长子至荆州运柩归葬。上事翁姑，下抚两嗣，寿至九十三岁卒。长媳冉氏感姑节义，极尽孝养。夫病危，告天，割股和药以进，病愈，延十余年卒。冉氏亦寿至八十有七。"

邓王氏　郡志："万县邓国清妻，年十八于归，家贫，翁姑俱老，未十年夫亡，矢志守节，孝养双亲，抚育两子成立，寿七十二岁卒。"

---

① 此卷中的"郡志"除有特别注明之外，皆指道光《夔州府志》，见卷二十九《列女志·万县·国朝节烈》及《附载孝义》（中华书局2011年12月点校第1版，第498—500页）。后不再出注。

② 螟蛉（míng líng）子：养子。

③ 宗祧（tiāo）：宗庙，引申指家族世系。

④ 病废：因病残废。

周魏氏　　郡志："万县周有福妻,年二十六夫亡,遗长子世道甫四岁,次子世发甫二岁,姑早逝,翁年近七旬,孝养惟谨,丧葬如礼,现年五十有二。"

翁钟氏　　郡志："万县翁世烈妻,年二十三夫亡,遗一子祥福。氏毁容自誓,茹苦尝辛,抚子成立,今且抱孙。"

刘傅氏　　郡志："万县刘永勤妻,孝子傅朝举之女。年十八适刘,甫一年夫死,无子,抚一女,家贫苦节,寿至八十卒。"

刘潘氏　　郡志："万县刘福祥妻,年二十二夫殁,遗一子一女,矢志守节,孝事翁姑,抚孤成立,寿至七十一岁卒。"

何谭氏　　郡志："万县何登选妻,年十八于归,二十八岁夫殁,矢志柏舟,事翁姑以孝,教子女以礼,宗族咸钦之,现年六十有九。"

张傅氏　　郡志："万县张永富妻,十六岁于归,二十八岁夫故。矢志守节,孝事翁姑,教子义方①,现年七十有四。"

刘余氏　　郡志："万县庠生余化龙女,十八岁适刘定仁,二十四岁翁姑俱亡,氏夫亦亡,矢志柏舟,抚长子志廷列胶庠,次子志益亦克守家范②。苦节四十余年,学使旌其门曰'矢志冰霜'。"

陶舟氏　　郡志："万县陶醇妻,十六岁适醇,越三年夫亡,遗一子未周岁,氏矢志柏舟,孝事翁姑,儒学赠额曰'清标彤管'。嘉庆年间,贼匪焚掠,陶氏居屋罄尽,止节妇匾额不毁。"

旷王氏　　郡志："万县旷敏才妻,年二十八夫殁,氏矢志守节,抚二子成立,享年七十有四。邑令赠额曰'节寿鸣朝'。"

王向氏　　士人王昕妻,三十岁夫故,无子,矢志柏舟,事姑谨,继侄孙均承祀。现年五十九岁。

刘王氏　　士人刘肇修妻,二十九岁夫故,家贫无子,矢志靡他。抚夫弟子衍庠为嗣,教养成立,氏针黹纺绩以供朝夕。现年五十一岁。

彭陈氏　　彭宗荫妻,年十九岁,柏舟守节,抚侄功修承祧,奉孀姑尽礼,寡言笑,慎举止。现守节三十一年。

文刘氏　　文敏和妻,少适文,孝事翁姑,二十七岁夫故,氏甘贫苦节三十八年,抚子福增成立。福增殁,其媳卢氏屏绝铅华,矢志守贞,人以为能承姑志。

万杜氏　　万大柱妻,年二十有四适值教匪之乱,夫病,子明扬甫周岁,氏负

---

① 义方:行事应该遵守的规范和道理。后因多指教子的正道,或曰家教。
② 家范:治家的规范、法度。

子扶夫以逃。大柱道死，众莫之顾，氏泣守一昼夜不去，次日始求亲族具棺瘗之①。杜氏痛夫之惨亡也，愿相从于地下，触首松树不死，自缢者再，俱救免。众责以殉夫事小，抚孤事大，乃剪发盟心，抚子成立，孙里城、里藩俱入武庠。氏殁年六十有二。

陈刘氏　儒童陈世福妻，十八岁于归，年余夫殁，生遗腹子锡珍，矢志守节。夫族有利其产而逼嫁者，氏断发自誓，抚子成立，艰苦备尝，卒年五十六岁。子锡珍先氏卒，孀媳向氏每值姑诞辰、忌日，必率子女哭奠于墓，哀动路人。

谢余氏　谢开瑛妻，年二十八岁守节，上事孀姑王氏，下抚孤子亲显成立，现年七十四岁。

陈唐氏　陈科贵妻，二十六岁夫殁，遗二子开仁、开义，夫弟俱幼，家无粒积，唐纴织②、饲畜以事孀姑李，抚诸弟及幼子，备尽艰辛。开义夭亡，姑亦弃世，氏恸姑哭子，两目失明。义妇罗氏承志，共帏励节，事氏惟谨。一门节孝，乡党称焉。

左王氏　监生左光显妻，幼适光显，孝事翁姑。及夫殁，氏年二十九岁，矢志柏舟，义方教子，前学使黄琮、王笃给予"彤管扬芬""皓首完贞"匾式，现年七十一岁。子廷辅，监生；逢源，廪生；翊元，庚子副贡。孙斗才，戊午举人，国子监学正。

刘何氏　刘纲妻，年二十七岁夫故，矢志守节抚孤，现年六十六岁。子启祥、启泽、启发，俱监生。

汤蒋氏　儒童汤正禄妻，年十六于归，逾岁夫故，遗腹生子文光，氏教养兼尽，孀姑多疾，氏善承欢，侍汤药，姑八旬有余尚未恙。氏现年五十二岁。

郭谭氏　郭仕益妻，年十四适郭，事继姑孝。三十岁守节，抚三子成立，现年五旬有余。乐善好施，买义冢，施棺木药饵，族党称之。

林熊氏　林敦纲妻，二十三岁夫殁，无子，氏守节甘贫，纺绩自给。继夫弟敦经子为嗣，甫二岁而夭。熊氏苦节弥贞，于今廿余年矣。

陈饶氏　陈文炳妻，二十一岁夫故，无子。夫弟文灿甫十岁，氏抚之成立。后继文灿子光远为嗣，含辛茹苦，备极艰难。卒年六十三岁。

顾汪氏　顾一华妻，年二十七岁夫故，无嗣，家贫亲老，氏矢志守节，纺绩奉姑，艰苦备尝。现年七十六岁。

冉程氏　冉敬武妻，年二十七夫故，家赤贫，氏纺绩奉养，无少懈。抚二子

---

① 具棺瘗（yì）之：备办棺材并埋葬了他。
② 纴织：纺织。

成立，现年五十五岁。

胡袁氏 胡正升妻，年三十岁夫故，矢死守节。教匪乱，家荡尽，有子天喜初不肖，媳亦改适。氏孤苦自食，亲邻遗以薪米，毫不受。性耿介而和乡里，妇女皆师事之，子亦改行。卒年七十五岁，苦节四十五年。

杜刘氏 杜指礼妻，年十九夫故，氏矢志守节，承顺继姑，朝暮不离左右，里人称孝。抚二子成立，艰苦倍尝。现年六十岁。

左窦氏 士人左德常妻，二十六岁夫故，遗孤洪猷仅周岁，氏苦志抚孤成立，入成均，现年九十三岁。

罗谢氏 罗荣贵妻，二十七岁守节，家贫，遗孤秀义尚在襁褓，逾年翁姑相继卒。氏既悲夫亡之早，又哀翁姑弃世之速，痛不欲生，绝而复苏者数次。茹苦抚孤，艰难万状，至于成立，乡邻述之欲泣。计苦节五十年。

黄邓氏 黄中玉妻，年十八归黄，明年夫疾，氏鬻衣饰以市医药。越五载夫殁，无子。年余，孀姑亦殁。氏矢志守节，抚夫从兄子汝忠为嗣，教养成立。现年五十六岁。

向黄氏 向明鷳妻，年二十夫故，生遗腹子士才。氏矢志守节抚孤，上事翁姑。子士才，以俊秀入成均。氏现年九十岁，曾元林立，族间敬式①焉。

王陈氏 王大士妻，二十四岁夫故，事孀姑孝，抚子成立，现年五十岁。

冉江氏 冉裕绪妻，年二十六孀居，奉姑终老，抚子成立，守节三十余年。

高罗氏 高英权妻，年二十四岁夫殁，奉翁姑，抚子文思成立，守节三十余年。

金唐氏 监生金天富妻，年二十八岁夫故，氏守志，奉翁姑终老，抚孤昭德成立，守节四十八年。

刘郭氏 儒童刘秉权妻，年十八夫故，奉翁姑终老，抚侄文明为嗣成立，卒年五十五岁。

蒋郭氏 儒童蒋学礼妻，年二十二学礼病故，有世家子求聘，父叔以其少寡且贫，劝令改适，氏毁容以示靡他。事姑终始不怠，教子继儒业，苦节三十余年。

谭李氏 谭洪亮妻，洪亮游秦十年，李氏以女红②奉姑，及夫归二载物故，甘贫守节，莫能夺其志。奉姑终老，抚孤成立，苦节三十余年。

谭刘氏 谭和文妻，三十岁居孀，奉姑终老，抚子成立，现年六十岁。

龙程氏 龙支和妻，十六岁于归，未及一载夫故，遗腹生子绍印。是时惟孀姑存家，素贫③，朝夕无以为欢。氏矢志不嫁，勤于纺绩，上奉孀姑，下抚孤子成立，

---

① 敬式：尊重并效法。
② 女红（gōng）：即女功，旧谓妇女从事的纺织、刺绣、缝纫等。
③ 素贫：向来贫穷。

道光丙申年卒。

　　陶向氏　　陶邦训妻，十六岁于归，事翁姑以孝闻。二十八岁夫故，无子，励志守节，勤苦纺绩，处不逾阈①，乡邻贤之。现年六十一岁。

　　曾张氏　　曾元和妻，二十一岁夫故，无子。氏励志守节，善事翁姑，后继侄为嗣，一书绅，监生；一书沄，不数年俱殒。复抚孙成立，备历辛苦，现年八十岁。

　　周李氏　　周清妻，二十四岁夫故守节，孝事翁姑，抚子光元、双元成立，现年六十九岁。

　　张陈氏　　儒童张国盈妻，二十二岁守节，上事祖父及翁姑，咸得欢心。抚遗腹子正才成立，现年五十四岁。

　　谭高氏　　谭□□②妻，年二十二夫客游秦，病故。氏甘贫守节，誓不他适，抚子永禄成立，现年八十岁，守节五十九年。

　　朱程氏　　士人朱仁裕妻，举人程训女孙。二十八岁夫殁，苦节坚贞，事翁姑终老，抚二子成立。长子诚，勤学，援例入成均；次子诰，亦业儒。氏现年五十八岁。

　　向刘氏　　向三阳妻，三十岁守节，抚侄逢春承祧，现年五十八岁。

　　牟文氏　　牟正禄妻，二十八岁守节，抚孤养亲，现年六十岁。

　　沈张氏　　沈毓山妻，二十八岁夫故，家贫无嗣，苦节至今三十二年。

　　向李氏　　向成宪妻，夫殁氏十八岁，无子，矢志守节，现年五十一岁。

　　黄罗氏　　黄禄高妻，二十一岁夫亡，善事翁姑，抚子定仕成立，治家以节俭闻，现年七十四岁。

　　王向氏　　王家士妻，夫故氏年十八岁，遗孤始周岁，立志苦守，上事舅姑，下抚孤子，未三载子殇，虽家贫无嗣，而志愈坚，守节三十六年。

　　柯罗氏　　柯芝仁妻，芝仁殁时，氏年二十岁。遗孤五福五岁而殇，氏励志苦守不易，现年五十岁。

　　谭张氏　　谭仁介妻，二十八岁夫殁，抚夫侄善继为子，守节四十九年。

　　余郭氏　　余鹏玥妻，三十岁夫故，抚子世寿、世亨、世庆成立，守节五十六年。

　　郭向氏　　郭朝智妻，年三十岁夫故，事继姑以孝闻，爱侄不异己出，抚子廷槐成立，守节四十年。

　　郑范氏　　郑远顺妻，三十岁夫故，孝事翁姑，抚子成立，守节五十三年。

　　熊方氏　　熊成礼妻，三十岁夫故，抚子世裕成立，守节三十四年。

---

①　逾阈（yù）：跨过门限，出家室。
②　此处原刻本墨盖二字。

余刘氏　　余宏铣妻，三十岁夫故，抚子昌经、昌纪成立，现守节二十九年。

熊张氏　　熊开林妻，二十五岁夫故，守节三十年。

张余氏　　张大政妻，二十六岁夫故，矢志守节抚孤，现年五十六岁。子国武、国聪、国永、国高。

何唐氏　　何贤才妻，年十七适贤才，夫病割股，愈疾。生子秋魁，早殀①。夫故，氏年二十八岁。立志守节，善事孀姑。继夫弟贤纶子良玉为嗣，抚育成立，现年八十四岁。

胡李氏　　胡廷选妻，十九岁夫故，矢志靡他，抚子光禧成立，现年四十一岁，计守节二十二年。

杨谭氏　　杨浩妻，二十九岁夫故，家贫苦节，上事翁姑，下抚三子成立，三子正芳入郡庠食饩，氏卒年四十六岁。

谷王氏　　谷先美妻，三十岁夫亡，抚子宗相、宗柱、宗梁，守节六十五年。

李易氏　　李秀科妻，二十四岁夫亡，安贫守志，教子诗书，现年五十九岁。

黄莫氏　　黄宗溥妻，二十八岁夫故，善事翁姑，抚子成立，卒年五十一岁。

莫廖氏　　莫永麒妻，二十一岁夫故，子武纲生仅七月，抚养成立，守节六十三年。

莫谷氏　　莫正心妻，二十一岁夫故，抚遗腹子荣尊成立，现守节二十五年。

王李氏　　王正伦妻，二十八岁夫故，上事翁姑，下抚孤子，现年五十岁。

熊邓氏　　熊登高妻，夫病殁，复苏，属②氏守节，继侄国才为嗣，而后逝。氏遂矢死靡他，时年二十六岁，现守节四十九年。

萧余氏　　萧一明妻，一明病故，时氏年二十八，遗孤方和始周岁，家贫如洗，矢志柏舟，抚子成立，艰苦备尝，现年五十一岁。

曾余氏　　曾书城妻，二十六岁夫故，立志守节抚孤，现年五十四岁。

刘向氏　　刘仁福妻，二十三岁夫故，抚二子，长二岁，次甫半岁，贫苦无依，纺绩度日，守节五十七年。

陈周氏　　陈光前妻，嘉庆七年，光前在大周里二甲遇贼不屈死，时氏年二十七岁，矢志守节，抚孤成立，卒年六十六岁。

陈刘氏　　佾生③陈顺削妻，岁贡生刘世楷长女也。二十四岁夫故，家贫守节，

---

① 殀（yāo）：同"夭"，夭折。
② 属：叮嘱；告诫。后作"嘱"。
③ 佾（yì）生：旧时朝廷或文庙举行祝典时，表演乐舞的童生。

矢志靡他，抚二子成立，卒年五十七岁。

刘廖氏 刘尚建妻，二十三岁夫故，家贫矢志，操守弥坚，卒年四十三岁。

戴曾氏 戴二璧妻，二璧殁，氏年二十一岁，矢志冰霜，现守节四十年。

秦钟氏 儒童秦世泽妻，年十五适世泽，二十五岁夫故，氏屏弃铅华①，矢志靡他。时祖翁②暨翁姑在堂，侍奉重闱③，孝养备至。遗子四，长天枢，次天机、天桢、天相，教养婚配，抚之成立，卒年五十七岁，计守节三十二年。

戴傅氏 戴一儒妻，文生傅大顺女，二十九岁夫故，夫兄弟相继亡，媳皆他适。独氏死守不去，抚二子，未几亦夭，乃抚侄二宜为嗣，上事翁姑终老，下抚孤子成立，卒年五十四岁。

吴张氏 吴望朝妻，氏年十九，子甫周岁而夫亡，矢志守节抚孤，勤苦持家，目睹曾孙中杰入邑庠。卒年八十二岁。

谢左氏 谢永远妻，文生左德芳女，二十八岁夫故，矢志守节抚孤，现年五十二岁。

谢钟氏 谢名远妻，二十九夫故，守志抚二子，现年六十六岁。

陈刘氏 监生陈天瑞妻，二十八岁夫故，抚三子成立，守节三十六年。

陈何氏 陈正源妻，二十六岁夫故，矢志守贞，善事孀姑，遗孤天瑜夭亡，氏仍苦节不渝，现年五十岁。

郎王氏 郎正立妻，二十岁夫殁，志笃冰霜，抚子万正成立，事翁姑克敦妇职，现年六十三岁。

杨吴氏 杨天星妻，二十六岁夫亡，安贫守志，事舅姑以孝闻，抚子明达无失教。现年五十六岁。

谭骆氏 谭洪运妻，年二十八岁夫殁，家贫无子，矢志靡他，抚夫弟洪鉴子开印为嗣，现年六十四岁。

黄张氏 武生黄代相妻，年二十七岁夫殁，遗三女一子，俱幼，矢志抚育，现年五十岁。

张熊氏 张文学妻，三十岁夫故，抚子明星成立，现年七十七岁。

刘冉氏 刘肇廷妻，夫故，氏年二十四岁，冰霜矢志，现守节三十一年。

范杨氏 范大松妻，三十岁守节，矢志不渝，现年八十七岁。

---

① 铅华：古代女子化妆用的铅粉。
② 祖翁：祖父。
③ 重闱：旧称父母或祖父母。

范谭氏　　范大彬妻，二十八岁夫故，抚孤德佐成立，现守节五十三年。

李赵氏　　李一清妻，二十六岁夫故，矢志不渝，抚二子一女成立，计守节三十四年。

谭刘氏　　谭锦祥妻，夫故时氏年二十一岁，事孀姑尽妇道，遗孤一元甫岁余，抚之成立，入邑庠食饩，现年五十一岁。

万龚氏　　万鸿远妻，二十八岁孀居，清苦自励，抚孤成立，子选青、孙万熊、万罴，俱武生。曾孙宝成，廪生。卒年八十三岁。

文冉氏　　监生文廷用妻，廪生冉天铃胞妹，三十岁夫故，氏事姑谨、抚幼慈，尤乐善好施，现年五十岁。

文蓝氏　　分发广东巡检文永宗继妻，二十五岁夫没，即截发①毁容自矢，因过哀成疾，至三十五岁遂卒。抚前子藻无异己出。藻，邑廪生。

陈张氏　　陈玮妻，年十六于归，逾年夫故，遗腹生子永龄，矢志抚孤。姑病，割股以疗，年四十五殁，计守节二十九年。

牟谭氏　　副贡牟载瀛妻，三十岁夫故，遗一女，无子。继侄正蓉为嗣，抚育成立，事翁姑终老，现年五十一岁。

周邹氏　　周家琮妻，二十四岁夫殁，养亲抚子，计守节三十二年。

王张氏　　王登第妻，二十一岁守节抚孤，卒年八十五岁。

周熊氏　　周信昭妻，二十九岁守节抚孤，现年六十五岁。

贺牟氏　　贺章德妻，二十六岁夫故，抚孤泽远，有室②而殁，与媳王氏两世居孀，继侄孙承祀，矢志苦守，现年五十八岁。

周牟氏　　周正才妻，二十五岁守节，抚孤天眷，严为课读，后入邑庠，卒年三十四岁，计守节十年。

彭刘氏　　彭廷相妻，二十九岁誓志守节，现年五十岁。

刘王氏　　刘永德妻，二十九岁抚孤守节，现年五十岁。

姜刘氏　　姜元举妻，二十七岁守节，抚孤时瑞成立，卒年八十一岁。

姜王氏　　姜时瑞妻，二十五岁夫故，抚孤发枝甫半岁，教之成立。氏现年六十二岁。

刘赵氏　　刘绣云妻，二十九岁夫故，与弟妇贺氏俱孀居苦守，以事孀姑，人皆敬之，卒年五十一岁。

---

① 截发：剪发。
② 有室：指男子娶妻。

刘贺氏　　刘春云妻，二十九岁夫故，抚孤仍煐，与孀嫂赵氏同室守志，以事孀姑。后仍煐亡，继侄孙翼国承祀。现年五十八岁。

陶冯氏　　陶耀寰妻，庠生陶光玉之媳，耀环①殁时，氏年二十一岁，生遗腹子斗柄。家赤贫，以纺绩针黹②养重慈，拾穗田间，艰苦万状。尝遇甚雨寄宿外戚家，将晚，有睨③其美而欲挑之者，氏即冒雨逃归，毁面自誓。母家劝再醮，泣曰："再醮不过为一己衣食耳。高堂与孺子安托④？且与其失节，弃陶氏祀，不如冻饿死。"母家不敢再言。氏以戚邻既不可与处，遂奉姑与祖姑傍母家居。人有馈送，亦不受，闻者莫不敬之。

程任氏　　程文成妻，二十三岁守节，抚幼子。孝顺孀姑，现年五十六岁。

程宋氏　　程文骏妻，二十四岁守节，孝养翁姑，现年五十五岁。

廖向氏　　廖成祖妻，二十九岁守节，善事舅姑，卒年五十二岁。

史程氏　　史良知妻，三十岁守节，善事舅姑，现年六十二岁。

史宋氏　　史良捷妻，二十五岁守节，善事舅姑，现年五十岁。

史司氏　　史元璧妻，二十七岁守节，姑有疯疾，事之惟谨，事继姑亦得其欢心，现年七十五岁。

任林氏　　任思寅妻，夫故时氏年二十岁，抚遗腹子正纪成立，为取妇瞿氏，生子甫周岁，正纪与子并殁。林氏告族人曰："我欲继子，则吾媳安归？不如继孙。"两世居孀抚孤，人咸称之，现年五十岁。

程罗氏　　程复睿妻，三十岁夫故，无出，抚侄文成为嗣，孝养舅姑，卒年七十一岁。

王罗氏　　王一洪妻，三十岁夫亡，守节抚孤，卒年九十六岁。

易周氏　　易正榜妻，二十八岁安贫守节，抚孤如荣成立，氏卒年八十三岁。

易何氏　　易大礼妻，二十七岁安贫守节，抚孤光亮成立，现年五十六岁。

崔谭氏　　崔六举妻，二十八岁守节，抚周岁孤子成立，五世同堂。

谭向氏　　谭人美妻，二十二岁守节，抚孤成立，五世同堂。

向魏氏　　向钟瑚妻，二十岁守节，善事翁姑，抚孤朝佑成立，现年六十八岁。

李张氏　　李凤喈妻，年十八适李，姑病笃，割股以进。夫病，又为割股。生

---

① 耀环：前作"耀寰"。
② 针黹（zhǐ）：缝纫、刺绣等针线活。
③ 睨（nì）：窥伺。
④ 此句言父母与幼儿托付给谁？高堂：称谓，对父母的敬称。孺子：幼童的通称。

二子元丰、元澍。夫故，氏年三十岁，二子旋殇，矢志靡他，现年五十五岁。

张谭氏 张应塾妻，三十岁夫故，家贫苦守，奉孀姑孝，抚孤天眷、天历、天普俱成立，卒年七十七岁。

程向氏 程德妻，二十九岁守节，奉翁姑孝，抚子正心、正才成立。氏勤俭严正，卒年六十八岁。

张李氏 张天英妻，二十六岁守节，事翁姑终老，抚子开益成立，守节三十四年。

魏冉氏 魏明知妻，三十岁夫故，家贫守志，上奉舅姑，下抚子良标、良学成立，及良标夫妇殁，又抚三孙，现年七十一岁。

曾向氏 曾如彪妻，二十六岁夫故，家赤贫，氏日夜纺绩，不出门户，教养二子永福、永贵成立，卒年四十七岁。

陈向氏 陈盛国妻，二十五岁夫故，无嗣。氏矢志冰霜，继侄第政为嗣。及政死，抚侄孙维馨承祀。现年九十岁，见曾元孙焉。

向刘氏 廪生向钟琼妻，二十七岁夫故，矢志守节，抚二子皙、馥成立，卒年四十七岁。

向吴氏 向世珍妻，二十九岁守节，事姑孝，抚五子彦、灼、诰、葵、煜成立，煜入邑庠。氏现年六十七岁。

李胡氏 增生李嘉㷱妻，二十九岁守节，善持家。子四，一入成均；孙十六，盛唐入邑庠；曾孙维城入邑庠。氏卒年九十五岁，五世同堂。

陈李氏 陈第珍妻，二十六岁守节，遗孤夭亡，矢志不移，捐坐宅与田为族人祠堂，现年六十二岁。

周陈氏 庠生周曰庠妻，年二十适庠，继姑携女寄食其家，氏爱之若同胞。庠故贫士，远馆，每经岁一归。氏惟以学问相勖，无昵私意。道光庚子科庠应乡试，卒于省垣①，友人姚芹芳为募资榇归。时氏年二十九岁，庠兄瞽，弟殇，子又不育，氏惟一女，以纺绩奉翁姑。翁八十卒，戚邻为醵金以助殡葬，艰难万状，志气弥厉，卒年五十岁。

蒋许氏 蒋道兴妻，道兴少失怙恃，叔父母抚之为聘氏。氏归蒋二十四岁，而道兴亡，二子俱幼，教之成立，艰苦备尝。氏善事叔父母，时蔬鲜果必先寄奉，谓子曰："尔父非叔祖无生理②也！"现年五十九岁。

---

① 省垣：省城。
② 生理：生存的希望。

熊蒋氏　　熊文玼妻，二十九岁夫故，立志苦守，善事孀姑。姑病痢月余，浣濯无倦。有侄自经气绝，人谓谷道嘘气可苏，氏遽嘘之。卒年五十四岁。

易谭氏　　易泽妻，二十八岁守节，孝养翁姑，抚孤成立，现年六十岁。

游程氏　　游兴朝妻，二十八岁守节，孝养翁姑，抚二子成立，现年五十二岁。

陈易氏　　陈锡琅妻，二十三岁守节，无子，孝事翁姑，现年五十岁。

金骆氏　　文童金朝缙妻，二十岁夫故守志，无嗣，继侄永思为后。氏不苟言笑，事姑孝，和妯娌，无遗议①，卒年四十一岁。

陈刘氏　　陈颖欢妻，三十岁夫故守节，现五世同堂。

黄王氏　　黄元林妻，三十岁夫故守节，善事孀姑，抚孤兴忠成立，卒年八十八岁。

张周氏　　张心才妻，三十岁守节，奉舅姑，抚孤子，现年八十岁。

黄向氏　　黄德久妻，二十八岁守节，现年八十八岁。

许涂氏　　许正心妻，二十四岁夫故守节，善事翁姑，现年五十二岁。

熊秦氏　　熊世哲妻，二十三岁守节，孝翁姑，抚孤子，现年六十二岁。

杨马氏、杨张氏　　马氏，杨名秩妻，二十四岁夫故，上事姑，下抚孤子天奎成立，取媳张氏。二十九岁而天奎殁，天奎子地槐仅三岁，姑媳共抚育之。马氏卒年六十九岁，张氏现守志三十二年，一门双节。

程张氏　　程宗元妻，二十八岁夫故，事翁姑，抚幼子，守节三十八年。

陈王氏　　陈贤友妻，夫故时氏年二十九岁。家贫，矢志苦守，女工②自给，抚二子相乾、相楷成立，现年五十岁。

艾赖氏　　艾登魁妻，二十一岁夫故，矢志守节，孝事孀姑，抚一子永贞成立，现年四十五岁。

张樊氏　　张崇儒妻，二十六岁夫故，矢志守节，孝事翁姑，抚子女成立婚配，现年五十三岁。

郝方氏　　郝恭逊妻，年十六于归，三十岁夫故，氏立志苦守，事翁姑以孝闻，卒年七十二岁，计守节四十二年。

黄殷氏　　黄大伦妻，年十六于归，二十九岁夫故，矢志守节，孝事孀姑，纺绩自给，抚遗子永斌、永樽成立，现年八十四岁。

赵张氏　　赵鸣嵩妻，夫故氏年二十七岁，无子，继夫兄赵鸣廷之子文翰为嗣，

---

① 遗议：谓遭致异议和非议。
② 女工（gōng）：指通常由妇女所作的纺织、刺绣、缝纫等事。

教养成立，善事翁姑，及殁，哀毁尽礼。现年六十二岁。

张何氏　　张尧礼妻，十八岁夫故，遗子大权甫二月余，抚养成立。殁时年八十八岁。计守节七十年。子大权亦年八十八岁，恩赐正八品顶戴。文生天谓，增生天翔，皆其曾孙。

牟刘氏　　牟正秀妻，夫故氏年二十八岁，立志守节，抚孤事亲，备极勤苦，现年五十岁。

李余氏　　李肇光妻，夫殁氏年二十九岁，家贫抚孤，备历艰难。子三孙八，皆能自立。现年七十四岁。

刘任氏　　刘谦泰妻，夫殁氏年十九岁，遗腹生子名承宗。矢志抚孤，贫苦无异，敬事翁姑，丧葬尽制。今其子已授室①举二孙，现年四十四岁。

谭王氏　　谭隆儒妻，夫殁氏年二十九岁。家贫，矢志抚孤，言笑不苟。事翁姑，养葬尽礼。今子已授室举孙，现年五十一岁。

贺谭氏　　贺文相妻，夫故氏年三十岁，矢志抚孤，贫苦不渝②。逮事翁姑，丧葬尽礼，现年五十二岁。

汪张氏　　汪宗洲妻，夫故氏年二十岁，生遗腹子名大瀛。矢志抚育，至十一岁而夭。复继夫兄宗泽子大祥为嗣。辛勤教养，婚配成立，现年五十四岁。

谷朱氏　　谷国瑞妻，夫故氏年二十二岁，无子，继谷国学之子洪恩为嗣。越十余年，洪恩殁，又抚一孙。其事翁姑尤勤，养葬尽礼，现年七十四岁。

史廖氏　　史锡桓妻，夫殁氏年二十一岁，矢志抚孤。翁姑早殁，祖翁姑俱存，事之能得其欢心，现年四十六岁。

易谭氏　　易曰枝妻，夫殁氏年二十三岁，遗子盛昌甫半岁，氏甘淡泊，抚以成立。今已授室举孙。逮事孀姑，丧葬尽哀，现年四十五岁。

向文氏　　向为学妻，前任广安州训导文敏时女孙。父病，刲股和药以进。年十五于归为学，善事孀姑。姑病笃，割股和药以愈。夫病，又割股以疗，而卒不起。夫殁，氏年二十二岁，遗一子，甫二岁。矢志抚孤。守节二十一年殁。

熊涂氏　　熊懋迪妻，夫殁氏年二十三岁。家甚贫，抚一子。后游幕云南，数年不知音信。其媳与孙女又叠次继亡，仅存弱孙二，尚幼。氏甘贫苦守，抚育两世，现年五十八岁。

---

① 授室：本谓把家事交给新妇。语本《礼记·郊特牲》："舅姑降自西阶，妇降自阼阶，授之室也。"孔颖达疏："舅姑从宾阶而下，妇从主阶而降，是示授室与妇之义也。"（《礼记正义》卷二十六，第815—816页）后以"授室"指娶妻。
② 不渝：不改变。

程李氏　程文寿妻，夫故氏年二十二岁，仅遗二女，誓不改适。依夫胞侄运智以居，纺绩自食，事孀姑克尽孝养。现年六十岁。

张谭氏　张以文妻，夫故氏年二十七岁，遗孤子钺甫周岁。孀姑在堂，家赤贫，无以供朝夕。氏励志守贞，勤苦纺绩，事姑抚儿，后钺早逝，孙成栋甫十余岁，亦抚之成立，备尝艰苦。现年八十六岁，计守节已六十年。

杨王氏　杨延茂妻，夫殁氏年二十九岁，生遗腹子祖勋，寻夭。誓志靡他，以翁姑命继夫弟延英独子祖培，与弟妇陈氏共抚为子。善承翁姑志，翁病笃，尝刲股以疗。姒娣尤睦，同理家政，无几微间言①。邑中义举，靡不竭力乐助，守节二十四年殁。弟妇杨陈氏，杨延英妻。夫殁氏年二十六岁，生子祖培，遵翁姑命承祧两房，遂与嫂氏王共抚成立。人称一门双节。

程易氏　程继声妻，监生易光奎女，夫殁，氏年二十六岁，无子，继夫兄继洛子埠为嗣。善事翁姑，志操坚定，计守节二十一年，现年四十七岁。

杜谭氏　杜恕妻，年二十六于归，百日夫故，时翁姑尚存，家赤贫，氏纺绩奉养，遗腹子八岁殇，氏仍矢志苦守不移，现年五十岁。

陶史氏　陶应道妻，年十七于归，二十岁夫故，矢志守节，孝事孀姑，抚子成立，现年四十七岁。

王周氏　王大发妻，年二十七夫殁，无子，时祖姑与翁姑俱存，氏矢志守节，甚得重闱欢心，现五十七岁。

赵谭氏　赵发梅妻，年二十岁夫故，子德才甫二岁，矢志抚孤，不御铅华，事翁姑克笃孝养，计守节三十余年。

程彭氏　程德隅妻，年十九于归，越九月夫故，氏立志守节，抚胞侄登云为子，成立婚配，现入武庠，事翁姑尤得欢心，计守节二十一年。

沈李氏　沈海山妻，夫殁氏年二十岁，子蓝田甫三岁，氏矢志抚孤，翁姑早殁，祖舅姑尚存，竭力奉养，现年五十九岁。

曾牟氏　曾文世妻，夫殁氏年三十岁，矢志守节，上事翁姑，下抚孤子，现年五十六岁。

谭向氏　谭世佩妻，夫殁氏年二十六岁，矢志守节，计二十年。

巨张氏　巨一贤妻，年三十夫故，抚孤世杨、世泰成立。一生贫困，辛苦备尝，现年九十一岁，五世同堂，计守节六十一年。

---

① 此句言没有一点点闲话。

唐骆氏　唐四箴妻，年三十夫故，抚孤祖勋成立，坚操不贰①，卒年六十四岁，计守节三十四年。

谢向氏　谢连妻，年二十六岁夫故，家赤贫，氏抚子文瑞成立，备历艰辛，卒年九十五岁，孙曾延绵，计守节六十九年。

彭曾氏　彭一清妾，年二十七夫故，抚孤宗述成立，现年六十岁，计守节三十三年。

陈吴氏　陈学礼妻，年二十八夫故，抚孤思敬成立，现守节四十四年。

吕张氏　吕德顺妻，年二十四岁夫故，现守节三十六年。

孙罗氏　孙钊妻，年十八于归，二十五岁夫殁，氏矢志守节，抚子陶仁成立，现年五十二岁。

罗胡氏　罗祖虞妻，年三十岁夫故，无子，氏矢志苦守，现年七十岁。

谢徐氏　谢年远妻，年三十岁夫故，氏矢志守节，孝事翁姑，抚孤子大贞、大祥、大吉、大章成立。生平言笑不苟，族党称之，现年五十岁。

杜文氏　杜恒继妻，年二十二适杜，生子焕奎，抚前室子焕然如己出。二十七岁夫殁，家中落，纺绩勤苦。二十九年后，二子相继逝，媳刘氏、陈氏以节相勉，至今犹嫠帷②共守云。

陈胡氏　陈第钊妻，二十七岁守节，孝翁姑，抚孤子维纲、维纪成立，维纲入成均，孙七国、取国升入武庠，现年六十九岁。

李陈氏　李德长妻，夫故时氏年□□岁守志，奉舅姑谨，抚子元堂成立，氏现年五十六岁。

陈向氏　陈盛爱妻，三十岁守节，持家勤俭，教子第培、第禄俱诚朴，现年五十三岁。

焦李氏　焦代魁妻，二十三岁夫故，遗孤绍文甫二岁，氏矢志守节，抚孤成立。上事翁姑历十六年，姑殁，氏哀毁骨立。翁年八旬，奉养不衰。氏善持家，现年五十二岁。

张吴氏　张明妻，二十三岁守节，抚孤应学甫四月，备尝艰苦，卒年七十三岁。

卿徐氏　卿德茂妻，二十五岁守节，家贫子幼，艰苦备尝，现年七十三岁。

蒲曾氏　蒲大科妻，二十九岁守节，奉孀姑，抚孤乾泰未周岁，日则为里邻作女工，夜则锄荒土以赡，艰辛益厉，现年六十六岁。

---

① 不贰：专一，无二心。
② 嫠（lí）帷：寡妇。

罗石氏　罗世富妻，二十九岁夫故，子安琮、安瑄俱幼，居近市，教子以朴厚，保其家，卒年四十九岁。

向阎氏　士人向奇坤妻，二十四岁守节，奉孀姑，抚子才发成立，现年九十四岁，五世同堂。

张汪氏　张毓朝妻，二十五岁夫殁，抚遗腹子大义九岁而殇，矢志苦守，现年五十岁。

张石氏　张天怀妻，二十九岁夫殁，矢志守节，抚子地厚成立，现年七十二岁。

左王氏　左洪绶妻，三十岁夫故，矢志守节，事翁姑及继祖姑能得其欢心。翁姑病不能动履，奉侍汤药三年不倦。抚子昌泽成立，卒时年四十四岁，计守节十五年。

幸杨氏　巡检幸成楷妻，二十六岁夫故，矢志守节，抚二子一女，教养成立，现年五十岁。

张钟氏　张元伦妻，夫故氏年二十六岁，矢志靡他，孝事孀姑，抚子亨泰成立，现年五十一岁。

刘谭氏　刘朝旺妻，二十六岁夫故，守节甘贫，奉姑终老，抚孤成立，苦节四十余年。

王彭氏　王大经妻，二十七岁夫故，氏矢志守节，遗女甫周岁，无子，继夫兄子光显为嗣。氏纺绩抚育，今已授室生孙，计守节二十五年。

陈周氏　陈德相妻，二十八岁夫殁，氏矢志苦守，孝事翁姑。遗子步礼中殇，抚孙永桐成立，现年七十九岁。

黄沈氏　黄文喜妻，夫故时氏年二十岁，子甫周岁，家赤贫，矢志靡他，女工自给，抚子成立。卒年六十岁，苦节四十年。

张骆氏　张大魁妻，二十□①七十四岁，计守节五十二年。

冉万氏　冉瑞铨妻，夫故氏年二十二岁，遗一子甫周岁，氏矢志守节，抚子成立，事翁姑以孝，现年四十四岁。

余曹氏　余宏镇妻，于归逾年夫故，氏时年十七岁，无子，抚夫兄子昌缥为嗣。矢志守节，抚子成立婚配。事孀姑以孝闻，现守节二十年。

何张氏　何命善妻，年十七于归，甫数月夫殁。氏纺绩种植，奉养衰翁，抚遗腹子必绚成立，现守节二十二年。

陈龚氏　府经历衔陈绍信妻，前儒学龚珪女弟，年十八夫故，无子，氏矢志

---

① 后缺字。

守节，孝事翁姑，抚夫兄子嘉盛、嘉志入继成立。盛，贡生；志，议叙州同衔。氏现年四十二岁。

陈文氏　陈嘉善妻，年二十九岁夫故，氏善事翁姑，矢志守节，抚子昌奎、昌言成立，均入邑庠。现年四十七岁。

以上节孝妇。

李氏女　李和义妹，嘉庆三年被贼执，骂贼不绝口，贼截其舌而死。

胡周氏　嘉庆四年，教匪入万，至葛藤坝，掠氏，逼污不从，怒杀之，三斫其颈，右胁与左肱股，刃十二伤，死而复苏。越岁，归于胡仕相。现年八十五岁。五世同堂。

毛向氏　毛升妻，嘉庆四年，教匪入万，氏时二十七岁，携子女避贼被掠，欲污之，氏大骂，贼断其手，不绝声，遂杀之。越三日，面如生。

向陈氏　向毓坤妻，嘉庆五年，教匪突至，将携氏去，刺杀毓坤。氏恶骂奔救，身中三矛，血流遍地，倒护夫尸佯死。匪去，家小归来，乃检葬其夫，调养数月始愈。时年三十余岁，矢志抚孤，至老齿落重生。卒年九十四岁。

李氏女　李伯义女，嘉庆六年，被贼掠至登阶沟，强胁不从，贼手刃而亡。

熊张氏　熊碧玥妻，年三十余岁，同治元年，滇逆入境，贼近，携一子二女赴塘死。

郝石氏　郝恭寅妻，同治元年，避蓝逆硐居，硐破被围，氏不屈投水死。

谭张氏　谭光连妻，年三十岁，同治元年，蓝逆入境，惧不免辱，投塘死。

何张氏　何朝清妻，年二十余岁，贼近，同二女赴塘死。

熊张氏　熊朝亮妻，年二十余岁，贼近，赴水死。

吴张氏　吴维翰妻，年三十余岁，贼近，与十余岁女同赴水死。

邓王氏　邓从宽妻，年三十余岁，贼近，赴水死。

张吴氏　张有典妻，年二十八岁，贼近，携一子二女赴塘死。

以上皆同治元年全节妇。

冉谢氏　冉正发妻，同治元年，邑绅尤炳章、谢瑞芳、怀芳获王逆于开县张家寨下，率团勇由员峤石厂塆归，氏见之，以为贼至，当即自缢。

李陈氏　李维童妻，十五岁归维童，次年五月九日维童病故，氏以死自誓，送夫归窆①，乞葬地于伯舅，为殉夫计。父母舅姑怜其稺②，欲嫁之而未发，氏已微窥，死志益决，于是日默默不语，至六月十二日服毒死。

---

① 归窆（biǎn）：归葬。窆：下葬。
② 稺：同"稚"，幼小。

张姜氏　　张名熙妻，以冤诬自缢，官给"贞节可嘉"匾额。

以上节烈妇。

程王氏　　郡志："万县庠生程正观妻，江西武陵县知县程训之子媳。家素贫，翁赴京十年，氏在家勤苦，事姑不懈。后翁仕未久病故，正观扶柩归里，不数年，姑及正观相继而逝。无嗣，仅二女，遣嫁后，家愈困，忍饥耐寒，清贫自守数十年。"

陈幸氏　　郡志："陈滋妻，孝事翁姑，翁姑逝，遗异母弟雨甫二岁，教养成立。氏有适子①一、庶子②二，鞠育顾复③，教以耕读，无异己出。适子释薪，庶子岐薪，俱入国学④。孙朝秀，旧卷；朝彦，列胶庠。"

陈张氏　　郡志："万县处士陈一诗妻，事姑暨继姑，均能承顺⑤。年四十三疾笃，梦神增寿，疾果愈。生四子，长恒益，入胶庠；次子二士，由廪贡中庚午顺天乡试；三、四子俱业儒。人以为孝德之报。"

张蒲氏　　张家联妻，幼养于夫家，及笄⑥，完配，生子女各一。氏二十三岁，家联远游不归，家贫如洗，氏以女工上奉舅姑，下抚子女、舅病故，募资以葬。姑得瘫痪疾且眇⑦，起卧饮食皆氏侍奉，无怨咨⑧。乡人莫不怜其苦、嘉其志。

黄氏女　　黄正原女，正原无子早逝，时女甫二岁，母周氏矢志守节，奉姑抚女。女既长，痛母之㷀⑨独孤苦也，旦夕不肯离左右，求娶者皆谢绝之。薄田数亩，母女相依为命。女年甫四十，而发白过其母。

孙朱氏　　士人孙芝茂妻，夫故，氏善事八旬迈姑。嘉庆八年，教匪余贼数十窜瀼涂驿，逐室抄掠⑩。氏护姑不去，创伤之不解，贼感其诚，舍而他掠。自是姑益病，日夜侍汤药，历三寒暑无倦容。子丕谟，廪生；丕闿，增生；丕绪，监生；

---

① 适子：同"嫡子"，正妻所生的儿子。

② 庶子：妾所生的儿子。

③ 鞠育顾复：《诗经·小雅·蓼莪》："父兮生我，母兮鞠我。拊我畜我，长我育我，顾我复我，出入腹我。"郑玄笺："育，覆育也。顾，旋视也。复，反复也。"孔颖达疏："覆育我，顾视我，反复我，其出入门户之时常爱厚我，是生我劬劳也。"（《毛诗正义》卷十三，第778页）后因以"鞠育顾复"指父母之养育。

④ 国学：古代指国家设立的学校，如太学、国子监。

⑤ 承顺：遵奉顺从。

⑥ 及笄（jī）：古代女子年满十五岁而束发加笄，表示成年。后世遂称女子适婚年龄为"及笄"。笄：发簪。

⑦ 眇（miǎo）：瞎了一只眼，后亦指两眼俱瞎。

⑧ 怨咨：怨恨叹息。

⑨ 㷀：同"茕"：孤单，孤独，忧愁。

⑩ 抄掠：抢劫；掠夺。

化南，选拔福建知县。孙兆岐，选拔广东州判；伯元，廪贡生；兆岷、伯恭，俱庠生；汝镛，湖南县丞。

易向氏　省志："万县庠生易大观妻，姑疾笃，氏割股以疗，几致伤生。"①

沈张氏　省志："万县沈勖妻，姑疾，百药无效，氏割股以进，遂愈。"

赖张氏　省志："万县赖锦汉妻，家贫，纺绩以佐甘旨。姑病，割股以救，乃瘳。"

文罗氏　文宏庆妻，三次割股救舅姑危病。家极贫，夫弟夫妇相继亡，收侄男女养而婚嫁之。殁后，里人为建孝义碑。

魏陈氏　孝义魏士良妻，继姑病笃，氏情迫割股和药以进，姑病旋愈。又尝割股以愈夫病，至情激发，不爱其体，族姻②咸谓不愧"孝义好逑"③。

印王氏　印鼎泰妻，年十七适印，祖姑病笃，氏刲股合④药以进，病旋瘳。不逾年，姑又病。氏仍割股以愈。

左彭氏　左宏纶妻，翁⑤德芳病，氏割股合药以进，病旋愈。

陈李氏　副贡陈光熙妻，性贤孝，常刲股以愈夫疾。

罗杜氏　廪生罗大绪妻，常为夫病刲股，族党称之。

谢曾氏　谢长远妻，武生曾元仁女，夫病危笃⑥，氏刲股以进，病旋愈，现年五十八岁。

程陈氏　监生程尚章妻，尚章病危，氏割股和药，病遂瘳。

王刘氏　王思寿妻，性烈而慈，夫病垂危，氏情迫刲股以进，病旋愈。

---

① 此条及下面两条引文见嘉庆《四川通志》卷百七十五《人物志三十三·烈女七》（巴蜀书社1984年12月影印第1版，第5076页）。
② 族姻：家族和姻亲。
③ 好逑：贤淑的女子。
④ 合：同"和"。
⑤ 翁：丈夫的父亲。
⑥ 危笃：谓病势危急。

《增修万县志》卷三十五 士女志

流寓

岑道愿 本江陵人，隋末避乱，溯江而上，至南浦，爱石龛幽静，遂居其下。片衣粒食，悉无所营。时已百余岁。肌肤若冰雪，宴坐二十年，兀然①化去②。郡人慕公，塑像龛间，名所居岩曰"岑公洞"。宋熙宁十年③，南浦大旱，守臣④虔祷得雨。请于朝，赠冲妙大师、虚鉴真人。

李　白 字太白，彰明人。往来夔州，题咏甚多。万邑西山名"太白岩"，相传太白读书于此，有"大醉西岩一局棋"之句。距岩数里有"天仙桥"，亦以"谪仙"曾经得名⑤。后人于岩置祠以祀，明曹学佺有《太白祠记》⑥。

文安之 旧郡志："号铁庵。明天启间翰林，崇祯时任国子监祭酒，永明王授以大学士，督师入蜀，欲连络十六镇，而时局已不可为。国亡，侨寓万县，闭户正襟危坐，焚香读书，不预世事终身焉。"⑦

来知德 旧郡志："字矣鲜，号瞿唐，梁山人。性至孝，中明嘉靖壬子科乡试，两赴春闱不第，遂焚其引，铭曰'愿学孔子'。寄居瞿唐，又居万县南山之求

---

① 兀然：昏然无知的样子。
② 化去：指死亡。
③ 熙宁十年：即1077年。
④ 守臣：镇守一方的地方长官。
⑤ 此指贺知章称李白为"谪仙人"事。材料出自〔唐〕李白《对酒忆贺监二首并序》："太子宾客贺公，于长安紫极官一见余，呼余为'谪仙人'，因解金龟，换酒为乐。"（〔清〕王琦注《李太白全集》，中华书局1977年9月第1版，第1085页）
⑥ 全文本志卷三十六《艺文志上·文》中有收录，可以参看。
⑦ 此处的"旧郡志"指乾隆《夔州府志》，见卷七《侨寓》（中华书局2015年9月点校第1版，第265页）。

溪—作虬溪学《易》，潜心二十九年，不避寒暑。发明先圣及关、闽、濂、洛诸子微旨，著有《易经注》。国朝赵柱史宋直指见而奇之，因与四川总督王象乾、贵州巡抚郭子章交疏荐举，奉旨授添注翰林待诏。知德具疏辞官，以原授职衔致仕。著述甚富，要以《易注》为见道之书。学者称'瞿唐先生'。"

《增修万县志》卷三十六 艺文志上

文

粤^①自文翁化蜀^②,世载其英^③。汉有相如、子云^④,唐有伯玉、青莲^⑤,宋有眉山父子^⑥,明杨升庵^⑦著述之富,古今无对^⑧。万为名区^⑨,前型^⑩未远,文章当

① 粤:助词,无义,古与"聿""越""曰"通用,用于句首或句中。此处用在句首。
② 文翁化蜀:文翁是西汉庐江舒县(今安徽省合肥市庐江县西)人,汉景帝末年出任蜀郡太守。他为政推崇仁教,重视教化,他看到蜀地偏远,民风鄙陋,决心加以诱导。从郡、县内挑选聪明能干的十几位年轻官吏,亲自培养训练,然后保送到京城长安去深造。学成之后,回到郡中加以重用。文翁还在成都兴建官办学校(即文翁石室),为当地培养人材。经过不懈的努力,蜀地民风教化大为改观,在长安太学求学的蜀地学生和文化发达的齐鲁地区的学生人数几乎相同。后以此典称颂地方官吏办学教化、治理有方。
③ 世载其英:每一个时代都记载有英杰之人。
④ 相如、子云:即司马相如(约前179—前118)和扬雄(前53—18)。司马相如:字长卿,巴郡安汉县(今四川省南充市蓬安县)人,一说蜀郡(今四川省成都市)人,汉大赋的代表者,《汉书·艺文志》著录"司马相如赋二十九篇",现存《子虚赋》《大人赋》等6篇。扬雄:字子云,西汉蜀郡成都(今四川省成都市郫都区)人,西汉后期哲学家、文学家、语言学家。
⑤ 伯玉、青莲:即陈子昂(659—700)和李白(701—762)。陈子昂:字伯玉,四川省射洪市人,初唐诗文革新代表人物之一。其诗风骨峥嵘,苍劲有力,寓意深远,其代表作有《感遇》38首、《蓟丘览古》7首等。李白:字太白,号青莲居士,唐代伟大的浪漫主义诗人,被后人誉为"诗仙"。后世将他和杜甫并称"李杜"。他继承了前人诗歌创作的全部成就,完成了盛唐诗歌的全面革新,使他成为屈原之后最伟大的诗人,代表着我国古典诗歌发展的最高峰。
⑥ 眉山父子:即苏洵(1009—1066)、苏轼(1037—1101)、苏辙(1039—1112)三父子。均以文学著称于世,世称"三苏",均被列入"唐宋八大家"。苏辙:字子由,一字同叔,晚号颍滨遗老。以散文著称,著有《栾城集》等行于世。
⑦ 杨升庵:即杨慎(1488—1559),字用修,号升庵,后因流放滇南,故自称博南山人、金马碧鸡老兵,四川新都人,明代三大才子之首。因"大礼议"事,杨慎谪戍云南永昌卫三十余年,终未召还。杨慎投荒多暇,书无不览,记诵之博,著述之富,明世推为第一。
⑧ 无对:无双,无敌。
⑨ 名区:指有名之地。
⑩ 前型:以前的楷模。此指蜀地以前的文学家。

有师承，乃经明季①兵燹②之后，大半散失，旧志所存，落落数篇，今虽极力搜罗，终不可多得。然见骥一毛③，尝鼎一脔④，亦足遐想彪炳⑤，略识旨趣⑥矣。

西山留题　　宋黄庭坚⑦

庭坚蒙恩东归⑧，道出⑨南浦。太守⑩高仲本置酒西山，实与其从事⑪谭处道⑫

---

① 明季：明朝末年。

② 兵燹（xiǎn）：因战乱所造成的焚烧、破坏。

③ 见骥一毛：只看见良马身上的一根毛。比喻只了解事物的局部。

④ 尝鼎一脔（luán）：尝鼎里一片肉，就可知整个鼎里的肉味。鼎：古代炊具，三足两耳；脔：切成块的肉。

⑤ 彪炳：文采焕发。

⑥ 旨趣：此指文学创作的宗旨和意义。

⑦ 原碑无题。《黄庭坚全集》作《南浦西山行记》（刘琳等校点《黄庭坚全集》第三册，四川大学出版社2001年5月第1版，第1496—1497页）、《蜀中广记》卷二十三作《勒封院黄鲁直记》、清乾隆《万县志》作《流杯池黄鲁直碑记手迹》、清道光《夔州府志》作《宋黄庭坚记》、民国《万县志》卷二十二《艺文·金石·宋》作《黄鲁直题名》，可见称名极为混杂。今一般称为《西山碑》。

⑧ 庭坚蒙恩东归：宋哲宗元祐（1086—1094）年间，黄庭坚受命与范祖禹等人同修《神宗实录》。绍圣元年（1094），章惇为相，蔡卞为国史编修官，他们对范祖禹与黄庭坚等人所编纂的《神宗实录》大肆攻击。其党羽上疏说《神宗实录》多为穿凿附会的奸言，诋毁熙宁以来的政事。并从书中摘录了千余条，予以追究。但经院吏考察，这千余条大都有依据，剩下待考的仅有三十二条。黄庭坚仍因此获罪，绍圣二年（1095）春正月被贬为"涪州别驾，黔州安置"。涪州：即今重庆市涪陵区。别驾：乃州府长官的佐吏。黔州：即今重庆市彭水县。安置：指不去涪州赴任，而在黔州安置。哲宗绍圣四年（1097）十二月，又因黄庭坚表兄张向提举夔州路常平，因黔州属夔州路管辖，为"避亲嫌"，他又被移戎州（今四川省宜宾市）安置，在戎州度过了将近三年的谪居生活。元符三年（1100）四月，黄庭坚获赦，五月"蒙恩放还"。十二月，离开戎州，乘舟东归。建中靖国元年（1101）二月，黄庭坚途经南浦。时任夔州路万州南浦郡太守的高仲本在西山备下酒宴，邀请黄庭坚宴饮赏景。本文就是这次胜会的记录。按：原碑"蒙"字与"恩"字之间空一格，以表示对皇恩的敬重。庭坚：《黄庭坚全集》作"某"。

⑨ 道出：途中经过。出：经过，穿过。

⑩ 太守：官名。秦置郡守，汉景帝时改名太守，为一郡最高的行政长官。隋初以州刺史为郡长官。宋以后改郡为府或州，太守已非正式官名，只用作知府、知州的别称。

⑪ 从事：官名。汉以后三公及州郡长官皆自辟僚属，多以从事为称。

⑫ 谭处道：高仲本僚属，从黄庭坚《香山寺行记》（刘琳等校点《黄庭坚全集》第四册，四川大学出版社2001年5月第1版，第2325页）可知其为垫江人。

俱来。西山者，盖郡西，渡大壑①。稍陟山半②，竹柏荟蔚③之门，水泉潴④为大湖，亭榭⑤环之，有僧舍五区，其都名曰勒封院⑥，楼观⑦重复出没烟霏⑧之间，而光影在水。此邦之人，岁修禊事于此⑨。凡夔州一道⑩，东望巫峡，西尽郁鄢⑪，林泉之胜⑫，莫与南浦争长者也⑬。寺僧文照⑭喜事⑮，作东西二堂于茂林修竹之间，仲本

---

① 大壑：此处指苎溪河。

② 稍陟（zhì）山半：谓稍微上到半山。即今高笋塘处。

③ 荟蔚：草木繁盛的样子。

④ 潴（zhū）：蓄积。

⑤ 亭榭：亭阁台榭。

⑥ 勒封院：即青羊宫，昔在高笋塘附近。按，青羊宫20世纪70年代初犹存，70年代末建白岩路时拆毁。

⑦ 楼观：泛指楼殿之类的高大建筑物。

⑧ 烟霏：云烟弥漫。

⑨ 岁修禊（xì）事于此：犹言每年祓除不祥的祭仪在此举行。修禊：古代民俗于农历三月上旬的巳日（三国魏以后始固定为三月初三）到水边嬉戏，以祓除不祥，称为修禊。

⑩ 夔州一道：道乃古代行政区划名。唐初分全国为十道，后增为十五道。宋代则改道为路。开宝六年（973），于山南东、西两道之地置峡西路，夔州属之。太平兴国六年（981），并西川路、峡西路为川陕路。淳化四年（993），恢复道制，奉节属剑南道。至道三年（997），又废道而恢复路。咸平四年（1001），川峡路分为益州路（仁宗嘉祐四年，即1059年，改为成都府路）、梓州路（徽宗重和元年，即1118年，改为潼川府路）、利州路、夔州路。夔州路治奉节县，据《宋史》卷八十九《地理志五·夔州路》其辖地为州十：即夔州（治今重庆市奉节县）、黔州（治今重庆市彭水苗族土家族自治县）、施州（治今湖北省恩施市）、忠州、万州、开州、达州、涪州（治今重庆市涪陵区）、恭州（治今重庆市渝中区）、珍州（治今贵州省正安县）；军三：即云安军（治今重庆市云阳县）、梁山军（今重庆市梁平区）、南平军（今重庆市綦江区）；监一：即大宁监（今重庆市巫溪县）。辖县三十二（中华书局1977年11月第1版，第2226页）。黄庭坚这里是沿用了"道"的习惯旧称。

⑪ 郁鄢（cún mǎ）：四川宜宾的古称。按："郁鄢"二字，文献中多有异文，或作"存鄢""郁鄢"等。〔东汉〕许慎《说文解字·邑部》："郁，鄢，犍为县。从邑，马声。"〔清〕段玉裁《说文解字注·邑部》注云："宋本皆作存，或作郁者，俗又或讹为郁矣。前志犍为郡存鄢，今本存作郁，而师古不为音，知故作存。《华阳国志》《晋书》尚作存。今四川叙州府府西南有郁鄢废县；府西北百六十里有郁鄢滩。"（浙江古籍出版社1998年2月据经韵楼刻本影印，第294页）

⑫ 林泉之胜：山林泉水之美好。胜：形容事物优越、美好。

⑬ 莫与南浦争长（zhǎng）者也：没有能够与南浦争先的。长：居先、居首位者。

⑭ 文照：寺僧之名。

⑮ 喜事：好事，喜欢做事。

以为不奢不陋①，冬燠而夏凉②，宜于游观也。建中靖国元年二月辛酉③，江西黄鲁直题并书。

送田画秀才宁亲万州序　宋欧阳修④

五代⑤之初，天下分为十三四⑥。及建隆⑦之际，或灭或微，其在者犹七国⑧，

---

① 不奢不陋：不大不小，既不奢侈也不简陋。奢：宏大而奢侈。陋：简陋而狭小。
② 冬燠（yù）而夏凉：冬天暖和夏天凉爽。燠：热。
③ 建中靖国元年二月辛酉：即1101年3月31日。建中靖国：乃宋徽宗赵佶的年号，共使用了1年。二月辛酉：二月三十日。
④ 此文可见于李逸安点校《欧阳修全集》卷四十四（中华书局2001年3月第1版，第623—624页）。宋景祐三年（1036），欧阳修因论救范仲淹，斥责高若讷而获罪，被贬峡州夷陵令。在夷陵（今湖北省宜昌市），他与秀才田画虽萍水相逢，却情意真挚。田画欲赴万州省亲，欧阳修写了这篇序送他。文章从宋的统一大业写起，视野开阔，志深笔长，又因田画的祖先为宋之开国功臣，而田画入蜀之道路即当年其祖先平蜀之战场。世异时迁，感触丛生。一篇赠别之作，写得如此慷慨多气，风韵跌宕。除本文外，在欧阳修文集中提到与其交往的还有《代赠田文初》一诗（李逸安点校《欧阳修全集》卷五十二，中华书局2001年3月第1版，第736页）。在《书〈春秋繁露〉后》中亦有提及："《汉书·董仲舒传》载：仲舒所著书百余篇，第云《清明》《竹林》《玉杯》《繁露》之书，盖略举其篇名。今其书才四十篇，又总名《春秋繁露》者，失其真也。予在馆中校勘群书，见有八十余篇，然多错乱重复。又有民间应募献书者，献三（一作二）十余篇。其间数篇在八十外，乃知董生之书，流散而不全矣。方俟校勘，而予得罪。夷陵秀才田文初以此本示余，不暇读。明年春，得假之许州，以舟下南郡，独卧阅此，遂志之。董生儒者，其论深极《春秋》之旨，然惑于改正朔，而云'王者大一元'者，牵于其师之说，不能高其论，以明圣人之道，惜哉，惜哉！景祐四年四月四日书。"
田画：字文初，乃景祐三年（1036）欧阳修被贬为夷陵令时所结识的一位朋友。秀才：汉时开始与孝廉并为举士的科名。唐初曾与明经、进士并设为举士科目，旋停废。后唐、宋间凡应举者皆称秀才。宁亲：省亲。
⑤ 五代：指后梁、后唐、后晋、后汉、后周。
⑥ 天下分为十三四：五代时又有吴、南唐、吴越、前蜀、后蜀、南汉、北汉、闽、楚、荆南（即南平）十个割据政权。十三四乃笼统的说法。〔北宋〕欧阳修《本论上》："前日五代之乱可谓极矣，五十三年之间，易五姓十三君，而亡国被弑者八，长者不过十余岁，甚者三四岁而亡。"（李逸安点校《欧阳修全集》卷六十，中华书局2001年3月第1版，第862页）
⑦ 建隆：北宋太祖赵匡胤开始使用的年号，也是宋朝的第一个年号，从960年至963年共使用了4年。
⑧ 七国：〔北宋〕欧阳修《新五代史》卷六十《职方考》："至于周末，闽已先亡，而在者七国：自江以下二十一州为南唐，自剑以南及山南西道四十六州为蜀，自湖南北十州为楚，自浙东西十三州为吴越，自岭南北四十七州为南汉，自太原以北十州为东汉，而荆、归、峡三州为南平。"（中华书局1974年12月第1版，第714页）

而蜀与江南地最大①。以周世宗②之雄，三至淮上③，不能举李氏④。而蜀亦恃险为阻⑤，秦陇、山南皆被侵夺⑥，而荆人⑦缩手归、峡⑧，不敢西窥以争故地⑨。及太祖⑩受天命，用兵不过万人，举两国如一郡县吏⑪，何其伟欤⑫！当此时，文初之

---

① 蜀与江南地最大：蜀，指后蜀。后唐西川节度使孟知祥据蜀称帝，建号蜀，为别于唐末王建之蜀，故称后蜀（934—965）。江南：指南唐。937年李昪代吴称帝，建都金陵（今江苏省南京市），国号唐，史称南唐。975年为北宋所灭。共历三主，三十九年。这两个割据政权地盘最大。
② 周世宗：即柴荣（921—959），五代时后周皇帝。邢州龙岗（今河北省邢台市）人。本姓柴，郭威收为养子，名郭荣。显德元年（954），继嗣帝位。在位期间，整肃吏治，均定田赋，限制佛教，努力革除五代弊政，加强封建中央集权，致力于国家统一。庙号世宗，又称柴世宗。
③ 三至淮上：周世宗曾前后三次亲到淮上，征伐南唐。淮上：淮河之上。
④ 不能举李氏：不能攻克李氏。举：攻拔，消灭。李氏：指南唐中主李璟（916—961），字伯玉，初名景通，徐州（今属江苏）人。保大元年（943），先主李昪卒，嗣位为南唐皇帝。交泰元年（958），兵败于后周，遂去帝号，称国主，奉后周正朔。在位十九年，庙号元宗，又称中主。
⑤ 蜀亦恃险为阻：后蜀也仗恃险峻地势为障碍。
⑥ 秦陇、山南皆被侵夺：秦陇、山南本南平之地，被后蜀侵夺。秦陇：秦岭和陇山之并称，泛指今陕西、湖北、四川、甘肃接壤的地区。山南：古时泛指太华、终南两山以南之地。
⑦ 荆人：此指南平高季兴（858—929），字贻孙，本名季昌，陕州硖石（今河南省三门峡市东南）人，乃五代十国时南平（或称荆南）建立者。入朱温麾下，以军功拜荆南节度使。朱温死，谋求割据。唐庄宗时，受封南平王。后唐伐蜀，又趁机据归、峡二州。为十国中最弱小者。对周围强国皆奉表称臣，又攘夺过往行商以补财源。
⑧ 归、峡：归州和峡州。即今湖北省秭归县和宜昌市。
⑨ 不敢西窥以争故地：中华书局2001年点校本《欧阳修全集》本文校记（二）："周本、丛刊本校：'一本注云："往时忠、万、夔、施，皆属荆南，五代之际，为蜀所轻。"'"（李逸安点校《欧阳修全集》卷四十四中华书局2001年3月第1版，第624页）周本：即宋庆元二年周必大刻《欧阳文忠公集》。丛刊本：即《四部丛刊》影印元代刻本《欧阳文忠公集》。
⑩ 太祖：指宋太祖赵匡胤（927—976），宋朝建立者。庙号太祖。
⑪ 举两国如一郡县吏：谓宋太祖攻破后蜀、南唐二国，如同撤换州县吏一样轻而易举。按，宋太祖灭后蜀史实，可以参见〔元〕脱脱等《宋史》卷二《太祖本纪二》："（乾德）三年春正月癸酉朔，以出师不御殿。甲戌，王全斌克剑门，斩首万余级，禽（擒）蜀枢密使王昭远、泽州节度赵崇韬。乙亥，诏瘗征蜀战死士卒，被伤者给缯帛。壬午，全斌取利州。乙酉，蜀王孟昶降。得州四十五、县一百九十八、户五十三万四千三十有九。"（中华书局1977年11月第1版，第21页）宋太祖灭南唐史实，可以参见〔元〕脱脱等《宋史》卷四百七十八《南唐李氏世家·李煜》："（乾德）八年春，王师傅城下，煜犹不知。一日登城，见列栅于外，旌旗遍野，始大惧……八年冬，城陷。曹彬等驻兵于宫门，煜率其近臣迎拜于门。彬等上露布，以煜并其宰相汤悦等四十五人上献。太祖御明德楼，以煜尝奉正朔，诏有司宣露布，止令煜等白衣纱帽至楼下待罪。诏并释之，赐冠带、器币、鞍马有差。"（中华书局1977年11月第1版，第13860页）
⑫ 何其：多么，何等，用于感叹句。伟：伟大，卓越。欤：语气词，表示感叹。

祖从诸将西平成都及南攻金陵①，功最多，于时语名将者，称田氏。田氏功书史官②，禄世于家③，至今而不绝。及天下已定，将率无所用其武，士君子争以文儒进④。故文初将家子⑤，反衣白衣⑥，从乡进士举于有司⑦。彼此一时，亦各遭其势而然也。

文初辞业⑧通敏⑨，为人敦洁⑩可喜。岁之仲春⑪，自荆南⑫西拜其亲于万州，维舟⑬夷陵。予与之登高以远望，遂游东山⑭，窥绿萝溪⑮，坐盘石⑯，文初爱之，留数日乃去。夷陵者，其地志云："北有夷山，以为名"⑰；或曰："巴峡之险，至

---

① 文初之祖：即田钦祚。其从诸将西平成都及南攻金陵事，可以参见〔元〕脱脱等《宋史》卷二百七十四《田钦祚传》。
② 书史官：谓被史官书于史册。
③ 禄世于家：谓其家世代享受禄位。
④ 这几句是说，待到天下已定，武将终无地方施展其武功，于是士子们争相从文儒的渠道进身。将率：同"将帅"。士君子：周制，"士"指州长、党正，"君子"指卿、大夫和士。后泛指读书人，即学子、读书人。文儒：指儒者中从事撰述的人。亦泛指文士和儒学。
⑤ 将家子：将门之子。
⑥ 衣白衣：犹穿白衣。前一"衣"字用作动词。白衣，古代平民服，因即指平民，亦指无功名或无官职的士人。
⑦ 乡进士：指乡试中式的人。举：推荐，选用。有司：指礼部试官。
⑧ 辞业：即词业，词章之技艺。
⑨ 通敏：通达聪慧。
⑩ 敦洁：敦厚廉洁。
⑪ 仲春：春季的第二个月，即农历二月，因处春季之中，故称。
⑫ 荆南：唐、五代方镇名。至德二年（757）置，治所在荆州（后升为江陵府，今湖北省荆州市江陵县城）。辖境相当今湖北省荆州市石首、荆州、江陵以西，重庆垫江、丰都以东的长江流域及湖南洞庭湖以西的澧、沅二水下游一带。天祐二年（905），为朱全忠所并。三年（906），朱全忠以高季兴为荆南节度观察留后。后唐同光三年（925），封南平王，称南平国，或荆南国。北宋初废。此处使用旧名。
⑬ 维舟：系船停泊。
⑭ 东山：在夷陵东五里。〔南宋〕陆游《入蜀记》："又至汉景帝庙及东山寺。……东山寺亦见欧阳公诗。距望京门五里，寺外一亭，临小池有山如屏，环之颇佳。亭前冬青及柏，皆百余年物。"（钱仲联等主编《陆游全集校注》第17册，浙江古籍出版社2016年6月第1版，第150页）
⑮ 绿萝溪：〔南宋〕陆游《老学庵笔记》卷七："欧阳公谪夷陵时诗云：'江上孤峰蔽绿萝，县楼终日对嵯峨。'盖夷陵县治下临峡江，名绿萝溪。自此上泝（溯），即上牢、下牢关，皆山水清绝处。"
⑯ 盘石：厚而大的石头。
⑰ 此句犹言夷陵县因夷山而得名。〔北魏〕郦道元《水经注》卷三十四《江水》引应劭曰："夷山在西北，盖因山以名县也。"（陈桥驿《水经注校证》，中华书局2007年7月第1版，第794页）

此地始平夷①"。盖今文初所见，尚未为山川之胜者②。由此而上溯江湍③，入三峡，险怪奇绝，乃可爱也。当王师伐蜀时，兵出两道④，一自凤州⑤以入，一自归州以取忠、万以西。今之所经，皆王师向⑥所用武处，览其山川，可以慨然而赋⑦矣。

岑公洞记　宋知襄州军　岑像求⑧

周文王异母弟耀之子渠，成王封诸岑⑨，古梁国岑亭是也。汉魏而下，隶南阳

---

① 平夷：平坦。
② 这两句言如今田文初所看到的，还不是山川中最美好的。胜：美好。
③ 江湍：江中急流。
④ 兵出两道：谓军队从两路出发。〔元〕脱脱等《宋史》卷一《太祖本纪一》："（乾德二年）十一月甲戌，命忠武军节度使王全斌为西川行营前军兵马都部署，武信军节度崔彦进副之，将步骑三万，出凤州道；江宁军节度使刘光义为西川行营前军兵马副都部署，枢密承旨曹彬副之，将步骑二万，出归州道以伐蜀。"（中华书局1977年11月第1版，第18页）
⑤ 凤州：西魏废帝三年（554）改南岐州置，治所在固道郡梁泉县（今陕西省宝鸡市凤县东北凤州镇）。辖境相当今陕西省凤县及甘肃省徽县、两当二县地。隋大业三年（607），改为河池郡。唐武德元年（618），复名凤州。明洪武七年（1374），降为凤县。
⑥ 向：从前。
⑦ 慨然而赋：感情激动而赋诗。
⑧ 岑公洞：本志卷二十一《地理志·古迹》中有载，可以参看。按：本文原碑名《万州虚鉴真人赞》。〔明〕曹学佺《蜀中广记》卷七十五《名胜记·下川东道·夔州府·万县》："《碑目》云：《万州虚鉴真人赞》，朝请大夫、知襄州军州兼管内劝农事、提举房随郢州兵马巡检公事、柱国、借紫岑象求撰文，阳翟李鹰书丹，南京进士咸邈题额，奉议郎、权知万州军州兼管内劝农事、武骑尉、赐绯借紫盖休景立石于元符元年。"（刘知渐点校《蜀中名胜记》，重庆出版社1984年10月第1版，第341页）岑像求：一作岑象求，字岩起，梓州郪县（今四川省三台）人，一说中江（今四川省中江县）人。著有《吉凶影响录》八卷。
⑨ 这两句言周成王封周文王异母弟姬耀之子姬渠为岑子，其子孙即以岑为氏。〔北宋〕欧阳修、宋祁等《新唐书》卷七十二中《宰相世系表·岑氏》："岑氏出自姬姓。周文王异母弟耀子渠，武王封为岑子，其地梁国北岑亭是也。子孙因以为氏，世居南阳棘阳。"（中华书局1975年2月第1版，第2667页）

棘阳县①，今唐州胡阳②西北四十里，有棘阳城，盖岑世家于此。党锢③祸起，公避地④盐官⑤，更为盐官人，其后去梁居江陵⑥。隋末天下乱，公溯江逃难至南浦，爱龛岩⑦，遂居其下。片衣粒食，悉无所营⑧，晏坐⑨凡二十年，兀然⑩逝去。郡人慕公，塑像龛间，世世奉侍⑪无懈。唐独孤霖、段文昌⑫，皆为文记公之德。熙宁十年⑬夏五月，大旱，靡神不举⑭，久靳膏泽⑮。守臣诸公恳祷，即日大雨如霆⑯，一境沾足⑰。部⑱刺史⑲表⑳其事，天子嘉之，优诏㉑赉敕㉒，赠公虚鉴真人㉓。耆艾㉔

---

① 南阳棘阳县：西汉高帝七年（前200）封杜得臣为棘阳侯，元朔五年（前124）改为县，属南阳郡，治所在今河南省南阳市南。
② 唐州胡阳：秦置胡阳县。汉改"胡"为"湖"，以城南临徽子湖而名。故城址在今河南省南阳市唐河县湖阳镇。汉仍。贞观元年（627）改属唐州。北宋仍。东汉曾为公主邑，光武帝封其姊刘黄为湖阳公主。曾析置谢阳侯国，建武十三年（37）封樊重少子丹为谢阳侯。
③ 党锢：东汉桓帝时宦官专权，士大夫李膺、陈蕃等联合太学生，猛烈抨击宦官集团。宦官诬告他们结为朋党，诽谤朝廷。李膺等二百余人遭捕，后虽释放，但终身不许做官。灵帝时，李膺等复起用，与大将军窦武谋诛宦官。事败，李膺等百余人被杀，并陆续处死、流徙、囚禁六七百人。事见《后汉书·党锢传》。后泛指禁止党人担任官职并限制其活动。
④ 避地：谓迁地以避灾祸。
⑤ 盐官：县名。从后文看，岑公是隋末逃至南浦的，则此盐官当是隋代的盐官县，属余杭郡，治所在今浙江省海宁市盐官镇。
⑥ 江陵：县名。秦置，为南郡治。今属湖北荆州市。
⑦ 龛岩：岩间的石室。
⑧ 营：谋求。
⑨ 晏坐：安坐，闲坐。
⑩ 兀然：平静无知觉的样子。
⑪ 奉侍：伺候。
⑫ 独孤霖：唐代重臣。段文昌：字墨卿，一字景初，曾为宰相。
⑬ 熙宁十年，即1077年。按，熙宁乃北宋神宗赵顼的一个年号，从1068年到1077年共计10年。
⑭ 靡神不举：没有神不祭祀的。语出《诗经·大雅·云汉》："靡神不举，靡爱斯牲。"（《毛诗正义》卷十八，第1194页）举：祭祀。
⑮ 久靳膏泽，谓神长久吝啬雨水，即天不下雨。靳：吝啬。膏泽：指滋润作物的雨水。
⑯ 霆：灌注，降落。
⑰ 沾足：古时写作"霑足"，谓雨水充足。
⑱ 部：宋代分六部（吏、户、礼、兵、刑、工），隶属尚书省。这里泛指上级主管部门。
⑲ 刺史：宋于州置知州，无刺史职任，刺史之名仅为武官升迁之阶。这里泛指地方官员。
⑳ 表：启奏，上表章给皇帝。
㉑ 优诏：褒美嘉奖的诏书。
㉒ 赉敕（bì chì）：褒奖的命令。
㉓ 真人：道家称存养本性或修真得道的人，亦泛称"成仙"之人。
㉔ 耆艾：尊长，师长。亦泛指老年人。

请迁妙庭观①置岩前，俾②黄冠③之徒日笃④香火，公之道遂大昭著。

窃原⑤公去此六百余岁，名迹几泯，一旦神灵显发，称谓⑥与庄、老、文、列⑦等⑧，其故何也？请以宗姓⑨言之。光武⑩起宛叶⑪，征南⑫以材武⑬奋⑭，兵行如神，所向

---

① 妙庭观：清道光《夔州府志》卷三十五《寺观志·万县》载："妙庭观。在县南岑公岩。《名胜志》：'宋宣和中，御书《万州妙庭观岑洞碑》。绍兴二十八年二月朔，右朝请大夫、权发遣万州军主管学事兼管内劝农、借紫臣李莘民述记，冲妙大师、前敕差充万州道正主管教门公事、赐紫臣冉通明立石。'"（中华书局2011年12月点校第1版，第566页）本志卷二十《地理志·寺庙》中亦有载，可以参看。

② 俾（bǐ）：使。

③ 黄冠：道士之冠，亦借指道士。

④ 笃：诚笃，真挚深厚。

⑤ 窃原：私下推究。

⑥ 称谓：称呼，名称。

⑦ 庄老文列：即庄子、老子、文子、列子。庄子：即庄周，战国思想家、哲学家、文学家。宋国蒙（今安徽省亳州市蒙城县，一说今河南省商丘市东北）人，任为漆园（在今涡河北岸）吏，甘愿逍遥物外。学说上继承老聃、杨朱，发展了道家学说。《汉书·艺文志》著录《庄子》五十二篇，现存三十三篇。老子：即老聃，春秋末年思想家，道家创始者。成《道德经》上下篇，即今《老子》。文子：或为尹文子。《〈尹文子〉四库提要》："《庄子·天下篇》以尹文、田骈并称，颜师古注《汉书》谓齐宣王时人。考刘向《说苑》载文与宣王问答，颜盖据此。然《吕氏春秋》又载其与愍王问答事，殆宣王时稷下旧人，至愍王时犹在欤？其书本名家者流。大旨指陈治道，欲自处于虚静，而万事万物则一一综核其实，故其言出入于黄、老、申、韩之间。"（四库全书研究所整理《钦定四库全书总目》（整理本），中华书局1997年1月第1版，第1565页）列子：即列御寇，战国中期思想家，道家人物。一作圄寇、圉寇，郑国人，一说宋国人。约与庄周同时。《庄子》中屡见关于他的传说，并列为篇名。《汉书·艺文志》著录《列子》八篇，已早佚。今本《列子》篇数相同，但思想内容杂有玄谈，可能系晋人伪托。

⑧ 等：等同。

⑨ 宗姓：同姓。本文此下即列举历代岑姓知名人物以论之。

⑩ 光武：指汉光武帝刘秀（6—57），汉高祖九世孙，字文叔，南阳蔡阳（今湖北省枣阳市西南）人。东汉建立者。谥光武帝。

⑪ 宛叶：二古邑的并称。宛：即今河南省南阳市。叶：在今河南省平顶山市叶县南。刘秀为南阳人，于此起事。

⑫ 征南：指征南大将军岑彭。岑彭（？—35），字君然。后归刘秀，随秀定河北。秀称帝，拜廷尉，行大将军事，封武阴侯。后率师入蜀，攻公孙述，直逼成都，及至武阳，为公孙述所遣刺客刺杀。《后汉书》卷十七有传。

⑬ 材武：才能与武艺。

⑭ 奋：奋发，振奋。

无不披靡①，位参四七之列②。梁武③苦于奉佛④，宝昌⑤以术业⑥，敷扬⑦秘典⑧，首载僧史。东晋僧猛⑨以孤节卓行⑩，冠比丘尼⑪。唐太宗⑫经营宏业⑬，中令景仁⑭以清材⑮奥识⑯，为房杜⑰亚匹⑱。或迹辉清简⑲，或名标宝藏⑳，皆事著一时㉑，誉

---

① 所向无不披靡：谓风吹到的地方，草木无不随之倒伏。比喻力量所到之处，什么也阻挡不了。
② 位参四七之列：指位在东汉开国功臣二十八人之列。四七之列：指东汉开国功臣云台二十八将。这二十八将是：太傅高密侯邓禹、中山太守全椒侯马成、大司马广平侯吴汉、河南尹阜成侯王梁、左将军胶东侯贾复、琅琊太守祝阿侯陈俊、建威大将军好畤侯耿弇、骠骑大将军参蘧侯杜茂、执金吾雍奴侯寇恂、积弩将军昆阳侯傅俊、征南大将军舞阳侯岑彭、左曹合肥侯坚镡、征西大将军阳夏侯冯异、上谷太守淮阳侯王霸、建义大将军鬲侯朱祐、信都太守阿陵侯任光、征虏将军颍阳侯祭遵、豫章太守中水侯李忠、骠骑大将军栎阳侯景丹、右将军槐里侯万修、虎牙大将军安平侯盖延、太常灵寿侯邳彤、卫尉安成侯铫期、骁骑将军昌成侯刘植、东郡太守东光侯耿纯、城门校尉朗陵侯臧宫、捕虏将军扬虚侯马武、骠骑将军慎侯刘隆。〔南朝·宋〕范晔《后汉书》卷二十二《朱、景、王、杜、马、刘、傅、坚、马传论》，中华书局1965年5月第1版，第787页）。
③ 梁武：指南朝梁武帝萧衍（464—549），字叔达，小字练儿。南朝梁建立者。
④ 苦于奉佛：梁武帝笃信佛，佛教在梁代达于极盛。〔唐〕李延寿《南史》卷七十《循吏传·郭祖深》："时帝大弘释典，将以易俗。故祖深尤言其事，条以为都下佛寺五百余所，穷极宏丽，僧尼十余万，资产丰沃，所在郡县，不可胜言。"（中华书局1975年6月第1版，第1721页）
⑤ 宝昌：亦作"宝唱"，南朝梁僧人，俗姓岑。
⑥ 术业：技艺，学业。
⑦ 敷扬：传播宣扬。
⑧ 秘典：含义深奥的典籍。
⑨ 僧猛：东晋时尼姑，岑姓，曾将其住宅舍为尼院。〔南宋〕潜说友《咸淳临安志》卷八十五："南禅福严尼院，在县东南。建元四年，尼僧猛舍宅为寺，旧名齐明；乾祐中改为护国报恩禅院，大中祥符元年改今额。"
⑩ 孤节卓行：孤傲的节操、高尚的品行。
⑪ 比丘尼：佛教语。梵语的译音，佛教出家"五众"之一。指已受具足戒的女性，俗称尼姑。按，五众，即比丘、比丘尼、式叉摩那、沙弥、沙弥尼。
⑫ 唐太宗：即李世民（599—649），在位期间，推行均田制、租庸调法和府兵制，注意对地方官的精选和考核，去奢轻赋，宽刑整武，使海内升平，威及域外，史称"贞观之治"。
⑬ 宏业：大业，古时多指帝王之业。
⑭ 中令：中书令的省称。景仁：指岑文本（595—645），景仁乃其字，唐朝大臣，南阳棘阳（今河南省南阳市新野县）人。贞观初任中书侍郎，助修《周书》，后官中书令。贞观十九年（645），从太宗征高丽，因劳悴过度而死。《旧唐书》卷七十有传。
⑮ 清材：犹高才。
⑯ 奥识：深邃的学识。
⑰ 房杜：唐名相房玄龄、杜如晦的并称。
⑱ 亚匹：同一流人物。
⑲ 迹辉：事迹光辉。清简：清廉俭约。
⑳ 名标宝藏（zàng）：名字著于佛、道经典。藏：佛教经典的总称，后也称道教经典。
㉑ 著一时：著称于一时。

高当世。岑公趋向①,惟清虚静默②,未尝有一言垂后③,寂灭已久,而隐德④升闻⑤,膺⑥此褒录⑦,声⑧实暴白⑨,与岭云江月辉映三峡,品目⑩自高远,殆非偶然。盖征南以功、昌以学、猛以行、中令以才,而公以道⑪,修蕴含蓄⑫,深浅不同,故其报⑬有崇卑⑭、久近之异,无足怪也。郡守⑮盖君体璟⑯,谓忝预末派⑰,使来求文,故为述其由来,而系以赞⑱云:

虚造⑲冲漠⑳兮,鉴彻㉑幽隐,秉德㉒既然㉓兮,锡号㉔惟允㉕。静无所营㉖兮,动无所蕴㉗。稽神灵之显发兮,庸讵非道力之强暋㉘?公居此岩二十年兮,万人奉公

---

① 趋向:归向,崇尚。
② 清虚静默:清净虚无,宁静沉默。
③ 垂后:留传后世。
④ 隐德:施德于人而不为人所知的德行谓之"隐德"。
⑤ 升闻:即上闻,向朝廷呈报。
⑥ 膺:接受。
⑦ 褒录:犹褒述,指记述其功德予以表彰。此指前云"天子嘉之,优诏贲敕,赠公虚鉴真人"之事。
⑧ 声:名声。
⑨ 暴(pù)白:显扬。
⑩ 品目:人品的品评。
⑪ 这几句乃综论前述五人。征南大将军岑彭以功勋,宝唱以学,僧猛以行为,中书令岑文本以文才,而岑公以道而名世。以:介词,表示动作行为的凭借或前提。
⑫ 修蕴含蓄:修养蕴函容纳深藏,指人的内在品性。
⑬ 报:祭祀。
⑭ 崇卑:高下。
⑮ 郡守:郡的长官,主一郡之政事。这里指宋时夔州路万州南浦郡郡守。
⑯ 盖君体璟:即盖体璟。〔明〕曹学佺《蜀中广记》卷七十五《名胜记·下川东道·夔州府·万县》作"盖休景"(刘知渐点校《蜀中名胜记》,重庆出版社1984年10月第1版,第341页)。
⑰ 此句说南浦郡郡守盖体璟因我愧列岑氏末派。忝预:犹忝列。末派:指岑氏末代支派。
⑱ 赞:文体名。用于赞颂人物等,多为韵语。
⑲ 虚造:道教语,指无欲无为的精神境界。
⑳ 冲漠:淡泊宁静。
㉑ 鉴彻:犹洞照,明察。
㉒ 秉德:保持美德。
㉓ 既然:本来如此。
㉔ 锡号:锡,通"赐",赐予封号。
㉕ 惟:连词,表示顺承关系。允:恰当,使人信服。
㉖ 营:谋求。
㉗ 蕴:蓄藏。
㉘ 此二句言考查神灵的彰显阐发,岂是非道力勉强的结果?稽:查考。庸讵:岂,何以。道力:因修道而得之功力。强暋(mǐn):勉力。

也甚庄。公去此岩二十世兮，万人想公兮未央①。孤云投壑兮，谓公之袂②。段霞③垂岫兮，思公之裳④。公乎曷归⑤兮，俨⑥遗像于岩房。望崆峒⑦之辽邈⑧兮，谩传⑨广成⑩之修炼。顾石室之依然兮，深怅赤松⑪之弗见。念余派⑫涓涓其不泯兮，奚望⑬于孤羡⑭。惟真迹之绵绵兮，无预⑮海田之变⑯。

元符元年六月三日⑰，朝请大夫⑱、知襄州军⑲兼管内劝农事⑳、兼提举房随郢

---

① 未央：未尽，无已。
② 袂：衣袖。
③ 段霞：一段霞光。
④ 裳：古代称下身穿的衣裙，男女皆服。
⑤ 曷归：何时归来。
⑥ 俨：恭敬庄重，庄严。
⑦ 崆峒：山名，在今甘肃省平凉市西。相传是黄帝问道于广成子之所。也称空同、空桐。
⑧ 辽邈：犹辽远，即遥远。
⑨ 谩传：徒然地传扬。谩：通"漫"。
⑩ 广成：即广成子，传说中的仙人；或云即老子。〔唐〕陆德明《经典释文》卷一："或云：老子在黄帝时为广成子。"
⑪ 赤松：即赤松子，传说中的仙人。〔西汉〕司马迁《史记》卷五十五《留侯世家》："愿弃人间事，欲从赤松子游耳。"〔唐〕司马贞《索隐》："赤松子，神农时雨师也。能入火自烧，昆仑山上随风雨上下也。"（郭逸、郭曼标点《史记》，上海古籍出版社1997年8月第1版，第1594页）
⑫ 余派：留存下来的支派。
⑬ 奚望：何望。奚：疑问词，犹何。乾隆《万县志》前有"振起"二字。
⑭ 孤羡：乾隆《万县志》作"孤美"。
⑮ 无预：犹无与，无关连。
⑯ 海田之变：即沧海桑田之变。大海变成农田，农田变成大海。语本〔东晋〕葛洪《神仙传》卷三《王远》："麻姑自说云：'接侍以来，已见东海三为桑田。'"（胡守为《神仙传校释》，中华书局2010年9月第1版，第94页）后以"沧海桑田"比喻世事变化巨大。
⑰ 元符元年六月三日：即1098年7月4日。
⑱ 朝请大夫：官名。为文散官。宋代亦设朝请大夫，为从五品。
⑲ 知襄州军：乾隆《万县志》作"知襄州军州"。知军州：宋制，以京朝官带职者出任地方军一级的行政工作称"知军事"，简称"知军"。其职掌略同于知州，故亦称"知军州事"。襄州：西魏恭帝元年（554），改雍州置，治所在襄阳县（今湖北省襄阳市汉水南襄阳城）。北宋宣和元年（1119），升为襄阳府。
⑳ 管内：谓所管辖的区域之内。劝农事：劝勉农桑之事的官职。宋代知州军、通判所兼任。

州兵马巡检公事①、柱国②借紫③岑像求撰。

按：王渔洋《岑公洞》④诗自注："元符间，岑岩起像求《虚鉴真人赞》一碑，李庸方叔所书。"则像求其名，岩起其字。旧志作"岑像公求"⑤，以"像"为名，"公求"为字，误。

万州西亭记　宋南浦令　刘公仪⑥

亭据郡西，地藏灵盛，以是⑦名章章⑧焉⑨，闻于峡中。嘉祐八年⑩冬月，上命驾部⑪员外郎⑫东平⑬束公⑭守南浦郡⑮。郡濒江⑯蹲山，土瘠而民啬⑰，居室多草

---

① 提举兵马巡检公事：谓掌管地方军事及训练甲兵，巡逻州邑等事务的官员。提举：原意为管理、管领，多为主管某项专门事务的职官。宋始置，其官署称司。房随郢州：即房州、随州、郢州。房州：隋开皇十八年（598），改罗州置，治竹山县（今湖北省十堰市竹山县）。贞观十年（636），徙治房陵县（今湖北省十堰市房县）。随州：一作隋州。西魏废帝三年（554），改并州置，治所在随县（今湖北省随州市）。隋大业三年（607），改为汉东郡。唐武德三年（620），复改为随州。天宝元年（742），改为汉东郡。乾元元年（758），改为随州。辖境相当今湖北省随州、枣阳二市境。郢州：西魏大统十七年（551）置，治所在长寿县（今湖北省钟祥市）。隋大业初改为竟陵郡。唐初复为郢州。贞观元年（627）废。贞观十七年（643）复置，移知京山县（今湖北省京山市）。天宝初改为富水郡。乾元初复为郢州，治所在长寿县（今湖北省钟祥市）。辖境约当今湖北钟祥、京山二市县地。
② 柱国：散官、勋官。隋上柱国、柱国，为武散官，以酬勋劳，实不理事。唐置上柱国，为武官勋级中最高者，柱国次之。宋、金、元沿置。
③ 借紫：唐、宋制度，官秩三品以上服紫，若品阶不及三品而服紫，称为"借紫"。
④ 此诗本志卷三十六《艺文志下·诗》中有收录。
⑤ 旧志作"岑像公求"：此指乾隆《万县志》载此文时署名情况。
⑥ 西亭：本志卷二十一《地理志·古迹》中有简介，可以参看。刘公仪：北宋治平三年（1066）为南浦令。
⑦ 以是：因此。
⑧ 章章：显著的样子。
⑨ 焉：语气词，表示停顿。
⑩ 嘉祐八年：即1063年。按，"嘉祐"乃宋仁宗的第九个和最后一个年号，从1056年至1063年共使用了8年。
⑪ 驾部：官职名，掌舆辇、传乘、邮驿、厩牧之事。宋代兵部下辖职方、驾部、库部，隶属尚书省右司。
⑫ 员外郎：官名。员外，本指正员以外的郎官。晋武帝始设员外散骑常侍，员外散骑侍郎，简称员外郎。隋开皇时，尚书省二十四司各设员外郎一人，为各司的次官。唐以后，直至明、清，各部都有员外郎，位在郎中之次。
⑬ 东平：今山东省泰安市东平县。唐贞元四年（788），改宿城县置，属郓州，治所在今山东省泰安市东平县西北。
⑭ 束公：即束庄。本志卷二十二《职官志·历任》中有其简介，可以参看。
⑮ 南浦郡：唐天宝元年（742）改万州置，乾元元年（758）复改为万州。宋时为夔州路万州南浦郡。
⑯ 濒江：临江。
⑰ 土瘠而民啬（sè）：土地瘠薄，因而人民节俭。瘠：不肥沃。啬：节省，节俭。

茨①，井间②之间，栉比③皆是。公下车④，席未遑煖⑤，火灾屡作。公患之⑥，乃⑦籍⑧郡之羡缗⑨，市材具⑩，构⑪广厦于西肆⑫，屋通衢而瓦之⑬，亡虑⑭二十有二楹⑮。筑水防⑯，表⑰火道⑱，其害始息，居民便之，商贾贸易，亡⑲曝湿之苦⑳。

未数月，事举政平，时和讼简㉑。公命僚属燕㉒于所谓西亭者，周览㉓而骇㉔，曰："此三峡之绝致㉕也。形胜㉖之美，出于自然，非人力所能为。一面层崖，列屏障也，数亩芳池，蕊莲芡㉗也。水湿之幽雅，鱼鸟之游吟，天其以此开予，非予承之而谁也？"

---

① 草茨：用茅草、芦苇等盖屋。
② 井间：市井，里巷。
③ 栉（zhì）比：像梳篦齿那样密密地排列。
④ 下车：指官吏赴任。
⑤ 席未遑煖：谓席子未及坐暖，形容时间短暂。煖：同"暖"。
⑥ 患之：忧虑、担心此事。之：代词，这，这个。此指火灾。
⑦ 乃：连词，表承接，于是。
⑧ 籍：通"藉"，借助。
⑨ 羡缗：剩余的钱财。羡：剩余。缗：本为串钱的绳子，指代钱。
⑩ 市材具：购买材料和工具。市：购买。
⑪ 构：架木造屋。
⑫ 西肆：西面的市集。肆：市集。
⑬ 屋通衢（qú）而瓦之：谓大路旁的房屋都盖上瓦。通衢：四通八达的道路。
⑭ 亡虑：大略，大约。
⑮ 楹：量词，房屋计量单位。屋一列或一间为一楹。
⑯ 水防：犹水堤，防水的设施。
⑰ 表：标明。
⑱ 火道：起火时焚烧的方向。
⑲ 亡：无，没有。
⑳ 曝湿之苦：谓晒太阳和淋雨的苦恼。
㉑ 讼简：诉讼稀少。
㉒ 燕：通"宴"，聚饮。
㉓ 周览：遍览，细看。
㉔ 骇：惊讶，震撼。此句是说束公为西亭周围美艳惊人的风光所震撼。
㉕ 绝致：极好的景致。
㉖ 形胜：谓山川壮美。
㉗ 蕊莲芡（qiàn）：池塘里有正在开花吐蕊的莲芡。莲：即荷。芡：水生植物名，又名鸡头。

池之西北,旧有浮屠之宫①四,至和元年②,鲁公③虞曹④剖符⑤此地,始建三亭焉,曰"高亭",曰"鉴亭",曰"集胜亭"。"集胜"之前列射堋⑥、植花木焉,历数政不葺⑦。公乃度池之南岸创亭,曰"碧照",取池水之荡漾也;步亭之东,构土地祠,所以安神灵也;直祠之北建亭,曰"绿阴",取柳阴之翳茂⑧也;循亭而西,有石方丈如席,公命凿之,引泉环注其间,为流杯之所,命亭曰"玉泉";亭之南有石突起,公命方之,以为棋局,结茅为小亭而覆之。由是池之周回皆有亭榭。大抵公所兴创多也,如是之佛宫西津之大仙祠,重修公府前之兰皋亭旧名济川亭,蜀人张俞贤良作记。率务约而完固,不为夸丽⑨,弗耗于官,弗劳于民。每良辰佳节,与宾僚席于是,极游观之乐⑩。公曰:"是景⑪也,非独以适己而娱宾,抑将以遗⑫后来之好事者⑬。"公以治平三年⑭春受代⑮还台⑯,临行命驾于此⑰,怜是佳山水之胜,故谓公仪曰:"尔为我志其事。"谨按公之政所宜书者二:兴利除害,仁也;起废修圮⑱,智也。公之心乎仁且智,其几于道者耶⑲?时二月初吉⑳,南浦令刘公仪记,南浦尉㉑兼主簿㉒孙鉴立石。

---

① 浮屠之宫:即佛教寺庙。浮图:佛教语。梵语 Buddha 的音译,即佛陀,佛。
② 至和元年:即1054年。按,至和乃宋仁宗赵祯的一个年号,从1054年至1056年共使用了3年。
③ 鲁公:指宋南浦太守鲁有开。
④ 虞曹:官职名,掌山泽、苑囿、草木、薪炭、供顿等事。宋代工部下辖屯田、虞部、水部,隶属尚书省右司。
⑤ 剖符:犹剖竹。古代帝王分封诸侯、功臣时,以竹符为信证,剖分为二,君臣各执其一,后因以"剖符""剖竹"为分封、授官之称。
⑥ 此句言在集胜亭之前排列着箭靶,作为练习射箭的场所。射堋(péng):亦作"射棚",箭靶。
⑦ 历数政不葺(qì):历经数届政府而不修葺。
⑧ 翳(yì)茂:形容树木浓密成荫。
⑨ 夸丽:华丽。
⑩ 游观之乐:游览观光的乐趣。
⑪ 是景:这风景。是:代词,此,这。
⑫ 遗(wèi):给予。
⑬ 好事者:谓喜欢某种事业的人。此处指喜好游览山水的人
⑭ 治平三年,即1066年。按,治平乃北宋宋英宗赵曙的年号,从1064年至1067年共使用了4年。
⑮ 受代:旧时谓官吏任满由新官代替为受代。
⑯ 还台:回到中央政府的官署。
⑰ 命驾于此:在这里出发。命驾:命人驾车马,谓立即动身。
⑱ 起废修圮(pǐ):重新建树、恢复已被废置或毁坏了的事物。
⑲ 这两句言束公之心仁且智,岂不是近于宇宙的本原"道"了吗?
⑳ 初吉:即朔日,即阴历初一日。
㉑ 南浦尉:南浦县尉。县尉:官名。秦汉县令、县长下置尉,掌一县治安。历代因之。
㉒ 主簿:为汉代以来通用的官名,主管文书簿籍及印鉴。魏、晋以前主簿官职广泛存在于各级官署中。隋、唐以后,主簿是部分官署与地方政府的事务官,重要性减少。

万州天生城石壁记 元安抚使 王师能[①]

元朝造我区夏[②]，丕冒海隅出日[③]，宪述[④]唐制[⑤]，分道以理天下[⑥]。昔先皇帝[⑦]躬履蜀道[⑧]，利、夔[⑨]以东，畀[⑩]之先侍郎肃翼郡公[⑪]，地未悉平，将星

---

① 此记原碑刻在天生城前、中门间石壁上，行楷，24 行，行 38 字，字径 3.3 厘米。刻额小篆 10 字，横列，列 5 字，且以"宣相杨公攻取万州之记"为题。嘉庆《四川通志》卷二十八《舆地·夔州府》载录此文作《天城石壁记》、道光《夔州府志》卷三十六《艺文志》作《万州天城石壁记》。王师能：岷州（今甘肃省岷县）人，为元军骠骑卫上将军兼宣抚使的杨文安麾下骁将。至元十二年（1275），王师能为元帅，持檄往达州招抚，降之。七月，元军进围万州。王师能时任帅府管军总管，曾亲与万州天生城之战，至元十三年（1276），元军攻克天生城后任万州安抚使。这篇记文乃王师能记述和讴歌杨文安功德的碑文。

② 造我区夏：语出《尚书·康诰》："用肇造我区夏。"〔西汉〕孔安国传："始为政于我区域诸夏。"（《尚书正义》卷十四，第 359—360 页）区夏：诸夏之地，指华夏、中国。

③ 丕冒海隅出日：语出《尚书·君奭》："我咸成文王功于不怠，丕冒海隅出日，罔不率俾。"〔西汉〕孔安国传："今我周家皆成文王功于不懈怠，则德教大覆冒海隅日所出之地，无不循化而使之。"（《尚书正义》卷十六，第 449 页）丕冒：犹言广被，即遍及。海隅：海角，海边。出日：日出之处。

④ 宪述：效法遵循。

⑤ 唐制：唐朝的制度。

⑥ 分道以理天下：道：古代行政区划名。唐初分全国为十道，后增为十五道。元朝亦仿效唐制，分道治理。

⑦ 昔先皇帝：指蒙哥（1209—1259），蒙古大汗。成吉思汗孙，拖雷长子。元朝建立后谥为桓肃皇帝，庙号宪宗。

⑧ 躬履蜀道：宝祐四年（1256），蒙哥大汗举行诸王百官会议，商定大举灭宋之计，并决定亲自出征。宝祐五年（1257）四月，蒙哥自六盘山领兵四万，号称十万，分路入蜀。蒙哥由大散关进入汉中后，九月沿金牛道向利州进发。十月，蒙哥在利州任命汪德臣为前锋攻占苦竹隘，拔长宁山寨（今四川省广元市剑阁县东南、苍溪县西北）。十一月，蒙哥率军进攻阆州，宋守将杨大渊降。十二月，进抵蓬州运山城，宋守将张大悦降。蒙哥接连招降青居城（今四川省南充市南）宋裨将刘渊、大良城（今四川省广安市东北）宋守将蒲元圭。蒙古军挥师东下，被阻于合州钓鱼城。开庆元年（1259）二月至五月，蒙哥亲自督师攻城，均被宋守将王坚击退。六月，蒙古军先锋汪德臣攻城，被宋军击伤死去，接着蒙哥也受伤，后死于军中。蒙哥大汗取蜀以失败告终。

⑨ 利、夔：即利州、夔州。利州：西魏废帝三年（554）改西益州置，治所在兴安县（隋改绵谷县，即今四川省广元市）。夔州：唐武德二年（619），以避皇外祖独孤信讳改信州置。元至元十五年（1278），改为夔州路。明洪武四年（1371），改为夔州府。1913 年废。

⑩ 畀（bì）：委派。

⑪ 先侍郎肃翼郡公：即杨大渊，天水人。至元八年（1271）追封为阆中郡公，谥肃翼。杨大渊本南宋阆州大获城守将，投降蒙古后被任命为侍郎、都行省。中统三年（1262），杨大渊出兵开、达一带，并遣其侄杨文安进攻巴、渠二州，先扫万州外围。本年冬，杨大渊授东川都元帅，负责攻取川东。然而，至元二年（1265）杨大渊病故，川东军事，悉委杨文安。按："肃翼郡公"，道光《夔州府志》卷三十六《艺文志》作"萧翼郡公"。经与原碑刻照片核对，应为"肃翼郡公"，"萧"字误。

示变①。今圣天子②遂命我宣抚司、招讨都元帅、金吾上将军③杨公继之。受任以来，尽瘁国事④，誓挈⑤舆图以报君王。乙亥元正⑥，不两旬而取开、达⑦，越月而下洋川⑧，附庸列寨，传檄⑨而定。独夔以上，恃衣带水⑩，未归职方⑪。万在江北，城号天生⑫。昔昭烈上经蜀汉，下窥三峡，于此乎插剑，盖荆、蜀之要会⑬也。公曰："得万，则忠、夔可次第⑭而下。"是岁，乃亲董⑮六师⑯，不惮蕴隆⑰。秋，军于城下者五旬，遣檄谕旨⑱，靡不曰善⑲。郡将上官夔⑳，怙险蕴奸㉑，侮慢自贤㉒。公曰："且

① 将星示变：指杨大渊病死。将星：古人认为帝王将相与天上星宿相应，将星即象征大将的星宿。
② 今圣天子：指元世祖忽必烈（1215—1294），元朝建立者，成吉思汗孙，拖雷正妻第二子。1260—1294年在位。庙号世祖。
③ 宣抚司：元于西南地区设宣抚司，处理地方军政大事。招讨都元帅：讨伐部队的主帅。金吾上将军：即金吾卫上将军，元代武散官三十四阶之第二阶，正二品。
④ 尽瘁国事：尽心尽力于国家大事。
⑤ 挈（qiè）：用手提着。
⑥ 乙亥：此指1275年，即元世祖至元十二年。元正：正月元日。
⑦ 不两旬而取开、达：至元十一年（1274）十一月，南宋鲜汝忠、赵章易镇守开、达二州，而汝忠家属尚留在开州。达州难以攻破，杨文安提出先攻下开州，俘获汝忠家属以招降之的策略。派遣蔡邦光、呼延顺等攻陷开州，杨文安派元帅王师能持檄文前往达州招降，鲜汝忠投降。
⑧ 时洋州龙爪城守将谢益固守，杨文安命鲜汝忠前往招降。后降者甚多。洋川：指洋川郡。唐天宝元年（742）改洋州置，治所在西乡县（今陕西省汉中市西乡县），辖境相当今陕西省汉中市洋县、西乡、镇巴、佛坪等县地。乾元元年（758），复为洋州。
⑨ 传檄：传布檄文。
⑩ 恃：依赖，凭借。衣带水：像一条衣带那么宽的河流，形容水面狭窄。
⑪ 未归职方：未入版图。职方：周代官名，掌天下地图与四方职贡。
⑫ 天生：即天生城，在今万州区境内，为一座天生的石城，即《华阳国志》所云"小石城"［见刘琳《华阳国志校注》（修订版），成都时代出版社2007年6月第1版，第35页］。相传汉昭烈帝刘备曾屯兵于此，亦名"天子城"。
⑬ 要会：都市要道。
⑭ 次第：依次。
⑮ 亲董：亲自统率。
⑯ 六师：犹六军。天子所统领的军队。后为国家军队的统称。
⑰ 不惮：不畏惧。蕴隆：暑气郁结而隆盛。
⑱ 遣檄谕旨：传递檄文，晓谕旨意。
⑲ 靡不曰善：与原碑刻照片核对，应为"靡不曲尽"，即无不委婉而详尽。
⑳ 上官夔：万州守将。本志卷二十四《职官志·政绩》中有载，可以参看。
㉑ 怙（hù）险蕴奸，谓凭恃着险要的地势而蕴藏奸心。怙：依赖，凭恃。
㉒ 侮慢自贤：对人轻忽，态度傲慢，自认为贤明。

置此子于度外,吾将有事于夔。"遂拔牛岭①一二寨而行。

越明年,夏,戎车②再驾,远次③于郊,不芟农工④,不俘人民,亦曰:"取之以力,不若服之以德也。"上官夔⑤自谓如此绝险,除是飞来!虽遭纳降之款⑥,然阳从阴违,姑延旬日,欲老我师⑦。于是我公愤然建大将旗鼓,对垒于笔架峰⑧前,严厉诸将,分任地面,三绕环攻。八月辛未,一鼓而拔其外城,军民大窘⑨,王师薄垒而营⑩,城内直可扪上⑪蹴倒⑫。我公不忍生灵涂炭,一再遣檄原宥⑬,冀⑭其保活,上官夔终迷不悟。

是月甲申⑮,公是以益命⑯侄开达安抚使⑰监军⑱杨应之贾勇⑲将士,用夜半自

---

① 牛岭:经与原碑刻照片参比校考,应为"牛顶"。〔明〕宋濂等《元史》卷一百六十一《杨文安传》作"牛头城"(中华书局1976年11月第1版,第3782页)。按:"牛头城"未见诸方志。民国《万县志》卷一《舆地·阨塞》有"牛斗寨",注云:"石壁峭立,容百余家。"其地属第三区。"头""斗"叠韵,或即此寨之音讹,姑且存疑。

② 戎车:兵车。

③ 次:谓军队驻扎。

④ 不芟(shān)农工:不伤害农工。芟:除草,引申为斩杀。

⑤ 上官夔:原碑刻"夔"字前无"上官"二字。

⑥ 纳降之款:接受投降的条款。纳降:接受投降。

⑦ 欲老我师:想要拖延时日,使将士疲惫。老:历时长久。

⑧ 笔架峰:或即为笔架山。民国《万县志》卷一《舆地·阨塞》:"笔架山寨,与佛屏对峙,古有土城,近为石垣,高四丈余。"

⑨ 大窘:大为困迫。

⑩ 薄垒而营:迫近对方的阵地而建军营。薄:逼近,靠近。

⑪ 扪上:攀挽而上。

⑫ 蹴倒:踢或踩倒。

⑬ 原宥(yòu):原谅宽恕。

⑭ 冀:希望。

⑮ 是月甲申:即至元十三年八月二十二日(1276年10月1日)。

⑯ 益命:进一步命令。

⑰ 开达安抚使:开州、达州的安抚使。安抚使:官名。隋代曾设安抚大使,由行军主帅兼任。唐代前期派大臣巡视抚恤经过战争的地区或灾区,称安抚使。宋代为掌管一方军民两政之官,称安抚使,或称经略安抚使。常由知州、知府兼任。以二品以上大臣充任时称安抚大使。辽、金、元称安抚使或安抚司,设在西南边远地区。

⑱ 监军:监督军队的官员。

⑲ 贾(gǔ)勇:语本《左传·成公二年》:"齐高固入晋师,桀石以投人,禽之而乘其车,系桑本焉。以徇齐垒,曰:'欲勇者,贾余余勇。'"〔西晋〕杜预注:"贾,卖也。言己勇有余,欲卖之。"(《春秋左传正义》卷二十五,第693页)后以"贾勇"为鼓足勇气的意思。

城南鱼贯而上，王旅①如飞，一刻②即平。上官夔尚施困斗，自干阵戮③，其余生灵，一无血刃。是役④也，师能亦预披坚⑤之列。

翼日⑥，公乃按辔徐行⑦，登城抚定⑧，建州牧⑨，制县令，崇学校⑩，完城郭⑪，民乃即巴国之故居⑫，沐元朝之新化。曰："而今而后，吾第为太平民矣。"相与歌曰："始时吾民，迫于势驱⑬，昼守夜防，靡有宁居⑭。我公既来，慰我无辜，劳来还定⑮，安堵自如⑯。始时吾民，困于征役，无小无大，朝不谋夕⑰。既见我公，念其艰食⑱，解衣以赐，挽粟以给⑲。万之卒徒⑳，解甲㉑欢呼，万之官士，见仪咸

---

① 王旅：天子的军队。
② 刻：经与原碑刻照片参比校考，应为"到"，"刻"字误。
③ 自干阵戮：指亲自投入战阵进行杀戮。干：干预，参与。戮：杀戮。
④ 是役：这次战役。是：代词，此，这。
⑤ 披坚：犹言亲自穿上甲胄加入战斗行列。
⑥ 翼日：原碑刻作"翌日"，第二日。
⑦ 按辔（pèi）徐行：谓扣紧马缰绳使马缓行或停止。辔：缰绳。
⑧ 登城：登上天生城。抚定：安抚平定。
⑨ 建州牧：任命一州之长。州牧：官名。古代指一州之长。汉成帝时改刺史为州牧。后废置不常。东汉灵帝时，再设州牧，掌一州军政大权。魏晋后废。后世借用为对州最高长官的尊称。
⑩ 崇学校：尊崇学校。
⑪ 完城郭：修缮城郭。城：内城墙。郭：外城墙。
⑫ 此句言将居民遣返回原来的故居。即：原碑刻作"集"，应是。巴国：古国名。其族主要分布在今重庆、鄂西一带。巴族起源于巴巫山地。其主要的一支后迁武落钟离山（今湖北省宜昌市长阳县西北），以廪君为首领，称廪君蛮；因以白虎为图腾，又称白虎夷或虎蛮。后沿清江而上，君乎夷城（今湖北省恩施市），又沿乌江而下，在枳（今重庆市涪陵区）建都，后在江州（今重庆市渝中区）建立巴国。周初封为子国，称巴子国。春秋时与楚、邓等国交往频繁。对鄂西、川东的开发有过重大贡献。周慎靓王五年（前316）并于秦，以其地为巴郡。其族人一支迁至今鄂东，东汉时称"江夏蛮"，西晋、南北朝时称"五水蛮"。另一支迁至今湘西，构成武陵蛮或五溪蛮的一部分。留在四川境内嘉陵江流域的部分称"板楯蛮"。南北朝时更大量迁移，大都先后与汉族同化。一说与今湘西、渝东南土家族有渊源关系。万州为古代巴国故地。
⑬ 势驱：为情势所驱使。
⑭ 靡有：无有。宁居：安居。
⑮ 劳来还定：劳苦忧烦之后归于安定。还：恢复，还复。
⑯ 安堵：犹安居。堵：本指墙，谓居处。自如：自由，不受拘束。
⑰ 朝不谋夕：早晨不知晚上会变成什么样子或发生什么情况。形容形势危急，难以预料。
⑱ 艰食：粮食匮乏。
⑲ 挽粟：运送粮食。以给：用来供给。
⑳ 万之卒徒：此句及下句"万之官士"中的"万"字均指万州。卒徒：兵士。
㉑ 解甲：脱去衣甲。指停止战争或结束军队生活。

喜^①"。吁嗟！斯城巉岩倚空，王旅如飞，伊谁^②之功？问之诸将，归之我公。公曰："此州特予小试^③，夔峡悉平，端自今始。"师能庸谬不才^④，误膺隆委^⑤，滥领州麾^⑥，目击盛美，讵能^⑦默然？姑录其实，以俟太常之大纪^⑧。至元十三年^⑨，岁次丙子良月日^⑩，宣武将军^⑪本帅府管军总管^⑫、万州安抚使古珉^⑬王师能拜手^⑭勒石^⑮。

万县新修泮池铭并序　明督学使郭棐^⑯

学有泮池^⑰，古制也。《大雅》美周王曰："于乐辟雝。"^⑱鲁人颂僖公曰："在

---

① 此句言万州的军民看见杨文安都很欢喜。仪：容止仪表。咸喜：都欣喜。
② 伊谁：谁，何人。
③ 此句言万州天生城之役是特别给予我的小小试验。
④ 庸谬不才：才识低下，行事荒谬。
⑤ 误膺隆委：错误地担当显要的职务。
⑥ 滥领州麾：才不胜任统率、管领一州军政大权。此亦谦词。
⑦ 讵能：经与原碑刻照片参比校考，当为"遽敢"，犹岂敢。
⑧ 这两句言我姑且录下其实况，等待日后太常寺卿再作正式的记载。俟（sì）：等待。太常：官名。秦置奉常，汉景帝中元六年（前144）更名为太常，掌宗庙礼仪，兼掌选试博士。历代因之，则为专掌祭祀礼乐之官。隋至清皆称太常寺卿。大纪：谓隆重而正式的记载。
⑨ 至元十三年：即1276年。原碑刻作"至元拾叁年"。
⑩ 岁次丙子：按干支纪年法次序为丙子。良月日：吉月日。
⑪ 宣武将军：元代武散官三十四阶中第十八阶，从四品。
⑫ 本帅府管军总管：谓本元帅府管理军事的总管。总管：元代万户府下置总管，掌军事。
⑬ 古珉：指岷州，即今甘肃省岷县。"珉"字或本作"岷"，或借作"岷"，该碑照片古字以下碑石剥落，现已无从考订。
⑭ 拜手：古代礼节之一。
⑮ 勒石：刻字于石。
⑯ 乾隆《万县志》题目无"万县"二字。郭棐（1529—1605）：字笃周，号梦兰，广东南海人。曾任四川提学。著有《齐楚滇蜀诸稿》等。
⑰ 泮（pàn）池：学宫前的水池。
⑱ 出自《诗经·大雅·灵台》："于论鼓钟，于乐辟雝。"〔西汉〕毛亨传："水旋丘如璧，曰辟雝。"（《毛诗正义》卷十六，第1043页）辟雝：本为西周天子所设大学，圆形，围以水池，前门外有便桥。东汉以后，历代皆有辟雝，除北宋末年为太学之预备学校（亦称"外学"）外，均为行乡饮、大射或祭祀之礼的地方。《诗经·大雅·灵台·诗序》："《灵台》，民始附也。文王受命，而民乐其有灵德，以及鸟兽昆虫焉。"（《毛诗正义》卷十六，第1038页）其意是说，《诗经·大雅·灵台》赞美周文王说"于乐辟雝"（在辟雝宫中奏乐）。

頖献馘。"①汉儒言："辟者，璧也，其渊澄环抱，若半璧然也；頖者，泮也，其泮涣然有文章②也。"泮之有关于学，盖自古记之矣。

万有学，繇宋始③，厥后建置靡一④，而泮制未备，无以汇清毓粹⑤。万历戊寅⑥，黄冈李侯植⑦至，谒学官⑧，慨然曰："此岂建学初意哉？"既逾年，政通人和，乃凿石鸠工⑨，开池导水。俄⑩有泉自地涌出，清冽⑪可探，悠远不穷。凡皤发之叟⑫、青衿之彦⑬，莫不同声赞叹，以为侯诚感所致。夔郡⑭推官⑮、前侍御⑯余姚任君⑰记其事于石矣，乃邑⑱文学诸生⑲复相率⑳丏言㉑于郭子㉒，郭子曰："于休哉㉓！天

---

① 出自《诗经·鲁颂·泮水》："矫矫虎臣，在泮献馘。"〔西汉〕毛亨传："馘，所格者之左耳。……僖公既伐淮夷而反（同返），在泮宫使武臣献馘。"（《毛诗正义》卷二十，第1401页）献馘（guó）：古时出战杀敌，割取左耳，以献上论功。馘：被杀者之左耳。亦泛指奏凯报捷。鲁人颂僖公：《诗经·鲁颂·泮水·诗序》："《泮水》，颂僖公能修泮宫也。"（《毛诗正义》卷二十，第1396页）故云。
② 涣然有文章：本指水波扩散而成纹，比喻有文采。
③ 繇宋始：从宋代开始。繇：通"由"。
④ 靡（mǐ）一：不一。
⑤ 汇清毓粹：比喻汇集、培养优秀人材。
⑥ 万历戊寅：即1578年，明万历六年。
⑦ 李侯植：侯：古时对士大夫的尊称。李植：本志卷二十四《职官志·政绩·明》中有载，可以参看。
⑧ 学官：旧指各府县的孔庙，为儒学教官的衙署所在。
⑨ 鸠（jiū）工：召集工人。
⑩ 俄：一会儿。
⑪ 清冽：清澄而寒冷。
⑫ 皤（pó）发之叟：白发老人。
⑬ 青衿：青色交领的长衫。古代学子和明、清秀才的常服。彦：贤士，俊才。
⑭ 夔郡：夔州府。
⑮ 推官："节度推官"的略称，为节度使属官，掌勘问刑狱。
⑯ 侍御：唐代称殿中侍御史、监察御史为侍御。后世因沿袭此称。
⑰ 余姚任君：指任春元，余姚人，明万历年间为夔州推官。
⑱ 乃邑：此县。这里指万县。邑：旧时县的别称。
⑲ 文学诸生：指儒生。
⑳ 相率：相继，一个接一个。
㉑ 丏言：恳请的言语。
㉒ 郭子：郭棐自称。
㉓ 于休哉：无须再说了。于：助词，表示语气。

人之相感召①，其几②豁然沛然，流通无间③。斯泉之应期翔涌，若持左券④，谓非天心默相焉⑤不可也。昔柳梦弼于夔记达泉⑥，鲁有开于万凿鲁池，而地与人并彪炳⑦于奕世⑧。今李侯所感而得者，岂让⑨前美⑩哉？"李侯为邑⑪，三事⑫遹修⑬，百度备举⑭。其于学校，尤惓惓注虑，宜其诚之所感，无深不入如此也⑮。予因缀次⑯其事而为之铭，铭曰：

泉生天一⑰，行于地中。蓄之有自，感之则通。猗与⑱李侯，心源诚悫⑲。念兹

---

① 天人之相感召：犹天人感应。我国哲学中关于天人关系的一种学说。指天意与人事的交感相应。认为天能干预人事，预示灾祥，人的行为也能感应上天。

② 其几：微妙。

③ 流通无间：流通不间断。

④ 左券：古代契约分为左右两片，左片称左券，由债权人收执，用为索偿的凭证。这里是说，此泉奔涌好似手持左券一样支配着事物。

⑤ 天心默相焉：天意和人心默默相助。相：辅助，佑助。焉：语气词，用于句尾。

⑥ 柳梦弼有《泮官达泉铭并序》，全文较长，不录。道光《夔州府志》卷三十六《艺文志》有载，可以参看。柳梦弼：宋代夔郡文学。宋诸州置文学参军，省称"文学"，为无职掌之散官。

⑦ 彪炳：照耀。

⑧ 奕世：累世，代代。

⑨ 让：逊色，不及。

⑩ 前美：前人的美德美事。

⑪ 为邑：指主持一县政事。

⑫ 三事：指正德、利用、厚生。《尚书·大禹谟》："六府三事允治。"〔唐〕孔颖达疏："正身之德，利民之用，厚民之生，此三事惟当谐和之。"（《尚书正义》卷四，第89页）

⑬ 遹（yù）修：遵循并推行。

⑭ 百度：百事，各种制度。备举：具备并实行。

⑮ 这几句言他对于学校尤其恳切地予以关注，宜无怪乎他的诚意所感，没有深入不到之处。惓惓：恳切貌。注虑：关注思虑。宜：犹当然，无怪。

⑯ 缀（zhuì）次：依次连缀。

⑰ 泉生天一：语本"天一生水"，出自《河图》。《河图》以十数合五方、五行、阴阳、天地之象。其图式结构分布为：一与六共宗居北方，因天一生水，地六成之；二与七为朋居南方，因地二生火，天七成之；三与八为友居东方，因天三生木，地八成之；四与九同道居西方，因地四生金，天九成之；五与十相守，居中央，因天五生土，地十成之。本文记述新修泮池，故以"天一生水"为其哲学渊源。

⑱ 猗与：亦作"猗欤"。叹词，表示赞美。

⑲ 诚悫（què）：诚实恭谨。

学宫，泮池未凿。乃鸠①元石②，乃斫黄垠③。始来清冽，继演④菴沦⑤。其源孔长⑥，其流斯漾⑦。月映川中，风行水上。挠之不浊，澄之则清。如璧斯莹⑧，如鉴斯明⑨。以培桃李⑩，为世桢干⑪。以育鰋鲤⑫，爰⑬翔霄汉⑭。龟筮⑮叶吉⑯，神人胥和⑰。文风以畅，露泽则多。维兹侯功⑱，实裨⑲化理⑳。敬勒贞珉㉑，以告太史㉒。

万历壬午㉓季春吉旦㉔，赐进士出身㉕、中宪大夫㉖、四川按察司副使㉗、奉敕

---

① 鸠：聚集。
② 元石：即玄石，黑色的石头。
③ 此句指开挖黄土，以筑泮池。黄垠：黄土的边界。
④ 继演：继而水长流。演：水长流。
⑤ 菴（yūn）沦：水深广貌。
⑥ 孔长：甚长。孔：副词，很，甚。
⑦ 斯漾：即荡漾。斯：连词，犹则，乃。
⑧ 如璧斯莹：形容泮池的水像碧玉一样晶莹。斯：助词，诗文中的衬字，无实义。
⑨ 如鉴斯明：好像镜子一样明净。鉴：镜子。
⑩ 桃李：《韩诗外传》卷七："夫春树桃李，夏得阴其下，秋得食其实。"（屈守元《韩诗外传笺疏》，巴蜀书社1996年3月第1版，第645页）后遂以"桃李"比喻栽培的后辈和所教的门生。
⑪ 桢干：本指筑墙时所用的木柱，竖在两端的叫"桢"，竖在两旁障土的叫"干"。引申为重要的起决定作用的人物。
⑫ 鰋（yǎn）鲤：鲇鱼和鲤鱼。
⑬ 爰：助词。无义。用在句首或句中，起调节语气的作用。
⑭ 霄汉：天河，亦借指天空。
⑮ 龟筮：即龟卜，占筮。古时卜用龟、筮用蓍，视其象与数以定吉凶。
⑯ 叶（xié）吉：与吉兆相合。叶：和洽，相合。吉：吉兆。
⑰ 胥和：相互和谐。
⑱ 维：助词，用于句首。兹：代词，此。侯功，指李侯（李植）之功。
⑲ 裨（bì）：犹裨益，即补益。
⑳ 化理：教化治理。
㉑ 贞珉：石刻碑铭的美称。
㉒ 太史：官名。西周、春秋时太史掌记载史事、编写史书、起草文书，兼管国家典籍和天文历法等。
㉓ 万历壬午：明万历十年，即1582年。
㉔ 吉旦：农历每月初一。
㉕ 赐进士出身：科举考试用语。宋代进士科考第分五等，第三等即称"进士出身"。元、明、清经殿试取录者共分三甲，第二甲若干人，均赐进士出身。
㉖ 中宪大夫：文散官。金始置，正五品中，元升正四品，宋、金、辽皆实施。明为正四品升授之阶，清正四品。
㉗ 按察司副使：明代各省设提刑按察使司，主管一省的司法。明中叶以后，各地多设巡抚，按察使成为巡抚的属官。按察司副使为提刑按察使司副职。

提督学政①、前礼部郎中②番禺郭棐撰。

万县重修城隍庙记　明太常寺少卿富顺

　　君子之宰邑③，必急先务④焉⑤。夫一邑之事，丛脞⑥纠纷，固非一端。然而先后不同，苟⑦于所当，先用心注意而不之后，则何事不成？传曰："知所先后，则近道矣。"⑧讵不然乎⑨？

　　夔之万县⑩，旧有城隍庙，在县治之西，浅隘倾圮⑪，已非一朝夕。今年春，霍邱⑫徐侯熙⑬，字文广，承命⑭来宰兹土⑮，下车之初，治官事如家事，汲汲皇皇⑯，弗安寝室⑰。于是招集流移⑱，赈恤⑲贫乏，除奸革弊⑳，劝农复学㉑。民食足而士风兴，乃曰："城隍之神，所以㉒御灾捍患㉓，为民兴财致用者，非他神可比。

---

① 奉敕提督学政：即督学。朝廷派往各地的教育行政长官。
② 礼部郎中：礼部属官。明洪武时，礼部郎中改称仪制郎中，为仪制清使司的主官，其职仍相当于前代的礼部郎中。
③ 宰邑：犹言治理县政。
④ 先务：首要的任务。
⑤ 焉：语气词，表示停顿，用于句尾。
⑥ 丛脞（cuǒ）：琐碎，杂乱。《尚书·益稷》："元首丛脞哉，股肱惰哉，万事堕哉。"〔汉〕孔安国传："丛脞，细碎无大略。"（《尚书正义》卷五，第130页）
⑦ 苟：如果。
⑧ 语出《礼记·大学》："物有本末，事有终始，知所先后，则近道矣。"（《礼记正义》卷六十，第1592页）
⑨ 讵（jù）不然乎：难道不是这样吗？讵：表示反诘，相当于"岂""难道"。
⑩ 夔之万县：明代万县为夔州府辖县。
⑪ 浅隘（ài）：狭窄。倾圮（pǐ）：倒塌。
⑫ 霍邱：县名，今属安徽省。
⑬ 徐侯熙：即徐熙，本志卷二十四《职官志·政绩·明》中有载，可以参看。
⑭ 承命：受命。
⑮ 来宰兹土：来治理这方土地。兹：代词。此，这。
⑯ 汲汲皇皇：亦作"汲汲遑遑"，匆忙的样子。
⑰ 弗安寝室：不安于卧室，即不能安心睡觉。
⑱ 流移：流亡、迁移的人民。
⑲ 赈恤：以钱物救济贫苦或受灾的人。
⑳ 除奸革弊：铲除罪恶，革除弊端。奸：奸邪，罪恶。弊：弊病。
㉑ 劝农复学：鼓励农耕，恢复学校。
㉒ 所以：用以，用来。
㉓ 捍患：抵御灾祸。

今瓦漂栋坏①，阶移墙颓②，岂足以安神灵乎？神灵且未之安，而欲民之安，又可得乎？"由是涓日③拓地，鸠工庀材④，尽撤其朽腐，易以新坚。首建门楼，次建正殿三间，又买民地三丈，建寝堂⑤三间。殿堂俱塑装神像⑥及侍从之众，左右卫以斋房九间⑦，皆砌以石，涂以灰⑧，丹垩交饰⑨，金碧相映，不半载而落成。是役也，费出于官，无取于民，故民相与乐其成而不知其所以成焉。

余以外艰⑩还蜀，舟阻斯邑⑪，邑之致仕⑫知县牟颖⑬率士庶⑭求为记，以垂不朽。余自解缆金陵⑮，稔闻⑯侯⑰贤，况道出其境⑱而目击其实，乌敢⑲以芜陋⑳辞？

夫城郭以域民㉑，郡邑皆然。凡高城深池㉒、以沟以封㉓者，非徒为观美，实所以为民，是宜有神以主之。而神岂可无庙以妥㉔之乎？庙因人而新，神因人而灵，

---

① 瓦漂栋坏：谓瓦片被雨水冲走，栋梁损坏。漂：冲走，冲毁。栋：屋的正梁。
② 阶移墙颓：台阶移动，墙壁倾倒。
③ 涓日：选择吉祥的日子。涓：选择。
④ 鸠工庀（pǐ）材：谓聚集工匠，备齐材料。
⑤ 寝堂：泛指房舍居室。
⑥ 塑装神像：犹言雕塑并装饰神像。
⑦ 此句言在殿堂的左右建斋房九间。卫：护卫，犹如卫士守护着殿堂。
⑧ 涂以灰：涂以白灰。
⑨ 丹垩（è）：涂红刷白，泛指油漆粉刷。垩：一种白色土。交饰：装饰，修饰。
⑩ 外艰：旧指父丧或承重（承重：指承受宗庙与丧祭的重任。封建宗法制度，其人及父俱系嫡长，而父先死，则祖父母丧亡时，其人称承重孙。如祖父及父均先死，于曾祖父母丧亡时，称承重曾孙。遇有这类丧事都称"承重"）祖父之丧。
⑪ 斯邑：此城。
⑫ 致仕：辞去官职。
⑬ 本志卷二十六《士女志·仕进》中载："牟颖，由贡生任湖广通道县知县。"
⑭ 士庶：士人和普通百姓，亦泛指百姓。
⑮ 解缆金陵：即离开金陵。解缆：解去系船的缆绳，指开船。金陵：今江苏省南京市。
⑯ 稔（rěn）闻：犹素闻。
⑰ 侯：即邑侯，此指县令徐熙。
⑱ 道出其境：谓回家途中经过其境。
⑲ 乌敢：哪里敢。
⑳ 芜陋：指学业荒废浅陋，谦词。
㉑ 域民：居民，谓划分区域而居住的人民。
㉒ 高城深池：高高的城墙，很深的护城河。池：护城河。
㉓ 以沟以封：谓掘地为沟，堆土为封，以划定边界。
㉔ 妥：安坐，蹲坐。

人赖神而安，神人相与，有不疾而速①、无感不通②之妙。世之治邑者，几人能如侯之用心注意于兹哉；侯诚可谓"知所先后，近于道者"矣！又建江会楼③、修两渡水桥④与夫县治门屏⑤、邮驿⑥，皆已就绪，历任曾未逾数月，而治绩之多若此，使久于其任，则百废俱举，有不待智者而后知⑦焉，故并书之以告夫来者，庶知⑧侯之能事。

时明成化七年辛卯岁仲春之吉⑨、赐进士⑩、中宪大夫、南京太常寺少卿⑪、前翰林院侍读⑫经筵讲官⑬、同修国史⑭富顺书。

万县尹方登遗爱碑记　明吏部尚书卫承芳⑮

余既解豫章节⑯，曾未窥司马门⑰，而恩鉴长留⑱；计弗获辞久⑲，乃出山，经

---

① 不疾而速：不急切而能快速。
② 无感不通：没有感应不相通的。此是双否定句式，实为肯定，即有感必通。
③ 江会楼：楼名。本志卷二十一《地理志·古迹》有载，可以参看。
④ 两渡水桥：两座渡河的桥梁。
⑤ 县治门屏：县衙门前的照壁。
⑥ 邮驿：传递邮件的驿站。
⑦ 不待智者而后知：用不着有智慧的人然后才能知晓，意即普通的人也能知道。
⑧ 庶知：但愿能知道。
⑨ 指1471年2月20日。明成化七年乃干支纪年辛卯岁。
⑩ 赐进士：赐同进士出身。
⑪ 太常寺少卿：明代太常寺设卿一人，正三品，少卿二人，正四品上。掌礼乐、郊庙、社稷、坛壝、陵寝诸事。
⑫ 翰林院侍读：明代翰林院掌秘书、著作等事，有掌院学士、侍讲、侍读、修撰、编修、检讨等官。以通晓文史经义的大臣充任，为皇帝进读书史、讲解经义，并顾问应对。
⑬ 经筵讲官：经筵为皇帝与侍读、侍讲等官讨论经史之称。宋元丰后特称"经筵官"，元、明沿置，亦称"经筵讲官"。
⑭ 同修国史：为官修史书机构国史院官名。
⑮ 万县尹：万县的主管官。尹：古代官的通称，多为主管之官。这里指县尹，即县令。遗爱碑：颂德碑。旧时为颂扬官员德政而所立的碑。卫承芳：字君大，达州人。累官温州知府、山东参政、南京鸿胪卿、江西巡抚等职。
⑯ 此句言我既然已解除了江西巡抚的职务。《江西通志》卷五《城池·南昌府》："（万历）三十六年，巡抚卫承芳属知府卢廷选清查城内古迹、火巷，还官，拆傍墙屋舍。"豫章：古郡名，治所在今江西省南昌市。节：符节。古代使臣所持以作凭证。
⑰ 此句指卫承芳被任命为南京兵部右侍郎，就拜户部尚书。但他了结江西巡抚事后，未赴南京就任，而是回到了达州（今四川省达州市）。
⑱ 此句犹言承皇恩明鉴，长留乡间。
⑲ 弗获辞久：没有获得批准，辞官许久。

万邑，阖庠士暨父老遮道请①曰："敝邑②方令③以贤特闻，冢宰④所习⑤，今兹⑥久道化成⑦矣，惧一旦之超迁⑧，无从攀卧⑨，吾党业戒贞珉，以识永念⑩，唯冢宰文焉⑪。"余老羸⑫，弃笔砚久，况居旅次⑬，安能为役⑭？诸士曰："我郡惟大冢宰言人将信，若蓍蔡⑮而马首且南⑯，倘令君旦晚征⑰，吾党纵堕岘首之泪⑱，谁其识者⑲？敢固请。"

余惟县令亲民，世雅⑳言之，然多习而不察㉑。彼《西铭》之论同胞㉒，《康诰》

---

① 此句言卫承芳在出山经过万县时，全城的读书人和老者拦道请求他。阖：全部。庠士：指在学生员。明、清时为秀才的别称。暨：连词，和。父老：对老年人的尊称。遮道：拦路。
② 敝邑：谦辞，称自己的县城偏僻。
③ 方令：指万县令尹方登。
④ 冢宰：称吏部尚书为"冢宰"。这里指称吏部尚书卫承芳。
⑤ 所习：所熟悉。
⑥ 今兹：今此，现在。
⑦ 久道化成：长期倡导教化已成。
⑧ 超迁：越级升迁。
⑨ 攀卧：攀住马车，卧于道上，指挽留清官，不欲其去。
⑩ 此两句言乡亲们已经准备立碑，以便记载永久的思念。吾党：犹言我们乡亲。党：乡党。戒：准备。贞珉：石刻碑铭的美称。识（zhì）：记载。
⑪ 唯：亦写作"惟""维"，助词，此处表示希望、祈请。文焉：作文。
⑫ 老羸（léi）：老病。
⑬ 旅次：旅人暂居的地方。语本《周易·旅》："旅即次。"〔三国·魏〕王弼注："次者，可以安行旅之地也。"（《周易正义》卷六，第229页）
⑭ 安能为役：怎能做这事。役：此处指撰写碑文之事。
⑮ 蓍蔡：犹蓍龟，筮卜。比喻德高望重的人。
⑯ 马首且南：指将骑马南去。且：副词，将要。
⑰ 倘令君旦晚征：倘若县令早晚被征召。令君：对县令的尊称。征：征召，征聘，多指君召臣。
⑱ 岘（xiàn）首之泪：岘首：山名，在湖北省襄阳市襄州区南，又名岘山。东临汉水，为襄阳南面要塞。西晋羊祜镇襄阳时，常登此山，置酒吟咏。百姓常至岘山凭吊羊祜而流下眼泪。后谓因感念地方官德政而流的泪。
⑲ 谁其识者：有谁能够知道？其：助词。者：助词，用在句末，表示疑问。
⑳ 雅：素常，向来。
㉑ 习而不察：指常见之事，就觉察不到存在的问题。习：习惯。
㉒ 《西铭》之论同胞："乾称父，坤称母。予兹藐焉，乃混然中处。故天地之塞，吾其体；天地之帅，吾其性。民吾同胞，物吾与也。"（章锡琛点校《张载集》，中华书局1978年8月第1版，第62页）最后一句意为人民是我的同胞，万物是我的朋友。〔明〕曹端《西铭述解》解"民吾同胞"云："言惟人也，得其形气之正，是以其心最灵，而有以通乎性命之全体于并生之中，又为我之同类，而最贵焉。故曰'同胞'，则其视之也，皆如己之兄弟矣……惟同胞也，故以天下为一家，中国为一人。"《西铭》：原为张载《正蒙·乾称篇》的一部分。作者曾于学堂双牖各录《乾称篇》的一部分《砭愚》和《订顽》分别悬挂于书房的东、西两牖，作为自己的座右铭。程颐见后，将《砭愚》改称《东铭》，将《订顽》改称《西铭》。

之称保赤①，亦何谆谆②。史传备纪③，循良要以④所居民富、所去民思⑤为实效，盖难幸致云尔⑥。后世亲民之学不讲，士苟且赴功名⑦，得百里⑧而君之⑨，无论非良⑩，即知自爱，率托安静声⑪，视闾阎⑫犹秦越⑬，幸秩满迁去以为恒⑭，苍生岂有赖焉⑮？此无他，疏之也。

　　方君几五载于兹，初终一节⑯，忧在民穷，勤在民事，兴在民利，除在民害，详见《花封⑰政绩》一编，殆实录云。盖其起心动念，以安百姓为期⑱，境内呼吸痛痒，罔弗关切⑲；宜民之怙若父、恃若母⑳，不可谖㉑，若畏垒欤㉒？劳一身而泽千万人，

---

① 《康诰》之称保赤：材料见《尚书·康诰》："若保赤子，惟民其康乂。"〔西汉〕孔安国传："爱养人如安孩儿赤子，不失其欲。"（《尚书正义》卷十四，第364页）其意为保护、养育人民如同婴儿一样。《康诰》：《尚书·周书》篇名，乃周公告诫康叔治理殷民的诰词。
② 亦何：何其，多么。谆谆（zhūn zhūn）：反复告诫。
③ 史传备纪：史册记载得完备。纪：通"记"。
④ 要以：重要的是以……。要：重要，主要。以：介词。
⑤ 所居：指居官之时。民富：人民富裕。所去：指离职去后。民思：人民思念。
⑥ 盖难幸致云尔：大概难以侥幸地做到如此。盖：副词，大概。云尔：如此。
⑦ 赴功名：投入科举谋取官职。赴：乾隆《万县志》作"就"。
⑧ 百里：古时一县所辖之地。因以为县的代称。
⑨ 君之：主宰、统治它。
⑩ 无论：不必说，且不说。非良：不良。
⑪ 率托安静声：一概借口安定不吭声。托：乾隆《万县志》作"记"。
⑫ 闾阎：泛指民间。
⑬ 秦越：春秋时秦在西北，越居东南，相距极远。此处并举以喻疏远隔膜，互不相关。
⑭ 此句言幸运地做满官期迁升而去以为常。秩满：谓官吏任期届满。恒：寻常。
⑮ 此句言老百姓哪有依靠？苍生：指百姓。焉：语气词，用于句尾，表示疑问。
⑯ 初终一节：始终一样的节操。
⑰ 花封：犹"百里花封"，当为颂扬县令政绩的赞词。
⑱ 以安百姓为期：以使百姓安静为期望。期：希望，企求。
⑲ 罔弗关切：没有不关心的。罔弗：没有不。乾隆《万县志》作"罔弗相关"。
⑳ 怙（hù）若父，恃（shì）若母：语本《诗经·小雅·蓼莪》："无父何怙？无母何恃？"〔唐〕陆德明释文："《韩诗》云：'怙，赖也。'"（《毛诗正义》卷十三，第777页）即人民依靠他如父亲，仰赖他如母亲。怙：依赖。恃：凭借。
㉑ 不可谖（xuān）：不可忘。谖：忘记。
㉒ 若畏垒欤：如畏垒山吗？畏垒：山名。《庄子·庚桑楚》："老聃之役有庚桑楚者，偏得老聃之道，以北居畏垒之山，其臣之画然知者去之，其妾之挈然仁者远之。"〔唐〕成玄英疏："畏垒，山名。"（〔晋〕郭象注、〔唐〕成玄英疏《南华真经注疏》，中华书局1998年7月第1版，第443页）欤：语气词，表疑问或反诘。乾隆《万县志》作"与"。

历五载而施千万世，虽往昔侈谈①卓密县②、鲁中牟③，曷④足多哉！余嘉令君之能亲民，有得乎学问之大，敬笔而报诸庠友，且备明史之传，循良者采焉⑤。

万历甲寅岁孟夏月吉旦⑥，赐进士出身、资德大夫⑦、吏部尚书、达人卫承芳撰。

① 侈谈：大谈。
② 卓密县：指卓茂，曾为密县令，故称"卓密县"。〔南朝·宋〕范晔《后汉书》卷二十五《卓茂传》："卓茂，字子康，南阳宛人也。……后以儒术举为侍郎，给事黄门，迁密令。劳心谆谆，视人如子，举善而教，口无恶言，吏人亲爱而不忍欺之。人尝有言部亭长受其米肉遗者，茂辟左右问之曰：'亭长为从汝求乎？为汝有事嘱之而受乎？将平居自以恩意遗之乎？'人曰：'往遗之耳。'茂曰：'遗之而受，何故言邪？'人曰：'窃闻贤明之君，使人不畏吏，吏不取人。今我畏吏，是以遗之，吏既卒受，故来言耳。'茂曰：'汝为敝人矣。凡人所以贵于禽兽者，以有仁爱，知相敬事也。今邻里长老尚致馈遗，此乃人道所以相亲，况吏与民乎？吏顾不当乘威力强请求耳。凡人之生，群居杂处，故有经纪礼义以相交接。汝独不欲修之，宁能高飞远走，不在人间邪？亭长素善吏，岁时遗之，礼也。'人曰：'苟如此，律何故禁之？'茂笑曰：'律设大法，礼顺人情。今我以礼教汝，汝必无怨恶；以律治汝，何所措其手足乎？一门之内，小者可论，大者可杀也。且归念之！'于是人纳其训，吏怀其恩。初，茂到县，有所废置，吏人笑之，邻城闻者皆蚩其不能。河南郡为置守令，茂不为嫌，理事自若。数年，教化大行，道不拾遗。平帝时，天下大蝗，河南二十余县皆被其灾，独不入密县界。督邮言之，太守不信，自出案行，见乃服焉。是时，王莽秉政，置大司农六部丞，劝课农桑。迁茂为京部丞，密人老少皆涕泣随送。"（中华书局1965年5月第1版，第869—871页）
③ 鲁中牟：指鲁恭，曾为中牟县令，故称"鲁中牟"。〔南朝·宋〕范晔《后汉书》卷二十五《鲁恭传》："鲁恭，字仲康，扶风平陵人也。……肃宗集诸儒于白虎观，恭特以经明得召，与其议。熹复举恭直言，特诏公车，拜中牟令。恭专以德化为理，不任刑罚，讼人许伯等争田，累守令不能决，恭为平理曲直，皆退而自责，辍耕相让。亭长从人借牛而不肯还之，牛主讼于恭。恭召亭长，敕令归牛者再三，犹不从。恭叹曰：'是教化不行也。'欲解印绶去。掾史泣涕共留之，亭长乃惭悔，还牛，诣狱受罪，恭贳不问。于是吏人信服。建初七年，郡国螟伤稼，犬牙缘界，不入中牟。河南尹袁安闻之，疑其不实，使仁恕掾肥亲往廉之。恭随行阡陌，俱坐桑下，有雉过，止其傍。傍有童儿，亲曰：'儿何不捕之？'儿言：'雉方将雏。'亲瞿然而起。与恭诀曰：'所以来者，欲察君之政迹耳。今虫不犯境，此一异也，化及鸟兽，此二异也，竖子有仁心，此三异也。久留，徒扰贤者耳。'还府，具以状白安。是岁，嘉禾生恭便坐廷中，安因上书言状，帝异之。"（中华书局1965年5月第1版，第873—875页）
④ 曷：代词，表示疑问，相当于"何"。
⑤ 此句言并且准备给编纂《明史》为循良作传的人采用。传：用作动词，即作传。循良：谓官吏奉公守法，亦指指奉公守法的官吏。
⑥ 万历甲寅岁孟夏月吉旦：明万历四十二年四月初一，即1614年5月9日。
⑦ 资德大夫：文散官名，正二品。

西山太白祠记 明 曹学佺[①]

县西有太白岩,在西山,即绝尘龛[②]也。王象之《舆地碑目》云:"'绝尘龛'三字,在西山石壁上,字画瘦劲,类晋、宋间物。"[③]唐人题咏甚多,相传李太白读书于此,有"大醉西岩一局棋"之语。太白,蜀人也,其诗之见于蜀者,若成都散花楼[④]、汉嘉峨嵋山[⑤]、《白帝城》[⑥]、《蜀道难》[⑦]等篇,在集中可考。而《纪事》[⑧]称其为彰

[①] 此文咸丰《四川通志》、道光《夔州府志》、王琦《李太白集注》卷三十六《外记》等文献中有载。题目不同,如咸丰《四川通志》题作"万县西太白祠堂记"。曹学佺(1574—1646):字能始,号雁泽,又号石仓居士、西峰居士,侯官县(今福建省福州市区)人,曾任四川右参政。隆武二年(1646)清兵攻陷福州,曹学佺自缢于西峰里府第。清乾隆十一年(1746),追谥"忠节"。著述30余种,诗文总名《石仓全集》,已佚。其中《蜀中广记》较为有名。

[②] 绝尘龛:本志卷二十一《地理志·碑碣》中有载,可以参看。"绝尘龛"三字中"绝"字径84厘米,"尘"字74厘米,"龛"字67厘米。

[③] 材料见〔南宋〕王象之《舆地纪胜》卷一百七十七《夔州路·万州·碑记》(中华书局1992年10月第1版,第4603页)。类晋、宋间物:类似晋、宋之间留下的遗物。《舆地纪胜》无"上"字。字画瘦劲:《舆地纪胜》作"字体清劲"。

[④] 成都散花楼:指李白《登锦城散花楼》诗:"日照锦城头,朝光散花楼。金窗夹绣户,珠箔悬银钩。飞梯绿云中,极目散我忧。暮雨向三峡,春江绕双流。今来一登望,如上九天游。"(〔清〕王琦注《李太白全集》(中册),中华书局1977年9月第1版,第967页)

[⑤] 汉嘉峨眉山:指李白《登峨眉山》诗:"蜀国多仙山,峨眉邈难匹。周流试登览,绝怪安可悉?青冥倚天开,彩错疑画出。泠然紫霞赏,果得锦囊术。云间吟琼箫,石上弄宝瑟。平生有微尚,欢笑自此毕。烟容如在颜,尘累忽相失。倘逢骑羊子,携手凌白日。"(〔清〕王琦注《李太白全集》(中册),中华书局1977年9月第1版,第968页)汉嘉:东汉阳嘉二年(133)改青衣县置,为蜀郡蜀国都尉治。治所在今四川省雅安市芦山县(一说在今雅安市名山区北)。三国蜀汉为汉嘉郡治。西晋永嘉后废。

[⑥] 李白《早发白帝城》:"朝辞白帝彩云间,千里江陵一日还。两岸猿声啼不住,轻舟已过万重山。"

[⑦]《蜀道难》:李白名篇,其诗太长,不便引录。

[⑧]《纪事》:指《唐诗纪事》,〔北宋〕计有功撰。

明小吏时，令属词不偶，辄为接之，令逊其佳，以此见妒，则东蜀杨天惠所载也①。予得诸碑刻，有《题江油主薄厅》，为米芾②书，及《象山留题③》，云："夜来醉卧

---

① 《唐诗纪事》卷十八《李白》："东蜀杨天惠《彰明逸事》云：元符二年春正月，天惠补令于此，窃从学士大夫求问逸事。闻唐李太白本邑人，微时募县小吏，入令卧内，尝驱牛径堂下，令妻怒，将加诘责。太白亟以诗谢云：'素面倚栏钩，娇声出外头。若非是织女，何得问牵牛？'令惊异，不问。稍亲，招引侍研席。令一日赋山火诗，思轧不属，太白从傍缀其下句。令诗云：'野火烧山去，人归火不归。'太白继云：'焰随红日去，烟逐暮云飞。'令惭止。顷之，从令观涨，有女子溺死江上，令复苦吟，太白辄应声继之。令诗云：'二八谁家女，漂来倚岸芦。鸟窥眉上翠，鱼弄口傍珠。'太白继云：'绿鬓随波散，红颜逐浪无。因何逢五相，应是想秋胡。'令滋不悦。太白恐，弃去，隐居戴天大匡山，往来旁郡，依潼江赵征君蕤。蕤亦节士，任侠有气，善为纵横学，著书号《长短经》。太白从学岁余，去，游成都，赋《春感》诗云：'茫茫南与北，道直事难谐。榆荚钱生树，杨花玉糁街。尘蒙游子面，蝶弄美人钗。却忆青山上，云门掩竹斋。'益州刺史苏颋见而奇之。时太白齿方少，英气溢发，诸为诗文甚多，微类《宫中行乐词》体，今邑人所藏百篇，大抵皆格律也。虽颇体弱，然短羽褵褷，已有雏凤态。淳化中，县令杨遂为之引，谓为少作是也。遂，江南人，自名能诗，累谪为令云。始太白与杜甫相遇梁、宋间，结交欢甚，久乃去，客居鲁甫徂山。甫从严武成都，太白益流落，不能归。故甫诗又云：'匡山读书处，头白好归来。'然学者多疑太白为山东人，又以匡山为匡庐，皆非也。今大匡山犹有读书台，而清廉乡故居，遗地尚在，废为寺，名陇西院，有唐梓州刺史碑（失其名），及绵州刺史高祝记。太白有子曰伯禽，女平阳，皆生太白去蜀后。有妹月圆，前嫁邑子，留不去，以故葬邑下，墓今在陇西院旁百步外。或传院乃其所舍云。"又"白诗云：'昔作芙蓉花，今为断肠草。以色事他人，能得几时好？'陶洪景仙方云：断肠草不可食，其名美好，名芙蓉。乃知诗人无一字闲语。"（上海古籍出版社1987年7月新1版，第271—272页）杨天惠：字祐甫，郫县（今四川省成都市郫都区）人。〔明〕李贤等撰《大明一统志》卷六十七《成都府·人物》有小传："杨天惠，郫县人，幼警敏，尝取韩愈、欧阳修文集纵观，作歌行十数篇，老师宿儒相传惊叹。元丰中进士，徽宗时上书言官禁事，甚凯切，后入党籍。有《文集》行世。"（三秦出版社1990年2月影印第1版，第1051页）

② 米芾（1051—1107）：北宋书画家。初名黻，后改芾，字元章，号襄阳漫士、海岳外史，人称"米南宫"，因举止癫狂，又称"米颠"。行草得王献之笔意，用笔俊迈，与蔡襄、苏轼、黄庭坚并称"宋四家"，画山水人物，多用水墨点染泼墨法，自成一家。

③ 象山：咸丰《四川通志》载此文作"象耳山"，在今四川省眉山市彭山区。雍正《四川通志》卷二十五《山川·直隶眉州·彭山县》："象耳山，在县东北二十五里，山形耸秀，连峰接岭，其南至蟆颐山下，有宝砚、磨铁二溪，龙池、蟹泉诸胜。"（《景印文渊阁四库全书·史部三一七·地理类》第560册，台湾商务印书馆1986年3月第1版，第412页）留题：题字留念。象耳山留题，指李白在象耳山的题字。雍正《四川通志》卷二十七《古迹·直隶眉州·彭山县·古碑记附》："象耳山李白留题：李白书云：'夜来月下卧醒，花影零乱，满人襟袖，疑如濯魄于冰壶也。'"（《景印文渊阁四库全书·史部三一七·地理类》第560册，台湾商务印书馆1986年3月第1版，第505页）

月下，花影零乱，满人衣袖，恍如濯魄于冰壶也。"此真天仙语，本集皆不载①。而涪陵有渡，曰李渡②，以太白曾渡此，即妇人稚子③能知之矣。独万县西山者不甚著闻，至为天仙桥④以别之，而过者未尝问也。予诗落句⑤云"一自金陵问消息，无人指向万州看。"盖⑥，甚致慨然⑦。黄鲁直《勒封院记》⑧谓："西山之胜，东望巫峡，西尽郁鄢，不敢与之争抗。"鲁直在蜀久，斯言不诬⑨。予谓太白读书此岩中，宜有太白祠。而万令方君⑩，好古乐善⑪，予门人⑫典客⑬陆升彤等，唯唯⑭叶力⑮，遂书源委于道士常明⑯，且系以祠曰：

太白先生，金行之精⑰。陇西帝裔⑱，产于昌明⑲。起家小吏，不习逢迎⑳。牵

---

① 这几句是说，我得于碑刻的李白的作品有《题江油主簿厅》，为米芾所书，以及《象山留题》所云……真是天仙之语。这些作品李白诗文本集皆不载。
② 李渡：在今重庆市涪陵区西北三十里长江北岸。清同治《重修涪州志》卷二："相传李白曾过此，因名。"(《中国地方志集成·四川府县志辑》第46册，巴蜀书社1992年8月第1版，第452页)
③ 稚子：小孩。
④ 天仙桥：一名天生桥，在万县旧县城西苎溪河上。
⑤ 落句：律诗的尾联句子。
⑥ 盖：连词，承接上文，表示原因或理由。
⑦ 慨然：感慨的样子。
⑧ 黄鲁直《勒封院记》：即黄庭坚《西山留题》，本卷前有载。
⑨ 不诬：不假。
⑩ 万令方君：即万县令方登。
⑪ 好古乐善：喜爱古代事物，乐于向善行善。
⑫ 门人：弟子。
⑬ 典客：官名，为掌管少数民族事务之职。
⑭ 唯唯：恭敬的应答声。
⑮ 叶力：协力，合力。
⑯ 道士常明：道士，名常明。生平不详。
⑰ 这两句言李太白是金星的精魂下凡。李白，字太白。太白：星名，即金星，又名启明、长庚。金行：指金星。传说李白是太白金星下凡。〔清〕王琦注《李太白全集》卷三十一《附录》载〔唐〕李阳冰《草堂集序》云："李白，字太白，陇西成纪人……神龙之始，逃归于蜀，复指李树而生伯阳。惊姜之夕，长庚入梦，故生而名白，以太白字之，世称太白之精，得之矣。"(中华书局1977年9月第1版，第1443页)
⑱ 陇西帝裔：〔清〕王琦注《李太白全集》卷三十一《附录》载〔唐〕李阳冰《草堂集序》云："李白，字太白，陇西成纪人，凉武昭王暠九世孙。蝉联珪组，世为显著。中叶非罪，谪居条支，易姓与名。然自穷蝉至舜，五世为庶，累世不大曜，亦可叹焉。"(中华书局1977年9月第1版，第1443页)
⑲ 产于昌明：生于黎明时分。昌明：日始明。因太白星晨出东方，曰启明，故有此说。
⑳ 此二句言李白出身于小吏，不习惯于迎合奉承。起家：谓从家中征召出来，授以官职。

牛堂下，谐谑随声①。逢彼之怒，离乡遂轻②。扁舟下峡，出白帝城。顾瞻③西山，崺嶷峥嵘④。挺然拔出，巧类削成⑤。素开练石⑥，翠点秋屏⑦。绝尘凫上，夫非世情。西泊厥迹⑧，读书著名。何时非醉，而忍独醒。何事非局，遑问变更⑨。事在有无，语类不经⑩。人心爱之，夸诩为真⑪。树若曾倚，其色敷荣⑫。泉若曾酌，其声清泠⑬。何以祠之？崔巍上平⑭。裁虹为栋⑮，架壑作楹⑯。峡江苍苍，白云自横。飞鸟时过，嘤彼其名⑰。薄言⑱防之，而怀友生⑲。怅然不见，涕泪沾巾。聿观兹役⑳，堂构以新㉑。怀贤述古，二美则并。江山胜壑，文明道亨㉒。千秋之后，令名不湮㉓。

---

① 其事参见前所引《唐诗纪事》。谐谑（xuè）：谓语言滑稽而略带戏弄。
② 离乡遂轻：离开家乡就轻松了。遂：副词，于是，就。
③ 顾瞻：回视，环视。
④ 崺嶷（lǐ yǐ）：迤逦。连绵不断貌。峥嵘：高峻貌。
⑤ 巧类削成：奇巧类似用刀削成。
⑥ 练石：地名，古练石，即古练岩。本志卷四《地理志·山川》中有载，称为古练崖。
⑦ 秋屏：指南山。万州旧有"八景"，"秋屏列画"为其中之一，即指长江南岸的南山其形如屏，亦名"南屏山"，山上有"翠屏寨"。
⑧ 厥迹：其遗迹。厥：代词，其。此二字原本模糊不清，今据咸丰《四川通志》补。
⑨ 此四句乃针对"大醉西岩一局棋"的传闻而言，其意是说，什么时候没醉，而愿独自清醒？什么事不是"局"，更无暇追问其间的变更了。
⑩ 此两句指"大醉西岩一局棋"的传闻在可有可无之间，其言语类似荒诞不经。不经：谓不见于经典，没有根据。
⑪ 此两句言人心爱李白，因而夸耀为真。夸诩（xǔ）：夸耀。
⑫ 此两句言树好像是李白曾经倚靠过的，它于是就开花增色。敷荣：开花。
⑬ 此两句言泉水好像是李白舀来喝过的，它的声音于是清越动听。酌：挹取，舀。清泠（líng）：形容声音清越。
⑭ 崔巍（zuī wēi）：高山顶，高峻。上平：顶上平坦。
⑮ 裁虹为栋：裁下彩虹作栋梁。栋：屋的正梁。
⑯ 架壑作楹：在山谷间架设楹柱。壑：山谷，坑地。此句是说跨越山谷建造祠殿。
⑰ 此两句言飞鸟时时掠过，发出嘤嘤的叫声。嘤：鸟鸣声。
⑱ 薄言：急急忙忙。
⑲ 友生：朋友。
⑳ 聿（yù）：助词，用于句首。兹：代词，此。役：此处指修造太白祠的工程。
㉑ 堂构：房舍。以新：因此而新。以：连词，因此。
㉒ 文明道亨：文明之道通达顺畅。文明：文采光明。亨：亨通，通达。
㉓ 令名不湮：好名声不会湮没。

唐金紫光禄大夫使持节永州刺史巫山开国公冉公墓志铭 明户部侍郎高公韶[①]

公讳[②]仁才，字征文，资性英勇，大业[③]末，以功授通议大夫[④]。义宁二年[⑤]，平绿郎有功，秩[⑥]金紫光禄大夫、泾州[⑦]刺史，封巫山公[⑧]。武德二年[⑨]，诏加前开

---

① 金紫："金印紫绶"之省，指黄金印章和系印的紫色绶带。古代相国、丞相、太尉、大司空、太傅、太师、太保、前后左右将军及六官后妃所掌。亦为表示品级之服饰。魏晋以后，光禄大夫得假金章紫绶，因亦称"金紫光禄大夫"。光禄大夫：文散官名。唐初以为文散官，后代多沿袭，稍有变化。使持节：魏晋南北朝时，都督掌地方军政，为加强其权力，朝廷常加给使持节的称号，授予诛杀二千石以下官吏的特权。次一等的称持节，可诛杀无官位的人，若有军事行动，其权与使持节同。隋唐时期一些地方刺史亦有加使持节的官衔，其名衔为某州刺史、使持节、某州诸军事。刺史：州长官。开国公：封爵名称。晋代始以"开国"为封爵名号，加赐给参与创建王朝开国的功臣元勋或宗室。其制又分若干等。〔唐〕杜佑《通典》卷十九《职官·封爵》："晋亦有王、公、侯、伯、子、男，又有开国郡公、县公、郡侯、县侯、伯、子、男及乡、亭、关内等侯，凡十五等。"（中华书局1984年2月影印第1版，第110页）后世多因之。隋制，有开国郡公、开国县公、开国侯、开国伯、开国子、开国男等，爵依次在郡王、国公之下。唐初封爵无"开国"之称，贞观时加之，略如隋制。冉仁才为开国县公。冉仁才墓：本志卷十八《地理志·茔墓》有载，可以参看。高公韶（1480—1563）：字大和，号三峰，四川内江人。弘治十八年（1505）进士。历官御史、都察院右都御史、江西巡抚、户部右侍郎等。著有《内江志补遗》等。

② 讳：指已故尊长者之名。

③ 大业：隋炀帝杨广的年号。

④ 通议大夫：文散官名。隋始置为散官，唐为文散官，秩正四品。

⑤ 义宁二年：即618年。

⑥ 秩：指授职。

⑦ 泾州：北魏神䴥三年（430）置，治所在临泾县（今甘肃省庆阳市镇原县东南）。后屡有变化。1913年降为泾县。蒙默先生认为高公韶"秩泾州刺史"之言有误，乃"据误本为说"。其云："义宁二年（即武德元年），泾州为薛举、仁果与秦王世民争战方殷之地，据《高志》（本书校注者按：即高公韶所撰本《墓志铭》）推之，仁才时只二十二岁，冉氏又非李唐亲近之臣，李世民何可以泾州之重任授之？据《张碑》（本书校注者按：即唐张说《河州刺史冉府君神道碑》），冉实祖父、仁才之父名冉安昌。按《新唐书·高祖本纪》，当隋末李渊起兵太原时，海内各地起兵割据之可数者多达四十七人，而'巴东冉安昌'即其中之一。隋时巴东郡东起鄂西秭归，西至川东丰都，东西千余里，势力不弱。《高祖本纪》又载，武德五年四月，'冉安昌降'。是武德五年以前，冉氏尚为未归顺李唐之割据势力，冉仁才之能否授予泾州刺史就更成问题了。"（《也谈四川万县唐冉仁才墓》，载《四川文物》1989年第1期）

⑧ 关于冉仁才"封巫山公"一事，学界也有质疑。按，唐人张说曾撰《河州刺史冉府君神道碑》，墓主是唐河州刺史冉实，碑云："烈考天水郡果公讳仁才，秩金紫光禄大夫，婚皇室汉南县主，经浦、澧、袁、江、陵、永凡六州刺史。"（周绍良等《全唐文新编》卷二二八，吉林文史出版社2000年12月成都第1版，第2585页）由是可知，冉仁才为冉实之父。碑文中所记冉仁才生平虽简略，但与1978年发掘时所得墓志之一（现存四川省博物院）的残文大体相符。其中"天水郡果公"与残志"封天水郡公""婚皇室汉南县主"与残志"尚汉南县"基本相符。其所娶为出身皇室的"县主"而非"公主"，"驸马"乃俗称。

⑨ 武德二年：即619年。

国食邑①,持节浦州刺史。贞观六年②,迁澧州③。永徽二年④,入朝优诏⑤,迁使持节永州刺史。三年九月卒于任,年五十六。讣闻⑥,赗赠⑦有加⑧,太常⑨考行节⑩,惠谥曰"果"⑪。五年⑫,归葬万州南浦之万辅山。旧有龙朔间碑⑬,《一统志》可考⑭也。铭曰：

　　冉氏之先,代称有人⑮。系序既远,孰为疏亲⑯。至于睢阳,信州是因⑰。梁有

---

① 诏加前开国食邑：皇上命令在前开国巫山县公的基础上加封食邑。食邑：古代君主赐予臣下作为世禄（世代享有的爵禄）的封地。
② 贞观六年：即632年。按,贞观是唐太宗李世民的年号,从627年至649年共使用了23年。
③ 澧州：隋开皇九年（589）改松州置,治所在澧阳县（今湖南省常德市澧县东南,唐移今澧县）。1913年改为澧县。
④ 永徽二年：即651年。按,永徽乃唐高宗李治的年号,从650年至655年共使用了6年。
⑤ 优诏：褒美嘉奖的诏书。
⑥ 讣闻：报丧的文告。旧时讣闻一般于列具死者的职衔、生卒年月、享年若干之后,即将开吊、出丧日期及墓地所在一一通知。五服之内亲属依次具名于末。上述顺序和用语皆有固定程序。也有将死者的行状附在后面的。
⑦ 赗赠（fù fèng）：泛指送给办丧事人家的布帛、车马等财物。
⑧ 有加：格外有所增加。有：助词,无义,作动词词头。
⑨ 太常：官名。秦置奉常,汉景帝六年更名太常,掌宗庙礼仪,兼掌选试博士。历代因之,则为专掌祭祀礼乐之官。北魏称太常卿,北齐称太常寺卿,北周称大宗伯,隋至清皆称太常寺卿。
⑩ 考行节：考察逝者的行为节操。
⑪ 惠：赐予。谥：死后据其生前业迹评定的带有褒贬意义的称号。果：《续通志》卷一百二十《谥略》："好力致勇曰'果'。汉更始将军廉丹始谥果,后周谥襄国公李端,唐谥定州刺史于匡济亦用此。"
⑫ 五年：唐永徽五年,即654年。
⑬ 龙朔间碑：〔南宋〕陈思《宝刻丛编》卷一十九引《复斋碑录》："《唐永刺史冉仁才碑》,唐张昌龄序,李崇真行书,弟子恂书名,龙朔三年二月十二立。"龙朔：乃唐高宗李治年号,从661年至663年共使用了3年。龙朔三年二月十二日即663年3月26日。
⑭ 此《一统志》应指《大明一统志》。〔明〕李贤等《大明一统志》卷七十《夔州府》之《陵墓》"冉仁才墓"条载："墓有龙朔间所立表,有碑,唐景隆（应为"景龙"）二年刻字。"（三秦出版社1990年2月影印第1版,第1092页）
⑮ 此两句言冉氏的祖先,世代都有值得称道的人。称：称道,称扬。
⑯ 此两句言世系序列已经很远,谁为疏谁为亲？既：副词,已经。孰：疑问代词,谁。
⑰ 此两句言睢阳公、信州都督冉道周就是其最亲且近的先祖。〔唐〕张说《河州刺史冉府君神道碑》："五代祖睢阳公讳道周,尚齐南康公主,位平南将军散骑常侍、荆州刺史、信州都督。"（周绍良等《全唐文新编》卷二二八,吉林文史出版社2000年12月成都第1版,第2584页）这两句是对前二句的应答。按：张说《河州刺史冉府君神道碑》所称"河州刺史冉府君"是指冉仁才的儿子冉实,碑文中涉及其父冉仁才的生平,是重要的史料。冉道周乃冉实的五代祖,实则冉仁才的四世祖。关于冉道周及其生平未见史载,张说《神道碑》是现存唯一的唐代文字记载,明人高公韶撰此《墓志铭》,明显地取材于张说碑文。

内率①,云麾②世臣③。以及于隋④,开国平城⑤。招谕黔州,思夷功成。封守正业,庄肃易名⑥。乃诞贤允,英武且明⑦。绿郎纠聚,倏如乌蚁。唾手剿平,进秩金紫⑧。出领泾州,诸将刺史。迨于有唐⑨,五州驯理⑩。优诏迁永,使节独荷⑪。劳勚既丰⑫,专

---

① 梁有内率:〔唐〕张说《河州刺史冉府君神道碑》:"高祖讳轸,仕梁太子左内率、荆州刺史。齐梁之间,荆巫重镇,世善其职,江汉宜之。"(周绍良等《全唐文新编》卷二二八,吉林文史出版社2000年12月成都第1版,第2584页)按,冉实的高祖乃冉仁才的曾祖——冉轸。据云阳《冉氏族谱》载,冉氏迁蜀之始祖为冉道周,冉道周生子冉轸,冉轸生子冉黎,冉黎生子冉安昌,冉安昌生子冉仁才,冉仁才生子冉实。冉轸曾任梁太子左内率。太子左内率乃东宫武官,掌领备身以上宿卫侍从,供奉兵仗。

② 云麾:〔唐〕张说《河州刺史冉府君神道碑》:"曾大父义城公讳黎,在梁云麾将军湖州刺史,入周拜骠骑开府仪同,至隋开皇中为旭州刺史。"(周绍良等《全唐文新编》卷二二八,吉林文史出版社2000年12月成都第1版,第2584—2585页)冉实的曾大父(曾祖)即冉仁才的祖父冉黎,在梁时曾任云麾将军。云麾将军:杂号将军名。南朝梁置一百二十五号将军,云麾将军为第十八班。

③ 世臣:历代有功勋的旧臣。此二句是说冉仁才的先祖在梁时曾任过太子内率、云麾将军等要职,为历代有功的旧臣。

④ 以及于隋:以至于隋代。

⑤ 开国平城:指平城开国公的封号,此指冉安昌。〔唐〕张说《河州刺史冉府君神道碑》:"大父黄国庄公讳安昌,隋启平城,祚之谷壁。"(周绍良等《全唐文新编》卷二二八,吉林文史出版社2000年12月成都第1版,第2585页)

⑥ 此四句叙冉安昌事迹。思夷:思州和夷州。封守:封疆。正业:指当朝的大业。冉安昌曾被朝廷封以一系列的头衔和守疆要职。据清咸丰四年《敬简堂冉氏宗祠全谱·历代纪略》载:"冉安昌,除开封府仪同三司。隋末据巴东,唐高祖即位加柱国蜀国公,兼山南道大行军总管,信州刺史。奉命招安黔州,开拓思、夷等州,肇基世业,卒赠十八州都督,加谥端肃。生仁才。"易名:指古时帝王、公卿、大夫死后朝廷为之立谥号。

⑦ 铭文从此二句始,叙墓主冉仁才事迹。乃:助词。无义。诞:诞生。贤允:贤良诚信,指代冉仁才。英武且明:英俊勇武而且明察。

⑧ 此四句仍叙冉仁才事迹。本文前载:"义宁二年,平绿郎有功,秩金紫光禄大夫、泾州刺史,封巫山公。"绿郎:未详所指。倏(shū)如乌蚁:忽然之间如同黑色的蚂蚁。唾手剿平:轻易地剿平。唾手:向手心吐唾沫,是动手前的习惯动作,比喻极易。

⑨ 迨(dài)于有唐:及至唐朝。迨于:及至。

⑩ 五州:指冉仁才曾任刺史的五州。〔唐〕张说《河州刺史冉府君神道碑》:"烈考天水郡果公讳仁才,秩金紫光禄大夫,婚皇室汉南县主,经浦、澧、袁、江、陵、永凡六州刺史。"这里说五州,大抵是除"泾州"外。从行文乃看,前已将"泾州"特别独举,故这里仅言余下的五州。驯理:驯服治理。

⑪ 这两句对应本文前载:"永徽二年,入朝优诏,迁使持节永州刺史。"使节独荷:以喻独立担当使持节永州刺史,特指承受恩德。独荷:独立肩负。

⑫ 此句言功劳辛苦都很大。劳勚(yì):劳苦。勚:劳苦。

城①啸坐②。将星③忽陨④,物故⑤出叵⑥。好力劲勇⑦,节惠谥果⑧。恤典⑨有加,赐葬南浦。亦有丰碑,照耀万辅⑩。中遭蜀难,毁于风雨⑪。子姓⑫世传,是信家谱⑬。承家之喜⑭,河洲腾芳⑮。传世十六,发于酉阳⑯。历宋迄今,永保封疆⑰。吁嗟⑱果公⑲,德厚流光⑳。我明龙兴㉑,覃此㉒隆恩。起千载废㉓,有此令孙㉔。忠孝大节㉕,垂裕后昆㉖。作此铭章,表于墓门㉗。

---

① 专城:指任主宰一城的州牧、太守等地方长官。
② 啸坐:坐着大声呼叫,形容其指挥一切的气势。
③ 将星:古人认为帝王将相与天上星宿相应,将星即象征大将的星宿。
④ 陨:坠落。
⑤ 物故:死亡。
⑥ 出叵:出现偏差。叵:通"颇",偏差。此言将星的运行出现偏差,喻冉仁才去世。
⑦ 好力劲勇:谥号"果"字的含义。
⑧ 此句言按照礼节赐予谥号"果"。节:礼节。
⑨ 恤典:朝廷对去世官吏分别给予辍朝示哀、赐祭、配飨、追封、赠谥、树碑、立坊、建祠、恤赏、恤荫等的典例。
⑩ 万辅:即万辅山。
⑪ 此二句指"丰碑"(龙朔间碑)遭遇蜀中之动乱和风雨之侵蚀而毁坏。
⑫ 子姓:泛指子孙、后辈。
⑬ 此句言于是信奉家谱。是:连词,表示承接,相当于"于是"。
⑭ 此句言继承家族的喜庆吉祥。
⑮ 河洲:应为"河州",指河州刺史冉实,系冉仁才之子。腾芳:谓美名传扬。
⑯ 传世十六,发于酉阳:蒙默先生认为:"据《冉氏族谱序》,迁酉始祖当为冉守忠,仁才十七世孙,时在南宋建炎三年,以年世核计,大致可信。"(《也谈四川万县唐冉仁才墓》,载《四川文物》1989年第1期)据云阳《冉氏族谱》,冉仁才生冉实,冉实生冉显宗,冉显宗第十五世孙为冉守忠。则冉守忠为冉仁才十七世孙,"传世十六"即传了十六代到冉守忠入酉阳。
⑰ 此两句言历经宋代直到今天(明代),永保疆土。按,封疆当指少数民族土司的世袭领地。
⑱ 吁嗟:叹词,表示有所感。
⑲ 果公:对冉仁才的尊称。果:其谥号为"果"。公:对尊长的敬称。
⑳ 德厚流光:语本《谷梁传·僖公十五年》:"天子七庙,诸侯五,大夫三,士二,故德厚者流光,德薄者流卑。"(《春秋谷梁传注疏》卷八,李学勤主编《十三经注疏》标点本,北京大学出版社1999年12月第1版,第131—132页。下引此书,只标书名、卷数、页码,余皆省)谓德泽深厚则影响深远,子孙得福。
㉑ 我明:我明朝,明人自称其朝代。龙兴:喻王者兴起。
㉒ 覃(tán)此:广施这样的。
㉓ 起千载废:重新建树、恢复千年来被废置的事和物。
㉔ 有此令孙:有这样好的孙子。令:善,美好。这里指冉元。
㉕ 此句言忠于君国,孝敬父母是人生最重大的节操。
㉖ 此句言为后人留下业绩或名声。
㉗ 此句言刻于墓门的石碑上。表:指立石碑。

明通议大夫、户部侍郎①、前副都御史②巡抚江西等处地方、内江高公韶撰，嘉靖二十年辛丑③孟春吉、酉阳宣抚司④嗣孙⑤冉元⑥谨立石。

万县重修文庙碑记 明贡生沈巨儒邑人⑦

昔三代⑧以上皆有学⑨，以祀先圣先师。而学之建，实自有虞氏始⑩。然考之经传⑪，

---

① 户部侍郎：户部属官，为户部尚书之副，协助尚书掌天下田户、均输、钱谷之政令。

② 前副都御史：前任副都御史。明、清都察院长官分左、右都御史，简称"都御史"。明代以都察院当前代之御史台，以其长官都御史当前代之御史大夫，副都御史当前代之御史中丞。其下又设佥都御史。都察院为全国最高的监察、弹劾机关。都御史、副都御史、佥都御史外任总督、巡抚时，仍带原衔。

③ 嘉靖二十年辛丑：即1541年。

④ 酉阳宣抚司：宣抚司即宣抚使官署，或称宣抚使司。宣抚使为西南少数民族地区的地方官。元于四川、云南、广西等行省的少数民族地区设宣抚使，秩正三品，掌该地区的军政，亦参用土官，以加强统治力量。明、清沿置，但已成为土司的世袭武职，品位略低于宣抚使。明代酉阳宣抚司的设置，〔清〕张廷玉等《明史》卷三百十二《四川土司二·酉阳宣抚司》有载："酉阳，汉武陵郡酉阳县地。宋为酉阳州。元属怀德府。洪武五年，酉阳军民宣慰司冉如彪遣弟如喜来朝贡，置酉阳州，以如彪为知州。八年，改为宣抚司，仍以冉如彪为使。"（中华书局1974年4月第1版，第8057页）

⑤ 嗣孙：谓承嗣的子孙。

⑥ 冉元：《明史》中提到冉元的有以下两处：(1) 卷二百《张岳传》："未几，酉阳宣慰冉元嗾许保、黑苗突思州，劫执知府李允简。邦宪兵邀夺允简还，允简竟死。嵩父子故憾岳，欲速治之，徐阶持不可。乃夺右都御史，以兵部侍郎督师。邦宪等旋破贼。岳搜山箐，余贼献思州印及许保。湖广兵亦破禽首恶李通海等。岳以黑苗未获，不敢报功。已而冉元谋露，岳发其奸。元贿严世蕃责岳绝苗党。邦宪竟得黑苗以献，苗患乃息。"（中华书局1974年4月第1版，第5297页）(2) 卷三百十二《四川土司二·酉阳宣抚司》："（正德）八年，宣抚冉元献大木二十，乞免男维翰袭职赴京，从之。二十年，元再献大木二十，诏量加服色酬赏。"（中华书局1974年4月第1版，第8058页）

⑦ 文庙：祭奠古代教育家孔子（前551—前479）的祠庙。唐玄宗封孔子为文宣王，因此称孔庙为文宣王庙。明代以后称文庙，民间通称"夫子庙"。乾隆《万县志》题目无"万县"二字。沈巨儒：字越鸡，万县人，贡生。幼嗜学，好历名山，友名士。值明季大乱，遂隐。辟草舍以诗文自娱，号西溪野人。清总督李国英知其夙学，劝之仕，不应。康熙二十五年太守许嗣印聘修《府志》（据民国《万县志》卷十三《人物》）。

⑧ 三代：指夏、商、周。

⑨ 学：学校。

⑩ 此两句意为：传说学校自有虞氏开始创办。有虞氏：古部落名。传说其首领舜受尧禅，都蒲阪。故址在今山西省永济市东南。有：词头，无义。

⑪ 经传：儒家典籍有经与传的统称。传是阐释经文的著作。

先圣先师俱无专主①,故其姓氏多不载。至有周②之末,天生我孔子③,继尧、舜、禹、汤、文、武④之道,垂教⑤天下万世,而后尧、舜、禹、汤、文、武之道,如日月经天、江河行地⑥也。自是有天下者,由国及乡,皆建学立庙,春秋崇祀之⑦,以颜、曾、思、孟四大贤配飨⑧,别建启圣祠⑨以祀圣父叔梁氏,以颜、曾、思、孟四大贤之父配飨⑩。至正室外之左右建二楼,左藏经书图籍,右贮笾豆⑪簠簋⑫。阶下建两庑⑬,以祀历代理

---

① 无专主:没有特定的对象及其牌位。主:祭祀所立的牌位。
② 有周:即周代。有:词头,无义。
③ 乾隆《万县志》此句之前有"尼山降灵"一句,指孔子诞生。尼山:山名,亦名尼丘,在山东省曲阜市东南,连泗水、邹城市界。相传孔子父叔梁纥、母颜氏祷于此而生孔子。故孔子名丘,字仲尼。乾隆《万县志》此句之后有"以斯文应运而兴"一句,犹言孔子的诞生使礼乐教化、典章制度得以兴起。
④ 尧:姓伊祁,名放勋,古唐国(今山西省临汾市)人,我国上古时期部落联盟首领,"五帝"之一。舜:姓姚,名重华,字都君,山东诸城人,我国上古时期部落联盟首领,"五帝"之一。禹:或作夏禹、大禹,夏代开国国君。姓姒,名文命。他亲历各地疏通江、河,平洪水,理山川,别土地等级,制定贡赋,后被选举为舜的继承人。汤:姓子,名履,又名天乙。商族首领,亦是商朝的开创者。文、武:周文王姬昌与周武王姬发,剪灭了商,建立了周。
⑤ 垂教:犹垂训,垂示教训。
⑥ 如日月经天、江河行地:如同日月在天空运行,江河在地上奔流。
⑦ 春秋崇祀之:春秋两季祭祀他。崇祀:崇拜奉祀。之:代词,指孔子。
⑧ 此句言以颜回、曾参、子思、孟子四大贤者为配祀。配享:即祔祀,指孔子弟子或历代名儒祔祀于孔庙。〔清〕顾炎武《日知录》卷十四《配享》:"周、程、张、朱四子之从祀,定于理宗淳祐元年;颜、曾、思、孟四子之配享,定于度宗咸淳三年。自此之后,国无异论,俗无异习。"(〔清〕黄汝成《日知录集释(全校本)》,上海古籍出版社2006年12月第1版,第852页)度宗咸淳三年:即1267年。乾隆《万县志》此句之后还有"又取追王上祀之义"一句,谓又采用给亡故的先人追加王号而祀之的意义。
⑨ 启圣祠:祭祀孔子之父叔梁纥的祠殿。
⑩ 此句言以颜回、曾参、子思、孟子四大贤者的父亲为配享。
⑪ 笾(biān)豆:笾和豆,古代祭祀及宴会时常用的两种礼器。竹制为笾,木制为豆。
⑫ 簠簋(fǔ guǐ):古代祭祀盛稻粱黍稷的器皿。青铜制,长方形,有四短足,有盖。《周礼·地官·舍人》:"凡祭祀,共簠、簋,实之,陈之。"〔东汉〕郑玄注:"方曰簠,圆曰簋,盛黍稷稻粱器。"(《周礼注疏》卷十六,第426页)
⑬ 庑(wǔ):堂下周围的走廊、廊屋。

学①先贤先儒②。庙门之外，左设名宦祠③，右设乡贤祠④，皆祀有功于圣教者。而门前数十步凿泮水⑤，如半壁，以节游观⑥，四面如矩，以象地之方⑦；墙垣如规，以象天之圆。凡此即吾万邑古制，可概天下乡国规模也。猗欤⑧休哉⑨！自三代以后以迄于今，孔子专主先圣先师之席⑩也。道隆功盛，蔑以加矣⑪。

蜀遘不幸⑫，自甲申⑬流寇犯川⑭，诗书灰烬，宫墙邱墟⑮。幸王师定蜀⑯，而万县草昧伊始⑰，且中间顽梗⑱作祟⑲，任事者⑳虽勉力恢图㉑，率皆止㉒创正室，而

---

① 理学：亦称为"道学""性理学""宋学"，即性理之学。宋儒释经，以传道自命，重疏义理，兼谈性命，为与禅学、道教相结合所产生的学派。理学衰于元，而复兴于明。王守仁承继陆九渊之学而光大之，但其后只知言心言性，而疏于力行，流于空谈。
② 先贤先儒：明嘉靖间议孔庙祭礼，称颜渊、曾参等十人以下和孔子其他门弟子为先贤，自左丘明以下，称先儒。
③ 名宦祠：任职于某地而勤政爱民、有德有业的官员，去世后由当地士民举荐，经本省总督、巡抚会同学政审核批准，将其牌位入祀于所在州县名宦祠，春秋致祭。乾隆《万县志》作"名宦一祠"。
④ 乡贤祠：东汉孔融为北海相时，以甄士然祀于社。此为祭祀乡贤之始。明、清时凡有品学为地方所推重者，死后由大吏题请祀于其乡，入乡贤祠，春秋致祭。乾隆《万县志》作"乡贤一祠"。
⑤ 泮（pàn）水：古代学官前的水池，形状如半月。因泮水形为半月，故称"半壁"。
⑥ 节游观：节制约束参观者，令在外观之且分布均匀。
⑦ 以象地之方：用来象征大地的方形。古人直观地认为天是圆形的，地是方形的。
⑧ 猗欤：叹词。表示赞美。
⑨ 休哉：美好啊。休：美善。
⑩ 此句言孔子一人独享先圣先师的席位。
⑪ 蔑以加矣：没有什么可以增加的了，言其尽善尽美。蔑：无，没有。
⑫ 蜀遘（gòu）不幸：蜀地遭遇不幸。遘：遭遇。乾隆《万县志》此四字之前还有"讵迩"二字。讵迩：岂料近来。
⑬ 甲申：此指1644年，即崇祯十七年。
⑭ 流寇犯川：指张献忠五次入川事。
⑮ 邱墟：邱，同"丘"。废墟，荒地。
⑯ 幸王师定蜀：指清军平定四川。乾隆《万县志》前有一"继"字。
⑰ 草昧伊始：犹草创刚刚开始。乾隆《万县志》此句前无"万县"二字。
⑱ 顽梗：愚妄而不顺服的人。
⑲ 作祟：作怪捣乱。
⑳ 任事者：承担事务或担负责任的人。乾隆《万县志》前有"先是"二字。
㉑ 勉力恢图：努力谋划恢复。
㉒ 率皆止：都停止了。

后无启圣祠,前无两庑,遂令圣父群贤诸儒不得崇享祀①。其于报②尊崇之典,能无阙焉③?我邑侯张公永辉吉贞④,以壬戌岁⑤星临兹邑⑥,下车即先行释奠礼⑦,遍观古迹之既颓⑧,惧圣灵之未妥⑨,慨然以建学作人为己任。于是百务未遑⑩,即捐赀⑪励士⑫董其事⑬,不期年⑭而大功落成。由斯⑮启圣雝雝在宫⑯,先圣穆穆在庙⑰,先贤先儒济济在左右⑱,明伦有堂⑲,棂星有门⑳,而菁莪㉑棫朴㉒、辟雍钟鼓之风㉓,可复见于后矣!盖孔子之道如天,其作《春秋》、明王道㉔,以天自处,即以天子之

---

① 享祀:乾隆《万县志》作"享禋祀"。禋(yīn)祀:本为古代祭天的一种礼仪。先燔柴升烟,再加牲体或玉帛于柴上焚烧。亦泛指祭祀。此处当为后义。
② 报本:"报本反始"之省,指受恩思报,不忘本源。
③ 能无阙焉:能没有阙失吗。焉:语气词,用于句尾,有反问意。乾隆《万县志》后还有"未安乎"三字。
④ 此两句乾隆《万县志》作:"今逢我邑侯张公山西平阳府临汾县人,讳永辉,号吉贞。"邑侯:县令。
⑤ 壬戌岁:此指1682年,即康熙二十一年。
⑥ 星临兹邑:像星辰一样降临此县。兹:代词,此。邑:旧时县的别称。
⑦ 释奠礼:古代在学校设置酒食以奠祭先圣先师的一种典礼。
⑧ 既颓:已经破败。既:副词,已。
⑨ 此句言惧怕圣人的灵魂未能安妥。惧:乾隆《万县志》作"愀然",忧愁貌。妥:安坐,指神安其位。
⑩ 百务未遑:各种事务来不及顾及。未遑:没有时间顾及。
⑪ 捐赀:即捐资。赀:通"资"。
⑫ 励士:勉励士子。
⑬ 董其事:主持这一事情。
⑭ 不期(jī)年:不到一年。期年:一周年。
⑮ 由斯:由此。斯:指示代词,此。
⑯ 启圣雝雝(yōng yōng)在宫:雝雝,现作"雍雍"。孔子之父启圣公叔梁纥和乐地安居宫中,指启圣殿完成。雝雝:和乐貌,和洽貌。
⑰ 先圣穆穆在庙:先圣孔子庄严地供奉在文庙中。穆穆:庄严肃穆。
⑱ 先贤先儒济济在左右:先贤先儒众多的牌位陈列在左右两庑。济济:众多貌。
⑲ 明伦有堂:有明伦堂。文庙中的大殿称"明伦堂"。语本《孟子·滕文公上》:"夏曰校,殷曰序,周曰庠,学则三代共之,皆所以明人伦也。"(《孟子注疏》卷五上,第136页)
⑳ 棂(líng)星有门:有棂星门,乃我国传统古建筑名,是文庙中轴线上的牌楼式木质或石质建筑,古代传说棂星为天上文星,以此命名意味着孔子为天上星宿下凡,象征着孔子可与天上施行教化、广育英才的天镇星相比。
㉑ 菁莪(jīng é):《诗经·小雅·菁菁者莪》序:"菁菁者莪,乐育材也,君子能长育人材,则天下喜乐之矣。"(《毛诗正义》卷十,第628页)后因以"菁莪"指育材。
㉒ 棫朴(yù pǔ):《诗经·大雅》中的篇名。该篇诗序称是咏"文王能官人也"(《毛诗正义》卷十六,第996页),故多以喻贤材众多。
㉓ 此句指德化礼乐之风。
㉔ 王道:儒家提出的一种以仁义治天下的政治主张,与霸道相对。

事自任，故虽未登尧、舜、禹、汤、文、武之位，而能继尧、舜、禹、汤、文、武之道，至使万世帝王无不入学，北面①执②弟子礼，凡天子之太子、公侯、卿大夫、元士③之嫡子④，皆执笾豆、骏奔走⑤，以明君臣、父子、长幼之节⑥焉。然非后起而有心斯道、建明⑦光复⑧之如我邑侯张公者，又何以使煌煌⑨古道⑩复见于今日也哉？余于是序二帝三王⑪以来，独吾孔子专主先圣先师之席之本末⑫，并我邑侯建明光复之伟功，勒诸石，以志不朽云。

万县重修关庙碑记 沈巨儒⑬

粤⑭稽⑮史传记载，自古名将，或以勋业著，或以才智著，或以忠节著，不可胜述，固无论⑯已。余独于读史之余，至汉之关壮缪⑰、唐之张睢阳⑱、宋之岳武穆⑲，每三致意⑳焉，以其皆得于孔子之道者也。何以明其然也？观睢阳之被围也，斥

---

① 北面：古礼，臣拜君，卑幼拜尊长，弟子拜师长，皆面向北行礼。
② 执：行，施行。
③ 元士：周代称天子之士为元士。
④ 嫡子：正妻所生之子，多指嫡长子。
⑤ 执笾豆，骏奔走：语出《尚书·武成》："邦甸、侯、卫，骏奔走，执豆、笾。"（《尚书正义》卷十一，第288页）骏奔走：急速奔走。
⑥ 节：指礼节。
⑦ 建明：谓对国家大事有所建议及陈述。这里指对重修文庙及其意义的建议及陈述。
⑧ 光复：犹恢复。
⑨ 煌煌：明亮辉耀貌，光彩夺目貌。
⑩ 古道：指孔子之道。
⑪ 二帝：指唐尧、虞舜。三王：指夏禹、商汤、周武王。这些人都是我国古代重要的开国者，对我国历史的发展有重要影响，后世也用此泛指古代帝王。
⑫ 本末：本义为树木的下部与上部。引申为始末，原委。
⑬ 关庙：即关帝庙，旧时供奉三国蜀将关羽的庙宇。本志卷七《地理志·坛壝庙祠》中有载，可以参看。乾隆《万县志》无"万县"二字。
⑭ 粤：助词，用于句首，表示审慎的语气。
⑮ 稽：查考。
⑯ 无论：不必说。
⑰ 关壮缪：即关羽。景耀三年（260），蜀汉后主刘禅追谥关羽为"壮缪侯"，故称。
⑱ 张睢阳：唐代张巡，蒲州河东（今山西省永济市）人，开元（713—741）末举进士，天宝中为真源令。安禄山叛乱，张巡起兵讨贼。后至睢阳，与太守许远守城，经年粮绝，城陷而死。
⑲ 岳武穆：即岳飞。岳飞于南宋淳熙六年（1179）被追谥为"武穆"，故称。
⑳ 三致意：再三表达其意。

贼①曰："女未识人伦，焉知天道？"②武穆自道曰："仁、智、信、勇、严，阙一不可。"③此孔子达道④达德⑤也；至我壮缪关公，生平志在《春秋》，矢诛乱臣贼子⑥，凛凛节义，直与日月争光。是以普天率土⑦，春秋俎豆⑧，继孔子而禋祀⑨未艾⑩，真千古一人而已。虽然，犹有说⑪。汉高帝⑫，丰沛⑬人也，以布衣⑭提三尺剑⑮，有天下，既开创于西，复中兴于东，阅四百年⑯。又赖汉寿亭侯⑰申大义，左

---

① 斥贼：乾隆《万县志》作"斥贼之辞"。
② 材料可见于《资治通鉴》卷二百十八《唐纪三十四·肃宗至德元载》："（张）巡使郎将雷万春于城上与潮相闻，贼弩射之，面中六矢而不动，潮疑其木人，使谍问之，乃大惊。遥谓巡曰：'向见雷将军，方知足下军令矣，然其如天道何？'巡谓之曰：'君未识人伦，焉知天道？'"（中华书局1956年6月第1版，第6988页）女：乾隆《万县志》作"汝"，代词，你。乾隆《万县志》此句之后还有"此孔子名教也"一句。名教：以"三纲""五常"为主要内容的封建礼教。西汉武帝时，把符合封建统治利益的政治观念、道德规范确立和制定为名分、名目、名节等，以进行教化，习称"以名为教"。
③ 引文见〔元〕脱脱等《宋史》卷三百六十五《岳飞传》："张俊尝问用兵之术，曰：'仁、智、信、勇、严，阙一不可。'"（中华书局1977年11月第1版，第11395页）
④ 达道：公认的准则。
⑤ 达德：通行不变的道德。乾隆《万县志》无此二字。
⑥ 矢诛乱臣贼子：发誓要诛杀不守臣道、心怀异志的人。矢：通"誓"。
⑦ 是以：连词。因此，所以。普天：遍天下。率土："率土之滨"之省，谓境域之内。
⑧ 俎豆：俎和豆。古代祭祀时盛食物的礼器。引申为祭祀、奉祀。
⑨ 禋祀：泛指祭祀。
⑩ 未艾：未尽，未止。
⑪ 犹有说：还有话说。乾隆《万县志》句末有"焉"，乃句末语气词，表示停顿。
⑫ 汉高帝：即刘邦（前256—前195），汉朝开国皇帝，庙号太祖，谥号高皇帝。
⑬ 丰沛：秦沛县之丰邑，汉置县。今江苏省徐州市丰县。
⑭ 布衣：借指平民。古代平民不能衣锦绣，故称。
⑮ 三尺剑：乾隆《万县志》无"剑"字。三尺：指剑。
⑯ 阅四百年：经历了四百年。汉代从前206年至220年，历时426年。
⑰ 汉寿亭侯：〔西晋〕陈寿《三国志·蜀书》卷六《关羽传》："建安五年，曹公东征……羽望见良麾盖，策马刺良于万众之中，斩其首还，绍诸将莫能当者，遂解白马围。曹公即表封羽为汉寿亭侯。"（中华书局2006年9月第1版，第560页）乾隆《万县志》作"关公"。

右昭烈①，嗣炎汉正统②于吾蜀，则其争先于五虎③之中，奋威于三分之国，直与诸葛武侯④鞠躬尽瘁、死而后已⑤者同心一德焉，意其生前勋节⑥，既彪炳⑦于吾蜀，则其没⑧后，在天之灵、英气忠魂，与昭烈陵寝之在吾蜀中者，常绕于吾蜀也明矣。

万邑庙貌⑨，旧在东关外钟滩江岸之上，自经兵燹，久成邱墟。今西关内卜建于文庙之右者，乃王师定蜀继事也。复经逆孽之乱⑩，颓毁荒秽⑪，未妥神栖⑫。邑人水师傅公⑬随辕⑭荡平川东⑮，事竣，即慨然捐赀，鸠工重修之。是役⑯也，一则以光圣人未坠之道⑰，一则以表文德武功之符⑱。属⑲余为文以志之，余因述其前后事，以为记。傅公讳尔学，字睿初，其先湖广人。

---

① 左右昭烈：辅佐刘备。左右：帮助，辅佐。昭烈：指刘备。〔西晋〕陈寿《三国志·蜀书》卷二《先主传》：章武三年（223）"五月，梓宫自永安还成都，谥曰：'昭烈皇帝'。秋，八月，葬惠陵"。（中华书局2006年9月第1版，第532页）

② 嗣炎汉正统：继承汉室真正的血统。炎汉：汉自称以"火德王"，故称"炎汉"。乾隆《万县志》无"正"字。

③ 五虎：即五虎上将，指汉末三国时期，跟随刘备建立蜀汉政权的五位将军。分别为关羽、张飞、赵云、马超、黄忠。《三国志·蜀书》卷六中将五人并列，或为有关三国的话本、戏曲以及民间故事中"五虎上将"的根据。

④ 诸葛武侯：即诸葛亮。〔西晋〕陈寿《三国志·蜀书》卷五《诸葛亮传》："建兴元年（223年），封亮武乡侯，开府治事。"（中华书局2006年9月第1版，第547页）诸葛亮去世后，后主刘禅诏策"赠君丞相武乡侯印绶，谥君为忠武侯"。（同上，第553页）后世称之为武侯。

⑤ 鞠躬尽瘁、死而后已：乃诸葛亮《后出师表》中的名句，指勤勤恳恳，竭尽心力，到死为止。

⑥ 勋节：功勋和节操。

⑦ 彪炳：辉耀，照耀。

⑧ 没：通"殁"，死。乾隆《万县志》作"殁"。

⑨ 庙貌：《诗经·周颂·清庙序》郑玄笺："庙之言貌也，死者精神不可得而见，但以生时之居，立宫室象貌为之耳。"（《毛诗正义》卷十九，第1279页）因称庙宇及神像为"庙貌"。

⑩ 逆孽之乱：指张献忠五次入川，以及摇黄十三家、夔东十三家的抗清斗争。逆孽：指叛乱作孽者。按，摇黄十三家造反和抗清活动前后延续了二十余年。夔东十三家转战于夔州、巫山、巫溪、万州、巴东等地，前后坚持了十七年。

⑪ 颓毁荒秽：坍塌荒芜。

⑫ 未妥神栖：未能妥善安置神灵居住的地方。

⑬ 傅公：指傅尔学。本志卷二十六《士女志·武职·国朝》中有载。

⑭ 随辕：随官军。辕：辕门，领兵将帅的营门。

⑮ 荡平川东：指剿灭川东地区的抗清势力。具体内容参看下文《荡平川东碑记》。

⑯ 是役：此事。此指重修关庙之事。

⑰ 未坠之道：没有丧失的儒家之道。

⑱ 表文德武功之符：彰明施行政教的功德和从事征战的功劳的法则。符：法度，法则。

⑲ 属：今写作"嘱"。

荡平东川碑记 代徐提军作 沈巨儒①

粤稽古帝王御世②，虞有有苗③，夏有有扈④，商有韦、顾、昆吾⑤，周有淮、戎、

---

① 徐提军：即徐治都。〔清〕和珅等《钦定大清一统志》卷二百五十七《湖北省·名宦·本朝》："徐治都，正白旗人，任夷陵镇总兵，以平贼功迁提督。夏逢龙乱，杀巡抚、粮道等，据武昌，破汉阳，犯德安。治都率兵至应城县，杀伪副将以下诸贼渠，逢龙以万众围攻应城，治都夹击之，贼奔德安，再遣将败之，遂复武昌，获逢龙，磔之军前。授镇平将军，仍管提督事。卒太子太保，谥襄毅。"（《景印文渊阁四库全书·史部二三八·地理类》第480册，台湾商务印书馆1986年3月影印第1版，第14页）提军：提督军门的简称，亦即提督。从一品，为一省的高级武官。
② 御世：治理天下。此句乾隆《万县志》作"粤稽上古，轩辕有涿鹿之战，颛顼有共工之征。自兹而后"。按，轩辕，传说中的古代帝王黄帝的名字。传说姓公孙，居于轩辕之丘，故名曰"轩辕"。曾战胜炎帝于阪泉，战胜蚩尤于涿鹿，诸侯尊为天子。后人以之为中华民族的始祖。涿鹿之战距今约5000年前，黄帝部族联合炎帝部族，与来自东方的蚩尤部族在涿鹿进行了一场大战。其目的是争夺中原地带。此战对于古代华夏族由野蛮时代向文明时代的转变产生过重大的影响。涿鹿：地名，故城在今河北省涿鹿县南。颛顼：上古帝王名，号高阳氏。相传为黄帝之孙、昌意之子，生于若水，居于帝丘。4500年前在炎黄部落联盟内部，发生了由颛顼和共工争夺最高领导权的战争。颛顼获得了最后的胜利，成为炎黄部落联盟的最高领袖，历史上的五帝之一。
③ 虞：朝代名，帝舜有天下之号。有苗：古国名，亦称"三苗"。尧、舜、禹时我国南方较强大的部族，传说舜时被迁到三危。有：词头，无义。
④ 夏：即夏后氏，乃我国历史上第一个朝代，相传为禹子启所创立的奴隶制国家，建都安邑（今山西省运城市夏县北）。有扈：古国名。夏启立，有扈不服，启灭之，其子孙以国为姓。故址在今陕西省西安市鄠邑区北。
⑤ 商：朝代名。公元前16世纪商汤灭夏所建。传至纣，为周武王所灭。韦、顾、昆吾，夏、商之间部落名。《诗经·商颂·长发》："韦、顾既伐，昆吾夏桀。"〔西汉〕毛亨传："有韦国者，有顾国者，有昆吾国者。"〔东汉〕郑玄笺："韦，豕韦，彭姓也。顾、昆吾，皆己姓也。三国党于桀恶。汤先伐韦、顾，克之。昆吾、夏桀则同时诛也。"〔唐〕孔颖达疏："《郑语》云：'祝融其后八姓，下历数之，己姓昆吾、顾、温、彭姓豕韦，则商灭之矣。'故知韦即豕韦，彭姓也。顾与昆吾皆己姓也。《郑语》又云：'豕韦为商伯。'此已灭之，又得为商伯者，成汤伐之，不灭其国，故子孙更兴为伯也。为汤所伐，明与桀同心，故知三国党于桀恶。昆吾、夏桀共文，在既伐之下，故知先伐韦、顾，克之。昆吾、夏桀则同时诛。"（《毛诗正义》卷二十，第1459—1460页）

顽民①，率皆②戡以武功③，绥以文德④。恭维⑤我世祖章皇帝⑥，以顺天应人之主⑦，兴吊民取残⑧之师，享九有⑨，宁万方⑩。暨⑪我今皇上⑫，继体守文⑬，秉德成康⑭，

---

① 周：朝代名，姬姓。公元前11世纪武王灭商建周，都镐京（今陕西西安），史称"西周"。公元前771年，犬戎攻破镐京，周幽王被杀。次年周平王东迁洛邑（今河南洛阳），史称"东周"。淮：指淮夷。戎：指徐戎。《尚书·费誓》："徂兹淮夷，徐戎并兴。"〔西汉〕孔安国传："今往征此淮浦之夷，徐州之戎。"（《尚书正义》卷二十，第562页）淮夷：古代居于淮河流域的部族。〔西汉〕司马迁《史记》卷四《周本纪》："召公为保，周公为师，东伐淮夷，残奄，迁其君薄姑。"（郭逸、郭曼标点《史记》，上海古籍出版社1997年8月第1版，第90页）徐戎：即徐国，在今安徽省泗县西北五十里。《春秋·庄公二十六年》："秋，公会宋人、齐人伐徐。"（《春秋左传正义》卷十，第284页）顽民：本指殷代遗民中坚决不服从周朝统治的人。《尚书·毕命》："毖殷顽民，迁于洛邑，密迩王室，式化厥训。"〔西汉〕孔安国传："惟殷顽民，恐其叛乱，故徙于洛邑，密近王室，用化其教。"（《尚书正义》卷十九，第522页）〔南宋〕赵与时《宾退录》卷十："'武王克商，迁九鼎于洛邑，义士犹或非之。'义士，即《多士》所谓'迁殷顽民'者也。由周而言，则为顽民，由商而论，则为义士矣。"

② 率皆：犹言都是。

③ 戡以武功：用武力来平定。武功：军事功绩。

④ 绥以文德：用文德来安抚。文德：指礼乐教化。

⑤ 恭维：恭敬地想到。此乃对上的谦词。

⑥ 世祖章皇帝：清世祖爱新觉罗·福临，即顺治帝。

⑦ 以顺天应人之主：以上顺天命、下应人心的君主身份。顺天应人：语本《周易·革》："天地革而四时成，汤武革命，顺乎天而应乎人，革之事大矣哉。"〔唐〕孔颖达疏："殷汤周武，聪明睿智，上顺天命，下应人心。"（《周易正义》卷五，第202—203页）后因以"顺天应人"谓顺应天命，合乎人心。

⑧ 吊民取残：慰问受害的百姓，夺取凶残。

⑨ 享九有：享有九州。九有：九州。《诗经·商颂·玄鸟》："方命厥后，奄有九有。"〔西汉〕毛亨传："九有，九州也。"（《毛诗正义》卷二十，第1445页）

⑩ 宁万方：使万方安宁。万方：万邦，各方诸侯，引申指天下各地。

⑪ 暨：至，到。

⑫ 今皇上：指清圣祖爱新觉罗·玄烨，即康熙帝。

⑬ 继体守文：继承帝位，遵守周文王的法度。语本《公羊传·文公九年》："继文王之体，守文王之法度。"（《春秋公羊传注疏》卷十三，第292页）

⑭ 秉德成康：继承保持周成王与周康王的美德。成康：周成王与周康王的并称，史称其时天下安宁，刑措不用，故用以称"至治之世"。

东西南北，无思不服①者，几四十年②。何物吴三桂③，敢负国恩，大肆凶逆④，跳梁滇黔⑤，以干天诛⑥。而逆竖⑦谭宏⑧，始以井蛙⑨，胁从于川北，继以首鼠，窃据于川东⑩，恃弹丸天城⑪为负嵎之虎⑫，用么麼⑬群小⑭为百足之虫⑮，而陷川东数万生灵⑯为处堂之燕⑰、游釜之鱼⑱，嗟乎！伤哉！

---

① 无思不服：没有不服从。语出《诗经·大雅·文王有声》："镐京辟雍，自西自东。自南自北，无思不服。"〔东汉〕郑玄笺："自，由也。武王于镐京行辟雍之礼，自四方来观者，皆感化其德，心无不归服者。"（《毛诗正义》卷十六，第1053页）
② 几四十年：本文写于康熙十九年（1680），加上顺治帝在位的十八年（1644—1661），将近四十年。
③ 吴三桂（1612—1678）：字长伯，高邮（今江苏省高邮市）人。明末任辽东总兵，封"平西伯"。李自成起义军攻入北京，他滞留山海关，后降清引清兵入关，封"平西王"。后反清失败。
④ 凶逆：凶恶叛逆。亦指凶恶叛逆的人。
⑤ 跳梁：本义为跳跃，引申为跋扈，强横。滇黔：云南省和贵州省的简称。
⑥ 以干天诛：因而触犯了上天的诛罚。
⑦ 逆竖：对叛逆者的憎称。
⑧ 谭宏（？—1681）：原名谭弘，因避讳改。字廊如，万县（今重庆市万州区）人，明末清初将领，参与吴三桂反叛，于康熙二十一年（1682）五月在云南被诛于市。
⑨ 井蛙：犹井底之蛙，比喻见闻狭隘、目光短浅的人。
⑩ 康熙十二年（1673），谭宏响应吴三桂造反，其后又盘踞在川东一带。
⑪ 恃弹丸天城：谭宏曾占天生城以为武装斗争的据点。恃：依赖，凭借。弹丸：供弹弓发射用的泥丸、石丸、铁丸。比喻地方狭小。天城：即万州天生城。
⑫ 负嵎之虎：负隅顽抗之虎。嵎：通"隅"。
⑬ 幺麼：微不足道的人，小人。麼：同"么"。
⑭ 群小：众小人。
⑮ 百足之虫：马陆的别名。体长而稍扁，长寸余，由许多环节构成，各节有足一至二对。中断成两截，头尾仍能各自行走。又或为蜈蚣的俗称。这里比喻谭宏部从。
⑯ 生灵：人民，百姓。
⑰ 处堂之燕：处于一堂的燕雀，喻不知祸之将至的小民。典出《吕氏春秋》卷十三《谕大》："季子曰：'燕雀争善，处于一屋之下，子母相哺也，姁姁焉相乐也，自以为安矣。灶突决，则火上焚栋，燕雀颜色不变，是何也？乃不知祸之将及已也。'为人臣免于燕雀之智者，寡矣。夫为人臣者，进其爵禄富贵，父子兄弟相与比周于一国，姁姁焉相乐也，以危其社稷，其为灶突近也，而终不知也，其与燕雀之智不异矣。"（张双棣等《吕氏春秋译注》，吉林文史出版社1987年7月第1版，第375—376页）
⑱ 游釜之鱼：游于釜中的鱼，喻苟延残喘之人。

事始庚申秋八月①也，事闻皇上②，天威③震怒，命臣会同将军臣某、章京臣某率满汉精锐，由楚道水陆并进④，一战而克巫山，再战而克夔城，三战而克云阳⑤。随挽舟师，乘风直上，不二日而直造逆巢城下，兵不血刃⑥，矢不伤镞⑦，而天城土崩⑧，元凶授首⑨，逆党倾心⑩。此皆上荷⑪朝廷威灵⑫，下藉诸将士勇

---

① 事始庚申秋八月：庚申即康熙十九年（1680）。此处有误。本文末行署为"康熙十九年，岁次辛酉，仲春朔"。按，康熙十九年岁次庚申，非"辛酉"，辛酉当是康熙二十年（1681）。"仲春朔"为二月初一。文末署为"康熙十九年"之"仲春朔"，则此处云"事始庚申秋八月"，已是此文撰成以后之事，何能为"事始"？若"岁次辛酉"为实，则"庚申秋八月"谭宏等人已被剿灭，又何能为"事始"？据《平定三逆方略》记载，此处当作"己未"，即康熙十八年（1679）。
② 事闻皇上：即上述谭宏据天生城与清军对抗之事，为康熙知道。
③ 天威：帝王的威严。
④ 章京：汉语"将军"的译音。清代用于某些有职守的文武官员，汉名为参领。这几句所涉及之事可见《平定三逆方略》卷四十八：康熙十八年十一月甲辰（十三日，1679年12月15日），"湖广提督徐治都速统舟师，乘兹胜势，沿江直取重庆。将军噶尔汉、总督杨茂勋、提督佟国瑶等已进兴安，迄今尚未奏捷。怯懦已甚，俟恢复兴安之日，噶尔汉等俱撤还原守地方，前所有功绩，尽行削去。该部严察议处。噶尔汉、佟国瑶，令驻防郧阳诸处。杨茂勋率所部官兵速自郧阳启行，由荆门、当阳迅至彝陵。与徐治都直从江上流而进，奋力平定四川，以赎其罪。及大将军公图海等，恢复兴安"（《台湾文献史料丛刊》第六辑，台湾大通书局1987年10月第1版，第386页）。壬子（二十一日，1679年12月23日）"当此蜀贼震动之际，速由重庆、夔州进兵，则恢复蜀省不难。今湖广船舰已成，前虽有旨，令提督徐治都等率舟师溯江而上，直取重庆，又令总督杨茂勋速往会徐治都，协力进剿"（同上，第388页）。《平定三逆方略》卷五十：康熙十九年正月丁未（十七日，1680年2月16日），"趣（cù，督促，催促）总督杨茂勋等速取重庆、夔州。上谕议政王等曰：屡命总督杨茂勋、提督徐治都等溯江速上，直取重庆、夔州，今兵抵何处，进止若何，贼情形若何？初未奏闻……杨茂勋、徐治都等宜乘机急取重庆、夔州，剿御逆寇，其移檄严饬，趣使进兵，如迟延观望，误此事机，严治其罪"（同上，第398页）。
⑤ 此处可参见《平定三逆方略》卷五十：康熙十九年二月戊寅（十八日，1680年3月18日），"提督徐治都奏复夔州，治都兵抵巫山县，伪将军杨来嘉等拥众拒守，我兵击败之，乘胜长驱。是月初一日至夔州，伪将军刘之卫率伪总兵瞿洪升等出降，遂复其城，提督徐治都奏谭洪（宏）率所部官兵降，谭洪遣子伪左将军天秘，赍《辨明胁从疏》及伪晋国公敕一，广威将军印一，伪文武官印十九，伪札牌八十二，并伪官兵数目缮册，送治都所。是月十三日，洪率子侄并驻守云阳，伪总兵地晋、地升等诣军门降"（同上，第402—403页）。
⑥ 兵不血刃：兵器上没有沾血，谓战事顺利，未经交锋或激战而取得胜利。
⑦ 矢不伤镞：箭不损伤箭头，谓战事顺利，未经交锋或激战而取得胜利。
⑧ 天城土崩：天生城土崩瓦解。
⑨ 元凶授首：作乱之首领投降或被杀。
⑩ 逆党倾心：结伙作恶的人倾心于朝廷。
⑪ 荷：特指承受恩德。
⑫ 威灵：谓显赫的声威。

力，露布①以闻，当无烦睿怀西顾②矣。《书》曰："歼厥渠魁，胁从罔治。旧染污俗，咸与维新。"③时元逆已诛④，从党咸服⑤，臣惟仰体皇上好生之仁，剿抚并用之旨⑥，宣布德意⑦，招徕流移⑧，不旬日而扶携载道，襁负来归⑨。余乃属其耆老子弟而告之曰⑩："嗟尔⑪百姓，本系良民，陷于水火，罔见天日，自今以后，毋曰蜀水险也，尔视我师，如越溪涧；毋曰蜀山峻也，尔视我师，如履⑫康庄⑬。习文者属我司徒⑭，习武者属我司马⑮，务本⑯者归田，逐末⑰者归市，改尔旧习，服我新政。念兹在兹⑱，

---

① 露布：告捷文书。〔唐〕封演《封氏闻见记》卷四《露布》："露布，捷书之别名也。诸军破贼，则以帛书建诸竿上，兵部谓之露布。"
② 无烦睿怀西顾：无须皇上烦心挂念西部。睿：古时臣下对君王、后妃等所用的敬词。睿怀：犹圣怀。顾：挂念。
③ 材料出自《尚书·胤征》，〔西汉〕孔安国传："歼，灭。渠，大。魁，帅也。指谓羲和罪人之身。其胁从距王师者，皆无治。其余人久染污俗，本无恶心，皆与更新，一无所问。"（《尚书正义》卷七，第185—186页）其意为歼灭其中为首的大头目，胁从者不予惩处，旧时染上污秽恶习者，都允许改正更新。《书》：指《尚书》，指《尚书》，即上古之书，是我国上古历史文献和部分追述古代事迹著作的汇编，为儒家经典之一，其基本内容是虞、夏、商、周君王的文告和君臣谈话的记录，以记言为主。
④ 元逆已诛：叛逆为首者已被诛杀。
⑤ 从党咸服：随从的党羽都内心诚服。
⑥ 剿抚并用之旨：剿灭与招抚并用的旨意。
⑦ 德意：布施恩德的心意。
⑧ 招徕流移：招抚流亡迁移的人。
⑨ 襁负来归：用襁褓背负着婴儿来归附。
⑩ 此句言我于是集合老人和年轻人而告诉他们说。属：聚集，会合。
⑪ 嗟：叹词，表招呼。尔：你，你们。
⑫ 履：行走。
⑬ 康庄：四通八达的大道。
⑭ 属我司徒：依附我朝司徒。司徒：官名。相传少昊始置，唐虞因之。周时为六卿之一，曰地官大司徒。掌管国家的土地和人民的教化。汉哀帝元寿二年（前1），改丞相为大司徒，与大司马、大司空并列"三公"。东汉时改称司徒。历代因之，明废。后别称户部尚书为大司徒。
⑮ 属我司马：依附我朝司马。司马：官名。相传少昊始置。周时为六卿之一，曰夏官大司马。掌军旅之事。汉武帝元狩四年（前119）改太尉为大司马。后汉因之，旋又改名太尉，南北朝与大将军并称"二大"，至隋废。后世用作兵部尚书的别称，侍郎则称少司马。清代则俗称同知为司马。
⑯ 务本：指务农。
⑰ 逐末：指经商。古以农业为本务，商贾为末务，故称。
⑱ 念兹在兹：《尚书·大禹谟》："帝念哉！念兹在兹，释兹在兹。名言兹在兹，允出兹在兹，惟帝念功。"〔西汉〕孔安国传："兹，此；释，废也。念兹人，在此功；废兹人，在此罪。言不可诬。"（《尚书正义》卷四，第90页）后谓念念不忘于某一事情。

永蹈斯言①。"凡此，皆布朝廷文德，以全武功之本末，因勒斯石，以示全省耆老子弟，取鉴往辙②，垂训来兹，共享国家升平之福③、灵长之运④于万亿斯年⑤也云尔⑥。

康熙十九年，岁次辛酉，仲春朔。

按，徐公讳治都，见《国朝名臣传》。

增修学宫⑦记 国朝万县知县张永辉

壬戌⑧之秋，余奉天子命，来牧南浦⑨。见城郭倾圮，人民凋敝⑩，荆棘丛生，荒烟满目，未尝不为之感慨歔欷⑪。视事⑫之明日，谒先师庙⑬，行释奠礼⑭，见学宫止存正殿三间，而旁无两庑，后无启圣祠，四配⑮、十哲⑯而外，禋祀缺然⑰。且

---

① 永蹈斯言：永远遵循此言。蹈：履行，遵循。
② 取鉴往辙：犹言前车之鉴，比喻以往的失败，后来可以当作教训。
③ 升平之福：太平幸福。
④ 灵长之运：广远绵长的运气。
⑤ 万亿斯年：万亿年。斯：助词，无义。
⑥ 云尔：用于句子或文章的末尾，表示结束。
⑦ 学宫：元、明、清在各府、州、县设立的供生员修业的学校。乾隆《万县志》题作《修儒学记》。张永辉：山西平阳府临汾县人。性通敏，有干练才。康熙二十一年（1682）任万县县令。捐俸创修儒学、义学、节孝、名宦、乡贤诸祠，其尤著者，建启圣祠以振兴人文，一科即五板桂，略有文翁遗风（据乾隆《万县志》卷三《宦绩》、本志卷二十四《职官志·政绩》）。
⑧ 壬戌：此指1682年，即康熙二十一年。
⑨ 牧南浦：作南浦的长官，即万县县令。
⑩ 凋敝：破败，困乏。
⑪ 歔欷：悲泣，叹息。
⑫ 视事：办公。
⑬ 先师庙：指孔庙。
⑭ 释奠礼：古代在学校设置酒食以奠祭先圣先师的一种典礼。
⑮ 四配：指颜渊、子思、曾参、孟轲。旧时以此四人配祀孔子庙。颜渊、子思居东，曾参、孟轲居西，通称"四配"。
⑯ 十哲：指孔子的十个弟子：颜渊、闵子骞、冉伯牛、仲弓、宰我、子贡、冉有、季路、子游、子夏。自唐贞定制，从祀孔庙，列侍孔子近侧。开元时，颜渊配享，升曾参，后曾参配享，升子张。后代又增有若及宋朱熹，合称"十二哲"。
⑰ 禋祀：泛指祭祀。缺然：废弛。

池为采芹①之地，奈何颓塌②，石积③周围，墙垣四顾皆无，而其甚者，更有鸡豚④马匹充斥盈庭⑤，何以奠先灵、化民俗乎？余恻然伤之，因谓诸生曰："夫内而辟雍⑥，外而郡邑，各建有先师庙，春秋必告虔⑦者，所以大尊崇也。夫尊崇先师，必尊崇所自出⑧。况群贤羽翼⑨道统⑩，诸儒阐明圣教⑪，安可以阙焉不祀⑫？顾令⑬亵越⑭如斯⑮耶⑯？"诸生曰："万邑介于水陆，频年⑰逆乱，兵戈相寻⑱，无有宁日。学宫久已荒废，文峰虽有都历⑲插天，而后殿不耸，闇汶⑳之气，消索人文㉑，贤书㉒不登㉓者，已二十年矣。前任水师营傅公㉔仅建正殿三间，他未及举，盖有待也。"

① 采芹：出自《诗经·鲁颂·泮水》："思乐泮水，薄采其芹。"〔西汉〕毛亨传："泮水，泮官之水也。"〔东汉〕郑玄笺："芹，水菜也。"（《毛诗正义》卷二十，第1396页）古时学宫有泮水，入学则可采水中之芹以为菜，故称入学为"采芹""入泮"。

② 颓塌：倒塌。

③ 石积：石头堆积。

④ 鸡豚（tún）：鸡和猪。

⑤ 盈庭：充满庭院。庭：堂阶前的空地。

⑥ 辟雍：即太学。

⑦ 春秋必告虔：自唐以后，历代王朝规定每年仲春（二月）、仲秋（八月）的上丁之日（上旬丁日）为祭祀孔子的日子。告：祭告。

⑧ 所自出：指孔子之父叔梁纥。

⑨ 羽翼：辅佐，维护。

⑩ 道统：宋明理学家称儒家学术思想授受的系统。

⑪ 圣教：此处指儒家之道。

⑫ 阙焉不祀：缺此（指前面所列举的那些祭祀对象）不祭祀。阙：乾隆《万县志》作"缺"。

⑬ 顾令：反而使。顾：却，反而。

⑭ 亵越：轻慢而违礼。

⑮ 如斯：如此。

⑯ 耶：助词，用于句末或句中。表示疑问。

⑰ 频年：连年，多年。

⑱ 兵戈：指战争。相寻：相继，接连不断。

⑲ 都历：即都历山，乃老万县城之主山。本志卷四《地理志·山川》中有载。

⑳ 闇（àn）汶：昏暗不明。

㉑ 消索人文：使礼乐教化寂寞冷落。

㉒ 贤书：语本《周礼·地官·乡大夫》："乡老及乡大夫群吏献贤能之书于王。"（《周礼注疏》卷十二，第297页）贤能之书，谓举荐贤能的名录，后因以"贤书"指考试中式的名榜。

㉓ 不登：指不登榜。此句是说，人文气息不振，无中试登榜之人。

㉔ 傅公：即傅尔学，字睿初，湖广人。本志卷二十六《士女志·武职·国朝》中有载。

越明年癸亥①，余乃登彼高冈，度其纪堂②，遂鸠工庀材，辟后山之数丈而建启圣祠，平东西之隙地而为两庑，整南方之半壁以为池，建中央之数尺以为台，墙高数仞③也，堂广数武④也，升降有序，阶级森然也。迨大工告竣，而启圣祠适与都历峰相为掩映，程子介石⑤辄登云路而染天香，"呦呦鹿鸣"于焉以赋⑥，然后知学官为人文发越⑦之地，固有⑧如是之不爽⑨者乎？今栋宇巍峨，辉煌丹雘⑩，非独⑪妥侑⑫先圣贤在天之灵，盖欲诸士子鼓箧⑬肄业⑭，咸进而学焉。夫肆为工事⑮，学为士资⑯，士君子而能奋发为雄，潜修实行⑰，不独将来之甲士联云⑱，且率一邑而化为仁让⑲之俗，此余之厚望也夫，亦余之厚幸也夫。

康熙二十有二年、岁在癸亥冬十二月朔⑳，文林郎㉑夔州府万县知县西河张永辉撰。

---

① 癸亥：此指1683年，即康熙二十二年。
② 此句言丈量计算殿堂的地基、道路的长宽等。度：丈量计算。纪：通"基"。
③ 仞：古代长度单位，七尺为一仞。一说，八尺为一仞。
④ 数武：数步。武：半步，泛指脚步。
⑤ 程子介石：据本志卷二十五《士女志·选举·国朝举人》中所载可知，其为程豫，介石应是其字。
⑥ 此两句指程豫乡试中试。赋鹿鸣：在科举时代，以举人中式为赋鹿鸣。鹿鸣：源于《诗经·小雅·鹿鸣》，古代宴群臣嘉宾所用的乐歌。
⑦ 发越：播散，散发。
⑧ 固有：确实有。
⑨ 不爽：没有差失，很相合。此指学官建成乃人文发越这种因果是没有差错的。
⑩ 丹雘（huò）：可供涂饰的红色颜料。此指涂饰色彩。
⑪ 非独：不但，不仅。
⑫ 妥侑：《诗经·小雅·楚茨》："以妥以侑。"〔西汉〕毛亨传："妥，安坐也；侑，劝也。"（《毛诗正义》卷十三，第810页）后以"妥侑"谓劝酒。此句的是说，把学官彩涂一新，不仅是为了在这里劝酒。
⑬ 鼓箧：谓击鼓开箧，古时入学的一种仪式。《礼记·学记》："入学鼓箧，孙其业也。"〔东汉〕郑玄注："鼓箧，击鼓警众，乃发箧出所治经业也。"（《礼记正义》卷三十六，第1055页）亦借指负箧求学。
⑭ 肄业：修习课业。古人书所学之文字于方版谓之业，师授生曰授业，生受之于师曰受业，习之曰肄业。乾隆《万县志》作"逊业"，谓钻研学业。
⑮ 肆为工事：《论语·子张》："百工居肆以成其事，君子学以致其道。"（《论语注疏》卷十九，第257页）肆：店铺，市集。工事：指各种技艺制作、土木营造之事。
⑯ 学为士资：学习是士的凭借和依靠。士：泛指读书人，知识阶层。
⑰ 潜修：专心修养。实行：犹德行。
⑱ 甲士：考中进士的士人。明、清通称进士为"甲科"。联云：形容其多。
⑲ 仁让：仁爱谦让。
⑳ 康熙二十有二年、岁在癸亥冬十二月朔：即1684年1月17日。朔：旧历每月初一。
㉑ 文林郎：文散官名。隋置，取北齐征文学之士充文林馆之义。历代因之。

万县静波楼记 万县县丞赵志本

南浦枕①大江，而城日②与江之波文③相荡漾。其或风日晴和，涟漪洄洑④，是为清波。其或汹涛激石，澎湃涡漩，是为怒波。清波令人喜，怒波令人惧。将欲去其怒波而并去其清波乎？抑将留此清波而并留彼怒波乎？是非静之道不为功⑤。

夫静，艮止之象⑥，仁者⑦之所安也。波至不静，而我一以静镇之。中孚⑧所格⑨，未有不相率而归于静者。是故念宵小窃发⑩盗贼之波未静也，刑以静之，而人事之波静。念鼠牙雀角⑪争夺之波未静也，政以静之，而人心之波静。夫江与人，原相感应，人心、人事之波无不静，则江之波亦与之俱静，将日见夫涟漪洄洑之清波，而无复澎湃涡漩之怒波也，必矣。

虽然，犹有说。子产曰："水弱民狎而玩之，故多死焉。"⑫波之静，毋乃⑬示

---

① 枕：临，靠近。
② 日：天天。
③ 波文：犹波纹。
④ 涟漪：水面波纹。洄洑（hù）：水流受阻而回旋。
⑤ 不为功：不创造功绩，犹言无作为，不产生成效。
⑥ 这两句言静是艮止之象。艮止：谓行止适时。语本《周易·艮》："《象》曰：艮，止也。时止则止，时行则行；动静不失其时，其道光明。"（《周易正义》卷五，第214页）
⑦ 仁者：有德行的人。
⑧ 中孚：卦名。卦形为兑（象征泽）下巽（象征风）上。《周易·中孚》："中孚，豚鱼吉，利涉大川，利贞。"〔唐〕孔颖达疏："信发于中，谓之'中孚'。"（《周易正义》卷六，第242页）后因以"中孚"指诚信。
⑨ 格：到达。
⑩ 宵小：盗贼，坏人。窃发：暗中发动。
⑪ 鼠牙雀角：语出《诗经·召南·行露》："谁谓雀无角，何以穿我屋？谁谓女无家，何以速我狱……谁谓鼠无牙，何以穿我墉？谁谓女无家，何以速我讼？"（《毛诗正义》卷一，第81—83页）谓强暴侵凌引起争讼，后比喻打官司的事。
⑫ 引文出自《左传·昭公二十年》："夫火烈，民望而畏之，故鲜死焉。水懦弱，民狎而玩之，则多死焉，故宽难。"（《春秋左传正义》卷四十九，第1407页）子产（？—前522）：即公孙侨，名侨，字子产。前543年任郑相，改革内政，整顿田地，发展农业生产，不毁乡校，以听取国人意见，铸刑鼎公布法律条令。执政数年，郑国大治。
⑬ 毋乃：莫非，岂非。

民以弱与①？非也，盖克刚克柔②、宽猛相济③之为静，而非颓靡④不振之为静也。夫不见艨艟⑤巨舰、锦缆牙樯⑥之往来于波心者，波固日载之而无不胜，斯诚为波之真静，而岂若西流弱水不堪杯渡⑦，徒于至静之中而多所不静也哉？乾隆五年，建楼于城南，俯瞰大江。落成之日，名曰"静波"。其亦仁人之言，而深心于治道者与！建楼而名之者谁？南浦尹、今牧忠州之墨韵刘使君⑧也。

捐设凤山书院膏火序　　邑令仇如玉⑨

窃惟⑩十年树木，尚藉栽培⑪；多士舒翘⑫，尤需振作。谈经而辟石室⑬，文

---

① 与：语气词，表疑问或反诘。
② 克刚克柔：语本《尚书·洪范》："沈潜刚克，高明柔克。"（《尚书正义》卷十二，第312页）犹言克服刚，克服柔。克：制服，克制。乾隆《万县志》后还有"之为静"三字。
③ 宽猛相济：宽大与威猛互相调济。
④ 颓靡：衰败。
⑤ 艨艟（méng chōng）：古代战船。
⑥ 锦缆：锦制的缆绳，精美的缆绳。牙樯：象牙装饰的桅杆。
⑦ 此句言岂像西流的弱水，不能承受木杯之渡。弱水：古水名。由于水浅或当地人民不习惯造船而不通舟楫，只用皮筏济渡的，古人往往认为是水弱不能载舟，因称"弱水"。古时所称弱水者甚多。西流弱水则指《山海经》卷二《西山经》所载之弱水："劳山……弱水出焉，而西流注于洛。"（袁珂《山海经校注》，巴蜀书社1993年4月第1版，第69页）指今陕西北部洛水上游某支流。本文中则是泛指那些水弱不能载舟的河流。杯渡：以木杯渡水。
⑧ 墨韵刘使君：即刘乃大，墨韵是其字。
⑨ 凤山书院：道光《夔州府志》卷十七《学校志·书院·万县》："凤山书院，在治东关外。乾隆初年，知县孙延锦建，并置学田。嘉庆十六年，庠生杜越捐银五百两生息，以资膏火。道光四年，知县仇如玉补修，添置学田，广设膏火。合县绅士赖勋等公捐银二千一百余两。"（中华书局2011年12月点校第1版，第156页）本志卷十一《地理志·学校·书院》中亦有载。膏火：本指夜间读书用的灯火，借指供学习用的津贴。仇如玉：号琢庵，浙江钱塘县（今属杭州）举人，道光二年（1822）任万县令。本志卷二十四《职官志·政绩》中有载，可以参看。按：书院，唐代中书省修书或侍讲的机构。宋至清为私人或官府设立的供人读书、讲学的处所，有专人主持。元代书院遍及各路、州、府，明、清书院更多，但多为习举业而设。清光绪二十七年（1901）后，改全国省、县书院为学堂，书院之名遂废。赵所生、薛正兴主编《中国历代书院志·弁言》对此作了详赅的解说（江苏教育出版社1995年9月第1版，第1—4页），可以参看。
⑩ 窃惟：我私下认为。
⑪ 尚藉栽培：尚需借助于栽培。
⑫ 多士：古指众多的贤士。舒翘：舒展羽毛，喻展露才华。
⑬ 石室：指文翁石室，前143年至前141年间，蜀郡太守文翁曾创建文翁石室，此乃我国第一所地方官办学校。"文翁石室"创立不久，即以学风卓荦、人才辈出而名冠西南。前124年，汉武帝下令全国效仿文翁兴办学校。

翁①著美②于前；继化而立讲堂，高眹③传徽④于后。三千太学，奉嵇康以为师⑤；五百门人，从郭瑀而如市⑥。盖⑦敦崇⑧儒术，自古为昭⑨；而乐育人材，于今尤烈⑩。万邑星分轸翼⑪，县志汉唐⑫。瀼水、彭溪⑬，清波映月；峨眉⑭、都历，文笔⑮摩天⑯。仙留太白之岩⑰，芝灌岑公之洞⑱。诚地灵而人杰⑲，遂钟秀与毓奇⑳！

---

① 文翁：西汉庐江舒县（今安徽省合肥市庐江县西南）人。汉景帝末，任蜀郡守，见蜀郡偏僻，文化落后，乃选派郡县小吏至长安，就学于博士。又在成都创立石室，招收各县子弟来校学习，入学者可免除徭役。对就学京师的儒生，返郡后都任为郡吏，或官至郡守。此后蜀郡教育文化水平逐渐提高。
② 著美：彰显美绩。
③ 高眹（dié）：东汉兴平年间为蜀太守，作周公礼殿于文翁石室东。
④ 传徽：传承美善。徽：美好。
⑤ 三千太学，奉嵇康以为师：〔唐〕房玄龄等《晋书》卷四十九《嵇康传》："康将刑东市，太学生三千人请以为师，弗许。康顾视日影，索琴弹之，曰：'昔袁孝尼尝从吾学《广陵散》，吾每靳固之，《广陵散》于今绝矣！'时年四十，海内之士，莫不痛之。"（中华书局1974年11月第1版，第1374页）嵇康：三国魏文学家、思想家、音乐家。字叔夜，谯郡（今安徽省宿州市西南）人。官中散大夫，世称"嵇中散"。为"竹林七贤"之一，与阮籍齐名。后遭钟会构陷，为司马昭所杀。
⑥ 五百门人，从郭瑀而如市：〔唐〕房玄龄等《晋书》卷九十四《郭瑀传》："郭瑀，字元瑜，敦煌人也。少有超俗之操，东游张掖，师事郭荷，尽传其业，精通经义，雅辩谈论，多才艺，善属文……礼毕，隐于临松薤谷，凿石窟而居，服柏实以轻身，作《春秋墨说》《孝经错纬》，弟子著录千余人。"（中华书局1974年11月第1版，第2454页）五百门人之说，出自〔北齐〕魏收《魏书》卷五十二《刘昞传》："时瑀弟子五百余人，通经业者八十余人。"（中华书局1974年6月第1版，第1160页）门人：弟子。
⑦ 盖：连词，承接上文，表示原因或理由。
⑧ 敦崇：崇尚。
⑨ 昭：显著。
⑩ 此两句言乐于培育人材，在今天尤为强烈。
⑪ 星分：我国古天文学称与某地域相对应的星宿。轸翼：轸宿和翼宿。参看本志卷一《天文志·星野》。
⑫ 县志汉唐：县名记载于汉、唐的典籍上。
⑬ 瀼水、彭溪：即瀼溪、彭溪，本志卷四《地理志·山川》中有载。
⑭ 峨眉：即峨眉碛。本志卷四《地理志·山川》中有载。
⑮ 文笔：即文笔峰。乾隆《万县志》卷一《山川》："都历山，治北三里，一峰突出，众山列峙。又号文笔峰。"
⑯ 摩天：迫近蓝天。形容极高。
⑰ 太白之岩：即太白岩。
⑱ 岑公之洞：即岑公洞。
⑲ 诚：确实。地灵而人杰：谓杰出人物出生或所至之处，其地亦因而著名。后亦谓杰出的人物生于灵秀之地。
⑳ 遂：副词，于是，就。钟秀而毓奇：聚集灵秀之气从而产生奇才。

沈慕庐①理学②是宗③，关心名教；胡禹锡④博闻雅擅⑤，筑室授徒⑥。至于学嗜髫龄⑦，尚溯越鸡⑧之掞藻⑨；业成苦志，群夸⑩时望⑪之联镳⑫。而且四凤流芳⑬，二龙济美⑭，固⑮贤豪之踵起⑯，亦奇杰之间生⑰。

　　余也⑱系籍⑲西泠⑳，绾符㉑南浦，未甘心于俗吏㉒。翰墨㉓为缘，每㉔刮目㉕于文人风尘是赏㉖；静数桂楼㉗之树，间披金岛㉘之沙，握瑾怀瑜㉙，英姿卓荦㉚，挥

---

① 沈慕庐：即沈复瑛，号慕庐。本志卷二十九《士女志·学行》中有载。
② 理学：宋、明儒家周敦颐、邵雍、张载、程颢、程颐、朱熹、陆九渊、王守仁等的哲学思想。宋儒致力于阐释义理，兼谈性命，认定"理"先天地而存在。明儒则断言"心"是宇宙万物的根源。
③ 是宗：尊重崇奉。是：表示加重语气之词。
④ 胡禹锡：即胡洪，字禹锡。本志卷二十九《士女志·学行》中有载。
⑤ 博闻雅擅：见闻广博，高雅出众。
⑥ 筑室授徒：建筑屋舍，传授门徒。
⑦ 学嗜髫龄：犹言幼年好学。髫龄：幼年。髫：儿童下垂之发。
⑧ 越鸡：指沈巨儒，越鸡是其字。
⑨ 掞（shàn）藻：铺张辞藻。
⑩ 群夸：众人夸赞。
⑪ 时望：即傅时望。本志卷三十《士女志·宦绩》中有载。
⑫ 联镳（biāo）：犹骑马并行，喻相等或同进。镳：马嚼子，与衔合用，衔在口中，镳在口旁。用以指代马。此指傅时望与崔奇勋、刘五纬等人一起成进士。
⑬ 流芳：流传美好名誉。
⑭ 济美：谓在以前的基础上使美好的东西发扬光大。按，此两句中的"四凤""二龙"所指为何，待考。
⑮ 固：副词，固然。
⑯ 贤豪之踵起：贤人豪杰相继出现。踵起：接踵而起。
⑰ 间生：间或产生。
⑱ 也：助词，用于句中，表语气顿宕。
⑲ 系籍：编入名籍。系：连缀，联属。
⑳ 西泠：在杭州孤山西北尽头处。这里指代杭州。
㉑ 绾（wǎn）符：系结符节，犹言做官。
㉒ 俗吏：才智凡庸的官吏。
㉓ 翰墨：笔墨，借指文章书画。
㉔ 每：常常。
㉕ 刮目：指彻底改变眼光。
㉖ 风尘是赏：观赏风尘（中那些美好的事物）。风尘：尘世，纷扰的现实生活。是：助词。用在宾语（风尘）和它的动词（赏）之间，起着把宾语提前的作用，以达到强调的目的。
㉗ 桂楼：即桂华楼。本志卷二十一《地理志·古迹》中有载。
㉘ 金岛：即"黄金岛"，或作"千金岛"。本志卷四《地理志·山川》中有载。
㉙ 握瑾怀瑜：谓手里握着瑾、怀里揣着瑜。瑾瑜，二美玉名，泛指美玉。喻心胸高洁。
㉚ 英姿卓荦（luò）：英俊威武的神态超绝出众。

毫染翰①，兴会②淋漓③。惟是影寂横窗④，未克焚膏而继晷⑤；修仍暗室，何来太乙之燃藜⑥。虽夙贮之有资⑦，实度支之不足⑧。所幸风称慷慨⑨，情乐捐输⑩。不靳倾囊⑪，共襄盛举⑫。置膏腴之产⑬，孳息常充⑭。掌公正之衿⑮，丝毫不染。甄别兼收⑯，童冠还教⑰，甲乙等差，分颁各判⑱，低昂俾令⑲，功夫黾勉⑳，由是儒林聿盛㉑，

---

① 挥毫染翰：运笔蘸墨，指挥笔作诗文。毫：笔毛。翰：笔。
② 兴会：意趣，兴致。
③ 淋漓：形容酣畅。
④ 惟：助词，用于句首。是：代词，此。影寂：寂寞的影子，当指树影。横窗：横映在窗上。
⑤ 未克：未能。焚膏而继晷（guǐ）：焚烧油脂照明以继续工作或学习。膏：脂肪。晷：日影，日光。引申指白昼。继晷：继续白天干的事。
⑥ 这两句意为：凤山书院虽经修缮，但是仍是暗室，哪里来太乙仙人吹杖燃藜为之照明？修仍暗室：经过修缮仍然是光线暗淡的房屋。何来：哪里来。太乙之燃藜：典出〔东晋〕王嘉《拾遗记》卷六"刘向成帝之末，校书天禄阁，专精覃思。夜有老人，著黄衣，植青藜杖，登阁而进。见（刘）向暗中独坐诵书，老父乃吹杖端，烟然，因以见向，说开辟以前。向因受《五行洪范》之文，恐词说繁广忘之，乃裂裳及绅，以记其言。至曙而去，向请问姓名。云：'我是太一之精，天帝闻金卯之子有博学者，下而观焉。'乃出怀中竹牒，有天文地图之书，'余略授子焉'。"（中华书局1981年6月第1版，第153页）
⑦ 此句言虽然平时贮存有资金。夙：平素。
⑧ 此句言实际上开支不足。度支：指经费开支。
⑨ 此句言所幸风气堪称慷慨。风：习俗，风气。
⑩ 情乐捐输：世情乐于捐献。输：谓捐献。
⑪ 不靳倾囊：不吝惜倾囊相助。靳：吝惜。
⑫ 共襄盛举：共同辅助盛大的举措。襄：相助，辅佐。
⑬ 此句言购置肥沃的地产。膏腴：谓土地肥沃。
⑭ 孳息：孳生利息。常充：时常充足。
⑮ 公正之衿：公正的心怀。衿：胸怀，心怀。
⑯ 甄别兼收：分别情况一并收留。
⑰ 童冠还教：指青少年回归教育。这二句是指招收学生时既分别情况，又一视同仁，使青少年回归教育，不至失学。
⑱ 此两句言根据甲乙等级，分别给予不同的膏火金额。
⑲ 低昂俾令：高下都服从命令。低昂：高低，高下。
⑳ 功夫黾（mǐn）勉：谓勉励大家下功夫学习。黾勉：勉励，尽力。
㉑ 由是：由此。儒林聿盛：谓儒生、读书人兴盛。儒林：指儒家学者之群，亦泛指儒生、读书人。聿：助词，用于句首或句中。

艺圃争妍①，文心开午夜之光②，天上观德星之聚③。高堂施帐④，巧度金针⑤。精舍横经⑥，班联玉笋⑦。春风满座⑧，口授而倍切指南⑨；化雨⑩随时，心悦而咸思面北⑪。四围灯火，辉流讲易堂边⑫；比屋书声⑬，响彻回澜塔⑭外。无异瑶房容与⑮，

---

① 艺圃：指文章著述之事或典籍会聚之处，亦指学校。争妍：争美。
② 此句言文思顿开，如午夜的月光。午夜光：指月光。
③ 此句言观看天上德星的聚集。德星：古以景星、岁星等为德星，认为国有道有福或有贤人出现，则德星现。
④ 高堂施帐：高大的厅堂上设位施教。施帐：出自〔南朝·梁〕范晔《后汉书》卷六十上《马融传》："（融）常坐高堂，施绛纱帐，前授生徒，后列女乐，弟子以次相传，鲜有入其室者。"（中华书局1965年5月第1版，第1972页）东汉马融讲学时设红色的纱帐，借指书斋或儒者传道授业之处。
⑤ 巧度金针：典出〔唐〕冯翊子《桂苑丛谈·史遗》："（采娘）七夕夜陈香筵祈于织女。是夕梦云舆雨盖，蔽空驻车，命采娘曰：'吾织女，祈何福？'曰：'愿丐巧耳。'乃遗一金针，长寸余，缀于纸上，置裙带中，令三日勿语，汝当奇巧。"后以巧度金针喻把学习的方法和诀窍传授给人。度：授与，给与。
⑥ 精舍：学舍，书斋。横经：横陈经籍，指受业或读书。
⑦ 玉笋：比喻英才。典出〔北宋〕欧阳修、宋祁等《新唐书》卷一百七十四《李宗闵传》："李宗闵，字损之……俄复为中书舍人典贡举，所取多知名士，若唐冲、薛庠、袁都等，世谓之'玉笋'。"（中华书局1975年2月第1版，第5235页）
⑧ 春风满座：比喻满座洋溢着融和的气氛，如同春风吹拂。
⑨ 倍切指南：愈加亲切地记忆指导。
⑩ 化雨：长养万物的时雨。比喻循循善诱，潜移默化的教育。语本《孟子·尽心上》："君子之所以教者五：有如时雨化之者，有成德者，有达财者，有答问者，有私淑艾者。"〔东汉〕赵岐注："教之渐渍而浃洽也。"（《孟子注疏》卷十三下，第375页）
⑪ 咸思面北：都想面朝北而聆听教诲。面北：古礼，臣拜君，卑幼拜尊长，皆面向北行礼。此处谓拜老师，行弟子敬师之礼。
⑫ 此句言光辉流荡在讲易堂边。讲易堂：讲授《周易》的厅堂。
⑬ 比屋书声：相邻的屋舍响起的读书声。比屋：所居屋舍相邻。
⑭ 回澜塔：在长江南岸翠屏南山之麓一巨石上，原址已被淹没，今原物搬迁到原址上方。该塔为清乾隆五十五年（1790）万县知县孙廷锦所主持修建。塔高九层，32米。
⑮ 瑶房：仙境里的玉屋。容与：从容闲舒的样子。

何殊仙窟徜徉①。彼莲峰蔚秀于郡城②，犹是蹊成桃李③；即锦江④集成于□⑤会，无非育此菁莪。斯上承夫辟门⑥造士⑦之庥⑧，亦仰体夫雅化作人之意⑨。惟愿鹤峙⑩鸾翔⑪之彦⑫，龙文犀角⑬之英⑭，誉早鸿搴⑮，高折蟾宫之桂⑯；名长鹊起⑰，连观

---

① 此句言何异于在仙境徘徊。
② 此句言那莲峰书院荟萃秀美于夔州府城。彼：指示代词，那。莲峰：指莲峰书院。道光《夔州府志》卷十七《学校志·书院·夔州府书院》载："莲峰书院，在夔州府治后卧龙山麓，山西北有莲花峰，故名。"（中华书局2011年12月点校第1版，第152页）蔚秀：谓荟萃秀美。
③ 犹是：由此。犹：通"由"。蹊成桃李：犹桃李成蹊，典出〔西汉〕司马迁《史记》卷一百九《李将军列传》："太史公曰：《传》曰：'其身正，不令而行；其身不正，虽令不从。'其李将军之谓也。余睹李将军悛悛如鄙人，口不能道辞，及死之日，天下知与不知皆为尽哀，彼其忠实心诚，信于士大夫也。谚曰：'桃李不言，下自成蹊。'此言虽小，可以谕大也。"（郭逸、郭曼标点《史记》，上海古籍出版社1997年8月第1版，第2182页）比喻人只要真诚、忠实，就能感动别人。
④ 锦江：指位于成都的锦江书院。嘉庆《四川通志》卷七十九《学校志四·书院一·成都府》："锦江书院，在成都府学明伦堂后，汉文翁石室故址。明末古制尽毁，国朝康熙四十三年，按察使刘德芳建，讲堂、书斋、客厅、号舍毕备，有记。嘉庆十九年，知府李尧栋仿古制建石室于讲堂后。"（巴蜀书社1984年12月影印第1版，第2599页）
⑤ □：原本此处缺一字。
⑥ 辟门：语本《尚书·舜典》："询于四岳，辟四门。"〔唐〕孔颖达疏："开四方之门，大为仕路，致众贤也。"（《尚书正义》卷三，第72页）后用"辟门"谓广罗贤才。
⑦ 造士：造就学业有成就的士子。
⑧ 庥（xiū）：庇荫，保护。
⑨ 此句言也仰仗有通过教化而培育人的意愿。雅化：纯正的教化。
⑩ 鹤峙：像仙鹤般挺立。峙：站立，耸立。
⑪ 鸾翔：鸾鸟飞翔，比喻飞黄腾达。
⑫ 彦：贤士，俊才。
⑬ 龙文：龙身上的纹理，龙鳞纹，喻雄健的文笔。犀角：犀牛角，比喻珍贵之物。
⑭ 英：文词德才超群的人。
⑮ 此句言名誉如同鸿雁高飞。
⑯ 此句谓科举应试及第。
⑰ 此句言名声突然大振，知名度迅速提高。

上苑之花①。将见金马碧鸡②，人竞仙曹之崇列③；岂徒腾蛟起凤、坊传盛迹于先朝也哉④。

捐设养济院孤贫口粮记　邑令仇如玉⑤

盖闻联胞与⑥于苍生，欲立欲达⑦；轸⑧痌瘝⑨于赤子⑩，已溺已饥⑪。政溯西岐⑫，先穷民之莫告⑬；忧传中古⑭，悯昏垫之无依⑮。自来仁人君子之用心，

---

① 此句言接连观赏皇家园林的花，喻高升腾达者众多。
② 此句言将要见到金马、碧鸡。金马、碧鸡：传说中的神物。〔东汉〕班固《汉书》卷二十五下《郊祀志下》："或言益州有金马、碧鸡之神，可醮祭而致，于是遣谏大夫王褒使持节而求之。"（中华书局1962年6月第1版，第1250页）
③ 此句是说士人们都竞相进入高官的行列。仙曹：仙人的行列。喻指唐代尚书省属下各部曹，亦泛指朝廷官署。
④ 此句言难道腾跃的蛟龙，飞起的凤凰，只是坊间传说的先朝盛迹吗？其意是说只要重视教育，大力培养人材，今朝也将出现这样的盛况。岂徒：难道只是，何止。腾蛟起凤：腾跃的蛟龙，飞起的凤凰。
⑤ 养济院：本志卷十二《地理志·义局》中有简介，可以参看。
⑥ 胞与："民胞物与"之省，语出〔北宋〕张载《西铭》："民吾同胞，物吾与也。"（章锡琛点校《张载集》，中华书局1978年8月第1版，第62页）意即人民是我的同胞，万物是我的朋友。
⑦ 欲立欲达：语出《论语·雍也》："夫仁者，己欲立而立人，己欲达而达人。"杨伯峻译作："仁是什么呢？自己要站得住，同时也使别人站得住；自己要事事行得通，同时也使别人事事行得通。"（《论语译注》中华书局1980年12月第2版，第65页）
⑧ 轸（zhěn）：顾念，悯惜。
⑨ 痌瘝（tōng guān）：病痛，疾苦。痌：同"恫"。
⑩ 赤子：婴儿，比喻百姓，人民。
⑪ 己溺已饥：语出《孟子·离娄下》："孟子曰：'禹、稷、颜回同道。禹思天下有溺者，由己溺之也，稷思天下有饥者，由己饥之也：是以如是其急也。'"（《孟子注疏》卷八下，第234页）其言是说，禹思念天下有因洪水而沉溺之人，亦如自己被水溺也；稷思念天下有饥饿之人，亦如自己被饥饿也。
⑫ 政溯西岐：为政之道追溯到周文王、周武王。西岐：在今陕西省岐山县境。上古称"岐"。周之王业起于西岐。
⑬ 此句言首先要关注那些无处投诉的穷民。穷民：指鳏、寡、孤、独等无依无靠的人。
⑭ 忧传中古：忧虑传于中古时代。中古，指虞夏之际。《韩非子》卷十九《五蠹》："中古之世，天下大水，而鲧禹决渎。"（陈奇猷《韩非子集释》，上海人民出版社1974年7月第1版，第1040页）
⑮ 此句言悲悯那些困于水灾的人无依无靠。昏垫：陷溺，指困于水灾，亦指水患，灾害。《尚书·益稷》："洪水滔天，浩浩怀山襄陵，下民昏垫。"〔唐〕孔颖达疏："言天下之人，遭此大水，精神昏瞀迷惑，无有所知，又若沉溺，皆困此水灾也。郑云：'昏，没也；垫，陷也。禹言洪水之时，人有没陷之害。'"（《尚书正义》卷五，第112—114页）

务使鳏寡孤独之得所①。惟兹万邑②，夙号安乡③。幅员④当水陆之冲⑤，原多杂处⑥。盖藏⑦极人烟之密⑧，难免穷居⑨。彼如老迈伶仃⑩，惟有任衰颓⑪而待毙⑫；亦若⑬疲癃⑭残疾，未能资膂力以营生⑮。靡室靡家⑯，既乏数椽之自蔽⑰；非亲非故⑱，并无三党⑲之堪依⑳。凡此可矜㉑，皆所宜恤㉒。

查养济虽有其院，已成败瓦颓垣㉓。问孤贫莫给以粮㉔，几等㉕鸠形鹄面㉖。倘

---

① 得所：得到安身的处所。
② 惟兹万邑：这个万县城。惟：助词，用于句首。兹：此。邑：旧时县的别称。
③ 夙号安乡：旧时号称安乡。万县历史上曾属安乡郡，或为安乡县。参看本志卷二《地理志·建置沿革》。
④ 幅员：指疆域。广狭称幅，周围称员。
⑤ 当水陆之冲：正当水陆要冲。冲：交通要道，指水陆要道交汇之处。
⑥ 原多杂处：原来是多民族杂处之地。杂处：混杂而居，共处。
⑦ 盖藏：隐藏。
⑧ 极人烟之密：达到了人口密度的极限。
⑨ 难免穷居：不可避免地居家穷困。
⑩ 老迈伶仃：年老衰弱孤独无依。伶仃：孤独貌。
⑪ 衰颓：（健康、精神等）衰弱颓废。
⑫ 待毙：等死。
⑬ 亦若：又如。
⑭ 疲癃：疲病，衰老病弱，泛指年老多病或年老多病之人。
⑮ 此句言不能靠体力营生。资：赖以生活的来源。膂（lǚ）力：体力。
⑯ 靡室靡家：语出《诗经·小雅·采薇》："靡室靡家，狁（玁）犹之故。"（《毛诗正义》卷九，第590页）没有妻室没有家。
⑰ 此句言既缺少几间房屋来将自己荫蔽。椽（chuán）：椽子，放在檩子上架屋面板和瓦的条木。借指房屋的间数。
⑱ 非亲非故：既非亲戚也非旧友。
⑲ 三党：指父族、母族、妻族。
⑳ 堪依：能够依靠。
㉑ 矜：怜悯。
㉒ 宜恤：应当救济。
㉓ 此两句言经考查虽然有个养济院，但已是残破的瓦、坍塌的墙。
㉔ 莫给以粮：没有给予粮食。
㉕ 几等：几乎相等。
㉖ 鸠形鹄面：形容人久饥枯瘦之状。鸠形：谓腹部低陷，胸骨突起。鹄面：谓两颧瘦削。

乏①生全②之策，恐为沟壑③之流。欲发婆心④，苦无公项⑤。于是长官首倡，窃惭廉俸无多⑥。何期阖邑率从⑦，咸觉输将恐后⑧。好仁者当仁不让⑨，慕义者见义必为。白镪朱提⑩，多寡均随其愿；富家殷户，捐施悉出于诚。初非有意招徕⑪，不令而偏如流水。亦未设缘募化⑫，急公而皆欲解囊。幸积少以成多，乃⑬量入以为出。增修墙屋，无忧风雨之漂摇；设立口粮，俾得⑭饔飧⑮于朝夕。或男或妇，均须土著⑯之稽⑰；得半得全，不失平施之称。额数垂以有定⑱，经费何虑不敷⑲？产置膏腴⑳，凶荒无患。资在孳息，子母当权㉑。掌管择公正之绅衿㉒，不令锱铢㉓侵蚀；

---

① 倘乏：倘若缺乏。
② 生全：保全生命，全身。
③ 沟壑：借指野死之处。
④ 婆心：《景德传灯录》卷十二《临济义玄禅师》："黄檗问云：'汝回太速生。'师云：'只为老婆心切。'"（海南出版社2011年10月第1版，第307页）后以"婆心"指仁慈之心。
⑤ 此句言苦于没有公费用于这事。项：特指经费。
⑥ 此句言私下惭愧俸禄不多。廉俸：清代官吏正俸和"养廉银"的合称。
⑦ 何期：岂料，表示没有想到。阖邑率从：全城率相跟从。阖：全。率从：顺从，跟从。
⑧ 此句言都觉得捐献恐怕将落在后面，意即争先恐后。输：捐献。
⑨ 当仁不让：语出《论语·卫灵公》："当仁不让于师。"〔南宋〕朱熹集注："当仁，以仁为己任也；虽师亦无所逊。言当勇往而必为也。"（〔南宋〕朱熹《四书章句集注·论语集注》，中华书局1983年10月第1版，第168页）后泛指遇到应该做的事主动去做，绝不推诿。
⑩ 白镪：白银的别称。朱提：山名，在今云南省昭通市境内，盛产白银，世称"朱提银"。亦用作银的代称。
⑪ 招徕：招引。
⑫ 此句言并未有目的地向人募捐。设缘募化：办理化缘事，因能布施的人，可与佛、仙结善缘，故称。募化：本义为化缘，指佛、道徒求人施舍财物。亦泛指募捐。
⑬ 乃：副词，于是，就。
⑭ 俾（bǐ）得：使得。
⑮ 饔飧（yōng sūn）：早饭和晚饭，亦泛指饭食。
⑯ 土著：指世世代代居住在本地的人。
⑰ 稽：核查。
⑱ 有定：有定数。
⑲ 不敷：不足，不够。
⑳ 膏腴：指肥沃的土地。
㉑ 子母当权：犹言本利应当权衡。子：利息。母：本金。
㉒ 绅衿：束大带，穿青衿。指地方上有权势的人或在学的生员。
㉓ 锱（zī）铢：锱和铢。古代重量单位。多用以比喻微小的数量。

筹议立长久之规则，毋教终始纷更①。从兹邑鲜②啼饥③，途无饿殍④。南浦风成熙皞⑤，东川俗美敦庞⑥。虽慷慨乐输，第出⑦济贫之一念；而神明默鉴⑧，实为造福于三生⑨。岂徒名勒贞珉⑩，千秋不朽；将见庆余积善⑪，百世其昌。是⑫为记。

续捐收埋浮尸公乐堂经费序　　邑令仇如玉⑬

《书》称"作善"⑭，《易》系"积善"⑮。善不必非常之功德，能推其仁心，以共襄⑯义举⑰，斯即⑱乐善之大也。

万邑，滨临大江，当秋夏之交，山水陡涨，上流舟覆，其浮尸漂泊于东关外之巨鱼沱⑲，回流曲折，迫近沙岸，触目心伤。嘉庆癸亥⑳，权篆王公抱济人之愿、

---

① 纷更：变乱更易。
② 鲜（xiǎn）：少。
③ 啼饥：因饥饿而啼哭。
④ 饿殍（piǎo）：饿死的人。
⑤ 熙皞（hào）：和乐，怡然自得。
⑥ 敦庞：敦厚朴实。
⑦ 第出：只是出于。第：副词，只是，只。
⑧ 神明：天地间一切神灵的总称。默鉴：在暗中照察、审辨。
⑨ 三生：佛教语。指前生、今生、来生。
⑩ 此句言难道只是名字刻在碑上。贞珉：石刻碑铭的美称。
⑪ 庆余积善：语本《周易·坤·文言》："积善之家，必有余庆。"（《周易正义》卷一，第31页）谓先世积善，留给后人有遗泽。
⑫ 是：代词，此，这。总括全文，指代前面所有文字。
⑬ 公乐堂：本志卷十二《地理志·义局》中有载，可以参看。
⑭ 《书》称"作善"：《尚书·伊训》云："作善降之百祥，作不善降之百殃。"〔唐〕孔颖达疏："尔惟修德而为善。"（《尚书正义》卷八，第206页）作善：行善，做善事。称：称为。
⑮ 《易》系"积善"：《周易·坤·文言》："积善之家，必有余庆，积不善之家，必有余殃。"（《周易正义》卷一，第31页）《易》：古代卜筮之书。有《连山》《归藏》《周易》三种，合称三《易》，今仅存《周易》，简称《易》。是传统经典之一，内容包括《经》和《传》两个部分。《经》主要是六十四卦和三百八十四爻，卦和爻各有说明（卦辞、爻辞），作为占卜之用。《传》包含解释卦辞和爻辞的七种文辞共十篇，统称《十翼》，相传为孔子所撰。系：是。积善：累积善行。
⑯ 襄：相助，辅佐。
⑰ 义举：指疏财仗义的行为。
⑱ 斯即：这就是。
⑲ 巨鱼沱：又称"聚鱼沱"，在长江北岸老万县市一马路东端，原罐头厂外今长江二桥处。三峡水库未形成前，此处为一巨大的回水沱，有鱼群聚集于此，故名。
⑳ 嘉庆癸亥：此指1803年，即嘉庆八年。

厪已溺之思①。与邑之绅士捐赀生息，以作每年收埋之费。斯固王公之惠政，亦绅士之美意也。与古之泽及枯骨者，将毋同②？独是限以经费，埋尸则衹以篾席③裹之，桐棺④未具⑤，尚虑土亲。虽免葬于江鱼，终难安于泉壤⑥，在诸首事⑦亦恧然⑧以为心之所未惬者⑨。

余自庚午⑩履任以来，于地方紧要事，次第举行，于此尤加意焉。夫功莫难于创始，事尤重于成终。既凭藉⑪之有基，宜积累之益厚。昔贤倡率⑫，先得我心，扩而充之，则规模斯备而久远可图。所幸诸首事与城乡之好义者，知余心之惓惓⑬于是也。彼此劝勉，踊跃乐输⑭，共捐钱千余串，添置田业，仍交公正衿耆⑮，轮流经管。本赀既足，孳息⑯自充，凡收埋标号，悉照旧章。议添大布二丈，棺木一具，先期置办裕备，俾尸躯藉裹装殓⑰，至瘗埋⑱以后，无需再移骨塔⑲，盖入土为安也。

---

① 这两句言署理万邑的王公，抱着救助别人，如同自己被溺毙的想法。权篆：谓权且署理某一官职。篆：官印。济人：救助别人。厪（qín）：同"廑"、"勤"的古字。殷勤。已溺：如同自己溺毙。
② 这几句意为捐赀生息作为收埋费，固然是王公的惠政，也是绅士的美意，与古时泽及枯骨的善举莫非相同？这是一个反问句，其意是正面肯定，用反问句之目的，在于加深印象，增强语势。将毋：亦作"将无"，表示选择的疑问词，意为"莫非"。
③ 篾席：竹席。按，峡江地区的竹席有两种，一种是以带表皮的篾条（青篾、黄篾，又称"活篾"）织成，质地细腻光滑，用作凉席。另一种是以不带表皮的竹篾（死篾）织成，篾条宽大，质地粗糙，一般用作包装，或简易房屋的隔板。此处当指后者。
④ 桐棺：桐木做的棺材，因其质地朴素，故表示薄葬。
⑤ 未具：不具备，犹言没有。
⑥ 泉壤：犹泉下，地下，指墓穴。
⑦ 首事：指出头主管其事的人或头面人物。
⑧ 恧（nǜ）然：忧思貌。
⑨ 未惬者：未能满意。者：代词，用在形容词、动词或词组之后，组成"者"字结构，用以指代人、事或物。
⑩ 庚午：此指1810年，即嘉庆十五年。
⑪ 凭藉：依靠，依赖。
⑫ 倡率：率先从事。
⑬ 惓惓（quán）：恳切貌。
⑭ 乐输：自愿捐献。
⑮ 衿耆（jīn qí）：儒生中的耆老。衿：古代衣服的交领。青衿为学子所服，故沿称秀才为"青衿"。耆：古称六十岁的人曰"耆"。
⑯ 孳（zī）息自充：滋生的利息自然充裕。
⑰ 装殓：给死者穿衣入棺。
⑱ 瘗（yì）埋：埋葬。
⑲ 骨塔：俗称"白骨塔"。是将荒冢野地暴露或无人收葬的尸骨聚集在一起，筑石塔以蔽之。

是举①也，经理②有人，可历千百年而勿替已③。惟愿天心④仁爱，默佑斯民⑤，永庆安澜⑥，沈溺日鲜⑦，岂非幸甚。而首事者云："得有余赀，即作惜字纸⑧、培义冢⑨各公用"。余曰："此皆善举也。福田⑩不嫌广种也。夫施德不求报，岂有心于衔结⑪，而吉因惠迪⑫，理有固然。"邑人士乐善不倦如是也，其食报⑬岂有艾⑭哉！

遗爱集序　翰林院检讨、国子监司业李惺　垫江人

《遗爱集》者，碧溪宋侯之挽章，而静轩魏君所甄录也⑮。

---

① 是举：这一举措。
② 经理：经营操办。
③ 勿替已：不要废弃。替：废弃。已：语气词，表肯定而带感叹语气，相当于"啊"。
④ 天心：犹天意。
⑤ 默佑斯民：暗中保佑老百姓。
⑥ 安澜：水波平静。比喻太平。
⑦ 此句言溺死者一天比一天少。沈溺：亦作"沉溺"，沉没在水中。
⑧ 惜字纸：昔日人们珍惜字纸，凡写过字的纸，都不能乱扔，而是将其集中在一种叫作"字库"的石塔里焚烧。今万州区关口（举人关）以及罗田镇老街各有一座保存完好的"字库"。
⑨ 义冢：旧时收埋无主尸骨的坟场。
⑩ 福田：佛教语，佛教以为供养布施，行善修德，能受福报，犹如播种田亩，有秋收之利，故称。
⑪ 衔结："衔环结草"之省，比喻感恩报德，至死不忘。衔环：典出〔南朝·梁〕吴均《续齐谐记》："弘农杨宝，性慈爱。年九岁至华阴山，见一黄雀为鸱枭所搏，逐树下，伤瘢甚多，宛转复为蝼蚁所困。宝怀之以归，置诸梁上，夜闻啼声甚切，亲自照视，为蚊所啮，乃移置巾箱中，啖以黄花。逮十余日，毛羽成，飞翔，朝去暮来，宿巾箱中，如此积年。忽与群雀俱来，哀鸣绕堂，数日乃去。是夕，宝三更读书，有黄衣童子曰：'我王母使者，昔使蓬莱，为鸱枭所搏，蒙君之仁爱见救，今当受赐南海。'别以四玉环与之，曰：'令君子孙洁白，且从登三公，事如此环矣。'宝之孝大闻天下，名位日隆。"（王根林、黄益元、曹光甫校点《汉魏六朝笔记小说大观》本，上海古籍出版社1999年12月第1版，第1004—1005页）结草：典出《左传·宣公十五年》载：春秋时晋国大夫魏武子有宠妾，无子。魏武子生病时，嘱咐儿子魏颗说，将来让她改嫁；及至病危，又说让她殉葬。魏武子死后，魏颗认为人到病危时思维就会混乱，自己应该听从父亲清醒时的命令，于是让这个妾改嫁了。后魏颗与敌将杜回交战，看到一老人在结草绊住杜回，因而使他获胜。夜间魏颗梦见老人对他说他乃改嫁之妾的父亲，为感恩德，所以来报答（《春秋左传正义》卷二十四，第671—672页）。后用以比喻受恩深重，感恩图报。
⑫ 吉因惠迪：语本《尚书·大禹谟》："惠迪吉，从逆凶。"〔西汉〕孔安国传："迪，道也。顺道吉，从逆凶。"（《尚书正义》卷四，第87—88页）后因以"迪吉"表示吉祥，安好。
⑬ 食报：受报答。
⑭ 艾：尽，绝，停止。
⑮ 此《遗爱集》是万县令宋大中卒于任所，邑人悼挽他的文字由魏士良（静轩）汇编而成的集子。宋侯：宋大中。本志卷卷二十四《职官志·政绩》中有载，可以参看。侯：邑侯，即县令。静轩魏君：即魏士良，静轩是其字。挽章：挽词。甄录：选录。

蜀自李冰①著绩②于离堆③，文翁流芬④于石室，代多名宦⑤，史不绝书⑥。宋侯以今时之硕望⑦，蹑⑧曩哲⑨之芳踪⑩，凡经七县，始至万州，曾不一年，遽成千古⑪。里忭涂歌之未竟，街号巷哭之旋闻⑫。魂兮往矣，叹苍天之歼良人⑬；涕既陨之⑭，如婴儿之失慈母。顾薤露易晞⑮，而棠阴勿剪⑯。摹清标而绘像⑰，综懿轨以

---

① 李冰：战国秦昭王时蜀郡守，分岷江为左右二支，修堤作堰，清除水患，即今之都江堰。
② 著绩：谓有显著的功绩。
③ 离堆：亦作"离碓"，古地名，在四川省都江堰市境内都江堰。
④ 流芬：即流芳，流传美好名誉。
⑤ 名宦：居官而名声地位显赫者。
⑥ 史不绝书：史册上不断有这类记载。形容历史上经常发生同类事情。
⑦ 硕望：重望，高名。
⑧ 蹑（niè）：踩，踏。
⑨ 曩（nǎng）哲：先哲，古之哲人。
⑩ 芳踪：芬芳的踪迹，指先贤的行踪。
⑪ 遽（jù）成千古：突然去世。千古：死的婉辞，表示永别、不朽的意思。常用于挽联、花圈等的上款。
⑫ 这两句意为路途上欢乐的歌舞还没有完，就听见街巷里号哭的声音传来，形容人民得知宋令去世的消息而悲痛。忭：当作"抃"（biàn），形近而讹。抃：鼓掌，拍手表示欢欣。里抃涂歌：犹"涂歌里抃"，"涂歌"与"里抃"连称，此"抃"当解为"抃舞"，意为路途的人歌诵，里巷的人抃舞，形容百姓欢欣快乐的升平景象。旋闻：不久就听见。
⑬ 歼：灭。良人：贤者。
⑭ 涕既陨之：眼泪已落下。涕：眼泪。
⑮ 顾：发语词。薤（xiè）露：乐府《相和曲》名，乃古代挽歌。〔西晋〕崔豹《古今注》卷中："《薤露》《蒿里》，泣丧歌也。本出田横门人，横自杀，门人伤之，为作悲歌，言人命奄忽，如薤上之露，易晞灭也。亦谓人死，魂魄归乎蒿里。至汉武帝时，李延年乃分为二曲，《薤露》送王公贵人，《蒿里》送士大夫庶人。使挽柩者歌之，亦谓之挽歌。"（〔北宋〕郭茂倩《乐府诗集》卷二十七，中华书局1979年11月第1版，第396页）易晞（xī）：容易干。古挽歌《薤露》中的辞句："薤上露，何易晞。露晞明朝更复落，人死一去何时归？"（同上，第396页）
⑯ 棠阴勿剪：语本《诗经·召南·甘棠》："蔽芾甘棠，勿翦勿伐，召伯所茇。"（《毛诗正义》卷一，第79页）棠：甘棠，即棠梨。〔西汉〕司马迁《史记·燕召公世家》："周武王之灭纣，封召公于北燕……召公巡行乡邑，有棠树，决狱政事其下，自侯伯至庶人各得其所，无失职者。召公卒，而民人思召公之政，怀棠树不敢伐，哥咏之。"（郭逸、郭曼标点《史记》，上海古籍出版社1997年8月第1版，第1245—1246页）
⑰ 此句言摹仿俊逸的容貌而绘成肖像。清标：俊逸。

刊碑①。新成石相之祠②，并立栾公之社③。以云遗爱④，夫何间然⑤？则有纡青拖墨⑥之贤，握素怀铅⑦之彦⑧，闻讣增悼，发言为诗，字字缠绵，言言激楚⑨。巫峡江寒，引猿啼而入曲；巴山月暗，含鹃泣⑩以成声。篇什⑪既繁，记传咸备⑫。虽词各异体，而人有同心焉。夫以循良之吏⑬，称为佛子⑭，奉若神君⑮。苟或⑯挽之不留⑰，尚且⑱恤乎若失⑲。矧⑳当长逝，谁谓不伤？然而德以述美，实以诔华㉑，文生于情，裒然成集㉒，未有若斯之盛者也。魏君恐其久而散佚，并欲广为流传。谋

---

① 此句言综合美好的道德风范用来刊刻碑石。懿轨：美德风范。
② 石相之祠：石相，即石建，西汉人，父子兄弟皆忠孝。石建为齐相时，不言而齐国大治，齐人为立齐相祠。
③ 栾公之社：汉代栾布因军功封侯，复为燕相，死后齐燕间为之立社祭祀，称"栾公社"。〔西汉〕司马迁《史记》卷一百《季布栾布列传》："（栾布）以军功封俞侯，复为燕相。燕齐之间皆为栾布立社，号曰栾公社。"（郭逸、郭曼标点《史记》，上海古籍出版社1997年8月第1版，第2081页）后因以为祭祀功臣的典故。
④ 以云遗爱：同为遗爱。以：介词，与，同。云：为，是。
⑤ 夫何间然：它们之间有何差别？夫：代词，它们。间：差别，距离。然：助词，用于句末。这几句意为：歌颂宋公的《遗爱集》，如同新建成的石相祠堂，并与栾公社并立，同为遗留后世的仁爱，它们之间有什么差别？
⑥ 纡青拖墨：谓身佩印绶，形容地位尊显。
⑦ 握素怀铅：语出〔唐〕令狐德棻《周书》卷四十五《儒林列传序》："握素怀铅、重席解颐之士，间出于朝廷，圆冠方领，执经负笈之生，著录于京邑。"（中华书局1971年11月第1版，第806页）犹言握铅抱椠。指勤于写作、校勘。
⑧ 彦：贤士，俊才。
⑨ 言言：句句。激楚：激昂悲痛。
⑩ 鹃泣：杜鹃的悲泣。相传古代蜀帝杜宇让位鳖灵自逃，后魂化为鹃，悲啼不止，乃至血出。
⑪ 篇什：《诗经》的"雅"和"颂"以十篇为一什，所以诗章又称"篇什"。
⑫ 记传：记和传。这里指记述逝者生前事迹的文章和生平的传略。咸备：都具备。
⑬ 循良之吏：奉公守法的官吏。
⑭ 佛子：菩萨的通称。
⑮ 神君：神灵，神仙。旧时对贤明官吏亦敬称为"神君"。
⑯ 苟或：如果。
⑰ 挽之不留：挽留他而留不住。
⑱ 尚且：表示进一层的意思，提出程度更甚的事例作为衬托。
⑲ 恤乎若失：忧虑如同失去。恤：忧虑，忧患。
⑳ 矧（shěn）：况且。
㉑ 德以述美，实以诔华：德行用文字来赞述其美质，事实用诔辞来表现其精华。诔（lěi）：列述死者德行，表示哀悼的文字。
㉒ 裒（póu）然成集：聚集众多的文章成为一集。

诸桑梓①，付之枣梨②，可以代襦袴之谣③，可以备輶轩之采④。音徽未沬⑤，矩范⑥长存矣。仆窃犹有进焉⑦。夫名者，实之宾也⑧；前者，后之师也。此老已云没，要之虽死犹生。廉吏而可为，能无因爱滋慕⑨。倘不负其所学，必有感于斯文，则《遗爱集》者，非惟叹逝⑩，亦以劝来云尔⑪。

---

① 谋诸桑梓：商议于父老乡亲。谋：谋划，商议。诸：代词"之"和介词"于"的合音。桑梓：《诗经·小雅·小弁》："维桑与梓，必恭敬止。"（《毛诗正义》卷十二，第749页）谓家乡的桑树、梓树是父母种的，对它要有敬意。后因以"桑梓"代指故乡或父老乡亲。
② 付之枣梨：付印成书。旧时刻版印书多用梨木或枣木，故以"梨枣"为书版的代称。
③ 襦袴（rú kù）之谣：即《襦袴歌》。东汉廉范为蜀郡太守，政治清明，百姓富庶，时人作歌颂扬之。〔南朝·宋〕范晔《后汉书》卷三十一《廉范传》："廉范，字叔度，京兆杜陵人，赵将廉颇之后也。……建初中，迁蜀郡太守，其俗尚文辩，好相持短长，范每厉以淳厚，不受偷薄之说。成都民物丰盛，邑宇逼侧，旧制禁民夜作，以防火灾，而更相隐蔽，烧者日属。范乃毁削先令，但严使储水而已。百姓为便，乃歌之曰：'廉叔度，来何暮？不禁火，民安作。平生无襦，今五袴！'"（中华书局1965年5月第1版，第1101—1103页）后遂用"襦袴歌"作为对官吏惠民德政的称颂。襦：短衣。袴：亦作"裤"。
④ 輶（yóu）轩之采：指古代官方派使者采集方言、歌谣等。亦用作收集文人作品之典。輶轩：古代使臣乘坐的一种轻车，后为使臣的代称。
⑤ 音徽未沬：音容未消失。音徽：本指琴上供按弦时识音的标志，借指音容。未沬：未消失。
⑥ 矩范：典范。
⑦ 此句言由于受到宋侯音容及典范的感染和教育，我私下里精神上也有所进步。仆：我。窃：私下。犹有：也有。进：长进。
⑧ 夫名者，实之宾也：语出《庄子·逍遥游》："许由曰：'子治天下，天下既已治也，而我犹代子，吾将为名乎？名者，实之宾也，吾将为宾乎？'"成玄英疏："然实以生名，名从实起，实则是内是主，名便是外是宾。"（〔晋〕郭象注、〔唐〕成玄英疏《南华真经注疏》，中华书局1998年7月第1版，第10—11页）"名"，是"实"派生出来的次要东西。"宾"，宾客，相对于"主"（实）而言。
⑨ 此句言能不因为爱戴而孳生出仰慕？能无：反问语，能不。
⑩ 非惟：不只，不仅。叹逝：感叹逝世者（指宋侯）。
⑪ 劝来：勉励后来者。云尔：常用于句子或文章的末尾，表示结束。

万县尹宋公大中归葬磁州记 大竹　王怀曾鲁之[①]

蜀去京师五千里，土腴而物阜[②]，人朴而畏法。仕宦[③]者以为乐土[④]。顾余往往闻诸牧令之言[⑤]曰："蜀之民愚而好讪上[⑥]，甚不义。"退而征诸其邑之父老[⑦]，又往往实闻其讪而未有以解也[⑧]。则为牧令解之[⑨]父老曰："朝廷使牧令来，非官尔，父母尔也[⑩]。父母而慈，子之幸；父母而不慈，子但当自谨饬[⑪]，无致父母挞楚而已[⑫]，不当以不慈责父母也。"父老闻之，不能非吾言，然亦似未遽以为是[⑬]。余虽为诸牧令解之父老矣，终不能为诸父老解之牧令之前。既而曰："夫蜀地方数千里，郡县以百数，人民数十百万，今不闻其报上[⑭]而以讪闻也，虽谓之不义固宜[⑮]。"

戊寅[⑯]六月，万县魏明经[⑰]士良归故令宋公大中之丧于磁[⑱]，来京师遍称宋公之

---

① 王怀曾：字鲁之，大竹人。幼英敏，与弟小云均有神童之目。年未冠，中嘉庆庚午副车，淹雅宏博，一时无两。玉堂金马，满望可翘足待，而卒蹭蹬不遇。道光壬午始举，京兆五台召试，亦未入选。仅以镶黄旗教习期满出宰山左。历任长清、安邱、兰山、东平等县知县，旋卒于官，一身萧然。继嗣入山东籍，无力归葬。所著《待鹤楼诗》六册，豪情轶宕，有如生龙活虎，飞仙剑客，其生平甘苦之所经，山川之所历及夫交游合离，触事感物之所抒发，备见集中。惜毁于火，季弟鼎臣收拾余烬，仅存三百余首，都为一卷。书法真草俱佳，县城著名榜书多其手迹。孙履亨翰林院庶吉士（据民国《大竹县志》卷九《人物志上·文苑》，台湾成文出版有限公司影印，1976年第1版，第733—734页）。
② 土腴而物阜：土地肥沃，而且物产丰盛。
③ 仕宦：出仕，为官。
④ 乐土：安乐的地方。
⑤ 此句言我往往听各位地方长官说的话。顾：发语词。牧令：旧时称地方长官。
⑥ 讪（shàn）上：毁谤在上位者，多指毁谤官员。
⑦ 征诸其邑之父老：求证于城中的父老。征诸：求证，征询。诸：之于的合音。
⑧ 实闻其讪而未有以解：实际听到这种讽刺诋毁官吏的言论而未能找到其中的原因而得到解释。有以：有因，有道理。
⑨ 此句言为地方官吏向父老辩解说。之：代词，这里指"讪上"这一现象。
⑩ 非官尔，父母尔也：不是官呀，是父母啊！尔：助词。用于句末，表肯定。相当于"呀"。
⑪ 谨饬：谨慎。
⑫ 此句言不至于受到父母的鞭打而已。挞（tà）楚：鞭打。
⑬ 此两句言（父老）不能否定我的话，但也似乎没有立即认可我的话。
⑭ 报上：报答上位者，指官吏。报：报效，报答。
⑮ 固宜：的确合适。固：副词，的确，确实。宜：合适，适当。
⑯ 戊寅：此指1818年，即嘉庆二十三年。
⑰ 明经：明清对贡生的尊称。魏士良为贡生，故称。
⑱ 磁：磁州。隋开皇十年（590）置，治所在滏阳县（今河北省邯郸市磁县）。

德曰："宋公以孝廉①令蜀②久，以昨岁莅吾县。其听讼③也平，其为治也，重士而惠民，其为人也远利而不近名，其感人也诚，故不数月而教成④，不幸不期而卒⑤。其卒也，母老子幼，不能归其骨。邑之民哭之如慈母。其前宰通江⑥也，活饥民数万，至是闻公卒，裹粮⑦千里而来哭者，数千人。凡所曾莅处，无远近，皆来会送葬，遂致赙⑧千金归公丧。士良实护丧，奉其老母弱子，葬公于磁之兆⑨。而后来此，且将为父老请公祀也。"余闻之而喜曰："乃今有以为诸父老解矣，然又无以为不义蜀民者解也。夫通江、万县数邑之民，皆素所谓讪上不义之民也。今宋公死，千里而会葬，哭之如慈母，卒归其丧⑩、定其宅⑪、宁其人⑫，可谓不义乎？！呜呼！宋公之贤也。非宋公之贤，无以成蜀民之义。宋公死，民其不幸也夫。然公之卒也荣，后之人必有慕公之行者，不可谓非蜀之幸⑬。然公卒而不能自归骨，有老母弱子而不能自存，安知见之者不且怵然惧⑭，更以宋公为戒，谓廉吏可为而不可为也乎？呜呼，吾恶从而知之也⑮"。

---

① 孝廉：明、清两代对举人的称呼。检本志卷二十二《职官志·历任》中载宋大中为"直隶磁州举人"。
② 令蜀：在蜀地为县令。
③ 听讼：审案。
④ 教成：指教化已形成。
⑤ 不期（jī）而卒：不到一年而去世。期：期年，指一周年。
⑥ 通江：即四川省巴中市通江县。
⑦ 裹粮：谓携带熟食干粮，以备出征或远行。
⑧ 致赙（fù）：赠送财物助人治丧。
⑨ 兆：墓地，埋葬死人之处。
⑩ 归其丧：将其尸体运回故乡埋葬。
⑪ 定其宅：确定其墓地。宅：墓穴。
⑫ 宁其人：使死者以及家属得以安宁。
⑬ 不可谓非蜀之幸：不能说这不是蜀地的幸事。
⑭ 且：副词，将要。怵（chù）：惊惧。惧：惧怕。
⑮ 此句言我怎么会因而知道呢？恶（wū）：疑问代词。相当于"何""怎么"。

黑洞沟记 邑岁贡生 王继抡①

佛印②、得胜③之间有谷焉，深而幽，险而逼④，土人以沟呼之，号曰"黑硐"。东西两山对峙，绝壁如削，层叠而下临于涧，不啻⑤万仞⑥。北则马头突兀屹立，与二山争胜。水合东西而南注。循口入，两旁无径，履⑦涧石上，水多潜行石下，清韵如丝竹，浊则雷声殷殷⑧。仰视三山穿云入汉⑨，石罅⑩隘处仅可通人，两崖几合，天光一线，日色惟卓午⑪可睹。中有石梯古迹，通东西行，然多圮，无记志⑫，不知始自何代，废自何年，欲询之而无由⑬也。东涧乱石塞绝，不可上，西涧及半为栈而上焉。两山之要⑭有道，在西崖者，随石磴⑮盘曲⑯而上下，陡绝。顶上突出悬石若星缀，恍惚欲坠，仰视神悚股栗⑰，非胆决⑱者不敢过也。东则首尾逼而中阔，初

---

① 黑洞沟：在今万州区孙家镇辖区内。本志卷十六《地理志·寨堡》中有载。王继抡：号环山，岁贡生。性笃孝，终身不衰。每忌日设祭，虽耄犹长跪号泣，见者感动。教人先品行后文艺，家居足不履城市，忘毁誉，不苟取一介。丧葬恪守儒礼，不用浮屠。里中风俗为之一变（据民国《万县志》卷十三《人物》）。岁贡生：即岁贡，科举时代贡入国子监的生员的一种。明、清两代，每年或两三年从府、州、县学中选送廪生升入国子监肄业，故称。

② 佛印：即佛印山，位于今重庆市万州区与梁平区境内。嘉庆《梁山县志》卷二《山川志》载："佛印山，县东九十里，与梁、万接壤。"（曾毅等《清嘉庆梁山县志校注》，四川大学出版社2020年9月第1版，第103页）

③ 得胜：即得胜坡，本志卷四《地理志·山川》中载："康脑山……嘉庆四年，德参赞殄贼于此，因更名'得胜坡'。"

④ 逼（bī）：狭窄，拥挤。

⑤ 不啻（chì）：何止，不止。

⑥ 仞：古代长度单位。七尺为一仞。一说，八尺为一仞。

⑦ 履：踩踏，行走。

⑧ 殷殷：象声词。

⑨ 穿云入汉：穿透云层，直入银河。汉：天河，银河。

⑩ 石罅（xià）：石缝，指峡谷中的小道。

⑪ 卓午：正午。

⑫ 无记志：没有《记》和《志》一类的文献可查。

⑬ 无由：没有门径或办法。

⑭ 要："腰"的古字。

⑮ 石磴（dèng）：以石头铺砌而成的台阶。

⑯ 盘曲：盘旋曲折。

⑰ 神悚（sǒng）股栗（lì）：神情恐惧，大腿发抖。

⑱ 胆决：勇敢果断。

无行道，今则凿断崖脉，梯之可通舆马①矣。迤逦上至绝顶，悬壁西有佛龛②在焉。山东可远望而不可近，相传以为大士像③云。其老树古藤生石缝者，根欲拔起，拳曲④臃肿，不中材度⑤，多朽腐，采樵不能得。隙地丰草蒙茸⑥，土人刈⑦以饲牛马。荆棘荟蔚⑧中，百鸟喧鸣，时与风籁⑨之声相应。多鹰，飞绕谷中，俯视其背，大小历历可数。多猿，每数十为群，食农人山谷⑩，以鼓角惊逐之，则奔过崖穴，矢铳⑪不能加。多煤，穴硐⑫取之，深入者至数百丈，浅者亦数十丈，民之土著者，享转运之利甚溥⑬。当流贼狷獗时，乡人避患，依崖阻险以居，屋连栈接，望之若蜂房⑭、鸡栅焉。以火铳置隘口，贼不敢近，全活者数百家。谷中春温夏凉，秋冬浓霜，积雪及崖之半而止。涧旁艺蓝⑮不菱，每雨霁⑯雪消，西山朝爽⑰，东壁晚霞，娟然⑱可爱。值阴晦，须臾浓雾充塞，山谷皆平，惟见白光一片。若雨集水涨，则崖间飞瀑万道，两涧洪流冲激，势若电掣雷奔⑲，山鸣谷应，声闻数十里。平时两涧水声，可候天之阴晴，远近以此占旱潦⑳焉。夫以如此奇境，乃置之于遐陬闲旷㉑之乡，骚人逸客㉒未尝一涉其地，山农、野老、樵夫、牧竖㉓又不能言之。间有好游者过之，

---

① 舆马：轿子和马匹。
② 佛龛：供奉佛像的石龛。
③ 大士像：菩萨像。大士：佛教对菩萨的通称。亦特指观世音菩萨。
④ 拳曲：弯曲。
⑤ 不中材度：不适合作木材用。
⑥ 蒙茸：葱茏丛生。
⑦ 刈（yì）：割（草）。
⑧ 荟蔚：草木繁盛貌。
⑨ 风籁（lài）：风声，形容风声好听。
⑩ 山谷：山中的谷物。
⑪ 矢：即箭。铳（chòng）：用火药发射弹丸的管形火器，即火药枪。
⑫ 穴硐：挖山洞。
⑬ 甚溥（pǔ）：很广大，很普遍。
⑭ 蜂房：蜜蜂用分泌的蜂蜡造成的六角形的巢，是蜜蜂产卵和储藏蜂蜜的地方。
⑮ 艺蓝：种植蓝。蓝：植物名，有多种，如蓼蓝、木蓝、马蓝等，叶可制蓝色染料。
⑯ 雨霁（jì）：雨止天晴。
⑰ 朝爽：早晨明朗开豁的景象。
⑱ 娟然：美好秀丽的样子。
⑲ 电掣（chè）：电光急闪而过，形容疾速。雷奔：如雷之奔行，形容速度之快。
⑳ 旱潦（lào）：即旱涝。潦：通"涝"，水淹，积水成灾。
㉑ 遐陬（zōu）：边远一隅。闲旷：安静空阔。
㉒ 骚人：屈原作《离骚》，因有"骚人"之称。后也泛指诗人。逸客：超逸高雅的客人。
㉓ 牧竖：牧童。

虽诧以为异，或自崖而返，或一览而去，亦但识其大略而已。

余自丙寅迁山后，庚午、辛未①馆于谷之南岸②，数经其地，每流连不能去。凡崖穴水石之奇尤，禽兽草木之异状，风雨晦明之殊致③，无不亲览，数见而常新。于以叹宇内之异境奥区④，尝有遗于寻常耳目之外，泯没而不传，如此者，岂天地之秘藏而不以示人欤？抑亦或⑤有待而后显也？因记之，以待后之问津者。

张烈女传　邑岁贡生王继抡

烈女张氏小妹者，县西鄙⑥农民天位仲女也。幼许字⑦吴氏，年十八未出阁⑧，资性敏慧，容貌娟好。教匪⑨之乱，贼突至其家，父奔匿⑩，母及两弟俱被掠。睹女美，欲污之，不屈，怒，胁以刃，女从容曰："释⑪母与弟，当随尔！"贼收刃，并驱其母弟以行。少顷⑫又哀恳之，贼果纵⑬其母及弟，被⑭女以红绡翠钿⑮，曰："天人也。"

---

① 丙寅、庚午、辛未：从下一篇《张烈女传》所记张烈女罹难为"嘉庆三年五月初六日事也"，而王继抡"书而藏之，以为后之采风者备览焉"则当在事后。以此为参照，则丙寅、庚午、辛未当在嘉庆年间，如此，则丙寅当为嘉庆十一年（1806）、庚午当为嘉庆十五年（1810）、辛未当为嘉庆十六年（1811）。
② 馆于谷之南岸：在黑洞沟峡谷的南岸教私塾。馆：私塾。
③ 殊致：特别的景致。
④ 奥区：幽深之处。
⑤ 抑亦或：也或者。
⑥ 西鄙：西方的边境。
⑦ 许字：许配。
⑧ 出阁：出嫁。
⑨ 教匪：指清朝嘉庆年间爆发于四川、陕西、河南和湖北边境地区的白莲教教徒武装反清起义事件。
⑩ 奔匿：逃走并藏匿。
⑪ 释：释放，放开。
⑫ 少顷：片刻，一会儿。
⑬ 纵：释放。
⑭ 被：遮盖。
⑮ 红绡：红色薄绸。翠钿：用翠玉制成的首饰。

乘以马，前后逻护①之。行里许，度母弟已远，乃下马取服饰碎裂，大骂曰："万死贼，欲污尔姑耶！"贼盛怒，啐②之，骂益厉，遂杀之。母刘氏，素有志操③，临别私语女曰："纲常④二字，切勿忘！"女颔之⑤，以故不出闾境而蹈白刃。此嘉庆三年⑥五月初六日事也。

时乡人有被掠逃归者，述甚悉⑦。予闻而叹之曰："是所谓从容赴义者乎！"夫祸变猝乘，兵刃加颈，死生呼吸之间，虽须眉丈夫⑧，犹难不屈，况一孱弱女子，乃能坚白自矢，不磷不缁⑨，何其贞也。环绕皆贼，经刎⑩无门，非峻激⑪其怒，无以速死而完其贞，舍生取义，不亦烈乎！当女陷贼时，已不有其生，但不缓之须臾，则不能保其母弟，势必至因己故而骈首受害⑫，虽死有遗憾也。此与朱子所录窦杜二女投崖事相类，而保全骨肉，气概棱棱⑬，又有过之者。夫以民间女子，非如宦室⑭世家之秀，素涉书史，讲礼义而铮铮皎皎⑮若是，殆出于天而成于性乎！抑亦⑯圣朝⑰风化⑱，涵濡浸渍⑲之久，有以遍周于穷檐蔀屋⑳而然乎！独其捐躯义烈无表

---

① 逻护：巡守。
② 啐（cuì）：发出唾声，表示愤怒。
③ 志操：志向节操。
④ 纲常：即三纲五常，是封建礼教提倡的人与人之间的道德规范。三纲：指君为臣纲、父为子纲、夫为妻纲。五常：指仁、义、礼、智、信。
⑤ 颔之：点头。
⑥ 嘉庆三年：即1798年。
⑦ 述甚悉：叙述得很详尽。
⑧ 须眉丈夫：堂堂的男子汉。
⑨ 语出《论语·阳货》："不曰坚乎，磨而不磷；不曰白乎，涅而不缁。"何晏集解引孔安国曰："言至坚者磨之而不薄，至白者染之于涅而不黑。"（《论语注疏》卷十七，第235页）后因以"坚白"形容志节坚贞，不可动摇。自矢：犹自誓，立志不移。不磷不缁：磨不薄，染不黑。比喻坚贞高洁的品质，不因外界影响而有所改变。
⑩ 经刎：自杀。
⑪ 峻激：犹过激。
⑫ 骈首受害：（与母亲、弟弟）一并被杀。
⑬ 棱棱：威严的样子。
⑭ 宦室：官员的女眷。
⑮ 铮铮皎皎：坚贞洁白。
⑯ 抑亦：副词，表示推测，即"也许""或许"。
⑰ 圣朝：封建时代尊称本朝，亦作为皇帝的代称。
⑱ 风化：风俗教化。
⑲ 涵濡浸渍：滋润沉浸。
⑳ 穷檐蔀（bù）屋：泛指贫家幽暗简陋之屋。

扬之者，致令白璧埋光，贞魂赍憾①，是可惜耳！因书而藏之，以为后之采风②者备览③焉。

永宁矶碑记 邑廪生　何志高西夏④

南浦之西六十里有水焉，曰瀼溪⑤。发源于分水岭，注川于瀼涂驲⑥。当天作冻霖⑦，潏瀷竞⑧，淘淘溰溰⑨，激湍腾驶⑩，瀑布喧豗⑪，行人缘岸如蚁⑫，莫敢凭凌⑬岭⑭界。甘宁坝⑮，一闬瀕溪⑯，周道所躔⑰，旧置小艇，颇云方便。然乱涛泷⑱则怵⑲于震荡，舣填淤则塞于污濡⑳，沉瀁既退㉑，或跣蹑涓濑㉒，或步渡略彴㉓，皆掉栗阢陧㉔，君子恤之㉕。

---

① 赍（jī）憾：带着遗憾。
② 采风：古代称民歌为风，因以称搜集民间歌诗。
③ 备览：提供阅览。
④ 永宁矶：民国《万县志》卷二《营缮·桥梁》："永宁桥，在甘宁坝。九洞，十四丈。清道光戊子毛蔚然等募建。同治九年水圮，重人复募成之。"矶：指石桥。
⑤ 瀼溪：即瀼渡河，又称瀼渡溪、瀼涂河。在甘宁境称甘宁河（洞涛河），至瀼渡境称瀼渡河，于瀼渡场汇入长江。本志卷四《地理志·山川》中有载。
⑥ 瀼涂：即瀼渡。驲（rì）：驿站专用的车马，也代指驿站。
⑦ 冻霖：暴雨。冻、涷，《说文》本为两字，暴雨义应作"涷"，因两字形义相近，古籍刊本往往作"冻"。
⑧ 潏瀷竞：暴涨的雨水竞相增长。潏（fán）：水暴涨。瀷（yì）：疾流的雨水。
⑨ 淘淘：大水貌。溰（ǎi）溰：云气阴暗貌。
⑩ 激湍：急流。腾驶：奔腾疾驶，形容急流奔涌。
⑪ 喧豗（huī）：形容轰响。
⑫ 此句言行人沿岸而行好像蚂蚁。缘岸：犹沿岸。
⑬ 凭凌：谓登高凭眺，凌驾其上。
⑭ 岭：同"险"。
⑮ 甘宁坝：在今重庆市万州区甘宁镇。甘宁场周围较平坦，俗称"甘宁坝"。"甘宁坝"之名早在南宋王象之的名著《舆地纪胜》中就有记载。
⑯ 一闬（xiàng）：犹言只有一条巷子的小镇。闬：同"巷"。瀕溪：靠近溪边。
⑰ 周道所躔（chán）：指甘宁坝这座小镇位于溪边的大路上。周道：大路。所躔：所居之处。
⑱ 泷（lóng）：湍急汹涌。
⑲ 怵（chù）：恐惧，害怕。
⑳ 此句言使船在淤泥中靠岸，则又停滞于玷污浸渍的境地。舣（yǐ）：使船靠岸。填淤：亦作"填洳"，淤泥。塞：留滞。
㉑ 沉瀁（hàng yǎng）既退：谓大水退去。沉瀁：水广阔貌。
㉒ 跣（xiǎn）蹑涓濑：赤脚蹚过浅水滩。跣蹑：赤脚踩踏。涓濑：水流细而浅的沙石滩。
㉓ 步渡：步行走过。略彴（zhuó）：小木桥或独木桥。
㉔ 掉栗：颤抖。阢陧（wù niè）：犹"陧阢"，动摇不安的样子。
㉕ 恤之：怜悯为交通所困的人们。

爰①有毛君蔚然、徐君步云、郎君大朝、大作，饶益②捐资醵金③，鸠贔屃④，攻嶤峎⑤，凿硞磩⑥，以建篊架礧硌⑦而横互碕成⑧孔硞⑨，虽溺溺瀺灂，无虞硉矹也⑩。自时鲜藉⑪一苇之杭⑫，恒凭⑬长虹⑭以渡，殊涂⑮安步⑯乎通津⑰，群动捷登于彼岸⑱，利济⑲宏矣。夫雨毕而除道⑳，水涸而成梁㉑，王政㉒也。人能不靳㉓财力，兴利除害，斯得尚乎公义矣。曩者㉔坝众㉕建浮图㉖于洞头㉗，砥柱㉘中流，矗矗㉙刺天，

---

① 爰：助词，无义。用在句首或句中，起调节语气的作用。
② 饶益：使人受利。
③ 醵（jù）金：集资，凑钱。
④ 鸠贔屃（bì xì）：聚集强大的力量。鸠：聚集，集合。贔屃：壮猛有力貌。
⑤ 攻嶤峎（dàng mǎng）：治理大石。嶤峎：山石广大貌。
⑥ 硞磩（kè chèn）：坚硬的水中之石。按，上句"嶤峎"指山石，此指水中之石。
⑦ 此句言因而建树石篊，架起大石，指架构桥梁。建篊（zì）：建立石篊。石篊：堵塞决口立楗（柱桩）时所用的苫石。礧硌（lěi luò）：大石。
⑧ 碕（jì）成：石杠修成。碕：水流中可以用来过河的石头，这里指桥下供人踩踏过河的石磴。
⑨ 孔硞（qià）：坚固的桥孔。硞：坚固。
⑩ 这两句言虽然大水淹没了溪中的巨石，水声轰鸣，但桥高耸而无忧。溺溺：沉没。瀺灂（chán zhuó）：出没水中。无虞：没有忧患。硉矹（lù wù）：高耸，突出。
⑪ 鲜藉：少借。鲜：少。
⑫ 一苇之杭：语出《诗经·卫风·河广》："谁谓河广？一苇杭之。"〔西汉〕毛亨传："杭，渡也。"（《毛诗正义》卷三，第240页）用芦苇编制而成的船筏渡过溪河。
⑬ 恒凭：长久地依靠、凭借。
⑭ 长虹：形容桥壮如长虹。
⑮ 殊涂：不同途径。涂：又作"途"，道路，途径。
⑯ 安步：缓步徐行。
⑰ 通津：四通八达之津渡。
⑱ 此句指众人快速地登上对岸。群动：泛指众人。
⑲ 利济：施恩泽。
⑳ 除道：开辟、修治道路。
㉑ 成梁：修建桥梁。
㉒ 王政：犹王道，仁政。
㉓ 不靳（jìn）：不吝惜。
㉔ 曩（nǎng）者：先时，以前。
㉕ 坝众：指甘宁坝民众。
㉖ 浮图：佛教语。梵语Buddha的音译。指佛塔。
㉗ 洞头：或当谓桥洞头，故下句有"砥柱中流"之语。
㉘ 砥柱：山名。又称"三门山"。在今河南省三门峡市，当黄河中流。以山在激流中矗立如柱，故名。今因整治河道，山已被炸毁。这里是形容佛塔。
㉙ 矗矗：高峻貌。

今复为石杠①于上游，均为胜举。然是役②也，思艰图易以立功德，又愈于裨补③形势而壮游观④也。

陈孝廉墓志铭　国朝大理寺卿　甘家斌秩斋⑤

君少于余十四岁，乃叔⑥鹦峰公则余乡科⑦同年⑧也。余官京师时，君以廪贡游太学⑨，继又举孝廉⑩，应礼部试⑪，先后得阅君文，钦为绩学⑫名儒，叹赏不置⑬。今余主讲于夔，令子宝从余游，乞铭君墓。

按状⑭，君榜名⑮二士，更名士杰，字兆升，号桂山，别号灵岩，昆季⑯四人，

---

① 石杠：置于水中供人渡涉的踏脚石。按，万州一带的石桥常在主桥之下贴近水面建有石磴桥，或石板桥，供枯水季节使用。石杠当指此。
② 是役：这事。指修桥的事。
③ 裨（bì）补：增加补益。
④ 壮游观：增强游览之景观。游观：游览。
⑤ 甘家斌（1763—？）：字福超，号秩斋，四川省巴中市通江县人。幼年其父因参加白莲教被残害，其母改嫁到邻水后，在邻水长大成人。乾隆五十八年（1793）癸丑科三甲第四十四名进士。因出生在一个教会林立、时局动荡的年代，亲历家庭分崩离析，饱受颠沛流离之苦，使其矢志不移打击国内外各种教会教派。大理寺卿：清代以大理寺、刑部、都察院为"三法司"，刑部负责审判案件，都察院监察弹劾官吏，大理寺专管案件的复核驳正。重大案件由三法司会审，遇有应议大政、大狱，大理寺还参与六部、督察院、通政司会议，称"九卿会议"。大理寺置卿、少卿，满汉各一人。
⑥ 乃叔：他的叔叔，指陈孝廉的叔叔。乃：代词，其，他的。
⑦ 乡科：乡试。清代在省城举行的科举考试，每三年考一次，中央派考试官主持，中试者称"举人"。
⑧ 同年：清乡试、会试同榜登科者皆称"同年"。
⑨ 此句指陈孝廉以廪生升为贡生，入太学学习。游：求学。太学：即国学，我国古代设于京城的最高学府。西周已有太学之名。后也有称国子监者等。太学与国子学（寺、监）名称不一，制度亦有变化，但均为传授儒家经典的最高学府。
⑩ 孝廉：孝：指孝悌者。廉：清廉之士。分别为统治阶级选拔人才的科目，始于汉代，在东汉尤为求仕者必由之途，后往往合为一科。〔东汉〕班固《汉书·武帝纪》："元光元年冬十一月，初令郡国举孝廉各一人。"（中华书局1962年6月第1版，第160页）
⑪ 应礼部试：指参加进士考试。礼部：官署名，管理国家的典章制度、祭祀、学校、科举和接待四方宾客等事务。
⑫ 绩学：谓治理学问，亦指学问渊博。
⑬ 不置：不止。
⑭ 按状：按照行状。状：即行状，指叙述人物生平行事的文字。
⑮ 榜名：榜上公布的正式姓名。榜：告示应试录取的名单。
⑯ 昆季：犹兄弟。昆：兄。

君其仲①也。少颖异②，通经史③，为文炳炳烺烺④，不屑凡近⑤。嘉庆元年丙辰⑥，甫及冠⑦，即补弟子员⑧，学使⑨奇其才，深器重之。既而，戊午、庚申、辛酉、甲子⑩四入棘院⑪，辄掉鞅⑫，人比之刘蕡⑬，而君志益壮，不稍挫⑭也。启缣缃⑮，勤斧藻⑯，恶卧焠掌⑰，周寒暑无间⑱，由是湛深⑲经术⑳，所学愈进，乙丑㉑试高等

---

① 仲：次、第二，指兄弟或姐妹中排行第二者。古时兄弟姐妹排行常以伯（孟）、仲、叔、季为序。
② 少：年少时。颖异：聪慧过人。
③ 经史：经部和史部。经部包括儒家的经典和小学（文字学）方面的书。史部包括各种历史书和某些地理书。泛指传统文化和学术经典。
④ 炳炳烺（lǎng）烺：文采鲜明貌。
⑤ 不屑：认为不值得，形容轻视。凡近：平庸浅薄。
⑥ 嘉庆元年丙辰：即1796年，该年为干支纪年的丙辰年。
⑦ 甫及冠：刚满二十岁。甫：方才，刚刚。及冠：古代男子二十岁行冠礼，故名。
⑧ 弟子员：清代对县学生员的称谓。
⑨ 学使：督学使者的简称，即提督学政，亦简称"学政"。清中叶以后，派往各省，按期至所属各府、厅考试童生及生员。均从进士出身的官吏中简派，三年一任。不问本人官阶大小，在充任学政时，与督、抚平行。
⑩ 戊午、庚申、辛酉、甲子：此指1798年（清嘉庆三年）、1800年（嘉庆五年）、1801年（嘉庆六年）、1804年（嘉庆九年）。
⑪ 棘院：科举时代的试院。古代试士，用棘围试院，以防止弊端，故称。
⑫ 掉鞅：本谓驾战车入敌营挑战时，下车整理马脖子上的皮带，以示御术高超，从容有余。语出《左传·宣公十二年》："吾闻致师者，左射以菆，代御执辔，御下两马，掉鞅而还。"（《春秋左传正义》卷二十三，第646页）比喻从容显示才华。
⑬ 刘蕡（fén）：唐昌平（今北京市昌平区）人。唐文宗大（太）和二年（828）应贤良对策，针砭时弊，揭露宦官，天下为之轰动。事见〔后晋〕刘昫等《旧唐书》卷一百九十下《文苑下·刘蕡传》。
⑭ 不稍挫：不曾有稍许挫折，谓其意志坚定。
⑮ 缣缃：本指供书写用的浅黄色细绢，亦指代书册。
⑯ 斧藻：本指梁楹上刻画的文饰图案，引申为修饰。
⑰ 恶卧焠（cuì）掌：语出《荀子·解蔽》："有子恶卧而焠掌，可谓能自忍矣。"杨倞注："焠，灼也。恶其寝卧而焠其掌，若刺股然也。"（〔清〕王先谦《荀子集解》，中华书局1988年9月第1版，第403页）谓苦学者自灼其掌，以警因睡而废读。
⑱ 周寒暑无间：遍于寒暑而无空隙。间：空隙，缝隙。
⑲ 湛深：指学问高深。
⑳ 经术：犹经学，以儒家经典为研究对象的学问。
㉑ 乙丑：此指1805年，即清嘉庆十年。

食饩①，次年援例②贡成均③，赴监④肄业⑤。不忘交游，有后汉仇香⑥之风。旋⑦丁母艰⑧，匍匐归里⑨，服阕⑩后，肯堂肯构⑪，于己巳⑫落成。恰届⑬尊甫⑭汝学公六旬大庆⑮，亲友毕至，举觞称贺⑯九如⑰，载咏之余⑱，并诵"君子攸芋⑲"之句以侑爵⑳，喜可知已㉑。越明年㉒，赴京师，入北闱㉓，得登虎榜㉔、列贤书㉕。半生苦读，

---

① 食饩(xì)：指明清时经考试取得廪生资格的生员享受廪膳补贴，由官府供给膳食，亦即成为廪生。
② 援例，用成例。
③ 贡成均：进入太学成为贡生。成均：泛称官设的最高学府。
④ 赴监：到国子监。
⑤ 肄业：修习课业。古人书所学之文字于方版谓之业，师授生曰授业，生受之于师曰受业，习之曰肄业。
⑥ 仇香：东汉仇览的别名，善用礼法严格要求自己，其事迹见〔南朝·宋〕范晔《后汉书》卷一百六《仇览传》。
⑦ 旋：不久。
⑧ 丁母艰：遭逢母亲丧事。旧制，父母死后，子女要守丧，三年内不做官，不婚娶，不赴宴，不应考。母艰：犹母忧，母亲的丧事。
⑨ 匍匐归里：劳顿颠沛，回到故里。
⑩ 服阕：守丧期满除服。阕：结束，终了。
⑪ 肯堂肯构：语出《尚书·大诰》："若考作室，既底法，厥子乃弗肯堂，矧肯构？"（《尚书正义》卷十三，第349页）谓构筑房屋。
⑫ 己巳：此指1809年，即嘉庆十四年。
⑬ 恰届：恰逢。届：至，到。
⑭ 尊甫：对他人父亲的敬称。
⑮ 汝学公六旬大庆：陈士杰之父陈汝学六十大寿的庆典。公：对长辈的敬称。
⑯ 举觞称贺：举起盛满的酒杯道贺。
⑰ 九如：语本《诗经·小雅·天保》："如山如阜，如冈如陵，如川之方至，以莫不增……如月之恒，如日之升。如南山之寿，不骞不崩。如松柏之茂，无不尔或承。"（《毛诗正义》卷九，第585—587页）本为祝颂人君之词，因连用九个"如"字，并有"如南山之寿，不骞不崩"之语，后因以"九如"为祝寿之词。
⑱ 载咏之余：歌咏完毕之后。
⑲ 君子攸芋：语出《诗经·小雅·斯干》："风雨攸除，鸟鼠攸去，君子攸芋。"〔西汉〕毛亨传："芋，大也。"〔东汉〕郑玄笺："芋当作幠，幠，覆也。寝庙既成，其墙屋弘杀，则风雨之所除也。其坚致，则鸟鼠之所去也。其堂室相称，则君子之所覆盖。"（《毛诗正义》卷十一，第685页）此处意为君子好的住所。芋：鲁诗作"宇"，居住。
⑳ 侑（yòu）爵：劝酒。侑：劝。
㉑ 喜可知已：喜悦可以知道啊。已：语气词，表肯定而带感叹语气，相当于"啊"。
㉒ 越明年：到第二年。即清嘉庆十五年（1810）。
㉓ 北闱：明、清科举制对顺天（今北京市）乡试的通称。
㉔ 虎榜：科举时代中试、及第的名单。
㉕ 贤书：语本《周礼·地官·乡大夫》："乡老及乡大夫群吏献贤能之书于王。"（《周礼注疏》卷十二，第297页）贤能之书，谓举荐贤能的名录，后因以"贤书"指考试中式的名榜。

一举成名,捷报遥驰,高堂①悦豫②,显扬夙愿③,何幸而偿于此日耶!然而君之壮志,犹未已也。祛蠹探骊④,企题雁塔⑤,跋涉五千余里,阅辛未、甲戌、丁丑、己卯、丙戌、壬辰二十一年⑥,凡六试春官⑦,三膺鹗荐⑧,迹其含华佩实⑨,玉节金和⑩;洵足⑪翔步蓬瀛⑫,蜚声翰苑⑬。特惜数奇不偶⑭,朱衣吝点头⑮耳。

君赋性刚毅,存心正直,凡立身行己,皆光明俊伟,循循矩矱⑯,无稍逾越,

---

① 高堂:指父母。陈士杰母亡,这里当指其父。
② 悦豫:喜悦,愉快。
③ 显扬:显耀,称扬。夙愿:平素的心愿。
④ 祛蠹(dù):除去祸害。探骊:犹探骊得珠。事见《庄子·列御寇》:"人有见宋王者,锡车十乘,以其十乘骄稚庄子。庄子曰:'河上有家贫恃纬萧而食者,其子没于渊,得千金之珠,其父谓其子曰:"取石来锻之!夫千金之珠,必在九重之渊而骊龙颔下,子能得珠者,必遭其睡也,使骊龙而寤,子尚奚微之有哉!"今宋国之深,非直九重之渊也;宋王之猛,非直骊龙也;子能得车者,必遭其睡也。使宋王而寤,子为齑粉夫!'"(方勇、陆永品《庄子诠评》,巴蜀书社1998年9月第1版,第869页)后以"探骊得珠"喻应试得第。
⑤ 企题雁塔:企望能题名于大雁塔。雁塔:在今陕西省西安市南大慈恩寺中,亦称"大雁塔"。系唐高宗为追荐其母而建。新科进士在曲江会宴后,常题名于雁塔。
⑥ 阅辛未、甲戌、丁丑、己卯、丙戌、壬辰二十一年:经历清嘉庆十六年(辛未,1811)、十九年(甲戌,1814)、二十二年(丁丑,1817)、二十四年(己卯,1819)以及清道光六年(丙戌,1826)、十二年(壬辰,1832)前后共二十一年。
⑦ 六试春官:六次参加考试。唐光宅年间曾改礼部为春官,后"春官"遂为礼部的别称。因礼部掌管科举,故云。
⑧ 三膺鹗荐:三次接受举荐。鹗荐:谓举荐贤才。
⑨ 含华:谓有才华。佩实:携带实质。
⑩ 玉节金和:形容人品清雅高洁。
⑪ 洵足:实在足以。
⑫ 翔步蓬瀛:安步蓬莱、瀛洲。翔步:安步,缓步。蓬瀛:指蓬莱、瀛洲,传说中的仙山。〔西汉〕司马迁《史记·封禅书》:"自威、宣、燕昭使人入海求蓬莱、方丈、瀛洲,此三神山者,其傅在勃海中,去人不远。"(郭逸、郭曼标点《史记》,上海古籍出版社1997年8月第1版,第1121页)
⑬ 蜚声翰苑:驰名文坛。
⑭ 此句言特别可惜的是命运不好。数奇(jī)不偶:古人以遇合为耦(偶),不遇为奇。
⑮ 朱衣吝点头:《侯鲭录》记载:"欧阳公知贡举日,每遇考试卷,坐后常觉一朱衣人时复点头,然后其文入格……始疑侍吏,及回视之,一无所见,因语其事于同列,为之三叹,尝有句云:'文章自古无凭据,惟愿朱衣暗点头。'"吝:吝啬,此指考试不中。
⑯ 循循:遵循规矩貌。矩矱(yuē):尺度,法度。

故里党①称颂,谓与伯夷之不视恶色、不听恶声②有同心焉。及其待人也,不立崖岸③,不设城府④,不矜才傲物⑤,不恃势凌人⑥,则又与物为春⑦,饮人以和⑧者。邑有魏明经⑨,善士也。立乐善堂⑩以旌善⑪,裒然以君居首⑫,人皆信之,无或间言⑬。

君孝友⑭性成,惇宗睦族⑮,本根克庇⑯,又虑上治下治旁治⑰,众则易涣⑱,

---

① 里党:邻里。
② 伯夷之不视恶色,不听恶声:语出《孟子·万章》:"孟子曰:'伯夷目不视恶色,耳不听恶声;非其君不事,非其民不使,治则进,乱则退。'"〔东汉〕赵岐注:"此复言不视恶色,谓行不正而有美色者,若夏姬之比也。耳不听恶声,谓郑声也。后世闻其风者,顽贪之夫,更思廉洁,懦弱之人,更思有立义之志也。"(《孟子注疏》卷十上,第268页)伯夷,商末孤竹君长子。孤竹君有二子,相传其父遗命要立次子叔齐为继承人。孤竹君死后,叔齐让位给伯夷,伯夷不受,叔齐也不愿登位,先后都逃到周国。周武王伐纣,二人叩马谏阻。武王灭商后,他们耻食周粟,采薇而食,饿死于首阳山。
③ 不立崖岸:不立山崖、堤岸,谓平易近人。
④ 不设城府:不设城池和府库。比喻人心胸坦诚,不玩弄心机。
⑤ 不矜才傲物:不以才能高傲自负。矜才:以才能自负。傲物:高傲自负,轻视他人。
⑥ 不恃势凌人:不仗恃权势欺凌人。恃势:凭借权势。凌人:谓以势压人。
⑦ 与物为春:出自《庄子·德充符》:"使日夜无隙而与物为春,是接而生时于心者也。"(方勇、陆永品《庄子诠评》,巴蜀书社1998年9月第1版,第158页)给对方以春天般的温暖。
⑧ 饮人以和:语出《庄子·则阳》:"故或不言而饮人以和。"(方勇、陆永品《庄子诠评》,巴蜀书社1998年9月第1版,第700页)饮人:使他人感受到。和:和睦,和善。
⑨ 魏明经:即魏士良。明经:明、清对贡生的尊称。
⑩ 乐善堂:本志卷十二《地理志·义局》中有载,由魏士良建或募建。
⑪ 旌善:表彰美善。
⑫ 此句言超出同辈而居首席。裒:音xiù,同"袖",谓出众。
⑬ 无或间言:没有人非议,表示不满。
⑭ 孝友:事父母孝顺,对兄弟友爱。
⑮ 惇(dūn)宗睦族:使家族更加亲厚、和睦。
⑯ 本根克庇:根基能得以庇护。克:能够。
⑰ 上治下治旁治:即上正祖先,下正子孙,旁正兄弟。语出《礼记·大传》:"上治祖祢,尊尊也。下治子孙,亲亲也。旁治昆弟,合族以食,序以昭穆,别之以礼义,人道竭矣。"〔唐〕孔颖达疏:"'上治祖祢,尊尊也'者,治,犹正也。上正治祖祢,是尊其尊也。'下治子孙,亲亲也'者,下正于子孙,是亲其亲也。上主尊敬,故云'尊尊',下主恩爱,故云'亲亲'。'旁治昆弟'者,谓旁正昆弟,逾远疏也。'合族以食'者,言旁治昆弟之时,合会族人以食之礼,又次序族人以昭穆之事,所谓'旁治昆弟'也。'别之以礼义,人道竭矣'者,总结'上治祖祢,下治子孙,旁治昆弟'。言此三事皆分别之以礼义,使人之道理竭尽于此矣。"(《礼记正义》卷三十四,第1000页)
⑱ 此句言人多了就容易涣散。

年多则易忘也①。于是倡首②公建宗祠，并溯所从生，自干而枝，自枝而叶，纂而辑之③，汇为家乘④，以扬先人之功德，以大奕世之继承⑤，此诚仁人孝子之用心有独见其大者。至于出其才华，以宏利济⑥，则有辛未之岁⑦，饥馑荐臻⑧，人多菜色⑨，岌岌⑩乎有饿莩之患⑪。恒苦于⑫计无复之者⑬。君则多方筹画，劝捐拯救，不惟族党⑭得免死亡，即姻戚⑮亦资全活，而远近成风，咸相取法，则是大有造于枌榆⑯也。

君举孝廉后，邑人士钦君德行，皆欲袪衣而受业⑰于门。乃先后设帐⑱于市郭里⑲及赖氏宗祠、魏家坝、金城寨、大河坝等处，县尹⑳闻而嘉之，聘掌凤山书院。其课士㉑一以鹿洞㉒为则，先器识，后文艺㉓，故能多所成就。或游㉔胶庠㉕补博

---

① 此句言年岁大了就容易遗忘。
② 倡首：提倡。
③ 纂而辑之：汇集而编辑。
④ 汇为家乘：汇聚为家谱。家乘：家谱，家史。
⑤ 此句指加以光大，使世代继承。奕世：累世，代代。
⑥ 以宏利济：用来扩大救济。
⑦ 辛未之岁：指1811年，即清嘉庆十六年。
⑧ 饥馑荐臻：谓灾荒接连到来。饥馑：年成很差或颗粒无收。荐：一再，频频。
⑨ 菜色：指饥民营养不良的脸色。
⑩ 岌岌：危急貌。
⑪ 饿莩（piǎo）之患：有饿死人的忧患。饿莩：又作"饿殍"，饿死的人。
⑫ 恒苦于：长久苦于。
⑬ 计无复之者：再无别的办法可想，不得不这样。犹没有能恢复到饥馑前的计谋。
⑭ 族党：聚居的同族亲属。
⑮ 姻戚：犹姻亲，由婚姻关系形成的亲戚。
⑯ 枌榆：本指汉高祖故乡的里社名。后泛指故乡。
⑰ 袪（qū）衣受业：撩起衣服前往受业。形容虚心求教。
⑱ 设帐：指设馆授徒。
⑲ 市郭里：在长江南岸，辖有十甲。
⑳ 县尹：一县的长官。
㉑ 课士：考核士子的学业。
㉒ 鹿洞：指白鹿洞书院，位于江西庐山五老峰南麓，宋代朱熹曾在此讲学，与湖南长沙的岳麓书院、河南商丘的应天书院、河南登封的嵩阳书院，合称为"四大书院"。
㉓ 先器识，后文艺：语出〔北宋〕欧阳修、宋祁等《新唐书》卷一百八《裴行俭传》："行俭曰：士之致远，先器识而后文艺。"（中华书局1975年2月第1版，第4088—4089页）器识：器局与见识。文艺：指撰述和写作方面的学问。
㉔ 游：指游学，离开本乡到外地求学。
㉕ 胶庠：周代学校名。周时胶为大学，庠为小学。后世通称学校为"胶庠"。

士①，胥彬彬然②，克传衣钵③而树芳规④。岁在癸巳⑤，延⑥君振铎⑦者，踵相接⑧也。而君则愿居于山，人观夫山，人即仙也⑨。君即从此仙游，意者君预知其年不永，如贾生⑩之赋鹏与综⑪。君生平，艰苦备尝，天若故靳之⑫，致欲博南宫一等⑬而卒不可得，则信乎报施⑭或爽⑮，而所遇之穷也。然游槐市⑯，歌鹿鸣⑰，炳外弸中⑱，克尽孝廉之实，斯亦足以光前裕后⑲，可垂不朽而无遗憾矣。著有文集行于世。

君生于乾隆四十二年丁酉岁八月初四日子时⑳，卒于道光十三年癸巳岁五月初八日申时㉑，享寿五十七，葬于花帘子祖茔之左。元配张氏，生子三：长介，邑庠生，娶杨氏；次宝，业儒㉒，娶吴氏；三焯，娶吴氏。女一，适易㉓。孙六：长永寿，次

① 补博士：指补博士弟子。汉代博士所教授的学生称为博士弟子。
② 胥：皆，都。彬彬：文质兼备貌。然：助词，无义。
③ 克传衣钵：能传承先师的学问思想。克：能够。衣钵：佛家以衣钵为师徒传授之法器，因引申指师传的思想、学问、技能等。
④ 芳规：前贤的遗规。
⑤ 癸巳：此指1833年，即清道光十三年。
⑥ 延：引进，请。
⑦ 振铎：谓从事教职。
⑧ 踵相接：谓脚迹相连。形容人数众多，接连不断。
⑨ 人观夫山，人即仙也：拆字法，"仙"字由"人"和"山"组合而成，故云。
⑩ 贾生：指贾谊（前200—前168），西汉政论家、文学家。洛阳人。文帝初，召为博士。贾谊曾多次上疏，评论时政，建议削弱诸王势力，巩固中央集权；主张重农积粟，抗御匈奴贵族。
⑪ 赋鹏与综：贾谊曾作《鹏鸟赋》，其序曰："谊为长沙王傅三年，有鹏鸟飞入谊舍，止于坐隅。鹏似鸮，不祥鸟也。谊既以谪居长沙，长沙卑湿，谊自伤悼，以为寿不得长，乃为赋以自广。"综：疑为"终"之讹。
⑫ 此句言上天好像是故意对他吝惜。靳，吝惜。
⑬ 欲博南宫一第：想要博取进士名第。南宫：进士考试多在礼部举行，故指六部中的礼部为南宫。亦指礼部会试，即进士考试。
⑭ 报施：犹报应。
⑮ 爽：差失，不合。
⑯ 槐市：汉代长安多植槐树，读书人聚会、贸易之市亦因槐而得名，后以"槐市"借指学官、学舍。
⑰ 鹿鸣：古代宴群臣嘉宾所用的乐歌。源于《诗经·小雅·鹿鸣》。后科举时代，以举人中试为赋鹿鸣。
⑱ 炳外弸（péng）中：谓才德充实于内者，则文采必自然发扬于外。炳：指文采鲜明。弸：本指弓强劲有力，引申为强盛、兴盛。亦作"弸中彪外"。
⑲ 光前裕后：光耀祖先，造福后代。
⑳ 乾隆四十二年丁酉岁八月初四日子时：即1777年9月5日23时至次日1时。
㉑ 道光十三年癸巳岁五月初八日申时：即1833年6月25日15时至17时。
㉒ 业儒：以儒学为业。
㉓ 适易：嫁给易家。适：女子出嫁。

永祺，介出；次永龄、永炽、永祐，焯出。永祐，宝出。俱幼。

铭曰：敦实诣兮蕴奇才①，志未竟兮身先摧②，知食报③兮在将来，伫见④子若孙⑤兮萃⑥冠盖⑦而焜耀⑧泉台⑨。

万县宾兴会记　邑令　王玉鲸晓村

余莅万三年，窃见朐䏰、羊渠，自汉著名大邑，今其山川犹昔，其磅礴郁积⑩而融结⑪，必多英伟之士⑫，足以副⑬旁求⑭特达⑮之选。而己酉、辛亥⑯，登拔萃科⑰、列贤书者，仅一人焉⑱。今年计偕北上⑲，惟许、廖二孝廉而已，何寥寥也！岂

---

① 此句言其为人敦厚诚实，学业优秀，蓄藏奇才。敦实：敦厚诚实。诣：学业、技艺等所达到的程度。蕴奇才：积聚、蓄藏着奇才。
② 此句言志向没有实现，身已先死。
③ 食报：受报答或受报应。
④ 伫见：驻足企盼。
⑤ 子若孙：子孙。若：连词，和、与、以及。
⑥ 萃：聚集。
⑦ 冠盖：泛指官员的冠服和车乘。
⑧ 焜（kūn）耀：照耀。
⑨ 泉台：墓穴，亦指阴间。这几句是说，知道报答在将来，即将看到子孙兴旺显赫，冠盖聚集，光耀阴间。
⑩ 磅礴郁积：广大无边而地气聚积。
⑪ 融结：融合凝聚。
⑫ 英伟之士：指智能卓越的人。士：泛指读书人。
⑬ 副：相称，符合。
⑭ 旁求：四处征求，广泛搜求。
⑮ 特达：特出，突出。
⑯ 王玉鲸在道光二十九年七月任万县令，则己酉为道光二十九年（1849），辛亥为咸丰元年（1851）。
⑰ 登拔萃科：登上拔贡等第。拔萃：清代用以代称拔贡。拔贡：科举制度中选拔贡入国子监的生员的一种。清制，初定六年一次，乾隆七年（1742年）改为每十二年（即逢酉岁）一次，由各省学政选拔文行兼优的生员，贡入京师，称为"拔贡生"，简称"拔贡"。科：封建时代选举官吏后备人员所设的科目或等第。
⑱ 仅一人焉：检本志卷二十五《士女志·选举》中所载，应为许家楷，乃"道光二十九年己酉科举人"。之后直到雍正八年（1730年），左斗才中举。
⑲ 计偕北上：指举人赴京会试。

其①怀奇负异②多士不求闻达③，甘自匿于④鱼泉之野、大江之滨与⑤？毋乃⑥郡县之劝驾⑦有未周⑧，而乡里之劝勉者有未至也？夫良玉产于昆仑⑨，而宝于廊庙⑩；良马生于冀北⑪，而贵于天闲⑫。虽其材之遇合⑬哉，亦资于有力而献之者众也。

万去京师数千里，求试春官⑭者，行李⑮之往来，易至匮乏。即锦城秋闱⑯，奔走往返仆仆⑰道涂间，亦以月计。寒士⑱艰于资斧⑲，其欲前而却步也，亦固其所。

---

① 岂其：犹难道。
② 怀奇负异：怀抱奇异之才。负：抱有。
③ 闻达：有名望，显达。
④ 甘自匿于：心甘情愿隐藏于。
⑤ 与：语气词，表疑问或反诘。
⑥ 毋乃：莫非，岂非。
⑦ 劝驾：〔东汉〕班固《汉书》卷一下《高帝纪下》："贤士大夫有肯从我游者，吾能尊显之，布告天下，使明知朕意……御使中执法下郡守，其有意称明德者，必身劝，为之驾。"〔唐〕颜师古注引〔汉〕文颖曰："有贤者，郡守身自往劝勉，令至京师，驾车遣之。"（中华书局1962年6月第1版，第71—72页）后以"劝驾"称劝人任职或做某事。此处指劝他们进京应试。
⑧ 未周：未周到。
⑨ 昆仑：即昆仑山，在今新疆和西藏之间，西接帕米尔高原，东延入青海境内，势极高峻。我国很多的神话传说都与之相关，如说昆仑山上有瑶池、阆苑、增城、悬圃等仙境。
⑩ 廊庙：指朝廷。
⑪ 冀北：冀州之北。〔南朝·梁〕萧子显《南齐书·王融传》："秦西冀北，实多骏骥。"（中华书局1972年1月第1版，第822页）乃良马产地。
⑫ 天闲：皇帝养马的地方。
⑬ 遇合：相遇而欣赏、投合，指被朝廷任用。
⑭ 求试春官：唐光宅年间曾改礼部为春官，后"春官"遂为礼部的别称。唐代考试定在春夏之间。宋诸路州军科场并限八月引试，而礼部试士，常在次年的二月，殿试则在四月；于是有春试、秋贡之名。元代于八月乡试，二月会试，明、清相沿。故也称会试为"春试"。
⑮ 行李：行旅。
⑯ 锦城：故址在今四川成都南。成都旧有大城、少城。少城古为掌织锦官员之官署，因称"锦官城"。后用作成都的别称。秋闱：秋试考场，即乡试，明、清两代每三年一次在各省省城举行，中式者称"举人"。四川省的乡试地点在成都。
⑰ 仆仆：奔走劳顿貌。
⑱ 寒士：指贫苦的读书人。
⑲ 资斧：指旅费。

且夫①射策②观光③者，多士之志也；进贤推毂④者，有司⑤之愿也。方今圣天子励精图治⑥，登崇⑦俊杰，慎重科甲⑧，遴选务得真才，士之蓄道德、能文章者，莫不连茹而拔⑨、脱颖而出⑩。而万人士独僻处⑪偏隅⑫，惮上公车⑬，虽本省棘闱⑭试士⑮，有老死弟子员⑯而不得一与者，岂非一邑之不偶⑰而宰斯邑者⑱之责与？古者

---

① 且夫：犹况且，承接上文，表示更进一层的语气。
② 射策：汉代考试取士方法之一。亦泛指应试。
③ 观光：语出《周易·观》："观国之光，利用宾于王。"（《周易正义》卷三，第99页）观览国之盛德光辉。
④ 推毂（gǔ）：推车前进，古代帝王任命将帅时的隆重礼遇。
⑤ 有司：官吏，古代设官分职，各有专司，故称"有司"。
⑥ 励精图治：振奋精神，尽力设法治好国家。
⑦ 登崇：举用推尊。
⑧ 科甲：汉、唐取士设甲、乙、丙等科，后因通称科举为"科甲"。
⑨ 连茹而拔：语本《周易·泰》："拔茅茹，以其汇，征吉。"〔三国·魏〕王弼注："茅之为物，拔其根而相牵引者也。茹，相牵引之貌也。"（《周易正义》卷二，第67页）后因以"连茹"表示擢用一人而连带起用其他人。
⑩ 脱颖而出：比喻人的才能全部显示出来。
⑪ 僻处：置身于偏远的地方。
⑫ 偏隅（yú）：一隅之地。隅：角落。
⑬ 惮上公车：谓害怕参加考试。公车：汉代以公家车马递送应征的人，后因以"公车"为举人应试的代称。
⑭ 棘闱：指科举时代的考场。唐、五代试士，以棘围试院以防弊端，故称。
⑮ 试士：指古代为授予官职而考试士子。
⑯ 弟子员：明、清对县学生员的称谓。
⑰ 不偶：不遇，引申为命运不好。
⑱ 宰斯邑者：指县令。

大司徒以乡三物教万民而宾兴之①，州长②、党正③、族师④、闾胥⑤咸有事焉⑥。

万县旧有乡会试卷赀之助，然特拨他公项之余微甚。余故约同官倡为宾兴会之举，而呼将伯⑦于好士慕义⑧之绅耆⑨者，合得五千余金，而乐输⑩者犹未止也。爰⑪置良田，岁取其入，以备乡会试士子之斧资，区其多寡分数，而条理⑫其终始，勒石以为久远不废之计。庶几⑬南浦英才不困于道路之阻长⑭，而科甲盛于巴夔⑮也。

① 《周礼·地官·大司徒》："以乡三物教万民，而宾兴之。一曰六德：知、仁、圣、义、忠、和。二曰六行：孝、友、睦、姻、任、恤。三曰六艺：礼、乐、射、御、书、数。"〔东汉〕郑玄注："物犹事也。"（《周礼注疏》卷十，第266页）大司徒：周官有大司徒，掌国家之土地与人民。乡三物：犹乡中三事，指六德、六行、六艺。宾兴：周代举贤之法，谓乡大夫自乡小学荐举贤能而宾礼之，以升入国学。科举时代，地方官设宴招待应举之士，亦称"宾兴"。
② 州长：官名。一州之长。《周礼·地官·州长》："各掌其州之教治政令之法。"（《周礼注疏》卷十二，第300页）
③ 党正：周时地方组织的长官。《周礼·地官·党正》："各掌其党之政令教治。"（《周礼注疏》卷十二，第302页）
④ 族师：周代官名，地官之属，百家之长。《周礼·地官》有"族师"："各掌其族之戒令政事。"〔东汉〕郑玄注引郑司农曰："百家为族。"（《周礼注疏》卷十二，第306页）
⑤ 闾胥：周代乡官名，掌管一闾政事的小吏。《周礼·地官·闾胥》："各掌其闾之征令。以岁时各数其闾之众寡，辨其施舍。凡春秋之祭祀、役政、丧纪之数，聚众庶，既比，则读法，书其敬敏任恤者。凡事，掌其比觥挞罚之事。"（《周礼注疏》卷十二，第309—310页）
⑥ 咸有事焉：都有事做，指都参与其中。咸：都。焉：语气词，表示停顿，用于句尾。
⑦ 将伯：语出《诗经·小雅·正月》："将伯助予。"〔唐〕孔颖达疏："请长者助我。"（《毛诗正义》卷十二，第714页）后因以"将伯"称别人对自己的帮助或向人求助。
⑧ 慕义：倾慕仁义。
⑨ 绅耆（qí）：旧称地方上的绅士和年老有声望的人。
⑩ 乐输：自愿捐献。
⑪ 爰：连词，于是，就。
⑫ 条理：分条理，依次序。
⑬ 庶几：希望，但愿。
⑭ 阻长：语出《诗经·秦风·蒹葭》："溯洄从之，道阻且长。"（《毛诗正义》卷六，第422页）后因以"阻长"形容道路艰险而遥远。
⑮ 巴夔：指旧川东地区，今渝东地区。汉末刘璋分巴郡置巴东郡，治所在鱼复（今重庆市奉节县）白帝城。历史上夔州曾长期辖旧川东地区，今渝东地区，故称此地为"巴夔"。

新修利济池序 邑令　丁凤皋九轩[①]

予莅下车，求民生[②]利病[③]，知城中无井，远汲于江，偶急需水，猝不及应[④]。亟详访求[⑤]，闻城后北山有泉，随龙远来。前邑宰刘君墨韵导引入城，注泮池中，流绕宫墙外，汇为池，名便民池，久废。询之龚广文介三，所闻适符，喜极，不及俟[⑥]异日[⑦]，即[⑧]偕介三往溯寻泉脉及入城故道。循历咨度[⑨]，悉得梗概[⑩]。翌日[⑪]，复与介三邀邑绅[⑫]杜君峙三同往，标志丈量，详妥规画。自举人关至北山观，旧迹略存，土石工可参用。自北山观而下，故道全失，均需石枧[⑬]。旧枧湮弃[⑭]道旁者仅存三四，皆狭薄不堪用。工期久，固虽因实创，筹费匪易[⑮]。爰捐俸百千为之倡[⑯]，杜君乐助三百千济成其美[⑰]，绅民闻，咸踊跃，数日乐输将及千金。乃于某月某日兴工，由正坎方[⑱]引入城之元，折绕注于泮池，复绕二叠，注宫墙外池中。旧池在庙右，久湮，兹移凿于正中，再绕，乃流出城。至某月某日完工。除土堰不计外，计修石枧若干丈，合土石工共用制钱[⑲]若干缗[⑳]。

民闻泉声淙淙[㉑]，扶老携幼，争先快睹，无不欢讴鼓舞。乃知池称便民者，从

---

① 利济池：本志卷五《地理志·便民利济池》中有载，可以参看。
② 民生：民众的生计、生活。
③ 利病：犹利弊，利害。
④ 猝不及应：事情突然发生，来不及应对。
⑤ 亟详访求：急切而详细地访问寻求办法。
⑥ 俟（sì）：等。
⑦ 异日：他日，将来。
⑧ 即：立即，当即。
⑨ 循历咨度：沿路逐一察看，咨询商酌。
⑩ 悉得梗概：谓详尽地知晓大概情况。
⑪ 翌日：第二天。
⑫ 邑绅：地方上的绅士。
⑬ 石枧（jiǎn）：石条砌成的引水渠道。有露天和加盖的两种。三峡地区常见。
⑭ 湮弃：被泥土堵塞而废弃。湮：填塞，堵塞。
⑮ 匪易：不容易。匪：同"非"。
⑯ 此句言于是捐献薪俸百千钱作为倡导。
⑰ 济成其美：相助促成这一美事。
⑱ 正坎方：正北方。
⑲ 制钱：明、清官局监制铸造的铜钱。因形式、分量、成色皆有定制，故名。
⑳ 缗（mín）：量词，通常以一千文为一缗。文：一枚铜钱。旧时铜币皆有文字，说明其值，故名。
㉑ 淙淙（cóng cóng）：流水的声音。

民志也。所谓便者，便其汲之近，抱瓮者①弗病跋涉②也。便其泉之洁，迥异江之浊，饮者不虞生疾③也。且仓卒有备无患，不倩④栾巴之噀⑤、耿恭之拜⑥也。抑知邑无北门，得此荫龙水⑦，自北导入，以通坎气⑧，非独芹藻涵滋⑨，人文蔚起，而消偏亢之气⑩，成既济⑪之功，无用之用，所用至钜。至若⑫居常⑬则挹取⑭不竭，遇变⑮则沾溥⑯无穷，便于日用，便于备用，犹其显焉者也。

夫有利于民者，不可不兴；有利于民而又能潜消其不利于民，以济成⑰溥利⑱，尤不可不兴。遂更其名曰"利济池"，而序其兴修本末⑲如此。

---

① 抱瓮者：指汲水的人。
② 弗病跋涉：不担忧路难走。病：忧虑。
③ 不虞生疾：不担心生病。虞：忧虑，忧患。
④ 不倩：不求。
⑤ 栾巴之噀（xùn）：指后汉栾巴喷酒为雨事。典出〔东晋〕葛洪《神仙传》卷五《栾巴》："巴为尚书，正旦会，群臣饮酒，巴乃含酒起，望西南噀之。奏云：'臣本乡成都市失火，故为救之。'帝驰驿往问之，云：'正旦失火时，有雨自东北来灭火，雨皆作酒气也。'"（胡守为《神仙传校释》，中华书局2010年9月第1版，第195页）后用为救火典。噀：含在口中而喷出。
⑥ 耿恭之拜：典出〔南朝·宋〕范晔《后汉书》卷十九《耿恭传》："匈奴复来攻恭。恭募先登数千人直驰之，胡骑散走，匈奴遂于城下拥绝涧水。恭于城中穿井十五丈不得水，吏士渴乏，笮马粪汁而饮之。恭仰叹曰：'闻昔贰师将军拔佩刀刺山，飞泉涌出；今汉德神明，岂有穷哉？'乃整衣服向井再拜，为吏士祷。有顷，水泉奔出。"（中华书局1965年5月第1版，第721页）
⑦ 荫龙水：荫蔽龙水。龙水：形容此泉如龙，从北山逶迤而来。
⑧ 坎气：谓北方的水气。坎：《周易》卦名，八卦之一。坎象征险难，代表水，为北方之卦。
⑨ 非独芹藻涵滋：不仅是才学之士得以浸润滋溉。因此泉流经学官泮池，故有此言。
⑩ 偏亢之气：盛极之阳气。这里指干旱。
⑪ 既济：《周易》卦名，离下坎上，象征渡河完成，事已完成。《周易·既济》："既济，亨小，利贞，初吉终乱。"〔唐〕孔颖达疏："济者，济渡之名，既者，皆尽之称。万事皆济，故以既济为名。"（《周易正义》卷六，第249页）
⑫ 至若：连词，表示另提一事。
⑬ 居常：平时。
⑭ 挹（yì）取：汲取。
⑮ 遇变：谓碰到突然发生的事故。
⑯ 沾溥：浸润普遍。
⑰ 济成：相助促成。
⑱ 溥利：普施利益。
⑲ 本末：（事情的）开始到终结。

万县新建忠义孝弟祠记 邑训导　龚珪介三[1]

古以死勤事则祀之[2]，书举孝弟[3]，只加旌异[4]。皇朝恢旧制，邑各树忠义孝弟祠。果名实相符、众论佥同[5]者，请于吏，闻诸廷[6]，既旌之，复祠之，章[7]前徽[8]所以风后起[9]也。

万为钜邑[10]，德厚信矼[11]，奕祀[12]谅不乏人。顾考诸[13]邑乘[14]，崖略失纪[15]，并祠亦阙[16]。有勤殁王事[17]者，惟祀诸郡昭忠祠[18]，褒显弗式[19]乎？枌榆[20]俎豆[21]未光乎？桑梓饬纪[22]，敦伦[23]之化固洽[24]，兴孝劝弟之典仍虚[25]。

---

[1] 忠义孝弟祠：在学官东侧。
[2] 《礼记·祭法》："夫圣王之制祭祀也，法施于民则祀之，以死勤事则祀之。"意为：圣明帝王规定祭祀对象，有下列标准：其良政善法施行于人民的，就祭祀他；效死尽力于国家事业的，就祭祀他。(王文锦《礼记译解》，中华书局2001年9月第1版，第675页)
[3] 孝弟：孝顺父母，敬爱兄长。
[4] 旌异：旌表，褒奖。
[5] 佥(qiān)同：一致赞同。
[6] 此两句言请示于官吏，报告于朝廷。
[7] 章：表彰，显扬。
[8] 前徽：前人美好的德行。
[9] 风后起：谓作为后起之人的风范。
[10] 此句言万县为大的县城。钜：大，巨大。
[11] 德厚信矼(kòng)：语出《庄子·人世间》："且德厚信矼，未达人气，名闻不争，未达人心。"(方勇、陆永品《庄子诠评》，巴蜀书社1998年9月第1版，第109页)指道德深厚，信义诚实。
[12] 奕祀(sì)：世代，代代。
[13] 诸："之于"的合音。
[14] 邑乘：县志，地方志。
[15] 崖略：大略，梗概。失纪：没有记载。纪：通"记"，记载，记录。
[16] 并祠亦阙：并且祠堂也无。阙：空缺，没有。
[17] 勤殁王事：尽心尽力而死于王命差遣的公事。
[18] 此句言祭祀于夔州府中的昭忠祠。昭忠祠：显扬表彰忠烈者的祠堂。
[19] 褒显弗式：褒扬彰显不符合标准。式：规格，标准。
[20] 枌榆：木名，即榆树。本为汉高祖刘邦故乡的里社名，后用以指代故乡。
[21] 俎豆：俎和豆。古代祭祀时盛食物的礼器。引申为祭祀，奉祀。
[22] 饬(chì)纪：整饬纪纲。
[23] 敦伦：谓敦睦人伦。
[24] 固洽：固然融洽。
[25] 此句言提倡孝顺父母、劝勉敬爱兄长的制度仍然缺失。

夫至性①庸行②，原尽所当为，初不期章著③，然比间④闻某某得当道⑤剡扬⑥、膺隆礼⑦、列享祀⑧，共啧啧健羡⑨。素悉其人，熟识其事。衢谈巷议⑩，相与味⑪乎，言之谓能如是即可传，当亦尽人能行，吾侪⑫胡弗⑬景循勉⑭？率风声所树⑮，莫不鼜鼓轩舞⑯、感发兴起。

猗惟祠设所由，弼教励俗⑰，型于无朕⑱，渠可慭置⑲。兹值明经魏君⑳举孝义㉑，复请上宪㉒，以邑无专祠，佥议设㉓，绅耆踊跃醵输崇建㉔，以五月鸠工，十一月落成。

---

① 至性：天赋的卓绝的品性。
② 庸行：平常的行为。
③ 章著：显露。
④ 比间：古代户籍编制的基本单位。《周礼·地官·大司徒》："令五家为比，使之相保，五比为间，使之相受。"（《周礼注疏》卷十，第264页）后因以"比间"泛称乡里。
⑤ 当道：掌权者。
⑥ 剡（yǎn）扬：举荐褒扬。剡：举荐。
⑦ 膺隆礼：承受隆重的礼遇。
⑧ 列享祀：加入到被祭祀的行列之中。
⑨ 健羡：非常羡慕。
⑩ 衢谈巷议：犹街谈巷议。衢：四通八达的道路。
⑪ 相与味：相互体味。
⑫ 吾侪（chái）：我辈。
⑬ 胡弗：为何不。
⑭ 景。仰慕。循勉：追循勉力。
⑮ 率：遵行，遵循。风声：教化，好的风气。所树：所树立的榜样。
⑯ 鼜（chāng）鼓轩舞：谓击鼓跳舞。鼜：鼓声。轩：舞貌。
⑰ 此两句言忠义孝弟祠的设置的由来，在于辅佐教化，激励良好风俗。猗：叹词，常用于句首，表示赞叹。惟：介词，相当于"以""由于"。
⑱ 型于无朕（zhèn）：成型于没有迹象或先兆的境界。朕：预兆，迹象。
⑲ 渠可：岂可。渠：通"讵"，岂。慭（yìn）置：闲置，搁置。
⑳ 魏君：指魏士良，字静轩。
㉑ 举孝义：指推举为孝义的楷模。
㉒ 上宪：指上司。
㉓ 佥议设：谨慎地讨论设置（忠义孝弟祠）。
㉔ 醵（jù）输：犹言聚集捐献。醵：聚敛，凑钱。崇建：隆重地修建。

旷礼阙典①，翼然九备②，中设历代应祀忠义孝弟，主③祔④魏君于左，而虚其右，预券⑤后之衮衮⑥接迹蔚起⑦者。

送魏静轩先生归万县序 大竹　王怀曾鲁之

夔、巫、梁、万之间，山崱屴⑧数千仞，水澎湃而雷鸣，予固疑其间必有奇杰好义独行之士。然数以事过，匆匆未有遇也，今乃于魏君静轩遇之。魏君，万县明经，素醇谨⑨，能为文。磁州宋公大中任万县令，凡十一月，有惠政，然亦未尝奇魏君，魏君亦未尝数至宋公之室也。既而宋公卒于官，贫不能归葬，万之民戴宋公之德，醵⑩千金赙⑪之。而万县至磁州水陆数千里，宋公有老母，妻弱而子幼，无兄弟亲族可倚仗以行者，魏君慨然奉其老母幼子，扶宋公榇⑫而归之于磁。宋公宦蜀久⑬，家有薄田数亩，屋数楹⑭，皆为族人所盗卖，家人归，无以为业。魏君召其族人及盗买者至，责以义，俱慑伏⑮，归宋氏产，宋氏赖以存。夫魏君于宋公，生无一日之知，徒以万人故⑯，匍匐⑰若子弟，卒归其骨而宁其人。虽宋公之贤使然，然率意孤行，无所为而为之，岂非当今之义士哉！

魏君为宋公治丧事毕，遂北游京师，以六月至，将就应京兆试⑱，不急于归也。

---

① 旷礼：失去的礼仪。阙典：残缺的典章制度。
② 翼然：鸟展翅貌。用以形容自然飘逸、恭谨端好之状。九备：犹九成，即奏乐九遍而礼乐完备。
③ 主：旧时为死者立的牌位。
④ 祔（fù）：祭名。原指古代帝王在宗庙内将后死者神位附于先祖旁而祭祀。亦泛指配享、附祭。这里是指将魏君附祭于历代忠义孝弟者旁。
⑤ 预券（quàn）：预先保证。券：比喻事情可以成功的保证。
⑥ 衮衮（gǔn gǔn）：相继不绝貌。
⑦ 蔚起：蓬勃兴起。
⑧ 崱屴（zè lì）：高大峻险貌。
⑨ 素醇谨：平时很淳厚谨慎。
⑩ 醵（jù）：集资。
⑪ 赙（fù）：送给办丧事人家的布帛、钱财等。
⑫ 扶榇（chèn）：犹扶柩。榇：古时指内棺，后泛指棺材。
⑬ 宦蜀久：在四川为官的时间很久。
⑭ 屋数楹（yíng）：房屋数间。
⑮ 慑（shè）伏：因畏惧而屈服。
⑯ 徒以万人故：只因为万县人的缘故。徒：副词，仅，只。
⑰ 匍匐（pú fú）：劳顿。
⑱ 京兆试：在京城举行的考试，即会试。明、清科举制度，每三年会集各省举人于京城考试为"会试"。

忽一日晨起,赁车束装①甚急,众骇其故②,曰:"昨夜梦母病,吾归矣!"众以试期近,慰留之,不可,请卜之③,亦不可。噫,予向以魏君之义为激于气,今乃见其天性矣。众乡人留魏君甚苦,予曰:"毋留也。使魏君而可留,必不为一故令蹈④瞿唐三峡之险,戴赤日,走红埃⑤,数千里而至此。既已至此,其不以区区⑥科目⑦之故而一日忘其亲也。明矣。"

予兄弟皆不识魏君,而魏君自言神交⑧久。小云⑨之馆于云阳⑩也,魏君尝乘扁舟携尊酒访之琵琶山下,不遇而返,其致趣⑪复如此。予高魏君之行,而憾相见之晚。于其归也,为文赠之。孟子曰:"一乡之善士,斯友一乡之善士。"⑫他日予旋舟峡门,因魏君以游夔、巫、梁、万山中,益求吾乡奇杰好义独行之士,庶几⑬复遇之哉!

万县新建考棚碑记 万县训导 龚珪介三⑭

国家设乡、会⑮科目,收罗人才,先于岁科⑯院试⑰,每郡县各取弟子员,隶诸

---

① 束装:收拾行装。
② 众骇其故:众人惊讶这是什么缘故。骇:惊诧。
③ 卜之:占卜。之:助词,无实义。
④ 蹈:踏上,投入。
⑤ 红埃:犹红尘,指飞扬的尘土。
⑥ 区区:小,形容微不足道。
⑦ 科目:隋、唐时分科取士的名目,如秀才、明经、进士等;而明经又有五经、三经、二经等区分,后沿用为科举的通称。
⑧ 神交:谓不见面而相投合仰慕。
⑨ 小云:作者王怀曾之弟王怀孟。
⑩ 馆于云阳:在云阳任教。馆:旧时私塾。
⑪ 致趣:风度,情趣。
⑫ 出自《孟子·万章下》:"孟子谓万章曰:'一乡之善士,斯友一乡之善士;一国之善士,斯友一国之善士;天下之善士,斯友天下之善士。'"(《孟子注疏》卷十下,第291页)意为:一乡中的优秀人物就和这一乡中的优秀人物交朋友。
⑬ 庶几:希望,但愿。
⑭ 考棚:举行考试的场所。
⑮ 乡、会:乡试与会试的并称,考中者分别为举人、进士。
⑯ 岁科:亦称岁试、岁考。明代提学官和清代学政每年对所属府州县学生员举行的考试。凡府州县的生员、增生、廪生皆须应考。清初定为六等黜陟法。一、二等与三等前者有赏,四等以下有罚或黜革。道光以后稍宽,仅列一、二等,列四等者甚少。
⑰ 院试:清代由各省学政主持的考试。经府试录取的士子可参加院试。因学政称提督学院,故名"院试"。又以旧制称"提学道",故亦沿称"道考"。录取者即为生员,送入府、县学官,曰入学,受教官的月课与考校。

黉宫①，设师课教，储乡、会试选，而院试必先之以郡试②，又必先之以县试③。郡、县试只收录，待院试取，得失无与也。将徒为④之嚆矢⑤乎？然功令所设，要自有深意焉。夫士先器识而后文艺⑥，乡、会暨岁科试，惟取文艺，暗中摸索，不独识趣⑦莫辨，即其人之状貌器局⑧，亦茫然不知为何许⑨。况以一日判短长，于一览决去取⑩，第⑪就文为衡，亦有幸不幸。秋风氁氀⑫，讵乏⑬英豪哉？惟郡、县屡试，至四五场，岁科并试，綦⑭至十场，题之虚实，文之奇正⑮，得毕奏其技，并于帖括⑯外，若经义⑰，若词赋，得别著所长，且于进退举止间，审其风度，察其气象，其人之器识亦可得其大凡⑱。而县试较郡试尤为亲切。将试，必先甄别流品⑲，署行义年⑳。其身家不清，行止有玷者，均不得预试，故必县试录取达诸郡试，乃能

---

① 黉（hóng）官：学校。
② 郡试：汉代谓各郡于岁终讲武校猎以简选材勇之士为郡试。此指府一级的考试。
③ 县试：清代由县官主持的考试。取得出身的童生，由本县廪生保结后才能报名赴考。约考五场，试八股文、试帖诗、经论、律赋等。事实上，第一场录取后即有参加上一级府试资格。
④ 徒为：仅为。
⑤ 嚆（hāo）矢：响箭。因发射时声先于箭而到，故常用以比喻事物的开端。犹言先声。
⑥ 士先器识而后文艺：语出〔北宋〕欧阳修、宋祁等《新唐书》卷一百八《裴行俭传》："行俭曰：'士之致远，先器识，而后文艺。如勃等，虽有才而浮躁炫露，岂享爵禄者哉！'"（中华书局1975年2月第1版，第4088—4089页）器识：器局与见识。
⑦ 识趣：识见志趣。
⑧ 器局：器量，度量。
⑨ 何许：如何，怎样。
⑩ 去取：舍弃或保留，即不录取或录取。
⑪ 第：副词，但。
⑫ 氁氀（mào sào）：烦恼，郁闷。
⑬ 讵（jù）乏：岂是缺乏。
⑭ 綦（qí）：极。
⑮ 奇正：古时兵法术语。古代作战以对阵交锋为正，设伏掩袭等为奇。这里借阵法奇正之变化，喻文章章法的变化。
⑯ 帖括：唐制，明经科以帖经试士。把经文贴去若干字，令应试者对答。后考生因帖经难记，乃总括经文编成歌诀，便于记诵应时，称"帖括"。亦泛指科举应试文章。明、清时亦用指八股文。
⑰ 经义：科举考试科目之一。宋代以经书中的文句为题，应试者作文阐明其义理，故称。明、清沿用而演变成八股文。
⑱ 大凡：犹大要。
⑲ 甄别流品：鉴别品类、等级。
⑳ 署行义年：记录其行状（履历、事迹）、仪容、年龄。又"义"释为"议"，即评议，评语。

进诸院试拔取,以储乡、会试选。其登进始基之令典①,顾不重欤?典既重,则关防不得不密,体制不可不肃。

万钜邑也,岁科应县试者不下千余人。旧无考棚,试诸县廨②,无论几案自备,拥挤逼仄,炎蒸郁炙③,风雨飘摇,试者深以为苦。而散处陬隅④,族谈扰攘⑤,稽察亦弗能周。矮屋已足短英雄气,况以讼庭为矮屋耶!前此绅耆,群切经营,程工甚钜,屡举屡辍。洎后⑥集议,请诸邑侯⑦,按粮捐输,期于必成。逮岁余,计赀犹未及半,仍作道谋⑧。何时眼前突兀见此屋也⑨?

杜君峙三⑩,世好善,众共推,属余偕绅耆往商之。杜君慨然,弗再计,遂独任其事,选胜地,构巨材,制坚甓⑪,鸠良匠⑫,于道光十九年⑬三月经始⑭,二十一年三月落成,共捐制钱一千六百二十三万余。余从邑侯暨阖邑⑮人士同观之,其外则规模宏敞,非徒壮观瞻⑯,俾鹄立⑰以俟者得舒⑱,鱼贯而入者弗滞也。其号舍则高爽⑲,俾风日莫能侵,阴翳无虞蔽⑳也。其号座则坚固,俾构思㉑者安适弗

---

① 此句言举用的基础的法令。登进:升进。引申为举用,进用。始基:基础。令典:本义为好的典章法度,亦泛指宪章法令。
② 诸:"之于"的合音。县廨(xiè):县官署。
③ 炎蒸郁炙:暑热熏蒸郁闷烤人。
④ 陬隅(zōu yú):僻远之地。
⑤ 族谈:聚集在一起谈话。扰攘:混乱。
⑥ 洎(jì)后:自从以后。
⑦ 邑侯:县令。
⑧ 道谋:与行路之人相谋。喻意见分歧,难于成事。
⑨ 此句化用〔唐〕杜甫《茅屋为秋风所破歌》:"呜呼!何时眼前突兀见此屋,吾庐独破受冻死亦足!"
⑩ 杜君峙三:即杜钟嵋。峙三:民国《万县志》卷十四《人物(二)》作"峙山"。其人乐善好施,在本志多次出现。
⑪ 坚甓(pì):坚固的砖。
⑫ 鸠良匠:聚集优秀的工匠。
⑬ 道光十九年:即1839年。
⑭ 经始:开始营建。
⑮ 阖(hé)邑:全城。
⑯ 非徒壮观瞻:并非只是使外表壮观好看。
⑰ 鹄(hú)立:像鹄一样引颈而立,形容直立。
⑱ 以俟(sì)者得舒:使等待的人得到舒展。
⑲ 高爽:高大轩敞。
⑳ 无虞蔽:不担心遮蔽。
㉑ 构思:运用心思,多指作文时的思考。

摇，亦期历久弗沕①也。其内则清邃②，俾衡文③者偃息得所④，以怡其神，散步有地，以豁其目也。凡厨灶湢溷⑤，莫不湑洁⑥；床榻几案，莫不完好，小物备矣。而崇垣⑦四周，闳闉⑧重阻，于关防体制，尤为肃密。众毕览而善之，谓抡才⑨既得地，斯鉴拔⑩悉真才，行见⑪科岁⑫登进，乡、会连翩⑬，掇青紫⑭，焕丝纶⑮，胥由此⑯储其选。峕三其深知令典所重，尤在初基，遂为选佛⑰特辟胜场⑱耶？广厦大庇，固君家素愿，非必以是博名高⑲。异日邑中有造五凤楼手⑳，出当缅溯缔造襟怀，于百尺楼上，为君特置一榻。

---

① 弗沕（lè）：不开裂。沕：石头依其纹理而裂开。
② 清邃：清幽深远。
③ 衡文：品评文章，特指主持科举考试。
④ 偃息得所：睡卧止息有处所。
⑤ 湢溷（bì hùn）：浴室与厕所。
⑥ 湑洁：洁净，清洁。
⑦ 崇垣：高墙。
⑧ 闳闉（hóng yīn）：犹大门小门。闳：巷门，亦泛指门。闉：指瓮城的城门。
⑨ 抡（lún）才：选拔人才。
⑩ 鉴拔：谓识别选拔人才。
⑪ 行见：即将见到。
⑫ 科岁：指科考和岁考。
⑬ 连翩：连续不断。
⑭ 掇（duō）青紫：谓获取高官显位。掇：拾取。青、紫：古时公卿的服色。
⑮ 焕丝纶：使诏书焕发光彩，意谓得到朝廷诏书的褒奖。
⑯ 胥由此：都由此。
⑰ 选佛：原指选出可成佛成祖之师，后引申为坐禅修行之意。此处用以指潜修学业。
⑱ 辟：开辟。胜场：宏大兴盛的场地。
⑲ 博名高：犹博取高名。
⑳ 造五凤楼手：造五凤楼的高手。五凤楼：古楼名，唐代建于洛阳。玄宗曾在其下聚饮，命三百里内县令、刺史带声乐参加。梁太祖朱温即位，重建五凤楼，上有五凤翘翼（见〔北宋〕欧阳修、宋祁等《新唐书》卷一百九十下《元德秀传》）。后喻文章巨匠为造五凤楼手。

新建万川书院碑记 署万县知县　陆玑次山[①]

　　岷江发源于松潘寒盼寨之浪架岭[②],至夔门四千余里,其众水[③]别流[④]会之东注者,二百四十有奇[⑤],奔腾泙湃[⑥]、漩沱[⑦]泻滩[⑧]而下,至三峡以束其势。万县高据形胜,西尽郁鄢[⑨],东揽夔、巫[⑩],为江水入峡必经之地,而南浦汇之。故人稠气聚,客帆估舶[⑪],云合翔集[⑫],为蜀巨镇。而幅员辽阔,亦甲于他邑[⑬]。乃近来人文科第[⑭],反逊云、开[⑮]诸县者,此何以故?盖上无振兴之道,斯下无鼓舞之忱[⑯],非人材相让[⑰]也。

　　书院之设,所以造就人材也。万邑书院,昔有南浦、西山、集贤、刘公[⑱]诸名,久废。今东关外凤山书院,乃乾隆初邑令孙廷锦所建,道光四年仇令如玉补修。玑

---

① 万川书院:本志卷十一《地理志·学校·书院》中有载。陆玑:字次山。浙江萧山优贡,候补通判,咸丰五年正月署万县知县。本志卷二十二《职官志·历任》中有载。
② 本文沿袭旧说,以岷江为长江正源。岷江:河川名,在四川省境,源出松潘县西北岷山,南流至都江堰市,折东南经成都、眉山、青神,至宜宾市注入长江。古人经常将长江称为岷江,广义的岷江即长江。寒盼寨:明羌寨,在今四川省松潘县川主寺镇寒盼村。浪架岭:古称羊膊岭,四川省松潘县西北岷山之麓,岷江发源于此。古人以岷江为长江的主源,因而有长江发源于此岭的说法。按,关于长江之源,在不同的历史时期有不同的认识。1976 年,对江源实地考察,长江以沱沱河为正源,全长约 6300 千米,为世界第三长河。今青海玉树以上为通天河,玉树直门达以下称"金沙江",四川宜宾以下称"长江"。
③ 众水:众多水流。
④ 别流:支流。
⑤ 有奇(jī):有余。
⑥ 泙(pēng)湃:水声,亦用以形容波浪冲击。
⑦ 漩沱:回水湾。漩:回旋的水流。沱:可以停船的水湾。
⑧ 泻滩:谓江水倾泻而下的险滩。
⑨ 郁鄢:今四川宜宾的古称。
⑩ 夔、巫:夔州、巫山一带,即三峡地区。
⑪ 估舶:估,通"贾"。商船。
⑫ 云合翔集:像云一样聚合,像鸟一样众飞群集。
⑬ 甲于他邑:优于其他县城。甲:冠于,首位。
⑭ 科第:指科举考试。
⑮ 云、开:云阳、开县。
⑯ 忱:热忱。
⑰ 非人材相让:不是人材相比较为逊色。让:逊色,不及。
⑱ 此处所举书院,本志卷十一《地理志·学校·书院》中有载。

自咸丰乙卯①春，下车②观风③，见其地势湫隘④，栋宇逼仄⑤，肄业⑥诸生，有人满虞⑦。因与范训导泰衡、陈山长⑧光熙、甘茂才⑨雨周历巡脉，思廓大之⑩。西偏得隙地，甚广，询为史茂才秋田公业⑪，与之商，慨然乐助，相度梗概⑫，绰然有余。乃舍旧而谋新，多方劝导，以经以营。期年⑬而落成。

考万邑乃汉朐䏰县地，自是沿革，曰羊渠、曰南浦、曰鱼泉、曰安乡、曰万州，而后周则曰万川⑭，其取义诸水所汇欤？于是众议凤山之名无甚深义，且与大宁⑮

---

① 咸丰乙卯：即咸丰五年，1855年。
② 下车：指官吏赴任。
③ 观风：谓观察民情，了解施政得失。
④ 湫隘（jiǎo ài）：低下狭小。
⑤ 逼仄：密集，拥挤。
⑥ 肄业：修习课业。
⑦ 人满虞：忧虑人多屋小，容纳不下。
⑧ 山长：唐、五代时对山居讲学的人的敬称。至宋、元时书院设山长，讲学兼领院务。明、清时改由地方聘请。清末改书院为学堂，山长之制乃废。
⑨ 茂才：即秀才。因避汉光武帝名讳改"秀"为"茂"。明、清时入府州县学的生员叫秀才，也沿称茂才。
⑩ 思廓大之：想扩大这个书院。
⑪ 公业：产业。
⑫ 相度：观察估量。梗概：大概，概略。
⑬ 期（jī）年：一周年。期：时间周而复始。分别指一周年、一个月或一整天。
⑭ 此处涉及古万县的建置沿革，可以参看本志卷二《地理志·建置沿革》。
⑮ 大宁：今重庆市巫溪县。道光《夔州府志》卷十七《学校志·书院·大宁县》中有"凤山书院"之载："凤山书院，向在魁星阁左侧，坍塌无存。嘉庆十二年，知县郭南英改公廨为书院，捐廉建修。"
（中华书局2011年12月点校第1版，第158页）

同，请更之，遂额曰"万川书院"。盖自唐元宗置丽正书院，以聚文学之士[1]，为书院名所自始，至鹿洞、鹅湖[2]而极盛。蜀自文翁石室倡学，教化四行，侪于邹鲁[3]。夫以庠序[4]之外，别开石室，即是书院之遗意[5]，特当时未专立名，而义则所由昉[6]，即谓书院始于蜀可也。今定名万川，所望诸生气宇渊深[7]，洗心涤虑[8]，文思澄澈[9]，月印千潭，发为文章，波澜壮阔，苏海韩潮[10]，追踪摄景[11]，扬清名于虎观[12]，掞丽藻[13]于兰台[14]，沾溉艺林[15]，为四方瞻仰，不其伟欤[16]！抑[17]更有进者，士人所重，道德功业

---

[1] 唐玄宗开元十二年（724），于洛阳明福门外建立"丽正书院"，作为官方的修书机构，其首要任务是搜书、校书、藏书，是我国第一书院。后来在京师长安也设立了丽正书院。唐开元十三年（725），为庆祝《封禅仪注》一书告成，唐玄宗在集仙殿赐宴群臣，因集仙而思集贤，遂下诏将丽正书院改为"集贤书院"，取"集贤纳士以济当世之意"。唐元宗：即唐玄宗李隆基(685—762)，一称"唐明皇"。在位前期任用姚崇、宋璟为相，改革武周后期以来的弊政，社会安定，经济文化持续发展，进入唐朝的全盛时期，号称"开元之治"。后期任用李林甫、杨国忠执政，又沉湎于声色，官吏贪渎，政治腐败。天宝十四载（755），爆发"安史之乱"。次年逃往四川，太子亨即位于灵武，遥尊他为"太上皇"。后返回长安，抑郁而死。此处说的是，将寒食扫墓的礼仪给出官方的规定，并写入法令，则是唐玄宗的创举。此乃因避讳而改为"唐元宗"。
[2] 鹿洞：即白鹿洞书院，位于江西省九江市庐山五老峰南麓，享有"海内第一书院"之誉。鹅湖：书院名，在江西省铅山县鹅湖山麓。晋末有龚氏者，畜鹅于此，因名"鹅湖山"。宋淳熙二年（1175），朱熹与吕祖谦、陆九渊兄弟讲学于鹅湖寺，后人立为"四贤堂"。淳祐中，赐额"文宗书院"，明正德中徙于山巅，改名"鹅湖书院"。
[3] 侪（chái）：等同，并列。邹鲁：邹国、鲁国的并称。邹为孟子故乡，鲁为孔子故乡。后因以"邹鲁"指文化昌盛之地、礼义之邦。
[4] 庠序：古代的地方学校。后泛称学校或教育事业。
[5] 此几句言文翁在学校之外，另辟石室，这就是书院遗义的源头。庠序：古代的地方学校，后亦泛称学校。石室：即文翁石室。
[6] 由昉（fǎng）：发端，起始。
[7] 气宇渊深：胸襟度量深邃。
[8] 洗心涤虑：洗涤心胸清除烦扰，使思想清净。
[9] 文思澄澈：文章的意境思想清澈明白。
[10] 苏海韩潮：谓唐韩愈和宋苏轼的文章如潮如海，气势磅礴，波澜壮阔。
[11] 追踪摄景：追寻先辈的踪迹，追赶前人的身影。摄景：谓追赶日影。摄：通"蹑"。景："影"的古字。
[12] 虎观：白虎观的简称，为汉官中讲论经学之所。
[13] 掞（yàn）：铺张。丽藻：华丽的词藻，亦指华丽的诗文。
[14] 兰台：汉代官内收藏典籍之处。
[15] 沾溉艺林：浸润浇灌艺苑。
[16] 不其伟欤：岂不盛大卓越吗？
[17] 抑：副词，表示语气，或许。

耳；不得已，则以著述传词，章其末焉者①。故圣门四科②，德行为先。有文无行③，相如不免后世之讥④。文以载道⑤，愿诸生深体六经⑥之旨，实践躬行⑦，则出为名臣，垂勋竹帛⑧；处⑨为善杰，矜式闾阎⑩。由是而推天下，岂有滔滔之势⑪耶？

或曰⑫："今当邻氛未靖⑬，武备似宜先之，"则应之曰："潢池弄兵⑭，吏不恤其民，而弛防⑮于未然⑯所致也。江湖满地，谁实滥觞⑰？当兹团保⑱训练之际，自应并行

---

① 其末焉者：那不过是末流的。末：非根本的、次要的事。与"本"相对而言。
② 圣门四科：指孔门四种科目，即德行、言语、政事、文学。《论语·先进》"德行：颜渊、闵子骞、冉伯牛、仲弓。言语：宰我、子贡。政事：冉有、季路。文学：子游、子夏。"〔北宋〕邢昺疏："夫子门徒三千，达者七十有二，而此四科惟举十人者，但言其翘楚者耳。"（《论语注疏》卷十一，第143页）
③ 有文无行：虽有文才而人品不好。
④ 此句言司马相如因为"无行"而受到后世的讥讽。如颜之推《颜氏家训·文章》说"司马长卿窃赀无操"，并将司马相如列入"文人多陷轻薄"（王利器《颜氏家训集解》（增补本），中华书局1993年12月第1版，第237页）之林。刘勰《文心雕龙·程器》篇中谈及文人的瑕疵，也举例"相如窃妻而受金"（詹锳《文心雕龙义证》，上海古籍出版社2000年版，第1870页）。南宋朱熹《楚辞后语》评价相如"知其阿意取容之可贱"（〔南宋〕朱熹《楚辞集注》，中华书局1979年10月第1版，第233页）。
⑤ 文以载道：谓用文章来说明道。道：旧时多指儒家思想。
⑥ 六经：《诗》《书》《礼》《易》《乐》《春秋》这六部儒家经典合称。
⑦ 实践躬行：亲身实行。
⑧ 垂勋竹帛：垂留功勋在史册典籍上。竹帛：竹简和白绢。古代初无纸，用竹帛书写文字。引申指书籍、史册。
⑨ 处：居家不仕，隐居。
⑩ 矜式闾阎：示范民间。矜式：犹示范。
⑪ 滔滔之势：盛大而普遍的气势。
⑫ 或曰：有人说。或：代词。有人，有些人。
⑬ 邻氛未靖：邻邦的妖氛未平息。氛：古代迷信指预示凶象的云气。
⑭ 潢（huáng）池弄兵：典出〔东汉〕班固《汉书》卷八十九《循吏传·龚遂》："海濒遐远，不沾圣化，其民困于饥寒而吏不恤，故使陛下赤子盗弄陛下之兵于潢池中耳。"（中华书局1962年6月第1版，第3639页）后因以"潢池弄兵"谓叛乱，造反。
⑮ 弛防：解除防备。
⑯ 未然：事先。此指叛乱发生之前。
⑰ 滥觞：指事物的起源。
⑱ 团保：编组民户，使相互监督、担保。又为民间自保的武装组织。

不悖，固非举此而废彼也。且宋之范希文①、明之王阳明②，皆以文士奏绩戎行③，儒将运筹，左券④决胜，则士心正而民心自正，将见伦纪⑤以为保障，礼义以为甲胄，众志成城，坚不可破，又何虑外侮之乘耶？"澄其源则流自清，浚其壑⑥则沸自止，理固然也。诸生亦勖⑦其大者、远者而已。事惟求是，碑系以铭，其辞曰：

群山环拱，卓彼文峰⑧。江涛浩瀚，灵气特钟⑨。洙泗道脉⑩，濂洛理宗⑪。沐其遗泽⑫，礼教雍容⑬。学贵涵养，先求心放。景行前贤⑭，是则是仰⑮。莋典藉坟⑯，

---

① 范希文：即范仲淹（989—1052），字希文。北宋杰出的政治家、文学家。
② 王阳明：即王守仁(1472—1529)，幼名云，字伯安，别号阳明。浙江绍兴府余姚县(今属宁波余姚)人，因曾筑室于会稽山阳明洞，自号阳明子，学者称之为阳明先生，亦称王阳明。明代著名的思想家、文学家、哲学家和军事家，陆王心学之集大成者。谥文成，故后人又称"王文成公"。
③ 奏绩：取得成绩，建立功绩。戎行：行伍，军队。范仲淹于宋仁宗时官至参知政事，相当于副宰相。元昊反，以龙图阁直学士与夏竦经略陕西，号令严明，夏人不敢犯，羌人称为"龙图老子"，夏人称为"小范老子"。王阳明有平定宸濠之乱的军功，还被封为"新建伯"，隆庆年间追赠"新建侯"。
④ 左券：犹如持左券。语出〔西汉〕司马迁《史记》卷四十六《田敬仲完世家》："秦、韩之王劫于韩冯、张仪而东兵以徇服魏，公常执左券以责于秦、韩，此其善于公而恶张子多资矣。"（郭逸、郭曼标点《史记》，上海古籍出版社1997年8月第1版，第1487页）后以"如持左券"比喻很有把握。左券：古代契约分左右两片，双方各持其一，左片叫左券，由债权人收藏，作为凭据。
⑤ 伦纪：伦常纲纪。
⑥ 浚其壑：疏浚了沟壑。
⑦ 勖（xù）：勉励。
⑧ 卓彼文峰：高耸超绝的那文笔峰。文峰：即文笔峰，乃都历山之最高峰。
⑨ 特钟：特别汇聚集中。
⑩ 洙泗道脉：指孔子开创了儒家道统。洙泗：洙水和泗水。古时二水自今山东省济宁市泗水县北合流而下，至曲阜北，又分为二水，洙水在北，泗水在南。春秋时属鲁国地。孔子在洙泗之间聚徒讲学。后因以"洙泗"代称孔子及儒家。
⑪ 濂洛理宗：指北宋理学家开创了理学派别。濂洛：北宋理学的两个学派。"濂"指濂溪周敦颐，"洛"指洛阳程颢、程颐。
⑫ 沐其遗泽：蒙受他们留下的德泽。
⑬ 礼教：礼仪教化。雍容：形容仪态大方，从容不迫。
⑭ 景行前贤：犹景仰前代贤人。
⑮ 是则是仰：以此为楷模，对此景仰。是：代词，指代"前贤"。
⑯ 莋（zuò）典藉坟：凭借经典。莋：藉。坟："三坟"的简称，乃传说中我国最古的书籍，亦以泛称古代的典籍。

蔚为大文①。步轨贾董②，抗席渊云③。词源倒峡，笔阵扫军④。功成心得，业在夫勤。勤则不匮，励志讲肄⑤。掘井必泉，为山覆篑⑥。跳门攀龙⑦，追风附骥⑧。维兹万州，实产琅球⑨。明经砥行⑩，体用自优⑪。邦家硕彦⑫，基在藏修⑬。凡百多士⑭，闳⑮此远猷⑯。名勒金石⑰，光射斗牛⑱。亘古不废⑲，如此江流⑳。

---

① 蔚为大文：荟萃为大文章。
② 步轨贾董：谓追寻着贾谊和董仲舒的轨迹。汉代贾谊和董仲舒二人以文才著名。
③ 抗席渊云：抗衡王褒和扬雄。汉代王褒字子渊，扬雄字子云，皆以赋著称。
④ 此二句出自〔唐〕杜甫《醉歌行》："词源倒流三峡水，笔阵独扫千人军。"（中华书局编辑部点校《全唐诗》增订本卷二百一十六，中华书局1999年1月第1版，第2257页）意为：文思敏捷，文势浩瀚，好像倒流的三峡之水；书法遒劲，草字纵横，如同扫荡千人大军。
⑤ 讲肄：讲论学习。
⑥ 为山覆篑（kuì）：垒山丘覆土，犹言不厌积累。
⑦ 跳门攀龙：跳进龙门，成为蛟龙。龙门：即禹门口，在山西省河津市西北和陕西省韩城市东北。黄河至此，两岸峭壁对峙，形如门阙，故名。
⑧ 追风：追随前人的风尚。附骥：本指蚊蝇附在好马的尾巴上，可以远行千里。比喻依附先辈或名人之后而成名。
⑨ 琅球：此处比喻杰出的人材。琅：琅玕，似珠玉的美石。球：美玉。
⑩ 明经砥行：通晓经术，磨炼品行。
⑪ 体用自优：本体和作用自然皆优。
⑫ 邦家：国家。硕彦：指才智杰出的学者。
⑬ 基在藏修：基础在于专心学习。藏修：语本《礼记·学记》："君子之于学也，藏焉，修焉，息焉，游焉。"〔东汉〕郑玄注："藏谓怀抱之；修，习也。"（《礼记正义》卷三十六，第1058页）后以"藏修"指专心学习。
⑭ 凡百：一切，一应。多士：古指众多的贤士。
⑮ 闳：宏大。
⑯ 远猷（yóu）：语出《尚书·康诰》："顾乃德，远乃猷。"〔西汉〕孔安国传："远汝谋，思为长久。"（《尚书正义》卷十四，第371页）长远的打算，远大的谋略。
⑰ 名勒金石：名字刻在金石上。金石：指古代镌刻文字、颂功纪事的钟鼎碑碣之属。
⑱ 光射斗牛：光芒照射斗牛之星。斗牛，二十八宿中的斗宿和牛宿。
⑲ 亘古不废：自古以来不会停止。
⑳ 民国《万县志》卷二十三《艺文·金石》中载有此文，且后还有落款："咸丰六年岁在丙辰仲春月，署理万县知县、后补通判、前署松潘直隶厅同知浙东陆玑撰文书丹并篆额。"咸丰六年：即1856年。署理：本任官出缺，由别人暂时代理或兼摄。候补：清制，未经补实缺的官员由吏部依法选用，选定后到某部或某省听候补缺或临时委用，称为"候补"。通判：官名。宋初始于诸州府设置，即共同处理政务之意。地位略次于州府长官，但握有连署州府公事和监察官吏的实权，号称"监州"。明、清设于各府，分掌粮运及农田水利等事务，职务远较宋初为轻。清代另有州通判，称"州判"。书丹：古时刻碑，先用朱笔在石上写所要刻的文字，称"书丹"。篆额：用篆字书写碑额。

新立宋五子龛位记　邑令　冯卓怀树堂

咸丰八年①春二月，卓怀既倡募修治万川书院门墙②，以蒇③陆前令未竟之工④，又置田若干亩，准岁所入增其膏火⑤，复立宋元先贤周、程、张、朱五子⑥龛位⑦于后堂，率诸生释奠⑧焉。已，进诸生而告之曰："在昔，尧、舜、禹、汤、文、武、周公数圣相传之道，至孔子而集厥大成⑨，万代而下，莫之或尚⑩。顾自秦、汉以迄隋、唐，虽经诸名儒表章⑪崇式⑫，然圣道尚未大明。迨⑬宋周、程、张、朱五子

---

① 咸丰八年：即1858年。
② 门墙：连接大门处的院墙。
③ 蒇（chǎn）：完成。
④ 陆前令未竟之工：万县前县令陆玑没有来得及完成的工程。
⑤ 膏火：夜间读书用的灯火，借指供学习用的津贴。
⑥ 周、程、张、朱五子：周敦颐、程颢、程颐、张载、朱熹五人。周敦颐（1017—1073）：字茂叔，原名敦实，号濂溪，道州营道（今湖南省道县）人。著《太极图说》，究明万物之本原，提出无极、太极、阴阳、五行及"无极而太极""万物生生而变化无穷"。对人性之善恶，主张以"中正""仁义"为立人之道，又著有《通书》。程颢、程颐皆为其弟子。封汝南伯，谥"元公"。程颢（1032—1085）：北宋理学家。字伯淳，世称"明道先生"，河南（今河南省洛阳市）人。他早年就学于周敦颐，与其弟颐世称"二程"，并为理学奠基人。他认为"道"是形而上者，"器"是形而下者，"天"即"理"即"心"，"天人本无二"，"天地之用，皆我之用"。其社会观则从"大小有定"观点出发，竭力维护"三纲五常"。著有《定性书》等，收入《二程全书》。程颐（1033—1107），字正叔，世称"伊川先生"，北宋教育家和理学家。与其兄程颢同学于周敦颐，共创"洛学"，为理学奠定了基础。他的学说以"穷理"为主，认为"天下之物皆能穷，只是一理""一物之理即万物之理"，主张"涵养须用敬，进学在致知"的修养方法，目的在于"去人欲，存天理"，认为"饿死事极小，失节事极大"，宣扬"气禀"说。张载（1020—1077）：北宋理学家。字子厚，凤翔郿县（今陕西省宝鸡市眉县）横渠镇人，世称"横渠先生"。朱熹（1130—1200）：字元晦，一字仲晦，徽州婺源（今属江西）人。他集北宋以来理学之大成，被尊称为"朱子"，与二程合称"程朱学派"。朱熹的理学思想对元、明、清三朝影响很大，成为三朝的官方哲学，是我国教育史上继孔子后的又一人。他是唯一非孔子亲传弟子而享祀孔庙者，位列大成殿十二哲中，受世代祭祀。生平著作甚多，有《伊洛渊源录》《宋名臣言行录》《大学中庸章句》《楚辞集注》及《诗集传》等。
⑦ 龛（kān）位：供奉祭祀对象的塑像或画像及牌位的木阁。
⑧ 释奠：古代在学校设置酒食以奠祭先圣先师的一种典礼。
⑨ 集厥大成：集其大成。厥：代词，其。
⑩ 莫之或尚：没有人超越。或：助词。
⑪ 表章：同"表彰"。
⑫ 崇式：尊崇的准则。式：准则，法度。
⑬ 迨（dài）：等到。

出，而后推阐微言①，直寻统绪②，俾③圣人之道，如日天中。昌黎韩氏④尝谓孟子之功，不在禹下⑤。卓怀则谓宋五子之功，不在孟子下也。自科举取士以来，士之读圣贤书者，往往争利禄而遗道学⑥，遂若书自书、人自人者，不知学固所以学。为人，五常⑦之性、五伦⑧之理，皆天命⑨也。孔子修道以立教，宋五子因教以明道。诸生既读其书矣，其可岐而二之⑩，置身为道外之人哉？夫"十室之邑，必有忠信"⑪。万于全蜀为大邑，士气⑫尚淳，诸生诚能读书学道，由士希贤，由贤希圣⑬，以无负国家建置书院与有司筹增膏火、谆谆造士⑭之心。其造诣诚未可量也已。诸生欣然而退，余因叙次为之记⑮。

---

① 推阐：推衍阐述。微言：精深微妙的言辞。
② 统绪：系统头绪。这里既指圣人之道的体系和结构，也指其学说的世系及其发展脉络。
③ 俾（bǐ）：使。
④ 昌黎韩氏：即韩愈（768—824），唐朝文学家、哲学家。字退之，河南河阳（今河南省孟州市）人。因其郡望昌黎，自称"昌黎韩愈"，后人称之为"韩昌黎"。
⑤ 此言出自韩愈《与孟尚书书》："孟子虽贤圣，不得位，空言无施，虽切何补？然赖其言，而今学者尚知宗孔氏、崇仁义、贵王贱霸而已。其大经大法，皆亡灭而不救，坏烂而不收，所谓存十一于千百，安在其能廓如也？然向无孟氏，则皆服左衽而言侏离矣。故愈尝推尊孟氏，以为功不在禹下者，为此也。"（周绍良等《全唐文新编》卷五五三，吉林文史出版社2000年12月成都第1版，第6384页）
⑥ 道学：宋代儒家周敦颐、程颢、程颐、张载、朱熹等（即本文所谓"宋五子"）的哲学思想。亦称"理学"。
⑦ 五常：谓仁、义、礼、智、信。
⑧ 五伦：旧指君臣、父子、兄弟、夫妻、朋友之间五种伦理关系。
⑨ 天命：谓天赋。
⑩ 岐而二之：分为两种（即将道与教分开）。岐：同"歧"。分开，岔出。
⑪ 语出《论语·公冶长》："子曰：'十室之邑，必有忠信如丘者焉，不如丘之好学也。"（《论语注疏》卷五，第69页）意为即使是十户人家的地方，也一定有忠诚信实的人。
⑫ 士气：读书人的节操。
⑬ 此两句指由士子追求贤人，由贤人追求圣人。
⑭ 造士：造就学业有成就的士子。
⑮ 民国《万县志》卷二十三《艺文·金石》中载有此文，后有落款："特授四川夔州府万县正堂、前任彭县正堂长沙冯卓怀撰。同治三年甲子夏月谷旦。"正堂：清时称府、县长官为正堂。此处指县令。谷旦：吉日。

丱峰书院碑记　邑令　冯卓怀①

丱峰书院，西夏先生②注经旧塾也，先生姓何氏，名鲧，字息夫，学者称为西夏先生。嘉庆、道光年间，先生教授于此，殁③即卜葬④其后。所著《周易》六卷、《春秋传说》⑤四卷，《大象》⑥《穀语》⑦各一卷，奥衍宏博⑧，业经刊播⑨。金生维斗⑩。等即其地，募建义学，延⑪先生之侄贞介⑫授业⑬焉⑭。以山形对峙若两髻⑮然，故颜⑯之曰"丱峰书院"。

余维⑰先生穷经力学⑱，姓氏不甚显于时，顾所著卓卓⑲可传。又得拓其旧塾为书院，则后学者礼其堂、式⑳其墓、读其书，安知不景仰潜修㉑，宏铺经义㉒，益以

---

① 丱（guàn）峰书院：本志卷十一《地理志·学校·书院》中有载。按，丱峰书院遗址在今重庆市万州区甘宁镇贯峰村，总角山麓。今仅存冯卓怀碑记残石半块。
② 西夏先生：即何志高，以病危复生，更名苏（鲧），字息之，别号"西夏"。
③ 殁（mò）：去世。
④ 卜葬：古代埋葬死者，先占卜以择吉祥之葬日与葬地，称为"卜葬"。后即为择时地安葬之代称。
⑤ 《春秋传说》：指何西夏对《春秋》三传（《左氏》《公羊》《谷梁》）的解说。
⑥ 《大象》：《易传》之一，以卦象为根据来解释卦辞。这里是指西夏先生以卦象为根据来解释《周易》卦辞的著述。
⑦ 《穀语》：教诲弟子的善言。这里是指西夏先生教诲弟子的语录。
⑧ 奥衍：谓文章内容精深博大。宏博：宏伟博大。
⑨ 业经刊播：已经刊印传播。业：既，已经。
⑩ 金生维斗：即金朝绅，维斗是其字，乃何西夏的门人。
⑪ 延：聘请，邀请。
⑫ 贞介：即何贞介，乃何西夏侄儿。
⑬ 授业：传授学业。
⑭ 焉：语气词。
⑮ 髻（jì）：在头顶或脑后盘成各种形状的发髻。
⑯ 颜：题写。
⑰ 维：通"惟"，思考。
⑱ 穷经力学：谓极力钻研经籍，努力学习。
⑲ 卓卓：特立，高超出众。
⑳ 式：通"轼"，以手抚轼（古代设在车箱前供立乘者凭扶的横木），为古人表示敬意的一种礼节。亦泛指施礼。
㉑ 潜修：专心修养。
㉒ 宏铺：光大宣扬。经义：经书的义理。

衍教①，思于弗坠②，而大启人文也。夫立乡学③，表宿儒④，存遗书，励后进，是诚有司之事。而居是邦，暨为之后者，尤未可或替也已。其经理人名及输助钱谷若干数，例得备书勒于碑⑤。

太和书院碑记　邑令　冯卓怀⑥

古之教者，家有塾，党有庠，术有序，国有学⑦，蕲⑧于化民成俗⑨，意深且远。后世省会、郡邑之地，功令⑩各设书院，养士育才；而乡间⑪士民，建立义学⑫，兴教一方。亦所以佐助文化、引翼⑬寒隽⑭，犹古庠塾⑮之遗风也。

---

① 衍教：散布教化。
② 思于弗坠：考虑的是不让（经义）毁弃了。
③ 乡学：古代地方学校，与"国学"相别。本文中指乡村学塾。
④ 表：表彰。宿儒：修养有素的儒士。
⑤ 勒于碑：刻于碑上。民国《万县志》卷二十三《艺文·金石》中载有此文，后有落款："特授四川夔州府万县正堂长沙冯卓怀撰，咸丰六年丙辰岁孟冬月谷旦。"
⑥ 太和书院：本志卷十一《地理志·学校·书院》中有载。
⑦ 出自《礼记·学记》："古之教者，家有塾，党有庠，术有序，国有学。"〔唐〕孔颖达疏："'古之教'者，谓上代也。'家有塾'者，此明学之所在。《周礼》：百里之内，二十五家为闾，同共一巷，巷首有门，门边有塾，谓民在家之时，朝夕出入，恒受教于塾，故云'家有塾'。《白虎通》云：'古之教民者，里皆有师，里中之老有道德者，为里右师，其次为左师，教里中之子弟以道艺、孝悌、仁义也。''党有庠'者，党，谓《周礼》五百家也。庠，学名也。于党中立学，教闾中所升者也。'术有序'者，术，遂也。《周礼》：万二千五百家为遂。遂有序，亦学名。于遂中立学，教党学所升者也。'国有学'者，国，谓天子所都及诸侯国中也。《周礼》：天子立四代学，以教世子及群后之子，及乡中俊选所升之士也。而尊鲁，亦立四代学。余诸侯于国，但立时王之学，故云'国有学'也。"（《礼记正义》卷三十六，第1052—1053页）
⑧ 蕲（qí）：通"祈"，祈求。
⑨ 化民成俗：教化百姓，使形成良好的风尚。
⑩ 功令：法令。
⑪ 乡间：古以二十五家为闾，一万二千五百家为乡，因以"乡间"泛指民众聚居之处。
⑫ 义学：旧时各地用公款或私资举办的免费学校。按：万县义学始创于知县鲍掸。乾隆《万县志》卷三《惠政》："义学，知县鲍掸建，造两廊十余间，前建奎星楼，左修深柳读书堂三大间。"
⑬ 引翼：语本《诗经·大雅·行苇》："黄耇台背，以引以翼。"〔东汉〕郑玄笺："以礼引之，以礼翼之，在前曰引，在旁曰翼。"（《毛诗正义》卷十七，第1088页）引导扶持。
⑭ 寒隽：寒俊，指贫寒的俊才。
⑮ 庠塾：《礼记·学记》："古之教者，家有塾，党有庠。"（《礼记正义》卷三十六，第1052页）后因以"庠塾"泛称地方学校。

余治万三年，于邑治万川书院，续募经费，增益膏火，与诸生讲艺①励上，士之秀而文②者，咸莘莘焉③。继又督同绅士众建卅峰乡学④，规制⑤告成。而余氏茂林率其子孙群从⑥，独建太和乡学，工费至六千缗以上。

夫"十室之邑，必有忠信"。万邑幅员寥廓，人思向善，倘⑦并如余氏者，立学乡间，诗书弦诵⑧，以陶淬⑨夫中与才⑩。而其不中、不才者，亦皆闻风观感⑪，革浇薄⑫而还淳厚⑬。是则治斯土者⑭所为所喜愿望、劝诱鼓舞于无穷者也，岂惟余氏一门实嘉利之。是学⑮经始于咸丰九年春二月，落成于秋九月，所有工值及捐田、置田之数，例得备书⑯。

安怀所续增粥田碑记　邑令　冯卓怀⑰

邑治⑱水陆交会，地狭而人稠，农工商贾，各营职业，其贫不能自存，老弱提挈⑲、蹒跚乞食者，时时有之，而岁暮风号，饥寒并迫，见者尤恻悯焉。夙有⑳彭乾元者，捐值五百缗，房屋二十八楹，为隆冬施粥之地，名曰安怀所。又募金置产，岁得租四十石㉑，益以杜祥捐租二十石，准其所入给之饿者。蒙袂辑屦，贸贸然

---

① 讲艺：讲论六艺。六艺：指《诗》《书》《礼》《乐》《易》《春秋》六种儒家经书。
② 秀而文：优异而有文采。
③ 咸：皆，都。莘（shēn）莘：众多貌。焉：语气词，表示停顿，用于句尾。
④ 卅峰乡学：即卅峰书院。
⑤ 规制：规则制度。
⑥ 群从：指堂兄弟及诸子侄。
⑦ 倘（tǎng）：表示假设，相当于"倘若""如果"。
⑧ 弦诵：弦歌和诵读，指学校教育。
⑨ 陶淬：陶冶。
⑩ 中：指贤者。才：有俊才者。
⑪ 闻风观感：听到音讯或传闻而引起感动。
⑫ 革浇薄：革除浮薄的社会风气。
⑬ 淳厚：敦厚质朴。
⑭ 治斯土者：指县令或其他官吏。
⑮ 是学：这所学校，即太和书院。
⑯ 备书：完备地记载。
⑰ 安怀所：本志卷十二《地理志·义局》中有载。
⑱ 邑治：犹言县城。邑：旧时县的别称。治：地方官署所在地。
⑲ 提挈（qiè）：提携，牵扶。
⑳ 夙有：旧有。
㉑ 石（dàn）：计算重量的单位，一百二十斤为一石。

嗟来食也^①。然岁入不能如额,而及时劝募^②,支付多艰,则施粥之举,浸行浸止^③。余与学博范君宗山^④商诸士绅,倡同续募,前后共得钱二千一百四十缗,增置田亩,于是费用饶而施粥得竟三月云。昔张子《西铭》以"疲癃、残疾、茕寡、孤独为吾兄弟之颠连而无告"^⑤,夫无其告者无其事矣,而有其事者,又每不克终^⑥。人心善败之几,民生利病、国是^⑦休戚^⑧之故,往往而是,不深足慨耶! 此邦^⑨好善有征吾愿^⑩,后之踵是事者^⑪,经理秩如^⑫,勿俾废坠^⑬,是则仁人君子,敦善行于弗怠^⑭,有合于《西铭》之旨。而余与范君所为,咨嗟^⑮太息,愿望于无穷者已。咸丰九年冬月,知县事冯卓怀记。

---

① 语出《礼记·檀弓下》:"齐大饥,黔敖为食于路,以待饿者而食之。有饿者蒙袂辑屦,贸贸然来。黔敖左奉食,右执饮,曰:'嗟!来食。'扬其目而视之曰:'予唯不食嗟来之食,以至于斯也!'从而谢焉,终不食而死。"〔东汉〕郑玄注:"蒙袂,不欲见人也。辑,敛也,敛屦,力惫不能屦也。贸贸,目不明之貌。嗟来食,虽闵而呼之,非敬辞。"(《礼记正义》卷十,第317页)蒙袂:用袖子蒙住脸,谓不愿见人。辑屦:拖着鞋子。贸贸然:目眩貌。嗟(jiē)来食:指可怜他人的饥饿,呼其来食。

② 劝募:用劝说的方法募集捐款。

③ 浸行浸止:渐渐地施行,又渐渐地停止。浸:副词,逐渐。

④ 范君宗山:即范泰衡,宗山是其字。

⑤ 出自《西铭》:"凡天下疲癃残疾,茕独鳏寡,皆吾兄弟之颠连而无告者也。"(章锡琛点校《张载集》,中华书局1978年8月第1版,第62页)疲癃(lóng):曲腰高背之疾。泛指年老多病或年老多病之人。茕(qióng):指无兄弟的人。引申为孤独无依的人。独:老而无子孙者。鳏(guān):成年无妻或丧妻的人。寡:本指丧失配偶,后渐以专指妇人夫丧。

⑥ 不克终:不能完成某事。

⑦ 国是:国策,国家大事。

⑧ 休戚:喜乐和忧虑。亦泛指有利的和不利的遭遇。

⑨ 此邦:此地区。

⑩ 有征吾愿:能够证验我的愿望。

⑪ 踵是事者:继承此事的人。

⑫ 经理秩如:经营管理条理井然。秩如:条理井然貌。

⑬ 勿俾废坠:不使废弃毁坏。

⑭ 敦善行于弗怠:语出《礼记·曲礼》:"博闻强识而让,敦善行而不怠,谓之君子。"〔东汉〕郑氏注:"敦,厚。"(《礼记正义》卷三,第74页)弗怠:不懈怠。

⑮ 咨嗟:赞叹。

苎溪义渡碑记 邑令 冯卓怀

苎溪①发源高粱山②，自分水岭③东流，历十二湾，曲折迤西④，复南流，以汇于江。《水经注》所谓池溪口⑤者是也。城西故有二桥，通济⑥往来。其由城南达南津市⑦者，秋冬徒杠⑧以度，春水至，则并舟联筏，长绳拽⑨之，夏涨泛潦⑩，呼舟益多，卬须⑪益甚，行旅苦焉。邑人士⑫醵金⑬设为义渡，复募置田亩以供造舟理楫⑭、舟子月食⑮之费，于是众乃称便。夫好善，人之所同，规画蕲⑯于可久⑰。《易》曰："贞者，事之干也。"⑱非贞罔成⑲，非干罔固⑳。万人士乐善从公，是举尤符众望，于以佐

---

① 苎溪：即苎溪河，因古代河旁盛植苎麻而得名。由西北往东流，经万州区高粱镇、沙河街道至原万县市南门口注入长江。
② 高粱山：在万县北四十里，与梁山县（今梁平区）接界。本志卷四《地理志·山川》中有载。
③ 分水岭：在今万州区分水镇境内。此地一山梁使两条小溪东西背向而流，昔为万县、梁山县（今梁平区）分界线，故名"分水岭"。
④ 迤（yǐ）西：曲折向西。
⑤ 池溪口：〔北魏〕郦道元《水经注》卷三十三《江水》："江水又东，右迳汜溪口，盖江汜决入也。"（陈桥驿《水经注校证》，中华书局2007年7月第1版，第775页）《四库全书》编者案："近刻脱东字，'汜'讹作'池'。又，此九字原本及近刻并讹作经。"即是说，"池溪口"应作"汜溪口"。
⑥ 通济：往来通达。
⑦ 南津市：即南津街，在原万县市西城区胜利路东端下方苎溪河畔，与东城区南门口隔溪相望。今已被淹没。
⑧ 徒杠：可供徒步行走的小桥。
⑨ 拽：拉扯。这里是指用绳索将船筏拉住固定在两岸之间，防止被水冲走。
⑩ 潦：雨后的大水。
⑪ 卬须：当作"卬须"，因形近而讹。语出《诗经·邶风·匏有苦叶》："招招舟子，人涉卬否。人涉卬否，卬须我友。"〔西汉〕毛亨传："人皆涉，我友未至，我独待之而不涉。"（《毛诗正义》卷二，第144页）指等待渡河的人。卬：我。须：等待。
⑫ 邑人士：本县有名望的人。
⑬ 醵（jù）金：集资，凑钱。
⑭ 造舟理楫：制造小船，修理船桨。
⑮ 月食：每月的生活。
⑯ 蕲：通"祈"，祈求。
⑰ 可久：可以长久。
⑱ 出自《周易·乾·文言》："元者，善之长也。亨者，嘉之会也。利者，义之和也。贞者，事之干也。"（《周易正义》卷一，第12页）其意是说，"元"是善的首位，"亨"是美的集合，"利"是义的应和，"贞"是百事的主干。
⑲ 非贞罔成：不坚持正道就不能成功。贞：正。
⑳ 非干罔固：没有主干就不能坚固。干：主干。

官政之所不及，而普利济①于无穷，可不谓难与②？经事者以碑文请余，故乐为记之。其捐资人数暨置田所在，应得备书于碑。咸丰十年③春二月，知县事长沙冯卓怀撰。

黄柏溪义渡　邑令　冯卓怀④

邑东与云阳毗之黄柏溪、佘家嘴，盖南北通逵渡江处，春夏水涨江平，扁舟竟渡；秋后水落，两渡置舟以济行者。先是居民熊承芳之祖名伦，自乾隆间承充船户，其后遂据此渡为私，递相典售⑤，循致涉讼⑥。余得其情，力破除之。于是始谕众姓捐资，公置义渡。与熊族之已捐置业者分而合。夫待济人⑦孔多⑧矣，何私于熊？熊氏捐资亦众矣。"人之欲善，谁不如我"⑨，其肯以众人辐辏⑩频仍⑪之地，不悉经营⑫，俾得⑬诞登⑭先岸哉？事成，诸在事者议刊《善后定程》及捐资数目，因标其大略⑮于首。咸丰七年腊月望后⑯，知万县事长沙冯卓怀记。

---

① 利济：施恩泽。
② 与：语气词，表疑问或反诘。
③ 咸丰十年：即1860年。
④ 黄柏溪：在重庆市万州区七星山西麓，因溪旁种植中药材黄柏得名。
⑤ 典售：典当出售。
⑥ 循致：缠绕不休而导致。涉讼：牵涉争讼。指为了此事一再打官司。
⑦ 待济人：等待渡河的人。
⑧ 孔多：很多。
⑨ 人之欲善，谁不如我：语出《左传·僖公九年》："且人之欲善，谁不如我？我欲无贰，而能谓人已乎？"（《春秋左传正义》卷十三，第359页）
⑩ 辐辏（còu）：集中，聚集。
⑪ 频仍：连续不断。
⑫ 不悉经营：如果不尽心尽力地经营。
⑬ 俾（bǐ）得：使得。
⑭ 诞登：登上。诞：语气助词。
⑮ 大略：大概。
⑯ 腊月望后：腊月十五日之后。望：旧历每月十五日。

马将军祠记 邑令 张琴鹤侨[①]

同治纪元[②]三月十有八日，辅廷马公战死县属红谷田[③]，事闻，诏于原籍建立专祠[④]。呜呼。公之死，可谓重于泰山矣。

公少贫失学，虽以小艺生活，而有大志。咸丰六年，公赴鄂入霆字营[⑤]，随郡人鲍公超[⑥]剿粤逆[⑦]于楚北、皖南[⑧]间，从征五六年，身经百余战，无少挫。起自营卒[⑨]，论功，洊授协戎[⑩]。元年春，回籍省墓[⑪]，时滇匪蓝逆窜川东，署县令余君居宽、训导范君泰衡请于骆制军[⑫]，檄[⑬]公留籍防剿。公于乡团中取五百人为营训练，甫一月，贼犯忠属汝溪[⑭]，逼县境。公即日率勇[⑮]，倍道[⑯]而进，沿途号召团

[①] 马将军祠：本志卷七《地理志·坛壝庙祠》中有载。

[②] 同治纪元：指同治元年，即1862。纪元：历史上纪年的起算年代。我国古代以新君即位之年或次年为元年，每易一君，改元一次或数次。

[③] 关于马定国事迹及战死事，可以参看本志卷三十一《士女志·忠烈》中的记载。辅廷马公：即马定国。红谷田：民国《万县志》卷一《舆地·阨塞》中载："红谷田：接忠县、梁山界，南俯大江，西倚四望。"

[④] 专祠：为特定的人设立的祠宇。旧时以身殉职或亲民之官，可在立功或原任地方建立专祠。

[⑤] 赴鄂入霆字营：到湖北加入鲍超的霆字军营。

[⑥] 鲍超（1828—1886）：重庆奉节人，初字春亭，后改春霆。家极贫，曾以拾炭渣为生。咸丰二年（1852），应募入伍。初当伙夫、兵勇。后调入曾国藩洞庭湖水师长龙战舰任哨长，升守备。屡立战功，擢升都司、游击、参将、副将。鲍超以镇压太平军发迹，一生经历大小战斗500余次，身负轻重伤108处，成为清军中屈指可数的名将。死后清廷谥"忠壮"，追赠太子少保，立专祠，国史馆立传。其葬于奉节县北12千米的冉家坪。1958年被毁，今不存。

[⑦] 粤逆：指太平天国起义军。广东、广西古为百粤之地，合称两粤。1851年1月11日，洪秀全在广西桂平金田村起义，国号"太平天国"。

[⑧] 楚北：湖北北部地区。皖南：安徽南部地区。

[⑨] 营卒：士兵。

[⑩] 洊（jiàn）授协戎：荐举提升被授予副将。协戎：清代对副将的别称。清代的武官分为八旗兵和绿营兵两个系统。绿营兵的编制和称呼都沿袭明代，称提督为"军门"、总兵为"总戎"、副将为"协戎""协台""协镇"、参将为"参戎"，等等。

[⑪] 省墓：祭扫坟墓。

[⑫] 骆制军：即骆秉章（1793—1867），原名骆俊，字吁门，号儒斋，广东花县（今广州市花都区）人。晚清湘军重要将领。死后入祀贤良祠，谥号"文忠"。与曾国藩、左宗棠、李鸿章等人并称"晚清八大名臣"。当时其任四川总督。制军：明、清时总督的别称，又称"制台"。

[⑬] 檄（xí）：古官府用以征召、晓喻、声讨的文书。此指征召马定国留万防守。

[⑭] 汝溪：即今重庆市忠县汝溪镇，位于渝东忠县以北忠县、梁平、万州三地交界处。

[⑮] 率勇：率领团练的勇丁。勇：清代地方招募的兵卒。

[⑯] 倍道：兼程。

练，将御贼于忠之四望山①。团练未集，乃营于红谷田。贼乘夜突至，公令开壁②迎击，而众为奸蠹③所持，不应命，公怒曰："不出战，则贼将蹂我桑梓，且径趋县城，吾何面目见安乡官民也！"遂从后营门出，大呼："从我战者重赏！"有奋勇百数十人从之。接战未久，贼众数万，分股抄围。我寡而后无应援，遂陷阵。公手刃十数贼，身受三十余伤，死之，相从之勇皆战殁。越日，获公尸，面如生。呜呼！公之死，可谓重于泰山矣。

余后八十日抵任，旋奉文建祠，会④寇警⑤筹防剿未遑⑥也。去年夏，爰⑦卜宅⑧于东关外，陆续筹经费。今年春，鸠工庀材⑨，高其闬闳⑩，峻其墙垣，以垐⑪以垸⑫，逾月⑬落成，共费三百余缗。中龛祀公，而以同时殉难并邑人之死事者，附祀其左右。

呜呼！公岂必以俎豆⑭乡邦为重，而余必欲亟成之者，秉彝⑮之好，人有同情。且将以是为廉顽立懦⑯之举，兴起百世以下之人心，岂仅为邑人劝⑰哉？

---

① 忠之四望山：即四方山。道光《忠州直隶州志》卷一《山川》载："四方山：在州东北一百六十里。山势参天，云排半岭；冈陵壁陡，磴石盘空；纵目绝顶，四遭入望。又名四望。云气舒卷，时如白练。一名白云，上有白云寺。"又，民国《万县志》卷一《舆地·厄塞》载："四方山：接忠县界。其地屯兵可谓红谷田及汝溪等处声援。"可知四望山与四方山为一山，此处云"忠之四望山"，当指在忠县境内地段。
② 开壁：指打开军垒的大门。壁：军垒。
③ 奸蠹：指奸细和坏人。
④ 会：适逢。
⑤ 寇警：敌军入侵的警报。
⑥ 未遑：没有时间顾及，来不及。这里指因防剿蓝大顺、蓝二顺，没有时间修建专祠。
⑦ 爰：连词，于是，就。
⑧ 卜宅：占卜选择建祠的地方。
⑨ 鸠工庀（pǐ）材：聚集工匠，备齐材料。
⑩ 闬闳（hàn hóng）：里巷的大门。
⑪ 垐（cí）：用土铺垫道路。
⑫ 垸（yuàn）：围绕田地房屋修建的矮墙。
⑬ 逾月：谓时间超过一个月。
⑭ 俎（zǔ）豆：俎和豆，古代祭祀时盛食物的礼器。引申为祭祀，奉祀。
⑮ 秉彝：人心所持守的常道。
⑯ 廉顽立懦：语本《孟子·万章下》："故闻伯夷之风者，顽夫廉，懦夫有立志。"（《孟子注疏》卷十上，第268页）使贪婪的人变得廉洁，使懦弱的人能够自立。
⑰ 劝：鼓励，劝导。

公殁之年九月，滇匪周逆大股犯境，往来大周里山后。余选团练中之可用者，分布守御，而自率一队，越境迎击，获其目，贼受创遁散①。维时②邑中团练勇悍奋发，傥亦有所观感而然与？呜呼！军兴以来，邑人以步卒，起为协镇③，而又骁勇善战，卒能保全乡里。见危致命者，公一人而已。爰汇次公之大端④，记于石，为之呜咽流涕，思将才之难得，而重悲遇公之终疏⑤也。同治四年十二月。

桂宫碑记　邑令　张琴鹤侨⑥

余治万之又明年，值甲子科⑦带补辛酉⑧乡试⑨，始与儒学⑩范君谋⑪举宾兴礼⑫于署门之内。是时应科举者百二三十人，中式⑬者三人⑭，武科⑮一人⑯。国朝二百余年，惟康熙三十五年称是，于戏⑰盛矣。

---

① 遁散：谓隐匿散失。
② 维时：当时。
③ 协镇：前代对副将的别称。
④ 爰：连词，于是。汇次：犹汇编。公：指马将军，尊称。大端：指其事迹的主要方面。
⑤ 遇公之终疏：与公相遇终究疏远。作者在马将军殉难后八十日赴任万县县令，实未谋面，故有此言。
⑥ 桂宫：本志卷十一《地理志·学校》中有载。民国《万县志》卷一《舆地·古迹》载："桂宫：在治东文昌庙左。清同治四年知县张琴建，有《记》。其外有阁曰'青龙'，置巨钟其内，声闻数里。今并为县立第□小校址。"□：原文缺一字。
⑦ 甲子科：指甲子年（此指1864年）举行的科举考试。科：指科举考试的届次。
⑧ 辛酉：此指1861年，即咸丰十一年。
⑨ 乡试：明、清两代每三年一次在各省省城举行乡试。中式者称"举人"。即会试不第，亦可依科选官。
⑩ 儒学：元、明、清时期各府、州、县均设置学校，有儒学教授、学正、教谕及训导等官，掌教诲所属生员。这里指万邑训导范泰衡。
⑪ 谋：计议、商议。
⑫ 宾兴礼：科举时代，地方官设宴招待应举之士的礼仪。
⑬ 中式：科举考试合格。
⑭ 三人：从本志卷二十五《士女志·选举》中的记载可知，乃为何永卓、王燮元、谭云鹏。
⑮ 武科：科举时代专为考试选拔武官而设的科目。唐代武则天长安二年(702)，设武举，为武科之始，以后历朝皆因之。清代武科考试科目为马箭、步箭、弓、刀、石，均名"外场"，又以默写武经为"内场"。其院试、乡试、会试、殿试及童生、生员、举人、进士、状元等名目均与文科同，但加"武"字以别之。光绪二十七年(1901)，废止。
⑯ 一人：从本志卷二十五《士女志·选举》中的记载可知，乃为陈定中。
⑰ 于戏：犹于乎。

古者人材之盛衰，视乎官师①之扶植。前此令斯邑者②，亦既隆学校、蔚人文③矣，而宾兴之典④盖阙⑤。即余与范君斯举，亦第⑥率成之⑦。后之日或者其罔有⑧定处⑨，以废仪文⑩，而乡举之踊跃，科名之腾达，或弗盛于今日。邦之人盖拳拳⑪乎此也，于是越年⑫而桂宫成，宫故为文昌庙⑬隙基⑭，尝作⑮行台馆⑯，倾圮不治。余与邦人士相度之用，复其基而作宫，以祔⑰于庙，建屋宇二进，四周凡七间，积八千四百工，费钱二千一百余缗。其良材坚甓⑱，凡一十万有千百，以同治四年三月起修，十阅月⑲而工成。宫有厅轩楹槛⑳，有峭亭飞楼回廊洞壁㉑，有宾客之位，有燕饮㉒献酬㉓之所，山影江光之出没，瑞鸟祥鱼之飞跃，与夫四时花木争媚，物华㉔者胥于是乎在㉕！植桂树十百本，

---

① 官师：官吏之长。
② 前此令斯邑者：以前当万县县令的人。
③ 隆学校、蔚人文：使学校兴隆，使人文蔚成风气。隆、蔚均作动词。
④ 宾兴之典：犹宾兴之礼。
⑤ 盖：连词，承接上文，表示原因或理由。阙：缺失，残缺。
⑥ 第：副词，姑且，只管。
⑦ 率成之：带领众人做成此事。
⑧ 罔有：没有。
⑨ 定处：固定的处所。指举行宾兴之典的地方。
⑩ 仪文：礼仪形式。
⑪ 拳拳：勤勉貌。
⑫ 越年：犹言超过一年。这里指第二年。
⑬ 文昌庙：祭祀文昌帝君的庙宇。文昌帝君：又称梓潼帝君，乃道教神名。相传名张亚子，居蜀中七曲山，仕晋战死，后人立庙祀之。唐、宋时封王，元时封为帝君。掌人间功名禄位事。
⑭ 隙基：空隙地基。
⑮ 尝作：曾经作过。尝：曾经。
⑯ 行台馆：犹行台馆舍，旧时地方大吏的官署与居住之所。
⑰ 祔（fù）：原义为附祭。此处指紧挨着庙宇。
⑱ 坚甓（pì）：结实坚固的砖。
⑲ 十阅月：经过十个月。
⑳ 厅：会客、宴会、行礼用的大房间。轩：有窗户的长廊。楹：厅堂的前柱。槛：栏杆。
㉑ 峭亭：高峻的亭子。飞楼：高楼。回廊：曲折回环的走廊。洞壁：有装饰孔洞的墙壁，即花墙。
㉒ 燕饮：聚会在一起饮酒。燕：通"宴"。
㉓ 献酬：谓饮酒时主客互相敬酒。
㉔ 物华：物之精华。
㉕ 胥于是乎在：尽都在这里。胥：皆，都。于是乎：犹于是。

荫翳①其中，亦棫朴②、菁莪③之遗意也，故名之曰桂宫。夫此未为桂宫时，滇逆窜万④，城邑烽燧⑤相属⑥，所在深堂⑦邃宇⑧，焦于贼炬者，往往而有。而兹地蹂践芜废，亦为兵人所屯积。今蜀难既平，邦境安堵⑨，故余得改建斯宫，以为宾兴地。而诸君子亦乐成余志，无孰⑩懈以中止，亦以见邑人之趋公赴义，犹维持文治于不衰。幸余他日去万，俾后之贤者于兹有所感触，以时宾其贤良。其墙宇无赖于风霜，其人物相与栽培而兴起，庶几典礼勿坠，以副⑪国朝作育人材之意。或曰："桂，文木⑫也。"文物蕃则世道昌，其中兴⑬之望欤？余既竣事，谨记而勒诸石。

万县重刻四种遗规序 邑训导　范泰衡宗山

吾乡⑭孝义陈敬斋明经倡为书会，若嘉言懿行⑮有裨⑯风教⑰之册，收付剞劂氏者⑱凡数十种，邑士绅家传户诵，志趣为之一变，予愚顽者亦有警动焉⑲。雪桥牛

---

① 荫翳（yì）：指树木枝叶繁茂成阴。
② 棫朴（yù pǔ）：《诗经·大雅》中的篇名。该篇诗序称是咏"文王能官人也"（《毛诗正义》卷十六，第996页），故多以喻贤材众多。
③ 菁莪（jīng é）：《诗经·小雅·菁菁者莪》序："菁菁者莪，乐育材也，君子能长育人材，则天下喜乐之矣。"（《毛诗正义》卷十，第628页）后因以"菁莪"指育材。
④ 滇逆窜万：云南人蓝大顺、蓝二顺由滇东起义入蜀，曾入万县。
⑤ 烽燧：古时遇敌人来犯，边防人员点烟火报警，夜里点的火叫"烽"，白天放的烟叫"燧"。
⑥ 相属：相接连，相继。
⑦ 深堂：内堂，屋宇深处的厅堂。
⑧ 邃宇：深广的屋宇。
⑨ 邦境：万县境内。安堵：犹安居。
⑩ 无孰：不要。
⑪ 副：相称，符合。
⑫ 文木：可用之木，与"散木"相对。
⑬ 中兴：由衰落而重新兴盛起来。
⑭ 吾乡：范泰衡乃隆昌人，故此处指今四川省隆昌市。
⑮ 嘉言懿行：美言善行。
⑯ 裨（bì）：补益。
⑰ 风教：《诗大序》："风，风也，教也。风以动之，教以化之。"（《毛诗正义》卷一，第6页）后以"风教"指风俗教化。
⑱ 剞劂（jī jué）氏者：即刻印书的人。剞劂：刻镂的刀具，指雕版刻印。
⑲ 此句言给予愚昧顽固的人也有震动。

明府①之莅②吾邑也，先教化，后刑罚，嘉书会能助牖民③，式敬斋之庐④，而进诸生以遗规四种。予时射策都门⑤未与闻，及报罢反里间⑥，而新书已出，布遍楼峰⑦矣。然则敬斋之善书，待明府⑧而增价。明府之善教，与榕门⑨为一条，其鼓舞变动，奚翅⑩隆城⑪也欤？憾予读是书，开卷勃勃跃跃⑫然，若有一今吾⑬在，迨释卷⑭而又依然故吾⑮。然吾惧并此故吾而失之，久且亡其勃勃跃跃者而不自觉也，

---

① 雪桥牛明府：即牛树梅（1791—1875），字雪桥，一作雪樵，号省斋，甘肃通渭人。曾任四川彰明（今江油）知县、隆昌知县。同治元年（1862），四川总督骆秉章复荐之，擢授四川按察使。三年（1864），内召，以老病不出，主讲成都锦江书院。
② 莅（lì）：临视，治理。
③ 此句言赞美陈敬斋组织的书会能够有助于开通民智。牖（yǒu）民：开通民智。
④ 此句言向陈敬斋的居室施礼以表敬意。式：通"轼"。
⑤ 射策都门：在京都参加考试。射策：汉代考试取士方法之一。〔东汉〕班固《汉书》卷七十八《萧望之传》："望之以射策甲科为郎。"〔唐〕颜师古注："射策者，谓为难问疑义书之于策，量其大小署为甲乙之科，列而置之，不使彰显。有欲射者，随其所取得而释之，以知优劣。射之言投射也。"（中华书局1962年6月第1版，第3272页）亦泛指应试。都门：京都城门。
⑥ 报罢：科举时代考试落第。反：通"返"，返回。里间：乡里。
⑦ 楼峰：即楼峰山，在今四川省隆昌市。《大清一统志》卷三百一《叙州府·山川》："楼峰山，在隆昌县南。秀峰高耸，俨如文笔。"（《景印文渊阁四库全书·史部二三九·地理类》第481册，台湾商务印书馆1986年3月第1版，第199页）按，范泰衡为隆昌人，此文末即以楼峰为其籍贯署名。故楼峰于此指隆昌县。
⑧ 明府：此指牛树梅，隆昌当时的知县。
⑨ 榕门：即陈宏谋（1696—1771），清代中期政治人物。字汝咨，一字榕门。曾用名弘谋，因避乾隆帝"弘历"之名讳而改名"宏谋"。临桂（今属广西桂林）人。辑有《吴中遗规》。2001年美国著名历史学家、美国霍普金斯大学历史系教授罗威廉出版《救世：陈宏谋与十八世纪中国的精英意识》一书，认为陈宏谋关于人和社会认识的基本点，与启蒙运动时期的许多欧洲学者十分相似，显示出当时的中国对欧洲而言并非是"停滞的"和"落后的"。该书于2013年被译为中文刊行。
⑩ 奚翅：何止，岂但。
⑪ 隆城：当指隆昌城。
⑫ 勃勃跃跃：心情激动的样子。
⑬ 今吾：如今的吾，即新吾。此言因读书而受其感染熏陶，俨然出现一个崭新的我。
⑭ 迨释卷：等到放下书卷。
⑮ 故吾：《庄子·田子方》："虽忘乎故吾，吾有不忘者存。"〔西晋〕郭象注："虽忘故吾而新吾已至，未始非吾，吾何患焉？"（〔晋〕郭象注、〔唐〕成玄英疏《南华真经注疏》，中华书局1998年7月第1版，第407页）过去的我。

故常挈①以自随。乃者②司训③南浦，有课士④之职，而身不足型，言不足听，予心实滋愧⑤焉。欲与诸生讲论遗规，且广其传，庶几乎不能，训士者，训士⑥之一藉，惜又因循未果⑦。

成均谭屺瞻见此书而悦之，请募资重镌⑧。予嘉其勇于倡，而虑其和者寡也，乃挽成均魏燕岩⑨与共事。燕岩之父，以独行入忠义孝弟祠，尝刊遗规一二种于乐善堂⑩，故燕岩喜继其志。襄其勤者，茂才李月斋也。正其鲁鱼帝虎⑪者，贡士魏小湖、牟燕山也。众擎易举⑫，不数月而四种全集成。四种者，曰《训俗》、曰《养正》、曰《教女》、曰《从政》⑬。桂林陈榕门先生抚吴时辑⑭也。中丞⑮、本朝柱石，其遗烈⑯载国史，其祀典列贤良。而其辑是书也，则尤精神贯注于无穷焉。

---

① 挈（qiè）：携带。
② 乃者：犹曩者，往日。
③ 司训：明、清时县学教谕的别称。
④ 课士：考核士子的学业。
⑤ 滋愧：滋生愧疚。
⑥ 训士：训教生员（县学学生）。
⑦ 因循未果：谓拖延而没有结果。
⑧ 镌：此处指刻版印刷。
⑨ 魏燕岩：魏士良之子。
⑩ 乐善堂：本志卷十二《地理志·义局》中有载。
⑪ 鲁鱼帝虎：语出《意林》卷四引〔东晋〕葛洪《抱朴子》："谚云：'书三写，鱼成鲁，帝成虎。'"按，今本《抱朴子·遐览》"帝"作"虚"。后因以"鲁鱼帝虎"称传写刊印中出现的文字错误。
⑫ 众擎易举：众人用手托，就容易举起东西。
⑬《训俗》《养正》《教女》《从政》：陈宏谋（榕门）所著《五种遗规》中的四种，为清代社会教育和蒙童教育教材，清末中学堂修身科教材。辑者有感于世上多有弊端，遂于公务之余，采录前人关于养性、修身、治家、为官、处世、教育等方面的著述事迹，分门别类辑为遗规五种：《养正遗规》《教女遗规》《训俗遗规》《从政遗规》《在官法戒录》，总称《五种遗规》。
⑭ 抚吴时辑：参见《四库全书总目》卷一百三十三《子部·杂家类》："《训俗遗规》五卷：国朝陈宏谋编。宏谋有《大学衍义辑要》，已著录。此书乃其为江苏按察使时，以狱讼繁多，因集古今名言人人易晓者，勒成四卷，刊布宣谕。后无锡华希闵为之重刻，又益以邵宝《手帖》、顾宪成《示儿帖》、高攀龙《家训》及国朝张英《聪训斋语》，及其先世惊欓所著《家劝》，共为一编云。"（四库全书研究所整理《钦定四库全书总目》（整理本），中华书局1997年1月第1版，第1756页）
⑮ 中丞：指陈宏谋。中丞乃用作对巡抚的称呼，陈宏谋曾为巡抚。
⑯ 遗烈：遗留的业迹。

夫百尺之台，非一木之支；千金之裘，非一狐之腋①。布帛菽粟，用不同也，而同利养身；远志当归②，味不同也，而同利却疾③。故汇群言以教人者，教人之忠也。汇群庸言④以正俗者，正俗之善也。其用心周，其取善慎。其纂言，非两庑⑤大儒之语录，即历代乡贤、名宦之典型。其博采旁蒐⑥，一以不诡于四书六经为的⑦。故苟便于教，虽巾帼⑧之垂训⑨可存；苟远于道，虽百家之鸣道不录。故上不蔽于高远，下不病于浅狭。君臣、父子、昆弟、夫妇、朋友之伦⑩于是乎明，诚正修齐治平之道⑪于是乎著⑫。后世选集虽繁，盖未有若斯之善者也。谓之遗规，诚乎其为规也。夫木受绳则直⑬，器受矩则方⑭，岂但已哉？假舟车者，非健步也，而行水陆；加羽镞⑮者，非劲竹也，而入坚深。夫遗规者，亦身世之羽镞、舟车也。然则垂之无穷者，陈中丞之良轨也；流之愈远者，牛明府之遗风也。其鼓舞变动，又奚翅万州也欤⑯？

---

① 千金之裘，非一狐之腋：语本《慎子·知忠》："故廊庙之材，盖非一木之枝也；粹白之裘，盖非一狐之皮也。"（《太平御览》卷九百九）价值千金的皮衣，决非一只狐狸的腋皮所能做成。腋：指狐狸腋下的毛皮。
② 远志：中药名，多年生草本植物。当归：中药名，多年生草本植物。
③ 却疾：消除疾病。
④ 庸言：平常的言语。
⑤ 两庑：特指文庙中先贤从祀的东、西两庑。
⑥ 博采旁蒐：广泛地搜集采纳。蒐：同"搜"。
⑦ 不诡于四书六经为的：不违背四书六经为目的。四书：《论语》《大学》《中庸》《孟子》的合称。六经：指《诗》《书》《礼》《易》《乐》《春秋》六部儒家经典。汉以来无《乐经》。今文家以为"乐"本无经，皆包含于《诗》《礼》之中，古文家以为《乐》毁于秦始皇焚书。
⑧ 巾帼：古代妇女的头巾和发饰。后因以为妇女的代称。
⑨ 垂训：垂示教训。
⑩ 君臣、父子、昆弟、夫妇、朋友之伦：此封建礼教所规定的人与人之间的关系，即"五伦"，也称"五常"。
⑪ 诚正修齐治平之道：诚心、正意、修身、齐家、治国、平天下之道，乃《大学》所谓"八目"中的"六目"。
⑫ 著：显著，昭著。
⑬ 木受绳则直：木头按墨线锯开就会平直。绳：木工用以测定直线的墨线。
⑭ 器受矩则方：器物按直尺截割就会方正。矩：画方形或直角的用具，即曲尺。
⑮ 羽镞：箭尾。镞：同"镞"（zú），箭头。
⑯ 也欤：语气词，表示疑问语气。

"人之欲善,谁不如我"①,今不待倡于上而事成于下,窥好义乐善隐微,若使夔、巴、庸、蜀②之士有一不诵榕门之辑者,而其心不愿也,岂司铎③之力欤?由是观之,吾又安知异日安乡④不又有人焉?倡书会要久远,如吾乡陈先生者,其即诸君子也欤?其不待诸君子也欤?

咸丰六年重阳后三日⑤,楼峰范泰衡谨序。

马将军传　蓝翎训导　杜焕南棠村　邑人⑥

将军姓马氏,讳定国,万县人。其初甚贫,薙发为业⑦。喜拳技,好饮酒,醉则殴其曹⑧。粤匪⑨寇东南,去应统帅多公⑩募为卒,未几,隶鲍军。鲍公⑪起行间⑫,数年佩元戎⑬印绶⑭,一军凌厉无前,动有功,将军与焉。数率⑮一队,乘醉出走,黑夜直薄⑯贼营,拔其垒。既捷然后闻,主者壮之。时用以摧陷坚阵⑰,鲜不破⑱。每战必

---

① 这两句语出《左传·僖公九年》:"且人之欲善,谁不如我?我欲无贰,而能谓人已乎?"(《春秋左传正义》卷十三,第359页)
② 夔:古国名,分布在今湖北省秭归县以及重庆市奉节县一带。巴:古国名,其族主要分布在今重庆市及鄂西一带。庸:古国名,都上庸(今湖北省十堰市竹山县东南),春秋时为楚国、秦国、巴国联手所灭。蜀:古国名,分布在今四川省西部。相传最早的首领名蚕丛,称"蜀王"。公元前316年为秦所灭,秦于其地置蜀郡。
③ 司铎(duó):古代宣扬教化、颁布政令时击铎警众,故称主持教化的人为"司铎"。
④ 安乡:即安乡县,北周改鱼泉县置,乃万县在北周的县名,为安乡郡治。
⑤ 咸丰六年重阳后三日:即1856年10月10日。
⑥ 杜焕南:字棠村,廪生。与兄焕章同名,著作较多,民国《万县志》卷十五《人物》中有较为详细的介绍,可以参看。
⑦ 薙(tì)发为业:以剃头为职业,即剃头匠。薙发:剃发。
⑧ 殴其曹:殴打他的同伴。曹:同辈,同类。
⑨ 粤匪:此乃清朝统治者对太平天国义军的蔑称。
⑩ 多公:应为人名,待考。
⑪ 鲍公:即鲍超,参见前《马将军祠记》中的相关简介。
⑫ 起行(háng)间:指崛起于士兵的行列中。行间:行伍之间。我国古代兵制,五人为伍,五伍为行,因以指军队。
⑬ 元戎:主将,统帅。
⑭ 印绶(shòu):印信和系印信的丝带。古人印信上系有丝带,佩带在身。
⑮ 数率:数次率领。
⑯ 直薄:直逼。
⑰ 摧陷:攻破,陷落。坚阵:坚固的阵势。
⑱ 鲜(xiǎn)不破:少有不破的。鲜:少,少有。

先饮酒，拔一蝥，临旷野，大声驰下，未尝挠败①，以是累功迁副总兵官。

将军为人勇敢，自豪然，敏机智，能应仓卒事。尝从大军徇②某地，有难民数百共诣军门③，白状乞自效④，虽大帅亦将收纳之，将军跪而进，谓是皆以一日新沐⑤者，不可信。大帅心动，俄侦知实贼所为，数百人者悉收斩。我军遇大敌悍贼数十万人，大帅坐帷帐，擎珊顶磁盘者⑥一人侍，指谓左右："谁为我出死力破贼者，以予若。"取其一搓手掌中，转圜几遍⑦，众莫敢仰对。移时，两人进跪言曰："唯主帅令！然战胜，当共儿郎等俱受赏，一人何敢承？"帅拍手称好男子者再，其一人则将军也。乃拨予⑧麾下⑨数百人冲锋出入，竟大胜贼。所历兵燹地曰吴、曰楚、曰豫、曰粤，凡数十战。

以某年请假归，会滇匪扰蜀中，蹂践新、梁⑩诸乡，万人方日谋守御，未暇议战也。乃共请将军以五百人属焉。然士皆新募不可用，又杂以市井无赖，部署未定而贼警至，急出屯红田，数日而将军率百余人战殁死矣。死之日，土人据南阜⑪，观看见贼矛百十攒刺⑫，将军流血被头，而犹持大刀挥杀十数人，然后仆，百余人亦皆死。而溃卒赵四者云："是日谍者⑬皆称贼远，中夜骤至，将军方醉卧未动，遽起捉刀，

---

① 这几句言马将军每次作战必定先饮酒，然后从营中拔起一面军旗，面对旷野，大叫着奔驰而下，不曾战败过。蝥（máo）：蝥弧，春秋诸侯郑伯名旗。《左传·隐公十一年》："颍考叔取郑伯之旗蝥弧以先登。"〔西晋〕杜预注："蝥弧，旗名。"（《春秋左传正义》卷四，第124页）后借指军旗。挠败：挫败，战败。
② 徇（xún）：巡视，巡行。
③ 军门：军营的门。
④ 白状乞自效：告白自己的情状乞求效劳。
⑤ 新沐：刚洗头发。按，此为敌方派遣的伪装成老百姓的奸细。因士兵整日在阵地，少有洗沐的机会，必然蓬头垢面，为了伪装老百姓故新沐以掩饰士兵身份，由于新沐才一日，被马将军识破。
⑥ 擎珊顶磁盘者：高举着装有珊瑚顶珠磁盘的人。珊顶：即珊瑚顶，清代吉服之冠顶以珊瑚珠为饰，称"珊瑚顶"，泛指显官冠饰。
⑦ 转圜几遍：旋转了几遍。圜：旋转。
⑧ 拨予：分给。
⑨ 麾（huī）下：谓将旗之下，指代部下。
⑩ 新、梁：即新宁县（今四川省达州市开江县）、梁山县（今重庆市梁平区）。
⑪ 南阜：即南山。阜：土山。
⑫ 攒（cuán）刺：密集地刺杀。攒：簇聚，聚集。
⑬ 谍者：间谍。

开壁迎战①,两足犹赤。其敢如此。事闻,赠总兵②,予祠祭③。乡人至今悼焉。子,一名禄昭,袭骑都尉④职。

---

① 开壁迎战:打开军营迎战。壁:军垒。
② 总兵:官名。明代遣将出征,别设总兵官、副总兵官以统领军务。其后总兵官镇守一方,渐成常驻武官,简称"总兵"。清代因之,于各省置提督,提督下分设总兵官及副总兵官。总兵所辖者为"镇",故亦称"总镇"。
③ 予祠祭:准许建立专祠进行祭祀。
④ 袭骑都尉:继承骑都尉的爵位。袭:世袭。骑都尉:清代为世袭的爵位之一,其位在轻车都尉之下,云骑尉之上。

《增修万县志》卷三十六　艺文志下

诗 赋

　　少陵、太白、乐天、东坡、山谷、石湖、放翁①，俱尝至万。万志所登，宜多宏篇巨制，乃旧志惟载山谷、石湖、放翁数首。太白虽曾读书西山，惟传"大醉西岩一局棋"之句，本集不载。少陵《西山三首》，郡志收入万②，解杜者多谓作于成都；《送鲜于万州》一首，又误为郑谷作③。子美名遂不登斯志矣④。至乐天之《寄题四望楼》《南宾郡斋寄杨使君》，及《答杨使君登楼见忆》《初登东楼寄杨八使君》《和杨万州》诸作，东坡之《过木枥观》诗，载在集中，有目共睹，而亦遗之⑤，真所谓"摭拾星宿遗羲娥"⑥也。况摭拾者，落落⑦星宿，所漏尚多耶。兹悉采诸名作载入，亦足壮观矣。惟七贤堂所刻篇什甚富，二咏亭其时倡酬极多，今皆失传。诸老风流文采，辉映山川，衣钵⑧流传，膏馥沾溉⑨，故自不乏。乃访求邑中名宿遗稿，竟不可得。旧志所录，殊未能称意⑩也。

---

① 这些皆乃唐、宋著名文学家，即杜甫、李白、白居易、苏轼、黄庭坚、范成大、陆游。
② 如道光《夔州府志》就将之归入万县（中华书局2011年12月点校第1版，第805—806页）。
③ 乾隆《万县志》卷四《艺文》就是如此。
④ 此句言杜甫之名不见于万县旧志。
⑤ 此几句言所举白居易、苏轼的那几首诗歌皆在他们的作品集里，大家皆可以看见，但万县旧志却遗漏了。
⑥ 出自〔唐〕韩愈《石鼓歌》（中华书局编辑部点校《全唐诗》增订本卷三百四十，中华书局1999年1月第1版，第3817—3818页），意为（孔子）采诗不全，如同取了星宿却遗漏了日月。摭拾：收取，采集。《全唐诗》作"掎摭"。羲娥：日御羲和与月神嫦娥的并称，借指日月。
⑦ 落落：形容多。
⑧ 衣钵：泛指老师或前辈所传授的思想、学术、技能等。
⑨ 膏馥沾溉：对前人诗文的美好回味，使人受益。
⑩ 未能称意：不合乎心意。指收录不全，遗漏很多。

送鲜于万州迁巴州　唐　杜甫①

京兆②先时杰，琳琅③照一门。
朝廷偏注意，接近与名藩④。
祖帐维舟数⑤，寒江独石喧。
看君妙为政，他日有殊恩⑥。
郡志："此诗旧志误为郑谷作。"⑦

寄题杨万州四望楼　唐　白居易⑧

江上新楼名四望，东西南北水茫茫。
无由⑨得与君携手，同凭阑干⑩一望乡。

答杨使君登楼见忆　白居易⑪

忠万楼中南北望，南州烟水北州云。
两州何事偏相忆？各是笼禽⑫作使君⑬。

---

① 此诗可见于中华书局编辑部点校《全唐诗》增订本卷二百三十一（中华书局1999年1月第1版，第2545页）。鲜于万州：据杜甫于诗题处自注"鲜于炅乃仲通子，有父风"可知为鲜于炅，其于"大历中任万州刺史"（见本志卷二十二《职官志·历任》），故称。独：《全唐诗》作"触"。
② 京兆：地名，汉代京畿的行政区域，为三辅之一。在今陕西西安以东至渭南市华州区之间。后因以称京都。
③ 琳琅：美玉，比喻优美的人才。
④ 名藩：指地方重镇。
⑤ 此句言在江上以数艘相连的舟船摆酒设筵，亲朋好友一起欢送鲜于炅。祖帐：古代送人远行，在郊外路旁为饯别而设的帷帐。亦指送行的酒筵。维舟：系船停泊。数：多个，多艘。
⑥ 殊恩：特别的恩宠，常指帝王的恩宠。
⑦ 引文见道光《夔州府志》卷三十六《艺文志·万县艺文志》（中华书局2011年12月点校第1版，第811页）。
⑧ 此诗可见于中华书局编辑部点校《全唐诗》增订本卷四百四十一（中华书局1999年1月第1版，第4941页）。
⑨ 无由：没有办法。
⑩ 阑干：即栏杆。《全唐诗》作"栏杆"。
⑪ 此诗可见于中华书局编辑部点校《全唐诗》增订本卷四百四十一（中华书局1999年1月第1版，第4941页）。
⑫ 笼禽：笼中之鸟，比喻不自由之身。
⑬ 使君：汉代称"刺史"，汉代以后用作对州郡长官的尊称。

和万州杨使君四绝句 白居易[①]

竞渡
竞渡相传为汨罗[②],不能止遏[③]意无他。
自经放逐来憔悴,能校[④]灵均[⑤]死几多。

江边草
闻君泽畔伤春草,忆在天门街[⑥]里时。
漠漠凄凄愁(一作"秋")满眼,就中惆怅是江蓠[⑦]。

嘉庆李
东都绿李[⑧]万州栽,君手封题[⑨]我手开。
把得欲尝先怅望,与渠[⑩]同别故乡来。

白槿花
秋蕣[⑪]晚英[⑫]无艳色,何因栽种在人家?
使君只别罗敷[⑬]面,争解回头爱白花?

---

① 此四首绝句可见于中华书局编辑部点校《全唐诗》增订本卷四百四十一(中华书局1999年1月第1版,第4938页)。
② 此句言龙舟比赛是为了纪念屈原。汨罗:江名。湘江支流。在湖南省东北部。因战国时楚诗人屈原忧愤国事,投此江而死,故后多借指屈原。
③ 止遏(è):阻止。
④ 校(jiào):考虑。
⑤ 灵均:乃屈原的字。
⑥ 天门街:指通向帝王皇官门的大街。此处指京城。
⑦ 江蓠:植物名,江蓠科江蓠属。
⑧ 绿李:果树,李子树中的一种。
⑨ 封题:物品封装妥善后,在封口处题签。
⑩ 渠:方言,他。此指东都绿李。
⑪ 蕣(shùn):即"木槿",一种灌木。
⑫ 晚英:迟开的花。
⑬ 罗敷:我国古代美女名。

南宾郡斋即事，寄杨万州　白居易[1]

山上巴子城，山下巴江水。
中有穷独人，强仕为刺史。
时时窃自哂[2]，刺史岂如是。
仓粟[3]喂家人，黄缣[4]裹妻子。
莓苔翳[5]冠带，雾雨霾[6]城雉。
衙鼓[7]暮复朝，郡斋[8]卧还起。
回头望南浦，亦在烟波里。
而我复何美，夫君[9]犹滞此。

初登东楼寄杨八使君　白居易[10]

山束邑居窄，峡牵气候偏。
林峦少平地，雾雨多阴天。
隐隐煮盐火，漠漠烧畲[11]烟。
赖此东楼上，风月时翛然[12]。
凭轩望所思，目断心悁悁[13]。
背春有去雁，上水无来船。

---

[1] 此诗可见于中华书局编辑部点校《全唐诗》增订本卷四百三十四（中华书局1999年1月第1版，第4809页）。强仕：《全唐诗》作"强名"。城雉：城上短墙。亦泛指城墙。《全唐诗》作"楼雉"。美：《全唐诗》作"嗟"。

[2] 自哂（shěn）：自我讥笑。

[3] 仓粟：仓库中贮藏的米谷。

[4] 黄缣（jiān）：双丝织的微带黄色的细绢。

[5] 翳（yì）：遮蔽，云雾遮蔽。

[6] 霾：覆藏。

[7] 衙鼓：旧时衙门中所设的鼓，用以集散曹吏。

[8] 郡斋：郡守起居之处。

[9] 夫君：称友人。此指杨万州。

[10] 此诗可见于中华书局编辑部点校《全唐诗》增订本卷四百三十四（中华书局1999年1月第1版，第4808页）。

[11] 烧畲（shē）：烧荒种田。

[12] 翛（xiāo）然：毫无牵挂、自由自在的样子。

[13] 悁悁：忧闷貌。《全唐诗》作"涓涓"。

我怀巴东守，本是关西贤①。
平生意不浅②，流落重相怜。
水梗③漂万里，笼禽囚五年。
新恩同雨露，远郡邻山川。
书信虽往复，封疆④徒接连。
其如美人面，欲见杳无缘。

送秦炼师归岑公山　唐　李群玉⑤

仙翁⑥归卧翠微岑⑦，一叶西风月峡深。
松径定知芳草合，玉书⑧应念素尘⑨侵。
闲云不系东西影，野鹤宁知去住心。
南浦⑩苍苍春欲暮，落花流水怨离琴。

寄南浦迁客　唐　郑谷⑪

多才翻得罪，天末⑫抱穷忧⑬。
白首为迁客⑭，青山绕万州。

---

① 此两句言杨万州以前作为关西的贤能之人，如今却成为巴东之地的郡守。
② 意不浅：《全唐诗》作"已不浅"。
③ 水梗：水中之梗，居无定所。
④ 封疆：疆界。忠州与万州接壤。
⑤ 此诗可见于中华书局编辑部点校《全唐诗》增订本卷五百六十九（中华书局1999年1月第1版，第6652—6653页）。《全唐诗》诗题作《奉和张舍人送秦炼师归岑公山》。
⑥ 仙翁：此处乃对秦炼师的尊称。
⑦ 岑：小而高的山。
⑧ 玉书：泛指道书。
⑨ 素尘：犹灰尘。
⑩ 南浦：《全唐诗》作"兰浦"。
⑪ 此诗可见于中华书局编辑部点校《全唐诗》增订本卷六百七十四（中华书局1999年1月第1版，第7775页）。《全唐诗》诗题作《寄南浦谪官》。
⑫ 天末：天的尽头。指极远的地方。
⑬ 抱穷忧：怀抱着不得志的忧愁。
⑭ 迁客：指遭贬斥放逐之人。

醉歌①梅障晓，欹压竹枝秋。
望阙②怀乡泪，荆江水共流。

岑公洞 唐万州刺史 马冉③

南溪有仙洞，咫尺非人间。
泠泠松风下，日暮空苍山。

岑公洞 宋万州刺史 赵善赣④

真人渺何之⑤，恍惚不可见。
洞居独嵌空⑥，壁溜⑦明珠溅。
藤罗⑧含溟濛⑨，竹柏斗葱倩⑩。
至幽合人心，远翠落江面。
野老⑪乘蓝舆⑫，使君肆清燕⑬。
日影⑭砌下倒，云容⑮坐间变。
大小岩欲倾，邃壑⑯路微转。

---

① 醉歌及下句中的"欹压"：《全唐诗》分别作"醉欹""欹厌"。
② 望阙：仰望官阙，喻怀念京都。
③ 此诗可见于中华书局编辑部点校《全唐诗》增订本卷七百二十七（中华书局 1999 年 1 月第 1 版，第 8410 页）。《全唐诗》诗题作《岑公岩》。
④ 此诗可见于北京大学古文献研究所编《全宋诗》第二五册卷一四四四《赵善赣》（北京大学出版社 1995 年 11 月第 1 版，第 16660 页）。
⑤ 何之：去了哪儿。
⑥ 嵌空：空阔。
⑦ 壁溜：洞壁上面的水流。
⑧ 藤罗：即藤萝，紫藤的通称。亦泛指有匍匐茎或攀援茎的植物。
⑨ 溟濛：幽晦的样子。
⑩ 葱倩：草木青翠而茂盛。
⑪ 野老：村野老人。
⑫ 蓝舆：竹轿。
⑬ 肆清燕：设宴。
⑭ 日影：日光之影。
⑮ 云容：云的形状。
⑯ 邃壑：遥远的沟壑。

峥嵘①施屏风，点缀②成彩绚③。
虽云急亦乐，胜赏④殆未遍。
欲归重盘旋⑤，拂石看古篆⑥。

过木枥观 宋 苏轼⑦

石壁高千尺，微踪远欲无。
飞檐如剑寺⑧，古柏似仙都⑨。
许子⑩尝高遁，行舟悔不迂⑪。
斩蛟闻猛烈⑫，提剑想崎岖。
寂寞棺⑬犹在，修崇世已愚。
隐居人不识，化去⑭俗争吁。

---

① 峥嵘：高峻突出的山势。
② 点缀：此指云朵。
③ 彩绚：绚烂多彩。
④ 胜赏：美妙的观赏。
⑤ 盘旋：徘徊逗留。
⑥ 古篆：指篆书。有大篆、小篆，通行于春秋战国及秦代，故称古篆。
⑦ 此诗可见于张志烈、马德富、周裕锴主编《苏轼全集校注·第一册·诗集一》（河北人民出版社2010年6月等1版，第50页）。此诗注释参考此书。此诗作于"嘉祐四年（1059）冬南行途中"（录自《苏轼全集校注》）。
⑧ 剑寺：此句苏轼有自注："出剑门东，望上，寺宇仿佛可见。"可见，乃剑门山（在今四川省剑阁县北）之寺。〔南宋〕王象之《舆地纪胜》卷一九二《利东路·剑门县·碑记》："剑门山巅有一寺，曰梁山寺。"（中华书局1992年10月第1版，第4954页）苏轼于嘉祐元年（1056）赴京应试时经此。
⑨ 仙都：即仙都观，在丰都县平都山上。其观多古柏。
⑩ 许子：即许逊，字敬之，家南昌。晋太康元年（280），为蜀旌阳令。从吴猛得神方，弃官归；周游江湖，以道术为民除害。世称许真君，或称许旌阳（张国风《太平广记会校》卷一四《许真君》，北京燕山出版社2011年11月第1版，第190—193页）。
⑪ 悔不迂：后悔未能亲自绕道登览。迂：迂道游览。
⑫《太平广记》卷二百三十一《许逊》条载："旌阳县令许逊者，得道于豫章西山。江中有蛟蜃为患。旌阳没水，拔剑斩之。"（张国风《太平广记会校》，北京燕山出版社2011年11月第1版，第3553页）另，卷一四亦载有一少年为蛟蜃所变、被许真君认出之事，可以参看。
⑬ 棺：指许旌阳的棺椁。〔北宋〕苏洵《过木枥观》序："县人云，旌阳棺椁犹在山上。"（曾枣庄等《嘉祐集笺注》，上海古籍出版社1993年3月第1版，第501页）
⑭ 化去：谓飞升成仙。

洞府①烟霞远，人间爪发②枯。
飘飘乘倒景③，谁复顾遗躯。

题西山临江亭　宋　张俞④

南浦逢除日⑤，天涯有去舟。
蛮城和雨闭，峡水带春流。
不负新年感，惟多故国愁。
宁无贺新酒，徒此事羁囚⑥。

南浦　宋　寇准⑦

春风入垂杨，烟波怅南浦。
落日动离魂，江花泣微雨。

建中靖国元年三月，万守高仲本宿约游岑公洞，夜雨达旦，戏赠小诗二首
宋　黄庭坚⑧

肩舆⑨欲到岑公洞，正怯冲泥⑩傍险行。
应是岑公闷⑪清境，春江一夜雨连明。

---

① 洞府：神话传说深山中神仙所住的地方。
② 人间爪发：指许逊遗留于人世之躯体。
③ 倒景：道家指天上最高之处。乘倒景即升天之意。
④ 此诗可见于北京大学古文献研究所编《全宋诗》第七册卷三八二《张俞》（北京大学出版社1992年8月第1版，第4716页）。但《全宋诗》只有前四句，无后四句，且诗题作《除日万州临江亭》。
⑤ 除日：农历一年的最后一天。
⑥ 羁囚：囚犯。
⑦ 此诗可见于北京大学古文献研究所编《全宋诗》第二册卷八九《寇准一》（北京大学出版社1995年12月第2版，第999页）。春风：《全宋诗》作"春色"。怅：《全宋诗》作"涨"。
⑧ 此诗可见于刘琳等点校《黄庭坚全集》（四川大学出版社2001年5月第1版，第259页）。诗题《黄庭坚全集》作《万州太守高仲本宿约游岑公洞而夜雨连明戏作二首》。
⑨ 肩舆：谓乘坐轿子。
⑩ 冲泥：谓踏泥而行，不避雨雪。
⑪ 闷(bì)：关闭。

蓬窗夜静雨如（渑）〔绳〕①，好似糟床压酒②声。
此日岑公不能饮，吾侪③强健可频倾④。

岑公洞 宋 范仲黼⑤

石壁虚涵⑥云气深，水帘簌簌⑦堕璆琳⑧。
客来但爱幽栖好，谁识岑公万古心。

岑公洞 宋夔州通判 陆游⑨

大业⑩征辽发闾左⑪，军兴书檄煎膏火。
此时也复有闲人，自引岩泉拾山果。
后六百岁吾来游，洞中正夏凄如秋。
乳石床平可坐卧，水作珠帘月作钩。
十年神游八极表⑫，浮名坐觉秋毫小。
试问岑公迎我不？鹤飞忽下青松杪⑬。

---

① 绳：原作"渑"，于义不通，今据《黄庭坚全集》校改。
② 糟床：榨酒的器具。压酒：米酒酿制将熟时，压榨取酒。
③ 吾侪（chái）：我辈，我们。
④ 频倾：频繁豪饮。
⑤ 此诗可见于北京大学古文献研究所编《全宋诗》第五十册卷二六五九《范仲黼》（北京大学出版社1998年12月第1版，第31175页）。
⑥ 虚涵：包含。
⑦ 簌簌：拟声词。
⑧ 璆琳：美玉。
⑨ 此诗可见于钱仲联等主编《陆游全集校注》第二册《剑南诗稿校注卷十》（浙江教育出版社2011年12月第1版，第186页）。《陆游全集校注》诗题作《游万州岑公洞》。
⑩ 大业：隋炀帝年号。隋炀帝杨广即位后，曾经倾举国之力三次征讨辽东的高丽。
⑪ 闾左：秦时贫贱者的居住地，也指平民。
⑫ 八极表：天下至远之地之外。
⑬ 杪（miǎo）：树枝的细梢。

万州放船过下崖小留　陆游①

画船四月满旗风，饮散匆匆鹢首②东。
醉里偏怜江水绿，意中已想荔枝红。
断碑零落莓苔遍，幽涧淙潺③略彴④通。
一匹宁无好东绢⑤，凭谁画此碧玲珑⑥？

万州　宋四川制置使　范成大⑦

晨炊维⑧下岩⑨，晚酾舣⑩南浦。
波心照州榜⑪，云脚响衙鼓。
前山如屏墙，得得⑫正当户。

西江朝宗来，循屏复东去⑬。此万州形势也，惟亲历者乃知此言之工。官曹⑭倚岩栖，市井唤船渡。瓦屋仄石磴⑮，猿啼闹人语。剔核杏余酸，原注：土人卖杏，皆先剔其核，取仁以为药。连枝茶剩苦，原注：

---

① 此诗可见于钱仲联等主编《陆游全集校注》第二册《剑南诗稿校注卷十》（浙江教育出版社2011年12月第1版，第186—187页）。
② 鹢（yì）首：此处乃泛指船。
③ 淙潺（cóng chán）：水流声。
④ 略彴（zhuó）：小木桥。
⑤ 东绢：旧称四川省盐亭县产的鹅溪绢，多用于绘画。
⑥ 碧玲珑：此指苍翠的山峰。
⑦ 此诗可见于《范石湖集》卷十六（上海古籍出版社1981年8月第1版，第221页）。
⑧ 维：系船。
⑨ 下岩：此处应指岑公洞。
⑩ 舣（yǐ）：停船靠岸。
⑪ 榜：屋栋。
⑫ 得得：特地。
⑬ 此两句言从万州西边来的众多水流于万州汇成大流江水，循着像屏障一样的众山向东而去。朝宗：小水流注大水。
⑭ 官曹：官吏办事机关或处所。
⑮ 石磴：石台阶。

土茶甚苦,不简拆枝叶,杂茱萸煎之。穷乡固瘠薄①,陋俗亦寒窭②。营营③谋食④艰,寂寂怀砖⑤诉。昔闻吏隐名,今识吏隐处。

下岩寺 宋 喻汝砺 益州人⑥

径向山腰转,门从水面开。
片云岩下宿,一钵朔方⑦来。
落日鸟冲树,轻云花覆苔。
惟应荔枝熟,时蹑白云回。
路暗松杉密,天空雾雨开。
山容依槛⑧转,鸟影渡江来。
汲水僧归寺,衔花鹿印苔。
年年蚕麦⑨熟,贫道啜⑩斋回。

岑公洞 宋万州刺史 冯时行⑪

泉细或疑雨,岩深微见天。
暂来如可老,长往不难仙。
石髓⑫层层落,松声树树传。
欲归重回首,明月傍船舷。

---

① 瘠薄:土地缺乏植物生长所需的养分、水分,即不肥沃。
② 寒窭(jù):贫寒。
③ 营营:劳而不知休息。
④ 谋食:犹谋生。
⑤ 怀砖:典出〔北魏〕杨炫之的《洛阳伽蓝记·秦太上君寺》:"齐土之民,风俗浅薄,虚论高谈,专在荣利。太守初欲入境,皆怀砖叩首,以美其意;及其代下还家,以砖击之。言其向背速于反掌。"(杨勇《洛阳伽蓝记校笺》,中华书局2006年2月第1版,第88页)后因以"怀砖"为风俗浇薄之民迎候地方官之典,或作为比喻人情势利,翻脸无情的典故。
⑥ 此两诗可见于北京大学古文献研究所编《全宋诗》第二七册卷一五七五《喻汝砺》(北京大学出版社1996年12月第1版,第17881页)。
⑦ 朔方:北方。
⑧ 槛:栏杆。
⑨ 蚕麦:指蚕与麦的收成。
⑩ 啜(chuò):吃。
⑪ 此诗可见于北京大学古文献研究所编《全宋诗》第三四册卷一九三七《冯时行二》(北京大学出版社1998年4月第1版,第21630页)。《全宋诗》诗题作《又和子应游万州岑公洞》。
⑫ 石髓:即石钟乳。古人用于服食。也可入药。

湖滩 宋夔路运判 查籥①

满目暮山平远，一池云景②清酣。
忽有钟声林际，直疑梦到江南。

岑公洞 宋 郭印③

岑公来避世，甲子④十周年。
夏屋虚岩豁，神芝⑤结乳悬。
木荞⑥从古种，香杏⑦至今传。
学道能坚忍，何人不得仙。

岑公洞 宋万州刺史 赵希混⑧

自有烟霞护石扉⑨，更添晓色露清晖。
岩前老桧⑩吟风处，似访仙翁化鹤⑪归。

---

① 此诗可见于北京大学古文献研究所编《全宋诗》第三八册卷二一〇七《查籥》（北京大学出版社1998年12月第1版，第23791页）。《全宋诗》诗题作《万州湖滩寄王夔州十朋》。
② 云景：《全宋诗》作"云锦"。
③ 此诗可见于北京大学古文献研究所编《全宋诗》第二九册卷一六七〇《郭印九》（北京大学出版社1998年4月第1版，第18702页）。
④ 甲子：用干支纪年或计算岁数时，六十组干支字轮一周称为一个甲子。
⑤ 神芝：即灵芝。
⑥ 木荞：《全宋诗》作"木乔"。
⑦ 香杏：《全宋诗》作"香信"。
⑧ 此诗可见于北京大学古文献研究所编《全宋诗》第五三册卷二八〇五《赵希混》（北京大学出版社1998年12月第1版，第33336页）。
⑨ 石扉：石洞的口。形似大门敞开，故称。亦借指隐者所居之门。
⑩ 老桧：年老的桧树。
⑪ 化鹤：语出〔晋〕陶潜《搜神后记》卷一："丁令威，本辽东人，学道于灵虚山，后化鹤归辽。"（王根林、黄益元、曹光甫校点《汉魏六朝笔记小说大观》，上海古籍出版社1999年12月第1版，第442页）谓成仙。

岑公洞 宋 陈邕[1]

武陵种桃人，商山茹芝老[2]。
世变百战酣，仙境一蹴[3]倒。
炀虐[4]浮[5]于秦，海寓争飞鉋[6]。
真人避世翁，知机[7]一何早。
万里恣远游，一壑供却扫。
人间别有天，海上应无岛。
我行经南浦，奇迹事幽讨。
出门霜落木，呼渡江空潦。
莫言不能饮，笑起同醉倒。
何以侑我觞[8]，泉音玉琴操。

岑公洞二首 明 卢雍

虚中[9]得清境，病里适闲心。
萝月[10]窥仙梦，松风入醉吟。
春明野色远，昼静水声深。
莫谓幽岩僻，依然白日临。
挽驾离尘境，寻幽养道心。
石芝[11]含古色，风竹和清吟。

---

[1] 此诗可见于北京大学古文献研究所编《全宋诗》第五十册卷二六七五《陈邕》（北京大学出版社1998年12月第1版，第31441页）。
[2] 汉初有隐士绮里季，秦末与东园公、甪里先生、夏黄公隐于商山，此为"商山四皓"，曾写了一首《紫芝歌》以明志向。
[3] 一蹴：一举脚。比喻轻而易举的事情。
[4] 炀虐：隋炀帝的暴虐。
[5] 浮：超过。
[6] 此句言隋末天下动乱。海寓：即海宇，犹海内。飞鉋（bǎo）：指飞箭。
[7] 知机：预知事情萌发的细微征兆。
[8] 侑（yòu）我觞（shāng）：劝我饮酒。
[9] 虚中：没有杂念，心神专注。
[10] 萝月：藤萝间的明月。
[11] 石芝：即白石芝，草药名。

天阔远峰秀，云多古洞深。

浮生①百年里，谁解一登临。

岑公洞　明夔州知府　许应元

赤日②欲行且复留，县宰③期我城南游。

轻风棹歌④绝江水，咫尺便涉方壶⑤丘。

萝溪竹径何历冪，石室崖扉忽森瑟。

乳泉⑥滴沥⑦朝出云，琪树⑧笼葱⑨昼含日。

檐前伛偻⑩窥邑井，决波沧沄⑪浴奔景。

花屿⑫晴栖巫峡烟，笙台暝接青城岭。

昔人已去姓空存，池上犹余洗药盆。

应指桑枝原是海⑬，却栽桃树自成林。

余悲城市不可住，日暮猿啼当复去。

淹留⑭迫邻山鬼宅，彷佛安知羽人⑮处。

蓬莱方丈⑯信依微⑰，湖上青山待拂衣。

---

① 浮生：指短暂虚幻的人生。

② 赤日：烈日。

③ 县宰：县令。

④ 棹（zhào）歌：船夫行船时所唱的歌。

⑤ 方壶：神话传说中的山名，一名方丈。

⑥ 乳泉：指钟乳石上的滴水。

⑦ 滴沥：拟声词。

⑧ 琪树：古时一种枝条如垂柳，果实如珠玉的树，三年一熟。

⑨ 笼葱：青翠葱绿。

⑩ 伛偻（yǔ lǚ）：俯身。

⑪ 沧沄：波纹和波浪。

⑫ 花屿：开满鲜花的小岛。

⑬ 此句即沧海桑田，比喻世事变化很大。

⑭ 淹留：逗留；滞留。

⑮ 羽人：神话中的飞仙。

⑯ 蓬莱方丈：传说中的海上三神山，即蓬莱、方丈、瀛洲。〔西汉〕司马迁《史记·封禅书》："自威、宣、燕昭使人入海求蓬莱、方丈、瀛洲，此三神者，其傅在勃海中，去人不远。"（郭逸、郭曼标点《史记》，上海古籍出版社1997年8月第1版，第1121页）

⑰ 依微：隐约，不清晰貌。

明发还应率簿领①，岩前只有白云飞。

岑公洞同王引瞻少参赋 明 陈文烛②

仙子何年去，还余洞口香。
白云频下鹤，紫气总飞羊③。
列岫④横江浦，鸣泉到石床。
故人斗酒会，夜色正苍苍。

春日偕高贞庵节推游岑公洞 明 郭棐 夔州知府

岑公古洞碧山旁，忍草禅枝⑤幽思长。
泉喷玉龙⑥珠滴滴，霜凝金雀⑦树苍苍。
来游喜值春初艳，览境偏怜鬓易霜。
最爱能诗有高适⑧，不辞刻漏⑨到华觞⑩。

万县广济寺二首 明 黄溥⑪

西山兰若⑫世尘⑬稀，殿阁玲珑锁翠微⑭。

---

① 簿领：谓官府记事的簿册或文书。
② 此诗可见于《四库全书存目丛书·集部一三九·二酉园诗集》卷六（齐鲁书社1997年7月第1版，第304页）。
③ 飞羊：作者自注"山名"，可知为"羊飞山"，本志卷四《地理志·山川》中有载。
④ 列岫：众山。
⑤ 忍草：佛经中说雪山有草，名为"忍辱"，牛羊食之，则成佛性。禅枝：充满禅意的树枝。
⑥ 玉龙：喻泉水、瀑布。
⑦ 金雀：花名。
⑧ 高适（704—765）：字达夫，唐朝著名的边塞诗人。
⑨ 刻漏：古代一种计时仪器。用铜壶盛水，穿孔滴漏，从水面的高低度数看时间。
⑩ 华觞：华丽的酒杯。
⑪ 黄溥（1411—1479）：字澄济，号石崖，江西弋阳人。曾任四川按察使。另，诗题有"二首"字样，但正文却只有一首，另一首乾隆《万县志》有录，云："万州名胜数西山，金刹蟠云拥翠鬟；都历拱门青隐隐，玉泉环带碧潺潺。鲁公池远苍茫外，太白岩高紫翠间；八景依稀都在目，从知此地出尘寰。"
⑫ 兰若：寺庙。
⑬ 世尘：指世俗之事。
⑭ 翠微：青翠的山色，也指青山。

珠树①月明元鹤下，绀林②雨过白云归。
久知身外名无用，暂识空中道有机。
何日乘骢③重过此，不妨吟赏到斜晖④。

天生桥　明　杜应芳

灵根⑤穿地起，神斧划天通。
龙卧雷奔壑，鲸天雪渍空⑥。
平能舒险仄⑦，坚不受磨砻⑧。
应与银河接，还期黄石⑨逢。

白鹤寺　明　郭钦华

迢递幨帷⑩入翠微，林深古寺逗斜晖。
山连雪岫⑪摇青汉⑫，城带溪云护远扉。
抚字⑬不须论虎渡⑭，生涯终目有鱼矶⑮。
徘徊忽见双鸿起，吹落松风满客衣。

---

① 珠树：树的美称。

② 绀（gàn）林：青黑色的树林。

③ 骢（cōng）：泛指马。

④ 斜晖：指傍晚西斜的阳光。

⑤ 灵根：神木的根。此指横跨溪水的那一块长石。

⑥ 此两句言桥下溪水奔腾轰鸣。鲸天：鲸鱼飞跃上天。渍（pēn）：同"喷"，涌起。

⑦ 险仄：崎岖而狭窄。

⑧ 磨砻（lóng）：磨石。

⑨ 黄石：指黄石公。语出〔西汉〕司马迁《史记》卷五十五《留侯世家》："十三年孺子见我济北，谷城山下黄石即我矣。"（郭逸、郭曼标点《史记》，上海古籍出版社1997年8月第1版，第1584页）其乃秦时的隐士，亦称圯上老人。曾授兵书于张良。

⑩ 迢递：遥远的样子。幨帷（chān wéi）：车上的帷幕。

⑪ 雪岫：积雪的峰峦。

⑫ 青汉：高空。

⑬ 抚字：谓对百姓的安抚体恤。

⑭ 虎渡：即虎渡江。〔南朝·宋〕范晔《后汉书》卷四十一《宋均传》载：东汉时，九江虎多，经常伤害百姓。宋均任九江太守后，整顿吏治，除暴安良，于是老虎纷纷渡江去别处（中华书局1965年5月第1版，第1412—1413页）。后遂用为地方官吏施善政之典。

⑮ 鱼矶：可供垂钓的水边岩石。

盐场 明 黄衷

川东十数州，此地事征榷①。
醝贾②浮大航③，蛮賨④日交错。
算缗⑤及铢厘⑥，刺颖倒囊橐⑦。
追惟⑧作法谁，主者乃倅幕⑨。
先王御盛世，赋税且云薄。
末造计舟车，谅非明哲作。
锥刀⑩将尽争，何以求民瘼⑪。
厉禁⑫如可除，商旅永和乐。

瀼涂早发 瀼涂即瀼渡，距县治九十里 国朝 王士正阮亭⑬

梦回峡月落，卧听舟人语。
风便五更潮，天明到南浦⑭。

---

① 征榷：谓国家征收商品税与官府专卖。
② 醝（cuó）贾：盐商。
③ 大航：大船。
④ 蛮賨（cóng）：南方的一种少数民族。
⑤ 算缗：古时税收的一种。
⑥ 铢厘：喻微小的数量。
⑦ 囊橐（náng tuó）：指行李财物。
⑧ 追惟：追忆，回想。
⑨ 倅（cuì）幕：主官的幕僚。
⑩ 锥刀：特指微利。
⑪ 民瘼（mò）：人民的疾苦。
⑫ 厉禁：禁止擅入的法令。
⑬ 此诗及下两首可见于《王士禛全集》第二册《渔洋续诗集》卷五（齐鲁书社2006年7月第1版，第792—793页）。王士正：即王士禛，在他死后，于雍正时因避讳被人改称王士正。字子真，一字贻上，号阮亭，又号渔洋山人，世称王渔洋，谥文简。山东新城（今山东省淄博市桓台县）人。清初杰出的诗人、文学家。
⑭ 此句之后作者有自注："万县，古南浦地。"

万县有感　王士正

千秋南浦地，险阻控三巴①。
恶少仍雕面②，通侯③各建牙④原注：谓慕义、向化二侯⑤。
何人饲豺虎，吾道一龙蛇⑥。
鼓角⑦寒城暮，江流卷白沙。

岑公洞　王士正

岑公昔学道，遗迹空山中。
洞门界飞流，白日生雷风⑧。
石髓无今古，钟乳尽玲珑。
岩泉日穿穴，点滴成洼窿⑨。
中央若垒棋⑩，狡狯⑪造化⑫功。
颓灶倚青壁，中夜丹砂⑬红。
眷彼遗世翁，于此悟《参同》⑭。
壁间题字人，岁月何匆匆。

---

① 三巴：汉末时，巴郡被一分为三，新设巴东、巴西郡，合称"三巴"。〔东晋〕常璩《华阳国志》卷一《巴志》："建安六年，鱼复蹇胤白（刘）璋，争巴名。璋乃改永宁为巴郡，以固陵为巴东，徙（庞）羲为巴西太守，是为'三巴'。"［刘琳《华阳国志校注》（修订版），成都时代出版社2007年6月第1版，第22页］泛指今重庆市。
② 恶少：品行恶劣、胡作非为的年轻人。雕面：如雕之面目。比喻面目狰狞、猥琐。
③ 通侯：爵位名。
④ 建牙：古谓出师前树立军旗，引申指武臣出任地方长官。
⑤ 慕义、向化二侯：指谭宏（降清后封"慕义侯"）、谭诣（降清后封"向化侯"）。
⑥ 龙蛇：比喻怀才隐退。
⑦ 鼓角：古代军队中用来发出号令的战鼓和号角。
⑧ 雷风：雷和风。
⑨ 洼窿：高低不平。
⑩ 垒棋：对垒的棋盘。
⑪ 狡狯（jiǎo kuài）：变化莫测。
⑫ 造化：自然。
⑬ 丹砂：即朱砂，矿物名，色深红，古代道教徒用以化汞炼丹。
⑭ 《参同》：书名，即《周易参同契》，道教早期经典，东汉魏伯阳所著。全书托易象而论炼丹，参同"大易""黄老""炉火"三家之理而会归于一，以乾坤为鼎器，以阴阳为堤防，以水火为化机，以五行为辅助，以玄精为丹基等，从而阐明炼丹的原理和方法，为道教最早的系统论述炼丹的经籍。

巨碑亦笏①立，文词竞豪雄。
中间岑襄州②，颇擅语句工。
岂其南阳裔，源流故难穷③。
此洞与鲁池，望望江流通。
昔是仙灵宅，今为豺虎丛。
太息④下山麓，风健孤帆东。

自注：元符间，岑岩起像求《虚鉴真人赞》一碑，李鬻方叔所书⑤。岑洞、鲁池，今皆为侯家所有，筑寨其上。

白水溪　国朝　张问陶船山

大石不受溪，溪水出其背。
散如万斛⑥珠，破椟⑦一时溃。
玎琮⑧响碎玉，褵褷⑨聚飞鹭。
扑簌千点雪，溟蒙⑩十里雾。
君不见年年五月风雷吼，急雨腾山白龙⑪走。

由湖滩至蛾眉碛　张问陶

劈痕满山根⑫，水力猛如斧。
滩头起盘涡，峰势为飞舞。
大壁如连城，小寨若环堵。
层层宝楼阁，黯黯⑬破廊庑。

---

① 笏（hù）：古代大臣上朝拿着的手板，用玉、象牙或竹制成。
② 岑襄州：即岑像求，因其"知襄州军"，故称。
③ 此两句言岑姓后裔人才辈出。参看前岑像求《岑公洞记》"汉魏而下，隶南阳棘阳县"句。
④ 太息：大声叹气。
⑤ 即岑像求《岑公洞记》，本志卷三十六《艺文志上·文》中有载，可以参看。
⑥ 万斛：极言容量之大。古代以十斗为一斛，南宋末年改为五斗。
⑦ 破椟：破裂了匣子。
⑧ 玎琮（chēng cóng）：象声词。
⑨ 褵褷（lí shī）：散乱貌。
⑩ 溟蒙：也作"冥蒙"，模糊不清的样子。
⑪ 白龙：形容奔腾直泻的溪流瀑布。
⑫ 此句言水边山脚全如同刀斧劈下的痕迹。
⑬ 黯黯：颜色发黑。

一石宛然塔，颓岩聚成坞①。
低昂②人兽杂，缺落丹青古。
过眼倏万变，职方③不能数。
颇闻开国初，谭氏多如虎。
鲁池岑洞閒④，千里鸣金鼓⑤。
悠悠百年来，子孙耻言祖。
一笑向化侯⑥，尔曹⑦直腐鼠⑧。

万县小泊 是日立春　张问陶

东岩钟磬⑨寂，春色有无间。
爽朗三层阁，玲珑一县山。
江回巴峡⑩断，花放苎溪间。
岁晚乡愁剧，船窗午梦还。

巴阳峡　张问陶

万石束江江愈狭，一线寒流细于闸。
撇漩⑪捎歕⑫轻欲飞，扁舟欻过⑬巴阳峡。

---

① 坞：防守用的小堡。
② 低昂：形容升降起伏，高低不定。
③ 职方：犹版图，泛指国家疆土。
④ 閒：同"间"。
⑤ 金鼓：古时作战壮声势的器具。击鼓则表示进军，鸣金则示意收兵。
⑥ 向化侯：指谭诣，其曾屯兵忠县反清。
⑦ 尔曹：汝辈、你们。
⑧ 腐鼠：腐烂的死鼠。典出《庄子·秋水》："惠子相梁，庄子往见之。或谓惠子曰：'庄子来，欲代子相。'于是惠子恐，搜于国中三日三夜。庄子往见之，曰：'南方有鸟，其名为鹓䲪，子知之乎？夫鹓䲪发于南海而飞于北海，非梧桐不止，非练实不食，非醴泉不饮。于是鸱得腐鼠，鹓䲪过之，仰而视之曰：吓！今子欲以子之梁国而吓我邪？'"（方勇、陆永品《庄子诠评》，巴蜀书社1998年9月第1版，第457页）后遂用为贱物之称。
⑨ 钟磬：即钟磬，古代两种礼乐器。
⑩ 巴峡：巴地的峡谷。
⑪ 撇漩：撇开漩涡，指操舟的技巧。
⑫ 捎歕：掠过浪头。歕（pēn）：同"喷"。
⑬ 欻（xū）过：快速通过。

挝金伐鼓①上水船②，大帆如腹风幡然。
百夫③牵挽三老④急，难进易退危可怜。
小人得意每忘死，君不见，上水船如古君子。

万县 国朝 李鼎元 绵州人

小湖平，大湖横，犀角风生愁煞人。

万县杂诗 二首之一 李鼎元

路入巴东何处好，万州郭外最清奇。
南山云接北山雨，正是寒江欲暮时。

蛾眉碛 李鼎元

仲春暖似夏初时，万县桐花开满枝。
夜半山岈残月吐，一痕沙碛画娥眉。

岑公洞 国朝 王原相

一去蓬莱别洞天⑤，凝然⑥空守护云眠。
莲花擎⑦出金茎露，瑶草⑧长开玉宇⑨烟。
煮石⑩尚留当日井，飞羊应结此中缘。
琅玕⑪珠蕊无心拾，尽化人间灌芋田。

---

① 挝（chuāng）金伐鼓：擂击金鼓。
② 上水船：向上行驶的船只。
③ 百夫：众多的纤夫。
④ 三老：古代称船上的舵公。
⑤ 别洞天：洞中另有一个天地。形容风景奇特，引人入胜。
⑥ 凝然：静止不动的样子。
⑦ 擎（qíng）：向上托，举。
⑧ 瑶草：泛指珍美的草。
⑨ 玉宇：指太空。
⑩ 煮石：旧传神仙、方士烧煮白石为粮，后因借为道家修炼的典实。
⑪ 琅玕（láng gān）：犹阑干，纵横散乱貌。

李少泉明府招游岑公洞漫赋 国朝 张文耀

翠壁崚嶒①胜地②偏，扳寻吾欲问逋仙③。

山中猿鹤堪为侣，石上藤萝不计年。

古洞云深凌白日，玉芝春老灌飞泉。

人间吏隐④谁能识，君有双凫⑤跨紫烟⑥。

灌芝泉 余价 巫山举人

几处泉分百道流，洞天甲子度春秋。

等闲⑦莫遣人间去，惹水生波逐浪愁。

自万赴开州别驾任途中杂咏二首 程正性 邑人⑧

帝京⑨多景物，今日作燕游⑩。

万里难为别，孤身孰与俦⑪。

山栖诚计拙⑫，捧檄⑬岂生谋⑭？

---

① 崚嶒（léng céng）：山势高峻。
② 胜地：出名的风景优美的地方。
③ 逋（bū）仙：北宋林逋隐于西湖孤山，不娶，种梅养鹤以自娱，人谓之"梅妻鹤子"，后世常以"逋仙"称誉之。
④ 吏隐：谓不以利禄萦心，虽居官而犹如隐者。
⑤ 双凫：两只野鸭。〔南朝·宋〕范晔《后汉书》卷八十二上《方术传上·王乔》："王乔者，河东人也。显宗世，为叶令。乔有神术，每月朔望，常自县诣台朝。帝怪其来数，而不见车骑，密令太史伺望之。言其临至，辄有双凫从东南飞来。于是候凫至，举罗张之，但得一只舄焉。乃诏尚方诊视，则四年中所赐尚书官属履也。"（中华书局1965年5月第1版，第2712页）后用为地方官的故实。
⑥ 紫烟：山谷中的紫色烟雾。
⑦ 等闲：无端，平白。
⑧ 开州：明崇祯四年（1631）以副宣慰洪边旧地置，治今贵州省开阳县。属贵阳府。清因之。今为开阳县。乾隆《万县志》和道光《夔州府志》录有三首，另一首为："人声寂不闻，鸟道皆斜矄。山静疑无路，溪回忽见云。亦知嗤后进，敢自堕先勤？挈得牢骚在，村醪不解醺。"（中华书局2011年12月点校第1版，第811页）
⑨ 帝京：京城。
⑩ 燕游：闲游。
⑪ 俦（chóu）：同辈，伴侣。
⑫ 计拙：不善谋略。
⑬ 捧檄：奉命就任。
⑭ 生谋：为生活而谋。

驷马桥头路，何人为置邮①。

圣明②垂异数③，开府促行装。
自是恩逾格④，宁论道阻长。
雄关穿虎豹，山栈历冰霜。
游纪⑤从兹始，毋忘蜀锦囊。

晓发万县任川东道作 两江总督　陶澍云汀

万壑千岩屹水滨，如花如火望中新。
便疑一叶江边路，已是三山⑥海上身。
月到西岩犹有梦，地经南浦易移神。
凌晨起柁⑦云安去，更试曛⑧人曲米春⑨。

岑洞水帘⑩ 万县知县　刘高培台峰

幽人⑪列太虚⑫，漱石钩元牝⑬。
万籁寂无声，捉芝颐⑭自哂⑮。

---

① 置邮：谓传递文书信息的驿站。
② 圣明：睿圣英明。封建时代常用为称颂帝王之辞，因也用作帝王的代称。
③ 异数：特殊的礼遇。
④ 逾格：犹破格。
⑤ 游纪：即游记。
⑥ 三山：传说中的海上三神山，即蓬莱、方丈、瀛洲。
⑦ 柁：同"舵"。
⑧ 曛：同"醺"，酒醉。
⑨ 曲米春：酒名。
⑩ 岑洞：即岑公洞。
⑪ 幽人：幽隐山林的人。
⑫ 太虚：空虚寂寞的境界。
⑬ 元牝：即玄牝，道家指孳生万物的本源，比喻道。
⑭ 颐：面颊。
⑮ 自哂：自我讥笑。

仙风胃[1]碧枨[2]，真气[3]吸银吻。
秘守黄庭诀[4]，至今栊[5]约稳[6]。

蛾眉碛月[7]

大块出陇岷[8]，灵峰[9]点蜀宇[10]。
苏公凭吊来，笔海汇南浦。
蟾影[11]恋冰绡[12]，云根绕玉柱[13]。
千年璧不瑕，隐见苍苔古。

玉印中浮[14]

天雯[15]飞宝篆[16]，地脉蠢灵蚪[17]。
嵌水俨新佩[18]，披云如系肘[19]。
唇楼星欲就，虬璧发还纽。
千载淘金鉴，真文[20]终不朽。

---

[1] 胃（juàn）：缠绕。
[2] 碧枨（chéng）：碧绿的木柱。
[3] 真气：人体的元气，生命活动的原动力。由先天之气和后天之气结合而成。道教谓为"性命双修"所得之气。
[4] 黄庭诀：指《黄庭经》中的修炼方法。《黄庭经》：道教的经典著作，内容包括《黄庭外景玉经》和《黄庭内景玉经》；两晋年间，新增《中景经》。是道教养生修仙专著。
[5] 栊：房舍。
[6] 约稳：隐约。
[7] 蛾眉碛乃长江南岸的一片沙石滩，水落时出现一弯大碛坝，形如蛾眉，卵石斑斑，极为可爱。
[8] 陇岷：即陇山、岷山。前者绵延于陕西、甘肃交界的地方，后者坐落于四川北部，向北延入甘肃境内。
[9] 灵峰：山名。
[10] 蜀宇：四川疆域。
[11] 蟾影：月光。
[12] 冰绡：透明如冰，洁白如雪的丝织品。
[13] 玉柱：对石柱的美称。
[14] 此指千金岛，是西山外江中心的一块巨大的岩石，俗称"千金石"，它像一方印石漂浮在江波之中。
[15] 天雯：天上成花纹的云彩。
[16] 宝篆：指传说中凤凰授与帝尧的图玺，以其章如篆，故称。
[17] 灵蚪：有灵气的蝌蚪。此处用以比喻水中的千金岛如同蝌蚪。
[18] 新佩：新挂的玉佩。
[19] 系肘：系缚于肘。
[20] 真文：佛道所指经文、符箓等。

长虹横波①

蜿蜒势欲搴②，春涨壁流注。
夹岸影桃浪③，凌空结彩雾。
天成④何斧琢，缝毵绚元素。
仙客骑鲸游，聊同飞舄晞⑤。

曲水流觞⑥

学士重相知，怡情及渻濞⑦。
浮杯捉月来，飞羽乘槎⑧至。
酣兴峡浪回，倾斗滟滪渍⑨。

---

① 此指芦溪河上的天生桥。在万州芦溪河上，有一处奇特而宏丽的自然风光：一块巨大的岩石横卧在溪流之上，形成一座宽阔而平坦的天然桥梁，故名"天生桥"。奔腾的溪水从石下飞流直下，雪浪飞溅，涛声如雷，水雾弥漫，随风聚散；而当朝阳初照，常有彩虹浮现，宛若人间仙境，加之传说李白在西山读书时曾到此漫步，所以人们称之为"天仙桥"。

② 搴（qiān）：取，摘。

③ 桃浪："桃花浪"的省称，犹桃花汛，即春汛，仲春时冰泮雨积，江河潮水暴涨，又值桃花盛开，故谓之"桃花汛"。

④ 天成：自然而成。

⑤ 此联意为仙人骑着天仙桥游览天下，可与骑着飞舄的王乔会晞。飞舄(xì)：指可乘以飞行的仙鞋。〔南朝·宋〕范晔《后汉书》卷八十二上《方术传上·王乔》："王乔者，河东人也。显宗世，为叶令。乔有神术，每月朔望，常自县诣台朝。帝怪其来数，而不见车骑，密令太史伺望之。言其临至，辄有双凫从东南飞来。于是候凫至，举罗张之，但得一只舄焉。"（中华书局1965年5月第1版，第2712页）

⑥ 曲水流觞：古人饮酒时为助酒兴所进行的一种游戏。将酒杯放在弯曲水渠的上游，任其飘流而下，参与游戏者则环坐渠旁。当酒杯停在那个人附近，便由他取来饮酒。此指西山上的鲁池流杯。

⑦ 渻濞（bì）：水边水荡漾。

⑧ 乘槎（chá）：乘坐竹筏或木筏。传说天河与海通，有人居海渚者，年年八月见有浮槎去来，不失期，遂立飞阁于查上，乘槎浮海而至天河，遇织女、牵牛。此人问此是何处，答曰："君还至蜀郡访严君平则知之。"后至蜀，君平曰："某年月日有客星犯牵牛宿。"正是此人到天河时。见〔西晋〕张华《博物志》卷十《杂说下》（范宁《博物志校证》，中华书局1980年1月第1版，第111页）。

⑨ 滟滪渍：即滟滪堆，俗称"燕窝石"，古代又名"犹豫石"。位于白帝城下瞿塘峡口，矗立江中，堆旁水势湍急，湍成漩涡，往往为舟行之患。因航运障碍，于1958年冬被炸除。现在这块巨石存放在重庆的三峡博物馆中，供人们参观。

愿与苏黄①偕，临流载举觯②。

秋屏列画③

玉宇依空浮，移来映水墨④。
天工欲绘景，碧落缀颜色⑤。
岚气时深浅，月娥加组织⑥。
清风待有便，嘘拂此消息⑦。

西山夕照⑧

灵柱挂龟兹⑨，斜阳不敢彻。
倒曙宁无心，回光意更切。
朝霞竞爽过⑩，晚霁⑪在金凸⑫。

---

① 苏黄：宋代文学家苏轼、黄庭坚的并称。
② 觯（zhì）：一种酒器。
③ 此景描述的是万州南岸翠屏山的风光。今人所称的翠屏山，过去称为"南山"，又称"南屏山"。
④ 此联意为传说中神仙用玉石建成的殿宇漂浮在空中，把它移来映衬水墨画图。其实，这是对翠屏山上星星点点分布的民居之美化，这些民居白墙黑瓦，十分鲜明，又因为所在位置极高，故有"玉宇依空浮"的比喻。
⑤ 此联意为大自然想描绘风景，苍天就来点缀颜色。天工：天然形成的工巧，与"人工"相对。碧落：道教语，指青天。
⑥ 此联意为那山间的岚气（山中雾气）时深时浅，月中仙子便对此加以组织。月娥：传说里的月中仙子。组织：本指经纬相交，织作布帛。这里是说山间时而深、时而浅的岚气，就好似轻纱，月中仙子就用这缥缈的轻纱织成美妙的锦绣。
⑦ 此联意为等到方便的时机，那清风就把这美景形成的奥秘传播天下。嘘拂：即吹拂。
⑧ 西山：即太白岩。但后人却用"西山"泛指从太白岩直到长江边的一大片山体。
⑨ 此句将太白岩比拟为古龟兹国的灵柱。
⑩ 此句言朝霞明亮而轻快地过去了。
⑪ 霁：雨停天晴。
⑫ 金凸：指被夕阳照亮轮廓而金光闪闪的山岩。凸：指凸出于山体的岩石。太白岩上"白虎头"就是这样的凸岩。

长挹西峰翠，笑看鲁戈擎①。

天城倚空②

廛郭③启云端，楼殿④出海曙。
紫翠层回环，琼光日转助。
波潆雉尾⑤插，山趋凤翎⑥翥⑦。
造物辟奇境，恒思帝居固⑧。

岑洞水帘 万县知县　丁凤皋九轩

石室藏真地，丹还不计年。
层岩仙瀑泻，半壁水帘悬。
钩转蟾光⑨老，珠跳鹤唳⑩圆。
胜游消永日⑪，回首白云眠。

---

① 此联意为我拱手高举过头，对着那苍翠的西山峰岭作揖施礼，微笑着看那太阳慢慢沉落下去。挹：同"揖"，作揖。鲁戈：即鲁阳戈，《淮南子·览冥训》："鲁阳公与韩构难，战酣日暮，援戈而撝之，日为之反三舍。"（何宁《淮南子集释》，中华书局1998年10月第1版，第447页）鲁阳公与韩构作战，正当难分难解之际，太阳却要落山了。鲁阳公用戈勾住太阳往回拖，太阳因而返回三舍。古代一舍三十里，三舍为九十里。后以"鲁阳戈"谓力挽危局的手段或力量。此处指用戈勾住太阳，想留住太阳。擎：同"撒"，即丢弃，意即放弃了用戈勾住太阳的念头，也即说太阳终于落山了。
② 天城：即天生城，在万州苎溪河东，与都历山、太白岩遥遥相峙。天生城奇峰突起，险峻雄伟，四周都是绝壁，故曰"倚空"。
③ 廛（chán）郭：城郊。
④ 楼殿：此处指天生城上面的高大的建筑。
⑤ 雉尾：即雉尾扇，古代帝王仪仗用具之一。
⑥ 凤翎：禽羽的美称。
⑦ 翥（zhù）：鸟向上飞。
⑧ 据《华阳国志》载，刘备伐吴曾驻兵于此。后刘备曾称帝，故云"帝居"。
⑨ 蟾光：月光。
⑩ 鹤唳：鹤鸣。
⑪ 永日：长日，漫长的白天。

蛾眉碛月

江皋①留胜迹②，片月卧修眉③。
云卷奁④开处，潭澄镜展时。
黛环山耸翠，波动柳生姿。
合浦⑤珠添媚，相辉景倍奇。

秋屏列画

山势屏风列，秋光入画图。
金螭⑥环水榭，云母⑦障城隅⑧。
翠积晴岚⑨染，丹流夕照铺。
十联诗可绘，妙笔待倪迂⑩。

曲水流觞

雅咏宾朋集，碑传姓字⑪芳。
山川留胜迹，天地放疏狂。
圣乐贤应避，湍回⑫水亦香。
兰亭⑬佳景共，逸兴⑭说苏黄。

---

① 江皋：江岸，江边地。
② 胜迹：有名的古迹。
③ 此句言一片月光照耀在形如女子长眉的蛾眉碛上。片月：一片月光。
④ 奁：古代盛梳妆用品的匣子。
⑤ 合浦：古郡名，汉置，郡治在今广西壮族自治区合浦县东北，县东南有珍珠城，又名"白龙城"，以产珍珠著名。
⑥ 金螭（chī）：金色的螭形花饰。
⑦ 云母：一种矿石，俗名"千层纸"。
⑧ 城隅：城墙角上作为屏障的女墙。
⑨ 晴岚：晴日山中的雾气。
⑩ 倪迂：即倪瓒（1301—1374），字泰宇，别字元镇，号云林子、荆蛮民、幻霞子，江苏无锡人，元末明初画家、诗人。因不理家产，故号"倪迂""懒瓒"。
⑪ 姓字：姓氏和名字。
⑫ 湍（tuān）回：水急而回旋。
⑬ 兰亭：亭名，在浙江省绍兴市西南之兰渚山上。东晋永和九年（353），王羲之、谢安等同游于此，王羲之作《兰亭集序》。
⑭ 逸兴：超逸豪放的意兴。

长虹横渡

饮涧飞虹落，仙桥亘古横。
有人皆鹤跨，无石不天擎。
挈贰①疑朝雨，缥绡逗晚晴。
江淹文可赋②，南浦望霓旌③。

玉印中浮

地宝形惟肖，中流玉印陈。
金相④镕水丽，古篆⑤护苔新。
月照辉腾匣，竿投纽系纶⑥。
墩堪如砥砫⑦，滟濒锦江⑧春。

西山夕照

西山迎爽气⑨，霁景⑩夕阳殷⑪。
散绮⑫收前壑，余霞浸一湾。
脚垂新雨歇，舍返片云闲。
明月招邀上，诗仙⑬映醉颜。

---

① 挈贰：《尔雅·释天》："蜺为挈贰。"郭璞注："蜺，雌虹也……挈贰，其别名。"（《尔雅注疏》卷六，李学勤主编《十三经注疏》本，北京大学出版社1999年12月第1版，第172页）蜺：同"霓"，虹的一种。
② 江淹有《赤虹赋》，这是现存较早的一篇描写虹蜺的赋作，手法多变，分层绘形。
③ 霓旌：一种仪仗。以五采羽毛装饰的旗帜，因像虹霓，故称为"霓旌"。
④ 金相：比喻完美的形式。此处指千金岛的外形。
⑤ 古篆：此处指千金岛如同古代的印石。古代印多用篆文，故称。
⑥ 纽系纶：印纽系在青丝带上。纶：古代官吏系印用的青丝带。
⑦ 砥砫：即砥柱，山名。位于河南省三门峡东，屹立于黄河急流之中。今因整治河道，山已被炸毁。
⑧ 锦江：岷江分支之一，在今四川成都平原。传说蜀人织锦濯其中则锦色鲜艳，濯于他水，则锦色暗淡，故称。
⑨ 爽气：明朗开豁的自然景象。
⑩ 霁景：雨后晴明的景色。
⑪ 殷：大。
⑫ 散绮：展开美丽的绸缎，比喻绚丽的云霞。语本南朝齐谢朓《晚登三山还望京邑》诗："余霞散成绮，澄江静如练。"
⑬ 诗仙：指唐代诗人李白。由于李白诗"笔落惊风雨"的独特风格，贺知章称其为"谪仙人"，故后人称李白为"诗仙"。相传李白曾在太白岩上读书，故云。

天城倚空

万仞奇峰没，凌虚①气象雄。
如墉②凭地险，累卵自天工。
鸟道余丹壁，松关③款碧空。
星辰梯接步，引览极巴东。

岑公洞　丁景森松阶

避世存真处，蓬壶④小洞天⑤。
廿年方外衲⑥，万古静中缘。
液注芝泉活，花拈石蕊⑦鲜。
仙踪今宛在，丹灶护云烟。

偕阮小台游太白岩　丁景森

仙洞凌空锁翠霞⑧，攀萝蹑蹬⑨石丫杈⑩。
天台⑪偶入丹山路，云液⑫新烹紫笋茶。
袖挹浮邱评佛老，诗扪古壁动龙蛇⑬。
凭高且放看花眼，桃李春深罨⑭一衙。

---

① 凌虚：凌驾云霄。
② 墉：城墙。
③ 松关：犹柴门。
④ 蓬壶：即蓬莱，古代传说中的海中仙山。
⑤ 洞天：道家认为神仙居处多在名山洞府中，因洞中别有天地，故称为"洞天"。
⑥ 方外衲：尘世之外的僧人。
⑦ 石蕊：地衣类植物。产于山地，可代茶。
⑧ 翠霞：青色的烟霞。
⑨ 蹑蹬：踩踏石级。
⑩ 丫杈：纵横交叉。
⑪ 天台：相传东汉时，刘晨、阮肇到天台山采药迷路，误入桃源洞遇见两个仙女，被邀至家中半年后回家，子孙已过七代（事见〔南朝·宋〕刘义庆《幽冥录》）。
⑫ 云液：此处指泉水。
⑬ 龙蛇：指书法笔势的蜿蜒盘曲。
⑭ 罨（yǎn）：覆盖，掩盖。

登太白岩　阮琳小台

君不见，昆仑之山高插天，罡风①吹下九点烟。一烟散作南浦云，夭矫②蜿蜒生龙纹。意气③不欲随蹲靡，耳孙④风骨萧萧起。谪仙⑤一见势倾倒，云根石罅⑥穷搜讨。大书特书太白岩，万古忽有两天姥⑦。不然锦江处处耸奇峰，何独此峰生色⑧好。山不在高仙与俱，支机⑨片石留成都。而况瑰磊⑩离奇迈⑪蓬壶，夜郎自大⑫古诗癯⑬。偶然落墨⑭标玉碣⑮，勾摄⑯多少诗人渊渊元元流不竭。东坡山谷宇宙豪，帜树骚坛⑰甘拜谒⑱。一字一珠含修朙，兔起鹘落⑲成墨窟。墨精化作千蛟螭⑳，珠生夜光吐半月上有半月岩，夜常放光。我来安乡遂瞻韩㉑，丁侯㉒善政睹百端。公堂献颂

---

① 罡（gāng）风：泛指劲风。

② 夭矫：飞腾的样子。

③ 意气：气概。

④ 耳孙：泛指远代子孙。

⑤ 谪仙：指李白。出自〔唐〕李白《对酒忆贺监二首并序》："太子宾客贺公，于长安紫极宫一见余，呼余为'谪仙人'，因解金龟，换酒为乐。"（〔清〕王琦注《李太白全集》，中华书局1977年9月第1版，第1085页）

⑥ 云根：山的高处。石罅（xià）：石头的缝隙。

⑦ 李白有《梦游天姥吟留别》，对天姥山有描写。本诗作者认为李白对太白岩亦非常喜欢，亦有描写，故有"两天姥"之说。

⑧ 生色：鲜明的色彩。

⑨ 支机：即支机石，传说为天上织女用以支撑织布机的石头。

⑩ 瑰磊（kuǐ léi）：即瑰磊，群石高低不平。

⑪ 迈：超过。

⑫ 夜郎自大：比喻人无知而又狂妄自大。夜郎：汉代西南地区的一个小国。

⑬ 癯（qú）：瘦弱。

⑭ 落墨：落笔。

⑮ 玉碣：对高大岩石的美称。

⑯ 勾摄：谓对人有极强的吸引力。

⑰ 帜树骚坛：在文坛上树立旗帜。

⑱ 甘拜谒：（别人）甘心臣服。

⑲ 兔起鹘落：兔子刚跳起来，鹘就飞扑下去。比喻动作敏捷。也比喻绘画或写文章迅捷流畅。

⑳ 蛟螭（chī）：犹蛟龙。

㉑ 瞻韩：李白《与韩荆州书》："白闻天下谈士相聚而言曰：'生不用封万户侯，但愿一识韩荆州。'何令人之景慕一至于此耶！"（〔清〕王琦注《李太白全集》，中华书局1977年9月第1版，第1239页）唐韩朝宗曾作荆州长史，喜拔用后进，为时人所重。后因以"瞻韩"为初见面的敬词，意谓久欲相识。

㉒ 丁侯：丁县令，即丁凤皋，下文称的九轩，乃其字。

万民舞,称觥①悉附故人欢三月初九日,合邑为九轩明府送,万民衣伞不胜枚举。闲情偶步吾家屐,得从大苏②快壮观与九轩伯兄③松阶④明府暨陈沛苍先生同登。穿花书竹香留袂,攀藤跂磴⑤鸟道⑥蟠⑦。拂苔拭藓⑧寻碑读,摩挲⑨不厌百回看。读罢豪情上空碧⑩,古砌丹梯⑪错叠叠。云台月馆架层峦,中有烧丹⑫隐羽客⑬。九华山⑭泉生秋寒,涓涓滴滴输玉液⑮。道人严守呵六丁⑯,老龙渴死取不得。客来兴酣取次烹,卢仝七碗细评啜⑰上有老道,通丹汞,年近七旬,而发鬓青青然,为松阶所识,下榻处有岩泉涌出,汲以烹茶待客。煮茗戏说三谭⑱迹,一据天城一都历。岑公洞口晚霞飞,流杯池头冷光滴。三生石⑲上证前因,倾铅炼汞话半榻。孙登⑳长啸暮云横,山川风物神为倾。庐舍万家烟雾湿,层空㉑卷尽一天晴。桃花初泛㉒寒沙净,遥岚色映夕阳明。树生鸟语岩齐膺,江浮舟楫人乱撑。花明柳

---

① 称觥:举杯祝寿。
② 大苏:指宋代文学家苏轼。
③ 伯兄:长兄。
④ 松阶:即丁景森,前录有其诗。
⑤ 跂磴:踩石台阶。
⑥ 鸟道:陡峭狭隘的山间小路。
⑦ 蟠:环绕。
⑧ 拂苔拭藓:拂拭苔藓。
⑨ 摩挲:用手抚摩。
⑩ 空碧:指澄碧的天空。
⑪ 丹梯:红色的台阶。
⑫ 烧丹:犹炼丹。指道教徒用朱砂炼药。
⑬ 羽客:指道士。
⑭ 九华山:在今安徽省池州市青阳县。旧称"九子山"。因有九峰如莲花,故改为今名。此处将太白岩比拟成九华山。
⑮ 玉液:清水、雨露的美称。
⑯ 六丁:道教传说中的六位丁神。分别是丁卯、丁巳、丁未、丁酉、丁亥、丁丑,皆为阴神,为天帝役使,道士可用符箓召请以祈禳驱鬼。
⑰ 唐代诗人卢仝写有七言古诗《走笔谢孟谏议寄新茶》,其中《七碗茶》是其重点的一部分,写出了品饮新茶给人的美妙意境,广为传颂。啜(chuò):饮。
⑱ 三谭:指谭宏、谭诣、谭文。
⑲ 三生石:据〔南宋〕王象之《舆地纪胜》卷一百七十七《夔州路·万州·碑记》载:"《圣业院碑》:碑在苏溪,大江之滨,三生石旁。"(中华书局1992年10月第1版,第4603页)可知三生石在万县,于今小周镇。
⑳ 孙登:字公和,生卒年不详,号苏门先生。长年隐居苏门山,善长啸。阮籍和嵇康都曾求教于他。
㉑ 层空:高空。
㉒ 桃花初泛:仲春时江河潮水暴涨,又值桃花盛开,故称。

暗云帆白，染成画本斗春英①。其余苍苍耸古木，槎丫②疏淡老无情。山回路转不知数，三峡诸峰入指顾。狰狞③突兀石状形，狮象罴熊④若朋附⑤。名山有癖忘穷通⑥，向平⑦情长心忡忡。我欲钓六鳌⑧，蹋⑨去波浮空。叹息南山竹，长竿未易逢。我欲跨鹤背，高翔扪⑩青穹⑪。自分⑫骨格⑬俗，云将⑭无与从。愿化神蛟排浊浪，亦与长鲸上下意无穷。又恐一身堕落层渊⑮下，伏鼋潜鼍⑯争相驰遂。把臂扶我入龙宫，何如侧足⑰此岩雄壮高崇窿⑱。振衣⑲千仞，下视屿烟岛雨，结成楼台城市蜃气⑳浓。天为之盖，地为之容。混乾坤于一色，侣鸥鹭以咸翀㉑。世无秦皇恣游赏以驱石㉒兮，汉主亦悟方士假而回仙瞳。到此尘嚣㉓不可以染兮，安得王乔仙舄㉔，安期药枣不言药。不言仙与我，樽前问酒，清吟啸傲拓心胸。

---

① 春英：春天的花朵。
② 槎丫（chá yá）：指错杂不齐的山石树木等物。
③ 狰狞：面貌凶恶的样子。
④ 狮象罴熊：指乱石看上去如同的动物形状。罴（pí）：棕熊。
⑤ 朋附：依靠在一起。
⑥ 穷通：困厄与显达。
⑦ 向平：即东汉高士向长，字子平，隐居不仕，子女婚嫁既毕，遂漫游五岳名山，后不知所终。
⑧ 六鳌：神话中负载神山的六只大龟。
⑨ 蹋：同"踏"。
⑩ 扪（mén）：摸。
⑪ 青穹：碧空。
⑫ 自分：自料，自以为。
⑬ 骨格：人的风格、气度。
⑭ 云将：寓言中称云的主将。
⑮ 层渊：深渊。
⑯ 伏鼋潜鼍：潜伏的鼋鼍。鼋鼍（yuán tuó）：即大鳖和猪婆龙。
⑰ 侧足：置足，插足。
⑱ 崇窿：高峻，突出。
⑲ 振衣：整理身上的衣服。
⑳ 蜃气：一种大气光学现象。光线经过不同密度的空气层后发生显着折射，使远处景物显现在半空中或地面上的奇异幻象。常发生在海上或沙漠地区。古人误以为蜃吐气而成，故称。前"结成楼台城市"就是这样产生的。
㉑ 翀（chōng）：向上直飞，相当于"冲"。
㉒ 此处指神助秦始皇驱石造桥的典故，典出《艺文类聚》卷七九引〔晋〕伏琛《三齐略记》："始皇作石桥，欲过海观日出处，于时有神人，能驱石下海，城阳一山石，尽起立……云石去不速，神人辄鞭之，尽流血，石莫不悉赤。"（上海古籍出版社1965年11月第1版，第108页）
㉓ 尘嚣：世间的纷扰、喧嚣。
㉔ 王乔仙舄：参见前张文耀《李少泉明府招游岑公洞漫赋》中"双凫"注。

己亥夏旱，以虎骨投龙潭得雨　万县训导　龚珪介三[1]

　　方春多愆阳[2]，菽麦难树艺[3]。入夏弥[4]炎亢[5]，田禾半槁悴[6]。绛空[7]无纤云[8]，赤地[9]生涨壒[10]。虫虫[11]倍增骄，旴旴[12]益加厉。农夫释耒[13]叹，妇子焦颜对。官吏竭偻俯，巫祝徒词费[14]。童山[15]未堪焚，坊门已久闭。丰隆[16]驱弗前，阿香[17]车仍滞。阴石鞭不起[18]，土梗藻空绘。竞鸣沮泽鼓[19]，谁释葛陂系[20]。询谋逮刍荛[21]，旁搜遍典记[22]。扰龙有成效，《桂籍》[23]详载志《丹桂籍》载：以虎骨扰龙，致雨，甚详。又闻恩太守，峡门

---

① 此次祈雨事本志卷四《地理志·山川》"石龙洞"条有简介，可以参看。
② 愆阳：阳气过盛。本谓冬天温和，有悖节令。后亦指天旱或酷热。
③ 树艺：种植，栽培。
④ 弥：更加。
⑤ 炎亢：酷热。
⑥ 槁悴：枯萎。
⑦ 绛空：火红的天空。
⑧ 纤云：微云。
⑨ 赤地：此处指因旱灾而造成地空无所有的地面。
⑩ 壒（ài）：尘埃。
⑪ 虫虫：灼热貌。
⑫ 旴旴（hù hù）：此指阳光。
⑬ 释耒（lěi）：放下农具。
⑭ 此两句写官府和巫祝求雨无作用。偻俯：弯下身子，表示恭敬。巫祝：古代称事鬼神者为巫，祭主赞词者为祝；后连用以指掌占卜祭祀的人。
⑮ 童山：无草木的山。
⑯ 丰隆：古代神话中的雷神，后多用作雷的代称。
⑰ 阿香：神话传说中的推雷车的女神。
⑱ 此处用"鞭石"典故。相传难留城（今湖北省宜昌市）山上有一石洞，洞中有两块大石，俗名"阴阳石"。阴石常湿，阳石常燥。每遇水旱不调，百姓便进洞祈福。天旱则鞭打阴石得雨，雨多则鞭打阳石天晴（事见北魏郦道元《水经注·夷水》）。后作为乞求晴雨和洽的典故。
⑲〔西晋〕左思《蜀都赋》："潜龙蟠于沮泽，应鸣鼓而兴雨。"沮泽：水草丛生的沼泽地带。
⑳〔东晋〕葛洪《神仙传》卷九《壶公》记载，费长房遇到仙翁壶公，壶公给他一竹杖让他骑着回家。倏忽之间他就到了家了，把所骑竹杖扔入葛陂中，"视之乃青龙耳"（胡守为《神仙传校释》，中华书局2010年9月第1版，第308—309页）。龙能兴雨，此处故用此典。
㉑ 刍荛（chú ráo）：乡野间见闻不多无知浅陋的人。此句言向各层次的人咨询祈雨方法，及至无知浅陋的人。
㉒ 此句言从各种典籍里面搜求祈雨方法的记载。
㉓《桂籍》：《丹桂籍》，《文昌帝君阴骘文》，乃道教劝善书之一种，以通俗的形式劝人行善积阴德，久久必将得到神灵赐福。

曾再试。虎气逞光怪，龙窝搅蛰睡①。甘霖果渥降②，口碑犹颂侈。民方不聊生，神安得处泰③？恳祈既未应，激怒何嫌憝④？风云共嘘啸，山泽宜通气。吼争缠猛虎_{用杜句}⑤，金木理克制⑥。雅胜⑦烧蛟龙，焦腥神渊⑧秽。爰乞灵山君⑨，购逾骏骨⑩贵。耽耽⑪缅英姿，乙威犹足畏。传说石龙洞，潮汐日三会。修鳞⑫中潜蟠，村氓⑬常禜禬⑭。旦暮祷坛下，令君⑮实尸祭。同寮合分任⑯，贤劳⑰资仙尉⑱_{十日前马二泉少府躬诣洞，虔祷，得微雨。}冷官⑲有热肠，奔走后先暨_{予白兴廉堂明府，请用扰龙法，廉堂即嘱予往。}虽无民社⑳责，夙怀饥溺志㉑。自省斋洁㉒久，明发㉓亟行迈㉔。驱驰六十里，郁蒸㉕未觉惫。

---

① 蛰睡：潜藏而睡。
② 渥降：大雨降下。
③ 处泰：安然而处。
④ 憝（duì）：怨恨，憎恶。
⑤ 诗句引自杜甫《火》（中华书局编辑部点校《全唐诗》增订本卷二百二十一，中华书局1999年1月第1版，第2342页）。
⑥ 克制：制衡。
⑦ 雅胜：犹美好。
⑧ 神渊：深渊。龙所处之地。
⑨ 灵山君：指山神，山乃老虎所居之地。
⑩ 骏骨：此指虎骨。
⑪ 耽耽：威严注视貌。
⑫ 修鳞：指大鱼。
⑬ 村氓：乡野之民。
⑭ 禜禬（yíng guì）：皆祈求神灵消除灾祸的祭祀。
⑮ 令君：对县令的尊称。
⑯ 分任：分别承担。
⑰ 贤劳：辛劳。
⑱ 仙尉：此处为县尉的誉称。此处指"马二泉少府"，少府乃县尉的别称。
⑲ 冷官：地位不重要、事务不繁忙的官职。此乃本诗作者谦称自己。
⑳ 民社：指人民和社稷，此处借指地方长官。本诗作者乃为儒学训导，非县令，故云。
㉑ 饥溺志：拯救百姓痛苦的志向。饥溺：语本《孟子·离娄下》："禹思天下有溺者，由己溺之也；稷思天下有饥者，由己饥之也，是以如是其急也。"（《孟子注疏》卷八下，第234页）比喻生活痛苦。
㉒ 自省（xǐng）：自我反省。斋洁：犹斋戒。
㉓ 明发：天快亮的时候。
㉔ 行迈：远行。从县城去石龙洞的距离比较遥远，故称。
㉕ 郁蒸：闷热。

近洞数里遥，崎岖不容骑。徒步荦确①中，仍未敢张盖②。洞口石角撑，齿齿③作怒势。稍入凌垠堮④，再进遂冥晦。数人爇炬导⑤，决往志愈锐。嵌窦⑥仅容身，扪壁徐缘曳。沉涧深莫测，悬石危欲坠。旁通路一线，湿滑更侧陂。蛇行四五重，遥闻声澎湃。阴壑生风威，万窍动空籁。铿訇⑦作怒吼，鳞甲⑧恍恣肆。鼓勇⑨逾两关，绝壁澄潭濊⑩。黝碧⑪望无际，神物聚族类。虔诚默致祝⑫，敬谨再拜既。郑重捧虎头，长绳亲悬锤。浮沤⑬动盘涡，汹涌忽鼎沸⑭。凛乎不可留，旋踵⑮潮随至。未遑⑯倩扶将⑰，健步亟逐队。来径已没踝⑱，飞涛俨⑲袭背。倘恍⑳忘颠危，跟跄越重隘㉑。羲影㉒微斜映，洞流仍潆细㉓。出洞凉云生，清飙㉔送归辔。薄暮已帘纤㉕，乙夜㉖遂滂霈㉗。金蛇㉘走不停，

---

① 荦确：险峻不平的样子。
② 张盖：张开伞盖（用以遮蔽太阳）。
③ 齿齿：排列如齿状。
④ 垠堮（yínè）：悬崖。
⑤ 爇（ruò）炬导：点燃火炬作向导。爇：燃，烧。
⑥ 嵌窦：山洞。
⑦ 铿訇（hōng）：形容声音洪亮。
⑧ 鳞甲：泛指有鳞、甲的水生动物。
⑨ 鼓勇：鼓足勇气。
⑩ 濊（huì）：（水）盛多。
⑪ 黝碧：指墨绿的池水。
⑫ 致祝：送上祈祷词。
⑬ 浮沤（ōu）：水面上的泡沫。
⑭ 鼎沸：比喻声势汹涌，像水在锅里沸腾一样。
⑮ 旋踵：一转脚，形容极短的时间。
⑯ 未遑：没有时间顾及，来不及。
⑰ 倩扶将：请人扶持。
⑱ 没踝（huái）：淹没了脚跟。
⑲ 俨：宛如，好像。
⑳ 倘恍：恍然，忽然醒悟。
㉑ 重隘：多重险要的地方。
㉒ 羲影：阳光。
㉓ 潆细：环绕细小。
㉔ 清飙（biāo）：犹清风。
㉕ 帘纤：小雨。
㉖ 乙夜：二更时候，约为夜间十时。
㉗ 滂霈：同"滂沛"，雨大的样子。
㉘ 金蛇：比喻雷电之光。

玉虎[1]轰尤异。帘溜澈宵鸣,寅[2]感喜不寐。及朝晡[3]未止,余怒悬河[4]澍[5]。畴[6]盈水悉活,犁发土殊利。焦卷[7]苏[8]黤黄,穲䆉[9]沐新翠[10]。四野动欢讴,万汇[11]饶生趣。自是大造仁[12],弗忍惠泽閟[13]。列牺[14]谢神慈,鼓腹[15]乐熙[16]世。安得贪天功,谓人力所致?志喜不名亭,还诸太空外。雨珠讵[17]可探,逆鳞批不易。涉险同履尾[18],同忆心转悸[19]。

太白岩 龚珪

放出一头地,奇撑仙骨道。
佳哉特逋峭[20],白[21]也合勾留[22]。
小住构吟舍,骋怀[23]凌酒楼。
盛名独有属,今古此同游。

---

[1] 玉虎:井上的辘轳。
[2] 寅:即寅时,指凌晨3时至5时。
[3] 晡(bū):申时,即午后3时至5时。
[4] 悬河:谓倾泻不止。
[5] 澍(zhù):通"注"。时雨灌注。
[6] 畴:田地。
[7] 焦卷:指枯萎的庄稼、草木。
[8] 苏:缓解,复苏。
[9] 穲䆉(bà yà):稻名。
[10] 新翠:犹新绿。
[11] 万汇:万物。
[12] 大造仁:天地的仁爱。大造:天地,自然。
[13] 閟(bì):掩藏。
[14] 列牺:排列众多的祭品。
[15] 鼓腹:鼓起肚子,即饱食。
[16] 乐熙:和乐。
[17] 讵(jù):岂。
[18] 履尾:踩踏虎尾,喻身蹈危境。
[19] 悸:因害怕而心跳得厉害。
[20] 逋峭:谓文章曲折多姿。此指李白诗文成就。
[21] 白:指李白。
[22] 勾留:停留。
[23] 骋怀:放开胸怀。

天生城 龚珪

山势离奇极，排空①结构殊。
影沉寒日瘦，气轧乱云粗。
老树翠虬偃，荒榛苍鹘呼。
欲烦巨灵掌，铲作平畴②铺。

岑公洞 龚珪

遮却隋氛③恶，独饶清福④多。
支离⑤如此叟，安乐可为窝。
迹溷⑥羊裘⑦觅，路迷渔艇过。
紫芝化作石，采采不闻歌。
回首软红⑧隔，扑眉森翠迎。
薜萝含雨意，竹树自风生。
界证画禅别，趣饶诗味清。
剧怜⑨新屐印⑩，蹴破⑪绿苔横。

---

① 排空：耸向高空。
② 平畴：平坦的田野。
③ 隋氛：此指隋朝末年腐败的朝政。
④ 清福：清闲之福。
⑤ 支离：残缺不全。
⑥ 溷（hùn）：杂乱。
⑦ 羊裘：羊皮做的衣服。东汉严光少有高名，与刘秀同游学，后刘秀即帝位，严光变名隐身，披羊裘钓泽中（见《后汉书·逸民传·严光》）。后因以"羊裘"指隐者或隐居生活。
⑧ 软红：犹言软红尘，谓繁华热闹。
⑨ 剧怜：甚惜。
⑩ 屐印：鞋印。
⑪ 蹴破：踩破。

常孝妇诗 龚珪

伯姬①守礼死，传谓女不妇②。兹则尽妇职，殉姑非拘狃③。妇本出细微④，天性亦何厚。壸训⑤夙未闻，大义独能剖。传说妇居恒，艰苦已备受。夫騃⑥谋生难，姑老病废久。呻吟绳床中，转侧需掖肘⑦。左右敬扶持，晨夕无闲偶⑧。纺绩⑨疲十指，竭蹶⑩营升斗⑪。奉姑馂⑫其余，忍饥勤井臼⑬。深恐姑闻知，更虑夫惭忸⑭。愔嫟⑮志靡他，怨叹绝无有。夫出外营工，妇惟姑是守。天灾降仓猝⑯，大地忽鼎沸。妇惊起梦中，魂飞神茫昧⑰。抢呼复何益⑱，事急计不再。惟负姑疾走，踉跄⑲出室内。前门已赫烈⑳，屋后冀㉑逃避。苇壁亟推倒，孱弱已极悴㉒。负姑匍匐行，不容

---

① 伯姬：春秋鲁宣公之女，宋共公夫人，亦称共姬、恭伯姬。共公死后，执节守贞。鲁襄公三十年，宋宫失火，左右劝其躲避，伯姬曰："妇人之义，傅母不至，夜不可下堂。越义求生，不如守义而死。"遂逮于火而死（张涛《列女传译注》，山东大学出版社1990年8月第1版，第132—133页）。《谷梁传·襄公三十年》亦有载（《春秋谷梁传注疏》卷十六，第273页）。
② 对伯姬的评价不一，《公羊传》《谷梁传》《列女传》均以为贤，但《左传》却认为"女而不妇"（《春秋左传正义》卷四十，第1117页）。
③ 拘狃：拘泥不变通。
④ 细微：低贱。
⑤ 壸（kǔn）训：为妻室者的言行仪范。
⑥ 夫騃（ái）：丈夫愚蠢。騃：假借为"佁"。愚，无知。
⑦ 此句言转身或侧身都需要扶持手或肘。掖肘：扶持手肘。
⑧ 闲偶：即偶闲，偶尔的休闲。
⑨ 纺绩：把丝麻等纤维纺成纱或线，古代纺指纺丝，绩指缉麻。
⑩ 竭蹶（jué）：原指走路艰难，后用来形容经济困难。
⑪ 升斗：容量单位。十合为升，十升为斗。借指少量的米粮、口粮。
⑫ 馂（jùn）：吃剩下的食物。
⑬ 井臼（jiù）：汲水舂米，泛指操持家务。
⑭ 惭忸（niǔ）：惭愧，不好意思。
⑮ 愔嫟（yīn nì）：和善贤淑。嫟：同"昵"。
⑯ 仓猝：即仓促，匆忙急迫。
⑰ 茫昧：模糊不清。
⑱ 抢呼：即抢地呼天，用头撞地，大声叫天。形容极度悲伤。复何益：又有什么用。
⑲ 踉跄（liàng qiàng）：走路不稳。
⑳ 赫烈：（大火）炽热。
㉑ 冀：希望。
㉒ 悴：衰弱，疲萎。

更息喙①。土壁阻当前，势逼不能退。轻身可独超②，重负难并济。负姑弗暂释③，攀跻④仍颠坠⑤。志决不独生，力尽甘同毙。遗骸余烬⑥索，重获咸悚愕⑦。枕藉⑧并焦蜷，依倚弗参错⑨。姑斜凭妇肩，妇更姑坚握。殓时力擘开，臂曲指犹着。想像狼狈⑩时，妇姑蕴念各⑪。姑助妇逃死，妇志弥坚卓。惟恐姑或失，回拥力束缚。聚观悉感伤，情形缅确凿。醵金⑫助营葬，公揭请扬榷⑬。旌表荷⑭恩纶⑮，丰坊⑯树岳岳⑰。此妇夙本贤，闾里无述传。一朝奇节著，众口争喧阗⑱。十室忠信具⑲，两间正气悬。名教⑳讲共识，至性赋岂偏？胡为笃忠孝，乃每出蒙颛㉑。

铜印歌　龚珪

天生城谭宏负隅处，土人锄地得印篆㉒曰"镇守夔、巫等处前锋总兵官印"。考

---

① 息喙：休息，喘气。
② 独超：独自跳过。
③ 弗暂释：没有暂时放下。
④ 攀跻：此处指翻墙。
⑤ 颠坠：跌落。
⑥ 余烬：燃烧后残剩之物。
⑦ 悚愕：惊奇。
⑧ 枕藉：相枕而卧。
⑨ 参错：交错。
⑩ 狼狈：艰难窘迫。
⑪ 蕴念各：想法各自不同。
⑫ 醵（jù）金：集资，凑钱。
⑬ 扬榷：约略论述，略举大要。
⑭ 荷：承受。
⑮ 恩纶：语本《礼记·缁衣》："王言如丝，其出如纶。"孔颖达疏："王言初出，微细如丝，及其出行于外，言更渐大，如似纶也。"（《礼记正义》卷五十五，第1504—1505页）犹恩诏。帝王降恩的诏书。
⑯ 丰坊：高大的牌坊。
⑰ 岳岳：耸立貌。
⑱ 喧阗（tián）：喧哗，热闹。
⑲ 《论语·公冶长》："子曰：'十室之邑，必有忠信如丘者焉，不如丘之好学也。'"（《论语注疏》卷五，第69页）即使是十户人家的地方，也一定有忠诚信实的人。指处处都有贤人。
⑳ 名教：以"三纲""五常"为主要内容的封建礼教。西汉武帝时，把符合封建统治利益的政治观念、道德规范确立和制定为名分、名目、名节等，以进行教化，习称"以名为教"。
㉑ 蒙颛（zhuān）：愚昧善良。
㉒ 印篆：印章。因印章多用篆文，故称。

与谭逆伪称不符，疑其私制以畀①部下者。

如许大错竟铸成，奸状历劫②犹镌呈。辱金奚足当题识③，聊复刻划魑魅形④。当年夔万谁隅负⑤，三谭蹶竖⑥渠推宏⑦。金瓯⑧尽裂无完土，残疆半壁支颓崩。溃将纷纷走入蜀，乌合蚁聚⑨滋吰噌⑩。文督师⑪志挥落日，拟镕顽矿⑫金维撑⑬。亟请铸印挈⑭往授，连十六镇同鼎擎⑮。都匀却夺印敕失，口传天宪加鸿名⑯。蛙张井底方自大，一浆十饼群狺⑰争。爵进公侯仍故态⑱，博呼痛吁⑲终莫应。戈操同室⑳宏首祸，蔑视督师㉑隳齐盟㉒。翩然决弃㉓饱飏㉔去，专建闱别张旆旌㉕。掷却故印换

---

① 畀（bì）：给以。
② 历劫：谓经历各种灾难。
③ 此句言出自地下的铜印何以能值得写诗呢？辱金：指出自坟墓随葬或曾作钗钏、溲器等的金子。此指铜印。奚足：何以能。题识：犹题跋。
④ 魑魅形：邪恶势力的形状。
⑤ 隅负：即负隅，倚靠险要的地势（抵抗）。
⑥ 蹶竖：失败了的家伙。竖：古时对人的蔑称、贱称。
⑦ 渠推宏：三谭的首领要推谭宏。
⑧ 金瓯：金属的杯子，比喻完整的疆土，泛指国土。
⑨ 乌合蚁聚：形容人群如群乌暂时聚合，如蚂蚁般聚集。比喻结集者之多且无严密组织。
⑩ 吰噌（hóng chēng）：即噌吰，声音壮阔的样子。指声势看上去较大。
⑪ 文督师：即文安之（1592—1659），字汝止，号铁庵，夷陵（今湖北省宜昌市）人。被永历帝封东阁大学士。他为联络川中诸镇之兵，自请往四川督师，联络川鄂边境的农民军——夔东十三家抗清。后督十三家中的刘体纯等十六营（即下句中的"十六镇"）由水路会攻重庆。后因十六营中的地主武装谭宏、谭诣杀死谭文致遭失败。不久病死。
⑫ 顽矿：坚硬的矿石。
⑬ 维撑：维持，支撑。
⑭ 挈：用手提着。
⑮ 同鼎擎：共同向上举着。
⑯ 此两句言孙可望阻止文安之督师四川，派兵在都匀县一带窥视，并夺取了文安之所带的印绶。然后孙可望将永历帝迎入安隆，达到了携天子以令的目的，被封为"秦王"。
⑰ 狺（yín）：犬吠声，借指攻击性的言论。
⑱ 故态：旧日的情况或态度。
⑲ 博呼痛吁（yù）：人民的痛苦的呼吁。
⑳ 戈操同室：即同室操戈，泛指内部斗争。
㉑ 督师：此指文安之。
㉒ 隳（huī）齐盟：毁坏了同盟。
㉓ 决弃：决然抛弃。
㉔ 饱飏：谓欲望得到满足即扬长而去。
㉕ 此句指谭宏第一次降清，被封为四川总兵。旆旌：泛指旗帜。

新印，宠荷兴朝真足荣①。暂使诈难绵带砺②，偶窃器卒③羞负乘④。慕义侯印合长绾⑤，乃艳伪号将军称。吟余上堵莫逃死，齿冷⑥摩云终伏刑。封狼生貙⑦更蠢动，逾纪⑧乃净锄芽萌⑨。磔裂分梨⑩除猰貐⑪，荡扫莽秽⑫封鲵鲸⑬。镕铸雄剑作农器，铲削危垒⑭成芳塍⑮。此印久当沦粪壤⑯，凶欲消尽磷潜荧。胡为顽质尚完好⑰，藉昭铁案文分明⑱。摩挲磨洗前朝认，翻令百感方寸⑲增。平时刓敝靳莫予⑳，豪杰苦无尺寸凭。事棘乃妄畀么麽㉑，麒麟楦饰㉒徒彪弸㉓。取悬肘后等故物㉔，下走腰尽黄金横。续狗尾难冠珥㉕绐，烂羊头亦封号膺㉖。窃国者侯闰余孽，金印特锡称

---

① 此句言谭宏得到了清朝特别的恩荣。兴朝：新兴的朝代。此处指取代了明朝的清朝。
② 带砺：比喻河山。
③ 器卒：兵器和士卒。
④ 负乘：即负乘致寇，指居非其位，才不称职，就会招致祸患。
⑤ 绾（wǎn）：控制。
⑥ 齿冷：即耻笑，因笑需张口，时间一长，牙齿会感到冷。
⑦ 封狼生貙（chū）：大狼产生了其他的猛兽，比喻势力越来越大。封狼：大狼。貙：古书上说的一种似狸而大的猛兽。
⑧ 逾纪：超过十二年。
⑨ 芽萌：即萌芽。
⑩ 磔（zhé）裂分梨：指凌迟处死了那些叛乱分子。
⑪ 猰貐（yà yǔ）：古代传说中的一种吃人的猛兽。
⑫ 莽秽：杂草的污秽。
⑬ 鲵鲸：比喻无辜被杀之人。
⑭ 危垒：高大的营垒。
⑮ 芳塍（chéng）：美好的田塍。
⑯ 粪壤：秽土。
⑰ 此句言这枚铜印为何还完好无缺呢。
⑱ 此句言这枚铜印将谭宏等人的难以消散的罪过昭示出来，而且（铜印上面的）文字分明可见。
⑲ 方寸：指人的内心。
⑳ 刓（wán）敝：挖削，损害（他人的利益）。靳莫予：吝惜不要给予。
㉑ 此句言事情危急时就给予了一些小东西（此指印，并无实权）。么麽：贬词，小东西。
㉒ 楦（xuàn）饰：用鞋子做装饰。
㉓ 彪弸（péng）：显著的强劲的弓。
㉔ 等故物：等同于无用的前人遗物。
㉕ 冠珥（ěr）：指首饰与耳饰。
㉖ 封号膺：接受帝王封授的爵号或称号。

忠贞。斗大龙虎将军印，漫付淑赞期中兴①。蜑户番鬼②尤猥琐③，新军龙武④殊嚣凌⑤。甚至都督缘街⑥走，衣冠悉假⑦诸优伶⑧。不有抗节诸君子，弁髦⑨敝弃谁扬灵⑩？曾闻何忠烈⑪，印重貌躯轻。但期印完死何惜，讵意⑫印存死更生。又闻孙忠襄⑬，尽瘁印是承。茫茫莫酬填海恨，千钧一掷蛟宫⑭惊。永昌推官通判⑮俱末秩⑯，身碎印卒不可撄⑰。一月郡守王万育，以身殉印腰绶萦。故国邱墟⑱印仅在，黄公保护心怦怦。启事仍用旧时印，坚持故节希子卿。凡此人足为印重，身与印辄霄同峥⑲。此印伪制可弗论，徒供指摘⑳无光晶㉑。丈夫心印在忠孝，

---

① 中兴：由衰落而重新兴盛起来。
② 蜑（dàn）户：蜑人散居在广东、福建等沿海地带，向受封建统治者的歧视和迫害，不许陆居，不列户籍。他们以船为家，从事捕鱼、采珠等劳动，计丁纳税于官。明洪武初，始编户，立里长，由河泊司管辖，岁收渔课，名曰"蜑户"。清雍正初，明令削除旧籍，与编氓同列；辛亥革命后，临时政府通令解放贱民，蜑户也在其内。番鬼：对西部边境上面的少数民族的贱称。
③ 猥琐：鄙陋卑下。
④ 新军龙武：即龙武军，唐代禁军名。五代梁称"龙武兵"。
⑤ 嚣凌：嚣张气盛。
⑥ 缘街：沿着街道。
⑦ 假：借。
⑧ 优伶：优：俳优。伶：乐工。后通称戏曲演员为优伶。
⑨ 弁髦（biàn máo）：古代男子成人时举行冠体，先加缁布冠，次加皮弁，后加爵弁，三加之后剃去垂髦，不再用缁布冠。后即用弁髦来比喻没有用的东西。
⑩ 扬灵：显灵。
⑪ 何忠烈：即何复（?—1644），字见元，又字见心、见山，号贞子，明山东平度人。崇祯十七年（1644）升保定府知府，后死守保定府。清乾隆年间赠其为太常寺卿，谥忠烈。
⑫ 讵（jù）意：怎么想到会。
⑬ 孙忠襄：即孙嘉绩（1604—1646），原名光弼，字辅之，号硕肤，浙江余姚人。其在浙东首举抗清义旗。因忧劳过度，患疾而卒，谥忠襄。
⑭ 蛟宫：龙宫。
⑮ 永昌推官通判：即刘廷标（由贡生历永昌府通判）、王运开（由举人授永昌推官）。南明永历元年（1646），孙可望率入云南，传谕沐天波投降。天波命令地方官刘廷标和王运开将印交出带去，两人坚持不给，最后自杀而亡。
⑯ 末秩：低级官职。
⑰ 撄（yīng）：触犯。
⑱ 邱墟：废墟，荒地。
⑲ 霄同峥：天空那样高峻。
⑳ 指摘：指责，谴责。
㉑ 光晶：光辉。

直贯金石①留丹诚。磨炼铁肩担世事，浩气壮仡②成金城③。兼绾并佩何足数，但取封侯④殊平平⑤。

登北山观 邑廪生 胡憬静夫

策杖⑥出北郭，积翠⑦浮天半。
逶迤⑧一径升，危梯步凌乱。
好风若为招，众鸟时相唤。
树色笼菁葱⑨，烟云纷变幻。
登高一凭眺，城市瞰欲遍。
长江带郭流，小舟同⑩叶泛。
群山受约束，环拱无崖岸。
此地昔设险，郡城资蔽扞⑪。
高屋建瓴水⑫，保障屹无患。
寄语后来人，先事纡筹算⑬。

游岑公洞 胡憬

古洞何年辟，门前挂薜萝。
卷帘流水下，排岸⑭好山多。

---

① 直贯金石：直接穿透坚固的金石。
② 壮仡（yì）：雄壮勇猛。
③ 金城：指坚固的城。
④ 封侯：封拜侯爵，泛指显赫功名。
⑤ 殊平平：很平常。
⑥ 策杖：扶杖。
⑦ 积翠：指青山。
⑧ 逶迤：蜿蜒曲折的样子。
⑨ 菁葱：青葱，葱绿色。
⑩ 同：如同。
⑪ 蔽扞（hàn）：护卫。
⑫ 语本〔西汉〕司马迁《史记·高祖本纪》："譬犹居高屋之上建瓴水也。"（郭逸、郭曼标点《史记》，上海古籍出版社1997年8月第1版，第263页）把瓶子里的水从高层顶上倾倒，形容居高临下、难以阻挡的形势。
⑬ 筹算：计算，谋略。
⑭ 排岸：排列在江岸。

石气①蒸云出，泉声带雨过。
惟余芝草秀，郁勃②老岩阿③。

谒西山太白祠 邑恩贡生 刘用仪

绝尘龛外路，遗像拜先生。
一代诗名重，千秋云气清。
岩西渺棋局，天半有书声。
此地昔侨寓④，风流起后英⑤。

客万县 刑部员外郎 范泰亨云吉

城郭依山壁，人家半石梯。
偶传征雁⑥警，时有乳鹰啼。
落日照艟舰⑦，中原闻鼓鼙⑧。
武昌犹转战，蒿目⑨瀼东西。

便民池 范泰亨

山城苦朝汲，赖此便穷闾⑩。
或欲禳裨灶⑪，还应号郑渠⑫。

---

① 石气：环绕山石的雾气。
② 郁勃：茂盛，繁盛。
③ 岩阿：山的曲折处。
④ 侨寓：寄居。传说李白曾在此读书，故称。
⑤ 后英：后来的英才。
⑥ 征雁：迁徙的雁，多指秋天南飞的雁。
⑦ 艟舰：战船。
⑧ 鼓鼙（pí）：大鼓和小鼓，古代军中用来发号进攻。多借指征战。
⑨ 蒿目：尽目力远望。
⑩ 便穷闾：方便穷人所居的陋巷。
⑪ 禳（ráng）：去除（火灾）。裨灶：春秋时郑国人。传说善观星象，曾预言周天子及楚王将死，宋、卫、陈、郑四国将发生火灾等，无不言中。
⑫ 郑渠：即郑国渠，古代关中平原上的人工灌溉渠。公元前237年，秦王嬴政采纳韩国水利家郑国的建议，开凿引泾水入洛河的灌溉渠。渠长150多千米，灌田280万亩，关中成为沃野。汉、魏时期仍发挥作用，唐代后逐渐埋废。

泉分万户北，池凿①百年初。

何事重疏浚②，仍令挹注③虚。

题涪翁记后 四川学政 何绍基子贞

建中靖国许东归④，南浦西山暂拂衣⑤。亭榭基荒存佛屋，龙蛇迹在⑥映鱼矶。江南野水梦魂到，臣甫杜鹃诗涕挥⑦。今日中原尚征战，空惭秉节⑧望皇畿⑨。

游流杯池至青羊宫小憩，和何子贞学使《书山谷建中石刻后》原韵
署万县知县 陆玑次山

简书⑩可畏敢怀归，偶向山中访羽衣⑪。南浦水生摇麦陇⑫，东风花落冷苔矶。流觞序过春将老，题石诗狂墨乱挥。惆怅潢池兵尚弄⑬，时望献馘⑭到京畿。

---

① 凿：原刻本此处缺一字，今据咸丰《万县志》补。
② 疏浚：疏通水道，使水流通畅。
③ 挹注：将液体由一容器注入另一容器。
④ 元符三年（1100）四月，黄庭坚获赦，五月"蒙恩放还"。建中靖国元年（1101）二月，黄庭坚途经南浦。
⑤ 拂衣：归隐。
⑥ 龙蛇迹在：指黄庭坚的《西山留题》，前《艺文志上·文》中有载。
⑦ 臣甫：臣子杜甫。出自杜甫《北征》："东胡反未已,臣甫愤所切。挥涕恋行在,道途犹恍惚。"（中华书局编辑部点校《全唐诗》增订本卷二百一十七,中华书局1999年1月第1版,第2277页）杜鹃诗涕挥：杜甫《杜鹃行》曾以杜鹃比玄宗失位（中华书局编辑部点校《全唐诗》增订本卷二百一十九,中华书局1999年1月第1版,第2307页),他的《杜鹃》诗又有"身病不能拜,泪下如迸泉"句（中华书局编辑部点校《全唐诗》增订本卷二百二十一,中华书局1999年1月第1版,第2335页）。
⑧ 秉节：持节。节：古代使臣所持的符节。
⑨ 皇畿（jī）：旧指京城管辖的地区。
⑩ 简书：用于告诫、策命、盟誓、征召等事的文书。亦指一般文牍。
⑪ 羽衣：道士的代称。
⑫ 麦陇：麦田。
⑬ 此句用潢池弄兵意。潢池：积水塘。弄兵：玩弄兵器。旧时对人民起义的蔑称。也指发动兵变。
⑭ 献馘（guó）：古时出战杀敌，割取左耳，以献上论功。馘：被杀者之左耳。亦泛指奏凯报捷。

访流杯池　陆玑

天光①澹沱②雨晴时，路滑泥松策马③迟。
四面好山华着水④，一宵春梦草生池。
流杯剩有坳堂迹，脱帽闲寻石壁诗。
输却涪翁夸健笔，往来争拓⑤建中碑⑥。

丙辰既望独游太白岩题壁　陆玑

树梢高处露瑶宫⑦，梯石层崖曲折通。
一道红阑⑧新补景，春游宛在画屏中。
岩谷⑨云多石气凉，在山养性出山忙。
问谁不受烟霞痼⑩，随处安心别有乡。

石龙洞祈雨纪事　万县知县　冯卓怀树堂

南山老龙洞，龙徙自何年？一日潮汐三，喷薄流溅溅⑪。夙昔事禜禬，神泽⑫贲⑬无偏。戊午⑭夏六月，苦旱忧焚煎。民命我为请，诣祷申恭虔⑮。入洞经里许，

---

① 天光：晨光。
② 澹沱：荡漾貌。
③ 策马：驱马使行。
④ 华着水：花附着在水上。华：同"花"。
⑤ 拓：即拓印，在刻铸有文字或图像的器物上，涂上墨，蒙上一层纸，捶打后使凹凸分明，显出文字图像来。搨，同"拓"。
⑥ 建中碑：指黄庭坚在建中靖国元年（1101）于万州留下的《西山留题》，因字留在石碑上，故称。
⑦ 瑶宫：传说中的仙宫，用美玉砌成。此处是对太白岩上面的建筑的美称。
⑧ 阑：栏杆。
⑨ 岩谷：犹山谷。
⑩ 痼：长期养成的不易克服的癖好、习惯。
⑪ 流溅溅：水流急速。
⑫ 神泽：神灵的恩泽。
⑬ 贲（bēn）：奔流。
⑭ 戊午：此指1858年。
⑮ 此句言到石龙洞祈祷求雨表明恭敬和虔诚。恭虔：恭敬虔诚。

曲折势蜿蜒。拼死抵灵湫①，奋勇逾危巅②。翦发及手爪，投牒③讼尤愆④。及出不归次，蓬荜⑤待恩宣。连朝云阵起，当午雷车阗⑥。神珠⑦瞥一掷，农畦无滴涓。我愤暴石偶，幽攻霹雳坚。更谒岑真人，始获膏雨连。盈畴水决决⑧，吐穗苗稍稍⑨。农田获丰稔⑩，国税输⑪完全。回思批鳞逆，目眩心旌县⑫。始入尚通晓⑬，一转阴房键。爇火照深暗，滴漏濡⑭腥涎。逼仄⑮跨石缝，透迤凫水边。村氓交护导⑯，灵气懔幽潜⑰。高或拟升天，低则疑坠渊。蛇行复蛙跃，猱攀而蚁旋⑱。不记几盘间⑲，双柱白玉璇⑳。一上挂岩顶，一立跻墙肩。不知何官府，扃秘嫏嬛编㉑。圆晕㉒神斤㉓削，庄岩广庑碛㉔。自余石融液，龙凤狮象然㉕。或如搏人鬼，或如遗世仙。或

---

① 灵湫（qiū）：深潭，大水池。古时以为大池中往往多灵物，故称。
② 危巅：高顶上。
③ 投牒：呈递文辞。
④ 尤愆（qiān）：过失，罪过。此处指地方官在石龙洞陈述自己的过错，请求龙神原谅而降雨。
⑤ 蓬荜：谦称自己的住宅。
⑥ 阗：声音大。
⑦ 神珠：此指雨珠。
⑧ 决决：水流貌。
⑨ 稍稍：麦茎光泽娟好的样子。
⑩ 丰稔（rěn）：农作物丰收。
⑪ 输：缴纳。
⑫ 心旌：心神。县：同"悬"。
⑬ 通晓：通透光亮。
⑭ 濡：沾湿。
⑮ 逼仄：狭窄。
⑯ 村氓（méng）：乡野之民。交护导：轮流保护、引导。
⑰ 灵气：指仙灵之气。古人认为龙乃灵物，故云。懔：令人敬畏。幽潜：深水。
⑱ 这两句写进洞行进之状。蛇行：像蛇一样蜿蜒曲折地前进。蛙跃：像青蛙那样跳跃。猱（náo）攀：像猴一样攀援。蚁旋：像蚂蚁一样旋转侧身。
⑲ 盘间：盘旋之间。
⑳ 玉璇：玉石。
㉑ 此句言秘密关闭了天地藏书的地方。嫏嬛（láng huán）：古代传说中天帝藏书的地方。后泛指珍藏书籍之所在。也借指仙境。
㉒ 圆晕：环状波纹。
㉓ 神斤：神斧。
㉔ 广庑碛：走廊柱子下边的石礅子很广阔。下面几句乃具体刻画石头形状。
㉕ 此句言石头形状像龙、凤、狮、象。

如缀璎珞[1]，或如排戈铤[2]。或如沙砾间，贴地铺毹毡[3]。或如榱桷[4]际，垂幔[5]拖锦[6]缠。如肝肾脐乳，如几仗镫鞯。如欹[7]坐正席，如长镵[8]短椽[9]。奇形并异状，仿佛难雕镌[10]。森然动吾魄，归梦犹怖颠[11]。呼吁岂不闻，倘[12]值老骊[13]眠。甘霖终普渥[14]，寅[15]谢罗牲牷[16]。龙兮休怨恫[17]，职守[18]难弃捐[19]。

甘霖洞祈雨纪事　冯卓怀

丁巳[20]秋首令，赤旱[21]何蕴隆[22]。豆麦不获种，泉脉断洚洪[23]。山农向天泣，大

---

[1] 璎珞（yīng luò）：以珠玉缀成的颈饰。
[2] 戈铤（chán）：戈与铤，亦泛指兵器。
[3] 毹（shū）毡：地毯之类的东西。
[4] 榱桷（cuī jué）：屋椽。
[5] 幔：张在屋内的帐幕。
[6] 锦：有彩色花纹的丝织品。
[7] 欹：倾斜不正。
[8] 镵（chán）：古代的一种犁头，又是一种挖草药的器具。
[9] 椽（chuán）：放在檩上架着屋顶的木条。
[10] 雕镌：雕刻。
[11] 怖颠：恐怖颤抖。
[12] 倘：同"倘"，倘若。
[13] 骊：传说中黑色的龙。
[14] 普渥：普遍沾润。
[15] 寅：敬。
[16] 罗：罗列，陈设。牲牷：泛指祭品。
[17] 怨恫（dòng）：即怨痛，怨恨，哀痛。
[18] 职守：职责。
[19] 弃捐：抛弃。
[20] 丁巳：此指1857年。
[21] 赤旱：因酷热造成旱灾。
[22] 蕴隆：暑气郁结而隆盛。
[23] 洚洪（hóng hóng）：沟壑。

春①吾室空。小春②更不播，微命③付苍穹④。县尹恧⑤薄德，窃禄⑥诚无功。顾惟⑦群黎愚，何罪荐饥⑧逢。斋心⑨默祈祷，天门⑩不可通。石龙⑪枉呀呀⑫，牙角⑬势矜雄⑭。请借秦皇鞭，振此睡骊聋。及夜霢霂⑮连，累月沾洪蒙⑯。耕夫色焉喜，锄镈⑰挥如风。嗟余释缧囚⑱，六事⑲责当躬⑳。兹雨岂诚格㉑，天意怜困穷。尺泽㉒谅㉓难常，省疚㉔回和融。载㉕读五行传，渱洞㉖感寅衷㉗。

---

① 大春：方言。指春天播种的作物，如水稻、玉米等。
② 小春：小春作物。指小春时期播种的小麦、豌豆、油菜等农作物。或称"春花"。
③ 微命：卑微的生命。
④ 苍穹：苍天。
⑤ 恧（nǜ）：惭愧。
⑥ 窃禄：犹言无功受禄，多用于自谦。
⑦ 顾惟：想到。
⑧ 荐饥：连年灾荒，连续灾荒。
⑨ 斋心：祛除杂念，使心神凝寂。
⑩ 天门：天宫之门，指天帝所居住的宫门。
⑪ 石龙：龙形的巨石。
⑫ 呀呀：张口貌。
⑬ 牙角：（石龙）的牙齿和角。
⑭ 矜雄：自夸很雄壮。
⑮ 霢霂（mài mù）：小雨。
⑯ 洪蒙：指辽阔的宇宙。
⑰ 锄镈：皆为农具。
⑱ 缧（léi）囚：犹累囚。
⑲ 六事：考察地方官吏政绩的六项内容。
⑳ 责当躬：责备当然在自身。
㉑ 此句言这场雨岂是祷雨的诚意感到上天？
㉒ 尺泽：小水池。
㉓ 谅：确实。
㉔ 省疚：检查过错。
㉕ 载：乃，于是。
㉖ 渱（hòng）洞：弥漫无际的样子。
㉗ 寅衷：恭敬的内心。

流杯池纪事 冯卓怀

流杯池古修禊事，建中靖国遗碑记①。当时亭榭无一存，剩有方塘莳②荷芰③。售为民业④知何代，辗转遂被清河置。前令嗜古拓荒基，立迁茔墓⑤凡三四。并划此塘培古迹，忍听腴田竭脂腻⑥。大书深刻立之碑，转瞬捊击⑦无完字。我思兴废何常理，含元⑧殿宇今谁治。汉唐碑碣几存留，况复旁陬⑨夺民利。但令山谷龙蛇⑩在，碑捊塘还又何异？暮春延客引流觞，清风习习故人至。酒阑⑪上马倏将暝，四山远近堆苍翠。

游西山因憩流杯池读山谷碑 六品蓝翎训导 杜焕南棠村

麒骨虬姿⑫尚俨然，祇⑬今风雨卧平田。
凭公逸气敛山色，剩石荒荒八百年。

南楼 辛酉守城作 杜焕南

守陴⑭日日劝加餐，时蹙⑮方知治赋⑯难。发箭⑰军戎⑱依薛礼大昌薛尚品都戎助援城中，

---

① 此指黄庭坚于北宋建中靖国元年（1101）撰写了《西山留题》，然后被镌刻于石碑上。
② 莳（shì）：栽种。
③ 荷芰：指荷与菱。
④ 民业：民间的产业。
⑤ 茔墓：墓地，坟墓。
⑥ 此句言忍心让良田荒废。
⑦ 捊（pǒu）击：押击。
⑧ 含元：包含元气。
⑨ 陬（zōu）：角落。
⑩ 山谷龙蛇：指黄庭坚的《西山留题》。
⑪ 酒阑：谓酒筵将尽。
⑫ 麒骨虬姿：此乃对黄庭坚《西山留题》书法的描写。
⑬ 祇：同"只"。
⑭ 守陴（pí）：守城。
⑮ 时蹙：时世紧迫。
⑯ 治赋：治理敷政。
⑰ 发箭：射箭。
⑱ 军戎：军队。

持筹①盐铁少桓宽②。醇醪③大社千夫醉，细雨重城五月寒。少喜汉丰④妖鸟尽⑤，谍来闻已向长安⑥。

赋

便民池赋　国朝邑令　刘乃大⑦

　　天下事之称便者，必其不便于平日，一旦举而更之，而群焉愉快者⑧也。万邑依山为郭⑨，取汲于江。仓猝需水，多所未便。予为之相度地宜⑩，去城七里之遥，地名举人关⑪者，得清泉一泓，凿石为渠，引入城内，绕学宫而注之池，民皆称便，因以名池而赋之，赋曰：

---

① 持筹：手持算筹，此处指理财。
② 桓宽：生卒年不详，字次公，汉汝南郡（今河南省驻马店市上蔡县）人，治《公羊春秋》。汉朝自武帝起，大搞统制经济，用桑弘羊之说，设榷酤（酒官卖）、盐铁（盐铁官卖）之法。汉昭帝时，召集天下贤良、文学六十多人开会，辩论得失。最后由倾向儒家思想的桓宽编成纪录，此乃六十卷的《盐铁论》。
③ 醇醪（láo）：浓烈精纯的美酒。
④ 汉丰：古县名，东汉建安二十一年（216），蜀先主划朐忍县西部地置。即今重庆市开州区。
⑤ 此指窜入开县的教匪被消灭。
⑥ 长安：此处借指京城。
⑦ 刘乃大于乾隆元年（1736）任万县知县，见县城居民用水不便，便联络同僚，探访士民，最后确定从北面的举人关引泉水入城，方便于万民，故有此赋。
⑧ 群焉愉快者：犹众人愉快。焉：语气词，用于句中。者：代词，用在形容词、动词、动词词组或主谓词组之后，组成"者"字结构，用以指代事或物。
⑨ 此句言万县城靠山为外城。郭：外城，古代在城的外围加筑的一道城墙。
⑩ 相度地宜：观察估量地理之所宜。
⑪ 举人关：在今万州区钟鼓楼街道都历村护城寨内，今仍有溪水顺山沟流下。

天一生水，地六斯成①。流长源远，漭瀁渊盈②。媚珠③昭不测之象，浴日④显至足⑤之情。用之无尽，取之不争。何区区之池沼，而讵分乎便不便之名？盖以南浦岩疆⑥，治开丛麓⑦，石级层层，民居簇簇。盼烟霞之飘渺⑧，度⑨冈陵之起伏。鲜细涓兮纷流⑩，总⑪奇峰兮高矗。挈瓶若渴⑫，凿井奚缘⑬？江虽可汲，山不出泉，

---

① 天一生水，地六斯成：其说源出《河图》。《河图》乃儒家关于《周易》卦形来源的传说。《尚书·顾命》："大玉、夷玉、天球、河图，在东序。"〔西汉〕孔安国传："伏牺氏王天下，龙马出河，遂则其文以画八卦，谓之'河图'。"（《尚书正义》卷十八，第503页）"河图"的生成数是"天一生水，地六成之；地二生火，天七成之；天三生木，地八成之；地四生金，天九成之；天五生土，地十成之。"这是上古人根据五星出没的时间而绘制出来的运行图像，"天一生水，地六成之"表示水星与日月会聚，"地二生火，天七成之"表示火星与日月会聚，"天三生木，地八成之"表示木星与日月会聚，"地四生金，天九成之"表示金星与日月会聚，"天五生土，地十成之"表示土星与日月会聚。本文以"天一生水，地六成之"为修渠引水的符验。
② 漭瀁（yǎng）：水广大无际的样子。渊（yūn）：水深的样子。盈：溢出，上涨。
③ 媚珠：与下文"浑如河上之翁"参释，此"媚珠"或当指骊珠。传说出自骊龙颔下，故名。《庄子·列御寇》："夫千金之珠，必在九重之渊，而骊龙颔下。"（方勇、陆永品《庄子诠评》，巴蜀书社1998年9月第1版，第869页）
④ 浴日：语本《淮南子·天文训》："日出于旸谷，浴于咸池。"（何宁《淮南子集释》，中华书局1998年10月第1版，第233—234页）后以"浴日"指太阳初从水面升起。
⑤ 至足之情：极为充足的情感。至足：极其充足。
⑥ 南浦岩疆：南浦以山岩为疆界，谓其地多山。
⑦ 治开丛麓：县治是在丛山山脚开辟出来的。治：古代指王都或地方官署所在地。这里指万县官署所在地。
⑧ 飘渺：同"缥缈"。
⑨ 度（duó）：丈量。
⑩ 鲜：洁净。细涓：细小的水流。纷流：众水奔流。
⑪ 总：聚合，汇集。
⑫ 挈（qiè）瓶若渴：提着水瓶而口渴，比喻万县城在长江边而缺水。挈：提起。
⑬ 凿井奚缘：谓循着何处来开凿水井，即无井可凿。奚：疑问词，犹何，何处。

频负重而促登①，亦循涯而仆走②。蹜织堤岸③，浑如河上之翁④；机卸桔槔⑤，直似汉阴之叟⑥。此实窘于鲋困涸辙之天，而难斫乎偶指宋城之手者也⑦。又且祝融

---

① 此句指城里人到江边汲水频繁地地担着沉重的水桶急切地登石梯而上。
② 循涯而仆走：沿着河岸劳顿奔走。涯：岸边。仆走：劳顿奔走。
③ 蹜（sù）织堤岸：小步快走交织在堤岸上，指担水的人群。蹜：犹蹜蹜，形容小步快走。织：交织，喻往返的人流。
④ 此句言河上奔忙的人们简直就像河上翁父子，喻指在河中讨生活而不怕遭遇不幸。浑如：简直就像。河上之翁，典出《庄子·列御寇》："河上有家贫恃纬萧而食者，其子没于渊，得千金之珠。其父谓其子曰：'取石来锻之。夫千金之珠，必在九重之渊而骊龙颔下。子能得珠者，必遭其睡也。使骊龙而寤，子尚奚微之有哉！'今宋国之深，非直九重之渊也。宋王之猛，非直骊龙也。子能得车者，必遭其睡也。使宋王而寤，子为赍粉夫！"（方勇、陆永品《庄子诠评》，巴蜀书社1998年9月第1版，第869页）
⑤ 机卸桔槔（jié gāo）：机械卸下桔槔。机：指架设桔槔的装置。桔槔：井上汲水的工具。在井旁架上设一杠杆，一端系汲器，一端悬、绑石块等重物，用不大的力量即可将灌满水的汲器提起。《庄子·天运》："且子独不见夫桔槔者乎，引之则俯，舍之则仰。"（方勇、陆永品《庄子诠评》，巴蜀书社1998年9月第1版，第389页）
⑥ 此句言那些在河上担水的人，正像拒绝使用桔槔的汉阴叟一样，意为甘愿付出苦力而不图改进。直似：正像。汉阴之叟：典出〔北宋〕乐史《太平寰宇记》卷一百四十六《山南东道五·荆州·人物》："汉阴叟，楚人，居汉水之阴。子贡南游，见丈人为圃，凿池抱瓮出灌园用力多，子贡教凿木为桔槔，丈人曰：'吾闻有机事者，必有机心也。'"（中华书局2007年11月第1版，第2834页）
⑦ 此二句言这实在是鲋困于干涸的车辙中的天然原因，而难以砍断偶尔指出城门失火殃及池鱼教训的手啊！窘于：犹困于。鲋（fù）困涸（hé）辙：典出《庄子·外物》："庄周家贫，故往贷粟于监河侯。监河侯曰：'诺。我将得邑金，将贷子三百金，可乎？'庄周忿然作色曰：'周昨来，有中道而呼者。周顾视车辙，中有鲋鱼焉。周问之曰："鲋鱼来！子何为者邪？"对曰："我，东海之波臣也。君岂有斗升之水而活我哉？"周曰："诺。我且南游吴越之王，激西江之水而迎子，可乎？"鲋鱼忿然作色曰："吾失我常与，我无所处。吾得斗升之水然活耳，君乃言此，曾不如早索我于枯鱼之肆！"'"（方勇、陆永品《庄子诠评》，巴蜀书社1998年9月第1版，第737—738页）后因以"涸辙之鲋"比喻处于困境、急待援助的人或物。天：典故中指干旱的天气，这里喻指万县所处的天然形势。斫（zhuó）乎：犹砍断。乎：缓和语气或表示语气的停顿。偶指宋城之手：比喻偶尔指出宋城之门失火而殃及池鱼的教训。〔北宋〕李昉等编《太平广记》卷四百六十六《池中鱼》引《风俗通》曰："城门失火，祸及池鱼。旧说：池仲鱼，人姓字也，居宋城门。城门失火，延及其家，仲鱼烧死。又云：宋城门失火，人汲取池中水以沃灌，池中空竭，鱼悉露死。喻恶之滋并伤良谨也。"（张国风《太平广记会校》，北京燕山出版社2011年11月第1版，第8392页）

肆虐①，灵雨愆期②，望洋而羡，束手无奇③，兴云乏术④，噀酒谁施⑤？岂曰式饮，绝庶几之愿⑥；竟尔澹灾，无匡救之宜⑦。

予也丙辰⑧之秋，调任兹土。念切民瘼⑨，目击艰苦，思远患以豫防，计弥缝而小补。询诸僚寀⑩，访及士民。既窈窕⑪以寻壑⑫，复崎岖而问津⑬。因高就下，辟莱锄榛⑭。有谷习习⑮，有石粼粼⑯，滃然⑰而仰出⑱者，清且洌；湛然⑲而濡润⑳者，淡以醇㉑。于是捐资命匠，竭力鸠工，不平穿于地下㉒，喜高引乎岭中㉓。一脉潺湲㉔，

---

① 祝融肆虐：此指当时万县城内火灾频繁。祝融：神名。帝喾时的火官，后尊为火神，命曰祝融。亦以为火或火灾的代称。
② 灵雨：好雨。愆（qiān）期：误期，失期。
③ 束手无奇：束手无奇招。
④ 兴云乏术：缺乏生成兴起云雾的方法和手段。
⑤ 噀（xùn）酒：指后汉栾巴喷酒为雨事。典出〔东晋〕葛洪《神仙传》卷五《栾巴》："巴为尚书，正旦会，群臣饮酒，巴乃含酒起，望西南噀之。奏云：'臣本乡成都市失火，故为救之。'帝驰驿往问之，云正旦失火时，有雨自东北来灭火，雨皆作酒气也。"（胡守为《神仙传校释》，中华书局2010年9月第1版，第195页）
⑥ 此句言难道说饮水的希望被断绝了。岂曰：难道说。式饮：犹饮。庶几：希望，但愿。
⑦ 此句言竟然消除灾害没有匡正补救的适宜办法。竟尔：犹竟然。澹灾：消除灾害。
⑧ 丙辰：此指1736年，即乾隆元年。
⑨ 念切民瘼（mò）：深切地忧虑民间疾苦。念：考虑，引申为忧虑。民瘼：民众的疾苦。
⑩ 僚寀（cǎi）：同僚。
⑪ 窈窕：深远的样子。
⑫ 寻壑：寻找（有水的）沟壑。
⑬ 问津：本义为询问渡口，引申为寻访或探求。这里指访求水源。
⑭ 辟莱锄榛：辟开杂草，锄掉丛木。莱：即藜，亦指丛生的杂草。榛：本指一种落叶灌木或小乔木，亦泛指丛木。
⑮ 有谷习习：山谷中的微风习习吹拂。有：助词，无义，作名词词头。
⑯ 有石粼粼：水石闪映。
⑰ 滃（wěng）然：水奔涌的样子。
⑱ 仰出：向上涌出。
⑲ 湛然：清澈的样子。
⑳ 濡润：沾湿，滋润。
㉑ 淡以醇：味淡而淳厚。以：连词，表承接，相当于"而"。
㉒ 此句言地势不平（枧槽）穿行于地下。
㉓ 此句言乐于高处引水于山岭之中。乎：相当介词"于"。
㉔ 潺湲（yuán）：指流水。

石边流出芳沚①；千层滂沛②，天上，注来清淙③。鉴开城闉④，道经泮沼⑤，翰藻芹香⑥，桥门星绕⑦。潆洄若带⑧，映桧色⑨之依依；左右逢源，助文光⑩之皎皎⑪。余波铿尔⑫，弦歌⑬在堂。一泓漾哉⑭，皓洁斯皇⑮。银瓶下而齐汲，素绠⑯举而共扬；第识取携之顺⑰，无烦抱瓮之忙⑱。若夫深可藏蛟，明堪烛影⑲，冬觉其温，夏利其冷，众水皆然，非吾所幸。愚民好逸，历久难持。井堙渠塞⑳，会有穷时。不加修葺，怅望空池。清流不绝，永润于斯，是所望于后之君子，而非吾之所敢知也。

---

① 芳沚：乾隆《万县志》作"澄芳沚"，指澄澈的水中之芳地。沚：水中小块陆地。
② 滂沛：水多的样子。
③ 清淙（cóng）：乾隆《万县志》作"泻清淙"，倾泻淙淙的清泉。淙：象声词，水声。
④ 鉴开城闉（yīn）：打开城隅。鉴开：指鉴察打开。城闉：城曲，城隅。按：丁凤皋《新修利济池序》云："抑知邑无北门，得此荫龙水，自北导入，以通坎气。"（文见前）可知昔日老万县城无北门，泉水入城必须凿开城墙。
⑤ 道经泮沼：途经泮池。泮沼：犹泮池，古代学官前的水池，形状如半月。因来水注入学官泮池，引水出学官，在官外筑便民池。
⑥ 翰藻：文采，辞藻。芹香：语本《诗经·鲁颂·泮水》："思乐泮水，薄采其芹。"〔西汉〕毛亨传："泮水，泮官之水也。"〔东汉〕郑玄笺："芹，水菜也。"（《毛诗正义》卷二十，第1396页）古时学官有泮水，入学则可采水中之芹以为菜，故称入学为"采芹""入泮"。芹：即水芹。
⑦ 桥门星绕：泮池上有桥，桥前有棂星门。棂星门：旧时学官孔庙的外门。原名灵星门。灵星即天田星。汉高祖命祭天先祀灵星，至宋仁宗天圣六年（1028年），筑郊台外垣，置灵星门，象天之体，旋又移用于孔庙，盖以尊天者崇圣。后人以汉祀灵星祈谷，与孔庙无涉，又见门形如窗棂，遂改为棂星门。星绕：犹零星环绕。
⑧ 潆洄若带：水流回旋如带。
⑨ 桧（guì）色：桧树的颜色。
⑩ 文光：绚烂的文采。
⑪ 皎皎：明亮的样子。
⑫ 铿尔：象声词，形容金石玉木等所发出的洪亮声。
⑬ 弦歌：用琴瑟等伴奏歌唱。
⑭ 一泓漾哉：一片荡漾的水啊。哉：语气助词，表示感叹。
⑮ 皓（hào）洁：明亮洁白。斯：助词，无实际意义，亦无语法作用。皇：美好。
⑯ 素绠（gěng）：汲水桶上的绳索。
⑰ 此句言逐渐识得汲取携带的便利顺当。第识：犹次第识得，第：次第，即依次，谓逐渐。顺：便利，有秩序。
⑱ 此句言没有抱着水瓮（无处汲水）繁忙的烦恼。忙：乾隆《万县志》作"茫"。
⑲ 明堪烛影：水光明亮可比烛光。堪：能够，可以。
⑳ 井堙（yīn）渠塞：水井被淤填，水渠被堵塞。堙、填：堵塞。

便民池赋 邑令 刘高培

自夫天光含晓①，月影净澜②，珠络玉葩③，露滴金盘。凝元精④于太乙⑤，瀑白练⑥于琼滩⑦。始涓涓而渐被⑧，亦浩浩而激湍⑨。涌雪浪而喷狮吼⑩，引虹旌而绕龙鬐⑪。

尔乃南浦北山⑫，西折东隈⑬，蒙泉⑭吞吐，坎液潆回⑮。气奄甘霖之沛⑯，泽寝旱魃之灾⑰。控上游于天堑⑱，泻横碧⑲于地陔⑳。落花满溪，香袭瀛沟之磴㉑；飞云隔岸，彩映蓬池之苔㉒。灵钟点潮㉓，滴滴流崆峒㉔之雅韵㉕；石鼓响籍㉖，曲

---

① 天光：犹天色。含晓：天将亮。
② 月影净澜：月光使波澜变得洁净。
③ 珠络：缀珠而成的网络，比喻飞瀑。玉葩（pā）：如玉的花。此处亦比喻飞溅的泉水。
④ 元精：天地的精气。
⑤ 太乙：亦作"太一"，古代指天地未分前的混沌之气。
⑥ 白练：白色熟绢，喻指像白绢一样的水流。
⑦ 琼滩：像美玉一样的石滩。
⑧ 渐被：逐渐铺满、覆盖。
⑨ 激湍（tuān）：急流。
⑩ 喷狮吼：喷出的雪浪声如狮吼。
⑪ 此句言彩虹像旌旗一样绕着龙。鬐（pān）：疑为"鬖"的俗字，龙鬐。
⑫ 南浦北山：便民池水源举人关为都历山隘口，俗称关口，在县城北，故云。
⑬ 西折东隈（wēi）：指举人关地势山形向西折，并向东弯曲。隈：山水弯曲隐蔽处。
⑭ 蒙泉：谓山上之水涌冒而出为泉，故云。蒙：《周易》卦名。六十四卦之一，坎下艮（gèn）上。坎象征水在下，艮象征山在上。故称。
⑮ 坎液：即水。坎：《周易》卦名，代表水，为北方之卦。潆回：水流回旋的样子。
⑯ 此句言气同好雨的盛大充沛。奄：覆盖，包。
⑰ 此句言水草丛杂之地止息了旱灾。寝：止息。旱魃：传说中引起旱灾的怪物。
⑱ 此句言控制水渠的上游于天然的壕沟。天堑（qiàn）：天然的壕沟。
⑲ 横碧：流水。碧：指代绿水。
⑳ 地陔（gāi）：地上的农田。陔：田埂。亦借指田亩。
㉑ 瀛沟：犹池沟。蹬：犹磴，石级。按，此处用词非常准确。瀛沟，即池沟，昔日万州引水入城的石渠的确是池与沟相连的，池供人取水，沟则引水流。例如从穿洞子引水入高笋塘的石渠就是如此。在今商贸城处一池，在今新世纪商场靠万三中一端亦有一池，供当地居民取水。又，石渠在坡度较大的地段常常修成梯形，两边砌护坎（即所谓"夹砌"），称"蹬"名实相副也。
㉒ 苔：指苔藓。
㉓ 灵钟点潮：钟声点击潮水。
㉔ 崆峒：山名。在今甘肃省平凉市西。相传乃黄帝问道于广成子之所，后亦以指仙山。
㉕ 雅韵：雅正的韵律。
㉖ 石鼓响籍（jiè）：如鼓形石头的响声含蓄。籍：蕴藉。籍：亦作"藉"。

曲谱洙泗①之育才。又且沁沁一勺②，汨汨盈千③。抛珠隐蛟之穴，掷锁稳鲸之天。泛滥日出④，何泄尾闾之窠⑤；往续无穷，终归星宿之泉⑥。

维时吾宗墨韵⑦，制锦⑧万川⑨期年⑩，爰⑪度形而鸠⑫石枫，既凿地而为池潬⑬。清泚淋壑⑭，甘滴溥慈惠于鳞巷⑮；滂流⑯趋海，巨浸弭祝融于蜂廛⑰。颜曰便民⑱，令允称仙⑲。

---

① 洙泗：洙水和泗水。古时二水自今山东省济宁市泗水县北合流而下，至曲阜北，又分为二水，洙水在北，泗水在南。春秋时属鲁国地。孔子在洙泗之间聚徒讲学。后因以"洙泗"代称孔子及儒家。按，便民池的来水经万县学宫泮池，故有此言。

② 沁沁一勺：沁人心脾的一勺，指泉水。

③ 盈千：超过一千。此针对上文"一勺"而言。

④ 泛滥日出：谓水波摇动中太阳升起。

⑤ 此句言为何泄海于尾闾的洞穴？尾闾：古代传说中泄海水之处。典出《庄子·秋水》："天下之水，莫大于海，万川归之，不知何时止而不盈；尾闾泄之，不知何时已而不虚。"〔唐〕成玄英疏："尾闾者，泄海水之所也。"〔晋〕郭象注、〔唐〕成玄英疏《南华真经注疏》，中华书局1998年7月第1版，第329页）窠（kē）：洞，坑。

⑥ 星宿（xiù）之泉：像星宿一样晶莹的泉水。古人常用星宿命名泉水，古诗词中亦常以星宿比喻泉眼。

⑦ 吾宗墨韵：犹我的同宗刘乃大。墨韵乃刘乃大的号。

⑧ 制锦：典出《左传·襄公三十一年》："子皮欲使尹何为邑。子产曰：'少，未知可否。'子皮曰：'愿，吾爱之，不吾叛也。使夫往而学焉，夫亦愈知治矣。'子产曰：'不可……子有美锦，不使人学制焉。大官、大邑，身之所庇也，而使学者制焉，其为美锦不亦多乎？'"（《春秋左传正义》卷四十，第1133—1134页）后因以"制锦"为贤者出任县令之典。

⑨ 万川：北周改安乡县置，隋开皇十八年（598）改为南浦县。这里是用历史旧名。

⑩ 期（jī）年：一年。

⑪ 爰，连词，于是，就。

⑫ 度形：计算谋划地形等。鸠："鸠工"之省，指聚集工匠。

⑬ 池潬（chán）：犹水流动的池塘。潬：水缓流。

⑭ 清泚（cǐ）：清澈的水。淋壑：浇灌山谷。壑：山谷。

⑮ 甘滴：甘美可口的水滴。溥（pǔ）慈惠：普施仁爱。鳞巷：像鱼鳞一样密布的街巷。

⑯ 滂流：涌流。

⑰ 巨浸：大水，大河。弭祝融于蜂廛：消弭火灾于蜂巢一样的民居。弭：止息。蜂廛：像蜂巢一样的民居。廛：古代平民一家在城邑中所占的房地。后泛指民居、市宅。

⑱ 颜曰便民：题名为"便民"。

⑲ 令允称仙：下令允许称仙，即可称此泉为仙泉云云。

培自今夏，甫卸轻艖①，巡视城堞②，经临③万家，情倾周相④，池真堪嘉⑤。惜碧流其别注，乃玉甃⑥竟埼斜⑦；前芳躅其曷举⑧，后灵泉⑨宁有崖。载卜吉日⑩，搜石层洼⑪，浚流⑫则朝宗⑬无壅⑭，夹砌则映澄有花⑮。

　　由是渊渟⑯献祥，泉跃效顺⑰，洁淘可食，冽井用汲于王明⑱，闬闳同沾⑲，喧市并登于河润⑳。倾玉瓒㉑于月岛㉒，争艳流杯㉓；抚湘琴于水帘，配声浮印㉔。

---

① 甫卸轻艖（chā）：刚刚解下小船。卸：解下。轻艖：小船。
② 城堞（dié）：城上的矮墙。
③ 经临：经过，到达。
④ 情倾周相：倾情于坚固的质地，指便民池及其引水工程。周：坚固完备。相：事物的质地。
⑤ 堪嘉：犹可嘉。
⑥ 玉甃：指水井。
⑦ 埼（qí）斜：弯曲倾斜。
⑧ 芳躅（zhú）：指前贤的踪迹。曷：代词，相当于"何"。举：举步。喻兴办，兴起。
⑨ 灵泉：对泉水的美称。
⑩ 载：助词，用在句首或句中，起加强语气的作用。卜吉日：占卜吉日。
⑪ 搜石层洼：搜寻山石层岩间的洼地，谓寻找水源。洼：凹陷之处。
⑫ 浚（jùn）流：疏通河流。这里指疏通渠堰。
⑬ 朝宗：本指古代诸侯春、夏朝见天子，比喻小水流注大水。
⑭ 无壅：无阻塞。壅：堵塞，阻挡。
⑮ 夹砌：指两边砌石。映澄有花：谓有花映照在清澈的水流中。澄：清澈。
⑯ 渊渟（tíng）：潭水积聚的样子。
⑰ 效顺：表示忠顺。
⑱ 王明：语出《周易·井》："九三，井渫不食，为我心恻，可用汲，王明，并受其福。"〔唐〕孔颖达疏："井之可汲，犹人可用……若遭遇贤主，则申其行能。"（《周易正义》卷五，第200—201页）谓天子之圣明。
⑲ 闬闳（hàn）：古代里巷的门。借指街坊。同沾：谓同沾清泉。
⑳ 河润：谓恩泽及人，如河水之滋润土地。
㉑ 玉瓒（zàn）：犹圭瓒，古代礼器，为玉柄金勺，祼祭时用以酌香酒。亦泛指酒盏。这里即指酒盏。
㉒ 月岛：月光中的小岛。
㉓ 争艳流杯：与流杯池争艳。
㉔ 浮印：即"万州八景"或"十景"之一的"玉印中浮"或"金岛印浮"。金岛：即千金岛，是西山外江中心的一块巨大的岩石，俗称"千金石"，像一方印石漂浮在江波之中。

蔚煌煌①其昆明之派②，羌耿耿③其瀚海④之源。万斛⑤千层，倒吸银汉⑥。十里九折，手披台垣⑦。清刚⑧则纽乎地轴⑨，波溥⑩则昭乎天门⑪。共深涵濡⑫，谁谢殷烦⑬。宁⑭瞻望而徘徊，抑⑮努力而缱绻⑯。玻溜溜其自迩⑰，碧瀁瀁其及远⑱。既纡回而畅达，复绵亘⑲而委婉⑳。余爱日永㉑，棠甘奚谖㉒？沐膏泽者如一㉓，咏

---

① 蔚：盛大。煌煌：光彩夺目的样子。
② 昆明之派：昆明池的支流。昆明：指汉代昆明池。派：江河的支流。
③ 羌：句首助词。耿耿：明亮的样子。
④ 瀚海：地名，其含义随时代而变。或曰即今呼伦湖、贝尔湖，或曰即今贝加尔湖。按，"瀚海"一词非指大海。此处上句"昆明之派"为用典，则此句"瀚海之源"亦当是用典，故宜训为古代湖泊。
⑤ 万斛（hú）：极言容量之多。古代以十斗为一斛，南宋末年改为五斗。
⑥ 银汉：即银河。银河由大量恒星构成，古亦称"云汉"，又名天河、星河。
⑦ 手披台垣：辟开高台城墙。披：辟开。按，刘乃大《便民池赋》有"鉴开城闉"句，丁凤皋《新修利济池序》亦云"抑知邑无北门，得此荫龙水，自北导入"（文均见前），可知昔日县城无北门，从城外举人关引水入县城，须打开城墙。"手披台垣"当即言此事。
⑧ 清刚：清正刚直。刚：原刻本此字不清，今据乾隆《万县志》补。
⑨ 地轴：古代传说中大地的轴。
⑩ 波溥：波涛广大。
⑪ 昭乎天门：其明亮可映照于天门。
⑫ 涵濡：滋润。
⑬ 殷烦：烦杂。
⑭ 宁：难道。
⑮ 抑：连词，还是，表示选择。
⑯ 缱绻：固结不解，引申为不离散。
⑰ 玻：犹玻璃，古为玉名，亦称水玉，或以为即水晶。用以形容清澈闪亮的泉水。溜溜：水流泻注。其：代词，它，指泉水。自迩：谓泉水由来很近。
⑱ 碧：水色如碧。瀁瀁：水广大貌。及远：到达远方。
⑲ 绵亘：连续不绝。
⑳ 委婉：曲折婉转。
㉑ 余爱：前人留下的恩德。日永：犹言日子长久。
㉒ 棠甘：即甘棠，典出〔西汉〕司马迁《史记》卷三十四《燕召公世家》："周武王之灭纣，封召公于北燕……召公巡行乡邑，有棠树，决狱政事其下，自侯伯至庶人各得其所，无失职者。召公卒，而民人思召公之政，怀棠树不敢伐，哥咏之，作《甘棠》之诗。"（郭逸、郭曼标点《史记》，上海古籍出版社1997年8月第1版，第1245—1246页）后遂以"甘棠"称颂循吏的美政和遗爱。
奚谖：犹何曾忘记。奚：疑问词，犹何。谖：通"萱"，忘记。
㉓ 沐膏泽者：像沐浴雨水一样受恩惠的人。膏泽：滋润作物的雨水。如一：一律，一样。

思乐者其万①。溯②文翁于前规③，知嘉惠④乎⑤旧馆。景隆仪⑥于岩边，步芳迹乎泽畔。冷香泉以和露⑦，杓倬章而赧翰⑧。泪乎和畅春风，谐调秋雨⑨，倚楼玩波⑩，群欣乐土⑪，提瓮汲浆，咸歌冒怙⑫。饮琼液⑬而果腹⑭者连肆⑮，挹玉露⑯而咏勤⑰者比户⑱。鼓舞⑲兮兰浆出壁岫⑳，回翔兮锦标掣凤池㉑。引满岷川㉒之秀，控挹㉓瞿唐之弭㉔。夜照玉垒㉕而流雪㉖，日照峨眉㉗而列嵫㉘。溥斯亿兆㉙，浃彼群黎㉚。演

---

① 咏思乐者：咏叹欢乐的人。其万：上万。其：代词，指"咏思乐者"。
② 溯（sù）：追溯。
③ 前规：前人的规范。
④ 嘉惠：对他人所给予的恩惠的敬称。
⑤ 乎：相当介词"于"。
⑥ 景：景仰。隆仪：隆重的仪式。
⑦ 和露：掺和露珠。
⑧ 杓（sháo）：杓子，引申为饮吸。倬章：光明弘大的彩纹，多形云霞。赧（nǎn）翰：羽翼羞赧。赧：羞愧。翰：鸟羽，羽翼。
⑨ 谐调秋雨：指泉水调剂秋雨。按，峡江一代伏旱严重，而池水弥补了秋雨之不调。
⑩ 此句言凭靠在楼上，观赏波浪。
⑪ 此句言人群喜欢这安乐的地方。乐土：安乐的地方。
⑫ 咸歌：犹同歌。冒怙：当作"怙冒"，因叶韵而颠倒次序，谓勤勉治国之大功。语出《尚书·康诰》："越我一二邦，以修我西土，惟时怙冒，闻于上帝。"（《尚书正义》卷十四，第360页）
⑬ 琼液：道教所谓的玉液，服之长生。此处喻指便民池泉水。
⑭ 果腹：吃饱肚子。
⑮ 连肆：连接街市，言其多。
⑯ 挹：以瓢舀取，指吸取。玉露：本指秋露，比喻泉水。
⑰ 咏勤："歌咏勤苦"之省。
⑱ 比户：家家户户。
⑲ 鼓舞：激发，激励。
⑳ 壁岫（xiù）：绝壁峰峦。
㉑ 回翔：本指鸟盘旋飞翔。这里比喻轻舟往返划行。锦标掣（chè）凤池：夺取锦标于凤池中。锦标：锦制的旗帜，古代用以赠给竞渡的领先者。凤池：池水的美称。按：此二句描写赛龙舟的场景。
㉒ 岷川：犹岷江。古时人们以岷江为长江正源，故常以岷江指称长江。
㉓ 控挹：犹控引，即贯通。
㉔ 弭（mǐ）：水满的样子。
㉕ 玉垒：指玉垒山。在四川省理县东南。多作成都的代称。
㉖ 流雪：犹流雪水。
㉗ 峨眉：山名，在四川省峨眉山市西南，因山势逶迤，有山峰相对如蛾眉，故名。
㉘ 列嵫（zī）：排列的嵫，形容群山。
㉙ 溥斯亿兆：普施此亿兆（之民）。溥：普遍。斯：此。
㉚ 浃：沾润，谓施予某种恩惠。彼群黎：那些百姓。群黎：万民，百姓。

渍沃①以无疆，扩新膏②而日滋③。休哉④游泳⑤，允矣⑥涟漪⑦。

---

①渍沃：犹浸润浇灌。
②新膏：犹新雨。这里借指新泉，谓其膏泽万物。
③日滋：日日滋养。
④休哉：美好啊！休：美善。
⑤游泳：涵濡，浸润。
⑥允矣：诚信呀！允：原刻本此字不清，今据乾隆《万县志》补。
⑦涟漪（yī）：亦作"涟猗"，水面波纹。这里指代泉水，谓其诚信为民，故云。另，乾隆《万县志》后还有落款："时乾隆拾壹年丙寅孟秋月吉旦、赐进士第文林郎、知万县事庐陵刘高培撰"。

《典礼备考》目录

卷一　祀典上
卷二　祀典中
卷三　祀典下
卷四　朝贺　迎诏　救护
卷五　乡饮酒
卷六　昏
卷七　丧
卷八　祭

《典礼备考》卷一

万县志局敬镌

《会典则例·祀典上》

社稷坛

礼部则例：凡直省府州县，各择爽垲①之地建社稷坛，均北向，岁以春秋仲月上戊日为民祈报②。府州县皆正印官将事③，以各学教官纠仪，生员充礼生；省会丞倅④执事，府州县掾吏⑤执事。

仪注

直省祭社稷坛，前期二日，承祭、陪祭各官各致斋于公所。祭日，豫陈祭品，每神位前各帛一黑色、铏二和、羹、簠二黍、稷、簋二稻、粱、笾四枣、形盐、栗、鱐鱼、豆四韭菹、鹿醢、菁菹、醓醢、爵三，共羊一、豕一、尊一。鸡初鸣，承祭官以下朝服咸集。黎明，赞引⑥礼生二人，引承祭官诣盥洗所盥洗。通赞礼生赞："执事者各司其事。"赞引者引承祭官至阶前拜位立。引班礼生二人，分引陪祭官文东武西，各就拜位序立⑦。

---

① 爽垲：高爽干燥。《左传·昭公三年》："子之宅近市，湫隘嚣尘，不可以居，请更诸爽垲者。"杜预注："爽，明；垲，燥。"
② 祈报：古代祀社，春夏祈而秋冬报。《礼记·郊特牲》："祭有祈焉，有报焉。"郑玄注："祈，犹求也。谓祈福祥、求永贞也，谓若获禾报社。"
③ 将事：从事于某项任务或工作。《左传·成公十三年》："晋侯使郤锜来乞师，将事不敬。"
④ 丞倅：指副职。丞、倅皆佐贰之官。〔清〕王韬《淞滨琐话·金玉蟾》："君果欲官，妾能谋之。然丞倅府县，分位太卑。"
⑤ 掾吏：官府中佐助官吏的通称。《东观汉记·吴良传》："为郡议曹掾。岁旦，与掾吏入贺。"
⑥ 赞引：指赞礼并导引的人。《隋书·礼仪志七》："典谒赞引，流外冗吏，通服之，以缦。"
⑦ 序立：按品级站立。〔唐〕李翱《劝河南尹复故事书》："司录入院，诸官于堂上序立，司录揖，然后坐。"

乃迎神：赞引者引承祭官升坛，诣香案前，司香，跪，捧香；承祭官三上香，复位，行三跪九叩礼；陪祭官、各官皆随行礼。

奠帛：初献爵。司帛捧篚进，跪，奠篚；司爵捧爵进，献爵，奠正中；皆退。司祝礼生至祝案前跪，承祭官暨陪祭各官皆跪。司祝读祝毕，诣神位前跪安于案，叩如初，退。承暨官及陪祭各官行三叩礼。亚献爵奠于左，终献爵奠于右，均仪如初献，乃彻馔。

送神：承祭官行三跪九叩礼，陪祭各官皆随行礼。司祝捧祝，司帛捧帛，送瘗①所。承祭官转立拜位西旁东面，候祝、帛过，复位，引至望瘗位，望瘗，赞告礼成，引退，众皆退。

祝文：维某年月日，某官某致祭于社稷之神曰："惟神奠安九土②，粒食万邦。分五色以表封圻③，育三农而蕃稼穑。恭承守土，肃展明禋④。时届仲春（秋），敬修祀典。庶凡凡松柏，巩盘石于无疆；翼翼黍苗，佐神仓于不匮。尚飨！"

神祇坛

礼部则例：凡直省府州县，各建神祇坛，于春秋仲月祭天神、地及本境城隍之神，在城文武皆与祭。雩祭及祭厉，均诣坛将事，例同仪注。

神祇坛春秋仲月致祭。设案一于坛正中，南向，云雨风神位居中，境内山川神位居左，城隍神位居右，陈铏二、簠二、簋二、笾四、豆四；案前设俎，陈羊一、豕一；又前设香案一，供祝版，陈香盘一、炉一、镫二；西设案一，陈帛七、尊一、爵二十有一，福酒、胙肉陈于尊俎之次。主祭官及陪祀官、执事官序班，并如祭社稷坛之仪。引班、引赞、通赞及执事诸人以次序立。质明，引班引陪祭官入，引赞引主祭官入。通赞赞："执事者各司其事。"赞就位，引主祭官至阶下，盥手，就拜位立；陪祭官按班就东西拜位立，均北面迎神、上香、读祝，行三献礼，饮福受胙如仪，余与社稷坛同。

祝文：维某年月日，某官某致祭于云、雨、风、雷、山川、城隍之神曰："维

---

① 瘗（yì）：埋物祭地。《诗·大雅·云汉》："旱既大甚，蕴隆虫虫，不殄禋祀，自郊徂宫，上下奠瘗，靡神不宗。"毛传："上祭天，下祭地，奠其币，瘗其物。"高亨注："把祭品埋在地下以祭地神为瘗。"

② 九土：九州的土地。《国语·鲁语上》："共工氏之伯九有也，其子曰后土，能平九土。"韦昭注："九土，九州之土也。"

③ 封圻：封畿。《汉书·文帝纪》："封圻之内，勤劳不处。"颜师古注："圻亦畿字。王畿千里。"

④ 明禋：洁敬。指明洁诚敬的献享。《书·洛诰》："伻来毖殷，乃命宁予以秬鬯二卣，曰明禋，拜手稽首休享。"蔡沈（沉）《书集传》："明，洁；禋，敬也。以事神之礼事公也。"

神赞襄天泽，福佑苍黎。佐灵化①以流形②，生成永赖；乘气机③而鼓荡，温肃攸宜。磅礴高深，长保永贞之吉；凭依巩固，实资捍御之功。幸民俗之殷盈，仰神明之庇护。恭修岁祀，正值良辰，敬洁豆笾，祗陈牲币。尚飨！"

　　礼部则例：孟夏后，诹吉行常雩礼，陈设仪注同前。若岁间不雨，守土长吏诹宜祀之，辰具祝文_{随时撰拟}，备脯醢果实香帛尊爵炉镫之属，率属素服，祈祷行礼，仪节与常祀同。既应而报，陈设牲牢，朝服行报祀礼，与祈祀同。

　　常雩祝文：恭膺诏命，抚育群黎。仰体彤庭④保赤之诚，勤农劝稼，俯维蔀屋⑤，资生之本，力穑服田。令甲爰颁，肃举祈年之典；惟寅将事，用伸守土之忱。黍稷惟馨，尚冀明昭之受赐；来牟率育，庶神丰裕于盖藏。尚飨！

　　乾隆七年，定旱岁祭雩祈雨，潦则祭城门祈晴，其体俱同雩祭。既应而报，祀礼均同。

　　祝文："具官恭承诏命，临民职司守上，惟兆人之攸赖，并藉神功；冀四序之调和，群蒙福荫。必使雨旸⑥应候，爰占物阜而民安；庶几寒燠攸宜，共庆时和而岁稔。仰灵枢之默运，聿集嘉祥；勤元化⑦以流行，俾无灾害。尚飨！"

厉坛

　　礼部则例：每岁三月清明节、七月望、十月朔日，祭厉坛于城北郊。前期，守土官饬所司具香烛，公服诣神祇坛以祭厉，告本境城隍之神，上香，跪，三叩，兴，退。至日，所司陈羊三、豕三、米饭三、石尊酒楮，吊于祭所，设燎炉于坛南；黎明，礼生奉请城隍神位入坛，设于正中，香案一，炉灯具；赞礼生二人引守土官公服诣神位前，赞"跪、上香"，守土官三上香。赞"叩、兴"，守土官三叩、兴，退。

---

① 灵化：神异的变化。〔晋〕陶潜《读〈山海经〉》诗之二："灵化无穷已，馆宇非一山。"逯钦立校注："灵化，神灵变化。"
② 流形：谓万物受自然之滋育而运动变化其形体。《易·乾·象》："云行雨施，品物流形。"高亨注："流形谓运动其形体。此二句言天有云行雨降，万物受其滋育，始能运动形体于宇宙之间。"
③ 气机：谓天地有规律运行的自然机能。〔明〕王守仁《传习录》卷上："天地气机，元无一息之停。"
④ 彤庭：汉代宫廷。因以朱漆涂饰，故称。〔汉〕班固《西都赋》："于是玄墀扣砌，玉阶彤庭。"亦泛指皇宫。
⑤ 蔀屋：草席盖顶之屋。泛指贫家幽暗简陋之屋。〔宋〕王安石《寄道光大师》诗："秋雨漫漫夜复朝，可嗟蔀屋望重霄。"
⑥ 旸：音yī，太阳在云中忽隐忽现。《说文·日部》："旸，日覆云暂见也。"段玉裁注："覆云者，掩于云；暂见者，倏见也。"这里指太阳光照。
⑦ 元化：造化，天地。〔唐〕陈子昂《感遇》诗之六："古之得仙道，信与元化并。"

执事者焚楮帛，守土官诣燎炉前，祭酒三爵，退；礼生仍奉城隍神位还神祇坛，退。

告文：遵依礼部劄，为祭祀本境无祀鬼神事，钦奉皇帝圣旨，普天之下，后土之上，无不有人，无不有鬼。人鬼之道，幽明虽殊，其理则一。故天下之广，兆民之众，必立君以主之。君总其大，又设官分职为府州县，以各长之，以于每百户设一里长，以统领之。上下之职，纲纪不紊，此治人之法如此。天子祭天地神祇及天下山川，王国各府州县祭境内山川及祀典神祇，庶民祭其祖先及里社土谷之神。上下之礼，各有等第，此治神之道如此。尚念冥冥之中无祀鬼神，昔为生民，未知何故而没。其间有遭兵刃而损伤者，有死于水火盗贼者，有被人取财而逼死者，有被人强夺妻女而死者，有遭刑祸而负屈死者，有天灾流行而瘟疫死者，有为猛兽毒蛇所害死者，有为冻饿而死者，有为战斗而殒身者，有因危急而自缢者，有因墙屋倾颓而压死者，有远行征旅死未归籍者，有死后无子孙者。此等鬼魂，或终于前代，或没于后世，或兵戈扰攘流移它乡，或人烟断绝久缺其祭。姓氏泯没于一时，祀典无闻而不载。此等孤魂，死无所依，精魄未散，结为英灵，或依草附木，作为妖怪，悲号于星月之下，呻吟于风雨之时。凡遇人间令节，心思阳世，魂杳杳以无归；身堕沉沦，意悬悬而望祭。兴言及此，怜其惨凄，故敕天下有司，依时享祭。在京都有泰厉①之祭，在王国有国厉之祭，在府州有郡厉之祭，在各县有邑厉之祭，在一里又有乡厉之祭。期于神依人而血食②，人敬神而知礼。仍命本处城隍，以主此祭。钦奉如此，今某等不敢有违，谨设坛于城西，以某月某日，设备牲醴羹饭，专祭阖境内无祀鬼神等众。灵其不昧，来享此祭。尚飨！

先农坛

礼部则例：凡直省府州县，各建先农坛，岁以三月亥日致祭。省会以总督或巡抚主祭。有故，则布政使摄。陪祭文武官及各执事，均与祭社稷坛同。

仪注

直省祭先农坛，以三月亥日，主祭、陪祭、执事各官，前期二日，各致祭于公所，扫除坛壝内外。祭日鸡初鸣，执事人入，设先农案于坛正中，南向，陈铏一、笾二、

---

① 泰厉：古代帝王七祀之一。所祀之主为帝王无后之鬼。《礼记·祭法》："王为群姓立七祀，曰司命，曰中霤，曰国门，曰国行，曰泰厉，曰户，曰灶。"孔颖达疏："曰泰厉者，谓古帝王无后者也，此鬼无所依归，好为民作祸，故祀之也。"依此，以下"国厉""郡厉""邑厉""乡厉"均为不同范畴内的厉祭祀。

② 血食：谓受享祭品。古代杀牲取血以祭，故称。《汉书·高帝纪下》："故粤王亡诸世奉粤祀，秦侵夺其地，使其社稷不得血食。"颜师古注："祭者尚血腥，故曰血食也。"

籩二、笾豆各四；案前设俎，陈羊一、豕一。又前设香案一，陈祝文、香盘、炉、镫；左设一案，东向，陈帛一、尊一、爵三，陈福酒、胙肉于尊俎之次。设盥洗于阶下之东。质明，引班引陪祭官入，引赞引主祭官入。通赞赞："执事者各司其事。"赞就位，引主祭官至阶下盥手，就拜位立；陪祭官按班就东西拜位立。均北面迎神，上香，读祝，行三献礼。饮福受胙如仪，余与社稷坛同。

祝文：维某年月日、某官某致祭于先农之神曰："惟神肇兴稼穑，立我烝民。颂思文之德，克配彼天；念率育之功，陈常时夏。兹当东作①，咸服先畴②。洪惟九五之尊，岁举三推之典。恭膺守土，敢忘劳民，谨奉彝章，聿修祀事。惟愿五风十雨嘉祥，恒沐神庥③；庶几九穗双歧，上瑞频书大有④。尚飨！"

礼部则例：直省耕耤，督抚以下，与祭官皆朝服，致祭先农坛毕，各官易蟒袍，补服⑤诣耤田，通赞赞"行耕耤礼"，督抚以下就耕所，执事者受耒耜与鞭，皆右秉耒，左执鞭，进耕。督府以府佐贰官，一员执种箱，一员播种；布政使、按察使以首领官执箱播种，各道以州县佐贰官执箱播种，知府、知县以丞史执箱播种。皆耆老，一人牵牛，农夫二人扶犁，各九推九返，毕，释鞭耒，以次序立田首，西向北上，农夫遂终亩告。毕事，各官望阙立，通赞赞"齐班"，引班分引各官至香案前，按班序立，重行北面，耆老农夫少远列行，北面随立。赞"跪、叩、兴"，行三跪九叩头礼，兴，各退。若府不附省，州县卫不附府者，正印官率佐贰丞史耕耤，各以耆老二人执箱播种，馀与省会同。

勾芒之祀 春在十二月望后，芒神执策，当牛肩；在正月朔后，当牛腰；在正月望后，当牛膝。先立春一日，长官朝服，率僚属于东郊祀勾芒之神，礼毕，迎春归，驻署仪门外。至日，各官朝服祭勾芒，用牲果酒醴四，拜礼毕，长官击鼓三声，执彩鞭，率各官环

---

① 东作：谓春耕。《书·尧典》："寅宾出日，平秩东作。"孔传："岁起于东，而始就耕，谓之东作。"亦泛指农事。

② 先畴：先人所遗的田地。〔汉〕班固《西都赋》："士食旧德之名氏，农服先畴之畎亩。"吕延济注："先畴，先人畎亩。"

③ 神庥：神灵护佑。〔前蜀〕杜光庭《王虔常侍北斗醮词》："答往愿于当年，期降恩于此日，永当修奉，以荷神庥。"

④ 上瑞：最大的吉兆。〔唐〕韩愈《贺庆云表》："臣所领州，今月十六日申时有庆云现于西北……斯为上瑞，实应太平。"大有：《易》卦名。即干下离上。象征大，多。《易·序卦》："与人同者，物必归焉，故受之以《大有》。"高亨注："《大有》，所有者大，所有者多也。"亦指"丰收"。〔唐〕储光羲《观竞渡》诗："能令秋大有，鼓吹远相催。"

⑤ 补服：明清时于品服之外，缀有随时依景而制的补子的衣服。阿英《女儿节的故事》："内廷官嫔，旧例从初一起，就要衣鹊桥补服。"

击土牛者三，乡竞取其土，以为宜年。

迎春祝文：维神司令元春，参赞化育。祛除寒威，渐回温燠。雨顺风调，禾登麦熟。百谷顺成，群黎蒙福。今于某日恭诣东郊，先期迎神驾，敢告。

鞭春祝文：化功造物，无私勿怠。雷动风散，雨润日暄。以时宣布，岁则有年。民维邦本，食乃民天。四时之序，春令为先。敢告尊神，发动春鞭。

《典礼备考》卷二

万县志局敬镌

《会典则例·祀典中》

文庙

礼部则例

不隶省会之府州县，文庙丁祭①日，有道员分驻者，以道员为正献；无道员分驻者，长官正献；两序以其贰及所属两庑，以食饩学弟子员各一人分献。

崇圣祠：教谕正献，两序训导分献，两庑皆食饩学弟子员各一人分献。陈设器数、行礼仪节，与省会同。月朔释菜，望日上香，亦与省会同。

仪注

会典，每岁仲春、仲秋上丁日致祭。

前期二日，各署设斋戒牌，承祭、分献官致斋二日，宿别室，不饮酒，不食葱韭蒜薤，不吊丧问疾，不听乐理刑，不判署刑杀文字，不预秽恶事。前二日，执事官补服至牺牲所省牲。前一日，承祭官签榜，由署中门出，鼓乐迎至文庙前张挂；执事者举祝案，送致斋所；承祭官敬视毕，送至前后殿安设，行一跪三叩礼，退。承祭官率僚属至明伦堂，观演乐习仪毕，引赞引执事官穿补服诣省牲所香案前立，上香、献爵、奠酒、三揖，执事者牵牲过案前，礼毕，执事官监视宰牲，并供毛血，执事生用小碟盛毛血捧送神案前，余埋净处；承祭官率僚属至庙丹墀前，各一揖，退。

祭日，主祭、分献、器祭各官至更衣所，引赞唱"更衣"，各官皆着朝服，入两旁门厅立；通赞唱"佥祝版"，引赞唱"升堂"，引各官从东阶上，序爵、序事、

---

① 丁祭：旧时于每年阴历二月、八月第一个丁日祭祀孔子，称"丁祭"。〔明〕郑仲夔《耳新·令德》："萧郡尊思似每丁祭，必斋宿学官。"

请祝请祝版至、签名各官书名，下堂从西阶下，通赞唱"启户各门俱开，乐舞生就位，执事者各司其事则例有文舞动六俏进，主祭官就位，分献官就位，陪祭官就位文东武西。瘗毛血司毛血生将毛血碟捧从中门出，埋于西北隅坎内，启牲馔盖，举迎神乐，奏昭平之章。"乐作，引赞唱"众官诣西北隅迎神，众官打躬，神降，复位。"则例无"众官诣西北隅，复位"语，乐作下有"上香，赞礼郎赞'就上香位'，引承祭官升东阶，入殿左门，赞：'诣先师香案前，跪'，承祭官跪，俯伏，赞'上香，司香，跪，捧香'，承祭官三上香毕，俯伏。与以次诣四配前跪，上香，仪同赞，复位，引承祭官复位。"初迎神时，赞礼郎分引东西，序分献官各一员升东阶，入殿左右门，诣十二哲位前跪，上香，退，复位；引两庑分献官东西各二员，分诣先贤先儒位前跪，上香，均如前仪。然后赞礼郎赞"参神"，视会典礼有加。通赞唱"参神"，鸣赞唱"跪、叩首行三跪九叩礼、兴、平身众官俱立"，乐止。通赞唱"行初献礼，举初献乐，奏宣平之章"，乐作则例有舞羽籥之舞。诣盥洗所，浴手净巾，诣酒尊所，司尊者举幂酌酒，升坛导承祭祀官由东阶上，入殿左，诣至圣先师孔子神位前跪行一跪一叩礼，兴奠帛捧帛生以帛跪进，承祭官接帛，拱举立献案上，献爵执爵生以爵跪进，承祭官接爵拱举立献正中，跪、叩首、兴；诣读祝位则例有乐暂止，跪，鸣赞唱"众官皆跪"，引赞唱"读祝文"，读祝生至案前，一跪三叩，捧祝版立于案左。跪，读祝。读毕，捧祝版至正位前跪，安帛匣内，三叩首，退。乐作，引赞唱"叩、兴"，承祭官及各官行三叩礼。引赞唱"行分献礼"，引赞唱"诣复圣颜子神位前跪，叩、兴"，行一跪一叩礼。奠帛执事生捧帛跪进于案左，承祭官接帛拱举立献案上，献爵执事生执爵，跪进于案左，承祭官立献正中，跪、叩首行一跪一叩礼、兴。诣宗圣曾子神位前，奠帛，进爵，献爵。如前仪诣亚圣孟子神位前。如前仪

十二哲：两庑分献官教职分献东西哲，典史分献东西庑升坛，奠帛，进爵。如承祭官仪行礼毕，引赞唱"复位。"承祭官出西门，由西阶下分祭官各得位立乐止，通赞唱："行亚献礼，举亚献乐，奏秩平之章。"乐作则例有舞，同初献，引赞唱："升坛。"由东门入，献爵于左，如初仪献毕，引赞唱："复位。"承祭官出西门，由西阶下，及分献官各复位立乐止，通赞唱："行终献礼，举终献乐，奏叙平之章。"乐作则例有舞，同亚献，引赞唱"升坛"，献爵于右，如亚献毕，复位各复位立，乐止则例有文舞退。通赞唱"饮福受胙"，引赞唱"诣饮福受胙位"，承祭官至殿内立，捧酒酒胙一人，取正中一爵羊，左一胙，自正位案前拱举至福胙位，右旁跪接福胙，二人在左旁跪引赞唱"跪，饮福酒承祭官受爵拱举，授接爵执事，受胙承祭官受胙拱举，授接胙执事，由中门出，正阶下，送献官署，叩、兴承祭官三叩首，兴，复位"，通赞唱"跪、兴"，承祭官、分献及陪祭各官俱行三跪九叩首礼通赞唱"撤馔，举撤馔，乐奏懿平之章"，乐作。牲馔稍为移动乐止，通赞唱"辞神，举送神，乐奏德平之章"，乐作。通赞唱："跪、叩、兴。"承祭、分献、各陪祭官俱行三跪九叩礼乐止，则例下无送神，诣送神所打躬通赞唱"送神"，引赞唱"诣送神所"，众官俱至戟门众官打躬。通赞唱"捧祝帛馔，各恭诣燎前。"捧祝帛生至各位前，一跪三叩，捧起，祝在前，帛次之，捧馔生跪，不叩，捧起，各送至燎所正位，祝帛俱由中门，承祭官退至

两旁候祝帛馔过，仍复位立通赞唱"望瘗，举望瘗乐与送神乐同"，乐作，引赞唱"诣望瘗位"，举柴焚祝帛，复位，乐止。通赞唱"阖户"，鸣赞唱"礼毕"。撤班

祝文：维年月日、某官致祭于至圣先师孔子曰："惟先师德隆千古，道冠百王。揭日月以常行，自生民所未有。属文教昌明之会，正礼节乐和之时。辟雍钟鼓，咸恪荐于馨香；泮水胶庠，益致严于笾豆。兹当仲春（秋），祗率彝章①，肃展微忱，聿将祀典。配以复圣颜子、宗圣曾子、述圣子思子、亚圣孟子。尚飨！"

谨按，《礼部则例》：坛庙祭祀，《仪注》与《康熙会要》互有异同，盖则例十年一修，礼制因时损益也。则例直省社稷、先农无乐舞，社稷无饮福受胙。文庙三献乐作俱有文舞，迎神有分诣、上香，无打躬，送神无打躬。乾隆五十二年裁去一揖礼，即裁去送神、打躬也，皆增订尽善者。于坛壝录则例，于文庙补则例，遵循无误，升降益昭雍肃②矣。

崇圣祠：朝服三跪九叩，行三献礼，惟无乐舞，无饮福受胙。

祝文：维年月日、某官至祭于肇圣王、裕圣王、诒圣王、昌圣王、启圣王曰："维王奕叶钟祥光，开圣绪盛德之后，积久弥昌，凡声教所覃敷，率循源而溯本，宜肃明禋之典，用申守土之忱，兹届仲春（秋），聿修祀典，配以先贤颜氏、先贤曾氏、先贤孔氏、先贤孟孙氏。尚飨！"

执事：但于本学生员中选派，预期示知，令演习娴熟。

通赞：立堂阶左，总赞礼节。

鸣赞：立堂阶右，与通赞对唱跪叩礼。

引赞：二人相对立于承祭官前，引导赞礼。

捧帛：预实帛于篚，候唱，跪进接奠神前。

迎神：预执杯候唱灌地、唱降神、神降。

读祝：预捧祝版，候读祝时跪承祭官左敬读。

司尊：预实尊酒候唱，举幂以勺酌之。

执爵：预涤爵候唱，捧以跪授，接奠，与捧帛同。

盥洗：掌匜③槃巾帨，候承祭、分献官涤爵拭手。

---

① 彝章：常典，旧典。〔南朝·梁〕任昉《为范尚书让吏部封侯第一表》："矜臣所乞，特回宠命，则彝章载穆，微物知免。"

② 雍肃：庄严雍容，整齐和谐。形容祭祀时的气氛和乐声。《诗·周颂·清庙》："于穆清庙，肃雍显相。"毛传："肃，敬；雍，和。"

③ 匜：音yí，古代盥洗时用以盛水之具。《左传·僖公二十三年》："奉匜沃盥，既而挥之。"杜预注："匜，沃盥器也。"杨伯峻注："匜，音移，古人洗手洗面之具，用以盛水。古人洗盥，一人持匜，灌水于洗盥者之手以洗之，下有槃，以盛盥讫之水。"

香烛：预以香烛，谨候临祭点炷、炉台。

司户：殿上戟门各二人，候唱，以司启闭。

福胙：一执爵，一捧胙，进于献官，仍接退。

燔瘗：候唱燔、燔柴、燎炉、瘗毛、备血西北坎。

撤馔：祭时司启各牲馔盖，候唱撤，稍为移动。

祭前牵牲、监宰、造馔及庶品、洒扫殿宇堂陛、陈设各案祭器牲馔，俱派生员，以上各执事派定，俱各敬谨襄承。

佾舞生三十六名，歌童四名，在本邑童生中择选教习；乐工五十二人，预募教习。

礼器

登一、铏三十二、簠一百、簋一百、笾四百零二、豆四百零二、俎三十三、牲盘一百九十六、筐十八、白磁爵四十二、铜爵一百五十一、尊十九、幂十九、勺八、铜匜洗各一、祝版二，香炉烛台随案陈设。

祭品

登盛太羹，铏盛和羹，簠簋盛黍稷稻粱，笾豆盛形盐、鱐鱼、鹿脯、鹿醢、醓醢、鱼醢、兔醢、菁菹、芹菹、笋菹、枣、栗、榛、菱、芡、白饼、黑饼、脾析、豚拍，俎盛芹菹，筐盛帛。

太羹：煮肉汁，不用盐酱。

和羹：盐酱肉汁。

黍、稷、稻、粱：各拣完好，淘洗洁净。

形盐：干净白盐印成虎形。

鱐鱼：预用白鱼盐腌晒干，临祭温水泡洗，切，酒醋浸用。

鹿脯：预以鹿肉聘脯，临祭煮熟，切条。

醓醢：用猪脊肉切小方块，如鹿醢，烹酢。

鹿醢：用鲜鹿肉切小方块，滚水焯熟，加盐、醋、酒、椒、姜、葱烹酢。

鱼醢：用鲜鱼肉制，同前。

兔醢：用鲜兔肉制，同前。

韭菹：以韭切去本末，用中四寸。

菁菹：蔓菁摘洗净，切同前。

芹菹：芹菜摘洗净，切同前。

笋菹：不论干鲜，净，切同前。

白饼：白面造。

枣、栗、榛、菱、芡：不论干鲜，须完好洁净。

黑饼：荞面造。

脾析：用牛羊百叶细切，汤熟，盐酒造。

豚拍：豚肩上肉。

牛、羊、豕：俱用牲纯色。

帛：正位用绫，余娟练，白色，长二丈八尺。

陈设

正位：中陈白磁爵三；次登一：太羹；次筐一：帛；次俎三：牛、羊、豕；次香烛案：炉一，镫二；登左簠二：黍稷；簠左铏一：和羹。铏左笾十：形盐、鰔鱼、枣、粟、榛、菱、芡、鹿脯、白饼、黑饼。登右簠二：稻粱；簠右铏一：和羹。铏右豆十：韭菹、醓醢、青菹、鹿醢、芹菹、兔醢、笋菹、鱼醢、脾析、豚拍。尊一：醴。疏布幂勺，具祝版一。

四配：每位帛一，羊一，豕一，铏二：左右和羹；簠二：黍、稷，簠二：稻、粱；笾六：形盐、鰔鱼、鹿脯、枣、粟、榛、菱；豆六：青菹、鹿醢、芹菹、兔醢、笋菹、鱼醢；爵三：初、亚、终献；炉一，镫二，尊二：东西分设。

十二哲：东西各帛一，羊一，豕一，铏一：和羹；簠一：黍；簠一：稷，笾四：形盐、枣、粟、鹿脯；豆四：青菹、鹿醢、芹菹、兔醢；爵三：初、亚、终献；尊一；炉一；镫二。

两庑：二位共一案，每位爵一，每案簠簋各一，笾豆各四（东西），各羊三，豕三，尊三。统设香案二，每案帛一，爵三，炉一，镫二。

崇圣祠

正位：五案，每案帛一（色幅筐同前殿），羊一、豕一，太羹二，簠二，簋二，笾八，豆八，炉一，镫二，尊一，祝版统一。

配位：四案，今东配增礼孔氏，应五案。东西帛各一，羊豕各一，簠簋各一，笾豆各四，爵每案各三。

两庑：两案，东西帛各一，簠簋各一，笾豆各四，爵每位各一。

乐器

麾幡一首、金钟十六（即古编钟）、玉磬十六（即古编磬）、楹鼓一（即古应鼓）、搏拊鼓二（即古鼗鼓）、柷一、敔一、琴六、瑟四、箫六、笛六、排箫二、笙六、埙二、篪二。

舞器

旌节二、羽籥三十六。

钦定文庙乐谱：春夹钟（清商）立宫；倍应钟（清变宫）主调。

迎神：昭平

箫谱。埙篪排箫同

大清变宫，伬哉清商，（亻凡）孔清商，（亻六）子清变徵，伍先清变宫，伬觉清羽，仩先清变徵，伍知清角，（亻六），与清商，（亻凡）天清角，（亻六）地清羽，仩参清变徵，伍万清变宫，伬世清羽，仩之清变徵，伍师清变徵，伍祥清变徵，伍徽清羽，仩麟清商，（亻凡）绂清角，（亻六），韵清商，（亻凡）苔清羽，仩金清变宫，伬丝清羽，仩日清商，（亻凡）月清角，（亻六）既清变宫，伬揭清变徵，伍乾清商，（亻凡）坤清角，（亻六）清商，（亻凡）夷清变宫，伬。

奠帛、初献：宣平

予清变宫，伬怀清商，（亻凡）明清角，（亻六）德清变徵，伍玉清羽，仩振清商，（亻凡）金清变宫，伬声清羽，仩生清角，（亻六）民清商，（亻凡）未清羽，仩有清变徵，伍展清商，（亻凡）也清角，（亻六）大清变徵，伍成清角，（亻六）俎清变徵，伍豆清羽，仩千清变宫，伬古清变徵，伍春清角，（亻六）秋清角，（亻六）上清变徵，伍丁清角，（亻六），清清变宫，伬酒清羽，仩既清商，（亻凡）载清变宫，伬其清商，（亻凡）香清角，（亻六）始清商，（亻凡）升清变宫，伬。

亚献：秩平

式清变宫，伬礼清商，（亻凡）莫清角，（亻六）愆清变徵，伍升清羽，仩堂清变徵，伍再清商，（亻凡）献清变宫，伬响清羽，仩协清变徵，伍鼓清商，（亻凡）镛清角，（亻六），诚清变徵，伍孚清羽，仩彝清变徵，伍甒清变宫，伬肃清商，伍肃清变徵，伍雍清角，（亻六）雍清角，（亻六）誉清商，（亻凡）髦清变宫，伬斯清羽，仩彦清变宫，伬礼清羽，仩陶清变徵，伍乐清商，（亻凡）淑清角，（亻六），相清变徵，伍观清角，（亻六）而清商，（亻凡）善清变宫，伬。

终献：叙平

自清变宫，伬古清商，（亻凡）在清变徵，伍昔清羽，仩先清羽，仩民清变徵，伍有清商，（亻凡）作清角，（亻六），皮清变徵，伍弁清羽，仩祭清商，（亻凡）菜清变宫，伬於清羽，仩论清变徵，伍思清角，（亻六）乐清商，（亻凡）惟清变徵，伍天清羽，仩牖清变宫，伬民清变徵，伍惟清商，（亻凡）圣清羽，仩时清商，（亻凡）若清羽，仩彝清变徵，伍伦清变徵，伍攸清羽，仩叙清变宫，伬至清羽，仩今清变徵，伍木清商，（亻凡）铎清变宫，伬。

彻馔：懿平

先清变宫，伬师清商，（亻凡）有清角，（亻六）言清变徵，伍祭清商，伬则清羽，仩受清变宫，伬福清变徵，伍四清商，（亻凡）海清变宫，伬黉清变徵，伍宫清羽，仩畴清商，（亻凡）敢清角，（亻六）不清商，（亻凡）肃清变宫，伬礼清变徵，伍成清羽，仩告清变宫，伬彻清变徵，伍毋清商，（亻凡）

疏_{清角}，(𠆤六) 毋_{清商}，(𠆤凡) 渎_{清变宫}，伬 乐_{清变徵}，伍 所_{清羽}，仩 自_{清商}，(𠆤凡) 生_{清变宫}，伬，中_{清变徵}，伍 原_{清角}，(𠆤六) 有_{清商}，(𠆤凡) 菽_{清变宫}，伬。

送神：德平

皂_{清变宫}，伬 绎_{清商}，(𠆤凡) 峨_{清角}，(𠆤六) 峨_{清变徵}，伍 洙_{清羽}，仩 泗_{清变宫}，伬 洋_{清商}，(𠆤凡) 洋_{清角}，(𠆤六)，景_{清羽}，仩 行_{清变徵}，伍 行_{清变徵}，伍 止_{清羽}，仩，流_{清商}，(𠆤凡) 泽_{清角}，(𠆤六) 无_{清变徵}，伍 疆_{清角}，(𠆤六) 聿_{清变徵}，伍 昭_{清羽}，仩 祀_{清商}，(𠆤凡) 事_{清变宫}，伬，祀_{变宫}，伬 事_{清羽}，仩 孔_{清商}，(𠆤凡) 明_{清角}，(𠆤六)，化_{清变宫}，伬 我_{清变徵}，伍 蒸_{清变宫}，伬 民_{清羽}，仩，育_{清商}，(𠆤凡) 我_{清角}，(𠆤六) 胶_{清商}，(𠆤凡) 庠_{清变宫}，伬。

笛谱 笙同

大_{清变宫}，(𠆤六) 哉_{清商}，亿 孔_{清角}，仩 子_{清变徵}，伬，先_{清变宫}，(𠆤六) 觉_{清羽}，(𠆤凡) 先_{清变徵}，伬 知_{清角}，仩，与_{清商}，亿 天_{清角}，仩 地_{清羽}，(𠆤凡) 参_{清变徵}，伬，万_{清变宫}，(𠆤六) 世_{清羽}，(𠆤凡) 之_{清变徵}，伬 师_{清变徵}，伬，祥_{清变徵}，伬 徵_{清羽}，(𠆤凡) 麟_{清商}，亿 绂_{清角}，仩 韵_{清商}，亿 答_{清羽}，(𠆤凡) 金_{清变宫}，(𠆤六) 丝_{清羽}，(𠆤凡) 日_{清商}，亿 月_{清角}，仩 既_{清变}，宫 (𠆤六) 揭_{清变徵}，伬，乾_{清商}，亿 坤清_{清商}，亿 夷_{清变宫}，(𠆤六)。

笛谱

予_{清变宫}，(𠆤六) 怀_{清商}，亿 明_{清角}，仩 德_{清变徵}，伬，玉_{清羽}，(𠆤凡) 振_{清商}，亿 金_{清变宫}，(𠆤六) 声_{清羽}，(𠆤凡)，生_{清角}，仩 民_{清商}，亿 未_{清羽}，(𠆤凡) 有_{清变徵}，伬，展_{清商}，亿 也_{清角}，仩 大_{清变徵}，伬 成_{清角}，仩，俎_{清变徵}，伬 豆_{清商}，(𠆤凡) 千_{清变宫}，(𠆤六) 古_{清变徵}，伬，春_{清角}，仩 秋_{清角}，仩 上_{清变徵}，伬 丁_{清角}，仩，清_{清变宫}，(𠆤六) 酒_{清羽}，(𠆤凡) 既_{清商}，亿 载_{清变宫}，(𠆤六)，其_{清商}，亿 香_{清角}，仩 始_{清商}，亿 升_{清变宫}，(𠆤六)。

笛谱

式_{清变宫}，(𠆤六) 礼_{清商}，亿 莫_{清角}，仩 愆_{清变徵}，伬，升_{清羽}，(𠆤凡) 堂_{清变徵}，伬 再_{清商}，亿 献_{清变宫}，(𠆤六)，响_{清羽}，(𠆤凡) 协_{磬清商}，亿 镛_{清角}，仩，诚_{清变徵}，伬 乎_{清羽}，(𠆤凡) 罍_{清变宫}，伬 甒_{清变宫}，(𠆤六)，肃_{清变徵}，伬 肃_{清变徵}，伬 雍_{清角}，仩 雍_{清角}，仩 誉_{清商}，亿 髦_{清变宫}，(𠆤六) 斯_{清羽}，(𠆤凡) 彦_{清变宫}，(𠆤六) 礼_{清羽}，(𠆤凡) 陶_{清变徵}，伬 乐_{清商}，亿 淑_{清角}，仩，相_{清变徵}，伬 观_{清角}，仩 而_{清商}，亿 善_{清变宫}，(𠆤六)。

笛谱

自_{清变宫}，(𠆤六) 古_{清商}，亿 在_{清变徵}，伬 昔_{清角}，仩，先_{清羽}，(𠆤凡) 民_{清变徵}，伬 有_{清商}，亿 作_{清角}，仩，皮_{清变徵}，伬 弁_{清羽}，(𠆤凡) 祭_{清商}，亿 菜_{清变宫}，(𠆤六)，於_{清羽}，(𠆤凡) 论_{清变徵}，伬 思_{清角}，仩 乐_{清商}，亿 惟_{清变徵}，伬 天_{清羽}，(𠆤凡) 牗_{清变宫}，(𠆤六) 民_{清变徵}，伬 惟_{清商}，亿 圣_{清羽}，(𠆤凡) 时_{清商}，亿 若_{清角}，仩，彝_{清变徵}，伬 伦_{清变徵}，伬 攸_{清羽}，(𠆤凡) 叙，至_{清羽}，(𠆤凡) 今_{清变徵}，伬 木_{清商}，亿 铎_{清变宫}，(𠆤六)。

笛谱

先清变宫,(仜)师清商,亿有清角,仕言清变徵,伬祭清变宫,(仜)则清羽,(仩凡)受清变宫,(仜)福清变徵,伬四清商,亿海清变宫,(仜)黉清变徵,伬宫清羽,(仩凡)畴清商,亿敢清角,仕不清商,亿肃清变,宫(仜),礼清变徵,伬成清羽,(仩凡)告清变宫,(仜)彻清变徵,伬毋清商,亿疏清角,仕毋清商,亿渎清变宫,(仜),乐清变徵,伬所清羽,(仩凡)自清商,亿生变宫,(仜),中清变徵,伬原清角,仕有清商,亿菽清变宫,(仜)。

笛谱

凫清变宫,(仜)绎清商,亿峨清角,仕峨清变徵,伬,洙清羽,(仩凡)泗清变宫,(仜)洋清商,亿洋清角,仕,景清羽,(仩凡)行清变徵,伬行清变徵,伬止清羽,(仩凡),流清商,亿泽清角,仕无清变徵,伬疆清角,仕,聿清变徵,伬昭清羽,(仩凡)祀清商,亿事清变宫,(仜),祀清商,亿事清羽,(仩凡)孔清商,亿明清角,仕,化清变宫,(仜)我清变徵,伬蒸清变宫,(仜)民清羽,(仩凡),育清商,亿我清角,仕胶清商,亿庠清变宫,(仜)。

钦定文庙乐谱：秋南吕清徵立宫、仲吕清角主调

迎神：昭平

箫谱　　排箫同

大清角,(仜)哉清徵,亿孔清羽,仕子清变宫,伬,先清角,(仜)觉清商,(仩凡)先清变宫,伬知清羽,仕,与清徵,亿天清羽,仕地清商,(仩凡)参清变宫,伬,万清角,(仜)世清商,(仩凡)之清变宫,伬师清商,伬,祥清变宫,伬徵清商,(仩凡)麟清徵,亿绥清羽,仕,韵清徵,亿答清商,(仩凡)金清角,(仜)丝清商,(仩凡),日清徵,亿月清羽,仕既清角,(仜)揭清变宫,伬,乾清徵,亿坤清羽,仕清清徵,亿夷清角,(仜)。

奠帛、初献：宣平

予清角,(仜)怀清徵,亿明清羽,仕德清变宫,伬,玉清商,(仩凡)振清徵,亿金清角,(仜)声清商,(仩凡)生清羽,仕民清徵,亿未清羽,(仩凡)有清变宫,伬,展清徵,亿也清羽,仕大清变宫,伬成清羽,仕,俎清变宫,伬豆清商,(仩凡)千清角,(仜)古清变宫,伬,春清羽,仕秋清羽,仕上清变宫,伬丁清羽,仕,清清角,(仜)酒清商,(仩凡)既清徵,亿载清角,(仜),其清徵,亿香清羽,仕始清徵,亿升清角,(仜)。

亚献：秩平

式清角,(仜)礼清徵,亿莫清羽,仕愆清变宫,伬,升清商,(仩凡)堂清变宫,伬再清徵,亿献清角,(仜)响清商,(仩凡)协清变宫,伬鼓清徵,亿镛清羽,仕诚清变宫,伬孚清商,(仩凡)罍清变宫,伬甒清角,(仜),肃清变宫,伬肃清变宫,伬雍清羽,仕雍清羽,仕,誉清徵,亿髦清角,(仜)斯清商,(仩凡)彦清角,(仜),礼清商,(仩凡)陶清变宫,伬乐清羽,仕淑清羽,仕,相清变宫,伬观清羽,仕而清徵,亿善清角,(仜)。

终献：叙平

自清角,(亻六)古清徵,亿在清变宫,伬昔清羽,仩先清商,(亻凡)民清变宫,伬有清徵,亿作清羽,仩皮清变宫,伬弁清商,(亻凡)祭清徵,亿莱清角,(亻六)於清商,(亻凡)论清变宫,伬思清羽,仩乐清徵,亿,惟清变宫,伬天清商,(亻凡)牖清角,(亻六)民清变宫,伬,惟清变宫,伬圣清商,(亻凡)时清徵,亿若清羽,仩彝清变宫,伬伦清变宫,伬攸清商,(亻凡)叙清角,(亻六),至清商,(亻凡)今清变宫,伬木清羽,亿铎清角,(亻六)。

彻馔：懿平

先清角,(亻六)师清徵,亿有清羽,仩言清变宫,伬,祭清角,(亻六)则清商,(亻凡)受清角,(亻六)福清变宫,伬,四清徵,亿海清角,(亻六)黉清变宫,伬宫清商,(亻凡)畴清徵,亿敢清羽,仩不清徵,亿肃清角,(亻六),礼清变宫,伬成清变宫,伬告清角,(亻六)彻清变宫,伬,毋清徵,亿疏清羽,仩毋清徵,亿渎清角,(亻六),乐清变宫,伬所清商,(亻凡)自清徵,亿生清角,(亻六),中清变宫,伬原清羽,仩有清徵,亿菽清角,(亻六)。

送神：德平

凫清角,(亻六)绎清徵,亿峨清羽,仩峨清变宫,伬,洙清商,(亻凡)泗清角,(亻六)洋清徵,亿洋清羽,仩,景清商,(亻凡)行清变宫,伬行清变宫,伬止清商,(亻凡),流清徵,亿泽清羽,仩无清变宫,伬疆清羽,仩聿清变宫,伬昭清商,(亻凡)祀清徵,亿事清角,(亻六),祀清角,(亻六)事清角,(亻六)孔清徵,亿明清羽,仩化清角,(亻六)我清变宫,伬蒸清角,(亻六)民清商,(亻凡),育清徵,亿我清羽,仩胶清徵,亿庠清角(亻六)。

笛谱 笙同

大清角,仩哉清徵,仩孔清羽,(亻凡)子清变宫,(亻六),先清角,仩觉清商,亿先清变宫,(亻六)知清羽,(亻凡),与清徵,仩天清羽,(亻凡)地清商,亿参清变宫,(亻六)万清角,仩世清商,亿之清变宫,(亻六)师清变宫,(亻六),祥清变宫,仩徵清商,亿麟清徵,仩绂清羽,(亻凡)韵清徵,仩答清商,亿金清角,仩丝清商,亿,日清商,仩月清羽,(亻凡)既清角,仩揭清变宫,(亻六),乾清徵,仩坤清羽,(亻凡)清清徵,仩夷清角,仩。

笛谱

予清角,仩怀清徵,仩明清羽,(亻凡)德清变宫,(亻六),玉清商,亿振清徵,仩金清角,仩声清徵,仩,生清羽,(亻凡)民清徵,仩未有清变宫,(亻六)展清徵,仩也清羽,(亻凡)大清变宫,(亻六)成清羽,(亻凡)俎清变宫,(亻六)豆清商,亿千清角,仩古清变宫,(亻六)春清羽,(亻凡)秋清羽,(亻凡)上清变宫,(亻六)丁清羽,(亻凡)清清角,仩酒清商,亿既清徵,仩载清角,仩,其清徵,仩香清徵,仩始清羽,(亻凡)升清角,仩。

笛谱

式清角,仩礼清徵,仩莫清羽,(亻凡)愆清变宫,(亻六),升清商,亿堂清变宫,(亻六)再清徵,仕献清角,仕,响清商,亿协变宫,(亻六)鼛清徵,仕镛清羽,(亻凡)诚清变宫,(亻六)孚清商,亿罍清变宫,(亻六)觑清角,仕,肃清变宫,(亻六)肃清变宫,(亻六)雍清羽,(亻凡)雍清羽,(亻凡),誉清徵,仕髦清角,仕斯清商,亿彦清角,仕,礼清商,亿陶清变宫,(亻六)乐清徵,仕淑清羽,(亻凡),相清变宫,(亻六)观清羽,(亻凡)而清徵,仕善清角,仕。

笛谱

自清角,仕古清徵,仕在清变宫,(亻六)昔清羽,(亻凡),先清商,亿民清变宫,(亻六)有清徵,仕作清羽,(亻凡)皮清变宫,(亻六)弁清商,亿祭清徵,仕莱清角,仕,於清商,亿论清变宫,(亻六)思清羽,(亻凡)乐清徵,仕,惟清变宫,(亻六)天清商,亿牖清角,仕民清变宫,(亻六),惟清徵,仕圣清商,亿时清徵,仕若清羽,(亻凡),彝清变宫,(亻六)伦清变宫,(亻六)攸清商,亿叙清角,仕,至清商,亿今清变宫,(亻六)木清徵,仕铎清角,仕。

笛谱

先清角,仕师清徵,仕有清羽,(亻凡)言清变宫,(亻六),祭清角,仕则清商,亿受清角,仕福清变宫,(亻六)四清徵,仕海清角,仕簧清变宫,(亻六)宫清商,亿,畴清徵,仕敢清羽,(亻凡)不清徵,仕肃清角,仕,礼清变宫,(亻六)成清商,亿告清徵,仕彻清变宫,(亻六)毋清徵,仕疏清羽,(亻凡)毋清徵,仕渎清角,仕,乐清变宫,(亻六)所清商,亿自清徵,仕生清角,仕,中清变宫,(亻六)原清羽,(亻凡)有清徵,仕菽清角,仕。

笛谱

凫清角,仕绎清徵,仕峨清羽,(亻凡)峨清变宫,(亻六),洙清商,亿泗清角,仕洋清徵,仕洋清羽,(亻凡),景清商,亿行清变宫,(亻六)行清变宫,(亻六)止清商,亿,流清徵,仕泽清羽,(亻凡)无清变宫,(亻六)疆清羽,(亻凡)聿清变宫,(亻六)昭清商,亿祀清徵,仕事清角,仕,祀清角,仕事清商,亿孔清徵,仕明清羽,(亻凡)化清角,仕我清变宫,(亻六)蒸清角,仕民清商,亿,育清徵,仕我清羽,(亻凡)胶清徵,仕庠清角,仕。

舞谱

初献：作宁平舞

觉一舞我二舞生一别脚民一扯圈,陶一召铸二召前一揖圣对面,巍两舞巍对面恭一摆脚山一灌耳,实一别脚予二别脚景一揖行一摆手,礼一舞备二舞乐一摆脚和二摆脚,豆对面一摆脚笾对面二摆脚惟一揖静朝上,既一别脚述二别脚六一提脚,经一扯圈爱一摆手斠二摆脚三三摆手正一叩头。

亚献：作安平舞

大一舞哉二舞圣一别脚师一扯圈,天一召授二召明一揖德对画,木两舞铎对面万一摆脚世一灌耳,式一别脚是二别脚群一揖辟一拱手,清一舞酒二舞惟一摆脚酳二摆脚,言对面一摆脚观对面二摆脚秉一揖翟朝上,太一别脚和二别脚常一提脚流一扯圈,英一摆手材二摆手斯三摆手植一叩头。

终献：作景平舞

猗—舞欤二舞素—别脚王—扯圈，示—看尖予二看尖物三看尖轨—蹲身，瞻背—召之背二召在别脚前—扯圈，神对面—舞其对面二舞宁—揖止—拱手，酌—看尖彼二看尖金—揖罍—扯圈，惟—召清二召且—蹲身旨二蹲身，登—摆手献二摆手既三摆手终朝上，弗—舒手退二舒手有三舒手喜—叩头。

历代尊崇先师祀学始末

周时，鲁哀公诔孔子曰"尼父"，为立庙旧宅，置卒守，立庙始此。汉高帝十二年过鲁，以太牢祀孔子，诏诸侯王卿相至郡国，先谒庙，后从政。自汉以来。祀孔子始此。元帝诏太师褒成君霸，以所食邑八百户祀孔子，赐霸爵关内侯，后裔封侯始此。平帝元始元年，谥孔子"褒成宣尼公"，称公始此。后汉明帝永平二年，诏学校皆祀周公、孔子，祀学始此。十五年，幸阙里宅，祀仲尼及七十二弟子。章帝元和二年，祀孔子于阙里，作六代之乐，和帝封褒尊侯。安帝延光三年，祀孔子于阙里。桓灵时，诏孔庙置百户卒，史掌礼器，春秋亨礼。出王家钱，给大酒直，河南君①给牛羊豕各一，大司农给米。灵帝元光元年，置鸿都门学，画先圣及七十二弟子像，画像始此。魏文帝黄初中，诏起旧庙，设卒守。正始七年，令太常释奠，释奠始此。以太牢祀于辟雍，以颜渊配，释奠于太学始此。

前皆祀于阙里。晋武帝泰始三年，诏太学及鲁国四时以三牲祀，释奠于中堂，以颜子配。七年，皇太子亲释奠于太学，太子释奠始于此。元明成穆皆释奠。宋高祖永初中，诏鲁郡修茸坟庙。文帝元嘉二十二年，太子释奠，採晋故事，舞八佾，设轩悬之乐，释奠用轩悬之乐，器用依上公，释奠用乐始此。齐武帝永明三年，学生释奠于先圣先师，用元嘉故事。北魏孝文帝太和十六年，亲修谒拜礼，改谥"文圣尼父"，封后人为崇圣侯，拜孔氏四人、颜氏二人，复给邑百户，与周公并飨。文成帝诏宣尼之庙，别敕有司荐享，有司行荐享始此。北齐天保间，制春秋二仲释奠于先圣先师，以时修茸祠庙；每月朔，制祭酒领博士弟子以下及国子诸生、太学四门博士升堂，助教以下、太学诸生于阶下拜孔圣，揖颜回，朔日行礼始此。

梁元帝承圣初，于荆州建宣圣庙，自图圣像为之赞书之。南北五代，崇祀不废。隋文帝开皇初，赠孔子为"先师尼父"，周公为"先圣"，南面，孔子东面，制国学、州县学春秋仲月上丁释奠。州县春秋仲月释奠始此。唐高祖武德二年，诏国学分立周公、孔子庙，周孔各庙始此。太宗贞观二年，别祀周公，尊孔子为先圣，颜子为先师配焉。四年，诏州县立庙，四时致祭，以左丘明等二十二人配，遍祀天下郡邑学，以先儒配始此。二十年，诏皇太子释奠于先圣先师，遣官释奠州县，州县守令主祭始此。高宗显庆二年，仍尊孔子为先圣，颜回为先师。乾封元年，赠孔子

---

① 按，"河南君"文意不通，"君"疑为"尹"之误。

太师。总章元年，赠颜子少师，曾子少保。弟子追赠，以曾子配俱始此。元宗开元七年，诏春秋释奠，用牲牢，属县用酒醑。八年，诏颜子十哲像俱侍坐从祀，曾参像侍坐十哲之次，图七十子及二十二贤于庙壁。十三年封禅，还幸孔子宅亲奠，以太牢祀墓，置卒守，复孔氏赋役，令天下州县立庙，赐百户充，春秋享奠。二十七年，追祀孔子"文宣王"，服王者衮冕，乐用宫县，舞用八佾，赠十哲公侯爵，曾子以下六十七子爵皆伯，夫子追王始此。德宗贞元二年释奠，诏自宰臣以下毕集祝版，自署名毕，各北面肃拜。后周高祖广顺二年奠阙里庙，谒墓。宋太祖建隆三年，诏文庙门立戟十六，亲撰文宣王兖公二赞，从祀贤哲，命当时文人为之。太平兴国中，特免孔氏子孙庸调，诏孔宜袭封文宣公。真宗咸平三年，追谥"元圣文宣王"。大中祥符二年，诏太常礼院，定州县释奠礼器数。先圣先师每座酒樽二、笾八、豆八、簠二、簋二、俎三、罍一、洗一、篚一，樽皆加勺，幂各置于坫，巾共二，烛一，爵共四，坫共二。从祀诸座笾二、豆一、簠一、簋一、俎一、烛一、爵一。五年，诏改谥"至圣文宣王"，执桓圭，冕九旒，服九章。天禧元年，诏释奠仪注及祭器图，令崇文馆雕印，颁行天下诸路。仁宗景祐元年，诏释奠用登歌。至和二年，诏封孔子后为衍圣公，衍圣之称始此。神宗熙宁八年，制文宣王冕十二旒，兖国公颜子等皆依本朝郡国封爵品服。徽宗崇宁元年，诏追封孔鲤为泗水侯，孔伋为沂水侯。大观二年，诏跻子思从祀。四年，诏文宣王，执镇圭，并如王者之制，庙门增戟二十四。金章宗明昌二年，孔子庙门置下马牌。元世祖至元十年，诏春秋二丁释奠执事官员各公服如其品，隋位诸儒襴带唐巾行礼，丁祭执事诸儒变常服始此。成宗大德元年，敕各官莅任，先诣先圣庙拜谒，方许以次诣神庙。十一年七月，武宗追封孔子为"大成至圣文宣王"，祀以太牢。文宗至顺元年，称颜子"复圣"，曾子"宗圣"，子思"述圣"，孟子"亚圣"。明太祖洪武二年，诏文庙附祀乡贤名宦；四年，定祭置高案，笾、豆、簠、簋、登、铏悉用磁，牲用熟，乐用六奏。十四年，文庙成，遣官以太牢祀，诏神主不设像，上遂视学，颁释奠仪。二十四年，敕每月朔望，太学祭酒以下行释菜礼，郡县学长吏以下诣学行香。二十六年，颁大成乐器于郡州县学。成祖永乐四年，视学服皮弁，行一奠四拜礼，释奠四拜始此。八年，正文庙绘像圣贤衣冠，令合古制。十二年，释奠增十二笾豆。宪宗成化二年，增乐舞为八佾。世宗嘉靖九年，厘正祀典，改称"至圣先师孔子"，四配称"复圣颜子""宗圣曾子""述圣子思子""亚圣孟子"，十哲以下皆称先贤，左邱明以下称先儒，去塑像，设木主，罢封爵，改大成殿为先师庙门；为庙门祭用笾豆十、舞佾六，郡邑学笾豆杀其二，舞止六。

国朝，世祖章皇帝顺治二年，定谥"大成至圣文宣先师孔子"；十四年，改谥

"至圣先师孔子",通行直省各学。康熙十二年,御题"万世师表"匾额,颁立文庙;圣祖仁皇帝康熙三十五年,御制《孔子赞》《颜曾思孟四子赞》,发直省立碑。

孔子赞 并序,碑置大成殿,大学士张玉书奉勅书

盖自三才①建而天地不居其功,一中传而圣人代宣其蕴。有行道之圣得位以绥猷②,有明道之圣立言以垂宪③,此正学所以常明、人心所以不泯也。粤稽往绪,仰溯前徽,尧、舜、禹、汤、文、武达而在上,兼君师之寄,行道之圣人也。孔子不得位穷而在下,秉删述之权,明道之圣人也。行道者勋业炳于一朝,明道者教思周于百世。尧、舜、文、武之后,不有孔子,则学术纷淆,仁义湮塞,斯道之失传也久矣。后之人而欲探二帝三王之心法,以为治国平天下之准,其奚所取衷焉?然则孔子之为万古一人也审矣!

朕巡省东国,谒祀阙里,景企④滋深,敬摘笔而为之赞曰:

清浊有气,刚柔有质。圣人参之,人极⑤以立。行著习察,舍道莫由。惟皇建极,惟后绥猷。作君作师,垂统万古。曰惟尧舜,禹汤文武。五百余岁,至圣挺生⑥。声金振玉,集厥大成。序书删《诗》⑦,定礼正乐。既穷《象》《系》,亦严

---

① 三才:天、地、人。《易·说卦》:"是以立天之道曰阴与阳,立地之道曰柔与刚,立人之道曰仁与义。兼三才而两之,故《易》六画而成卦。"
② 绥猷:安抚海内的藩属,创万世之功业。绥:安抚。猷:功绩。
③ 垂宪:垂示法则。《书·蔡仲之命》:"尔乃迈迹自身,克勤无怠,以垂宪乃后。"
④ 景企:企慕。《二十年目睹之怪现状》第三二回:"大的叫他仰慕袁枚,就叫慕枚,第二的叫他景企赵翼,就叫景翼。"
⑤ 人极:纲纪,纲常。社会的准则。〔南朝·梁〕沈约《梁明堂登歌·歌黑帝》:"祚我无疆,永隆人极。"
⑥ 挺生:挺拔生长。亦谓杰出。〔南朝·梁〕刘孝标《辩命论》:"闻孔墨之挺生,谓英睿擅英响。"
⑦ 删《诗》:指孔子删《诗》之说。出自《史记·孔子世家》。谓古者诗三千余篇,及至孔子,去其重,取可施于礼义者凡三百篇,孔子皆弦歌之,以求合韶武雅颂之音。后世以司马迁去古较近,所言必有因而然,多信之。然亦有疑者。如〔唐〕孔颖达于《诗谱序疏》中称:"如《史记》之言,则孔子之前,诗篇多矣,案书传所引之诗,见在者多,亡逸者少,则孔子所录不容十分去九,马迁言古诗三千余篇,未可信也。"更有甚者,如清崔述则以《论语》有"诗三百"之语,断言"当孔子之时,已止此数,非自孔子删之而后为三百也。"考今存《诗经》三百零五篇内容,历岁久远,布地辽广,而分体编排,井然有序,比音用韵,大致相近,谓此未经删汰整理,本来如此,殆难想象。凡有成就,归美一圣,固未可信,而必谓孔子未曾删诗,亦逞臆之谈。

笔削。上绍①往绪，下示来型。道不终晦，秩然大经②。百家纷纭，殊途异趣。日月无逾，羹墙③可晞。孔子之道，惟中与庸。此心此理，千圣斯同。孔子之德，仁义中正。秉彝之好，根本天性。庶几夙夜，勖哉令图。溯源洙泗，景躅唐虞。载历廷除④，视观礼器。摘毫仰赞，心焉遐企。百世而上，以圣为归。百世而下，以圣为师。非师夫子，惟师于道。统天御世，惟道为宝。泰山岩岩，东海泱泱。墙高万仞，夫子之堂。孰窥其藩？孰窥其径？道不远人，克念作圣。

颜子⑤赞 碑置大成殿，大学士张玉书奉敕书

圣道早闻，天资独粹。约礼博文，不迁不贰。一善服膺，万德来萃。能化而齐，其乐一致。礼乐四代，治法兼备。用行舍藏⑥，王佐之器！

曾子⑦赞 碑置大成殿，大学士张玉书奉敕书

洙泗之传，鲁以得之。一贯曰唯，圣学在兹。明德新民，止善为期。格致诚正，均平以推。至德要道，百行所基。纂承统绪⑧，修明训辞⑨。

---

① 绍：承继。《汉书·叙传下》："汉绍尧运，以建帝业。"

② 大经：常道，常规。《吕氏春秋·骄恣》："欲无壅塞必礼士，欲位无危必得众，欲无召祸必完备。三者，人君之大经也。"高诱注："经，道也。"

③ 羹墙：语本《后汉书·李固传》："昔尧殂之后，舜仰慕三年，坐则见尧于墙，食则睹尧于羹。"后以"羹墙"为追念前辈或仰慕圣贤的意思。

④ 廷除：官廷的台阶，泛指朝廷。《旧唐书·玄宗纪赞》："开元握图，永鉴前车。景气融朗，昏氛涤除。政才勤倦，妖集廷除。"

⑤ 颜子：颜回（公元前521年—公元前481年），曹姓，颜氏，名回，字子渊，鲁国宁阳（山东省泰安市宁阳县鹤山镇）人，春秋末期鲁国思想家，孔门七十二贤之一。历代文人学士对颜回推尊有加，配享孔庙、祀以太牢，追赠"兖国公"，封为"复圣"，陪祭于孔庙。

⑥ 用行舍藏：任用就出来做事，不得任用就退隐。这是早时士大夫的处世态度。语本《论语·述而》："用之则行，舍之则藏，唯我与尔有是夫。"

⑦ 曾子：公元前505年—公元前435年，名参（shēn），字子舆，春秋末年鲁国南武城人（今山东省临沂市平邑县郑城镇南武城人）。中国著名的思想家，孔子的晚期弟子之一，与其父曾点同师于孔子，是儒家学派的重要代表人物，被后世尊奉为"宗圣"，是配享孔庙的"四配"之一。

⑧ 纂承：继承。《后汉书·乐恢传》："陛下富于春秋，纂承大业，诸舅不宜干正王室，以示天下之私。"统绪：头绪，系统。〔明〕宋濂《丽水黄府君墓志铭》："习'五经'约知其说，尤深于《易》，旁通诸家言，目别汇分，咸得其统绪。"

⑨ 修明：发扬光大。〔唐〕元稹《批宰臣请上尊号第二表》："卿宜为我提振大法，修明政经。"训辞：训教之言。《左传·僖公七年》："君若绥之以德，加之以训辞，而率诸侯以讨郑，郑将覆亡之不暇，岂敢不惧？"

子思子①赞 碑置大成殿，大学士张玉书奉敕书

于穆天命，道之大原②。静养动察，庸德庸言。以育万物，以赞乾坤。九经三重③，大法是存。笃恭慎独，成德④之门。卷之藏密，扩之无垠。

孟子⑤赞 碑置大成殿，大学士张玉书奉敕书

哲人既萎，杨墨⑥昌炽⑦。子舆辟之，曰仁与义。性善⑧独阐，知言⑨养气。道

---

① 子思：孔伋，字子思，孔子的嫡孙、孔子之子孔鲤的儿子。大约生于周敬王三十七年（公元前483年），卒于周威烈王二十四年（公元前402年）。中国春秋时期著名的思想家，受教于孔子的高足曾参，孔子的思想学说由曾参传子思，子思的门人再传孟子。后人把子思、孟子并称为"思孟学派"，因而子思上承曾参，下启孟子，在孔孟"道统"的传承中有重要地位。后世被尊为"述圣"，孔庙"四配"之一。

② 大原：根源，根本。《汉书·董仲舒传》："道之大原出于天，天不变道亦不变。"

③ 九经：儒家治国平天下的九项准则。《礼记·中庸》："凡为天下国家有九经。曰：'修身也，尊贤也，亲亲也，敬大臣也，体群臣也，子庶民也，来百工也，柔远人也，怀诸侯也。'"孔颖达疏："治天下国家之道，有九种常行之事，论九经之目次也。"一说九部儒家经典。名目相传不一。《汉书·艺文志》指《易》《书》《诗》《礼》《乐》《春秋》《论语》《孝经》及小学。陆德明《经典释文录》指《易》《书》《诗》《周礼》《仪礼》《礼记》《春秋》《孝经》《论语》。《初学记》卷二一所引九经，与《经典释文》略异，有《左传》《公羊》《谷梁》，无《春秋》《孝经》《论语》。三重：三种隆重的礼仪。指祭祀仪式中献用裸、声用升歌、舞用《武宿夜》。《礼记·祭统》："夫祭有三重焉：献之属莫重于裸，声莫重于升歌，舞莫重于《武宿夜》，此周道也。"一说三种隆重的礼仪。指夏、商、周三王之礼。《礼记·中庸》："王天下有三重焉，其寡过矣乎。"郑玄注："三重，三王之礼。"孔颖达疏："谓夏、商、周三王之礼，其事尊重，若能行之，寡少于过矣。"

④ 成德：成就品德。〔汉〕王充《论衡·量知》："故夫学者所以反情治性，尽材成德也。"亦可作名词，谓"盛德"。

⑤ 孟子：约前372年—前289年，姬姓，孟氏，名轲，字子舆，战国时期邹国（今山东省邹城市）人。伟大的思想家、教育家，儒家学派的代表人物，与孔子并称"孔孟"。后世被尊为"亚圣"，孔庙"四配"之一。

⑥ 杨墨：战国时杨朱与墨翟的并称。《庄子·胠箧》："削曾史之行，钳杨墨之口。"成玄英疏："杨朱、墨翟秉性宏辩。"杨朱主张为我，墨翟主张兼爱，是战国时期与儒家对立的两个重要学派。

⑦ 昌炽：犹猖獗，猖狂。《资治通鉴·后梁太祖乾化二年》："我经营天下三十年，不意太原余孽更昌炽如此！"

⑧ 性善：战国时孟子的观点之一，认为人生之初其性是善良的，是一种先验的人性论。《孟子·告子上》："人性之善也，犹水之就下也；人无有不善，水无有不下。"《孟子·滕文公上》："孟子道性善，言必称尧舜。"

⑨ 知言：有见识的话。"知"同"智"。《左传·襄公十四年》："秦伯问于士鞅曰：'晋大夫其谁先亡？'对曰：'其栾氏乎。'秦伯曰：'以其汰乎？'对曰：'然，栾魇汰虐已甚，犹可以免，其在盈乎。'……秦伯以为知言。"

称尧舜，学屏功利。煌煌七篇，并重六艺。孔学攸传，禹功作配。

五十五年，升朱子于十哲之次。

以上见《省志》。

世宗宪皇帝雍正三年，御书"生民未有"匾额颁立文庙，诏郡县春秋仲月祭增用太牢。高宗纯皇帝乾隆三年，升有若[①]于十哲，移朱子于西哲末，至圣先师孔子神位居中正南面，御书"与天地参"匾额颁立文庙。仁宗睿皇帝嘉庆七年，御书"圣集大成"匾额颁立文庙。宣宗成皇帝道光元年，御书"圣协时中"匾额颁立文庙。文宗显皇帝咸丰二年，御书"德齐帱载"匾额颁立文庙。皇上同治三年，钦颁"圣神天纵"匾书建立文庙。

后汉明帝永平十五年，东巡祀仲尼七十二弟子。灵帝光和元年，置鸿都门学，副先圣及七十二弟子像。魏齐王正始七年，祀孔子于辟雍，以颜渊配，此弟子配祀之始此。北魏孝文太各间，拜颜氏二人官，官弟子后裔始此。

唐太宗贞观二十一年，诏以左丘明、卜子夏、公羊高、谷梁赤、伏胜、高堂生、戴圣、毛苌、孔安国、刘向、郑众、杜子春、马融、卢植、郑元、服虔、何休、王肃、王弼、杜预、范宁、贾逵二十二人配享尼父庙堂。高宗永徽中，赠孔子太师，颜子少师，曾子少师[②]，弟子追赠并曾子配享俱始此。元宗[③]开元八年，图画七十弟子及二十二贤于庙壁，令当朝文士为之赞；二十七年，诏赠颜子兖国公，闵子骞费侯，冉伯牛郓侯，冉仲弓薄侯，宰予我齐侯，端木子贡黎侯，冉子有徐侯，仲子路卫侯，言子游吴侯，卜子夏魏侯；曾参郕伯，颛孙师陈伯，澹台灭明江伯，宓子贱单伯，原宪原伯，公孙冶长莒伯，南宫子容郯伯，公晳哀兒伯，曾点宿伯，颜路杞伯，商瞿蒙伯，高柴共伯，漆雕开滕伯，公伯寮任伯，司马牛向伯，樊迟凡伯，有若卞伯，公西赤郜伯，巫马期鄫伯，梁鱣梁伯，颜辛萧伯，冉孺纪伯，曹恤曹伯，伯虔聊伯，公孙龙黄伯，冉季东平伯，秦子南少梁伯，漆雕子敛武城伯，颜子骄琅琊伯，漆雕徒父须句伯，壤驷赤北徵伯，商泽睢阳伯，石作蜀石邑伯，任不齐任城伯，公夏守

---

① 有若：公元前505或518—？，春秋末年鲁国人，字子有，后被尊称为"有子"。他勤奋好学，能较全面深刻地理解孔子的学说，尤其重视"孝道"。主张藏富于民，称"百姓足，君孰与不足？百姓不足，君孰与足？"（《颜渊》）因他品学兼优，且"状似孔子"，孔子死后，曾一度被孔门弟子推举为"师"。有说《论语》即为有若的学生编辑而成。唐开元二十七年（739年），被追封为"卞伯"。宋大中祥符二年（1009年），被加封为"平阴侯"。明嘉靖九年（1530年），改称"先贤有子"。
② 按：误，据《册府元龟》载：曾子被追赠为太子少保。
③ 元宗：即唐玄宗。康熙年间，陕西巡抚为唐玄宗立碑，为避讳康熙玄烨名号，碑文故书写为"唐元宗"。后称即缘此。

亢父伯，公良孺东牟伯，后处营丘伯，秦子开彭衙伯，奚容蒧下邳伯，公肩定新田伯，颜襄临沂伯，鄡单铜鞮伯，句井疆淇阳伯，罕父黑乘邱伯，秦商上洛伯，申党邵陵伯，公祖句兹期思伯，荣子期雩娄伯，县成钜野伯，左人郢临淄伯，燕伋渔阳伯，郑子徒荥阳伯，颜之仆东武伯，原亢莱芜伯，乐颜欬昌平伯，廉洁莒父伯，颜何开阳伯，叔仲会瑕邱伯，狄黑临济伯，邽巽平陆伯，孔忠汶阳伯，公西与如重邳伯，公西葴祝阿伯，蘧瑗卫伯，施常乘氏伯，林放清河伯，秦非汧阳伯，陈亢颍伯，申枨鲁伯，秦牢南陵伯，颜哙朱虚伯，步叔乘淳于伯，琴张南陵伯。命所司奠祭如释奠之仪，赠五等爵始此。

后唐长兴三年，敕文宣王庙四壁诸贤，每释奠各陈酺醢诸物以祭。

宋初，画七十二贤及先儒二十二人像于东西廊之板壁，命当时文臣为之赞，释奠之礼如旧。真宗咸平三年，诏追封兖公颜回为国公，费侯闵损琅琊公，郓侯冉耕东平公，薄侯冉雍下邳公，齐侯宰予临淄公，黎侯端木赐黎阳公，徐侯冉求彭城公，卫侯仲由河内公，吴侯言偃丹阳公，魏侯卜商河东公；郕伯曾参瑕郕侯，陈伯颛孙师宛郕侯，江伯澹台灭明金乡侯，单伯宓不齐单父侯，原伯原宪任城侯，莒伯公孙冶长高密侯，郯伯南宫縚龚侯，兒伯皙哀北海侯，宿伯曾点莱芜侯，杞伯颜无繇曲阜侯，蒙伯商瞿须昌侯，共伯高柴共城侯，滕伯漆雕开平舆侯，任伯公伯寮寿张侯，向伯司马牛楚邱侯，凡伯樊迟益都侯，鄐伯公西赤巨野侯，卞伯有若平阴侯，鄚伯巫马期东阿侯，颖伯陈亢南顿侯，梁伯梁鱣千乘侯，萧伯颜辛阳古侯，纪伯冉孺临沂，东平伯冉季诸城侯，聊伯伯虔沭阳侯，黄伯公孙龙枝江侯，彭衙伯秦冉新息侯，少梁伯秦商鄄城侯，武城伯漆雕哆濮阳侯，琅琊伯颜骄雷泽侯，须句伯漆雕徒父高苑侯，北徵伯壤驷赤上邽侯，清河伯林放长山侯，睢阳伯商泽邹平侯，石邑伯石作蜀承纪侯，任城伯任不齐当阳侯，鲁伯申枨文登侯，东牟伯公良孺牟平侯，亢父伯公夏侯，曹伯曹恤上蔡侯，下邳伯奚容蒧济阳侯，淇阳伯句井疆滏阳侯，邵陵伯申党淄川侯，期思伯公祖句兹即墨侯，雩娄伯荣期厌次侯，钜野伯县成城武侯，临淄伯左人郢南华侯，渔阳伯燕伋汧源侯，荥阳伯郑国朐山侯，汧阳伯秦非华亭侯，乘氏白施之常濮侯，朱虚伯颜哙济阴侯，淳于伯步叔乘博昌侯，东武伯颜之仆冤句侯，卫伯蘧瑗内黄侯，瑕丘伯叔仲会博平侯，开阳伯颜何河堂邑侯，临济伯狄黑林虑侯，平陆伯邽巽高堂侯，汶阳伯孔忠郓城侯，重邳伯公西与如临朐侯，祝阿伯公西葴徐城侯，南陵伯琴张顿邱侯。又诏封配飨，先鲁左丘明邳伯，齐人公羊高临淄伯，鲁人谷梁赤龚邱伯，秦博士伏胜乘氏伯，汉博士高堂生莱芜伯，九江太守戴圣楚邱伯，河间博士毛苌乐寿伯，临淮太守孔安国曲阜伯，中垒校对刘向彭城伯，汉大司农郑众中牟伯，河南杜子春缑氏伯，南郡太守马融扶风伯，北中郎将卢植良乡伯，大司农郑康成高密伯，九江太守服虔荥阳伯，寺中贾逵歧阳伯，谏议大夫何休任城伯，魏卫将军太常兰陵亭侯王肃、赠司空尚书郎王弼封堰师伯，晋镇南大将军开府仪同三司当阳侯杜预、赠司徒豫章太守范宁封巨野伯，命三司使两制待制馆阁官作赞。神宗熙宁八年，令七十二贤、二十二先儒，皆依本朝郡国县公侯伯爵品冠服。元丰六年，诏封孟子邹国公，配享，孟子配享始此。七年，诏邹国公同颜子配食宣圣，封荀况兰陵伯，扬雄成都伯，韩愈昌黎伯，并从祀于左丘明等二十二贤之间，颁行天下学校塑像，春秋释奠行礼。徽宗大观二年，封孔鲤泗水侯，伋为沂水侯，诏跻子思从祀。崇宁四年，诏公夏首封钜平侯，后处胶东侯，公肩定梁父侯，颜祖富阳侯，鄡单聊城侯，罕父黑祁乡侯，秦商冯翊侯，原抗乐平侯乐欬建城侯，廉洁胙城侯，从祀。政和元年，诏孔子弟子所封侯爵与宣圣名同，改瑕邱侯曾参武城侯，苑邱侯颛孙师颍川侯，顿邱侯南宫绰汶阳侯，楚邱侯司马耕睢阳侯，琴张阳平侯，瑕邱伯左丘明中都伯，龚邱伯谷梁赤睢陵伯，楚邱伯戴圣考城伯。五年，诏衮州邹学孟子以乐正配享，公孙丑以上从祀；封乐正子克利国侯，公孙丑寿光伯，万章博兴伯，浩不害东河伯，孟仲子新泰伯，陈臻蓬莱伯，充虞昌乐伯，屋庐连奉符伯，徐辟仙源伯，陈代沂水伯，彭更雷泽伯，公都子平阴伯，咸丘蒙须成伯，高子泗水伯，桃应胶水伯，盆城括莱阳伯，季孙丰城伯，子叔承阳伯。理宗淳佑元年，以周敦颐、张载、程颢、程颐、朱熹从祀。景定三年，张栻、吕祖谦从祀。度宗咸淳三年，以颜渊、曾参、孔伋、孟轲配享，进颛孙师于十哲，邵雍、司马光从祀。

元仁宗皇庆三年，以许衡从祀；文宗至顺元年，以董仲舒从祀。

明太祖洪武二十九年，黜扬雄从祀。英宗正统二年，以宋胡安国、蔡沈、真德秀从祀；八年，以吴元澄从祀。孝宗弘治八年，以宋阳时从祀。世宗嘉靖九年，诏圣门弟子皆称先贤，左丘明以下皆称先儒，撤像，易木主，乐舞仍用六佾，乐章中称王者并易为师从祀。申党及申枨，去党存枨；公伯寮、秦冉、颜何、荀况、戴圣、刘向、贾逵、马融、何休、王肃、王弼、杜预、吴澄俱罢祀。蘧瑗、林放、卢植、郑众、郑康成、服虔、范宁俱各祀于其乡。以后苍、王通、胡瑗、欧阳修、陆九渊从祀。穆宗隆庆五年，以薛瑄从祀。神宗万历十二年，以王守仁、陈献章、胡居仁从祀；四十二年，以罗从彦、李侗从祀。

国朝，圣祖仁皇帝康熙五十三年，升周敦颐、张载、程颢、程颐、朱熹、邵雍为先贤，又以范仲淹从祀。世宗宪皇帝雍正二年，复以蘧瑗、林放、颜何、郑康成、范宁从祀，增县亶、牧皮、乐正克、公都子、万章、公孙丑、诸葛亮、尹焞、魏了翁、黄干、陈淳、何基、王柏、赵复、金履祥、许谦、陈澔、罗钦顺、蔡清、陆陇其从祀。东庑首蘧瑗，西庑首林放，列序先贤先儒共一百二十三人位次。高宗纯皇帝乾隆三年，升有子入殿，次卜子夏；移朱子于颛孙子下，后复以吴澄从祀两庑。六年，钦颁定先贤先儒从祀位次。

以上《省志》。

宣宗成皇帝道光二三年、五六年、八年，先后以刘宗周、汤斌、黄道周、吕坤、陆贽、孙奇建从祀。二十三年，以文天祥从祀。二十九年，以谢良佐从祀。

文宗显皇帝咸丰元年，以李纲从祀。二十，以韩琦从祀。三年，以公明仪从祀。七年，以公孙侨从祀。九年，以陆秀夫从祀。十年，以曹端从祀。

今上同治元年，以毛亨、吕　从祀。二年，以方孝孺从祀。

崇圣祠：宋真宗大中祥符元年，东封幸叔梁纥堂，诏封叔梁纥齐国公，颜氏鲁国太夫人，开官氏郓国夫人，遣都官员外郎王励祭告。仁宗庆历八年，诏圣父齐国公，像易以九章之服，立庙圣殿。后元文宗至顺元年，加封圣父为启圣王，圣母为启圣王夫人。明世宗嘉靖九年，诏加启圣公，封爵，令天下学宫皆建启圣祠，祀叔梁纥父，以先贤颜无繇、曾點、孔鲤、孟孙激配享，以先儒程珦、朱松、蔡元定从祀。神宗万历二十三年，以周辅成从祀。

启圣祠

国朝雍正元年，谕内阁礼部追封孔子先世五代：至圣先师孔子，道冠古今，德参天地，树百王之模范，立万世之宗师，其为功于天下者至矣。而水源木本，积厚流光，有开必先，克昌厥后。则圣人之祖考，宜膺崇厚之褒封，所以追溯前徽，不忘所自也。粤稽旧制，孔子之父叔梁纥于宋真宗时追封启圣公，自宋以后，历代遵循。而叔梁纥以上，则向来未加封号，亦未奉祀祠庭。朕仰体皇考崇儒重道之盛心，敬修崇德报功之典礼，意欲追封五代，并享蒸尝，用伸景仰之诚，庶慰羹墙之慕。内阁礼部，可会确议其奏。

四月，礼臣议奏孔子先世五代应俱封公爵。上谕：五伦为百行之本，天地君亲师，人所宜重。而天地君亲之义，又赖师教以明。自古师道无过于孔子，诚首出之盛者也。我皇考崇儒重道，超轶千古，凡尊崇孔子，典礼无不备至。朕蒙皇考教育，自幼读书，心切景仰，欲再加尊崇，更无可增之处，故敕部追封孔子先世五代。今部议封公，上考历代帝王，皆有尊崇之典。唐明皇封孔子为文宣王；宋真宗加封至圣文宣王，封孔子父叔梁纥为齐国公，元加封孔子为大成至圣文宣王，加封齐国公为启圣王；至明嘉靖时，犹以王系臣爵改称为至圣先师孔子，改启圣王为启圣公。王公虽同属尊称，朕意以为王爵较尊，孔子五世应否封王之处，着诸大臣具奏。

遵旨议定，自叔梁公以上至木金父公，凡五代，并追封为王爵，木金父为肇圣王，祈父公为裕圣王，防叔为诒圣王，伯夏为昌圣王，叔梁纥为启圣王。启圣祠更名崇圣祠，春秋祭典照启圣王例陈设，各直省府州县卫学一体遵行。

二年，增张迪从祀。咸丰七年，增孟皮配享。

礼器图

簠[①]

簠，黍、稷。圆器也。《广韵》："内方外圆曰簠。"《仪礼》："簠有盖，幂盖四隅，微棱，起如云状，通盖重十三觔[②]，高七寸，深二寸，阔八寸一分，腹径长一尺一分。古用陶，后世范金为之。"

簋[③]

簋，外方内圆，有虞氏敦、夏琏、商瑚、周簠簋。《考工记》："旅人为簋。瓦簋即土簋也。先儒云：宗庙之簋用木，天子饰以玉，诸侯饰以象，近制用铜。"《仪礼》："启，簋会。会，盖也。象龟形，通盖重九觔，高六寸七分，深二寸八分，阔五寸，腹径长七寸九分。"

镫

镫，似豆而高大，用荐太羹。《诗》曰："于豆于登。"《尔雅》疏："木曰豆，瓦曰登。字从肉，即肉。手持，祭肉于豆之意，与登降之登从癶不同。高尺有四寸。"

---

① 簠（fǔ）：祭祀、宴享时用以盛黍稷稻粱的容器。长方形，口外侈，有四短足及二耳。盖与器形状相同，合上为一器，打开则成大小相同的两个器皿。西周早期开始出现，春秋、战国流行，后世有仿制。

② 觔（jīn）：同"斤"。《淮南子·天文训》："天有四时，以成一岁，因而四之，四四十六，故十六两而为一觔。"

③ 簋（guǐ）：古代祭祀宴享时盛黍稷的器皿。一般为圆腹，侈口，圈足。商代的簋多无盖、无耳或有二耳。西周和春秋的簋常带盖，有二耳，四耳。

铏

铏，小鼎也。用荐稻和羹。《周礼·享人》："祭祀共①太羹、铏羹。"《仪礼》疏："据羹在器，谓铏羹，据器言。谓铏鼎，范铜为之，三足，覆以盖，施三组。"

笾②

笾，竹豆也。口有藤，缘形制如豆，盛枣、栗之属。口径四寸九分，通足高五寸九分，足径阔五寸一分，上深寸有四分。

豆③

豆制不同：夏揭豆，殷玉豆，周献豆。又鲁玉豆雕篹。《尔雅》及郑氏说以木，《周礼·旅人》说以瓦，《吕氏考古图说》及《政和近制》以铜。《郊特牲》曰："鼎俎奇而笾豆偶，阴阳之义也。笾豆之实，水土之品也，高广如笾式。"

云雷尊

云雷尊，铜制，纽以螭首，腹绘云雷回旋状，用贮初献酒。重六勋四两，高九寸八分五厘，口径六寸七分五厘，深七寸五分。

---

① 共：通"供"。供给；供应；供奉。《周礼·夏官·羊人》："共其羊牲。"郑玄注："共，犹给也。"
② 笾（biān）：古代祭祀和宴会时盛果脯的竹器，形状像木制的豆。
③ 豆：古代食器。亦用作装酒肉的祭器。形似高足盘，大多有盖。多为陶质，也有用青铜、木、竹制成的。

象尊

象尊，取形于象，以明夏德。夏，假也，万化之所由化也。范金为之，穴其背，覆以盖，受酒于腹，泻于鼻，贮亚献酒。重十觔，通足高六寸八分，口径寸有八分，耳阔寸二分，长寸有九分，深四寸九分。

牺尊

牺尊即献尊，周制也。尊作牛形。《诗》："牺尊将将。"《礼器》："牺尊疏布。"牺音娑，取"牺牲亨食"之义。贮终献酒，范金为之，受酒同象尊。重九觔十两，通足高六寸一分，径二寸四分，头去足高八寸二分，耳高二寸一分五厘，阔八分五厘，深二寸七分。

壶尊

壶尊，尊作壶形，胫饰饕餮，腹著风云，示有节止而又施泽及时也。夏商曰尊彝，周制用壶。重四觔一两二钱，高八寸四分，口径四寸五分，腹径六寸，深七寸一分。

大尊

大尊，大从泰，有虞氏之制，贵木尚质，瓦尊也。通足高八寸一分，口径五寸七分，腹径六寸一分，深六寸五分。

著尊

著尊，无足而底着地。《明堂位》:"商尊也。"唐制:"先圣先师每座牺尊、象尊、云雷尊各二，今止设三尊。"《阙里志》:"释奠乃备六尊，有壶尊、大尊、著尊。盖周礼之旧，历代相沿者也。"著尊范铜为之，周身雷纹，重四觔十两，高八寸四分五厘，口径四寸三分，腹径六寸三分，深八寸二分。

巾幂

巾幂，用以覆尊，绛帛，方幅为之，中画云龙，旁绘文采，四角缀以金钱，十哲、两庑元表纁里，不绘云龙，幅方尺有五寸。

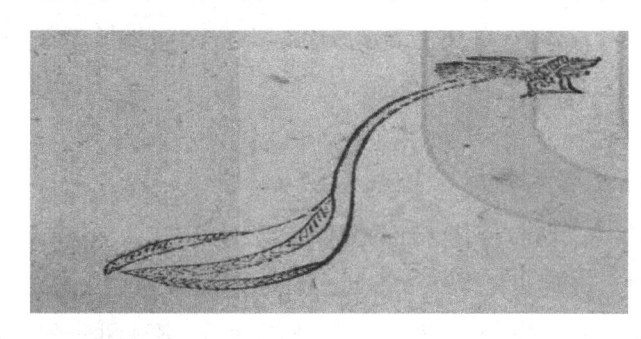

龙勺

勺，所以酌酒而注之爵者。范金为之，柄作龙首，夏制也。重一觔，口阔二寸一分，柄长一尺二寸九分。

爵

爵以献酒。夏曰盏，殷曰斝①，周曰爵。《说文》:"礼器也。象爵之形，取其鸣节节足足也。"制用铀，重一觔八两，两柱三足，有鋬，通柱高八寸三分，深三寸三分，口径长六寸二分，阔二寸九分。正殿爵，以磁色纯白制，如之。

---

① 斝（jiǎ）：古代青铜制的酒器，圆口，三足。

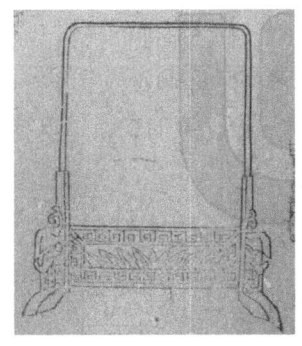

祝版

祝版，木质，粉涂，高九寸，阔尺有二寸，架长三寸，高二寸，疏文用白纸楷书，粘于木版之上，以便捧读。祭毕，揭而焚之。

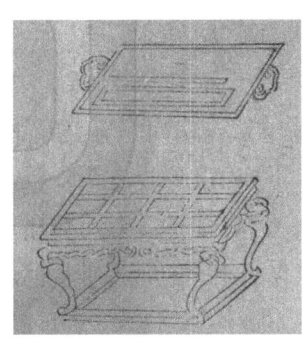

俎

俎，以盛牲，斫木为之，上有盖，下有跗①。《明堂位》："周以房俎②。"郑注："足下加跗也。字从久，不从久，久即肉也。"临祭启盖，以致洁诚。朱其外，中以黑，长二尺八寸，阔尺八寸五分，两端施铁环，盖高四寸，牲盘漆以黑，方一尺，高二寸。

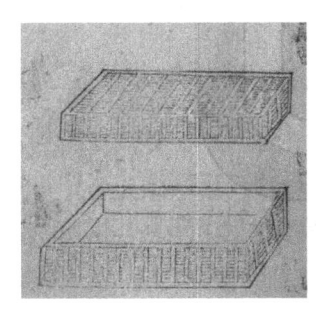

篚

篚，盛帛，通作匪，象形也。《禹贡》："厥篚织文。"《诗·鹿鸣序》："实币帛筐篚。"织竹为之，漆以朱，方长有盖，通足高五寸，长二尺有八分，阔五寸二分，深四寸，盖深二寸八分。

匜

匜，盥器。《周礼》："凡祼事③沃盥。"盖临祭之时，罍以盛水，㪺而洗，致肃恭也。匜犹罍，铜质，画饕餮雷文，重八觔八两，通足高五寸七分，口径一尺三寸六分，深二寸九分。

---

① 跗：脚背。《仪礼·士丧礼》："乃屦，綦结于跗。"郑玄注："跗，足上也。"贾公彦疏："谓足背也。"
② 房俎：周时祭器。俎，谓俎几。《礼记·明堂位》："俎，有虞氏以梡，夏后氏以嶡，殷以椇，周以房俎。"郑玄注："房谓足下跗也，上下两间，有似于堂房。"孔颖达疏："按《诗》注云：其制，足间有横，下有跗。似乎堂后有房。"
③ 祼事：指行灌鬯礼仪之祭祀。《周礼·春官·郁人》："凡祭祀，宾客之祼事，和郁鬯以实彝而陈之。"贾公彦疏："此云祭祀，唯据宗庙耳。"

洗

洗，盛弃水，铜为之，高深如匜制，两旁有环，中饰龟鱼，祭祀礼肃，三献三盥，弃旧换新，以洗盛之，不欲其停污于地也。

乐器图

麾

麾，旌旂之属。《周礼·春官·巾车》："建大麾以田。"历代命协律郎执之，以令乐工。制以绛帛为之，两面绘螭，前升后降，辅以云气，上下缀枚，上绘云，下绘山，悬以龙头朱杆，幅长十尺，竿十有二尺，朱架卓①之。起乐则举，举则升螭，见而乐作；乐阕则偃，偃则降螭，见而乐止。乐之起止视乎麾也。

金钟

金钟，十六枚，谓之堵。其悬横曰簨，纵曰虡②。八簨，凡二层，下簨起右首：黄钟，次大吕，次太簇，次夹钟，次姑洗，次仲吕，次蕤宾，次林钟；上簨起左首：夷则，次南吕，次无射，次应钟，次清黄钟，清大吕，清大族，清夹钟。铸以精铜，形如筒，长九寸，围尺八寸，周身雷纹，纽作夔龙，轻重不齐，以制之厚薄辨律之高下。架上两端施流苏，横板刻崇牙，直柱，足作卧貌形。

---

① 卓：竖立。《水浒传》第九十九回："只一箭，正中冯翊面门，头盔倒卓，两脚蹬空，扑通的撞下马来。"
② 簨（sǔn）、虡（jù）：古代悬挂钟磬鼓的木架。横杆叫"簨"，直柱叫"虡"。《礼记·明堂位》："夏后氏之龙簨虡。"郑玄注："簨虡，所以悬钟鼓也。横曰簨，饰之以鳞属；植曰虡，饰之以臝属、羽属。"

玉磬

玉磬，亦十六枚为堵，"钟一堵，磬一堵，谓之肆"①。取泗滨石②琢制，勾长六寸，股长尺有二寸，隅方象矩，以磨之厚薄辨律之清浊，架如钟架，足作浮鹅形。击以坚木，槌竹柄，音律与钟同，凡击先钟音，阕击磬收之，所谓金声而玉振也。

琴

琴，材取桐梓，漆以朱，长三尺六寸六分，阔六寸，施七弦，第一弦黄钟，律合字应，左中指按，右中指勾；二弦太簇，四字应，左食指按，右中指勾；三弦林钟，尺字应，左大指按，右食指剔；四弦七徽，半伸吕，上字应，左无名指按，右中指勾；五弦南吕，工字应，左大指按，右食指剔；六弦黄钟，清律，六字应，左大指按，右食指剔。

瑟

瑟，亦桐梓木斫，绘云雷龙凤文，长八尺一寸，广尺有八寸，施二十五弦，染以朱中黄外。第一弦黄钟，律合字应，右食指顺勾，凡鼓此字，必与内第一弦六字并鼓，清

---

① 按，语见《周礼》郑玄注。《周礼·小胥》："凡县钟磬，半为堵，全为肆。"郑玄注云："钟磬者，编县之，二八十六枚。而在一虡谓之堵。钟一堵，磬一堵，谓之肆。"
② 泗滨石：即"泗滨砭石"。原指《尚书·禹贡》所谓"泗滨浮磬，料泗滨浮石"，产于山东泗水之滨，故名"泗滨砭石"。泗滨，即"泗水之滨"。石在水旁，似石水上浮然，此石可以为磬，故谓之"泗滨浮磬"。而在众多的石材中，泗滨浮石是我国最早被命名的石材，用它制成的磬（古代贡皇家专享的乐器、法器、神器）称"泗滨浮磬"，在四千多年前就是贡品。

浊相应；二、三弦太簇，四字应，右食指连勾；六弦伸吕，上字应，右食指顺勾；七、八弦林钟，尺字应，右食指连勾；九、十弦南宫，工字应，右食指连勾；内一弦黄钟，清律，六字应，左食指顺勾；余十一弦与外弦音律指法同。凡鼓四上，凡工字，外内弦并鼓，取清浊相应也。

排箫

排箫，即凤箫，长短排次，名排箫。其形参差，象凤翼，音和鸣，象凤声，故亦名凤箫。片木为架，卷屈如龙头下垂。当其背凿槽，排管十有六，修短合度。每管一声六律六吕，兼四清声，移唇吹之。架用朱漆，饰以销金鸾凤。

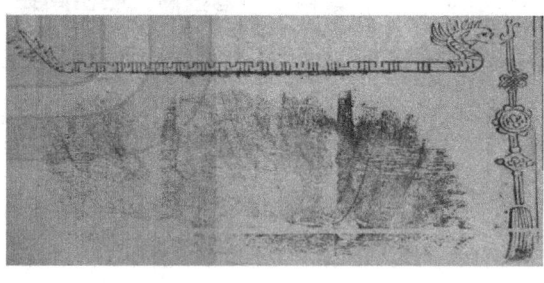

笛

笛，截紫竹为之，长尺四寸，七孔。上一大孔，径二分，吹窍也；下六孔，各径分五厘。头安龙首，饰以金，下垂丝绦。第一孔黄钟清律，六字应，凡吹六字，下五孔皆闭；第二孔南吕，工字应，凡吹工字，此孔与下四孔皆开，余闭；第三孔林钟，尺字应，凡吹尺字，此孔与下第二孔皆开，余闭；第四孔仲吕，上字应，凡吹上字，下二孔皆开，余闭；第五孔太簇，四字应，凡吹四字，下一孔开，余闭；第六孔黄钟，合字应，凡吹合字，六孔皆闭，末一孔相应。

篪

篪，截竹为筒，长尺四寸，圆五寸三分，上一大孔，径三分，下五孔，径二分，横而左吹，音律与笛同，轻气吹之，其声乃和。

箫

箫，截竹为之，长尺九寸五分，前五孔后一孔，各径一分五厘。箫头开半窍，下垂彩绒绦结。直吹之，缓取其音，悠扬不迫。

笙

笙，匏①为巢，覆以角，钻十九孔，植紫竹管于孔，施铜簧，参差如鸟翼。吹匏之端，鼓舞其簧而发声。第一、三、七、十一管皆南吕，工字应，凡工字以此四管，用大指及食指按，余孔皆开；十二、十五管林钟，尺字应，凡尺字左食指按；第二、第十管仲吕，上字应；四、八、十一管太簇，四字应；十二、十四管黄钟，清律合字、六字应，凡吹合字必吹六字，吹六字必吹合字，清浊相合也。

埙

埙，腻土②成，围五寸半，长三寸四分，上尖下圆，顶开吹口，径三分，前三孔，后二孔，各径二分，饰以云气。上孔平吹，太簇，四字应，向上稍仰，黄钟，合字应，下五孔俱闭；左中指与食指二孔，仲吕，上字应，凡上字止开此孔，余闭；左食指孔并左手二孔俱开，林钟，尺字应；后二孔左大指孔，南吕，工字应，凡工字此孔与前三孔俱开；右大指孔，黄钟清律，六字应，凡六字前后各孔俱开，吹者以两手无名指、小指托其底，轻取其声，和为佳。

---

① 匏（páo）：葫芦的一种。即瓠。《诗·邶风·匏有苦叶》："匏有苦叶，济有深涉。"毛传："匏，谓之瓠。"

② 腻土：即黏土。黏：黏腻。〔北魏〕贾思勰《齐民要术·种红蓝花栀子》："下白米粉大如酸枣，粉多则白。以净竹箸不腻者，良久痛搅。"

楹鼓①

楹鼓，朱漆彩绘，长三尺五寸，面阔二尺二寸，柱空其腰，通高八尺，顶张黄罗，盖销金云花，层檐四角探出龙首，垂流苏，柱顶立凤鸟，柱下跗足，刻四狻猊，首爪向外。凡乐作，先鼓动以声之，连击三通，每通十二击，凡三十六击。三通毕，又从容三击，众乐作。每奏乐，一句三击以为节，所谓五声，非鼓不和也。

搏拊②

搏拊，勒草为之，两端张以薄皮，长尺四寸五分八厘，径七寸二分九厘，中实以糠，周身绘花，旁有二环，系红绒绦，施以北朱漆，彩绘。其用，每奏乐一句，听楹鼓一击，拍以尾之，三击三拍，初拍左手，再拍右手，三拍则两手齐作，以为之节。

柷

柷，制以桑木，状如斗，上方二尺一寸八分七厘，下一尺六寸九分零四毫，深尺有八寸，中虚有底，以止③击之。止即椎也，柄高与心齐，凡奏乐，先以止撞底，复击左右，共三声，以起乐。

---

① 楹鼓：击奏膜鸣乐器。大鼓横置，两端蒙皮，以立柱穿鼓腔，柱底设座之鼓。约始于商代。夏代称"足鼓"，商代称"楹鼓"，周代称"悬鼓"。《礼记·明堂位》："夏后氏之足鼓，殷楹鼓，周悬鼓。"郑玄注："楹，谓之柱，贯中上出也。"至隋、唐，称"建鼓"。《隋书·音乐志下》："夏后氏加四足，谓之足鼓，殷人柱贯之，谓之楹鼓，周人悬之，谓之悬鼓。近代相承，植而贯之，谓之建（树）鼓，盖殷所作也。"

② 搏拊：古乐器名。《书·益稷》："戛击鸣球、搏拊、琴瑟以咏。"孔传："搏拊以韦为之，实之以糠，击之以节乐。"《释名·释乐器》："搏拊，以韦盛糠，形如鼓，以手拊拍之也。"

③ 止：椎名。用以击柷止乐。《尔雅·释乐》："所以鼓柷谓之止。"郭璞注："柷如漆桶，方二尺四寸，深一尺八寸，中有椎柄连底挏之，令左右击。止者，其椎名。"

敔①

敔，刻木为之，头如伏虎，长二尺一寸八分七厘，高一尺，背刻二十七龃龉②，用竹长二尺四寸，析十二茎，名曰籈③，栎其背，以止乐也。

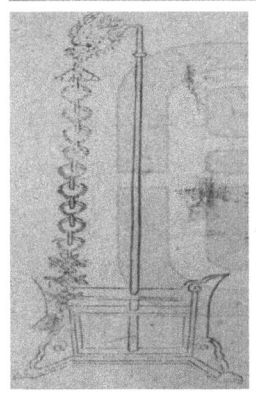

节

节，引舞，虞用牦牛毛簌九就④，每就饰金为頵⑤，以红绒绦贯而联之，缀以结蕤。竿长八尺五寸，朱髹；上安涂金龙首，口衔宝盖，下垂红缨，朱架卓之。俟舞生就列，当舞时，双节前导行列缀兆。执节立两阶，以节其舞。盖乐之声鼓以节，舞之容节以节之。《楚辞》曰："展诗兮会舞，一律兮合节。"舞用节，缓急应节之意也。

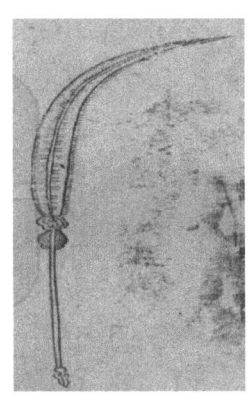

羽

羽，修长，雉尾。古并三羽束于柄，今制止一羽。柄长二尺，漆以朱，龙头金饰。《周礼》："箫师掌教国子，舞羽吹籥，祭祀则鼓羽籥之舞。"《五经通义》："文舞持羽毛，武舞持干戚。"《通典》："乐在目曰容。容藏于心，难以貌观，故假干戚羽以表其容。"《会典》："文庙用文舞生，不设干戚。"

---

① 敔（yǔ）：古乐器名。又称楬。形如伏虎。雅乐将终时击以止乐。《书·益稷》："合止柷敔。"孔颖达疏："乐之初，击柷以作之；乐之将末，戛敔以止之。"
② 龃龉：上下齿不相对应。〔明〕徐渭《秦望山花蕊峰》诗："宛如齿龃龉，张吻讼所苦。"
③ 籈（zhēn）：古代敲击乐器敔所用的棒。《尔雅·释乐》："所以鼓柷谓之止，所以鼓敔谓之籈。"
④ 就：量词，古代服饰，五采丝一匝称为一就。从一就而上，以别等级高下。《周礼·秋官·大行人》："上公之礼，执桓圭九寸，缫藉九寸，冕服九章，建常九旒，樊缨九就。"郑玄注："每一处五采备为一就。就，成也。"《礼记·礼器》："大路繁缨一就，次路繁缨七就。"孔颖达疏："五色一帀曰就。"
⑤ 頵：《龙龛手鉴·页部》："頵，俗音雅。"

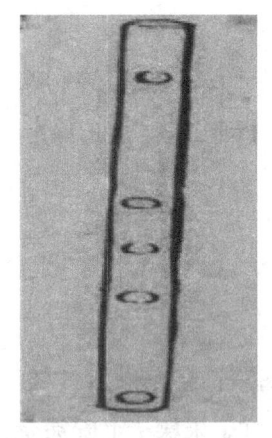

籥

籥长二尺，穿三孔，朱饰，洞其中，便贯羽也。古苇籥，今以竹。《尔雅》："大籥谓之产，中曰仲，小曰箹。"《广雅》："七孔。"毛氏："六孔。"郑康成云："籥如笛，三孔。"盖舞具之有声律者，左手执籥，右手秉翟，籥以配羽，用为文舞，盖文德声教之象云。

谨按，古者天子庙祭九献，又加爵三。汉以后祭皆三献。《祭统》谓："献之属莫重于祼"①，查《会典》，丁祭无祼礼，与宗庙礼异。牲血在内为幽毛，在外为全膟，于祭前告幽全也。奠帛，即《周礼》所谓舍采。帛长二丈八尺，一说一尺八寸，盛以筐。行三跪九叩首礼，即《周礼·太祝》九拜之顿首也。酒醴斋有五，以泛斋、醴斋设堂上，事孔子，以神道也；以盎斋、醍斋、沈斋设堂下，事诸贤，以人道也。牲用牛羊豕各一，如太学礼，从其隆也。考祭礼，分朝践、馈食，笾豆有加有差。初献仿古朝事，笾则形盐、鱐鱼，豆则韭菹、醓醢；亚献、终献仿古馈食，则以榛、栗、豚、拍、脾、析；次而加荐，则菱、芡、芹、笋；次而羞荐，饵、糍、酏、糁。今释奠总为一次，陈设从其简也。太羹、铏羹、簠簋之实俱全，而笾豆之实庶品稍减。太学内祭用十笾，缺糗、饵、粉、糍；用十豆，缺酏食、糁食。郡邑外祭止八笾：形盐、鱐鱼、枣、栗、榛、菱、芡、鱼脯，并少白饼、黑饼。止八豆：韭菹、醓醢、菁菹、鹿醢、芹菹、兔醢、笋菹、鱼醢，并少豚、拍、脾、析。虽未备十二之数，而礼已极隆矣。

登歌舞者以声容，相感格也。盖祭必有诗以颂功德，乐章是也。升歌堂上，贵人声歌咏其德，舞以象之乐。颂文德，则舞羽籥；歌武功，则舞干戚。舞以辅乐，乐可以离舞，舞不可以离乐，八音缺一不和，必钟鼓琴瑟箫管埙篪笙磬柷梧既备乃奏，而后神人以和。考孔庭释奠，汉章帝始用六代之乐，南宋元嘉始用六佾之舞，明洪武颁大成乐器于天下，增用八佾；嘉靖九年用张璁议，谓鲁用天子礼乐，孔子不欲观之，遂定为礼用三献，乐止六奏，舞用六佾。我朝颁《乐舞全图通行》，亦用三献，乐亦六奏，舞六佾。考乐一更始为一奏，又为一成，故九奏曰九成。大祭九奏，中

---

① 祼（guàn）：祭名。以香酒灌地而求神。《书·洛诰》："王入太室，祼。"孔颖达疏："王以圭瓒酌郁鬯之酒以献尸，尸受祭而灌于地，因莫不饮，谓之祼。"是周代重要的仪节（礼仪、礼节），主要有祼祭和祼飨两类。祼祭，《说文·示部》曰，"祼，灌祭也"，就是将酒浇在地上，用于祭奠祖先。《周礼·春官·大宗伯》载："以肆献祼享先王。"祼飨，指古代君主对朝见的诸侯酌酒相敬。《周礼·春官·典瑞》："祼圭有瓒，以肆先王，以祼宾客。"

祭六奏，小祭三奏，释奠用六奏，迎神一奏，奠帛合初献一奏，亚献一奏，终献一奏，彻馔一奏，送神合望燎一奏。旧注：奠帛另举乐，则七奏矣。望燎另举乐，则八奏矣。非定制也。佾之人数有二说：杜预谓六佾，用三十六人，此以纵横如数为佾也；服虔谓用四十八人，此以八人一列为佾也。考《春秋》，晋悼公纳郑女，乐二八，以女乐一八赐魏。绛此八人为列之明证。自天子至士，降杀以两。若如杜说，士二佾，止四人，岂复成礼？今《舞图》从杜说，用三十六人，似宜从服说用四十八人较为允协。

旧志阙典，礼非独馔，品乐舞袭承简陋，并仪节亦多未娴，兹遵《会典》，详载《仪注》，即胙祭品、乐章、舞谱并礼器、乐器，悉绘为图，俾多士得遵据讲习，后之君子稽求备物，亦足资考镜焉。

朔望释菜上香

谨按，《礼部则例》："府县月朔释菜，望日上香，学官行礼仪节与省会同，省会与太学同。"查《则例》："太学释菜。"

仪注：朔日设案，洗陈菜、枣、栗各一，豆炉镫香盘尊爵幂勺具。质明，祭酒率属朝服，诸生吉服，引赞引由大成东门、侧门入，及庙庭，通赞赞"就位"，咸就位，北面立。祭酒、司业为一班，师儒以位序，诸生以齿序，咸列于后。通赞赞："行三跪九叩礼，兴。"赞"行释菜礼"，引赞引祭酒诣东阶盥手升阶，入殿左门，诣先师位前，赞："跪，俯伏。"通赞赞"上香"，司香跪捧香，祭酒三上香，俯伏，兴，退，诣尊案前视注酒。引赞引复诣先师位前，赞："跪，俯伏。"通赞赞"献爵"，司爵跪捧爵，祭酒受爵，拱举授献正中，俯伏，兴。以次诣四配位上香、献爵，仪同。赞："复位。"初行礼时，引赞引两序分献官二员盥，诣二十哲位前上香，献爵，复位，均如仪。引赞引分献官各二员盥，诣二十哲位前上香，献爵，复位，均如仪。通赞赞"行三跪九叩"，礼毕，各退。

望日上香：《仪注》：不设尊爵，不陈菜、枣、栗。质明，祭酒、司业率属朝服、诸生吉服就位，如释菜仪。上香，先师四配以司业，两序以助教二员，两庑以学正各二员。

名宦祠、乡贤祠、忠义孝弟祠、节孝祠

礼部则例：凡直省府州县文庙，左右建名宦祠，以祀仕于其土有功德者；乡贤祠，以祀本地德行著闻之士；忠义孝弟祠，以祀本地忠臣、义士、孝子、悌弟、顺孙；节孝祠，以祀节孝妇女。每岁春秋致祭。官员忠节著闻，已入昭忠祠者，仍准题请入忠义祠。

仪注

礼部则例：每岁春秋释奠礼毕，教职一员，公服，诣祠致祭。是日清晨，庙户启祠门，拂拭神案，执事者陈羊一、豕一、笾豆各四、炉一、镫二，陈祝文于案左，陈壶一、爵三、帛一、香盘一于案右。引、赞二人，引主祭官入诣案前，北面立。礼生自右捧香盘，主祭官三上香讫，引赞赞"跪，叩，兴"，主祭官三叩，兴。礼生自右授帛，主祭官受帛，拱举，仍授礼生献于案上。礼生酌酒实爵，自右跪授爵，主祭受爵，拱举，仍授礼生，兴，献于正中。读祝者捧祝文跪案左，引赞赞"跪"，主祭官跪读祝，毕，以祝文复于案，退。主祭官俯伏，兴，执事者酌酒，献于左，又酌酒，献于右，退。引赞赞"跪，叩，兴"，主祭官三叩，兴，执事者以祝、帛送燎。引赞引主祭官出，执事者咸退。

名宦祝文：卓哉群公，懋修厥职。泽被生民，功垂社稷。兹惟仲春（秋），谨以牲醴，用申常祭。尚飨！

忠义孝弟祝文：维灵禀赋贞纯，躬行笃实。忠诚奋发，贯金石而不渝；义问宣昭，表乡闾而共式。祗事①懋彝伦之叙，性挚莪蒿②；克恭念天显之亲，情殷棣萼。模楷咸推夫懿德，纶恩③特阐其幽光。祠宇惟隆，岁时式祀。用陈尊簋，来格几筵。尚飨！

节孝祀文：维灵纯心皎洁，令德柔嘉。矢志完贞，全闺中之亮节；竭诚致敬，彰阃内之芳型。茹冰蘖④而弥坚，清操自励；奉盘匜而匪懈，笃孝传徽。丝纶特沛乎殊恩，祠宇昭垂于令典。祗循岁祀，式荐牲醪。尚飨！

---

① 祗事：恭敬事奉，敬于其事。《南史·到仲举传》："帝又尝因饮夜宿仲举帐中，忽有神光五采照于室内，由是祗事益恭。"
② 莪蒿：多年生草本植物，生在水边，叶像针开黄绿色小花，叶嫩时可吃。因为它抱根丛生，很像几岁的孩童粘着父母的情状，所以历来被人称为"抱娘蒿"。语本《诗·小雅·蓼莪》，后用此表达子女追慕双亲抚养之德的情思。
③ 纶恩：皇帝的恩典。〔明〕张居正《送梁鸣泉给谏册封晋藩》诗："已欣胜览驰千里，况捧纶恩出五云。"即"恩纶"，语本《礼记·缁衣》："王言如丝，其出如纶。"
④ 冰蘖：喻寒苦而有操守。〔唐〕刘言史《初下东周赠孟郊》诗："素坚冰蘖心，洁持保贤贞。"

《典礼备考》卷三

万县志局敬镌

《会典则例·祀典下》

关帝庙

礼部则例：凡直省俱设立关帝庙，每岁春秋仲月诹吉_{雍正三年定}及五月十三日_{顺帝元年定}，府州县均致祭。前殿以地方正印官主祭，后殿以丞史将事，执事以礼生。祭日陈设牲牢器数及迎神、上香、奠献、读祝、送神、视燎。

仪注：均与京师祭仪同。

顺治元年，封忠义神武；乾隆三十二年，加封灵佑；嘉庆十九年，加封仁勇；咸丰二、三、六、七年，加封护国保民精诚绥靖；七年，御书"万世人极"匾额，谕旨摹勒颁发各直省关帝庙，一体悬挂。

咸丰三年十一月二十四日，内阁奉上谕：礼部等衙门议奏关帝升入中祀礼节一摺，我朝尊崇关帝，祀典攸隆，仰荷神威，叠昭显佑，本年复加崇封号，并升中祀，兹据礼部等衙门详覆礼节，谨拟具奏。着照所议，自明年春祭为始，悉照中祀礼举行，乐用六成，舞用八佾，以昭崇奉，而答神庥，依议，钦此。咸丰三年议准_{节录，直省遵行。}

致祭前期，斋戒二日。斋之日，各佩斋戒牌，不理刑名，不宴会，不作乐，不入内寝，不问疾吊丧，不饮酒茹晕①，不祭神，不扫墓，有疾有服者勿与。

斋戒期内，适遇素服日期，承祭官及执事、陪祀人员常服，挂朝珠，无执事、不陪祭人员仍穿素服。

五月十三日，告祭关帝庙，承祭遣官祀前致斋一日，不作乐，不彻馔，供品鹿、

---

① 按："晕"当为"荤"之误。茹荤：本指吃葱韭等辛辣的蔬菜。后指吃鱼肉等。《庄子·人间世》："唯不饮酒、不茹荤者数月矣。"成玄英疏："荤，辛菜也。"

兔、果、酒，其余礼节与春秋二季礼同。

后殿各事宜均照旧例，惟五月十三日告祭礼节、供品与前殿同。

前殿位前笾豆案一，陈设爵垫一、爵三、镫一、铏二、簠二、簋二、笾十、豆十；俎共一，内陈牛一、羊一、豕一；香案陈铜炉一，香靠其实炭。

铜烛台二，上设六两重黄蜡二枝。

遣官行礼礼节：祭日，承祭官穿朝服，豫在遣官房候。至时，导引官二员引承祭官至二门外，赞引官对引官，接引承祭官入二门，至盥洗处，赞"盥洗"，承祭官盥洗毕，引承祭官由殿左阶至丹陛上正中行礼处立。典仪官唱"乐舞生就位，执事官各司其事，陪祭官各就位。"赞引官赞"就位"，承祭官就位，立。典仪官唱"迎神"，司香官捧香盒就前向上立。唱乐官唱："迎神乐作。"赞引官赞"就上香位"，引承祭官进殿左门至神位前立。司香官豫跪，赞引官赞"跪"，承祭官跪。赞"上香"，承祭官先举炷香安香靠内，次三上瓣香毕，兴。赞引官赞"复位"，引承祭官至原行礼处立。赞"跪，叩，兴"，承祭官行三跪九叩礼，兴。乐止，典礼官唱"奠帛爵，行初献礼"，奉帛爵官就案前跪，奠帛于案正中，三叩，退；奉爵官立献于案爵垫正中，退。读祝官就读祝案前跪，三叩，恭奉祝文至案左，先跪，乐暂止，赞引官赞"跪"，承祭官跪。典仪官唱"读祝"，读祝官读祝毕，恭奉祝文至神位前，跪，安于帛匣内，三叩，退。乐复作，赞引官赞"叩、兴"，承祭官行三叩礼，兴。乐止，典仪官唱"行亚献礼"，奉爵官奉爵就案前向上立，唱乐官唱"亚献乐作"，奉爵官奉爵立献于爵垫左，退。乐止，典仪官唱"行终献礼"，奉爵官奉爵就案前向上立。唱乐官唱"终献乐作"，奉爵官奉爵立献爵垫右，退。乐止，典仪官唱"彻馔"，唱乐官唱"彻馔乐作"。乐止，典仪官唱"送神"，唱乐官唱"送神乐作"，赞引官赞"跪，叩，兴"，承祭官行三跪九叩礼，兴。乐止，典仪官唱"奉祝帛馔，恭送燎位"，奉祝香帛馔官诣神位前，跪，奉祝帛官三叩，奉香馔官不叩，各奉起依次送往燎所。赞引官引承祭官退至西旁立，候祝帛馔香过毕，仍引承祭官复位立。乐作，数帛官数帛，引官赞"礼毕"，仍引承祭官至原接引处，导引官接引，由原进门出，乐止。

关帝庙春秋二祭乐章 咸丰四年春月制谱

春秋[①]**乐章**

春夹钟清均，倍应钟起调，箫伬除仜亿，笛（亻六）除伍仜。

[①] 按，此处言关帝庙春秋二祭，据下"秋祭乐章"，此应为"春祭乐章"，故"秋"应为"祭"字承前之误。

迎神　格平之章：懿变宫(亻凡)铄商(亻凡)兮角(亻六)焜徵伍煌角(亻六)，神徵伍威羽伍灵宫伩兮徵伍赫羽仩八宫伩方羽仩，伟(亻六)烈(亻凡)昭伍兮(亻六)累(亻凡)祀(亻六)，祀伩事仩明伍兮伩永伍光仩，达仩精伍诚(亻凡)兮(亻六)忝(亻凡)稷(亻六)，馨伩香仩俨(亻凡)如(亻六)在仩兮(亻六)洋(亻六)洋(亻凡)。

奠帛初献　翊平之章：英伩风(亻凡)飒(亻六)兮伍神伍格伍，思仩纷(亻凡)绮伩盖仩兮伍龙(亻凡)旗(亻六)，(奭斗)(亻凡)桂伩醑仩兮伍盈伍卮仩，香(亻六)始(亻凡)升伍兮(亻六)明(亻凡)粢(亻六)，惟伍降仩鉴伩兮在(亻凡)兹仩，流(亻凡)景伩祚仩兮伍翊伏昌(亻凡)时。

亚献　怲平之章：觞伩再(亻凡)酌(亻六)兮伍告伩虔，舞干(亻六)戚伍兮仩合(亻凡)宫伍悬(亻六)，歆仩苾伍芬伩兮仩洁伍蠲仩，扇(亻凡)巍伩显仩翼伍兮(亻六)神(亻六)功(亻凡)宣伩。

终献　靖平之章：郁伩鬯(亻六)兮(亻六)三伍申伍，罗伩筵伩篚仩兮伍毕(亻凡)陈(亻六)，仪伩卒伍度伍兮(亻六)肃(亻凡)明(亻六)裎伍，神伍降伩福仩兮伍宜(亻凡)民(亻六)宜(亻凡)人伩。

彻馔　彝平之章：物伩惟(亻凡)备伍兮(亻六)咸(亻六)有(亻六)，明伍德仩惟伍馨伩兮仩神(亻凡)其伍受(亻六)，告伩彻仩兮伍礼伍终仩罔伩答(亻凡)，佑伩我仩家伍邦伍兮(亻六)孔(亻凡)厚伩。

送神　康平之章其一：幢伩葆(亻凡)葳(亻六)蕤伍兮仩神伍聿伍归，驭伩凤伍轸(亻凡)兮(亻六)骖伍虬(亻凡)騑(亻六)，降伩烟仩煴伍兮仩余伍馝伩馡(亻六)，愿(亻凡)回伩灵仩盼伍兮仩德(亻凡)洽(亻六)明(亻凡)威伩。

望燎　康平之章其二：焫伩蒿(亻凡)烈(亻六)兮伍燎(亻凡)有(亻六)辉伍，神伍光伍烛伩兮仩祥(亻凡)云伍霏(亻六)，祭伩受伍福(亻凡)兮(亻六)茂(亻凡)典(亻六)无伍违仩，庶(亻凡)扬似骏伩烈(亻凡)兮伍永(亻凡)奠(亻六)畺(亻凡)畿伩。

秋祭乐章

秋南吕清均，仲吕起调，箫(亻六)除伍仩，笛仩除伩伍

迎神　格平之章：懿角(亻六)铄徵亿兮羽仩焜宫伩煌羽仩，神宫伩威商(亻凡)灵角(亻六)兮宫伩赫商(亻凡)八角(亻六)方商，伟仩烈亿昭伩兮仩累亿祀仩，祀伩事仩明伩兮(亻六)永伩光(亻凡)，达(亻凡)精伩诚亿兮仩忝亿稷仩，馨(亻凡)香(亻六)伩俨亿如仩在(亻凡)兮仩洋亿洋(亻六)。

奠帛初献　翊平之章：英(亻六)风亿飒仩兮伩神伩格伩，思(亻凡)纷亿绮(亻六)盖(亻凡)兮伩龙亿旗仩，(奭斗)桂(亻六)醑伩兮伩盈伩卮仩，香仩始亿升伩兮仩明亿粢仩，惟伩降(亻凡)鉴(亻六)兮伩在(亻六)兹(亻凡)，流亿景(亻六)祚(亻凡)兮伩翊仩昌亿时(亻六)。

亚献　恢平之章：觞(亻六)再亿酌亻兮伬告(亻六)虔伬，舞亿干亻戚伬兮(亻凡)合亿宫伬悬亻，歆(亻凡)苾伬芬(亻六)兮(亻凡)洁伬蠲(亻凡)，扇亿巍(亻六)显(亻凡)翼伬兮(亻凡)神亻功亿宣(亻六)。

终献　靖平之章：郁(亻六)邕亿兮亻三伬申伬，罗(亻六)筵(亻六)簋(亻凡)兮伬毕亿陈亻，仪(亻六)卒伬度伬兮亻肃亿明亻禋伬，神伬降(亻六)福(亻凡)兮伬宜亿民亻宜亿人(亻六)。

彻馔　彝平之章：物(亻六)惟亿备伬兮亻咸亿有亻，明伬德(亻凡)惟伬馨(亻六)兮(亻凡)神亿其伬受，告(亻六)彻(亻凡)兮伬礼伬终(亻凡)罔(亻六)咎亿，佑(亻六)我(亻凡)家伬邦伬兮亻孔亿厚(亻六)。

送神　康平之章：幢(亻六)葆亿葳亻蕤伬兮(亻凡)神伬聿伬归(亻凡)，驭(亻六)凤伬辁亿兮亻骖伬虬亿騑亻，降(亻六)烟(亻凡)煴伬兮(亻六)余伬氛(亻凡)酾(亻凡)，愿亿回(亻六)灵(亻凡)盼伬兮(亻凡)德亿洽亻明亿威(亻六)。

望燎　康平之章：蒿(亻六)烈亿兮(亻凡)燎亿有亻辉(亻凡)，神(亻凡)光(亻凡)遥伬烛(亻六)兮(亻凡)祥亿云伬霏亻，祭(亻六)受伬福亿兮亻茂亿典亻无伬违(亻凡)，庶亿扬(亻六)骏(亻凡)烈(亻六)兮(亻凡)永亿奠亻畺亿畿(亻六)。

关帝庙春秋二祭祝文：维神星日英灵，乾坤正气。允文允武，绍圣学于千秋；至大至刚，显神威于六合。仰声灵之赫濯①，崇典礼于馨香。兹当仲春(秋)，用昭时享。惟祈昭格，克鉴精虔。尚飨！

五月十三日告祭祝文：维神九宇承庥②，两仪合撰。嵩生岳降，溯诞圣之灵长；辰日午中，天届恢台③之令节。聪明正直一者也，千秋征肸蠁④之隆；盛德大业至矣哉，六幕⑤肃馨香之荐。爰循懋典，式展明禋。苾芬时陈，精诚鉴格。尚飨！

咸丰四年，万县奉文，知照礼部咨行各直省主祭及执事人员，均照中祀一体办理。

---

① 赫濯：威严显赫貌。〔明〕沈德符《野获编·禁卫·世锦衣掌卫印》："江陵败，刘复与政府及厂珰张鲸交结用事，赫濯者几二十年。"

② 庥：庇护。《玉篇·广部》："庥，庇庥也。"〔唐〕韩愈《潮州祭神文》："山川之神，克庥于人。"

③ 恢台：旺盛貌，广大貌。《楚辞·九辩》："收恢台之孟夏兮，然欿傺而沉臧。"洪兴祖补注引黄庭坚曰："恢，大也。台，即胎也。言夏气大而育物。"王夫之通释："恢台，盛大而润悦也。"

④ 肸蠁(xī xiǎng)：散布，弥漫。多指声响、气体的传播。〔晋〕左思《吴都赋》："光色炫晃，芬馥肸蠁。"引申为联绵不绝。〔清〕褚人获《坚瓠广集·林方伯妾》："女生七子，三甲榜，四孝廉，簪笏肸蠁不绝。"

⑤ 六幕：指天地四方。《汉书·礼乐志》："专精厉意逝九阂，纷云六幕浮大海。"颜师古注："六幕，犹言六合也。"

礼部则例：同日祭后殿，每位前各设一案，每案陈羊一、豕一、铏二、簠簋各二，笾豆各八、炉一、镫二。殿中设一案，少①西北向，供祝版；东西各设一案，分陈礼神制帛三色白、香盘三、尊三、爵九、俎、篚、幂、勺具；设洗于后垣门内甬道东，承祭官位展檐下正中，司祝、司香、司帛、司爵、典仪、掌燎各以其职为位，如常仪。质明，承祭官由前左门入后垣中门盥手，升阶就位。迎神，引诣正位前上香，毕，以次诣左右位前上香、复位、行二跪六叩礼，初献读祝如仪，余仪均如前殿。

雍正三年议准：关帝三代封爵，曾祖光昭公，祖裕昌公，父成忠公。

咸丰五年，内阁奉上谕：太常寺奏遵查关帝先代封爵应否推崇加封请旨一折，前以关帝神威显佑，特加封号，并升入中祀。兹据太常寺查明关帝先代封爵，并应否援照文庙、崇圣祠例加封，请旨定夺。自应敬谨加封，以示尊崇。关帝曾祖光昭公，着加封为光昭王；祖裕昌公，着加封为裕昌王；父成忠公，着加封为成忠王。所有应办事宜，着该衙门查例具奏，钦此。

礼部准太常寺知照，覆奏牲牢酒醴笾豆簠簋一切祭品均与文庙、崇圣祠同。

春秋二祭祝文：维王世泽覃庥②，令仪裕后。灵钟河岳，笃生神武之英；诚溯渊源，宜切尊崇之报。班爵超躬桓而上，升香肃俎豆之陈。兹际仲春（秋），爰修祀事。尚祈昭鉴，式此苾芬。

五月十三日祝文：维王迪德承家，累仁昌后。崧生岳降，识毓圣之有基；木本水源，宜推恩之及远。封爵特超于五等，馨香永荐于千秋。际仲夏之届时，命礼官而将事。惟祈昭格，鉴此精虔。

文昌庙

礼部则例：凡直省春秋致祭文昌庙，均与关帝庙祭仪同。谨按嘉庆六年五月遵旨奏准：致祭文昌帝君，仿照关帝定制，列入祀典，定以二月初三日圣诞为春祭，秋祭另行择吉，一切仪注、祭品等项，均照关帝典礼。其各直省春秋致祭之处，亦照关帝之例，由该地方官敬谨致祭。

咸丰六年十一月十一日，内阁奉上谕：嘉庆六年钦奉谕旨，文昌帝君主持文运，福国佑民，崇正教，辟邪说，灵迹最著，海内崇奉，与关圣大帝相同，允宜列入祀典，用光文治。当经礼部、太常寺奏准，一切礼节祭品，均与关帝庙同。现在关圣帝君

---

① 少：同"稍"，略微。
② 覃庥：长时间庇护。"覃"：音 tán，长，悠长。《诗·大雅·生民》："鸟乃去矣，后稷呱矣。实覃实訏，厥声载路。"毛传："覃，长；訏，大。"

已升入中祀，文昌帝君应一体升入中祀，以昭诚敬。一切典礼，着该衙门妥议具奏。钦此。

二十六日内阁抄出，奉上谕：礼部等衙门奏遵议文昌帝君升入中祀典礼开单呈览一折，文昌帝君升入中祀。前期一日，着遣亲郡王行告祭礼。春秋二祭，俱着卜吉举行。二月初三日圣诞，即照关帝圣诞点香礼节，并毋庸禁止屠宰，一切礼仪、祭品、乐章、祝文，均着照所议备办。应行酌改工程，及豫备各项，着工部于明年春秋前赶紧办齐，以昭诚敬。钦此。

咸丰七年，万县奉文，知照礼部咨行各直省主祭及执事人员，均照中祀，一体办理。

遣官行礼礼节

祭日，承祭官朝服，预在遣官房候。届时，导引官二员引承祭官至魁星殿外，赞引官对引官，接引承祭官由东角门入至盥洗处，赞"盥洗"，承祭官盥洗毕，引承祭官至殿阶下正中行礼处立。典仪官唱"乐舞生就位，执事官各司其事，陪祭官各就位"，赞引官赞"就位"，承祭官就位立。典仪官唱"迎神"，司香官捧香盒就前向上立，唱乐官唱"迎神乐作"。赞引官赞"就上香位"，引承祭官进殿左门，至神位前立，司香官豫跪。赞引官赞"跪"，承祭官跪。赞"上香"，承祭官先举炷香安香靠内，次三上瓣香，毕，兴。赞引官赞"复位"，引承祭官至原行礼处立。赞"跪，叩，兴"，承祭官行三跪九叩礼，兴，乐止。典仪官唱"奠帛爵，行初献礼"，奉帛爵官各奉帛、爵就前向上立。唱乐官唱"初献乐作"，奉帛官就案前跪，奠帛于案正中，三叩，退。奉爵官立献于案爵垫正中，退。读祝官就祝案前跪，三叩，恭奉祝文至案左，先跪，乐暂止。赞引官赞"跪"，承祭官跪。典仪官唱"读祝"，读祝官读祝毕，恭奉祝文至神位前，跪安于帛匣内，三叩，退，乐复作。赞引官赞"叩，兴"，承祭官行三叩礼，兴，乐止。典仪官唱"行亚献礼"，奉爵官奉爵就案前向上立，唱乐官唱"亚献乐作"，奉爵官奉爵立献于爵垫左，退，乐止。典仪官唱"行终献礼"，奉爵官奉爵就案前向上立，唱乐官唱"终献乐作"，奉爵官奉爵立献于爵垫右，退，乐止。典仪官唱"彻馔"，唱乐官唱"彻馔乐作"，毕，乐止。典仪官唱"送神"，唱乐官唱"送神乐作"，赞引官赞"跪，叩，兴"，承祭官行三跪九叩礼，兴，乐止。典仪官唱"奉祝帛馔恭送燎位"，奉祝香帛馔官诣神位前跪，奉祝帛官三叩，奉香馔官不叩，各奉起依次送往燎炉。赞引官引承祭官退至西旁立，候祝帛馔香过毕，仍引承祭官复位立，乐作。数帛官数帛，赞引官赞"礼毕"，仍引承祭官至原接引处，导引官接引，由原进门出，乐止。

文昌庙乐章

春夹钟清均，倍应钟起调，秋南吕清均，仲吕起调。

迎神　丕平之章：秉(亻凡)气(亻凡)兮(亻上)灵(伍)躔(亻上)，翊(亻凡)文(亻六)运(伍)兮(亻上)赫(伍)中(伍)天(亻上)。晛(亻六)旆(亻凡)兮(亻六)戾(亻凡)止(亻六)，雕(伍)俎(亻上)兮(伍)告(伍)虔(亻上)。迓(亻凡)神(亻六)庥(亻上)兮(伍)于(亻凡)万(亻六)斯(亻凡)年(伍)。

初献　平之章：神(伍)之(亻凡)来(伍)兮(亻六)笾(伍)簋(伍)式(亻凡)陈(亻六)，神(伍)之(亻上)格(亻凡)兮(伍)几(亻上)筵(亻六)式(亻上)亲(伍)。极(亻凡)昭(伍)彰(亻上)兮(伍)灵(亻凡)贶(亻六)，致(亻上)蠲(亻六)洁(伍)兮(亻上)明(亻凡)禋(亻六)。升(伍)香(亻上)兮(伍)伊(亻凡)始(亻六)，居(伍)歆(亻上)兮(伍)佑(伍)我(亻六)人(亻凡)民(伍)。

亚献　焕平之章：再(伍)酌(亻凡)兮(亻六)瑶(伍)觞(亻上)，灿(亻六)烂(亻凡)兮(亻六)庭(亻凡)燎(亻六)之(伍)光(亻上)。申(亻六)虔(亻六)祷(亻上)兮(伍)神(亻凡)座(亻六)，俨(伍)陟(亻凡)降(伍)兮(伍)帝(亻凡)旁(亻六)。粢(亻六)醴(亻凡)洁(亻六)兮①斋(亻上)邀(亻凡)，将(亻六)绥(伍)景(亻上)运(伍)兮(亻六)灵(亻凡)长(伍)。

终献　煜平之章：礼(伍)成(亻凡)三(亻六)献(伍)兮(亻上)乐(亻凡)奏(亻六)三(伍)终(亻上)，覃(亻凡)敷(亻六)元(伍)化(亻上)兮(伍)絜(亻凡)神(亻六)功(伍)。馨(伍)香(亻凡)达(伍)兮(亻上)肸(亻上)蠁(亻六)通(伍)，歆(亻上)明(伍)德(伍)兮(亻上)昭(亻凡)察(亻六)寅(伍)衷(伍)。

彻馔　懿平之章：备(伍)物(亻凡)兮(亻六)惟(伍)时(亻上)，告(伍)彻(亻上)兮(伍)终(亻六)礼(亻凡)仪(亻六)。神(亻凡)悦(亻六)怿(伍)兮(亻上)鉴(亻凡)在(伍)兹(亻上)，垂(亻上)鸿(伍)佑(伍)兮(亻凡)累(亻凡)洽(亻六)重(亻凡)熙(伍)。

送神　蔚平之章：云(伍)輧(亻凡)驾(亻六)兮(伍)旗(亻凡)招(亻六)，神(伍)之(亻上)归(伍)兮(伍)天(亻六)路(亻凡)遥(亻六)。瞻(亻上)翠(伍)葆(伍)兮(亻上)企(伍)丹(伍)霄(亻上)，愿(亻凡)回(伍)灵(亻上)眷(伍)兮(亻上)福(亻六)我(亻凡)朝(伍)。

望燎　平②：烟(伍)煴(亻凡)降(伍)兮(亻六)元(伍)气(亻凡)和(亻六)，神(亻凡)光(亻六)烛(伍)兮(亻上)梓(伍)潼(伍)之(伍)阿(亻六)。化(亻凡)成(亻六)耆(伍)定(亻上)兮(伍)櫜(亻凡)弓(亻六)戢(伍)戈(亻上)，文(亻上)治(伍)光(伍)兮(亻上)受(亻凡)福(亻六)则(亻凡)那(伍)。

文昌帝君庙春秋二祭祝文：维神道阐苞符③，性敦孝友。并行并育，德侔天地以同流；乃圣乃神，教炳日星而大显。仰鉴观之有赫，云明德之惟馨。兹当仲春(秋)，

---

① 按，据文例，此处应脱一七音记录字。
② 按，据文例，此处应脱乐章之名，据前关帝庙乐章，或为"蔚平之章"。
③ 苞符：儒学以为能表达天意的、对人有益的祥瑞之物，如出现彩云，风调雨顺，禾生双穗，地出甘泉，奇禽异兽出现等等。〔清〕徐郙《殿试策问答卷》："苞符阐秘，至理昭焉；旄钺巡师，军威振焉。"

用昭时享。惟祈歆格，克鉴精虔。

二月初三日告祭祝文：维神功参橐籥[1]，撰合乾坤。溯诞降之灵辰，三台[2]纪瑞；庆中和之令节，九宇承晖。若日月之有光明，阐大文于孝友；如天地无不覆载，感郅治于馨香。爰举上仪，敬陈芳荐。精禋罔致，神鉴式临。尚飨！

后殿二月初三告祭祝文：维文昌帝君道备中和，神超亭毒[3]。禀贻谋[4]而允绍，钦毓圣之有基。云汉昭回，际岳降崧生之会；馨香感格，兴水源木本之思。式肇明禋，用光彝典。尚祈神鉴，享此清芬。

礼部则例：谨案嘉庆六年太常寺奏准，文昌帝君三代姓名，查无确据，未便请加封号，谨拟增制神牌一分，牌面书"文昌帝君先代神位"字样。

礼部则例：同日祭后殿，神位前设一案，陈羊一、豕一，铏二、簠簋各二、笾豆各八、炉一、镫二，迎神、上香、行礼、奠献、送燎仪节，悉与致祭关帝后殿仪同。

后殿原祝文：祭引先河之义，礼崇返本之思。矧夫世德弥光，延赏斯及。祥钟累代，炯列宿之精灵；化被千秋，伟人文之主宰。是尊后殿，用答前庥。兹当仲春（秋），肃将时祀。用申告洁，神其格歆。尚飨！

每岁春秋、社稷、神祇各坛及文庙，原编祭祀银四十八两，以钱粮不敷，本县自备。康熙二十年，于钱粮内颁支一十六两，又续增关帝庙春秋祭祀银一十六两，内酌拨银二两致祭厉坛，共三十二两，在地丁内扣留。雍正十三年，酌增春秋祭祀银二十两；嘉庆七年，新增文昌庙春秋祭祀银一十四两，共三十四两，藩库请领。

谨按，咸丰六年，文昌帝君升中祀，议准条款直省宜遵行者，如斋戒二日，斋之日佩戒牌，斋戒遇素服日，承祭、执事、陪祭人员常服，挂珠及乐用六成，均与关帝升中事祀事宜同，不言祭品，想亦如之，或盖仍旧。惟佾舞仿先师庙，文舞六佾也。万县关帝、文昌庙，乐舞未备，文昌春秋丁祭亦仅奏云璈、歌乐章而已。然

---

[1] 橐籥：语本老子《道德经》第五章："天地不仁，以万物为刍狗；圣人不仁，以百姓为刍狗。天地之间，其犹橐籥乎？虚而不屈，动而愈出。多闻数穷，不若守中。""橐籥"，古之鼓风用之袋囊，其犹现代之风箱，抑或之鼓风机是也。用以比喻天地宇宙乾坤变化之象。内中空虚而生机不已，动静交织而无穷无尽。

[2] 三台：古代天子有灵台、时台、囿台，合称"三台"。《初学记》卷二四引〔汉〕许慎《五经异义》："天子有三台，灵台以观天文，时台以观四时施化，囿台以观鸟兽鱼鳖。"

[3] 亭毒：语本《老子》："长之育之，亭之毒之，养之覆之。"高亨正诂："'亭'当读为'成'，'毒'当读为'熟'，皆音同通用。"后引申为养育，化育。〔南朝·梁〕刘孝标《辩命论》："生之无亭毒之心，死之岂虔刘之志。"李周翰注："亭、毒，均养也。"

[4] 贻谋：语本《诗·大雅·文王有声》："诒厥孙谋，以燕翼子。"后以"贻谋"指父祖对子孙的训诲。〔晋〕陆机《吊魏武帝文》："观其所以顾命冢嗣，贻谋四子，经国之略既远，隆家之训亦弘。"

文庙仪注谨遵《会典则例》，关帝、文昌庙亦不违典礼，尚无陨越焉。

火神庙

岁以季夏月下旬三日致祭。

祭品：羊一、豕一、果实五盘、尊一、爵三。

仪注：主祭官蟒袍补服，行二跪六叩礼，迎神、上香、奠帛、读祝、三献爵、送神、望燎，告礼成，退。

祝文：维神德著离宫①，光昭午位②。广阳亨之运，象启文明；彰燮理之能，功参化育③。土以生而水以济，丙丁④之大用常昭，府既修而事既和，虞夏之九功⑤惟叙。丽兹万物，实赖化成。乂我生民⑥，咸资利用。仰邀神贶⑦，虔答鸿庥⑧。爰尊祀事之仪，式叶春禋（秋尝）⑨之典。肃陈牲币，敬布几筵。尚飨！

---

① 离宫：本是八卦中的一卦，表示方向是在正南方，表示气象是代表热。这里言火神之所在。〔唐〕齐己《苦热行》："离宫划开赤帝怒，喝起六龙奔日驭。"

② 午位：中夏之位，斗指正南，后天八卦离卦，万物至此皆盛。午：古人以十二支配方位，午为正南，因以为南方的代称。如"午上"，言南方的上空。这里亦言火神之所在。

③ 化育：天地生成万物。《礼记·中庸》："能尽物之性，则可以赞天地之化育。"

④ 丙丁：火日。丙丁于五行属火，故俗称火为"丙"或"丙丁"。《吕氏春秋·孟夏纪·孟夏》："其日丙丁，其帝炎帝，其神祝融。"高诱注："丙丁，火日也。"

⑤ 九功：古谓六府三事为"九功"。《左传·文公七年》："六府、三事，谓之九功。水、火、金、木、土、谷，谓之六府。正德、利用、厚生，谓之三事。"《梁书·武帝纪上》："文洽九功，武苞七德。"唐太宗《执契静三边》诗："戢武耀七德，升文辉九功。"语本《尚书·虞书·大禹谟》："禹曰：'于！帝念哉！德惟善政，政在养民。水、火、金、木、土、谷，惟修；正德、利用、厚生，惟和；九功惟叙，九叙惟歌。戒之用休，董之用威，劝之以九歌，俾勿坏。'"

⑥ 乂我生民：安定我人民。《尔雅·释诂》："乂，治也。"生民：人民，语本《诗·大雅·生民》。《孝经·丧亲章》："生事爱敬，死事哀戚，生民之本尽矣。"

⑦ 神贶：神灵的恩赐。〔唐〕黄滔《课虚责有赋》："所谓摆扬恬澹，剖判虚空，冀其神贶，逮彼幽通。"

⑧ 鸿庥：犹"鸿荫"，敬称尊长的庇荫关怀。〔明〕汤显祖《大司马新城王公祖德赋》："仰燕翼以遥钦，遡鸿庥而远托。"庥：本指树荫。《尔雅·释言》："庥，荫也。"郭璞注："今俗语呼树荫为庥。"引申有"庇护"的意思。〔唐〕柳宗元《非国语上·宰周公》："凡诸侯之会霸主，小国，则固畏其力而望其庥焉者也。"

⑨ 春禋秋尝：禋：泛指祭祀。《国语·周语上》："不禋于神而求福焉，神必祸之；不亲于民而求用焉，人必违之。精意以享，禋也。"韦昭注："洁祀曰禋。"春禋：春天的祭祀。秋尝：秋天的祭祀。尝：古代秋祭名。《诗·小雅·天保》："禴祠烝尝，于公先王。"《尔雅·释天》："秋祭曰尝。"

龙神祠

岁春秋诹吉致祭。

祭品：帛一、羊一、豕一、果实五盘、尊一、爵三。

仪注：与火神庙同。

*祝文：*维神德洋寰海①，泽润苍生。允襄②水土之平，经流顺轨；广济泉源之用，膏雨及时。绩奏安澜③，占大川之利涉④；功资育物，欣庶类⑤之蕃昌⑥。仰藉神庥，宜隆报享。谨遵祀典，式协良辰。敬布几筵，肃陈牲币⑦。尚飨！

城隍庙

岁以春秋仲月上戊设位祭于神祇坛，以三月清明、七月望、十月朔奉请神位，祭于厉坛。《仪注》见神祇坛、厉坛。

谨按，《礼部则例》："直省坛庙祭祀，无火神庙、龙神祠，惟京师祠祭。岁以季夏月下旬三日致祭火神祠，承祭官拜位殿内正中；龙神祠则每岁春秋诹吉日致祭，承祭官拜位阶上正中。皆朝服，行三跪九叩礼。"万县火神向有庙无祭。咸丰六年季夏，署知县彭名湜始行事，其礼视龙神祠。又直省无祀城隍神礼，盖即祀于神祇坛、八蜡坛⑧。部议附祭于先农，亦不另立坛祠。

---

① 寰海：海内，全国。〔南朝·梁〕江淹《为建平王庆明帝疾和礼上表》："仁铸苍岳，道括寰海。"
② 允襄：襄助。〔明〕吾邱瑞《运甓记·官诰荣封》："妻李氏，内政允襄，无愧鸡鸣之警。"
③ 安澜：水波平静。比喻太平。〔汉〕王褒《四子讲德论》："天下安澜，比屋可封。"李善注："澜，水波也，安澜，以喻太平。"
④ 利涉：顺利渡河。《易·需》："贞吉，利涉大川。"后称舟楫为利涉。〔唐〕杜甫《八哀诗·故司徒李公光弼》："扶颠永萧条，未济失利涉。"
⑤ 庶类：万物，万类。《国语·郑语》："夏禹能单平水土，以品处庶类者也。"韦昭注："禹除水灾，使万物高下各得其所。"
⑥ 蕃昌：蕃衍昌盛。《左传·闵公元年》："《屯》固、《比》入，吉孰大焉？其必蕃昌。"
⑦ 牲币：牺牲和币帛。古代用以祀日月星辰、社稷、五岳等。后泛指一般祭祀供品。《周礼·春官·肆师》："立大祀用玉帛牲牷，立次祀用牲币，立小祀用牲。"郑玄注："郑司农云：'大祀天地，次祀日月星辰，小祀司命已下。'玄谓大祀又有宗庙，次祀又有社稷、五祀、五岳，小祀又有司中、风师、雨师、山川、百物。"
⑧ 八蜡坛：即八蜡庙，古代祭祀与农业有关的神灵。八蜡：古代中国人民所祭祀八种与农业有关的神祇，民间视八蜡有除虫捍灾御患的能力，祭祀于八蜡庙。

《典礼备考》卷四

万县志局敬镌

会典

朝贺 迎诏 救护

圣诞、元旦、冬至三大节朝贺礼

省会守土官豫于公所正中设万寿龙亭,南向设香案于亭之南。其日五鼓,有司设燎于庭,设镫于门庑。教授、训导二人,纠仪学弟子员二人,通赞二人。引班阶下,东西班位皆文东武西立位,东西面北上,拜位北面,东班西上,西班东上,重行异等、纠仪官位班行之北,通赞、引班位纠仪官之南,皆东西面。夜漏未尽,群官朝服毕会公所。质明,引班引入至丹墀内东西序立,通赞赞"齐班",引班分引至拜位前立。赞"进",少进。赞"跪,叩,兴",群官行三跪九叩礼,毕,引退。

若府不附省、州县不附府者,均以正贰①教职各一人,纠仪学弟子员各二人,通赞、引班、在城文武官于公所按班行礼,均如省会仪。

迎诏礼

诏下直省之礼:礼部按直省督抚驻劄②之地,行取阁部院寺笔帖式③乘传④赍

---

① 贰:副手,副职。《国语·晋语一》:"夫太子,君之贰也。"韦昭注:"贰,副也。"
② 驻劄:即"驻扎"。
③ 笔帖式:又作"笔帖黑",满语bithesi一词的音译。清入关前称有学问的人为"巴克什"(baksi)。天聪五年(1631年)改为"笔帖式",指清代官府中低级文书官员、执掌部院衙门的文书档案的官员,主要职责是抄写、翻译满汉文。
④ 乘传:乘坐驿车。传:读作"zhuàn",驿车,传达命令的马车,也引申为官府载人的车。《汉书·京房传》:"臣出之后,恐必为事所蔽,身死而功不成,故愿岁尽乘传奏事。"

诏前往颁布，工部给龙旗伞①仗前导，所经府州县五里之内，文武官朝服跪迎，军民伏道右候过。省会有司豫于公廨设屏南向，屏前设诏案，又前设香案，案东设台阶，下为文武官拜位，文东武西，重行异等如朝贺仪详见三大节朝贺礼，绅士班于文官之末，耆老军民集于武官之末，皆北面。宣诏官一人，展诏官二人，立台下，西面；通赞生立香案左右，引礼生立百官班位左右，皆东西面。诏及郊，守土官备龙亭、旗仗出迎使者，承诏书以架，奉陈龙亭内，乘马后随，鼓乐前导。总督暨同城文武大僚率所属文武官朝服出迎道右，跪，候过，兴。先至公廨门外序立，绅士、耆老、军民毕会。诏至门，跪迎如初礼。使者下马，从龙亭入，众随入。使者奉诏书陈于案，退，立案东西面。引礼生引群官就位，北面立。通赞赞"跪，叩，兴"，众行三跪九叩礼。赞"宣诏使者奉诏授宣诏官，复位立"，宣诏官跪接，登台。展诏官二人从升，均西面展诏书。宣读讫，复于案，皆降。众听赞，复行三跪九叩礼如初，退。使者以诏授督抚，恭镌誊黄，颁学政、盐政、织造管閗②；两司、道府转颁所属州县卫，将军、提、镇、协将转颁所属营汛。至日宣布军民，均与省会仪同。

救护礼

救护仪注：直省府州县衙，遇日、月食，各按钦天监推定时刻分秒，随地救护。省会于督抚署，府州县衙各于公署，均以督抚及正官一人，领班行礼。正副教职二人、纠仪学弟子员二人，通赞二人，引班阴阳官一人报时。至日，阴阳官报初亏，引众官素服立拜位前序班，赞"行三跪九叩礼"，毕，班首官进至香案前，三上香，毕，复位，皆跪。执事奉鼓进，跪于左，班首官伐鼓③三声，仪门外金鼓振作，仍按班更番上香，更番袛立。阴阳官报复圆，金鼓声止，众官行三跪九叩礼，退。

日食遇元旦，停止朝贺、筵宴；日食、月朔，官员俱常服，惟救护时素服。日、月食遇穿朝服之期，初亏、复圆俱穿素服行礼。

---

① 伞：古代仪仗之一种。《左传·定公四年》："备物、典策。"〔唐〕孔颖达疏："当谓国君威仪之物，若今伞、扇之属。"
② 閗：同"关"。
③ 伐鼓：击鼓。伐：敲击。《诗·小雅·鼓钟》："鼓钟伐鼛，淮有三洲。"《晋书·武帝纪》："西平人曲路伐登闻鼓，言多袄谤。"

《典礼备考》卷五

万县志局敬镌

会典

乡饮酒

谨按，古饮酒礼四：一则三年宾兴贤能、简不率教①者习乡上齿②饮酒；一则乡大夫饮国中贤者；一则州长春秋以礼会民，射于州序，因而饮之；一则岁十二月大蜡祭，党正以礼属民饮酒于序，以正齿位。今所行者，即乡大夫饮国中贤者之礼，其义则尊让、洁敬③以远斗辨④，免人祸，先礼后财，民敬让⑤；尊长养老，而孝

---

① 简不率教：轻怠而不服从教化。简：轻贱，怠慢。《管子·匡乘马》："五谷兴登，则士轻禄，民简赏。"率教：遵从教导。《新唐书·卓行传·阳城》："沈酗不率教者皆罢。"
② 上齿：敬老。上，通"尚"。齿，指高年。《礼记·王制》："耆老皆朝于庠，元日习射上功，习乡上齿，大司徒帅国之俊士与执事焉。"孔颖达疏："又于乡学习此乡饮酒之礼，令老者居上，故云上齿。"
③ 尊让：克制谦让。《管子·五辅》："夫人必知礼然后恭敬，恭敬然后尊让，尊让然后少长贵贱不相逾越。"洁敬：清净而恭敬。〔南朝·宋〕刘敬叔《异苑》卷一："衡阳山、九嶷山皆有舜庙，每太守修理，祀祭洁敬，则闻弦歌之声。"
④ 斗辨：争斗，争吵。《礼记·乡饮酒义》："君子尊让则不争，洁敬则不慢。不慢不争，则远于斗辨矣。不斗辨则无暴乱之祸矣。"孙希旦集解："斗，谓逞乎力，辨，谓竞于言。"
⑤ 按，以上详参《礼记·乡饮酒义》之"乡饮酒之义"。原文："主人拜迎宾于庠门之外，入，三揖而后至阶，三让而后升，所以致尊让也。盥洗扬觯，所以致洁也。拜至、拜洗、拜受、拜送、拜既，所以致敬也。尊让洁敬也者，君子之所以相接也。君子尊让则不争，洁敬则不慢，不慢不争，则远于斗辨矣，不斗辨则无暴乱之祸矣，斯君子之所以免于人祸也，故圣人制之以道。"又"祭荐，祭酒，敬礼也。哜肺，尝礼也。啐酒，成礼也。于席末，言是席之正，非专为饮食也，为行礼也，此所以贵礼而贱财也。卒觯，致实于西阶上，言是席之上，非专为饮食也，此先礼而后财之义也。先礼而后财，则民作敬让而不争矣。"

弟之行立①，所以感人心维风俗者，典綦重也。

仪注

岁孟春望日、孟冬朔日，举行乡饮酒礼于学官。京师则礼部侍郎一人监礼，顺天府府尹为主人，直省州县则正印官为主人，以乡之年六十以上，德厚望重、舆论允协者一人为宾，其次一人为介，又其次为众宾；以士子中习礼者一人为司正，二人司爵，二人赞礼，二人引礼，一人读律，僚佐皆与。前期戒宾，宾礼辞，许。戒介亦如之。（右谋宾介②、戒宾介）

先一日，司正③率执事者诣讲堂肆仪④。监礼席次于席，东北面州县以教职监礼，布宾席于堂西北，南向；主人席于东南，西向；介席于西南，东向；众宾席于西序，东向；僚左席于东序，西向，皆北上；司正席于主人之东，北向。设律令案一，于主、介间正中，东西肆；又设乐，悬于西阶下，如仪，右陈设布席。届日质明，执事者入，具馔设尊于案，实酒于尊，加幂勺觯爵在尊北。读律者奉律令陈于中案。既办，礼部侍郎朝服诣学官就次，监礼、主人率司正及僚属咸朝服入，乃速⑤宾介。主人立东阶下西南，僚佐序立于主人之后西面北上，司正、读律令者立僚佐之南北面西上，赞礼者一人立东阶下，又一人立庠门之外，均西面。届时，宾介盛服至，序立于庠门外之右，介居宾南，众宾居介南，皆东面北上。执事者以宾至告主人，主人出迎宾，四面揖，宾介以下东面答揖主人，入门左。宾揖介，介揖众宾，以次入门右。当阶，主人揖；及阶，揖宾，皆答揖。主人与宾让，升，三让，宾三辞，主人升，宾乃升。主人东阶上，宾西阶上，赞者赞"拜"，主人北面再拜，宾答拜，兴，即席。主人降阶，延介，一让，升，介升，拜如宾礼，就位。主人复揖众宾，众以次皆升，主人三揖，宾长三人各答一揖，众宾皆就位。主人率僚佐以下咸就位。（右迎宾介）

---

① 以上典出《礼记·乡饮酒义》之"乡饮酒之礼"，原文是："六十者坐，五十者立侍，以听政役，所以明尊长也。六十者三豆，七十者四豆，八十者五豆，九十者六豆，所以明养老也。民知尊长养老，而后乃能入孝弟。民入孝弟，出尊长养老，而后成教，成教而后国可安也。君子之所谓孝者，非家至而日见之也；合诸乡射，教之乡饮酒之礼，而孝弟之行立矣。"

② 宾介：宾，贤宾；介，贤宾之次。多偏指贤宾。《仪礼·乡饮酒礼》："主人就先生而谋宾介。"郑玄注："宾介，处士贤者……贤者为宾，其次为介，又其次为众宾。"

③ 司正：古代行乡饮酒礼或宾主宴会时的监礼者。《礼记·乡饮酒义》："工告乐备。遂出，一人扬觯，乃立司正焉。"《国语·晋语一》："公饮大夫酒，令司正实爵与史苏。"韦昭注："司正，正宾主之礼者也。"

④ 肆：陈设，布置。《诗·大雅·行苇》："戚戚兄弟，莫远具尔，或肆之筵，或授之几。"毛传："肆，陈也。"

⑤ 速：召，请。《诗·小雅·伐木》："既有肥羜，以速诸父。"郑玄笺："速，召也。"

赞礼者赞"扬觯"①,执事者引司正由东阶升,诣堂中北面立,赞"揖",司正揖,宾介以下答揖。司爵诣酒尊所,举幂酌酒于觯,进授司正,司正扬觯而语曰:"恭维朝廷,率由旧章,敦崇礼教,举行乡饮,非为饮食,凡我长幼,各相劝勉,为臣尽忠,为子尽孝,长幼有序,兄友弟恭,内睦宗族,外和乡里,无或废坠,以忝所生。"语毕,赞者赞"司正饮酒",司正立饮,毕,以觯授执事者,反②于案右。赞"揖",司正揖,宾介以下皆揖,司正复位。(右 扬觯)

赞"读律令",引礼引读律令者就中案前北面立,宾、介、主人以下听赞,咸起立,族③揖,如司正扬觯礼。乃读律令,曰:"律令:凡乡饮酒,序长幼,论贤良。高年有德者居上,其次序齿列坐,有过犯者不得干豫,违者罪以违制。失仪,则觯扬者以礼责之。"读毕,复位,宾主以下皆坐。(右 读律令)

赞者赞"举馔案",执事者奉馔案于宾席,次介,次众宾。主人以下遍举,讫,赞"献宾",主人起离席,北面立,司爵诣酒尊所酌酒实④宾爵,授主人,主人受爵,诣宾席,奠于案,稍退,宾避席立于主人之左,赞"拜",主人再拜,宾答拜,皆复位立。次献介,如献宾之礼。次献众宾之长者三人,每献一人,主人揖,宾长避席答揖,皆复位,执事者遍献众宾爵,讫。赞"宾酢⑤",主人、宾离席,司爵酌酒授宾,宾受爵,介及宾长咸离席从,诣主人席前,拜,送爵,主人答拜如前仪,复位,皆坐。(右 献宾、宾酢主人)

酒数行,工⑥升,歌《周诗·鹿鸣》之章,卒,歌笙奏御制《补南陔诗》⑦,辞曰:"我逝南陔,言陟其岵。昔我行役,瞻望有父。欲养无由,风木何补。我逝南陔,言陟其屺。今我行役,瞻望有母。母也倚庐,归则宁止。南陔有笋,籯实包之。屡屡孩提,

---

① 扬觯(zhi):举起酒器。古时饮饯时的一种礼节。《礼记·乡饮酒义》:"盥洗扬觯,所以致洁也。"孔颖达疏:"扬觯谓既献之后,举觯酬宾之时,亦盥洗也。必盥洗者,所以致其洁敬之意也。"
② 反:同"返",回到。
③ 族:群,众,遍,一起。
④ 实:充实,充满,填塞。《楚辞·招魂》:"瑶浆蜜勺,实羽觞些。"王逸注:"实,满也。"
⑤ 酢:以酒回敬主人。《诗·大雅·行苇》:"或献或酢。"郑玄笺:"进酒于客曰献,客答之曰酢。"
⑥ 工:古时对从事各种技艺的劳动者的总称,这里特指乐官。《书·益稷》:"工以纳言,时而扬之。"孔传:"工,乐官。"孔颖达疏:"《礼》通谓乐官为工,知工是乐官,则《周礼》大师、瞽蒙之类也。"
⑦ 按:《南陔》是《诗经》篇目第四卷《小雅·鹿鸣之什》中的一篇。为先秦时代华夏族诗歌,仅有篇目而无内容,故曰"补"。〔宋〕朱熹《诗经集传》:"此笙诗也,有声无词。旧在《鱼丽》之后,以仪礼考之,其篇次当在此,今正之,说见华黍:《鹿鸣之什》十篇一篇无词,凡四十六章,二百九十七句。"诗经中有六篇这样的"笙诗",分别为:《南陔》《白华》《华黍》《由庚》《崇丘》《由仪》。其下《补由庚诗》亦如是。

孰噢咻之。慎尔温清，洁尔旨肴。今尔不养，日月其慆。"间歌《周诗·鱼丽》之章，笙奏御制《补由庚诗》，辞曰："王庚便便，东西朔南。六府调燮，八风节宣。由庚容容，朔南西东。维敬与勤，百王道同。由庚郭郭，东西南朔。先忧而忧，后乐而乐。由庚恢恢，南朔东西。皇极孰建，惟德之依。"乃合乐歌《周诗·关雎》之章。卒，歌工告备，出。执事者行酒，主宾以下饮，无算爵。（右乐宾）

　　赞礼赞"彻馔案"，众起离席，主人率僚属在东西上，宾、介在西东上，皆北面。赞"拜"，主人再拜，宾、介以下皆再拜。宾降西阶出，介及众宾从，立庠门外之右东面北上。主人降东阶出，僚属从，送宾于庠门外之左西面，皆再拜，兴。宾、介退。礼卒无愆，礼部侍郎出，主人率僚属送于庠门外，皆退。（右彻馔，宾出。）

　　直省府州县乡饮酒之礼，以守牧令为主人，省会及监司分驻之地，皆以监司视其礼，仪注同前。

《典礼备考》卷六

万县志局敬镌

《会典·昏①》

官员昏礼②

官员七品以上自昏及为子孙主昏，豫访门第清白、年齿相当者，使媒氏往通言俟许。男年十六以上，女年十四以上，身及主昏者，无期以上服，皆可行。下士庶人同（右议昏）

纳采。诹日，主人具书书辞随宜，后仿此，请女为谁氏出，并问生年月日，别具婚者生年月日附于书，使媒氏豫告女家。届日夙兴，以子弟一人为介，公服侍于厅事，主人公服奉书出，西面授介，再拜，介避拜，受书出，如女家。其日，女氏主人设案于庙，洒扫厅事待宾。亦使子弟一人为傧③，公服以俟。宾至，傧告主人，如宾服，出迎于门外，揖入升堂，宾左主人右。入堂少深，宾东面奉书致词，从者陈礼物于庭，主人北面再拜受书，宾避拜，请退俟命，傧揖宾，款于别室。主人以书入诣庙，陈于案上，启椟告事，如常告仪。乃具复书，具女所出及生年月日附于书，傧延宾

---

① 昏："婚"古字，今作"婚"，结婚。下同不复校。
② 昏礼：婚娶之礼。古时于黄昏举行，故称。古代昏礼有六：纳采、问名、纳吉、纳征、请期、亲迎。《墨子·非儒下》："昏礼威仪，如承祭祀。"清代衍生为九礼，即如下所记。古人对婚礼和婚姻十分重视，认为它对上以事奉宗庙祖先，对下以继承后世，就礼之大体也。《礼记·昏义》载："父亲醮子，而命之迎，男先于女也。子承命以迎，主人筵几于庙，而拜迎于门外，婿执雁入，揖让升堂，再拜奠雁，盖亲受之于父母也。降出，御妇车，而婿授绥，御轮三周，先俟于门外。妇至，婿揖妇以入，共牢而食，合卺而酳，所以合体，同尊卑，以亲之也"。
③ 傧：通"俟"。出迎，接待宾客。《周礼·秋官·小行人》："凡四方之使者，大客则傧，小客则受其币。"郑玄注："傧者，摈而见之，王使得亲言也。"

升堂，主人奉书出，西面授宾，再拜，宾受书，避拜，授从者，请退。主人请醴①宾，宾礼辞，许。馔者布席中堂，宾东主西，揖让就坐。进馔，行酒三巡，宾兴，离席告退，揖，主人答揖，送宾于门外如初。使还复命，主人纳书，如授书仪，醴介以家人之礼。（右 纳采）

纳币②。诹日具书，备礼物。一品章服③一称④，章如其品。币表里各七两以制衣服，缯帛七两以制衿褍，布七两，容饰⑤合二十事钗、钏、簪、珥之属；二品至四品币表里各五两，缯帛五两，布五两，容饰合十有六事，余同一品；五品至七品币表里各三两，缯帛三两，容饰合十有二事，余同四品。媒氏豫告女家，届日夙兴，主人遣使奉书及礼物如女家，女氏主人受书及礼物，告庙，具复书授宾，醴宾，还复命主人，主人礼介，并同纳采。（右 纳币）

昏期。诹吉具书，备礼物。三品以上羊酒，四品以下鹅酒。豫日，主人遣使如女家，女氏主人迎宾入，宾致词请期，主人辞逊⑥，宾乃奉书告期，主人拜受，具复书授宾，宾还复于主人，皆如纳币仪。（右 请期）

昏期前一日，女家使人奉箕帚于婿室，陈衾帷茵褥器用具。至日，婿家筵室中位东西向，别设案于牖下，陈壶一、盏四、合卺⑦剖匏为二，合四盏，以备三酳之用。设醮爵于堂下之东，壶盏具。初婚，婿公服俟于堂下，有官者各以其服，若其子孙则摄盛⑧。三品以上摄五品服，五品以上摄七品服，六品以下摄八品服，仪从亦如之。婿马一乘，二烛前马；妇舆一乘或车，随宜，襜葢⑨饰采绢，垂流苏。五品以上前后

---

① 醴：通"礼"。招待。
② 币：缯帛。古代常用作祭祀或馈赠的礼品。《仪礼·聘礼》："币美则没礼。"郑玄注："币，谓束帛也。"
③ 章服：绣有日月、星辰等图案的古代礼服。每图为一章，天子十二章，群臣按品级以九、七、五、三章递降。《韩非子·亡征》："父兄大臣，禄秩过功，章服侵等，宫室供养太侈。"
④ 称：量词。指配合齐全的一套衣服。《礼记·丧服大记》："袍必有表不禅，衣必有裳，谓之一称。"《左传·闵公二年》："归公乘马，祭服五称。"杜预注："衣单复具曰称。"
⑤ 容饰：装饰打扮之物。"饰"同"饰"。
⑥ 辞逊：辞谢推让。〔宋〕范正敏《遯斋闲览·谐噱》："有一先新辈少年有风姿，为贵族之有势力者所慕。命十数仆拥至其第，少年欣然而行，略不辞逊。"
⑦ 合卺：古代婚礼中的一种仪式。剖一瓠为两瓢，新婚夫妇各执一瓢，斟酒以饮。后多以"合卺"代指成婚。《礼记·昏义》："妇至，婿揖妇以入，共牢而食，合卺而酳。"孔颖达疏："卺，谓半瓢，以一瓠分为两瓢，谓之卺。婿之与妇，各执一片以酳，故云'合卺而酳'。"
⑧ 摄盛：谓古代男女举行婚礼时，可根据车服常制超越一等，以示贵盛。《仪礼·士昏礼》："乘墨车。"郑玄注："士而乘墨车，摄盛也。"贾公彦疏："《周礼·巾车》云：'……大夫乘墨车，士乘栈车，庶人乘役车。'士乘大夫墨车为摄盛。"
⑨ 葢：同"盖"。器物上部有遮盖作用的东西。

左右各二,六品以下前二后二,均俟于门外。主人公服出,醮①子若自主婚,则以有服尊长醮,后仿此,位于堂东西面,婚者升自西阶,再拜。执事者升,授爵,婚者跪受,卒,爵反②于执事者。父命之迎,应唯,俯伏兴,降出乘马,执事随以雁,仪从在前,妇舆在后,如女家。其日,女父告于庙,词曰:"某之第几女某,将以今日归某氏,敢告。"余如常告仪。还,醮女于内堂,父东母西。姆相女具服如饰,服视婿之等,出至父母前,北面再拜。侍者斟酒醮女,如父醮子仪。父训女以宜家之道,母为之整冠裾,申以父命,女识之不唯。婿既至,主人迎于门外,揖让入。婿执雁从入至厅事,主人东阶上西面,婿西阶上北面立,奠雁再拜,主人不答拜。姆为女加景③,盖首出,婿揖,降,女从,主人不降送。姆导女升舆,二烛前舆,婿乘马先俟于门。妇至,降舆,婿导升西阶,入室逾阈,媵妇家送者布婿席于东,御婿家迎者布妇席于西。婿、妇交拜讫,姆脱妇景,媵、御设匕箸醯酱,婿揖,妇即对筵坐。馔入卒食,媵取盏,实酒酳④婿;御取盏,实酒酳妇,三酳用卺,卒酳婿出,媵、御施衾枕,婿入烛出。(右 亲迎)

厥明,妇夙兴,盥漱栉总,以枣栗腶修诣舅姑室⑤。姆入,设席于堂中为位,舅东姑西,均南向。舅姑即席,妇执笲,实枣栗,升自西阶,北面拜奠于席,舅坐抚之。妇兴降阶,执笲实腶修,升拜奠席,姑坐抚之。舅姑兴,入于室。(右 妇见舅姑)

妇具酒馔,设匕箸醯酱,行盥馈礼。舅姑就坐,妇奉馔入,献舅姑。视卒食,乃酌酒酳舅姑,送酒,皆再拜。舅姑卒饮,兴,乃共飨妇。侍者布妇席于阼阶⑥上,西向,具酒馔,设匕箸醯醢,舅姑于堂中临之。妇卒食,姑酳之,妇拜受卒饮。舅姑先降自西阶,妇降自阼阶,退。飨妇送者,男于外,女于内,酬以布帛(右 妇盥馈、

---

① 醮:古代冠礼、婚礼中的一种简单仪节。谓尊者对卑者酌酒,卑者接受敬酒后饮尽,不需回敬。《仪礼·士冠礼》:"若不醴,则醮,用酒。"郑玄注:"酌而无酬酢曰醮。"《礼记·昏义》:"父亲醮子而命之迎,男先于女也。"郑玄注:"酌而无酬酢曰醮。醮之礼如冠醮与?其异者于寝耳。"
② 反:同"返"。
③ 景:古代出门御尘的外衣。后作"中景"。《仪礼·士昏礼》:"妇乘以几,姆加景,乃驱。"郑玄注:"今文景作憬。"
④ 酳(yìn):献酒使少饮或漱口。《仪礼·士昏礼》:"赞洗爵,酌酳主人,主人拜受,赞户内北面答拜。酳妇亦如之。"
⑤ 按,此古代昏礼中妇礼之仪,即新婚后第一天,新娘要一早拿竹器盛着枣、栗子、姜桂干肉作为见面礼,拜见公婆,"枣",取早起之意;"栗",取战栗之意;"腶(jiā)修",取振作之意。以各种东西来比喻妇侍奉公婆要勤谨,要怀着敬畏之心。
⑥ 阼阶:东阶。《书·顾命》:"大辂在宾阶面,缀辂在阼阶面。"《仪礼·士冠礼》:"主人玄端爵韠,立于阼阶下,直东序,西面。"郑玄注:"阼,犹酢也,东阶所以答酢宾客也。"

舅姑飨妇）

三日，妇见于庙。厥明，执事者设馔具，主人启椟陈主，如常祭礼。主人布席阶下之东，婚者在后，主妇布席阶下之西，妇在后，各就位。再拜，主人升，上香献酒，读告词曰："某之第几子某，今已婚毕，率新妇见。"余词如祭式，俯伏兴退，立于东。妇进当中阶下，北面再拜，兴，复位。主人复位，及主妇以下行再拜礼毕，纳主彻，退。若同居有尊者，妇见如见舅姑礼。见夫之伯叔母与见姑同，答以肃拜①。见娣姒②小姑，以夫之齿序拜，皆答拜③。夫兄弟之子，若女妇受拜，答以肃揖④。（右庙见）

庙见之明日，昏者以贽⑤视分所应用往见妇之父母。主人迎于门外，揖让入升堂，奠贽，婿北面再拜，主人西面答拜。请见主妇，主妇立于门内，婿立于门外，再拜，主妇门内答拜。出，主人醮以一献之礼⑥。（右婿见妇父母）

士昏礼 八品以下官同

纳采：诹日具书，媒氏告于女家。主人使子弟一人为介，奉书如女氏。女氏主人出迎宾，揖让入门，升堂，宾东面致词奉书，主人西面受书，再拜，宾避拜，请退俟命。主人使子弟待宾，以书入告于寝，如仪，具复书出授宾，宾受书。主人布席礼宾，毕，宾揖辞，主人送之如初。介还复命，主人拜受书，礼介，行家人礼。

---

① 肃拜：古九拜之一。恽敬《释拜》："郑司农曰：'如今之撎。'郑说非也。撎不跪，肃亦不跪，肃拜则跪……是故不跪而举手下手曰撎，曰肃，跪而举下手曰肃拜。谓肃如撎可也，谓肃拜如撎不可也。"《礼记·少仪》："妇人吉事，虽有君赐，肃拜。"郑玄注："肃拜，拜不低头也。"
② 娣姒：妯娌。兄妻为姒，弟妻为娣。《尔雅·释亲》："长妇谓稚妇为娣妇，娣妇谓长妇为姒妇。"郭璞注："今相呼先后，或云妯娌。"
③ 答拜：礼节性的回拜。《逸周书·克殷》："武王答拜，先入适王所，乃克射之三发而后下车，而击之以轻吕，斩之以黄钺。"
④ 肃揖：恭敬地拱手行礼。〔宋〕叶适《蔡知阁墓志铭》："故事，将官谒帅，皆小袖衫拜庭下；至公，独袍笏肃揖，帅因请以宾礼见。"
⑤ 贽：初次见人时所送的礼物。《书·舜典》："修五礼，五玉、三帛、二生、一死、贽。"孔传："玉、帛、生、死，所以为贽以见之。"孔颖达疏："一死是雉，二生是羔雁也。"
⑥ 一献之礼：是传统文化中燕飨之礼的礼节，来源于周礼礼制。大致步骤为三步：先由主人取酒爵致客，称为"献"；次由客还敬，称为"酢"；再由主人把酒注入觯或爵后，先自饮而后劝宾客随着饮，称"酬"，合起来称为"一献之礼"，在"献"的环节中，有洗爵的步骤。这样，"一献之礼"又称之为"三爵之礼"。《小雅·瓠叶》用三章分别写到"酌言献之""酌言酢之""酌言酬之"，这是燕飨中必经的程序。《小雅·宾之初筵》："三爵不识，矧敢多又。"

诹日纳币：具书，备礼物。章服一称八品以下官如其品，士视九品，布帛各五两，容饎八事，食品六器，媒氏告于女家。主人遣使奉书、物行礼，女家受礼告寝，复书礼宾，宾复主人，均如纳采。

昏有日，主人备鹅酒，书昏期于束，使媒氏奉如女家告，女氏主人报束，授媒氏复。

婚前一日，主人使人以衾具张陈婿室。至日，婿家筵于室中位，东西向；别以案陈合卺，器设醮爵于室东。初婚，婿摄公服俟于堂下。婿马一乘，二烛前马，妇舆一乘，襜盖前饎采绢二，竢于门外。主人盛服，醮子于堂东，命之迎。婿出，乘马如女家，雁及妇舆从。其日，女氏主人告于寝，如仪。毕，主人位内堂东，主妇位内堂西，父醮女如婿仪。婿至女家门外，主人出迎，婿执雁从入，主人东阶上西面，婿西阶上北面，奠雁再拜，主人不答拜。姆加女景，盖首出，婿揖，降女从，主人不降送。姆导女升舆，女家亦以二烛前舆。婿乘马先俟于门，妇至，降舆，婿导妇入室逾阈。媵布婿席于东，御布妇席于西，婿妇交拜讫，姆脱妇景，婿揖，妇即席，婿东妇西，坐行合卺礼。

厥明，妇夙兴俟见。舅位堂东，姑位堂西，皆南向。妇以贽见于舅姑，再拜，舅姑受贽。妇具酒馔，行盥馈礼。舅姑就位，妇奉馔，舅姑卒食一酳；妇再拜送酒，舅姑卒饮，共飨妇于阼阶，及飨妇送者，均与官员同。

三日，妇见祖祢①于寝，陈设如荐仪。主人在东，婚者从；主妇在西，妇从，参神再拜。主人升，诣香案前，上香奠酒告毕，俯伏兴，退，立于东；妇进当门中闑②，再拜，兴，复位，主人复位，及主妇以下皆再拜，兴，礼毕，退。

见祖祢之明日，婿以贽见妇之父母，返入奠贽再拜，主人答拜；见主妇，婿拜于寝门外，主妇答拜于门内，出。主人醴婿，皆如仪。

庶人昏礼

庶人昏礼纳采：诹日，书婚者生年月日，以授媒氏，奉如女家。女氏主人受书，告如寝，书女为谁氏出及生年月日，授媒氏。道远具馔，近则否。媒氏复命，主人礼之。

纳币：备礼物，服一称，用帛无章，布五两，容饎六事或四事，食品四器。媒氏奉如女家，女氏主人受之，飨媒氏，复命，如纳采礼。

---

① 祖祢（mí）：古代对已在宗庙中立牌位的亡父的称谓。《公羊传·隐元年秋七月注》："生称父，死称考，入庙称祢。"亦泛指祖先。〔汉〕蔡邕《鼎铭》："乃及忠文，克慎明德，以服享祖祢之遗风，悉心臣事，用媚天子。"

② 闑（niè）：古代门中央所竖短木。《仪礼·士冠礼》："布席于门中，闑西阈外，西面。"《礼记·曲礼上》："大夫士出入君门，由闑右，不践阈。"郑玄注："闑，门橛。"陆德明释文："门橛，门中木。"

婚有期，备鹜①，书婚期于柬，使媒氏奉如女家告。女氏主人许，使媒氏复。

婚前一日，女家使人以衾具陈于婿室。至日，婿家筵于室中，东西为位；别以案陈合卺，器设醮爵于厅事东序。初婚，婿盛服俟于阶下。婿马一乘，二烛前马，妇舆一乘，襜盖无馀，俟于门外。主人盛服至厅事东位西面，婿升，主人醮之，命之迎。婿再拜出，乘马如女家，雁及妇舆从。其日，女家告于寝，醮女以俟。婿既至，主人出迎于门外，导入，婿执雁从入，升堂，主人东阶上，婿西阶上，北面奠雁再拜。姆加女景，盖首出，婿揖之，降，妇从降。姆以女登舆，二烛前舆。婿乘马先俟于门，妇至，降舆，婿揖，入室逾阈。布席，婿妇交拜讫，姆脱妇景，婿揖，妇就位坐，婿东妇西，行合卺礼。

妇夙兴盛服，以贽见舅姑于堂，拜献如礼。馈酒食于舅姑，舅姑飨妇及妇送者。

三日，妇见祖祢于寝，如堂荐礼。明日，婿往见妇之父母，妇父设酒食，礼婿如仪。

---

① 鹜：家鸭。《左传·襄公二十八年》："公膳日双鸡，饔人窃更之以鹜。"孔颖达疏引舍人曰："凫，野名也；鹜，家名也。"

《典礼备考》卷七

万县志局敬镌

《会典·丧》

官员丧礼 凡公侯伯视一品，子男各视其等

有疾居正寝①女居内寝，疾革，遗疏三品以上官得具遗书，遗言皆书之。既终，子号哭，辟踊②，去冠，被发，徒跣，诸妇女去笄。期功③以下，丈夫素冠，妇人去首饰，皆易素服，男哭床东，女哭床西。异向作魂帛结白绢为之，为位于尸东前设案，奠阁余生前食饮所余，脯醢酒果用吉器。立丧主以适④长子，无则长孙承重⑤、主妇以亡者之妻，无妻及母之丧，则以丧主之妻当之护丧，司宾、司书、赞祝、诸执事人治棺及凡丧具，护丧者使人上遗疏，讣于有司及亲属僚友。（右初终）

越日小殓。侍者于寝室施帏，设浴床于尸床前，床东置案，陈沐浴巾栉含具，二品以上含用小珠玉五，七品以上用金玉屑五。袭床在浴床西，袭事陈其旁，常服一称，朝衣冠带各以其等。侍者迁尸浴床南首，诸子哭踊，妇人出女丧则男出，乃去

---

① 正寝：正厅或正屋。《公羊传·庄公三十二年》："公薨于路寝。路寝者何？正寝也。"
② 辟踊：亦作"擗踊"。辟，同"擗"。捶胸顿足，哀痛貌。《晋书·慕容熙载记》："苻氏死，熙悲号辟踊，若丧考妣。"
③ 期功：亦作"朞功"。古代丧服的名称。期，服丧一年。功，按关系亲疏分大功和小功，大功服丧九月，小功服丧五月。亦用以指五服之内的宗亲。〔晋〕李密《陈情表》："外无期功强近之亲，内无应门五尺之僮，茕茕独立，形影相吊。"
④ 适：同"嫡"。《汉书·杜钦传》："此必适妾将有争宠相害而为患者。"颜师古注："适读曰嫡。嫡谓正后也。"《左传·庄公八年》："衣服礼秩如适。"杜预注："适，大子。"
⑤ 承重：指承受宗庙与丧祭的重任。封建宗法制度，其人及父俱系嫡长，而父先死，则祖父母丧亡时，其人称承重孙。如祖父及父均先死，于曾祖父母丧亡时，称承重曾孙。遇有这类丧事都称承重。《仪礼·丧服》："适孙。"唐贾公彦疏："此谓适子死，其适孙承重者，祖为之期。"

尸衣，覆以殓衾①。侍者奉汤入，哭止。沐发栉之，晞②以巾束之。抗衾③而浴，拭以巾，讫，结袭衣，纵置于床南领。举尸易床，彻浴床、浴具，埋巾、栉及余水于屏处。乃去衾，袭常服朝服，加面巾。丧主以下为位而哭。丧主及诸子坐于床东奠北，同姓丈夫以服为序，坐诸子后西面；主妇及诸妇女子坐于床西，同姓妇女以服为序，坐诸妇后；婢妾又在其后东面，均南上；尊行④丈夫坐东北壁下西上，尊行妇女坐西北壁下东上；异姓丈夫坐于帏外之东西上，异姓妇女坐于帏外之西东上。若内丧，则同姓丈夫皆坐帏外之东，异姓丈夫皆坐帏外之西。执者执含具前，丧主起盥，亲含尸讫，哭，复位。（右 袭⑤）

是日，执事者帷堂如寝，陈殓床于堂东，加殓衣。三品以上五称：复⑥三，禅⑦二；五品以上三称：复二，禅一；六品以下二称：复一，禅一。皆以缯复衾。一、二品以上色绛，四品以上色缁，五品色青，六品色绀，七品色灰。绐绞⑧皆素帛。既办，乃迁尸床于堂中。行殓事毕，丧主暨诸子括发⑨，加首绖⑩腰绖，皆以麻；妇麻髽⑪，余同。（右 小殓）

---

① 殓衾：覆盖尸体用的被子。
② 晞（xī）：干，使干燥。《诗·秦风·蒹葭》："蒹葭萋萋，白露未晞。"毛传："晞，干也。"
③ 抗衾：丧礼仪节之一，谓将衾被盖上尸体。《礼记·丧大记》："御者入浴，小臣四人抗衾。"郑玄注："抗衾者，蔽上，重形也。"陈澔集说："抗衾，举衾以蔽尸也。"
④ 尊行：长辈。《东周列国志》第二十回："子元自其兄文王之死，便有篡立之意……况熊囏、熊恽二子年齿俱幼，自恃尊行，全不在眼。"
⑤ 袭：穿衣加服。古丧礼中称以衣敛尸。《仪礼·士丧礼》："主人袭反位。"郑玄注："袭，复衣也。"贾公彦疏："云'袭，复衣也'者，以其乡袒则露形，今云袭，是复着衣，故云'复衣'。"
⑥ 复：夹衣。《说文·衣部》："复，重衣也。"朱骏声通训："《释名》：'有里曰复'，谓即袷也。"
⑦ 禅：单衣。《礼记·玉藻》："禅为䌴。"郑玄注："䌴，有衣裳而无里。"《释名·释衣服》："有里曰复，无里曰禅。"
⑧ 绐绞：亦作"绞绐"，即"绞衾"。入敛时裹束尸体的束带和衾被。《仪礼·既夕礼》："凡绞绐用布，纶如朝服。"《礼记·王制》："唯绞纶衾冒，死而制作。"孙希旦集解："绞，大小敛，既敛，所以收束衣服为坚急者。绐，单被也，大敛用之。"
⑨ 括发：束发。指服丧。《仪礼·聘礼》："出袒括发。入门右，即位踊。"《梁书·孝行传·荀匠》："自括发后，不复栉沐，发皆脱落。"
⑩ 绖（dié）：古代丧服所用的麻带。扎在头上的称首绖，缠在腰间的称腰绖。《仪礼·丧服》："丧服，斩衰裳，苴绖、杖、绞带。"郑玄注："麻在首要皆曰绖。"按，"要"通"腰"。
⑪ 髽（zhuā）：古代妇女丧髻，以麻线束发。《仪礼·丧服》："布总、箭笄、髽，衰三年。"郑玄注："髽，露紒也，犹男子之括发。斩衰括发以麻，则髽亦用麻，以麻者，自项而前，交于额上，却绕紒，如着幓头焉，《小记》曰：'男子冠而妇人笄，男子免而妇人髽。'"

三日大殓。执事者以棺入，承以两橙。棺内奠七星版①，籍茵褥②，施绵衾，垂其裔③于四外。届时，奉尸入棺，实生时所落齿发，卷衣以塞空处，令充实平满。丧主以下，凭棺哭踊，尽哀，乃盖棺，加锭，施柒④。三品以上比葬每月三柒，五品以上月再柒，七品以上月一柒。彻殓床，迁柩其处。柩东设灵床，施帏帐、枕衾、衣冠、带屦之属。设颒⑤盆、帨巾⑥于灵床侧，皆如生时。柩前设灵座，奉魂帛，几筵供器具。以绛帛为铭旌⑦，三品以上长九尺，五品以上八尺，七品以上七尺，题曰："某官某公<small>内丧书某封某氏</small>之柩"。悬于竹杠，依灵右。执事者陈馔案，食品用素器。启帷，行殓奠礼，内外就位如寝，司祝焚香奠酒，丧主以下哭。尽哀毕，下帷<small>每奠皆同</small>。及夜，奉魂帛复床，诸子次于中门之外，寝苫枕块，不脱经带；诸妇女子次于中门之内，帷幔枕衾皆布素，哀至则哭，昼夜无时。（右　大殓）

　　是日成服。五服各以亲疏为等，斩衰⑧三年。子为父母、为继母、慈母<small>妾子无母，父命他妾养之者</small>、养母自幼出继与人者，子之妻同；庶子为嫡母、所生母，庶子之妻同；为人后者为所后父母，为人后者之妻同；女在室及已嫁被出而反在室者为父母；嫡

---

① 七星版："版"同"板"。旧时停尸床上及棺内放置的木板。上凿七孔，斜凿枧槽一道，使七孔相连，大殓时纳于棺内。〔北齐〕颜之推《颜氏家训·终制》："吾当松棺二寸，衣帽已外，一不得自随，床上唯施七星板。"我国旧俗，人死后每隔七天祭奠一次，到七七四十九天为止，称为"断七"。故古代的灵车谓之"七星车"，停尸床谓之"七星床"，停尸床上及棺内的木板谓之"七星板"。
② 茵褥：亦作"茵蓐"。床垫子。〔汉〕刘向《说苑·反质》："缯帛为茵褥，觞勺有彩。"晋葛洪《抱朴子·讥惑》："疾患危笃，不堪风冷，帏帐茵褥，任其所安。"
③ 裔：本指衣服的边缘。《说文·衣部》："裔，衣裾也。"徐锴系传："裾，衣边也。"〔明〕郎瑛《七修类稿·国事三·衣服制》："文官自领至裔，去地一寸。"这里泛指边沿。《楚辞·九歌·湘夫人》："麋何为兮庭中？蛟何为兮水裔？"洪兴祖补注："裔，边也，末也。"
④ 柒："漆"古字。用漆树皮内的粘汁做成的涂料。《汉书·贾山传》："冶铜锢其内，柒涂其外。"
⑤ 颒（huì）：洗脸。《书·顾命》："甲子，王乃洮颒水。"陆德明释文："颒，音悔，《说文》作'沬'，云古文作'颒'。"
⑥ 帨（shuì）巾：拭手的巾帕。宋孔平仲《孔氏谈苑·宣医丧命敕葬破家》："敕葬之家，使副洗手帨巾，每人白罗三尺，他物可知也。"
⑦ 铭旌：竖在灵柩前标志死者官职和姓名的旗幡。多用绛帛粉书。品官则借衔题写曰某官某公之柩，士或平民则称显考显妣。另纸书题者姓名粘于旌下。大殓后，以竹杠悬之依灵右。葬时取下加于柩上。《周礼·春官·司常》："大丧，共铭旌。"
⑧ 斩衰：亦作"斩縗"。旧时五种丧服中最重的一种。用粗麻布制成，左右和下边不缝。服制三年。子及未嫁女为父母，媳为公婆，承重孙为祖父母，妻妾为夫，均服斩衰。先秦诸侯为天子、臣为君亦服斩衰。《周礼·春官·司服》："凡丧，为天王斩衰，为王后齐衰。"

孙承重为祖父母若祖父俱亡，为高曾祖，后者同、承重者之妻同；妻为夫、妾为家长①，服生麻布，旁及下际不缉，麻冠、绖、菅屦②、竹杖；妇人麻屦，不杖，馀同。齐衰③杖期：嫡子、众子为庶母谓父妾有子者、嫡子、众子之妻同；子为嫁母亲生母父卒而改嫁者、出母亲生母为父所出者；嫡孙祖在为祖母承重，夫为妻，服熟麻布，旁及下际缉之，麻冠、绖、草屦、桐杖父母在夫为妻不杖；妇人麻屦，余同。齐衰不杖期：为父卒继母改嫁而已从之者、为改嫁继母、为同居继父两无大功以上亲者、为伯叔父母及姑在室者、为兄弟及姊妹在室者、为兄弟之子及女在室者、祖为嫡孙，父母为嫡长子，众子及嫡长子之妻为女在室者、为子之为人后者、继母为长子，众子孙为祖父母，孙女在室出嫁同；女出嫁为父母、为人后者为本生父母、女在室及虽适人而无夫与子者、为其兄弟姊妹及兄弟之子与兄弟之女在室者、女适人为兄弟之为父后者、妇为夫兄弟之子及女在室者、妾为家长之父母，家长之妻，家长之长子，众子与其所生子，冠、绖、屦同上，齐衰五月；孙及女孙为曾祖父母服熟桐麻布，冠、绖如其服，草屦；妇人麻屦，齐衰三月；为继父先同居后不同居者、为同居继父两有大功以上亲者、孙及女孙为高祖父母，冠、绖、屦同上，大功九月；为从兄弟及姊妹在室者、为姑及姊妹已嫁者、为人后者、为其兄弟及姑姊妹在室者、为兄弟之子为人后者、祖为众孙及孙女在室者、祖母为嫡孙，众孙、父母为众子妇及女之已嫁者、伯叔父母为从子妇及兄弟之女已嫁者、妇为夫祖父母，本生父母，伯叔父母、女出嫁为本宗伯叔父母，本宗兄弟及兄弟之子，本宗姑姊妹及兄弟之女在室者，服粗④白布，冠、绖如其服，茧布缘屦，小功五月；为伯叔祖父母、为从伯叔父母及从姊妹已嫁者、为再从兄弟及姊妹在室者、为从兄弟之子及女在室者、为祖之姊妹在室者、为父从姊妹在室者、为兄弟之妻，为兄弟之孙及兄弟之孙女在室者、为外祖父母，为母之兄弟及母之姊妹，为姊妹之子，祖为嫡孙之妇为人后者、为其姑及姊妹之已嫁者、妇为夫兄弟之孙及孙女在室者、为夫之姑姊妹，兄弟及兄弟之妻为夫从兄弟之

---

① 家长：本指一家之主。《诗·周颂·载芟》："侯主侯伯。"毛传："主，家长也。"孔颖达疏："《坊记》云：家无二主，主是一家之尊，故知'主，家长'也。"后专指妾称自己的丈夫。《三国志平话》卷上："贱妾本姓任，小字貂蝉，家长是吕布，自临洮府相失，至今不曾见面。"

② 菅屦：用菅草编织为鞋；草鞋。古代服丧时着之。《仪礼·丧服》："斩衰裳，苴绖、杖、绞带，冠绳缨，菅屦者。"贾公彦疏："菅屦者谓以菅草为屦。"

③ 齐衰：丧服名。为五服之一。服用粗麻布制成，以其缉边缝齐，故称"齐衰"。服期有三年的，为继母、慈母；有一年的，为"齐衰期"，如孙为祖父母，夫为妻；有五月的，如为曾祖父母；有三月的，如为高祖父母。《仪礼·丧服》："同居，则服齐衰期，异居，则服齐衰三月。"

④ 粗：与"细"相对，粗糙，粗劣。

子及女在室者、女出嫁为本宗从兄弟及从姊妹之在室者，服稍细白布，冠、绖如其服，屦同上，缌麻①三月；为乳母，为曾祖兄弟及曾祖兄弟之妻，为祖从兄弟及祖从兄弟之妻，为父再从兄弟及父再从兄弟之妻，为三从兄弟及姊妹在室者、为曾祖之姊妹在室者、为祖之从姊妹在室者、为父之再从姊妹在室者、为兄弟之曾孙及曾孙女之在室者、为兄弟之孙女已嫁者、为从兄弟之孙及孙女在室者、为再从兄弟之子及女在室者、为祖之姊妹，父之从姊妹及己之再从姊妹已嫁者、为从兄弟之女已嫁者、为父姊妹之子，为母兄弟姊妹之子，为妻之父母，为女之夫女之子若女，为兄弟孙之妻，为从兄弟子之妻，为从兄弟之妻，祖为众孙妇，祖母为嫡孙、众孙妇，曾祖父母为曾孙，高祖父母为元孙妇，为夫高曾祖父母，为夫之伯叔祖父母及夫祖姑在室者、为夫之从伯叔父母及夫从姑在室者、为夫之从兄弟姊妹在室出嫁同及从兄弟之妻为夫再从兄弟之子及女在室者、为夫从兄弟之女已嫁者、为夫从兄弟子之妻，从兄弟之孙及孙女在室者、为夫兄弟孙之妻，兄弟之孙女已嫁者、为夫兄弟之曾孙及曾孙女之在室者、女出嫁为本宗伯叔祖父母及祖姑之在室者、为本宗从伯叔父母及从姑在室者、为本宗从兄弟之子及女在室者，服细白布，绖、带如其服，素屦无絇。凡丧三年者，百日剃发，在丧不饮酒，不食肉，不处内，不入公门，不与吉事。期之丧，二月薙发②，在丧不昏嫁；九月、五月者，逾月薙发；三月者，逾旬薙发。在丧均不与燕乐。（右成服③）

大殓翼日④，丧主以下夙兴，侍者设颒水、栉具于灵床侧，五服之人各服其服就位。侍者收颒水、栉具，奉魂帛出就灵座，朝奠，众哭。执事者设果蔬酒馔，如生时，祝焚香、斟酒、点茶。丧主以下诣案前拜哭尽哀，各以其服为序，皆男先女后，宗亲先外姻后，复位，哭止。日中，设果筵奠酒；及夕又奠，均如朝奠仪。侍者诣灵床，舒衾枕，奉魂帛于床上，退，诸子妇哭，尽哀乃止，夕奠皆如之。朔、望则

---

① 缌麻：古代丧服名。五服中之最轻者，孝服用细麻布制成，服期三月。凡本宗为高祖父母，曾伯叔祖父母，族伯叔父母，族兄弟及未嫁族姊妹，外姓中为表兄弟，岳父母等，均服之。《仪礼·丧服》："缌麻三月者。"《谷梁传·庄公三年》："改葬之礼缌。"〔唐〕杨士勋疏："五服者，案丧服有斩衰、齐衰、大功、小功、缌麻是也。"

② 薙发：剃发。〔清〕李赓芸《炳烛编》卷四："宣宗为光王时，避武宗害，薙发为沙门，更名琼俊。"

③ 成服：指盛服，旧时丧礼大殓之后，亲属按照与死者关系的亲疏穿上不同的丧服，叫"成服"。与三周年以后的"脱服""除服"相对应。《礼记·奔丧》："唯父母之丧，见星而行，见星而舍。若未得行，则成服而后行。"

④ 翼日：明日，次日。翼，通"翌"。《书·金縢》："公归，乃纳册于金縢之匮中，王翼日乃瘳。"孔传："翼，明。"

殷奠①，具盛馔，于朝奠行之。遇新物则荐，如朝奠仪。（右 朝、夕奠）

亲宾②闻讣告，吊于丧主之家。未殓，至者入门易素服，司宾侍于厅事，以赠赗仪物③授司书④，入，临尸哭尽哀，遂吊。丧主持哭，丧主以下哭，稽颡⑤无辞，宾出，司宾送。成服以后，至者各以其服吊，具酒果香烛，厚则加货财，皆书于状，先使从者持状通名，司书籍记之，以礼物入陈灵前，丧主以下就位哭，司宾出，迎宾入，诣灵座前举哀。哀止，跪，焚香酹酒，再拜，兴。丧主出帷，稽颡哭谢，宾答拜慰唁出，丧主哭入，司宾延客待茶，宾退，司宾送于门外。（右 亲宾吊奠赗）

若一、二品官，奉特恩遣官致奠。其日，丧家设使者奠位于灵前，丧主及诸子跪位于灵右，主妇跪位于帷内。仗者素服至，丧主率诸子免绖、去杖、止哭，出迎于大门外道右。先入就位，跪，俯伏；赞者引使者升中阶就位，上香；执事者酌茶，使者立受茶，奠茶；复授酒，使者奠爵三讫，少退。丧主率诸子降西阶下北面，三跪九叩谢恩，仍至大门外俟。使者出，跪送，乃还苫次。若赐谥及恩恤遣官致祭者，其日，丧家设读祝位于灵几之左，余如前位。执事者豫陈祭物，赍谕祭文从使者至，丧主出迎入就位，跪，俯伏，使者就位上香；司祝就读祝位，立读祭文，讫，复于案，退；使者奠爵三毕，少退，丧主以下向阙谢恩，送使者，与遣官致奠仪同。（右 遣官祭奠）

品官⑥卒于位，与在任遭父母丧者，初丧、成服、朝夕奠皆如前仪。择日，扶

---

① 殷奠：大祭。《仪礼·士丧礼》："〔士〕月半不殷奠。"郑玄注："殷，盛也。士月半不复如朔盛奠，下尊者。"贾公彦疏："云下尊者以下，大夫以上，有月半奠故也。"《礼记·丧大记》："主人具殷奠之礼。"郑玄注："殷，犹大也。朝夕小奠，至月朔则大奠。"《释名·释丧制》："朔望祭，曰殷奠，所用殷众也。"毕沅疏证："大夫以上则朔望大奠，若士则朔而不望。"

② 亲宾：亲戚与宾客。〔南朝·梁〕江淹《别赋》："左右兮魂动，亲宾兮泪滋。"

③ 赗仪物：犹赗礼。赗：送给丧家的布帛、钱财等。《汉书·何并传》："吾生素餐日久，死虽当得法赗，勿受。"颜师古注："赠终者布帛曰赗。"仪物：指用于礼仪的器物。语本《书·洛诰》："仪不及物。"孔传："威仪不及礼物。"

④ 司书：官名。《周礼》天官之属，掌计会簿书，为司会之副。

⑤ 稽颡：古代的一种礼节，屈膝下跪，双手朝前，以额触地，表示极度的虔诚。后世称为"五体投地"。《仪礼·士丧礼》："吊者致命，主人哭拜，稽颡成踊。"

⑥ 品官：泛指古代有品级的官员。古代官有九品。〔宋〕苏轼《上神宗皇帝书》："品官形势之家，与齐民并事。"〔明〕陆深《春雨堂随笔》："大红是朝廷品官服色，却穿此去钓鱼，甚失大体。"

榇①还家于京者，兵部给邮符②夫马，备行轝③仪从，各视其品，告启期于亲戚僚友。启行前一日，行启奠礼。丧主以下就位哭，祝诣灵前，跪告曰："今择某日，奉灵柩还故乡，敬告。"俯伏兴，丧主以下稽颡哭，再拜兴，复位，尽哀止。厥明迁奠，告迁于柩前，礼亦如之。彻祝，纳魂帛于椟，役人举轝入，迁柩就轝，主人以下辍哭，视载出大门，加帏盖。发引仪从在前，铭旌、魂帛从，丧主以下杖哭随柩及郊。亲戚僚友祖④者向柩设祖奠，役人停轝，宾向柩再拜，主人稽颡哭谢，宾退，敛仪从遂行。主人乘素车，途次止宿，奉魂帛、铭旌于灵柩前凡柩暂停同。水行则设奠，陆行则上食，及朝启行，亦如之。至家前一日，遣仆戒家人，豫于十里外布幕具奠以待。至日，五服之人各服其服以迎。柩至，暂驻幕内，设奠，祝焚香斟酒，跪告曰："灵輀⑤远归将至家，亲属来迎，敢告。"俯伏兴，众序哭再拜兴，柩行，咸徒步哭从。至家，安灵床于殡所，男女各就位哭。设奠，祝焚香斟酒，跪告曰："灵輀远归至家，敢告。"俯伏兴，众哭拜如初。受吊，朝夕设奠，并如前仪。（右 扶丧）

官员在外闻丧三年者，讣至，哭对使者问故，又哭尽哀，易服，如初丧仪。讣于有司，遂奔丧。戴星而行，见星而上，途中哀至则哭，哭辟市邑。将至家，望其境、其城、其乡，皆哭。至家，哭入门，升自西阶，凭棺西面哭踊，妇人东面哭踊，无算。少顷，尊卑相向哭，细问痛终之故，复哭。乃被发徒跣，妇人不徒跣。翼日，成服括发，妇人髽，皆加麻绖。丧期以闻讣日始，余如在家之仪。期以下闻讣者，易服，为位而哭；若奔丧，则至家成服；若官员在职，非本生父母丧，虽期，犹从政，不奔丧，闻讣，易素服，为位而哭，各持其服于私家，入公门治事仍常服。期丧者，一年不与朝祭之事；服满日，于私家为位哭，除之。（右 闻丧奔丧）

三月而葬，营葬地及葬具。凡坟茔，一品九十步五尺为步，二品八十步，封⑥皆丈有四尺；三品七十步，封丈有二尺，石兽皆六；四品六十步，五品五十步，封皆

---

① 扶榇：犹扶柩。〔清〕蒲松龄《聊斋志异·青娥》："汝父子扶榇归窆，儿已成立，宜即留守庐墓。"
② 邮符：发给往来人员，准许其在驿站食宿及使用其车马的凭证。《清史稿·礼志十》："凡诸国以时修贡，遣陪臣来朝……将入境，所在长吏给邮符，遴文武官数人伴送。"
③ 轝：同"舆"。指载柩车。《荀子·礼论》："舆藏而马反，告不用也。"杨倞注："舆谓輁轴也，国君谓之辁。"《辽史·礼志二》："至葬所，灵柩降车，就轝。"
④ 祖：出行时祭祀路神。《左传·昭公七年》："公将往，梦襄公祖。"杜预注："祖，祭道神。"《史记·五宗世家》："荣行，祖于江陵北门。"司马贞索隐："祖者，行神，行而祭之，故曰祖。"引申为饯行。〔南朝·宋〕傅亮《奉迎大驾道路赋诗》："凤櫂发皇邑，有人祖我舟，饯离不以币，赠言重琳球。"
⑤ 灵輀：丧车。〔三国·魏〕曹植《王仲宣诔》："丧柩既臻，将反魏京灵輀回轨，白骥悲鸣。"輀：音 ér，载运棺柩的车。《释名·释丧制》："舆棺之车曰輀。輀，耳也，县于左右前后铜鱼摇绞之属。"
⑥ 封：坟墓。《礼记·礼器》："宫室之量，器皿之度，棺椁之厚，丘封之大，此以大为贵也。"

八尺，石兽四；六品、七品四十步，封皆六尺。墓门勒石，书"某官某公之墓妇人则书某封某氏，若合丧则并书之"。五品以上用碑，龟趺①螭首；六品、七品用碣，方趺圆首，刻圹志②。用石二：一书如碑碣，一详记姓讳谥字无谥则止书字、州邑里居、服官迁次及其生卒年月日时、葬处坐向、所遗子女，石字内向，以铁合而束之。作神主及主椟。制柩罍，下为方床，上编竹格为盖，四出檐垂流苏，缯荒③缯帷。五品以上画云气，六品、七品素绘无馀。五品以上障盖画翣④四，六品、七品画翣二。皆引布⑤二，功布⑥一，灵车一。埏⑦土为明器⑧，炉、瓶、烛、檠、五事仪从，各从其品。(右治丧具)

择日开兆⑨，丧主率诸子适兆所，以宗亲或姻宾一人告于土神。执事者设案兆左，陈酒馔，置祝文。告者吉服至，盥，诣案前立。执事者二人，奉香执壶盏随立左右。告者跪，上香再拜，酹酒如仪。祝奉祝文，跪于告者之左，读曰："维某年

---

① 趺：碑刻等的底座。〔北魏〕郦道元《水经注·洹水》："旧桥首夹建两石柱，螭矩趺勒甚佳。"
② 圹志：墓志。〔明〕胡侍《真珠船·坟碑之制》："《大明会典》：五品以上许用碑，六品以下许用圹志。"
③ 荒：盖在灵柩上的柳衣（棺罩）。《礼记·丧服大记》："饰棺，君龙帷……黼荒。"郑玄注："饰棺者以华道路及圹中，不欲众恶其亲也。荒，蒙也。在旁曰帷，在上曰荒，皆所以衣柳也。"
④ 翣(shà)：古代出殡时的棺饰，状如掌扇。《礼记·丧服大记》："黼翣二，黻翣二，画翣二。"郑玄注："汉礼，翣以木为筐，广三尺，高二尺四寸，方两角高，衣以白布。画者，画云气，其余各如其象。柄长五尺，车行，使人持之而从，既窆，树于圹中。"
⑤ 引布：旧时牵引丧车的白布。〔清〕吴荣光《吾学录·丧礼三》："古以车载柩，挽车之索谓之引，亦谓之绋。今以整疋白布为之，系于杠之两端，前属于翣。柩行引布前导……凡有服亲属，皆在引布之内，孝子最后。"
⑥ 功布：古代丧礼中用以迎神之布。其制，用三尺长的白布悬于竿首，略似旗旛（幡）。因丧服斩衰、齐衰用粗麻布，此布则经过加工，比较细白，故称"功布"。用以引柩。《礼记·大丧记》："御棺用功布。"《仪礼·既夕礼》："商祝执功布以御柩。"郑玄注："居柩车之前，若道有低仰倾亏，则以布为抑扬左右之节，使引者执披者知之。"
⑦ 埏(shān)：以水和土。《管子·任法》："昔者尧之治天下也，犹埏之在埏也，唯陶之所以为。"尹知章注："埏，和也。音膻。"
⑧ 明器：即冥器。专为随葬而制作的器物，一般用竹、木或陶土制成。从宋代起，纸明器逐渐流行，陶、木等制的渐少。明代还有用铅、锡制作的。《礼记·檀弓下》："其曰明器，神明之也。涂车刍灵，自古有之，明器之道也。"
⑨ 开兆：本义指开辟建庙的基址。《后汉书·隗嚣传》："宜急立高庙，称臣奉祠，所谓'神道设教'，求助人神者也。且礼有损益，质文无常。削地开兆，茅茨土阶，以致其肃敬。"李贤注："除地以开兆域。"这里指开建墓地。兆：指墓地。《仪礼·士丧礼》："既朝哭，主人皆往兆南，北面，免绖。"《左传·哀公二年》："素车朴马，无入于兆，下卿之罚也。"杜预注："兆，葬域。"

月日，某官某敢告于司土之神，今为某官某营建宅兆①，神其保佑，俾无后艰，谨以清酌庶羞②，祗荐于神，尚飨！"读毕，兴，退。告者俯伏兴，复再拜，退。遂开圹，随地所宜，使子弟干事者一人留视之，丧主以下还。（右 开兆祀土神）

葬有日，豫以启期告于亲戚僚友。发引③前一日，厥明，五服之人各服其服，入就位，哭。朝奠讫，祝跪告于殡前曰："今以吉辰迁柩，敢告。"俯伏兴，丧主以下哭，尽哀，再拜。役人彻帟④迁柩，障以翣。侍者移灵床于堂正中，灵座几筵仍设。祝奉魂帛前柩，丧主以下哭从。及外堂，布席置柩，祝奉魂帛跪告曰："请朝祖"，俯伏兴，执事者布席于庙两楹间。祝奉魂帛诣庙，丧主以下哭从。及门止哭，入，序立阶下。祝奉魂帛置席北正中，再拜、兴，奉魂帛还灵座，丧主以下从出庙门，哭从如初。（右 迁柩朝祖）

日夕祖奠⑤，设馔如朝奠仪。丧主以下举哀，祝盥，诣灵座前，丧主以下止哀。祝焚香奠酒毕，告曰："永迁之礼，灵辰不留，今奉灵车，式遵祖道。"俯伏兴，丧主以下再拜，哭，尽哀。亲宾致奠行礼，如成服致奠仪。宾出，丧主以下代哭，如在殡时。（右 祖奠）

厥明，五服之人会葬者毕会，执事者陈明器、吉凶仪从于大门外，纳灵车于门内之右，役人举轝入设于堂上，丧主以下哭踊。乃载，丧主辍哭视载，周维⑥以緪⑦，令平正牢实。执事者设遣奠于庭，如祖奠仪。祝跪告曰："灵輀既驾，往即幽宅⑧。载陈遣礼，

---

① 宅兆：墓地。《孝经·丧亲》："卜其宅兆而安措之。"唐玄宗注："宅，墓穴也；兆，茔域也。"
② 清酌：古代祭祀所用的清酒。《礼记·曲礼下》："凡祭宗庙之礼……酒曰清酌。"孔颖达疏："言此酒甚清澈，可斟酌。"庶羞：多种美味。《仪礼·公食大夫礼》："上大夫庶羞二十，加于下大夫以雉兔鹑鴽。"胡培翚正义引郝敬云："肴美曰羞，品多曰庶。"
③ 发引：俗称出殡，即将灵棺从家里或庙堂抬到坟地去埋葬。经过辞灵、出堂起杠摔盆、扬纸钞、排出殡行列、下殡、葬后收尾等一整套仪程琐礼，方入土为安。《后汉书·独行传·范式》："（张劭卒，）式未及到，而丧已发引，既至圹，将窆，而柩不肯进。"
④ 帟（yì）：张盖在上方用以遮蔽尘埃的平幕。古代皆以缯为之。《周礼·天官·幕人》："掌帷幕幄帟绶之事。"郑玄注："郑司农曰：'帟，平帐。'玄谓：帟，王在幕，若幄中坐上承尘。"孙诒让正义："案承尘皆平帐，以其承尘土，则谓之承尘。"《礼记·檀弓上》："君于士有赐帟。"郑玄注："赐之则张于殡上。"
⑤ 祖奠：出殡前一天晚上的祭奠。《陈书·陆缮传》："太子以缮东宫旧臣，特赐祖奠。"
⑥ 维：系，拴缚。《管子·白心》："天或维之，地或载之。天莫之维，则天以坠矣；地莫之载，则地以沉矣。"
⑦ 緪（gēng）：粗绳索。《三国志·魏志·王昶传》："昶诣江陵，两岸引竹緪为桥，渡水击之。"
⑧ 幽宅：坟墓。《仪礼·士丧礼》："度兹幽宅兆基，无有后艰。"郑玄注："今谋此以为幽冥居兆域之始。"

永诀终天①。"俯伏兴，彻。役人舁②轝，祝奉魂帛就灵车，奉主椟、设魂帛后，柩出大门，施帷盖属，引遂发。前仪从，次明器，次铭旌，次灵车，次功布，次舁轝。外亲分挽引布在前，丧主以下壝杖衰服，男在柩旁步从，女在柩后舆从，哭不绝声，尊行者皆乘车马。出城门，若里门，亲宾不至墓者，于前途立，向柩再拜，役人权停轝，乘者皆下，丧主哭谢，宾退，柩行如初。若墓远，主人以下皆乘素车从，望茔而下，道中哀至则哭。每宿设灵座置奠，如在殡仪，次日启柩亦如之。（右遣奠发引）

葬之日，执事者豫张灵帷于墓道右，中置几一，设藉柩席，荐于圹外，铺陈圹中之事，设妇人行帷于羡道③之右。灵车至帷外止，祝奉魂帛置几上，奉主椟置魂帛侧，设奠如仪。柩车至圹前，役人脱载，去帷盖方床，下于藉席。祝取铭旌，去杠，纵加柩上。丧主以下凭棺哭踊尽哀，亲宾送者再拜辞归，丧主及诸子稽颡谢，宾退。届时将窆④，内外五服之亲以次再拜辞诀，丈夫哭羡道东，妇人哭羡道西，躃踊无算，遂窆。丧主辍哭临视，执事者整铭旌，藏志石，设明器，掩圹复土，丧主以下哭尽哀，退，就灵幄序立。（右窆）

是日，祀土神于墓左，如开兆祭仪惟祝辞"营建宅兆"改为"窆兆"。择宗亲善书者一人题主⑤，执事者设题主案于灵座东，南西向，笔墨具，对案设盥二——祝盥，一题主者盥。丧主以下序，哭于灵座侧。祝盥，启椟，出木版，卧置案上；题主者盥，就位，书"某封谥某官显考某公母则称显妣某氏神位"讫，祝奉木主置灵案上，焚香奠酒，丧主

---

① 终天：终身。一般用于死丧永别等不幸的时候。〔晋〕陶潜《祭程氏妹文》："如何一往，终天不返！"〔唐〕白居易《病中哭金銮子》诗："莫言三里地，此别是终天！"

② 舁（yú）：抬，扛。《三国志·魏志·华歆传》："时华歆亦以高年疾病，朝见皆使载舆车，虎贲舁上殿就坐。"

③ 羡道：墓道。通入墓穴的路，上不盖土。《仪礼·既夕礼》："主人西面北上，妇人东面，皆不哭。"汉郑玄注："侠羡道为位。"贾公彦疏："羡道谓入圹道，上无负土为羡道。"

④ 窆（biǎn）：将棺木葬入圹穴。泛指埋葬。《周礼·地官·乡师》："及窆，执斧以莅匠师。"郑玄注引郑司农曰："窆，谓葬下棺也。"贾公彦疏："窆，是下棺也。至圹下棺之时，乡师执斧以莅匠师。"《后汉书·独行传·范式》："式未及到，而丧已发引。既至圹，将窆，而柩不肯进。"李贤注："窆，下棺也。"

⑤ 题主：旧丧礼，人死后，立一木牌，上写死者衔名。用墨笔先写作"×××之神王"，然后于出殡之前请有名望者用朱笔在"王"字上加点成为"主"字，谓之"题主"。亦称"点主"。清阮葵生《茶余客话》卷五："丧家十二禁……九请贵客题主。"周振鹤《苏州风俗·婚丧礼俗·凶礼》："七、题主：出殡之前日……亡者神主，必请当道之显者题主。仪仗恭迎，别辟一室，灯彩摇红，孝子吉服迎叙。既而主题者升堂，南面而坐，红烛高烧，孝主捧主跪请；左右襄笔去丞递笔；鸣炮，奏乐。点毕，孝子跪谢。"

以下再拜。祝跪读告辞于灵座之右曰："哀子某谨告于先考某官封谥府君母则称先妣某封氏，形归窀穸①，神返堂室，神主既成，伏惟精灵，舍旧从新，是凭是依。"读毕，兴，复于案，丧主以下再拜，哭尽哀。祝焚告词，奉魂帛埋墓侧，奉主纳椟，置灵车而还。在途不驱，丧主以下哭从，如来仪。（右祀土神题主）

灵车至家，丧主以下哭从入大门，及庭止。祝奉木主出车，并椟奉之，设几上，南向。丧主及诸子在寝东西向，亲属以服轻重为序，在诸子后，妇人哭于房中。有吊者如在殡仪，乃修虞②事。执事者具牲馔，品数各视其等，陈设如祭礼见吉礼官员家祭。祝启椟，陈主于灵座，主人以下就位哭。哭止，赞："参神"，主人盥洗，诣香案前，跪。执事者二人，一奉香盘，一把尊酌酒，诣主人左右，跪。左进香，主人三上香；右进爵，主人酹酒于地，以爵奠于案，退，复拜位，及诸子亲属行一跪三叩礼。赞："初献。"主妇率诸妇出于房，荐匕箸醯酱于几前案北，跪，一叩，兴，退入于房。庖人解牲体，实于俎，执事者奉以升，荐于供案。执爵者奉爵，主人献爵于正中，跪，叩，兴，复拜位，立。赞："读祝。"主人以下跪，祝诣祝案之左，跪，读文曰："维某年月日朔，孤子某敢告于先考某官母则称先妣某封氏，日月不居，奄及初虞，夙兴夜处，哀慕不宁。谨以洁牲庶羞粢盛醴齐③，哀荐虞事。尚飨！"读毕，兴，复于案，退。主人以下哭，一叩，兴。赞："亚献。"主妇率诸妇和羹实于铏，实饭于敦，出荐于案，及腊肉炙胾，叩，兴，退如初，主人献爵于左。赞："三献。"主妇率诸妇出于房，荐饼饵果蔬，叩，退，主人献爵于右，如初献仪。赞："送神。"主人以下一跪三叩，兴，哭。祝焚祝文，主人奉神主纳椟，彻，哭止。至夕，奉神主于灵床，朝奉诸灵座。朝夕、朔望奠如初，遇日再虞，遇刚日三虞，如初虞礼祝文易"初虞"为"再虞""三虞"，余同。（右反哭虞）

百日卒哭④，仪同虞祭祝文改"虞事"为"成事"。卒哭之明日，夙兴，执事者诣庙具馔，陈设如常祭礼。设亡者案于祖考神案东南，西向。祝启室，奉四世神主，以次设于几，

---

① 窀穸（zhūn xī）：墓穴。《后汉书·赵咨传》："玩好穷于粪土，伎巧费于窀穸。"
② 虞：古代一种祭祀名。既葬而祭叫虞，有安神之意。《礼记·檀弓下》："有司以几筵舍奠于墓左，反，日中而虞。"《释名·释丧制》："既葬，还祭于殡宫曰虞。谓虞乐安神，使还此也。"
③ 粢盛：古代盛在祭器内以供祭祀的谷物。《公羊传·桓公十四年》："御廪者何？粢盛委之所藏也。"何休注："黍稷曰粢，在器曰盛。"醴齐：醴酒，甜酒。《周礼·天官·酒正》："辨五齐之名，一曰泛齐，二曰醴齐，三曰盎齐，四曰缇齐，五曰沈齐。"郑玄注："醴，犹体也，成而汁滓相将，如今恬酒矣。"
④ 百日：特指人死后的第一百天。旧俗人死百日，丧家多延僧诵经拜忏。《北史·外戚传·胡国珍》："又诏自始薨至七七，皆为设千僧斋，斋令七人出家；百日设万人斋，二七人出家。"卒哭：古代丧礼，百日祭后，止无时之哭，变为朝夕一哭，名为卒哭。《仪礼·既夕礼》："三虞卒哭。"郑玄注："卒哭，三虞之后祭名。始朝夕之间，哀至则哭，至此祭，止也。朝夕哭而已。"

如时荐之位。主人率众先哭于几筵前，奉亡者之主诣庙，诸子以下哭从，及庙门止哭。主人陈主于东南案上，序立阶下，焚香进馔，祝读告辞曰："维某年月日，孝曾孙某谨以洁牲庶羞粢盛醴齐，适于显曾祖考某官府君，跻祔①孙某官府君某，尚飨！"次读祝于亡者位前曰："孝子某谨以洁牲庶羞粢盛醴齐，哀荐墥事于显考某官府君_{母则称妣某封某氏}，适于显曾祖考某官府君。尚飨！"余行礼仪节与常祭同。毕，祝焚告文，奉神主复于室，彻。主人奉亡者之主复寝，诸子以下从出庙门，哭随至几筵前，纳于椟，讫，哭止，众退。护丧者代丧主为书，使人遍谢亲宾吊赙者。（右 卒哭及祔）

期而小祥②，于忌日行事。质明，祝启椟出主，诸子及期亲③就内外位，哭尽哀，焚香，进馔酒，读祝_{辞同卒哭，惟改"卒哭"曰"小祥"，"成事"曰"常事"}，行礼与卒哭同。（右小祥）

再期大祥④，忌日行事。先一日，告迁于庙，执事者具果酒，如常仪。设案于东序、西序前各一，主人盥，诣庙，启椟陈诸神主，焚香，进果酒，如常告仪。祝读告辞曰："维某年月日，孝孙某谨告于某官府君某封某氏_{四代备书}，兹以先考某官府君大祥已届，礼当迁主入庙，某官某府君某封某氏神主亲尽当祧，某官某府君某封某氏以下神主宜改题。世次递迁，不胜感怆，谨以果酒，用伸虔告。尚飨！"读毕焚祝，主人以下俯伏兴，再拜，奉各神主卧置东案上。子弟善书者一人，改题高曾祖神主讫，以纸裹应祧神主，陈于西序案，奉改题主递迁于室，虚左一位以俟，阖室众退。厥明，诸子诸妇女子致祭于几筵前，陈设行礼如初期仪_{惟祝辞改"小祥"曰"大祥"，"常事"曰"祥事"}。诸子从，丧主奉亡者之主诣庙，设于东室，再拜，奉祧主藏于夹室，阖门出，乃彻寝室灵床、灵座，罢朝夕奠，彻几筵，断杖弃之屏处。（右 大祥）

中月而禫⑤，二十七月既周之日行事。届日夙兴，执事者设几案于寝堂之中，主人率诸子入庙，诣考位前，启室焚香，再拜，跪告曰："孝子某将祗荐禫事，敢

---

① 祔（fù）：祭名。原指古代帝王在宗庙内将后死者神位附于先祖旁而祭祀。《仪礼·既夕礼》："卒哭，明日以其班祔。"郑玄注："班，次也。祔，卒哭之明日祭名。"《左传·僖公三十三年》："凡君薨，卒哭而祔。"杜预注："以新死者之神祔之于祖。"

② 小祥：古时父母丧后周年的祭名。《仪礼·士虞礼》："期而小祥。"郑玄注："小祥，祭名。祥，吉也。"期，周年。也用于称一般死者的周年祭。〔唐〕鲍溶《过薛舍人旧隐》诗："寝门来哭夜，此月小祥初。"

③ 期亲：服丧一年的亲属。《魏书·广川王略传》："欲令诸王有期亲者为之三临，大功之亲者为之再临，小功缌麻为一临。"

④ 大祥：古时父母丧后两周年的祭礼。《仪礼·士虞礼》："又期而大祥，曰荐此祥事。"郑玄注："又，复也。"贾公彦疏："此谓二十五月大祥祭，故云复期也。"

⑤ 禫（dàn）：除丧服的祭祀。《仪礼·士虞礼》："中月而禫。"郑玄注："中，犹间也；禫，祭名也，与大祥间一月。自丧至此，凡二十七月。"

请神主出就正寝。"俯伏兴，奉主至寝堂，陈于案。执事者陈馔案于前。丧主及诸子于东壁下就位举哀，妇人哭于房中，焚香、进果馔酒醴，如常仪。祝读告辞曰："维某年月日，孝子某谨告于显考某官府君神主，禫制有期，追远无及，谨以清酌庶羞祇荐禫事，尚飨！"主人以下俯伏兴，再拜，祝焚告文讫，奉主复于庙，阖室皆退。诸子素服，终月始复常服。（右禫）

逢忌日，前期斋。厥明，主人及子弟素服诣庙，设案于所荐神主室前，主人盥，启室，奉主就案，焚香，荐蔬果酒馔，告曰："兹以某府君某官避讳之辰妣称某封某氏，谨备庶羞清酒，恭伸追慕。"俯伏兴，及子弟皆再拜，如时节荐新之仪。礼毕，彻纳主，阖室退。（右忌日奠）

岁寒食或霜降节，拜扫圹茔。其日，主人夙兴，率子弟素服诣坟茔，执事者具酒馔，仆人备芟翦草木之器从。既至，主人周视封树，仆人翦除荆草，讫，以次序立墓前，焚香，供酒馔，再拜。在列者皆再拜，兴，遂祭土神，陈馔墓左，上香酹酒，主人以下序立再拜，退。（右拜扫）

士丧礼[①]

疾革，书遗言。既终，子号哭、躃踊、去冠、披发、徒跣，诸妇女子去笄，期功以下，丈夫素冠，妇人去首饰，皆素服立。丧主、主妇护丧，赞、祝、诸执事人治棺及凡丧具。护丧者使人讣于有司及亲友。执事者帷寝，设浴床于尸床前，袭床在浴床西，东陈沐浴巾、栉、含具，含用金银屑三。袭事陈其旁，常服一称，冠及礼服各以其等，带、靴皆备。侍者迁尸浴床南首，诸子哭踊。妇人出女丧则男出，乃去尸衣，覆以敛衾。侍者奉汤及巾、栉入沐浴，丧主及诸子止哭，视，执事者结袭衣，纵置于床南领。举尸易床，彻浴床具，埋巾、栉及馀水于屏处。乃去衾，袭常服礼服，加面巾。即床前为位，立魂帛，设奠，陈生前所食脯醢酒果，用吉器。丧主以下为位序哭如礼位详见官员丧仪，后同。执事者奉含具前，丧主起盥，含尸讫，哭，复位。越日小敛，执事者帷堂，陈敛床于堂东，加敛衣：复一、禅一、复禅一，绅绞皆备。敛毕，迁尸于堂，丧主暨诸子麻括发，加首绖、腰绖，皆以麻，妇麻髽，余同。三日大敛，执事者以棺入，承以两凳，棺内奠七星版，籍茵褥，施绵衾，垂其裔于四外。届时，奉尸入棺，实生时所落齿发，卷衣以塞空处。丧主以下凭棺哭踊尽哀，乃盖棺加锭施柒，比葬，月再漆。彻敛床，迁柩其处，柩东设灵床，施帷帐、枕衾、衣冠、带屦之属；设颒盆、帨巾，皆如生时。柩前设灵座，奉魂帛，几筵供器具，具以绛帛。

[①] 按：士丧礼简于官员丧礼，复见之祭祀名不重出注，仅注有别者，以下"庶人丧礼"部分同。

为铭旌，长五尺，题曰"某官封未仕则否显考某府君之柩妇则书显妣某氏"。依灵座之右设殓奠，内外序哭如仪。及夜，奉魂帛复床，诸子次于中门之外，寝苫枕块，不脱绖带；诸妇女子次中门之内，帏幔枕衾，皆布素。哀至则哭，昼夜无时。（右 初终、袭殓）

是日成服，轻重以亲疏为等详见官员丧仪。厥明，丧主以下夙兴，侍者设颒水、栉具于灵床侧，五服之人各服其服，就位。侍者收水、栉具，奉魂帛出，就灵座，设奠，焚香，斟酒，点茶，丧主以下哭，叩，尽哀。及夕，如朝奠礼。侍者诣灵床，舒枕衾，奉魂帛于床上，众哭，尽哀乃止。夕奠皆同。朔望则具殷馔，于朝奠行之。亲宾吊奠如礼见官员丧仪。（右 成服、朝夕奠）

士卒于其职八品九品官以下同，或在职遭丧者，扶榇还家，闻丧、奔丧，皆如品官之礼。（右 扶丧、奔丧）

三月而葬，营葬地及葬具。坟茔周三十步，封高六尺，墓门石头，碣①员首方趺，勒曰"某官某之墓"，无官则书"庶士之墓"妇则称某封氏，无封则称某氏。刻圹志式见官员丧仪，作神主及椟，制柩轝，下为方床，上编竹格为盖，四出檐垂流苏，绢②荒绢帏，无翣，引布二，灵车一，明器、炉、檠皆具。开兆。丧主率诸子适兆所，以亲宾一人告土神，执事者陈酒馔于兆左。告者吉服，盥，就位，上香，酹酒，读祝祝辞均见官员丧仪，下同，行礼如仪。遂开圹，使子弟一人留视之，丧主以下还。葬有期，豫以启期告于戚友。发引前一日，厥明，五服之人各服其服，入就位。朝奠讫，告迁柩于殡前，丧主以下再拜，哭尽哀。役人入迁柩，祝奉魂帛前，丧主以下哭从。及外堂，仍设座于柩前，奉魂帛，辞于祖祢，复于灵座，从哭如初。及夕祖奠，如朝奠仪，丧主以下再拜，哭尽哀。亲宾致奠行礼，如成服致奠仪。宾出，丧主以下代哭如初。质明，五服之人、会葬者毕会，执事者陈明器于大门外，纳灵车于门内之右。役人举轝入，设于厅事正中，丧主以下哭踊，乃载；丧主辍哭，视载牢实。载讫，设遣奠，如祖奠仪。役人舁轝，祝奉魂帛就灵车，奉木版椟设魂帛后，柩出大门，施帏盖属，引遂发。前明器，次铭旌，次灵车，轝从。外亲分执引布在前，丧主以下绖杖、衰服；男在柩旁步从，女在柩后舆从，哭不绝声。出城门，若里门，亲宾不至墓者，于前途立，向柩再拜，役人暂停轝，丧主哭谢，宾退，柩行如初。及墓，执事者豫张灵帏于墓

---

① 碣：圆顶石碑。《后汉书·窦宪传》："封神丘兮建隆嵑。"〔唐〕李贤注："方者谓之碑，员者谓之碣。"五品及以上官员方首，以示有别，详参"官员丧礼"。

② 按：绢，平纹的生丝织物，似缣而疏，挺括滑爽。五品及以上官员用"缯"，以示有别，详参"官员丧礼"。

右，置灵座几筵，设题主案于右；设藉柩席，荐于圹前，铺陈圹中之事；设妇女行帏于羡道之右。灵车至帏外止，祝奉魂帛于几上，奉主椟置魂帛侧。柩车至，脱载，去帏盖方床，下于籍席；祝取铭旌，纵加柩上。丧主及诸子凭棺哭，妇女哭羡道西。届时，男女以次哭、叩、辞诀，亲宾送者再拜辞归，丧主及诸子哭谢，遂窆。丧主辍哭，视，执事者整铭旌，藏志石、明器，复土。丧主以下哭，尽哀。执事者陈馔于墓左，致祭土神，如开兆祭仪。丧主以下退，就灵帏之左序立。祝盥，复魂帛于厢，启椟出木版，卧置案上，宗亲善书者一人盥，就位，题主，讫，祝奉木主于几上，设奠焚香奠酒。读告辞，丧主以下哭，叩，尽哀。祝焚告辞，奉魂帛埋于墓侧，奉主纳椟，置灵车而返。在途不驱，丧主以下哭从，如来仪。（右 启殡至葬）

灵车至家，丧主以下哭从入门，祝奉木主设几上，诸子在寝东，服亲序在诸子后，妇女哭于房中，有吊者如在殡仪，乃修虞事。执事者具馔，品数各以其等。主人以下就位，哭。主妇荐羹饭，主人献爵读祝，行礼如时荐仪。毕，主人奉主纳椟，彻，哭止，众退。百日卒哭，仪同虞祭。厥明，执事者具馔于寝室，如常荐礼。设亡者案于祖考神案东南，启室陈神主。主人率众先哭于几筵前，奉亡者之主如寝，诸子以下哭从，及寝门止哭。陈主于东南案上，众序立，焚香进馔，读告辞，行礼如常荐仪。祝焚告文，奉神主复室，彻，主人奉亡者之主复寝，哭。随至几筵前，纳椟讫，哭止，众退。（右 反哭至祔）

期而小祥，于忌日行事。厥明，丧主以下及期亲就内外位，哭尽哀，焚香，进馔酒，读祝，行礼仪与卒哭同。再期而大祥。先忌一日，设案于寝堂东西各一，主人率诸子诣寝堂，启室，以递迁改题之事告于祖，陈设、读祝、行礼如时荐仪。乃以纸裹应祧神主，陈于西案，奉曾祖以下神主卧置东案，使子弟善书者一人改题讫，复于室，递迁其位。虚室中下级以壝，阖门出。质明，主人以下就几筵前序哭，陈设行礼如初期仪。主人奉亡者之主跻于寝室，再拜，阖门，彻灵床、灵座，罢朝夕奠，彻几筵，断杖弃之屏处。奉祧主于墓，祭而埋于侧，如仪。二十七月既周，设几筵于厅事正中，主人以下如寝堂，启室，奉新壝神主陈于厅事几上。祗荐禫事，主人及诸子位东壁下举哀，妇女哭于房中，焚香、荐果、馔酒醴、读祝，如仪。毕，奉主复于寝室，阖门，退。诸子素服，终月始复常服。（右 祥及禫）

岁逢忌日，前期斋。厥明，主人及子弟素服，如寝堂，启室，出专荐之主于案，焚香、荐酒馔、读祝、行礼，如时节荐新之仪。礼毕，彻，纳主，阖室退。（右 忌日奠）

岁寒食节，或霜降节日，主人夙兴，率子弟素服，具酒馔诣墓拜扫。既至，芟除荆草，设馔于墓前，主人以下序立，焚香再拜，兴，别陈馔于墓左，祀土神，行礼如仪。（右 拜扫）

庶人丧礼

疾革，书遗言。既终，子号哭、辟踊、去冠、披发、徒跣；诸妇女子去笄，素服；期功以下，丈夫素冠，妇人去饰。男东女西，异向环床哭立。丧主、主妇使子弟护丧事，治袭殓之具，讣于亲友。逾时，子弟奉汤及巾栉入，妇女出丧妇则男出，沐浴，丧主及诸子止哭，周视，彻巾栉及余水埋之。设袭床于尸床前，陈衣、冠、带、舄[①]，迁尸于床袭，丧主以下哭踊，即床前为位，立魂帛，设奠，陈生前所食酒馔，内外序哭如礼。丧主起盥，含尸以银屑三。既袭，帏堂设殓床于堂东，加殓衣、复衾一，皆以绢，绞绞皆备。殓毕，迁尸于堂，执事者以棺入，棺内奠七星版，藉褥，施绵衾，垂其裔于四外。届时奉尸入棺，实生时所落齿发，以衣实其空处，丧主以下凭棺哭踊尽哀，乃盖棺，加锭，施桼，比葬一漆。彻殓床，迁柩其处。柩东设灵床，施枕席衣被之属，设颒盆、帨巾，如生时。柩前设灵座，奉魂帛几筵供器具，设奠，内外序哭如仪。及夜，奉魂帛于床，诸子居柩侧，寝苫枕块，不脱绖带；诸妇女子易常次，帷幔枕席，用布素。哀至则哭，昼夜无时。（右 初终、袭殓）

是日成服服制见上。厥明，五服之人各服其服，就位。子弟设颒水、帨巾于灵床侧，敛枕衾，奉魂帛出，就灵座设奠，焚香，斟酒，点茶；丧主以下哭，叩，尽哀。及夕，设奠亦如之，舒枕衾，复魂帛于床，彻颒具，众哭，尽哀乃止。以至于虞，朝夕同，亲宾吊奠如礼。若在外闻讣者，奔丧、成服，均如士丧之礼。（右 成服、朝夕奠）

逾月而葬，营葬地及葬具。坟垅周十八步，封四尺，有垅无碣。择吉开圹，祀土神，作神主，备灵车一、柩轝一，别制布衾衣柩，不施帏盖。发引前一日，丧主以下就位，哭。朝奠讫，奉魂帛辞于祖祢，还灵座。晡时，设祖奠，以永迁告，丧主以下再拜，哭尽哀。厥明，五服之人毕会，纳灵车于大门内之右，纳柩轝于厅事，内外各就位，哭。彻帏，迁灵座，役人举柩就载，衣以大衾，丧主以下哭。视载讫，设奠柩前，如祖奠礼。奉魂帛就灵车，置主椟于后，乃发引，男女以次哭从。及墓，执事者豫设藉席于圹前，设灵座于墓道之右，设奠案于座前，设题主案于奠案右。灵车至，奉魂帛于座，柩至脱载，下于藉席。丧主以下凭棺哭，妇女哭墓右，届时男女以次哭、叩，辞诀，诸亲会葬者均以次哭、叩，辞归，丧主及诸子哭谢。乃窆，纳柩于圹下，志石、复土、祀土神，如仪。丧主以下退，就灵座之侧序立，子弟启椟，奉木版卧置案上，宗亲善书者一人题主讫，子弟奉置灵座，纳魂帛于厢，设奠读告辞，毕，丧主以下哭、

[①] 舄（xì）：古代一种以木为复底的鞋。《左传·桓公二年》："带、裳、幅、舄……昭其度也。"杜预注："舄，复履。"

叩,尽哀。祝焚告辞,奉魂帛埋于墓侧,奉主纳椟遂行,丧主以下哭从,如来仪。(右启殡至葬)

灵车至家,子弟豫设几筵于殡寝故处,奉木主陈之。丧主以下序哭,如士丧反哭之位。乃虞,馔品、器数视荐礼。主人以下就位,哭;主妇荐羹饭,主人荐酒馔,读祝行礼,如时荐仪。毕,主人奉神主纳椟,彻,哀止,众退。百日卒哭,设奠行礼,仪同虞祭。厥明,丧主以下夙兴,哭于几筵前,奉主诣寝,陈于祖考神室东南,以祔告,启室、陈设、行礼,如时荐仪。毕,仍奉主复于几筵,纳椟,退。(右反哭虞祔)

期而小祥,于忌日行事。厥明,丧主以下及期亲就内外位,设奠哭叩,如卒哭仪。再期大祥,先一日诣寝,以改题告迁于祖考,如士丧告迁之仪。届日夙兴,丧主以下就几筵前序哭,设奠行礼,仪同初期。主人奉亡者之主跻墙于祖,再拜,阖门出,彻灵床、灵座、几筵,罢朝夕奠,断杖弃之屏处,奉祧主埋于墓侧,如庶士仪。二十七月既周,设几案于厅事,奉新墙神主陈之,丧主以下就内外位,哭、奠、行礼,如常荐仪。礼毕,复于寝,阖门,退。诸子素服,终月始服常。(右祥禫)

忌日,主人具馔羞羹饭。夙兴,及子弟素服,启寝室,出专荐之主于案,焚香,荐酒馔,行礼如常荐仪。毕,纳主,阖室,退。(右忌日奠)

岁寒食或霜降节,具馔,主人率子弟素服,拜扫坟墓。既至,芟除荆草讫,设馔于墓前,主人以下焚香,再拜,兴。别陈馔于墓左,祀土神,行礼如仪。(右拜扫)

《典礼备考》卷八

万县志局敬镌

《会典·祭》

品官家祭礼

品官家祭之礼，于居室之东立家庙[①]。一品至三品官庙五间，中三间为堂，左右各一间，隔以墙，北为夹室[②]，南为房；堂南檐各一门，阶五级；庭东西庑各三间，东藏遗衣物，西藏祭器；庭缭以垣，南为中门，又南为外门，左右各设侧门。四品至七品官庙三间，中为堂，左右为夹室、为房，阶三级，东西庑各一间，余与三品以上同世爵公侯伯子视一品男，以下按品为差等。八、九品庙三间，中广，左右狭，阶一级，堂及垣皆一门，庭无庑，以箧分藏遗衣物、祭器，陈于东西房，余与七品以上同在籍进士举人视七品，恩拔岁副贡生视八品。堂后楣北设四室，奉高曾祖祢四世，皆昭左穆右[③]，妣以适配，南向；高祖以上，亲尽则祧。由昭祧者藏主于东夹室，由穆祧者藏主于西夹室。迁室祔庙，均依昭穆之次，东序西序为墙位。伯叔祖之成人无后者、伯叔父之成人无后及其长殇十六岁至十九者、兄弟之成人无后及其长殇中殇十二至十五者、妻先殁者、子姓成人无后及其长殇中殇下殇九岁至十一者，皆以版按行辈墨书，男统于东，女统于西，东西向。每岁以春夏秋冬仲月，择吉致祭。戒子弟读祝一人，赞

[①] 家庙：祖庙，宗祠。古时有官爵者才能建家庙，作为祭祀祖先的场所。上古叫宗庙，唐朝始创私庙，宋改为家庙。〔宋〕赵彦卫《云麓漫钞》卷二："文潞公作家庙，求得唐杜岐公旧址。"

[②] 夹室：古代宗庙内堂东西厢的后部，藏五世祖以上远祖神主的地方。《释名·释宫室》："夹室，在堂两头，故曰夹也。"《礼记·杂记下》："成庙则衅之……门、夹室皆用鸡。"孔颖达疏："夹室，东西厢也。"

[③] 昭、穆：古代宗庙排列的次序，始祖居庙中，父子依序为昭穆。左为昭，右为穆。《周礼·春官·小宗伯》："辨庙祧之昭穆。"郑玄注："父曰昭，子曰穆。"《礼记·中庸》："宗庙之礼所以序昭穆也。"

礼一人，执爵每案二人，分荐祔位东西各一人。凡在庙所出子孙年及冠以上者，皆会行礼。（右 庙制祭期）

先祭三日，主人及在事者咸致斋。前一日，主人率子弟盛服入庙，视洁除拂拭毕，执事者于各室前设几，几前供案。堂南总香案一，炉䂓具；祔位东西各设一案。设祝案于香案之西，设尊爵案于东序，设盥槃①于东阶上。视割牲。一品至三品官羊一、豕一，四品至七品特豕②，八品以下豚肩③，不特杀④。视涤祭器。三品以上每案俎二、铏二、敦⑤二、笾六、豆六；七品以上笾四、豆四；八品以下笾二、豆二，皆俎一，铏、敦数同代以时用，槃碗者听。办祭器之实：俎实牲体，铏实羹，敦实饭，笾实时果、饼饵、鱼腊、兽腊之属，豆实炙臡、时蔬之属。（右 致祭、具牲馔）

届日五鼓，主人朝服，与执事者盛服入庙。主人俟于东阶下，族姓墉庭东西，以昭穆世次为序。执事者陈炉、镫⑥于供案南，陈尊、爵于东序案代以壶盏者听，陈祭文于祝案。实水于盥槃，加巾。主妇率诸妇盛服入诣爨所，视烹饪羹定，入于东房，治笾、豆之实，陈铏敦、匕箸、醯酱以俟。质明，子弟之长者盥，诣各室前一叩兴，启室，捧主，以次设于几，昭位考右妣左，穆位考左妣右；分荐者设东西序墉位，毕，赞礼立堂东檐下西面，诸执事立东西序端，相向；赞就位，主人升自东阶，盥，诣

---

① 槃：同"盘"，木盘。古代承水器皿。《礼记·内则》："少者奉槃"郑玄注："槃，承盥水者。"
② 特豕：一头猪。《仪礼·士冠礼》："若杀，则特豚载合升。"郑玄注："特豚，一豚也。"特：牲一头。《书·舜典》："十有一月，朔巡守……归，格于艺祖，用特。"孔传："特，一牛。"《国语·晋语二》："子为我具特羊之飨，吾以从之饮酒。"韦昭注："特，一也。凡牲，一为特。"特牛：故"特牛"指一头牛。《国语·楚语下》："诸侯举以特牛，祀以太牢，卿举以少牢，祀以特牛。"韦昭注："特，一也。"
③ 豚肩：猪腿。《礼记·礼器》："晏平仲祀其先人，豚肩不掩豆，澣衣濯冠以朝，君子以为陋矣。"〔晋〕傅玄《惟汉篇》："嗔目骇三军，磨牙咀豚肩。"
④ 特杀：杀牲。〔明〕谢肇淛《五杂俎·事部三》："自奉疾病之外，不复特杀，亦惜福之一端也。""余尝见新安一富室戒特杀，而三牲之奉，朝夕不绝。"
⑤ 敦（duì）：古代食器。用以盛黍、稷、稻、粱等。形状较多。一般为三短足，圆腹，二环耳，有盖。盖上多有提柄。流行于春秋战国时期。《礼记·明堂位》："有虞氏之两敦，夏后氏之四连。"郑玄注："皆黍稷器。"陆德明释文："敦音对，又都雷反。"《仪礼·士丧礼》："敦启会面足，序出如入。"郑玄注："敦有足，则敦之形如今酒敦。"
⑥ 镫：青镫。也称锭、钉、烛豆、烛盘。古代照明用具。青铜制，上有盘，中有柱，下有底。或有三足及柄。盘所以盛膏，或中有锥供插烛。《急就篇》卷三："锻铸铅锡镫锭鐎。"颜师古注："镫，所以盛膏夜然燎者也，其形若杆而中施釭。有柎者曰镫，无柎曰锭。柎，谓下施足也。"王应麟补注："黄氏（黄庭坚）曰：'豆，有足曰锭，无足曰镫。'《尔雅》：'瓦豆谓之镫。'注：'即膏镫也。'《楚辞》：'兰膏明烛华镫错。'注：'镫，锭也。'徐铉曰：'锭中置烛，故谓之镫。'"

中檐拜位立；族姓行尊者立于东西阶上，卑者立于阶下，皆重行北面。赞："参神。"主人入堂左门，诣香案前跪。执事二人 司爵者充，一奉槃盘，一捉尊酌酒，诣主人左右跪。左进香，主人三上香；右进爵，主人酹酒于地，以爵奠于案，兴，退出右门，复拜位，及族姓行一跪三叩礼。赞："初献。"主妇率诸妇出于房，荐匕箸、醯酱于几前案，北跪一叩兴，遍及袝位，退入于房。庖人解牲体，实于俎，执事者捧以升，各荐于供案。主人诣高祖考案前，执爵者奉爵，主人献爵，奠于正中，跪叩兴。以次诣曾祖祢案前献爵，如前仪，分荐者遍献墙位。酒讫，退，立于拜位。赞："读祭文。"主人跪，族姓皆跪，祝诣祝案之左跪，读祭文曰："维某年月日，孝孙某谨告于某考某官府君某妣某氏之灵曰：气序流易，时维仲春（秋），追感岁时，不胜永慕，谨以洁牲庶品，粢盛醴齐，敬荐岁时，以某亲某氏等祔食，尚飨！"读讫，兴，以祭文复于案，退，主人以下一叩兴。赞："亚献。"庖人纳羹饭于东房，主妇率诸妇和羹实于铏，实饭于敦，出荐于案，及臷炙腊肉。遍跪，叩，兴，退，如初礼。主人献爵于各位之左，赞："三献。"主妇率诸妇出于房，荐饼饵、果蔬，叩，退。主人献爵于各位之右，分荐者遍献祔位酒，皆如初献仪。赞："受胙。"祝取高祖供案酒馔，降至香案旁，主人诣香案前跪。祝代祖考致胙于主人，主人啐酒尝食，反器于祝，接以兴，主人一叩兴，复位。赞："送神。"主人以下一跪三叩。赞："望燎。"祝取祭文由中门出，送燎。主人退避东阶下，行辈长者咸降阶。主人诣燎位，视燎毕，与祭者出。主人率子弟纳神主，上香，行礼，彻祭器，传于燕，器洁涤，谨藏之，阖门各退。（右 祭仪）

日中乃馂[1]，三品以上时祭遍举，四品至七品春秋二举，八品、九品春一举。庖人热酒馔，仆人布馂席于堂东西北上，陈醯酱于席，四隅盏楪[2]匙箸之属皆办。与祭者尊卑咸在，从曾祖诸父居东第一席，从祖诸父居西第一席，诸父次东一席，诸昆弟次西一席，诸子诸孙在东西之末，各一席。序定，主人肃，尊者入席；从曾

---

[1] 馂（jùn）：祭祀中的"馂"是指"祭祀之余"。《礼记·祭统》："夫祭有馂，馂者，祭之末也。不可不知也。"上古帝王的宗庙祭祀，即祭祀祖先时，有"尸"象征祖先享用祭品。《礼记·郊特牲》："尸，神象也。"何休《公羊传·宣公十一年》注："祭必有尸者，节（藉）神也。礼，天子以卿为尸，诸侯以大夫为尸，卿大夫以下以孙为尸。"祭祀时，由"佐食"进献食物，供"尸"享用，以表死去的祖先接受供奉。"尸"享用以后，所剩下的祭品就是"馂"，要由参加祭祀的人分享。实际上，处理"馂余"是祭祀活动的尾声，但也丝毫不能马虎，故《礼记·祭统》曰："善终者如始，馂其是已。"

[2] 楪（dié）：器皿名。底平浅，比盘子小。多用于盛食物。后多作"碟"。〔唐〕白居易《七年元日对酒》诗之三："三杯蓝尾酒，一楪胶牙饧。"

祖诸父即席；从祖诸父东向尊者肃揖就位；诸父东向揖、西向揖就位；诸昆弟揖如之，复揖诸父，就位；诸子揖如诸父，复揖；诸昆弟诸孙揖如诸子，复揖，诸子皆就位。主人离席，仆执壶实酒，从主人酌诸尊长酒。每酌一人，肃揖，尊长答揖，遍就位。子弟之长者离席，仆人执壶，从敬酌主人，诸子弟咸避席揖，主人答揖，复位。主人命诸子弟遍酌。酒席中少者，举壶各酌于其长者。既遍，皆坐。主人兴，举酒请于尊长坐，尊长乃尝酒卒爵，众尝酒卒爵。仆人进食，主人兴，请于尊长坐，尊长举箸尝食，乃皆食。每进食，子孙间行酒三巡，长幼献酬交错，饮无算爵。汤饭毕，长者起，主人请留，长者告饱，遂离席，诸子弟咸随离席，以次出。主人送长者于门外，入，命彻席，馂庖人、仆人，皆尽。（右馂）

焚黄①告祭之礼

制书②至，主人以黄纸恭誊一通，奉于厅事正中，诹吉日，择同姓或戚属已仕者一人宣制，戒子弟。引赞二人，通赞二人，遍戒族姓。届期会行礼前一日，斋戒，备告文、祝文、牲馔，视新赠之爵为等。至日夙兴，洒扫堂宇，供张设馔案_{以追赠所及世数为准}、香案、枑柳，如仪。设改题神主案于堂，东西向，使人速宣制者。主人朝服率子弟盛服入庙，诸与祭者皆会。主人诣赠主室前，启室，焚香，跪。子弟一人奉告文跪于主人之左，读告文，辞曰："维某年月日孝子某_{或称孝孙}，随宜谨告于某考某官府君某妣某封某氏之灵曰：某幸得列于位，恭逢恩命赠及先人，敬请神主祗受制书，改题奉祀，谨告。"读讫，兴，主人叩兴，奉考主，子弟奉妣主，及族姓出庙门，俟于道左。宣制者朝服奉制书，前引二人导行至庙，众跪接制书，入中门，升中阶，南向立；众皆随入，至阶下序立。主人奉考主在东，子弟奉妣主在西，族姓重行立其后，皆北面。通赞分立东西柱前，赞"宣制"，主人以下皆跪听。宣制毕，奉主行三跪九叩礼，众随行礼。宣制官以制书供香案枑③上，主人奉主置改题案上，揖，劳宣制者。宣制者答揖，复揖，辞，降自西阶，主人从至庙大门外揖送。入改题神主爵位讫，奉主复位序立，参神读祝，三献爵，如时祭之仪。祝辞曰："维某

---

① 焚黄：旧时品官新受恩典，祭告家庙祖墓，告文用黄纸书写，祭毕即焚去，谓之"焚黄"。后亦称祭告祝文为"焚黄"。〔宋〕王禹偁《送密直温学士西京迁葬》诗："留守开筵亲举白，故人垂泪看焚黄。"

② 制书：古代皇帝命令的一种。〔汉〕蔡邕《独断》："其（皇帝）命令：一曰策书，二曰制书，三曰诏书，四曰戒书。"

③ 按：枑，即前所谓"枑柳"也。

年月日孝子某谨告于显考某府君先妣某氏之灵曰：某恭承庭训①，列位于朝，仰荷皇仁推恩，所生赠考为某衔，妣为某衔，感念先泽，禄弗逮养，兹以焚黄，谨备牲醴，用申荐告。尚飨！"祭毕，焚黄并祝文，奉主复于室，阖室出，主人以下皆退。颁胙于宣制者，馂属姓，如仪。（右 焚黄告祭）

岁逢令节②，荐新物。一、二、三品官，每案时果四，庶羞四，羹饭具；四品至七品官，每案时果二，庶羞四；八品、九品官，每案时果庶羞③各二，余同。是日夙兴，主妇洁办果馔，主人盛服率族姓子弟入庙，然④灯洒扫，设案室前，讫，盥洗，启室。子弟分陈匙箸壶罇之属于案北，主人序立于香案前，族姓以次序立于主人之后。主人跪，焚香讫，叩兴。子弟奉果羞，从主人诣高祖考妣位前，荐果荐羞。毕，子弟举壶取盏，酌酒进于主人，主人奠酒。讫，子弟复奉羹饭从主人，荐羹饭。讫，以次诣各案，荐奠如前仪。退至香案前，率族姓子弟一跪三叩兴，子弟彻馔，主人阖室，皆退。（右 时节荐新）

月朔望日，主人豫备茶食之属，每案二器。主人夙兴，盥洗，盛服率族姓子弟入庙洒扫，洁神案，启室，序位于香案前。主人跪，焚香讫，叩兴。子孙奉食及茶从主人，诣各神案前，以次供食供茶。毕，退复位，率族姓子弟行礼，如时荐之仪。彻，主人阖室，皆退。（右 朔望献茶）

庶士家祭礼

庶士贡监生员有顶带者家祭之礼，于寝室之北为龛，以版别为四室，奉高曾祖祢，皆以妣配位，如前仪。南向前设香案，总一服亲男女成人无后者，按行辈书纸位，祔食⑤。男东女西相向事，至则陈已事焚之，不立版。岁以春夏秋冬节日出主而荐。粢盛二盘，肉食果蔬之属；四器：羹二，饭二。前期，主人及与祭者咸致斋；荐之

---

① 庭训：《论语·季氏》记孔子在庭，其子伯鱼趋而过之，孔子教以学《诗》《礼》。后因称父教为庭训。《旧唐书·刘赞传》："赞久为廉察，厚敛殖货，务贡奉以希恩。子弟皆亏庭训，虽童年稚齿，便能侮易骄人，人士鄙之。"后泛指家教。〔清〕蒲松龄《聊斋志异·陈云栖》："无何，孝廉卒。夫人庭训最严，心事不敢使知。"

② 令节：犹佳节。《艺文类聚》卷四引〔晋〕傅充妻辛氏《元正》诗："元正启令节，嘉庆肇自兹，咸奏万年觞，小大同悦熙。"

③ 羞：美味的食品。后多作"馐"。《左传·僖公十七年》："雍巫有宠于卫共姬，因寺人貂以荐羞于公。"林尧叟注："羞，食味也。"

④ 按：然，"燃"古字。燃烧，点燃。

⑤ 祔食：合食，受祭时和祖先共享祭品。《礼记·丧服小记》："庶子不祭殇与无后者，殇与无后者从祖祔食。"

前夕，主妇盛服治馔于房中；厥明夙兴，主人吉服率子弟设香案于南，然烛，置祭文。堂北设供案二，昭东穆西，均以妣配位，均南向；设袝案于两序下，各一，男东女西，东西向。主人以下盥，奉木主设于案，设袝位于两序案。讫，主人东阶下立，众各依行辈，东西序立。主人诣香案前上香，毕，率在位者一跪三叩兴；主妇率诸妇出房中，荐匕箸、醢酱，跪叩如仪，退；子弟奉壶，主人诣神案，以次斟酒荐馔，讫，皆就案南跪，叩，兴。子弟荐墦位毕，主人跪，在位者皆跪，祝进至香案之右，读祭文辞见官品祭礼，减"洁牲"二字，余同，讫，兴，退。主人以下叩兴。再献，主妇荐羹饭；三献，主妇荐饼饵时蔬，主人斟酒，跪叩均如初仪。毕，主人率族姓一跪三叩，兴。祝取祭文及袝食纸位焚于庭，众出，主人纳木主，彻，退。

日中而餕，岁一举，布席于堂东西北，上陈椅、盏、匙、箸，如其人数。传祭食于燕器，热酒馔，族姓至，主人肃，入序位，以行辈年齿为等，旅揖①即席。进酒馔，酬酢如礼。汤饭毕，长者离席告退，主人送于门外，诸子弟皆随以出。彻，仆人墦余食，皆尽。

月朔望日，主人及家众夙兴盥洗，启寝室，然烛，诣香案前，依行辈序立。主人上香讫，子弟奉茶，主人献茶，复位，率众一跪三叩兴，彻茶，阖室，众退。

若家有吉事，主人盥洗，启室，然烛焚香，以其事告，行礼如朔望仪。

庶人寝荐

庶人家祭之礼，于正寝之北为龛，奉高曾祖祢神位，岁逢节序，荐果蔬新物，每案不过四器，羹饭具。其日夙兴，主妇治馔，主人率子弟设案，然灯，启室，奉神主于案上，以昭穆序，主人立于香案前，家众序立于主人以下，行辈为先后。主人上香，一跪三叩兴，主妇陈匕箸、醢酱，荐羹饭果羞，跪叩如仪。主人酌酒，进于各位前，凡三次，皆跪，一叩兴。毕，主人率从一跪三叩兴，纳主于室，彻，退。

日中众墦神食，岁一举。论行辈先后，同行序齿列坐，酒行饭已，肃揖以退。

月朔望日，供茶，然香灯，行礼，告事，亦如之，均与庶士仪同。

---

① 旅揖：众人一起作揖。《周礼·夏官·司士》："大夫以其等旅揖。"郑玄注："旅，众也。大夫爵同者众揖之。"